Dietmar Herz
USA verstehen

Dietmar Herz

# USA verstehen

Die Deutsche Nationalbibliothek verzeichnet diese Publikation
in der Deutschen Nationalbibliografie;
detaillierte bibliografische Daten sind im Internet über
http://dnb.d-nb.de abrufbar.

© 2011 by WBG (Wissenschaftliche Buchgesellschaft), Darmstadt
Die Herausgabe des Werkes wurde durch
die Vereinsmitglieder der WBG ermöglicht.
Umschlagabbildung: Freiheitsstatue mit amerikanischer Flagge, New York, USA.
© picture-alliance/Bildagentur Huber
Umschlaggestaltung: Neil McBeath, Stuttgart
Gedruckt auf säurefreiem und alterungsbeständigem Papier
Printed in Germany

Besuchen Sie uns im Internet: www.wbg-wissenverbindet.de

ISBN 978-3-534-14267-5

Die Buchhandelsausgabe erscheint beim Primus Verlag
Umschlaggestaltung: Jutta Schneider, Frankfurt
Fotos: picture-alliance/dpa

ISBN 978-3-89678-679-1

www.primusverlag.de

Elektronisch sind folgende Ausgaben erhältlich:
eBook (PDF): 978-3-534-71893-1 (für Mitglieder der WBG)
eBook (epub): 978-3-534-71894-8 (für Mitglieder der WBG)
eBook (PDF): 978-3-86312-613-1 (Buchhandel)
eBook (epub): 978-3-86312-614-8 (Buchhandel)

# Inhalt

# Vorwort

*„Just a bit less formidable than that described in the first chapter of Genesis."*
– Dean Acheson

Im November 2008 feierte die Welt den Wahlsieg Barack Obamas. In den Vereinigten Staaten, in Europa, in Afrika – der neu gewählte Präsident musste den Eindruck bekommen, er sei zum Präsidenten der ganzen Welt gewählt. Die heftige Ablehnung, die Präsident George W. Bush entgegengeschlagen war, verwandelte sich in Zuneigung und Erwartung. Die Bürger der USA hatten sich ihre Demokratie zurückerobert, Amerika war zu seinen Werten, den Traditionen seiner Geschichte und seiner Bestimmung zurückgekehrt. So sahen dies die Anhänger des neuen Präsidenten, und dieses Gefühl wurde in großen Teilen der Welt geteilt. Denn die 1776 gegründeten Vereinigten Staaten sind kein Staat wie jeder andere; in Erwartung und Hoffnung, wie auch in Abneigung, wenn die Realität der Sehnsucht nicht gerecht wird, teilen Amerikaner und Menschen in vielen Ländern der Welt diese Auffassung.

Seit dem frühen 19. Jahrhundert haben gegen bestehende Ordnungen revolutionierende Gruppen versucht, aus der Amerikanischen Revolution Rückschlüsse für ihr zukünftiges verfassungsrechtliches, wirtschaftliches und selbst das gesellschaftliche System zu ziehen. Schon Simón Bolívar, wie auch dessen engster Vertrauter, der spätere Präsident Boliviens Antonio José de Sucre, und José de San Martín, der für die Unabhängigkeit Argentiniens, Chiles und Perus kämpfte, erträumten einen Verbund unabhängiger südamerikanischer Staaten nach dem Vorbild der Vereinigten Staaten.

Sogar ein in den 1950er und 1960er Jahren so erbitterter Gegner der USA wie Ho Chi Minh wollte sich nach der Befreiung seines Landes aus der französischen Kolonialherrschaft an der Amerikanischen Revolution orientieren. In einem Brief an Präsident Truman vom 16. Februar 1945 bat er, der amerikanische Präsident möge das Volk von Vietnam in seinem Streben nach Unabhängigkeit unterstützen: „In dieser festen Überzeugung bitten wir die Vereinigten Staaten als Hüter und Verfechter von Gerechtigkeit in der Welt, einen entscheidenden Schritt zur Unterstützung unserer Unabhängigkeit zu tun." Die vietnamesische Unabhängigkeitserklärung vom 2. September 1945 zitiert die Einleitungssätze der amerikanischen Unabhängigkeitserklärung von 1776.

Die Idee der (amerikanischen) liberalen Demokratie schien zu Beginn der 1990er Jahre schließlich ihre Apotheose zu erleben, ihrem globalen Siegeszug nichts mehr im Wege zu stehen. Die USA waren der Sieger des Kalten Krieges. Der liberal-konservative amerikanische Sozialphilosoph Francis Fukuyama stellte „das Ende der Geschichte" fest (Fukuyama, 1992).

Der Versuch einer schnellen Übernahme „westlicher" Ordnungsmodelle in Mittel- und Osteuropa und in Zentralasien stieß jedoch nicht nur auf Begeisterung, sondern auch auf eine gehörige Portion Skepsis. Besorgt bemerkte die *New York Times*, auf den wichtigsten Text der amerikanischen politischen und Verfassungstheorie hinweisend, schon im Juni 1991 in einem Kommentar: „The Federalists' Papers Don't Translate Well" (Friedman, *New York Times*, 30.06.1991). Diese Befürchtungen waren nicht ungerechtfertigt. Der Enthusiasmus versiegte, und die Hoffnungen auf eine schnelle Angleichung an den „Westen" wichen bald der Ernüchterung. Dennoch blieb „Amerika" das Paradigma einer zu schaffenden neuen politischen Ordnung (Herz, 1999, 22 f.).

Das oft bewunderte Vorbild wurde aber auch zum Gegenbild. Dies hatte seine Gründe: Die amerikanische Politik im Kalten Krieg war entgegen der sie rechtfertigenden Rhetorik zumeist realpolitisch motiviert. Unterschiedlichen amerikanischen Politikern wurde das Bonmot über einen brutalen Diktator in den Mund gelegt, der trotz seiner Politik von Washington unterstützt wurde: „He is a son of a bitch but our son of a bitch." Anderenorts wurde dies als Heuchelei oder Zynismus gedeutet.

Selbst der Sieg im Kalten Krieg leitete kein neues „Amerikanisches Jahrhundert" ein, keine Aszendenz der USA. Im Gegenteil: Gegen die Idee, einer von den USA geführten liberal-demokratischen Ordnung der Welt, erhob sich Widerspruch. Aus dem Widerspruch wurde Widerstand und schließlich ein Angriff auf die amerikanische Ordnung. Gleichzeitig änderte sich der Kontext amerikanischer internationaler Politik: Russland kehrte unter der Führung Wladimir Putins auf die Weltbühne zurück, die Volksrepublik China, Indien und große Schwellenländer wie Brasilien drängten auf Teilhabe an Macht und Wohlstand. Die Geschichte war nicht zu ihrem Ende gekommen.

Die Terroranschläge des 11. September 2001 und der daraufhin von den USA erklärte *War on Terror* haben seither die internationale Situation und in ihrem Gefolge auch das Bild der Vereinigten Staaten und ihrer Rolle in der Welt tiefgreifend verändert. Die amerikanischen Feldzüge in Afghanistan (im Herbst 2001) und vor allem im Irak (im Frühjahr 2003) und die konsequente Hinwendung zu einer die nationalen Interessen in den Vordergrund stellenden unilateralen Politik ließen die USA nicht mehr als das demokratische Vorbild, sondern als eine imperiale Macht erscheinen, deren Machtanspruch ambivalent gesehen wird (Bender, 2003; Münkler, 2005). Der mit dem Irakkrieg angestrebte Beginn einer „Demokratisierung" des

Nahen und Mittleren Ostens scheiterte. Auf die siegreichen Feldzüge in
Afghanistan und im Irak folgten Jahre eines verlustreichen asymmetrischen
Krieges gegen die Amerikaner, die sich als Befreier gesehen und sich nun in
der Rolle der Besatzer fanden.

Parallel vollzogen sich in einem jahrzehntelangen Prozess Veränderungen
in der gesellschaftlichen, kulturellen und religiösen Selbstdefinition der
Amerikaner. Eine in den späten 1960er Jahren einsetzende religiös-politische
Bewegung errang in den 1970er Jahren politisches Gewicht und dominierte in
den folgenden Jahrzehnten mehr und mehr den politischen Diskurs. Während der Präsidentschaften von Ronald Reagan und vor allem während der
Administration von George W. Bush verstärkte sich diese Entwicklung.

Die internationale Politik der Bush-Administration – und deren „ideologische" Begründung – vereinzelt auch schon die Vorgehensweise der Clinton-Administration, war in den europäischen Hauptstädten oft nur noch
schwer verständlich. Die USA erlitten einen deutlichen Ansehensverlust.

Dieser Ansehensverlust war nicht nur Folge der Politik einer in Europa
weitgehend mit Skepsis und Distanz gesehenen Bush-Administration. Die
Kritik richtet sich oft pauschal gegen die Vereinigten Staaten: Dies gilt in
besonderer Weise für Deutschland, das jahrzehntelang als ein überzeugter
militärischer, politischer und kultureller Verbündeter der USA galt. Laut
einer Forsa-Umfrage für den *Stern* vom April 2003 sahen nur noch 9 Prozent der Deutschen die USA als Vorbild, für 89 Prozent ist Amerika kein
Vorbild mehr. Diesen Einbruch in den Sympathiewerten belegen auch die
jährlichen Umfrageergebnisse der *Transatlantic Trends*, einer Untersuchung, die europäische und amerikanische Einstellungen zum transatlantischen Verhältnis beobachtet: Während 2002 noch 64 Prozent der Europäer
die Führungsrolle der USA positiv beurteilten, sank die Zustimmung zur
amerikanischen Politik stetig: 2008 hielten nur noch 36 Prozent der Europäer die amerikanische Führungsrolle für wünschenswert, wohingegen 59
Prozent sie negativ beurteilten (*Transatlantic Trends*, 2002–2008). Laut einer
Forsa-Umfrage für den *Stern* im Jahr 2007 glaubten sogar 48 Prozent der
Bundesbürger, dass von den USA eine größere Bedrohung für den Weltfrie-
den ausgehe als vom Iran (*Stern*, 28. 03. 2007).

Der Schriftsteller Peter Schneider fasste diese Bewertung der USA in
einem Essay für den *Spiegel* schon 2005 anekdotisch zusammen: „Er finde
es gut, sagte ein befreundeter Schriftsteller aus Ost-Berlin zu mir, dass der
Abstand ‚zwischen uns und Amerika' endlich deutlich werde. Man dürfe
diesen Schnitt nicht wieder vernebeln – ‚denn wir sind wirklich anders'.
Offensichtlich meinte er mit ‚wir' auch mich, und ich, mit Blick auf die
regierenden Kreuzzügler in den USA, war geneigt, ihm zuzustimmen."
Als der Freund jedoch im Zusammenhang mit seiner Amerika-Kritik seine
Zweifel an der Westbindung Deutschlands und der Fähigkeit der par-

lamentarischen Demokratie zur Lösung der deutschen Probleme äußerte, widerspricht Peter Schneider (Peter Schneider, „Wie der Osten gewann", *Der Spiegel*, 48/2005).

Die wachsende Distanz zu den USA ist ein globales Phänomen, spürbar nicht nur in Europa, sondern gerade auch im Nahen und Mittleren Osten und – nach einer Phase der Annäherung in den letzten Jahrzehnten – auch wieder im Süden der westlichen Hemisphäre. Die dezidiert antiamerikanische Einstellung (und der damit verbundene Gewinn an Popularität) von Hugo Chávez, dem Präsidenten Venezuelas, oder Evo Morales, dem Präsidenten Boliviens, machen die Attraktivität dieser Position augenfällig.

Angesichts der weltweiten Tendenz zur „Amerikakritik" notierte der amerikanische Journalist Roger Cohen lapidar: „Mit dem Niedergang der anderen ‚ismen' hat ein ‚ismus' so sehr an Bedeutung gewonnen, dass er zu einer der virulentesten globalen politischen Einflüsse geworden ist. Ich meine den ‚Antiamerikanismus', eine Einstellung, die auf der ganzen Welt vertreten und diskutiert wird, eine Art von Hintergrundgebrumm von Brasilien bis Bahrain" (Cohen, *International Herald Tribune*, 26./27.11.2005).

Die Wahl Barack Obamas zum Präsidenten – und die damit sichtbar gewordene Fähigkeit zum Neuanfang – schwächte diese Tendenz ab. Von Barack Obama wird weltweit ein Gegenentwurf zur Politik der Bush-Administration erwartet. Ob er die in ihn gesetzten Erwartungen erfüllen kann, bleibt abzuwarten.

In den USA herrscht – zwei Jahre nach seinem Amtsantritt – Skepsis vor. Eine aus religiösen Quellen, anti-etatistischem Denken und populistischer Propaganda gespeiste Gegenbewegung machte gegen den Präsidenten mobil. Hinzu kommt der Widerstand rechtsextremer Medien und eine immer mehr ideologisch festgefahrene Republikanische Partei. Die „Zwischenwahlen" im November 2010 verloren die Demokraten. Sie büßten ihre Mehrheit im Repräsentantenhaus ein und konnten die Mehrheit im Senat nur knapp behaupten. Auch viele Gouverneursposten und die Mehrheit in vielen Staatsparlamenten ging verloren. Viele Anhänger des Präsidenten waren nicht zur Wahl gegangen – die kluge, rationale Politik hatte die großen Erwartungen der *revolution of 2008* enttäuscht. Die Gegner des Präsidenten hingegen begegnen dieser Präsidentschaft und ihrer Reformvorhaben mit einer in der amerikanischen Geschichte noch nie dagewesenen Wut – verbunden mit einer gewaltigen Medienmacht.

In Europa stieß diese Entwicklung auf ungläubiges Staunen. Vor diesem „Hintergrund" ist eine Auseinandersetzung mit den die amerikanische Gesellschaft und Politik bestimmenden Entwicklungen, Institutionen und Regelungsmechanismen von hoher Bedeutung und Wichtigkeit für die Zukunft gerade der transatlantischen Beziehungen.

Dies ist keine einfache Aufgabe. Die Rezeption, der anhaltende Erfolg und die damit wachsende Integration der amerikanischen Populärkultur in nichtamerikanische Lebenswelten (Ostendorf, 1999), die Dominanz der englischen Sprache und die Übernahme amerikanischer Politikformen führen allzu oft zu der trügerischen Annahme einer weit verbreiteten und als selbstverständlich angenommenen Kenntnis der amerikanischen politischen Ordnung, ihrer Grundprinzipien und der amerikanischen Kultur. Die Annahme der Verwandtschaft aber gebiert Missverständnisse.

*USA verstehen* nähert sich seinem Gegenstand daher vorsichtig aus der Perspektive des Fremden, der sich das Land, seine Kultur und politische Form erschließen muss. Dies bringt Schwierigkeiten mit sich. Der zur Verfügung stehende Platz erfordert angesichts des Umfangs des Themas eine Beschränkung; nicht alles Erklärenswerte kann dargestellt und diskutiert werden. Das wichtigste Kriterium für die Auswahl war die Bedeutung der jeweiligen historischen Ereignisse oder politischer und gesellschaftlicher Institutionen für das amerikanische Selbstverständnis. Ein europazentrierter Blick sollte vermieden werden (eine Ausnahme sind Aspekte der deutsch-amerikanischen Beziehungen, die für deutsche Leser von besonderem Interesse sind).

Eine Darstellung des amerikanischen Selbstverständnisses erfordert keine vollständige Vorgeschichte und Geschichte der Republik. Solche Einführungen in die amerikanische Geschichte oder die Politik liegen bereits vor (s. das kommentierte Literaturverzeichnis). Die amerikanische Geschichte und die Struktur des politischen und gesellschaftlichen Systems der USA wurden stattdessen gleichsam „exzerpiert". Dies macht dieses Buch zu einer Interpretation der amerikanischen Politik, die neben anderen Interpretationen steht. Sie bedarf daher der Ergänzung und Kritik. Die „Exzerpte" sind Arbeitsmaterialien.

Die hier vorliegende Darstellung orientierte sich an Themen und Bedingungen der amerikanischen Politik und ihrem Selbstverständnis: im amerikanischen Beharren auf Exzeptionalität; der Expansion der Republik und ihrem weltpolitischen Anspruch; der Erweiterung des republikanischen zum demokratischen System – eine Geschichte der Inklusion und Emanzipation verschiedener Gruppen in die Republik; der Fragmentierung religiöser und gesellschaftlicher Formationen; der politischen Ordnung als einem Regelungsinstrument dieser Entwicklungen und Ideen – unter dem überragenden Gesichtspunkt der Bewahrung der während der Kolonialzeit, in der Revolution, dem Unabhängigkeitskrieg und seither gewonnenen Freiheit.

Nicht immer lassen sich die großen Themen des Buches (Geschichte, Politik, Wirtschaft, Religion, gesellschaftliche Institutionen) in Einzeldarstellungen trennen. Einzelne Kapitel erörtern daher, meist aus historischer Perspektive, mehrere Themenfelder – so eine solche Zusammenschau einen Erkenntnisgewinn verspricht.

Das politische und gesellschaftliche System der USA, entsprechend zeitgenössischen Lesegewohnheiten, kurz und knapp darzustellen und ein Versuch der Erklärung (aus einer quasiamerikanischen Perspektive) sind ein Desiderat der politischen Bildung. Leider hat es einige Jahre gedauert, bis dieses Projekt tatsächlich Gestalt annahm. Diese Verzögerung hatte eine Vielzahl von Gründen; für eine Erläuterung fehlt hier der Platz, noch wäre es die richtige Stelle, eine solche Erklärung zu unternehmen. Immerhin: Die Ereignisse der internationalen Politik seit 1998 erforderten mehrfach eine gänzliche Überarbeitung bereits geschriebener Kapitel. Auch dies hat die Arbeit verzögert. Zur Zeit der Fertigstellung des Manuskripts endet das zweite Jahr der Obama-Administration. Der Präsident steht im eigenen Land – nach den für die Demokraten desaströsen Kongresswahlen im November 2010 – und der Welt in der Kritik – nicht immer gerechtfertigter Kritik.

Angebracht ist ein Wort des Dankes. In erster Linie ist meinen Mitarbeitern, Kollegen und Freunden in München, Bonn und Erfurt zu danken: Prof. Dr. Bernd Ostendorf, dem Doyen der deutschen Amerikanistik, von dem ich viel über die USA, ihre Geschichte und Kultur gelernt habe. Dem Historiker Peter Hanske für die kritische Durchsicht von Teilen des Manuskripts. Dr. Wibke Reger für ihre Recherechen zu einigen historischen Teilen des Buches. Daniela Ristau und Silke Adamitza für ihre Mitarbeit an den Texten zum amerikanischen Bildungssystem und zu der vielfältigen Medienlandschaft der USA. Dr. Heike Grimm und Dr. Simone Dietrich für ihre Mitarbeit an einem (nicht zustande gekommenen) Vorläuferprojekt. Meiner Sekretärin Kathrin Eisenhauer für ihre Geduld und Leidensfähigkeit bei der Dechiffrierung des Manuskripts. Dank gebührt auch den beiden studentischen Mitarbeitern Amelie Witt und Isabel Matheis für ihre engagierte Hilfe bei der letzten Überarbeitung des Textes. Andere müssen aus Platzgründen ungenannt bleiben, aber auch ihnen gebührt Dank und Anerkennung.

Eine sehr wichtige Person bedarf allerdings einer gesonderten Erwähnung: Ohne die Vorarbeiten, das Engagement und die intellektuelle Neugier von Veronika Weinberger wäre dieses Buch nie geschrieben worden.

Meine langjährige Mitarbeiterin Veronika Weinberger arbeitete seit 1998 unter meiner Anleitung an einer Dissertation über das Verhältnis von Politik und Religion in den USA; 2001/2002 forschte sie an der *Hoover Institution on War, Revolution and Peace* der *Stanford University*, sie sammelte dort Material für wichtige Kapitel ihrer Dissertation; in vielen Diskussionen über die USA trug sie zu meinem Verständnis des Landes und seiner Kultur bei und sie insistierte auf der Priorität des Projekts – gegenüber vielen anderen Verpflichtungen. Veronika Weinberger starb auf tragische Weise im Mai 2004. *USA verstehen*, zu dem sie so viel beitrug, ist ihr, wie viele andere meiner Bücher, gewidmet.

Erfurt, im Herbst 2010                                                                         Dietmar Herz

# I. Grundzüge der Geschichte: Politik, Wirtschaft und Religion

> *„If there is anyone out there who still doubts that America is a place where all things are possible; who still wonders if the dream of our founders is still alive in our time. "*
> – Barack Obama

## 1. Entdeckungen und frühe Kolonialgeschichte

### Das präkolumbianische Amerika

Die Besiedlungsgeschichte des Kontinents liegt zu großen Teilen noch im Dunklen. Die bis heute am häufigsten vertretene Theorie geht davon aus, dass vor 12.000 bis 20.000 Jahren frühe Menschen den Wanderungen großer Tierherden aus dem heutigen Sibirien über die Beringstraße nach Alaska und von dort nach Süden folgten. Dies war möglich, da während der letzten Eiszeit große Eisplatten das Wasser verdrängten und so zwischen Sibirien und Alaska eine fast 70 km breite Landbrücke entstand. Als vor ca. 10.000 Jahren die arktischen Gletscher zu schmelzen begannen, versank die Landbrücke im Meer. Mit dem Ende des Eiszeitalters (Pleistozän) verschwanden viele der Tiere Nordamerikas: Mammut, Mastodon, Pferd und Kamel starben aus.

Es ist nicht genau bestimmbar, wie lange es dauerte, bis die frühen Jäger und Sammler die Südspitze des Kontinents erreicht hatten. Einige Funde legen einen Zeitraum von mindestens 7.000 Jahren nahe. Eine Reihe von Paläoanthropologen und -archäologen vertritt die Auffassung, dass die Einwanderung nicht aus Asien, sondern über den Pazifik aus Polynesien und Australien erfolgte. In diesem Falle wäre Südamerika früher als Nordamerika besiedelt worden. Selbst eine Einwanderung aus Europa wird von manchen Forschern für möglich gehalten. Ähnlichkeiten bei bestimmten Kulturtechniken oder auffallende Übereinstimmung im Skelettbau lassen solche Vorstellungen denkbar erscheinen, harte Beweise durch archäologische Funde fehlen einstweilen.

Drei Epochen der frühen Vorgeschichte Nordamerikas können unterschieden werden: die Clovis-Kultur, ca. 9500 v. Chr. (benannt nach einer Fundstelle nahe Clovis, New Mexiko), die Folsom-Kultur, ca. 9000 bis 7000 v. Chr. (benannt nach einer Fundstelle in der Nähe von Folsom, New Mexico) und der zusammenfassend als Archaische Periode (ca. 8000 bis 1000 v. Chr.) bezeichnete Zeitraum. Die frühen Menschen Nordamerikas waren Jäger und Sammler, erst gegen Ende der Archaischen Periode begann die Kultivierung von Pflanzen.

Zwischen 1000 v. Chr. und 100 v. Chr. entwickelten sich erste Zivilisationen, es entstand Landwirtschaft (*Woodland Era*). Von besonderer Bedeutung war die Adena-Kultur (ca. 500 v. Chr. – 100 v. Chr.) im Tal des Ohio, aus der zwischen 100 v. Chr. und 400 n. Chr. die Hopewell-Kultur hervorging. Sie breitete sich nach Süden aus (Mississippi-Kultur); es gab Formen der Küsten- und Flussschifffahrt. Siedlungen, Landwirtschaft und Handwerk blühten auf. Die Toten wurden in mit reichen Gaben versehenen Gräbern bestattet. Anderswo war die Entwicklung schon weiter fortgeschritten: Denn etwa zur gleichen Zeit entstand im heutigen Mexiko die bedeutende, bereits städtische Kultur von Teotihuacán. Für Jahrhunderte blieb das weite Gebiet zwischen Peru und Mexiko die kulturell und technologisch am weitesten entwickelte Region der westlichen Hemisphäre.

Zwischen 1000 n. Chr. und 1540 n. Chr. entstanden im Süden und Südwesten Nordamerikas – beeinflusst von den großen mittelamerikanischen Kulturen – komplexe Gesellschaften, die größere stadtartige Siedlungen gründeten sowie über eine entwickelte Landwirtschaft und differenziertes Handwerk verfügten (die Hohokam und die Anasazi im Südwesten der heutigen USA). Eine der größten Siedlungen war Moundsville (im heutigen Alabama). Dort lebten mehr als 3.000 Menschen; die Herrscher der Siedlung kontrollierten Dörfer in einem großen Umkreis. Es gab Tempelanlagen und große Häuser der Vornehmen.

Als das Zeitalter der europäischen Entdeckungen beginnt, sind große Teile Nordamerikas eine besiedelte und kulturell vielfältig und differenziert entwickelte Region. Es gibt große, stadtähnliche Siedlungen und komplexe politische Ordnungsfomen.

## Die Wikinger

Die ersten Kontakte zwischen der Alten und Neuen Welt blieben eine vorübergehende Episode: Im Jahre 982 segelte der Wikinger Erik der Rote mit seiner Familie nach Grönland; wenige Jahre später, als weitere Siedler mit ihren Familien aus Island folgten, begann die Besiedlung der Insel. Es war vermutlich der Wikinger Bjarni Herjulfsson, der – auf dem Weg von Island nach Grönland vom Kurs abgekommen – als erster Europäer den nordamerikanischen Kontinent erblickte. An Land ging der Seefahrer nicht. Um das Jahr 1000 n. Ch. segelte Leif Eriksson, der Sohn Erik des Roten, mit 35 Begleitern nach Westen und erreichte Neufundland. Die Wikinger errichteten eine kurzlebige Siedlung in dem von ihnen als Vinland bezeichneten Land. Isländische Chroniken sprechen davon, dass über einen Zeitraum von

zwanzig Jahren in Vinland Siedlungen erbaut und wieder verlassen wurden.
1961 wurden bei L'Anse aux Meadows in Neufundland die Überreste einer
Wikingersiedlung gefunden – sie gilt als diejenige, die Leif Eriksson begründet haben soll. Einige Forscher bezweifeln dies und vermuten die erste Siedlung weiter südlich im heutigen Massachusetts. Es gibt keine Karten oder
genauen Reiseberichte, aber isländische Chroniken berichten von der jahrzehntelangen Besiedelung von Vinland. Vermutlich führten Angriffe der
Eingeborenen und Schwierigkeiten der Versorgung und Kommunikation
zur Aufgabe der Siedlungen.

## Die Spanier

Es waren schließlich die Spanier, die die Neue Welt noch einmal entdeckten.
Kolumbus erreichte den Kontinent am 12. Oktober 1492; die Insel, auf der
der Entdecker und seine Leute erstmals an Land gingen, war wahrscheinlich
das heutige San Salvador der Bahamas. Kolumbus segelte insgesamt viermal
in die Neue Welt. Auf diesen Reisen, deren letzte 1502 stattfand, erforschte
er die karibischen Inseln und die Küste Mittelamerikas und des nördlichen
Südamerika.

Andere Entdecker und Eroberer folgten Kolumbus. Abenteuerlust, die
Gier nach Gold, religiöse Inbrunst, politischer Gestaltungswille und Ent-
deckerlust verbanden sich zu einem Amalgam an Motiven. Die spanischen
Könige förderten immer neue Expeditionen und Eroberungszüge: Im Jahr
1511 eroberte Diego Velazques Kuba und wurde Gouverneur der spanischen Besitzungen; nur zwei Jahre später gelang Vasco Núñez de Balboa
die Durchquerung des Isthmus von Panama. Er erreichte als erster Europäer
den pazifischen Ozean. Hernán Cortés segelte 1519 von Kuba nach Mexiko
und eroberte in einem brillanten, aber rücksichtslosen Feldzug das Azteki-
sche Reich: 1519 nahm er den Herrscher Montezuma II. gefangen, den endgültigen Sieg über Montezumas Nachfolger Cuauthémoc errang der Eroberer 1521. Francisco Pizarro drang 1531 nach Peru vor und zerstörte bis 1536
das Reich der Inka. Damit hatten die Spanier ein riesiges Kolonialreich erworben, das sie nun gegen Bedrohungen von außen abzuschirmen suchten.
Denn schon zu Lebzeiten von Kolumbus hatten englische und französische
Seefahrer mit Eroberungszügen und Versuchen, den neuen Kontinent zu
besiedeln, begonnen. Andere europäische seefahrende Nationen folgten.

Im Gefolge der Eroberer – oder ihnen alsbald nachfolgend – befanden
sich Geistliche, Mönche zumeist. Sie unternahmen die Aufgabe der Bekehrung der indianischen Völker. Bei den spanischen Expeditionen waren dies
zumeist Franziskaner. Sie errichteten Missionsstationen und Schulen. Ihrer
Missionierung war Erfolg beschieden – wenn auch die Bekehrung zunächst
mit brutaler Gewalt erfolgte. Große Kulturgüter der indianischen Völker –
zumal im aztekischen Mexiko – gingen verloren. Das Christentum wurde

mit dem Schwert verbreitet und nur zögerlich wandten sich einzelne Geistliche gegen die Grausamkeit der Konquistadoren.

Nördlich der spanischen Gebiete konkurrierten alsbald mehrere europäische Mächte um Einfluss. Der Schutz der spanischen Gebiete, aber auch der Wunsch diese zu erweitern, erforderte mithin ein Vordringen der Spanier nach Norden. Die spanischen Eroberer, Missionare und Abenteurer drangen in zwei Stoßrichtungen vor: nach Nordwesten in das Gebiet des späteren Arizona, New Mexico und Kalifornien. Der aus Salamanca stammende Konquistador Francisco Vásquez de Coronado gelangte 1540 sogar bis nach Kansas. Eine systematische Besiedlung und wirkungsvolle militärische Kontrolle der beanspruchten Gebiete etablierten die Spanier aber nur an wenigen Orten. Die zweite Stoßrichtung ging nach Nordosten in das Gebiet des heutigen Texas und schon 1513 in den äußersten Südosten, den die Spanier *terra florida* („das blühende Land") nannten – Expeditionen führten zur Gründung von Stützpunkten entlang der Küste des Golfs von Mexiko. Zwischen 1539 und 1543 erreichte Hernando de Soto Florida, die heutigen Carolinas und das untere Tal des Mississippi. Als die Spanier von Siedlungen französischer Hugenotten in Florida erfuhren, befahl König Philipp II. die Zerstörung der Siedlungen und die Eroberung der Halbinsel. Mit Erfolg: 1565 nahm der Freibeuter Pedro Menéndez de Avilés Florida für die spanische Krone in Besitz (D. J. Weber, 1992, 60).

Die Eroberung von Texas und Florida diente vornehmlich strategischen Zwecken. Ein Vordringen der englischen und französischen Siedler im Norden des Kontinents in die spanischen Besitzungen im Süden sollte abgeblockt werden. Die Vorstöße dienten der Sicherung Mexikos, sie erschlossen das im Norden Mexikos gelegene, nunmehr erkundete Land aber auch für Siedler, Jäger und Händler. Im Südosten sicherten die Garnisonen Floridas die wirtschaftlich wichtigen karibischen Besitzungen der Spanier.

Die spanischen Entdeckungsfahrten und Eroberungen machten die Neue Welt zum Objekt der Politik der europäischen Großmächte. Sie veränderten die Lebensgrundlagen der westlichen Hemisphäre wie auch die Europas, das in die Phase des Kolonialismus eintrat.

### *The Columbian Exchange* und die Entstehung der „atlantischen" Welt

Die „Entdeckung" Amerikas führte zu einer weitreichenden Form des „Austausches" zwischen der Alten und der Neuen Welt (Crosby, jr., 1972). Die Neue und die Alte Welt lernten sich kennen – ein Austausch mit unterschiedlichen Konsequenzen. Europas gereichte dies zum Vorteil. Die Lebensgewohnheiten des alten Kontinents veränderten sich: Schon Kolumbus brachte unbekannte Nutzpflanzen von seinen Entdeckungsfahrten nach Spanien: Mais, Weiße Bohnen und Süßkartoffeln. In den folgenden Jahrzehnten brachten andere Seefahrer Kartoffeln, den Kürbis, Tomaten, Ananas und Tabak nach Europa; bald auch Tierarten, wie den Truthahn. Die Liste ist keineswegs abschließend und die Folgen waren bedeutend: Im Laufe des 17. Jahrhunderts – zuerst in Irland – und seit dem 18. Jahrhundert in fast ganz Europa wurden Kartoffeln ein Hauptnahrungsmittel. Die Verbesserung der Nahrungsmittellage durch die „Importe" war eine wichtige Ursache für das große Wachstum der europäischen Bevölkerung in der frühen Neuzeit.

Die Erschließung der Neuen Welt führte aber auch zu einem „Austausch" von Krankheiten. Vermutlich brachte schon Kolumbus die Syphilis nach Europa – die ersten Fälle (nahezu epidemisch) traten 1494/95 auf. Die Bilanz ist in dieser Hinsicht allerdings nicht ausgeglichen. Die übertragbaren Krankheiten der Europäer hatten in Amerika meist schlimmere, oft desaströse Auswirkungen: Grippe, Masern und Pocken verbreiteten sich unter den Ureinwohnern. Schätzungen gehen davon aus, dass die Bevölkerungszahl in den eroberten und angrenzenden Gebieten von 50 Millionen im Jahr 1492 auf ca. 5 Millionen im Jahr 1650 sank.

Die amerikanische Geschichte im Ganzen und die Geschichte Nordamerikas (später der USA) entwickelte sich in der Folge dieses Austauschs in einem „atlantischen" Kontext. Dazu gehören die Karibik, Süd- und Mittelamerika mit ihren indianischen Reichen und die in die westliche Hemisphäre vordringenden europäischen Mächte: Spanien, Portugal, Frankreich, England und die Niederlande. Schließlich – und keineswegs an letzter Stelle – auch Afrika, da alsbald der Sklavenhandel und die Sklaverei einen zentralen Platz in der Geschichte der Neuen Welt besetzten und die beiden Kontinente aufs engste verbinden. Die afrikanischen Sklaven nahmen den Platz der den Epidemien und Eroberungskriegen unterlegenen Ureinwohner ein. Ein gewaltiger „Austausch" der Bevölkerung.

Die amerikanische Geschichte ist also nicht nur Besiedlungsgeschichte. Sie ist auch die Auseinandersetzung der authochtonen Bevölkerung mit den Erorberern, letztlich ein rücksichtsloser Vernichtungskrieg, ebenso aber Kriegsgeschichte der europäischen Staaten und die Geschichte der Beziehungen zwischen Afrika und Amerika. Eine solche „atlantische Perspektive" beschreibt und erklärt genauer als ältere Vorstellungen der Geschichte Nordamerikas als eine von Ost nach West verlaufende Besiedlung die Ereignisgeschichte des nördlichen Amerika. Die Einflüsse aus dem Süden – dem hispanischen Raum – und aus Afrika waren von mindestens gleicher Bedeutung. Amerikanische Geschichte ist die Geschichte der atlantischen, seit dem 19. Jahrhundert auch der pazifischen Welt. Ein Kapitel der Weltgeschichte.

## 2. Die englischen Kolonien

### Die Siedlungsgebiete an der nordamerikanischen Ostküste

Die frühe Geschichte Nordamerikas ist nicht ausschließlich, aber doch in prägender Weise von England bestimmt. Schon bald nach den Spaniern traten die Engländer auf den Plan. Die englischen Freibeuter wollten am Reichtum des spanischen Amerika teilhaben. Die Engländer verfolgten aber auch andere Absichten: Die alsbald errichteten Kolonien entlang der Ostküste Kanadas und der heutigen USA wurden zu Siedlungskolonien. Sie boten Raum für religiöse Dissidenten; Armutsflüchtlingen aus Europa gaben sie Lebensunterhalt. Gleiches gilt für das allmähliche Vordringen der Siedler dieser Kolonien nach Westen. Sie suchten auch auf dem neuen Kontinent immer größere Freiheit und ein besseres Leben. Bald gab es auch einen regen, auf der Pelztierjagd basierenden Handel zwischen den Siedlungen und Stützpunkten im Nordosten.

In nur wenigen Jahrzehnten wurde ein beträchtlicher Teil der (nördlichen) amerikanischen Ostküste besiedelt. Nimmt man die Herkunft und Motivation der Siedler, die politische Zugehörigkeit und den rechtlichen Status der Kolonien als Kriterien, lässt sich die schließlich von England beherrschte nordamerikanische Ostküste grob in drei Regionen mit einer unterschiedlichen Siedlungsgeschichte unterteilen: (1) das Gebiet der späteren Neuenglandstaaten (Massachusetts, Connecticut, Rhode Island, später New Hampshire und Maine), (2) die „mittleren Kolonien" (das spätere New York, New Jersey, Delaware und Pennsylvania) sowie (3) die Kolonien entlang der Küste im Süden bis an die Grenze des spanischen Einflussgebietes (Maryland sowie Virginia, die Carolinas und später Georgia).

Die englischen Kolonien entstanden in kriegerischen, oft mit großer Brutalität geführten Auseinandersetzungen mit den Ureinwohnern – eine von Beginn der Besiedlung bis zum Ende des 19. Jahrhunderts reichenden Folge von „Indianerkriegen". Gleichzeitig war es ein lange dauernder Kampf der konkurrierenden europäischen Staaten: Im Norden (Kanada) und im Nordwesten (den Großen Seen und entlang des Mississippi bis zum Golf von Mexiko) versuchte sich Frankreich zu etablieren; im Südwesten und Süden grenzten die Kolonien an die spanischen Besitzungen; in den Atlantikstaaten musste die Vorherrschaft erst den Schweden (dies besorgten die Holländer), dann den Holländern abgerungen werden. Nordamerika war ein „amerikanischer" und „europäischer" Kriegsschauplatz.

### Die Siedlungen im Süden der nordamerikanischen Ostküste

Die lange Zeit wichtigste und älteste Kolonie der Engländer war Virginia. Die Besiedlung Virginias nahm ihren Anfang mit der Kolonie Jamestown, die 1607 von Captain John Smith mit 105 Siedlern an der Chesapeake Bay im Auftrag der *London Virginia Company* errichtet wurde. Die Siedler verfolgten wirtschaftliche Interessen – sie handelten im Auftrag der britischen Krone. Der weitgereiste, kampferprobte und abenteuerlustige John Smith blieb der Nachwelt nicht zuletzt dadurch in Erinnerung, dass ihn – so die Überlieferung – die indianische Prinzessin Pocahontas (eigentlich Matoaka) nach der Gefangennahme durch ihren Stamm vor dem Tode bewahrte. Sie bat ihren Vater Powhatan um die Begnadigung Smiths, den sie später heiratete (Price, 2005).

Die *London Virginia Company*, die von König James I. die Erlaubnis erhalten hatte, in Virginia eine Kolonie zu errichten, verfolgte neben wirtschaftlichen Zielen wie der Erschließung neuer Handelsgebiete und der Suche nach Edelmetallen auch das Ziel, das Wort Gottes zu verbreiten. Die Ureinwohner erweisen sich gegen die missionarischen Bemühungen der Siedler, in denen sie Eroberer sehen, allerdings als resistent. Die (letztlich doch beträchtlichen) Erfolge der Franziskaner weiter südlich blieben den englischen und französischen Missionaren verwehrt.

Die ersten englischen Siedler hatten harte Zeiten durchzustehen und fast wäre Virginia als hoffnungsloses Unterfangen wieder aufgegeben worden. Doch trotz Hunger, Krankheiten und Indianerüberfällen überdauerte die Kolonie, wurde 1624 Kronkolonie und warf durch die Einführung der Plantagenwirtschaft im Tabakanbau bald reichlich Gewinn ab. Anfangs von gemäßigten Puritanern regiert, fanden in der ersten Hälfte des 18. Jahrhunderts vor allem Presbyterianer und aus Neuengland vertriebene Baptisten in Virginia eine neue Heimat.

Weiter nördlich – und Jahrzehnte später – war die Besiedelung einfacher. Dort gründeten englische Siedler Maryland. In der Geschichte der Besiedelung der Ostküste Amerikas ist Maryland eine Besonderheit: Die zu Ehren der englischen Königin Henrietta Maria, der Gemahlin von Charles I., benannte Insel war ein Refugium für die Katholiken Englands (die als unpatriotische „Papisten" seit der Thronbesteigung Elizabeths I. im Jahr 1558 verfolgt wurden).

1633 erhielt der Katholik Lord George Calvert von König Charles I. das Gebiet nahe der späteren Stadt Baltimore, um dort Plantagen zu bewirtschaften, ein Jahr danach wurde Maryland nach dem Vorbild Virginias zur Kronkolonie erhoben. Als Siedler kamen jedoch zunehmend britische Anglikaner, so dass Maryland 1650 bereits mehrheitlich von Protestanten bewohnt war. Die politische Ordnung der Kolonie war tolerant: Art. XXXIII der Verfassung schützt ausdrücklich die religiöse Freiheit aller Anhänger einer christlichen Religion.

Die dritte bedeutende Siedlungskolonie im Süden waren die Carolinas. Nach der Restauration der Stuart-Monarchie in England übertrug König James II. die Carolinas 1663 an acht königstreue Untertanen, die *Lord Pro-*

*prietors*. Vorbild war Barbados, eine der wirtschaftlich ergiebigsten britischen Kolonien in der Karibik. Die erste Verfassung der Carolinas schrieb in den 1660er Jahren John Locke; sie sah eine auf Landbesitz gestützte Aristokratie der *Lord Proprietors* vor, die 40 Prozent des Landes besitzen und von denen einer die Stellung des Gouverneurs einnehmen würde. Während es Raum für *speculative opinions in religion* geben sollte, wird keine politische Kritik der Religionsgemeinschaften am Staat geduldet. Regierungskritische Äußerungen in religiösen Versammlungen sind ausdrücklich untersagt; Atheisten von öffentlichen Ämtern ausgeschlossen. Die Siedler in den Carolinas waren von Lockes hochkomplizierter Verfassung, die nicht auf eine dünn besiedelte Kolonie ausgerichtet war, wenig angetan und widersetzten sich ihrer Umsetzung. Die Verfassung wurde nach zwanzig Jahren von den *Lord Proprietors* aufgegeben (Herz, 1991).

Zweigeteilt wurde die Kolonie, nachdem sich im Norden um Albermarle und im Süden mit der Besiedlung des Gebietes um Charleston nach 1670 zwei räumlich getrennte Zentren entwickelt hatten. 1691 wurde ein gemeinsamer Gouverneur ernannt; nach 1710 etablierten sich aber separate Regierungen für den Norden und den Süden, nachdem der Versuch der Einführung der anglikanischen Staatskirche 1708 zu einem Konflikt geführt hatte. 1729, als sieben der acht *Lord Proprietors* ihr Land an die Krone verkauften, wurden die Carolinas Kronkolonien.

Ganz im Süden lag das spätere Georgia. Die Kolonie Georgia wurde 1732 von König George II. zur Verwaltung an James Oglethorpe übergeben, der sich als britischer Parlamentsabgeordneter und Philanthrop für die Verbesserung der erbarmungswürdigen Zustände in den Schuldnergefängnissen Englands eingesetzt hatte.

1732 hatte sich in London eine Gruppe von Philantrophen und Händlern als *Georgia Trustees* zusammengefunden. Sie erhielten eine *Royal Charter* zur Errichtung einer neuen Kolonie. Oglethorpe wurde der erste Gouverneur. Das ihm übertragene Gebiet, vorher Teil der Carolinas, war als Strafkolonie vorgesehen, um die britischen Schuldnergefängnisse zu entlasten. Letztlich wurden aber keine Strafgefangenen nach Georgia deportiert, es fanden sich viele andere Auswanderungswillige. Oglethorpe führte ein militärisch organisiertes, strenges Regiment in seiner Kolonie, in der Sklaverei, Alkohol und der Katholizismus verboten waren. Auch die *Trustees* lehnten die Sklaverei entschieden ab. Die Bewohner wollten sich damit aber nicht abfinden. Immer dringlicher verlangten sie die Einführung der Sklaverei, wie in den Carolinas, unter dem Slogan: Freiheit und uneingeschränktes Eigentumsrecht (auch an Sklaven) seien untrennbar miteinander verbunden (*liberty and property without restrictions*). Die Plantagenbesitzer setzten sich schließlich durch. 1755 wurde Georgia Kronkolonie. Die Sklaverei wurde in kurzer Zeit zum Rückgrat von Wirtschaft und Landwirtschaft der Kolonien. So wie in den anderen südlichen Kolonien. Der ganze Süden des englischen Kolonialgebietes wurde zur Sklavenhaltergesellschaft.

## Die „Pilgerväter" und die *Massachusetts Bay Colony*

Im Norden nahm die Besiedlungsgeschichte einen anderen Verlauf. Politische und religiöse Entwicklungen in England waren die Ursache: James I. erwies sich in religiösen Fragen als (noch) weniger tolerant als seine Vorgängerin Elizabeth I. Die englische Regierung ging mit Repressionen gegen die puritanische Bewegung vor und drängte deren *Conventicles* nach und nach in den Untergrund. Zahlreiche Geistliche verloren ihr Amt, wurden verhaftet, ihr Eigentum wurde konfisziert.

Unter den Repressionen hatte auch ein *Conventicle* in Lincolnshire zu leiden. Dessen Mitglieder hatten durch besondere Frömmigkeit das Misstrauen der Obrigkeit geweckt. Als der politische Druck auf die Gruppe immer stärker wurde, beschlossen diese Puritaner, nach Holland zu emigrieren. Unter der Leitung des Geistlichen John Robinson und des Kirchenältesten William Brewster emigrierte die Gemeinschaft zwischen 1607 und 1608 über Amsterdam nach Leiden. Zwölf Jahre lang lebte die etwa 125 Menschen zählende Gemeinschaft in den religiös toleranten Niederlanden. Doch in Anbetracht ihrer misslichen Wirtschaftssituation und der Angst, in der nächsten Generation von der holländischen Gesellschaft kulturell absorbiert zu werden, entschloss sich 1617 die Hälfte der Gruppe, Leiden zu verlassen und nach Amerika auszuwandern. Um die Kosten für die Überfahrt aufbringen zu können, nahm die Gruppe in London weitere Passagiere auf, so dass nur eine Minderheit der etwas über hundert Passagiere an Bord der legendären *Mayflower* den religiösen Separatisten zuzurechnen war, als das Schiff am 16. September 1620 in Plymouth in See stach.

Als die Auswanderer am 11. November 1620 nach zweimonatiger rauer und gefährlicher Ozeanüberquerung nahe Cape Cod an Land gingen, befanden sie sich weit außerhalb des nördlichen Virginia, das ihnen zur Besiedelung zugewiesen war. Eine Kolonialverwaltung und Regierung gab es so weit im Norden nicht. Dennoch entschlossen sich die Emigranten zu bleiben.

Die von ihnen gegründete *Plymouth Plantation* war zwar nicht die erste dauerhafte, doch eine für den Gründungsmythos der USA bedeutsame Siedlung. Die Emigranten betrachteten sich als *Pilgrims* und verstanden ihre Überfahrt als Wallfahrt, an deren Ende ein „Neues Jerusalem" errichtet werden sollte. Es war aber nicht der neue Kontinent, aus dem das „Neue Jerusalem" erwachsen sollte, es war die neue Gemeinschaft. 41 Männer unterzeichneten daher einen „Vertrag" – die Verfassung des zukünftigen Gemeinwesens. Mit diesem *Mayflower Compact* wurde feierlich eine neue religiös fundierte, politische Ordnung vereinbart.

Obwohl sich die Unterzeichner dieses „Gesellschaftsvertrages" als Untertanen des englischen Königs begriffen, nahmen sie das Recht in Anspruch, einen Gouverneur zu wählen, sich Gesetze zu geben und eine Verwaltung zu errichten. Aus dem religiös motivierten Bedürfnis, ihr Leben zu ordnen, schufen die Siedler eine Selbstverwaltung. Der Vertrag wurde zum Muster vieler anderer Übereinkommen, mit denen Siedler in Nordamerika die Belange ihrer Gemeinden regelten.

Alsbald wurden in England weitere Kolonien entlang der nordöstlichen Küste Amerikas geplant und deren Gründung vorbereitet: 1629 gründete sich die *Massachusetts Bay Company*, eine Handelsgesellschaft, die das Recht zur Errichtung von Forts hatte und eine eigenständige Politik gegenüber der einheimischen Bevölkerung verfolgen durfte. Ein Jahr später landete eine Flotte der Gesellschaft, befehligt von John Winthrop, mit etwa 700 puritanischen Siedlern an Bord in der Nähe des heutigen Salem in Massachusetts.

John Winthrop gab der neuen Gemeinschaft ihre politische Sendung. Winthrop, während seines Studiums in Cambridge mit puritanischem Gedankengut in Kontakt gekommen, hatte sich entschieden, nicht Pfarrer, sondern Rechtsanwalt zu werden. Er wollte in der Welt wirken. Da Winthrop überzeugt war, dass die anglikanische Staatskirche von der noch verbleibenden katholischen Liturgie „gereinigt" werden müsse und England für seine Häresie gestraft werden würde, entschloss er sich zur Auswanderung nach Amerika. Fernab von England hoffte er, mit seinen puritanischen Glaubensgenossen Schutz vor Gottes Zorn angesichts der Verstocktheit und Sünden seiner Landsleute zu finden. Im Gegensatz zu den Pilgervätern wollten sich die Puritaner um Winthrop jedoch nicht von der anglikanischen Kirche abspalten, sondern diese reformieren. Die religiöse Ordnung der neuen Kolonie – verankert in puritanischen Überzeugungen – sollte „Vorbildcharakter" erhalten. Politisch war diese Ordnung konservativ-monarchisch, am englischen Vorbild orientiert. Mehrfach zum Gouverneur von Massachusetts gewählt, glaubte Winthrop nicht an eine demokratische Staatsform, da das alte Israel auch keine Demokratie gewesen sei, wie er zu argumentieren pflegte. Er wollte aber auch keine ausschließliche Herrschaft des puritanischen Klerus. Die Regierung der Kolonie Massachusetts war als Konsequenz dieses Denkens eine Mischform aus monarchisch-parlamentarischen Elementen (wie in England) und einer puritanischen Kirchenorganisation, die Lebens- und Arbeitswelt der Siedler bestimmte (Noll, 2002, 37 ff.).

In seinem, auf der Überfahrt 1630 verfassten *A Model of Christian Charity*, formulierte Winthrop, das Matthäus-Evangelium (5, 14) paraphrasierend, die Idee der Auserwähltheit der neuen Gemeinschaft, die wie „eine Stadt auf dem Berge" allen Menschen ein leuchtendes Beispiel für ein gerechtes christliches Leben liefern solle: „wee must Consider that wee shall be as a Citty upon a Hill, the eies of all people are uppon vs" (Miller, Johnson [Hrsg.], 1963, 199). Der Vorbildcharakter fand seine Entsprechung in der inneren Ordnung des Gemeinwesens. In der puritanischen Gemeinschaft musste jeder einzelne als Vorbild für alle anderen wirken. Dies galt für die Frömmigkeit wie für das Handeln in der Welt.

Der Besiedelung war Erfolg beschieden. Die Bevölkerung der Kolonie wuchs schnell: Bis 1640 verließen etwa 20.000 Puritaner England und siedelten in Massachusetts; dann setzten die Wirren des englischen Bürgerkriegs (1642–1648) dieser *Great Migration* vorerst ein Ende.

## Religiöse Heterodoxie und die Gründung neuer Kolonien

Die territoriale Expansion nach Westen und Süden war nicht zuletzt religiös begründet. Die religiöse Rigorosität und der damit einhergehende Absolutheitsanspruch einer Kirche in den frühen, religiös weitgehend homogenen Kolonien im Nordosten, die sich auf die religiös-politische Konzeption des *Mayflower Compact* stützten, führten alsbald zu Häresievorwürfen an Kritiker dieser Ordnung und schließlich zur Verfolgung oder Verbannung religiöser Dissidenten. Diese entzogen sich der Verfolgung und gründeten neue Kolonien, deren politische Ordnungen oft von größerer religiöser Toleranz geprägt waren.

Der walisische Prediger Roger Williams wurde, nur vier Jahre nach seiner Ankunft in Neuengland, als eifriger Verfechter der Trennung geistlicher und weltlicher Angelegenheiten von der religiös-politischen Führung der Puritaner aus Boston verbannt. Nach Williams Verurteilung plante die puritanische Führung seine Deportation nach England, der er sich jedoch durch die Flucht in den Nordosten der Narraganset Bay entzog. Dort gründete er auf Land, das er von den Narraganset-Indianern erworben hatte, 1636 die Siedlung Providence Plantation und legte damit den Grundstein für die Kolonie Rhode Island. Die neue Kolonie wurde zu einem sicheren Hort für diejenigen Siedler, die wegen ihres Glaubens in Massachusetts verfolgt wurden – darunter Baptisten, Quäker und Juden. Williams plädiert in seiner bekanntesten Schrift – *The Bloudy Tenent of Persecution, for Cause of Conscience* (1644) – vehement für Gewissensfreiheit auf Grundlage einer zu schaffenden politischen Ordnung.

Andere Dissidenten folgten Williams, darunter Anne Hutchinson, die zu den *Antinomians* (aus griech. „anti" und „nomos", also: „gegen" das „Gesetz") gehörte. Die *Antinomians* vertraten die Auffassung, dass ein durch das „innere Licht" der Einheit mit Jesus geleiteter Christ keinen äußerlichen Regeln, auch keinen moralischen Gesetzen, verpflichtet war. Den Puritanern in Boston war Hutchinsons Kritik an religiösen Positionen, die ihre Autorität gefährdete, ein Dorn im Auge. Sie verbannten Anne Hutchinson 1638 wegen Häresie aus Massachusetts. Mit einem kleinen Gefolge gründete

Hutchinson die Stadt Portsmouth im heutigen Rhode Island. Winthrop schrieb über sie: „a woman of a haughty and fierce carriage, of a nimble wit and active spirit, and a very voluble tongue, more bold than a man" (Reynolds, 2009, 35).

Religion war ein bestimmender Faktor der Gründung von neuen Kolonien im Nordosten geworden. Wachsende Intoleranz der Sekten zwang religiös abweichende Bewohner der Kolonien, weiter in die unerschlossenen Gebiete westlich der Kolonien vorzudringen.

### Die „Hexenprozesse" von Salem

Fanatismus und Intoleranz brachen sich auch in der Neuen Welt immer wieder Bahn. Die Puritaner hielten seit 1630 in der *Massachusetts Bay Colony* die Zügel in der Hand. Die politische Zukunft der Kolonie war allerdings prekär: Politische Unsicherheit und ständige Indianerüberfälle sorgten dafür, dass die Siedlungen nicht zur Ruhe kamen. In diesem Klima nervöser Spannung brach 1692 in Salem Village eine Massenhysterie aus, als mehrere junge Mädchen seltsames Verhalten an den Tag legten und behaupteten, dass sie durch Machenschaften von Gemeindemitgliedern, die mit dem Satan im Bund stünden, dem Teufel anheimgefallen wären. Die Gemeinde glaubte den Anschuldigungen, die sich schnell auch in den umliegenden Orten verbreiteten. Von Juni bis August 1692 hängte die Obrigkeit neunzehn der als Hexen oder Hexer Beschuldigten, ein Verdächtiger wurde mit Steinen zu Tode zerquetscht. Alle Angeklagten, deren Fälle vor Gericht gingen, wurden für schuldig befunden; Geständnisse erpresste man durch Folter. Bekannten die Verurteilten sich schuldig und nannten Namen anderer, die angeblich mit dem Teufel im Bund standen, entkamen sie der Exekution. Die Prozesse endeten im Oktober; die bis dahin Festgenommenen wurden jedoch erst im folgenden Frühjahr freigelassen.

Die Gegend litt unter den Auswirkungen der Hexenprozesse. Felder und Vieh der Angeklagten wurden nicht versorgt; Beschuldigte, die noch auf freiem Fuß waren, flohen aus Salem.

1953 veröffentlichte der Dramatiker Arthur Miller ein Schauspiel (*The Crucible*), das die „Hexenjagd" von Salem vor dem Hintergrund der von Senator McCarthy eingeleiteten Kommunistenjagd als ein Lehrstück über den Verfall einer demokratischen Ordnung durch Aberglaube, Bigotterie und Fanatismus interpretierte – eines der wichtigsten amerikanischen Theaterstücke der Nachkriegszeit.

## Imperiale Konkurrenz im Norden: Die französischen Siedlungen

Längst waren aber die Engländer im Nordosten nicht mehr allein. Frankreich drang nach Amerika vor und errichtete militärische Stützpunkte, Handelsposten und schließlich Siedlungen. Der spanisch-französische Gegensatz, dann der britisch-französische Gegensatz warfen ihre Schatten auf die Neue Welt.

Der französische König François I. hatte 1534 Jacques Cartier auf die Suche nach der Nordwestpassage geschickt. Der Kapitän konnte seine Mission nicht zum Erfolg führen, entdeckte aber den St.-Lawrence-Strom im Norden des amerikanischen Kontinents und französische Einwohner besiedelten in den folgenden Jahrzehnten die Region um die Großen Seen. Ein Wort aus einer der lokalen Indianersprachen verwendend, nannte Cartier das Gebiet „Kanada" (i. e. „Dorf"). Auch den französischen Entdeckern und Eroberern folgten die Missionare. Im Falle Frankreichs waren dies vor allem die Jesuiten, die versuchten, die Stämme im Norden zum Christenum zu bekehren.

Bereits im frühen 17. Jahrhundert errichtete Samuel de Champlain die Festungen Quebec und Montreal und entlang des St.-Lawrence-Stroms eine Reihe von Stützpunkten, von denen aus die Franzosen über das Ohio- und das Mississippi-Tal weiter nach Süden vordrangen.

Die französischen Kolonien im Landesinneren waren vor allem Stützpunkte für Jäger und Händler, wobei der Pelzhandel die wichtigste Rolle spielte. Im Gebiet des unteren (zu dieser Zeit schon erschlossenen) Quebec siedelten bald auch französische Einwanderer. Damit war der Ausgangspunkt für eine weitere Expansion geschaffen: Anfang 1682 fuhr René-Robert Cavelier, Sieur de La Salle, den Mississippi entlang nach Süden – in der Annahme, er würde so den Pazifik und somit den Weg nach Asien finden. Unterwegs errichtete er Forts (eines davon das spätere Memphis). Am 9. April erreichte er den Golf von Mexiko und nahm das gesamte riesige Territorium entlang des Mississippi für Frankreich in Besitz – zu Ehren des französischen Königs nannte er es Louisiana. Entlang des Golfs von Mexiko bauten die Franzosen nun Stützpunkte und Siedlungen auf. Vereinzelte Ansiedlungen in Florida wurden jedoch von den Spaniern, die die imperiale Konkurrenz im Süden fürchteten, schnell beseitigt.

Frankreich hatte dennoch viel erreicht. Der französische Herrschaftsbereich hatte beeindruckende Ausmaße: Anfang des 18. Jahrhunderts reichte das französische Amerika vom Golf des St. Lawrence in Kanada bis zum Golf von Mexiko. Frankreich beherrschte mit dem Mississippi auch die wichtigste Wasserstraße und blockierte somit ein Vordringen der Briten nach Westen. Die Stadt und der Hafen New Orleans – benannt nach dem Prinzregenten – kontrollierten das Mississippi-Delta. Große Städte im französischen Amerika, wie Memphis, Detroit oder St. Louis, allesamt französische Gründungen, spielen bis heute eine wichtige Rolle.

### Die Siedlungen in den mittleren Atlantikstaaten

Auch im Küstengebiet südlich New Englands gab es imperiale Konkurrenz. Und das seit langem. Das Gebiet am Atlantik wurde von schwedischen und holländischen Entdeckern und Siedlern erschlossen. Bereits 1638 hatte eine schwedische Flotte unter Peter Minuit die Westseite der Delaware Bay erreicht. Der Kapitän gründete im Auftrag der schwedischen Regierung die Kolonie *Nya Sverige* („Neuschweden"), die in den folgenden Jahren auf einige hundert Siedler anwuchs und sich flussaufwärts ausbreitete. Später akzeptierte die schwedische Regierung die Kolonie als Teil des Reichsverbundes; 1643 wurde mit Johann Printz der erste schwedische Reichsbeamte Gouverneur. Die Spannungen mit den älteren holländischen Kolonien, die nördlich der schwedischen Besitzungen lagen, wuchsen. Es kam zu Kämpfen: Die Schweden eroberten Fort Casimir, eine wichtige holländische Position – aber 1655, nur ein Jahr später, unterlagen sie den Holländern, die das gesamte *Nya Sverige* annektierten.

Die Niederländer erhoben Anspruch auf das gesamte Gebiet von der Chesapeake Bay im Süden bis Cape Cod im Norden. 1664 eroberten jedoch englische Truppen – im Zuge des Zweiten Englisch-Niederländischen Krieges – die Kolonie und Neu Amsterdam. Letzteres hatte Peter Minuit im Jahr 1624 für die Niederländische Westindische Kompanie (auf der Insel Manhattan) gegründet, nachdem er das Land von den dortigen Indianern für den Gegenwert von 24 Dollar erworben hatte. Minuit war, bevor er später in schwedischen Dienst trat, für die Niederländische Westindische Kompanie tätig gewesen. Bis 1631 (oder 1632) war er Generaldirektor der Kolonie Neu Niederlande. Sein Nachfolger als Generaldirektor, Peter Stuyvesant, ein ehemaliger, oft verwundeter Soldat, musste nun kapitulieren. Das im August 1664 übergebene Neu Amsterdam wurde von den Engländern zu Ehren des Bruders des Königs, des Duke of York and Albany und späteren Königs James II., in New York umbenannt. Den holländischen Siedlern wurde erlaubt, ihre Religion und Sprache zu behalten, viele der großen Familien blieben im Land. Darunter die Familie von Claus van Roosevelt – Ahnherr zweier Präsidenten der USA. Auch Peter Stuyvesant kehrte später nach New York zurück, wo er seinen Lebensabend verbrachte.

New Jersey, ursprünglich ebenfalls eine holländische Gründung am Hudson River, übertrug König Charles II. nach der Eroberung der Kolonie im Zweiten Englisch-Niederländischen Krieg im Jahre 1664 seinen Gefolgsleuten George Carteret und Lord Berkeley. Letzterer verkaufte 1673 sein Land an die Gemeinschaft der Quäker, die sich daraufhin im Tal des Delaware ansiedelten. Die Quäker wurden dort zur bestimmenden Kraft und prägten die entstehenden neuen Kolonien.

### Die Quäker

Die Quäker, die in der Mitte des 17. Jahrhunderts von einigen radikalen Puritanern um den englischen Schuhmacher und Laienprediger George Fox als „Gesellschaft der Freunde" gegründet worden waren, bekannten sich zu einem radikalen Pazifismus und glaubten, dass jeder Mensch Gott unmittelbar, das heißt ohne Vermittlung von Geistlichen, erfahren könne. Da einige Quäker in ihren Gottesdiensten in eine religiöse Ekstase verfielen, in der sie zu zittern begannen, erhielten sie bald den Spottnamen *Quakers* (nach engl. to quake: „zittern", „beben"). Die Quäker waren nicht nur Pazifisten, sie weigerten sich Eide abzulegen – auch den Treueeid auf den König –, und sie vertraten vehement das Prinzip der Religionsfreiheit.

Der Siedlungsschwerpunkt der Quäker verschob sich bald weiter nach Osten – dort gründete William Penn die nach ihm benannte Kolonie Pennsylvania. Penn hatte 1681, nach dem Tode seines Vaters, Admiral William Penn, zur Begleichung einer noch seinem Vater zustehenden Schuld von König Charles II. ein riesiges Gebiet im Westen und Süden New Jerseys erhalten (heute Pennsylvania und Delaware) und war dort seitdem Gouverneur. Penn wollte die Kolonie wegen ihrer ausgedehnten Wälder Sylvanien nennen. Charles II. bestand auf der Vorsilbe „Penn", um den Besitzanspruch der Familie zu unterstreichen. In der Tat blieb die Kolonie bis zur Amerikanischen Revolution im Besitz der Familie. Als Hauptstadt der Kolonie gründete Penn die Stadt Philadelphia (i. e. „die Stadt der brüderlichen Liebe").

Penn besuchte seine Kolonie nur zweimal (1682–1684 und 1699–1701), aber er prägte doch entscheidend die Institutionen des neuen Gemeinwesens. Er entschloss sich, in Pennsylvania ein „heiliges Experiment" zu wagen: Er schuf in der neuen Kolonie ein Regierungssystem, das sich durch Religionsfreiheit, Gewaltenteilung und ein liberales Wahlrecht auszeichnete. Penn selbst war diese Religionsfreiheit in England versagt geblieben. Er hatte wegen seines Glaubens vor und nach der *Glorious Revolution* immer wieder im Gefängnis gesessen. Die Religionsfreiheit in der Kolonie zog bald Quäker aus England, Deutschland und den Niederlanden, aber auch Hugenotten und deutsche Lutheraner aus katholischen Gebieten an. Penns ernsthaftes Bemühen um friedliche und vertrauensvolle Beziehungen zu den Indianern, deren Rechte er gewahrt sehen wollte, bewahrte die Kolonie auch nach seinem Tode auf lange Zeit vor Indianerüberfällen. Die Einkünfte aus den Kolonien erwiesen sich allerdings als nicht sehr hoch. Penn musste sich verschulden, 1718 starb er in England, verarmt und seit längerem von einem Schlaganfall gezeichnet. Die auf Ausgleich bedachte Indianerpolitik Penns gaben die Kolonisten alsbald auf.

Mitte des 17. Jahrhunderts hatten sich die Engländer an der Ostküste Nordamerikas fest etabliert. 1640 lebten ungefähr 27.000 Siedler in den englischen Kolonien, gegen 1700 waren es bereits 250.000. Von da an verdoppelte sich die Einwohnerzahl etwa jedes Vierteljahrhundert. 1720 lebten 470.000 Siedler in den Kolonien, gut zwanzig Jahre später waren es bereits eine Million und Mitte der 1760er Jahre waren es annähernd zwei Millionen. Die erste Volkszählung der USA ergab 1790 eine Einwohnerzahl von etwas unter vier Millionen.

Auch die Wirtschaft entwickelte sich schnell. Im Nordosten waren vor allem die ausgedehnten Wälder Grundlage einer schnell wachsenden Holz-bewirtschaftung und -verarbeitung. Hinzu kam Fischfang – vor allem der schnell expandierende Walfang und der Fang und die Verarbeitung von Ka-beljau (Kurlansky, 1997). Damit verbunden entstand und prosperierte die Handelsschifffahrt. Zentrum der Wirtschaft in den Kolonien Neuenglands war Boston, das um 1730 bereits nahezu 16.000 Einwohner hatte. Der zwei-te bedeutende Hafen war Newport in Rhode Island, in den 1760er Jahren lebten dort 11.000 Menschen.

Auch weiter südlich entwickelten sich urbane Zentren, deren Wohlstand auf Handel und kleineren Manufakturen beruhte. New York, die wichtigste Hafen- und Handelsstadt der Region hatte 1760 25.000 Einwohner, Philadel-phia war gleich groß, Mitte der 1780er Jahre hatte es bereits 45.000 Bewohner.

Südlich des Chesapeake dominierte der Tabakanbau, aber auch der Anbau von Mais und Weizen (in Maryland, Virginia, North Carolina) wurde zügig vorangetrieben. In South Carolina und Georgia wurde ebenfalls Tabak an-gebaut, ebenso Reis und Indigo. Der Handel florierte. Charleston hatte in den 1760er Jahren 12.000 Einwohner und war damit das bedeutenste urbane Zentrum im Süden (Jenkins, 2007, 25 ff.).

Die englischen Kolonien waren in das System der atlantischen Handels-routen eingebunden. Holz, Tabak, Nahrungsmittel wurden aus Amerika nach Europa und die Karibik exportiert, aus England kamen Verbrauchs-güter und Fertigwaren. Auch am Sklavenhandel beteiligten sich die Kolo-nien. Schon um 1750 war die Hälfte der Handelsschiffe Newports – um die 170 Schiffe – ausschließlich im Sklavenhadel tätig. Das Empire und seine amerikanischen Kolonien prosperierten (Colley, 2004). Der wachsende Sklavenhandel trug dazu bei.

Der wachsende Wohlstand der Kolonien führte zu einer stärkeren sozia-len Differenzierung. Vor allem im Süden entstanden neue Eliten von reichen Plantagenbesitzern; die wirtschaftliche Tätigkeit und eine Betonung wirt-schaftlichen Erfolgs wurden zu einem der Kennzeichen der entstehenden „amerikanischen" Identität.

### „Die Protestantische Ethik und der Geist des Kapitalismus"

Der christlich-protestantische Glaube der meisten Einwanderer aus Europa gilt als *ein* wichtiger Grund für die wirtschaftliche Entwicklung Amerikas. Die englischen Kolonien im Nordosten prosperierten und entwickelten schnell ihre Wirtschafts-struktur.

Eine der maßgeblichen Begründungen für den wirtschaftlichen Erfolg, der von protestantischen Glaubensgemeinschaften geprägten Kolonien an der amerikani-schen Ostküste gab Max Weber in seinem Aufsatz „Die Protestantische Ethik und der Geist des Kapitalismus" (1904/1905). Weber behauptet, dass ein Zusammenhang zwischen der Konfession (vor allem den protestantischen Denominationen), „kapitalistischem Geist" und ökonomischer Entwicklung bestehe. Der „kapitalistische Geist" ist nach Weber das Erwerben von Geld und „die rationale Lebensführung auf Grundlage der Berufsidee (...) geboren aus dem Geist der christlichen Askese" (Weber 1988, 202). Der Drang des Individuums, sich zu bereichern, speist sich demzufolge aus religiösen Antriebsquellen. Denn in der Vorstellungskraft der protestantischen Sekten kommt Gottgefälligkeit im wirtschaftlichen und persönlichen Erfolg zu Lebzeiten zum Ausdruck. Hartes Arbeiten im Diesseits wird im Jenseits belohnt. Die Gnade Gottes zeigte sich eben auch schon im irdischen Erfolg des Menschen. Armut hingegen ist ein Zeichen für fehlende Gnade und konsequenterweise Folge mangelnden Eifers oder von Verschwendung. Bloße Frömmigkeit galt jedoch nicht als Weg zur Erlösung: Die Prädestinationslehre, ein wesentlicher Glaubensgrundsatz der Puritaner, besagt, dass Gott bereits über alle Dinge einschließlich der Errettung der einzelnen Menschen entschieden habe, so dass das Schicksal eines jeden unabhängig von dessen Lebenswandel beschlossen und nicht zu beeinflussen war. Ein gottgefälliges Leben (*sanctification*) galt jedoch als Hinweis darauf, dass Gott einen Menschen auserwählt hatte. Infolgedessen nahm die Lebensweise der Calvinisten Formen (eine rationale Lebensführung) und strikte Gewohnheiten an: harte Arbeit, Bescheidenheit im alltäglichen Leben und Verzicht auf weltliche Genüsse. Bereits im irdischen Leben war der Calvinist bemüht, über den wirtschaftlichen Erfolg seine vorherbestimmte Auserwähltheit durch Gott zu zeigen. Gerade die Puritaner glaubten, Gottes Wohlwollen lasse sich an äußeren Zeichen ablesen, und neigten daher zur genauen Beobachtung ihrer Umgebung und zur Introspektion. So wurden harte Arbeit und das Streben nach Wohlstand in den frühen Kolonien zur religiösen Pflicht und zu einer Keimzelle des kapitalistischen Ethos der USA.

## 3. Die Einwanderer und die Ureinwohner

### Die „Indianer"

Die Ureinwohner Amerikas wurden wegen eines Missverständnisses von Kolumbus „Indianer" genannt. Der Entdecker glaubte, Indien erreicht zu haben, die Einwohner des Landes bezeichnete er als *Indios*. Diese Bezeichnung für alle Völker der Neuen Welt suggeriert Homogenität der autochthonen Bevölkerung. Die einzelnen Ethnien unterscheiden sich aber grundlegend: Noch heute gibt es über 500 „offiziell anerkannte" distinkte Stämme und über 200 indianische Sprachen. Auch die Lebensräume und kulturellen Gewohnheiten der Indianer zur Zeit der Entdeckung (und seither) waren unterschiedlich – während die *Plains Indians* in den Präriegebieten von der Büffeljagd lebten und sich nach dem von den Spaniern bewerkstelligten „Import" von Pferden, die sich schnell in den Prärien Nordamerikas verbreiteten,

zu einer Reiterkultur entwickelten, betrieben die im Süden in Pueblos (Dorf-
anlagen) siedelnden Indianer vor allem Landwirtschaft; die Micmac an der
Nordostküste des Atlantik konzentrierten sich auf den Fischfang.

Als die europäischen Siedler Anfang des 17. Jahrhunderts nach Nordamerika kamen lebten allein auf dem Gebiet der heutigen USA über 5 Millionen
Ureinwohner (Thornton, 2004, 69).

Die Begegnungen zwischen Neuankömmlingen und Ureinwohnern verliefen unterschiedlich – nur selten aber friedlich. Zwar bewahrten die Wam-
panaong die auf ein Leben in der Wildnis schlecht vorbereiteten „Pilgervä-
ter" in Provincetown in ihrem ersten harten Winter vor dem Verhungern,
doch wurden nicht alle Neuankömmlinge mit solcher Friedfertigkeit empfangen. Die Europäer andererseits betrachteten die Indianer meist kaum hö-
herstehend als Tiere. Als Kolumbus in Haiti erstmals auf einen indigenen
Stamm stieß – die Arawaks –, sah er in ihnen lediglich potentielle Sklaven.
Auch die späteren europäischen Siedler begriffen die „Indianer" als Teil der
Wildnis, gegen die es sich durchzusetzen galt. Sie glaubten in den amerikanischen Ureinwohnern *satanic savages* zu erkennen – Wilde, die als Nicht-
christen mit dem Bösen im Bunde standen und bekämpft werden mussten.

### Die ersten kriegerischen Konflikte

Die Geschichte der kriegerischen Konflikte zwischen der Urbevölkerung
und den Europäern in Nordamerika beginnt schon 1540 mit den Kämpfen
des Spaniers Francisco Vásquez de Coronado und den Kriegern der Zuni,
die das Winterquartier der Spanier (im heutigen New Mexico) angriffen.

Dank einer meist überlegenen Waffentechnik setzten sich die Einwanderer durch, aber selbst friedlicher Kontakt war für die Stämme häufig verheerend. Die Einwanderer schleppten – wie zuvor die Eroberer der Karibik
und Mittelamerikas – Krankheiten (Windpocken, Masern, Typhus, Mumps,
Gelbfieber und Pocken) ins Land, gegen die die Ureinwohner keinerlei Ab-
wehrkräfte besaßen. Oftmals wurden ganze Stämme ausgerottet. Da diese
Krankheiten die einheimische Bevölkerung auch im Norden des Kontinents
dramatisch reduzierten – in einigen Regionen erlagen über 90 Prozent der
Bevölkerung den neu eingeschleppten Krankheiten –, entstand für viele
Siedler der Eindruck, dass sie in ein kaum besiedeltes Land kamen.

Im Küstengebiet von Neuengland rottete eine Krankheit (möglicherweise
eine virale Hepatitis) zwischen 1616 und 1619 90 Prozent der indianischen
Bevölkerung aus; eine Pockenepidemie, die um 1774 in der Gegend von
Boston begann und sich bis nach Georgia ausbreitete, wütete unter den
Cherokee und Irokesen. Eine zweite Pockenepidemie, die 1779 in Mexiko
ausbrach, breitete sich bis an die Hudson Bay aus, von dort aus dann in den
amerikanischen Nordwesten (Mann, 2005, 107–112). Die Verluste an Men-
schenleben waren ungeheuer.

Schnell wurden die Stämme Teil der europäischen Rivalitäten. Im *Pequot War* 1637 verbanden sich die Pequot im Kampf um die Vorherrschaft im Pelzhandel im Tal des Connecticut mit den Holländern, während sich die Mohikaner und die Narragansett auf die Seite der Briten schlugen. Nach der Ermordung eines westindischen und eines britischen Händlers 1636 entschloss sich der Gouverneur der *Massachusetts Bay Colony*, eine Strafaktion gegen ein Pequot-Dorf durchzuführen. Der Stamm rächte sich durch Überfälle auf Siedlungen in Connecticut. Im Mai 1637 überfielen die Briten eine Befestigung der Pequot am Mystic River, zerstörten diese und töteten die Fliehenden. Die Mohikaner, bei denen die Überlebenden um Hilfe baten, waren von der Übermacht der Briten so beeindruckt, dass sie sich gegen die Pequot stellten. Im *Treaty of Hartford* teilten die Briten im September 1638 die gefangenen Pequot unter den alliierten Stämmen als Sklaven auf. Es war die erste Erfahrung der Indianer mit europäischer Kriegsführung.

Auch die „Irokesenkriege" („Biberkriege") wurden durch den Pelzhandel ausgelöst: Die abnehmende Biberpopulation im Siedlungsbereich der Irokesen – westlich des Hudson und südlich des Lake Ontario – ließ die Irokesen in den 1640er Jahren nach Norden ins Gebiet der Huronen ausweichen. Bis 1649 hatten sie letztere aus dem Bereich des unteren St.-Lawrence-Stroms vertrieben. In den 1650er Jahren begannen die Irokesen, deren Beziehungen zu den Franzosen seit der Ermordung dreier ihrer Häuptlinge durch Samuel de Champlain 1609 angespannt waren, die Franzosen, Verbündete der Huronen, anzugreifen.

Die Franzosen, die die ständige Bedrohung ihrer Siedlungen durch die Irokesen nicht länger hinzunehmen bereit waren, schickten in den 1660er Jahren ein Truppenkontingent in die Siedlungsgebiete, das im Januar 1666 unter Führung von Alexandre de Prouville ins Gebiet der Irokesen einmarschierte und deren Siedlungen und Vorräte verbrannte. Der besiegte Stamm kapitulierte.

1683 brachen erneut Kämpfe aus, als der französische Gouverneur den Pelzhandel im Westen forcierte. Zehn Jahre blutige Auseinandersetzungen waren die Folge. Dann boten die Irokesen Frieden an; 1701 wurde in Montreal zwischen neunundreißig Häuptlingen, den Briten und Franzosen der *Grand Paix* geschlossen, der den im Krieg vertriebenen Stämmen die Rückkehr ermöglichte.

### King Philip's War

Der blutigste der frühen Indianerkriege war *King Philip's War* 1675/76 in Neuengland. Mehrere Stämme waren zwischen den nach Westen drängenden Siedlern an der Küste und den feindlichen Irokesen und Mohikanern im Westen eingeschlossen. Die gespannte Situation wurde durch Versuche der europäischen Siedler verschärft, Indianer mit Gewalt zum Christentum zu

bekehren. Nachdem ein „bekehrter" Indianer den Siedlern von einer Verschwörung berichtet hatte, wurde er ermordet. Die Siedler glaubten, dies sei
ein Racheakt der Wampanoag an dem Verräter und hängten drei Indianer.
Als Vergeltung zerstörte eine Gruppe von Pokanoket die Stadt Swansea.
Obwohl der Übergriff wahrscheinlich ohne Wissen des Wampanoag-
Häuptlings Metacomet erfolgte, der von den Einwandern „King Philip" genannt und um friedliche Beziehungen zu den Siedlern bemüht war, zerstörten Truppen aus Boston und Plymouth die Wampanoag-Siedlung bei Mount
Hope. Die Kämpfe eskalierten, die Podunk, Nipmuck und Narragansett
wurden in den Konflikt gezogen. Siedler attackierten die Narragansett –
letztlich weil sie deren gutes Land in Besitz nehmen wollten. Anfang 1676
hatte die indianische Allianz die Oberhand und die Kolonisten wichen zur
Küste zurück. Allerdings gingen die Vorräte der Indianer zu Neige und die
Hoffnung auf eine Versorgung durch die Franzosen erwies sich als trügerisch. Die Siedler hingegen erhielten nicht nur Vorräte, sondern auch militärische Verstärkung aus Großbritannien und nahmen Metacomet dank eines
Bündnisses mit den Mohikanern in die Zange. Im August 1676 wurde er
gefangen und erschossen. Damit endete der Krieg, der über 600 Siedlern
und mehr als 3.000 Indianern das Leben gekostet und Stämme wie die
Narragansett, die Wampanoag, die Podunk und die Nipmuck so gut wie
ausgelöscht hatte. Massachusetts, Connecticut und Rhode Island waren für
die europäische Besiedelung geöffnet.

Auch im Südwesten gab es heftige Kämpfe. Kurz nach dem Ende von
*King Philip's War* kam es zu einer Rebellion der Pueblos gegen die Spanier.
Die Siedler, Missionare und spanischen Soldaten wurden vertrieben. Erst
1692 konnten die Spanier die Region zurückerobern.

## 4. Der Unabhängigkeitskrieg und die Amerikanische Revolution

### The Great Awakening

Die verschiedenen Spielarten des puritanischen Protestantismus, die im Zuge der
ersten Besiedlung in die amerikanischen Kolonien gelangt waren und seither die
vorherrschenden Denominationen waren, wurden in der ersten Hälfte des 18. Jahrhunderts von einer neuen religiösen Bewegung herausgefordert. Es kam zur ersten „Großen Erweckung". Die theologischen Grundlagen dieses *Great Awakening*
waren eng verknüpft mit der evangelikalen Reformbewegung der Methodisten.
Diese Reformbewegung wurde in Großbritannien, zu Beginn des 18. Jahrhunderts
aber auch in den amerikanischen Kolonien wirkmächtig.

Gegründet wurde die Methodistengemeinde von John Wesley, dem Sohn eines
anglikanischen Geistlichen, der mit seinem Bruder 1736 für zwei Jahre in Georgia
als Pfarrer gewirkt hatte, dann jedoch enttäuscht nach England zurückgekehrt

war: Er hatte das Gefühl, bei der Missionierung der Indianer und der religiösen Betreuung der Siedler gescheitert zu sein. Kurz darauf hatte er ein Erweckungserlebnis und begann durch das Land zu ziehen und unter freiem Himmel zu predigen, um möglichst viele Menschen zu erreichen. Die Methodisten (ursprünglich ein Spottname, der sich auf die „methodische" Lebensführung und Arbeitsweise der „Methodisten" bezog) hielten die bewusste Umkehr des sündigen Einzelnen und eine dadurch herbeigeführte „Wiedergeburt" der Gläubigen für notwendig. Sie zogen als Wanderprediger umher und galten aufgrund ihrer emotionalen Gottesdienste und ihres Missionseifers einigen Zeitgenossen als Fanatiker. Ihr Glaubenseifer fand aber auch viele Bewunderer.

In Amerika waren die Methodisten mit ihrem Laienpredigertum und ihren sozialen Idealen ausgesprochen erfolgreich, nicht zuletzt auch aufgrund der sich häufenden Berichte über spontane Erweckungserlebnisse. So veröffentlichte der Prediger Jonathan Edwards, 1738 unter dem Titel *A Faithful Narrative of the Surprising Work of God in the Conversion of Many Hundred Souls in Northampton* einen Bericht über die zahlreichen Erweckungserlebnisse, deren Zeuge er geworden war. Die Schrift fand weitreichende Verbreitung; andere Berichte folgten. Aus Massachusetts und dem Connecticut River Valley trugen in den 1730er Jahren charismatische Wanderprediger die Bewegung in den Süden und an die *Frontier* im Westen. Der zu dieser Zeit geistliche Führer der englischen Methodisten, George Whitefield, unternahm ab 1738 insgesamt sieben Missionsreisen nach Neuengland. Mit großem rhetorischem Können führte der geschickte Prediger unter offenem Himmel seiner Zuhörerschaft die Allmacht Gottes, die Sündhaftigkeit des Menschen und die Schrecken der Hölle vor Augen. Doch gebe es Hoffnung auf Errettung in Form einer religiösen Wiedergeburt durch die individuelle Bekehrung beim Hören der Heiligen Schrift. Prediger – wie Whitefield und andere – verfehlten ihre Wirkung nicht. Zahlreiche Hörer wurden bekehrt.

Die Erweckungsbewegung förderte insbesondere die Verbreitung derjenigen Denominationen, die den neuen Evangelikalismus der Prediger offen aufnahmen: Neben den Methodisten, die in England den Kampf gegen die *Church of England* verloren hatten und seit den 1760er Jahren in die amerikanischen Kolonien auswanderten, waren dies insbesondere Presbyterianer und Baptisten. Das *Awakening* war wie die folgenden religiösen Erweckungsbewegungen keine kohärente Bewegung oder ein singuläres Ereignis, sondern eine Vielzahl von sich gegenseitig befruchtenden religiösen Bewegungen. Manche dieser Bewegungen überdauerten – nur der Zeitraum der größten Wirkung wird als *Awakening* bezeichnet. Die Erweckungsbewegungen waren kein amerikanisches, sondern ein „atlantisches" Phänomen, sie gingen von Europa (vor allem England) aus, wirkten auf die Kolonien und von dort wiederum zurück auf Europa. Ihre größte Wirkmächtigkeit entfalteten sie allerdings in der Neuen Welt. Sie begründeten die evangelikale Variante der amerikanischen Religiosität. Evangelikale Christen halten in ihrer Mehrheit die Bibel für im Wortsinn „unfehlbar" und nehmen sie wörtlich. Sie sind überzeugt, dass die Erlösung auf dem Glauben und nicht auf Taten beruht und dass sie die Pflicht haben, das Wort Gottes zu verbreiten. Diese „neuen", evangelikalen Denominationen erreichten im frühen 19. Jahrhundert in den USA immer höhere Mitgliederzahlen. Die „Verlierer" waren Anglikaner, Quäker und Kongregationalisten, die der Erweckungsbewegung entweder prinzipiell ablehnend gegenüberstanden oder sich in Gegner und Befürworter aufspalteten. Der große Erfolg der Bewegung machte den Evangelikalismus zu einem gemeinsamen religiösen Erbe nicht nur einer, sondern vieler, verschiedener Denominationen. Einerseits wurde damit eine gewisse Einheit der religiösen Vorstellungen der Siedler über die Grenzen verschiedener Denominationen hinweg geschaffen, andererseits wurde einer weiteren Differenzierung der bereits existierenden Denominationen Vorschub geleistet, da sich diejenigen, die einer der vielen, eher radikalen Spielarten des Evangelikalismus zuneigten, von ihren nüchternen oder nicht gar so buchstabengläubigen Glaubensbrüdern abspalteten. Der Emotionalismus und Irrationalismus der Erweckungsbewegungen förderten aber auch seine eigene Gegenbewegung: deistische und unitaristische Strömungen. Die Fragmentarisierung der amerikanischen Kirchen erlebte in dieser Zeit einen ersten Höhepunkt.

## Die Vorgeschichte: Der französisch-britische Weltkrieg

Der britisch-französisch-indianische Krieg (1755–1763) war der erste weltweit geführte Krieg europäischer Mächte. Kampfhandlungen fanden auf europäischem (Siebenjähriger Krieg), afrikanischem, nordamerikanischem und südasiatischem Boden statt. Es war ein erster Weltkrieg. Auch in Nordamerika weitete sich die Kriegszone aus. Während sich vorangegangene Konflikte zwischen Briten und Franzosen vornehmlich im Nordosten abgespielt hatten, erstreckten sich die Kriegshandlungen jetzt auch in das noch kaum erschlossene Tal des Ohio.

1750 hatten sich britische und französische Repräsentanten in Paris getroffen, um Spannungen zwischen den beiden Mächten in Nordamerika zu beheben. Denn: Bereits zwischen 1689 und 1697 kämpften französische und britische Truppen und ihre indianischen Verbündeten gegeneinander (*King William's War*). Zwischen 1702 und 1713 kam es immer wieder zu Scharmützeln und Kämpfen (*Queen Anne's War*), und zwischen 1744 und 1748 gab es erneut Auseinandersetzungen (*King George's War*); auch jetzt war den Verhandlungen kein Erfolg beschieden. Diese amerikanischen Kriege waren zugleich europäische Konflikte: *King William's War* war in Europa der Pfälzische Krieg, *Queen Anne's War* der Spanische Erbfolgekrieg, *King George's War* der Österreichische Erbfolgekrieg.

Europäische und amerikanische Konflikte bildeten seit Ende des 18. Jahrhunderts einen Zusammenhang. Machtbehauptung in Europa und koloniale Herrschaft waren zwei Seiten einer Medaille. Die Franzosen sahen das Ohio-Tal als einen Korridor, der den Mississippi und Louisiana mit den

Handelsstützpunkten um die Großen Seen und in den kanadischen Kolonien verband. Diese Verbindungen galt es zu schützen. Marquis Duquesne, der Generalgouverneur von Neufrankreich, sollte 1752 Stützpunkte zur Absicherung dieses Korridors errichten: Er gründete die Forts Erie (Presque Island) und Rivière aux Boeufs (Waterford).

Zur gleichen Zeit gab der britische Vizegouverneur Virginias, Robert Dinwiddie, große Flächen des Ohio-Tals zur Besiedlung frei. Dinwiddie hörte von den gerade errichteten französischen Forts und beauftragte den jungen Offizier George Washington, die Franzosen aufzufordern, das Gebiet zu verlassen. Die Aufforderung wurde von französischer Seite abgelehnt. Die Engländer suchten nach Gegenmaßnahmen: Washington entdeckte an der Kreuzung der Flüsse Allgheny und Monongahela einen exzellenten Standort für ein Fort. Die Briten wurden allerdings schon zu Beginn des Baus von französischen Truppen vertrieben, die nun an der gleichen Stelle einen Stützpunkt (Fort Duquesne) errichteten.

Die Kämpfe der beiden Kolonialmächte nahmen danach an Heftigkeit zu. Die Briten unter General Edward Braddock rückten nach Norden vor. Sie sollten die französischen Forts zerstören und sich mit einer von Norden kommenden britischen Armee bei Niagara vereinigen. Im Juli 1755 – bevor die Briten ihr Ziel erreicht hatten – überfielen französische Truppen und ihre indianischen Verbündeten die britischen Soldaten. Auf deren Seite gab es zahlreiche Gefallene, darunter General Braddock. Zu den Offizieren Braddocks gehörte George Washington.

Großbritannien war auch nach diesem Misserfolg zu keinem Friedensschluß bereit. Seit 1756 befanden sich Frankreich und Großbritannien offiziell im Krieg (vgl. zur Gesamtdarstellung des Krieges in Nordamerika: Anderson, 2000).

Das Kriegsglück war zunächst auf Seiten der Franzosen. Noch im selben Jahr eroberten die verbündeten indianischen und französischen Truppen Fort Oswego am Lake Ontario, ein Jahr darauf Fort Henry nahe dem Lake George in New York. Bei der Eroberung von Fort William Henry (die in James Fenimore Coopers *Der letzte Mohikaner* geschildert wird) wurden zahlreiche britische Flüchtlinge von Indianertruppen getötet. Die Stämme wurden immer stärker in das Kriegsgeschehen verwickelt.

Die Berufung William Pitts zum britischen Premier 1757 wurde zum Wendepunkt des Krieges. Pitt verstärkte die Truppen in Nordamerika und Indien. Auf dem europäischen Kontinent überließ er die Kriegsführung weitgehend dem verbündeten und von England subventionierten Preußen.

Die neue Strategie hatte Erfolg. William Johnson, einem britischen Diplomaten, Händler und Soldaten gelang es, die Irokesen zu überreden, Neutralität zu wahren. Zwar scheiterte 1758 die Einnahme von Fort Cort Carillon, allerdings konnten die Briten Louisbourg und Fort Frontenanc erobern. Im

Süden bahnte sich General John Forbes einen Weg durch die Wildnis von Pennsylvania und eroberte Fort Duquesne. Auf diplomatischer Ebene gelang es den Briten jetzt auch, die Unterstützung mehrerer Stämme zu gewinnen (Vertrag von Enston). Die Franzosen waren von nun an unterlegen. Im folgenden Jahr mussten sie Fort Niagara einer Allianz von Briten und Kriegern der Irokesen überlassen. Auch die Forts Carillon und Crown Point konnten nicht gehalten werden, die Franzosen zogen sich nach Kanada zurück. Im September schlug General James Wolfe die von Marquis Louis-Joseph de Montcalm geführten französischen Truppen in Kanada. Die Franzosen mussten Quebec aufgeben. James Wolfe fiel in der Schlacht – er wurde zu einem der Helden des Empire (eine imaginative Rekonstruktion des Todes von James Wolfe findet sich in Simon Schamas fiktiv-historiographischer Darstellung *The Many Deaths of General Wolfe*, in: Schama, 1991).

Die Einnahme Quebecs markierte das Ende des Siebenjährigen Krieges in Nordamerika. Der Vertrag von Paris (10. Februar 1763) beendete den Weltkrieg. Frankreich musste Kanada, Spanien Florida an die Briten abgeben. Damit war die britische Krone die dominante Macht in Nordamerika geworden. Frankreich war als imperialer Rivale ausgeschieden.

Es war ein Weltkrieg gewesen, Besitzungen in aller Welt wechselten ihre Herren: Auch die Mittelmeerinsel Menorca fiel im Pariser Vertrag an die Briten zurück; 1756 hatte eine französische Flotte die Insel, die seit dem Frieden von Utrecht im Besitz der Engländer war, besetzt. Nun hatte England wieder die Vorherrschaft im westlichen Mittelmeer.

Die Briten setzten sich auch in Asien durch: 1757 besiegte Robert Clive, Gouverneur der *East India Company*, in der Schlacht von Plassey in Bengalen (nördlich von Kalkutta) den Nawab und seine französischen Alliierten. Von 1758 bis 1760 sicherte sich die britische Krone in mehreren Feldzügen die Vormachtstellung an der indischen Ostküste. Die Ostindienkompanie übernahm schließlich auch formal die Herrschaft in Bengalen (James, 1997, 42–44; Keay, 2000, 383–393). 1762 besetzten die Engländer sogar Manila auf den Philippinen und blieben dort bist 1764, ein Jahr zuvor waren die Spanier in der Schlacht von Havanna auch auf Kuba besiegt worden.

Der Frieden von Paris (1763) bestätigte die britische Vorherrschaft. Kuba und die Philippinen blieben bei Spanien, Florida wurde bis zum Ende des amerikanischen Unabhängigkeitskrieges britisch. Die französischen Ansprüche in Louisiana gingen an Spanien über. Der Frieden blieb prekär.

### Der *Stamp Act*: *No taxation without representation*
Die Finanzierung des weltweit geführten Krieges wurde seit 1760, dem vierten Kriegsjahr, für Parlament und Regierung in London immer schwieriger. George III. entließ 1761 Premierminister William Pitt – vor allem weil er die

Staatsverschuldung durch die bis dahin getätigten Kriegsausgaben auf die enorme Summe von 113 Millionen Pfund Sterling getrieben hatte. Auf der Suche nach neuen Einnahmequellen fiel der Blick des Königs auf die amerikanischen Kolonien: Schließlich wurde der britisch-französische Krieg nicht zuletzt zum Schutz der amerikanischen Siedler geführt! Auch bezahlte ein Kolonist nur etwa den fünfzigsten Teil der Steuern, die ein Engländer aufzubringen hatte. Neue Steuern waren neue Einnahmequellen. Nötig waren aber auch flankierende Maßnahmen zur Sicherung der amerikanischen Kolonien: Um die wachsenden Konflikte zwischen Indianern und Siedlern einzudämmen, beschloss die Regierung, die Appalachen als Siedlungsgrenze festzusetzen und britische Soldaten dauerhaft in Nordamerika zu stationieren. Das Parlament gedachte die Kosten für diese Truppen wenigstens teilweise auf die amerikanischen Siedler umzulegen. Nach dem Friedensschluss von Paris wollte die britische Regierung diese politisch-finanziellen Ziele in Nordamerika endlich durchsetzen.

Die Kolonien weigerten sich jedoch zur Lösung der finanziellen Krise des Mutterlandes herangezogen zu werden, insbesondere da sie die in Amerika erwirtschafteten Profite der britischen Händler (die jährlich einschließlich des Überseehandels mehr als zwei Mio. Pfund Gewinn ausmachten) als ausreichende „Steuer" empfanden. In London überzeugte diese Argumentation nicht. Der neue Premierminister George Grenville, ein Finanzexperte, war darauf aufmerksam geworden, dass der Zolldienst in Amerika viermal so viel Geld kostete, wie er einnahm. Dies sollte sich mittels neuer Steuern und einer effizienteren Steuerbürokratie ändern. 1764 verabschiedete das Parlament den *Sugar Act* und den *Currency Act*: Ersterer sollte dazu dienen, den Schmuggel von Zucker von den Karibikinseln einzudämmen und damit die Importzölle sicherzustellen. Der *Currency Act* sollte die unkontrollierte Ausgabe von Papiergeld in einigen Kolonien unterbinden. Die Siedler wehrten sich gegen die neuen Gesetze – nicht wegen der tatsächlichen finanziellen Belastungen, sondern aus Furcht, Großbritannien sei bestrebt, die Selbstverwaltung einzuschränken und die Kolonien mittels verstärkter Kontrolle direkt von London aus zu regieren. Die Vertreter der Kolonien lehnten die Besteuerung daher mit einem prinzipiellen Argument ab: Die Gesetze seien von einem Parlament verabschiedet worden, in dem die Kolonien nicht vertreten waren. Grenville hielt dagegen, das Parlament vertrete durch „virtuelle Repräsentation" alle englischen Untertanen einschließlich der amerikanischen Siedler. Schließlich repräsentiere es auch die Bürger von Städten wie Liverpool und Manchester, die zu dieser Zeit keine gewählten Mitglieder ins Parlament entsandten. Die Siedler waren nicht bereit, dieses Konzept der *virtual representation* zu akzeptieren und forderten getreu dem Prinzip *no taxation without representation* eine Rücknahme der Steuern.

Das Parlament verschärfte durch weitere Gesetzgebung die Krise: 1765 verabschiedete es den *Stamp Act*: So gut wie alle Drucksachen – juristische Dokumente, aber auch Zeitungen und sogar Spielkarten – bedurften nun einer Steuermarke, deren Wert von einem halben Penny bis zu zehn Pfund betragen konnte. Verstöße gegen das Gesetz sollten wie im Fall des *Sugar Act* von Vizeadmirals-Gerichten geahndet werden, in denen Richter aus England ohne Geschworene Urteile verhängten. In den Kolonien erhob sich ein Sturm der Entrüstung: Das Parlament von Virginia erklärte, dass Bürger Virginias nur durch Virginia selbst besteuert werden könnten. Das Parlament von Massachusetts rief zu einem *Stamp Act Congress* auf, an dem im Oktober 1765 Delegierte aus neun Kolonien teilnahmen. Sie verabschiedeten eine Erklärung über Rechte und Missstände (*Declaration of Rights and Grievances*), in der sie die Aufhebung des *Sugar Act* und *Stamp Act* forderten. Zudem: Die amerikanischen Siedler ließen ihrem Unmut freien Lauf. Es kam zu Protesten und dem Boykott englischer Waren. Britische Steuerbeamte wurden angegriffen und vertrieben, bisweilen auch geteert und gefedert. Bevor der *Stamp Act* in Kraft trat, traten sämtliche britische Steuerbeamte zurück oder versprachen, keine Steuermarken auszugeben. George III. entließ Grenville; im März 1766 nahm das Parlament – Premierminister war nun der Marquis von Rockingham (Charles Watson-Wentworth) – das Gesetz zurück, unterstrich aber sein Recht, den Kolonien Gesetze zu geben. Eine Erklärung, die in Amerika in der Freude über die Aufhebung des *Stamp Act* unterging.

### Das *Boston Massacre*

Ein Jahr später unternahm das britische Parlament unter Führung von Schatzkanzler Charles Townshend (der den gichtkranken William Pitt vertrat, den George III. im Juli 1766 wieder zum Premierminister bestellt hatte) einen erneuten Versuch, die Kolonien zu besteuern. In dem Glauben, dass die Siedler Steuern zumindest dann akzeptieren würden, wenn diese der Regulierung des Handels dienten und letztlich allen zugute kamen, wurden die *Townshend Acts* verabschiedet, die den Import von Glas, Blei, Farben, Papier und Tee mit Zöllen belegten. Die Durchsetzung der Gesetze oblag wiederum den Vizeadmirals-Gerichten und einer neu gegründeten Steuerbehörde in Boston.

Boston als Sitz der Steuerbehörde war gut gewählt: Über den Bostoner Hafen wurde ein Großteil der geschmuggelten (unversteuerten) Waren in die Kolonien eingeführt – dort stießen die britischen Maßnahmen auf den größten Widerstand. Der ehemalige Steuereintreiber und Bostoner Lokalpolitiker Samuel Adams heizte derweilen die gereizte Stimmung in Boston noch an. Adams hatte sich nach dem Konkurs der Brauerei seiner Familie 1764 eine Karriere als Politiker aufgebaut. Schon gegen den *Sugar Act* hatte er heftig protestiert, die *Townshend Acts* gaben ihm den Anlass, Großbritannien der Tyrannei zu bezichtigen und die Unabhängigkeit von England zu

fordern. Andere schlossen sich an: Der wohlhabende Landbesitzer und Anwalt John Dickinson aus Delaware veröffentlichte die einflussreiche Schrift
*Letters from a Farmer in Pennsylvania*. Darin verurteilte der Autor die neu-
en Zölle als Bruch der ungeschriebenen britischen Verfassung. Ohne – wie
andere Autoren – bereits die Unabhängigkeit zu fordern, verteidigte Dickinson die „amerikanischen Freiheiten".

Im März 1770 kam es zum Eklat: Ein betrunkener Mob provozierte bri-
tische Soldaten und bewarf sie mit Schneebällen, Pferdeäpfeln und Steinen.
Die Soldaten feuerten bei Dunkelheit und allgemeiner Verwirrung in die
Menge. Fünf Menschen starben. Der angesehene Bostoner Anwalt John
Adams, der die Verteidigung der Soldaten übernahm, erwirkte für die meisten Angeklagten einen Freispruch – nur zwei Soldaten wurden milde bestraft. Der Silberschmied Paul Revere aber verfertigte eine Zeichnung des
*Boston Massacre*, die suggeriert, die Briten hätten kaltblütig, am helllichten
Tag, friedliche Bostoner Bürger regelrecht exekutiert. Der Boykott britischer Einfuhren weitete sich aus; der Handel mit Großbritannien ging 1770
um ein Drittel zurück.

### Die *Boston Tea Party*

Nach dem Tode Charles Townshends hob das Parlament die Zölle bis auf
einen auf. Denn die Durchsetzung dieser Gesetzte kostete die Krone weit
mehr, als sie einbrachten. An der Steuer auf Tee jedoch hielt man fest. Das
britische Parlament wollte wenigstens prinzipiell zeigen, es könne den Kolonisten nach eigenem Ermessen Steuern auferlegen.

Entwicklungen in anderen Gebieten des englischen Herrschaftsbereiches
führten erneut zu einer Krise: Anfang 1773 war die *East India Company*, die
von der Krone das Handelsmonopol für Indien erhalten und dafür die englische Vorherrschaft dort absicherte und die britischen Besitzungen verwal-
tete, in ernsthafte finanzielle Schwierigkeiten geraten. Die britische Vorherrschaft in Indien, die Robert Clive während des Kolonialkrieges mit
Frankreich erkämpft hatte, war für das Empire von herausragender Bedeutung. Dazu bedurfte London der *East India Company*. Das Parlament beschloss, auf Vorschlag des neuen Premierministers Lord North, der Gesellschaft unter die Arme greifend, den *Tea Act*. Das Gesetz verschaffte der
*Company* das Monopol im Teehandel mit Amerika. Damit schien eine gute
Lösung gefunden zu sein. Die Teeimporte für die Kolonien wurden sogar
billiger, da die Profite der Zwischenhändler wegfielen. Lord North hatte
jedoch nicht mit dem Zorn dieser Zwischenhändler gerechnet und das Misstrauen der Kolonisten unterschätzt, die ein solches quasistaatliches Monopol nicht dulden wollten. Vielen Schiffen wurde das Löschen der Ladung
nicht gestattet oder aber der Tee wurde in Warenhäuser eingelagert und
nicht weiterverkauft. Gouverneur Thomas Hutchinson, der loyal zur Krone

stand, wollte in der angespannten Situation dem Gesetz Folge leisten und die Bestimmungen durchführen.

Um dies zu verhindern, enterten am 16. Dezember 1773 etwa 60 Bürger Bostons – als Indianer verkleidet – drei Teeschiffe und versenkten die Ladung im Wasser des Bostoner Hafens. Ein Ereignis, das als *Boston Tea Party* in die Annalen einging. Die britische Regierung beschloss, der Provokation mit Härte zu begegnen, Massachusetts wirtschaftlich zu isolieren und militärisch unter Kontrolle zu bringen. Hatten viele Siedler anfangs kaum Sympathie für die Zerstörung fremden Eigentums, beförderten die nun in London beschlossenen *Coercive Acts* (von den Kolonisten *Intolerable Acts* getauft) den Schulterschluss der gemäßigten mit den radikaler eingestellten Kolonisten. Denn die Zwangsmaßnahmen des britischen Parlaments waren hart: Der Hafen von Boston wurde für den Handel geschlossen (*Boston Port Act*), der *Massachusetts Government Act* verbot Versammlungen und widerrief die Gründungsurkunde der Kolonie, die Kolonisten mussten britische Soldaten Quartier stellen (*Quartering Act*) und durch den *Administration of Justice Act* wurden britische Beamte von der Rechtsprechung der Gerichte der Kolonie freigestellt.

Auf heftige Kritik in den Kolonien stieß auch der schon zuvor beschlossene *Quebec Act*, der in der ehemals französischen Provinz eine Sonderstellung der katholischen Kirche begründete, römisches Recht gelten ließ und eine Regierung ohne Volksversammlung etablierte. Vor allem aber dehnte das Gesetz das Gebiet Kanadas bis zum Ohio aus. Damit war den „amerikanischen" Kolonien ein Vordringen in das Ohio-Tal abgeschnitten oder nur unter sehr erschwerten Bedingungen möglich.

Die Reaktion auf die Gesetze folgte auf den Fuß. Für den September 1774 wurde ein Kongress der amerikanischen Kolonien nach Philadelphia einberufen, um das weitere Vorgehen zu beraten.

### Der Unabhängigkeitskrieg

> *„ Listen, my children, and you shall hear*
> *Of the midnight ride of Paul Revere,*
> *On the eigthteenth of April, in Seventy-Five;*
> *Hardly a man is now alive*
> *Who remembers that famous day and year."*
> – Henry Wordsworth Longfellow, *Paul Revere's Ride*

Die *Intolerable Acts* einigten die Kolonien in ihrem Widerstand gegen die Krone. Der „Kontinentalkongress" trat im September 1774 in Philadelphia zusammen – nur Georgia hatte keine Abgeordneten geschickt. Alle Kolonien hatten die gleiche Anzahl an Stimmen, unabhängig von ihrer Einwohnerzahl. Und bereits die ersten Beschlüsse waren radikal: Der Kongress beschloss, den Handel mit Großbritannien auszusetzen und eigene Truppen auszuheben. Gewalt sollte mit Gewalt begegnet werden. Überall in den Kolonien formierten sich Milizen, deren Ziel es war, innerhalb von Minuten einsatzbereit zu sein (*Minute Men*).

Dem in Boston stationierten britischen General Thomas Gage wurde befohlen, diese Milizen mit Gewalt aufzulösen. Gage beschloss, mit 700 Soldaten in Concord, nordwestlich von Boston, die *Minute Men* zu stellen. Seine Truppen mussten zu diesem Zweck über den Charles River übersetzen, was sich nicht verheimlichen ließ. Paul Revere und zwei weitere Reiter galoppierten daraufhin über Land nach Concord (der berühmte *Midnight Ride*), um vor dem Kommen der britischen Truppen zu warnen (D. H. Fischer, 1994). Am 19. April 1775 wurden Gages Soldaten in dem wenige Meilen vor Concord gelegenen Lexington von etwa 70 *Minute Men* erwartet. Auf die Aufforderung ihre Waffen niederzulegen und sich zurückzuziehen traten die *Minute Men* mit ihren Waffen den Rückzug an. Dabei fiel ein Schuss, der als *shot heard around the world* in die Geschichtsbücher eingehen sollte. Die Briten reagierten kopflos und feuerten auf die Amerikaner; acht Männer kamen ums Leben. Als die Soldaten sich auf den Rückweg nach Boston machten, wurden sie von bewaffneten Siedlern aus dem Hinterhalt beschossen und erlitten weit mehr Verluste als die Aufständischen. Verstärkung aus Boston rettete die Briten, die von dieser neuen Form der Kriegsführung völlig überrascht waren.

Seitens der Kolonien waren nun Entscheidungen notwendig. Ein zweiter Kontinentalkongress versammelte sich im Mai 1775 in Philadelphia. Zwar wurde noch kein formeller Beschluss zur Aufstellung einer Armee gefasst, doch gab es die Bereitschaft, die im Umkreis von Boston zusammengestellten Milizen zur Verteidigung einzusetzen. Auf Drängen von John Adams wurde George Washington zum Oberbefehlshaber ernannt. Dennoch wollten die Kolonien noch keineswegs den Bruch mit dem Mutterland: Sie sahen sich im Konflikt mit George III., nicht mit Großbritannien. Auch in England gab es Bestrebungen, eine bewaffnete Auseinandersetzung zu vermeiden. Der bedeutende Parlamentarier und politische Denker Edmund Burke setzte sich für einen Ausgleich mit den Kolonien ein (O'Brien, 1992, 202 ff.). Schon zuvor versuchte die Regierung in London eine Lösung des Konflikts zu finden: Premierminister Lord North bewegte das Parlament schließlich zu Zugeständnissen. Bevor die Amerikaner davon erfuhren, hatte am 17. Juni 1775 aber bereits die blutige „Schlacht von Bunker Hill" (nördlich von Boston) stattgefunden (die sich allerdings gar nicht auf dem Bunker Hill, sondern dem nahe gelegenen Breed's Hill abspielte), bei der 140 Amerikaner fielen und mehr als 300 Mann verwundet wurden. Auf britischer Seite fielen 226, mehr als 800 wurden verwundet. Die Amerikaner hatten insgesamt geringere Verluste, vor allem aber: Sie hatten den Briten getrotzt. Die

Schlacht von Bunker Hill war das erste größere Gefecht des Unabhängig-keitskrieges. Zwar kontrollierten die Briten nach der Schlacht die Halbinsel, trotzdem behaupteten sich die Amerikaner und zwangen im Jahr darauf die Briten, sich aus Boston zurückzuziehen.

Die Amerikaner lernten in der Schlacht, dass eine entschlossene, gut ver-sorgte Streitmacht der militärischen Macht von Britannien durchaus ent-gegentreten kann. Die amerikanischen Kommandeure schafften es, über Nacht Verteidigungsstellungen aufzubauen und am nächsten Tag eine offene Schlacht zu schlagen.

Der Krieg war nun in vollem Gange. Beide Seiten suchten die Eskalation: Die Amerikaner entschlossen sich, Kanada anzugreifen. Der Kongress for-derte die Frankokanadier in Quebec auf, sich als 14. Kolonie dem Aufstand anzuschließen. Eine Armee unter General Montgomery rückte nach Que-bec vor und konnte Montreal einnehmen. Eine zweite Armee unter Bene-dict Anderson stieß aus Massachusetts vor. Vor der Stadt Quebec vereinig-ten sich die Armeen, doch in der Schlacht von Quebec im Dezember 1775 wurden die amerikanischen Truppen geschlagen und mussten sich zurück-ziehen.

Die Gegenoffensive begann. Die mittlerweile verstärkten Briten landeten 1776 mit etwa 32.000 Soldaten auf Staten Island vor New York (davon ein Viertel deutsche Söldner) und zeigten sich den unorganisierten und unzurei-chend ausgebildeten amerikanischen Soldaten überlegen. Zum Jahreswech-sel 1775/76 gelang es Washington, die Moral seiner Soldaten mit der Über-querung des Delaware River und militärischen Erfolgen in New Jersey wieder zu heben: Am Weihnachtstag setzte Washington in der Nacht über den Fluss, überraschte die hessischen Truppen der Engländer und eroberte Trenton und Princeton. Emanuel Leutzes Gemälde *Washington Crossing the Delaware* (1851) illustriert die Überquerung des Flusses – eines der be-kanntesten Werke der amerikanischen nationalen Ikonographie.

### Hessische Soldaten

Den deutschen Fürsten mangelte es an Geld. Es bot sich aber ein Ausweg an. Die Landgrafschaft Hessen-Kassel übernahm eine Vorreiterrolle: Am 15. Januar 1776 schloss der Landgraf von Hessen-Kassel, Friedrich II., mit seinem Schwager George III. einen Subsidienvertrag – insgesamt wurden, bis zum Ende der napo-leonischen Kriege, annähernd vierzig solcher Verträge vereinbart.

Das Land des Grafen litt unter einer ungünstigen geographischen Lage und einem Mangel an natürlichen Ressourcen. Es verfügte aber über ein großes Heer. Ein starkes Militär sollte den Landgrafen Macht und Wohlstand – durch eine er-giebige Einnahmequelle – sichern.

Die „Vermietung" von Soldaten war im 18. Jahrhundert durchaus üblich. Ebenso wie Zwangsrekrutierung und drakonische Strafen für Deserteure. Soldaten waren eine wichtige Ressource des Herrschers, der er große Aufmerksamkeit widmete: Denn neben der Rekrutierung lagen auch die Ausbildung und Ausstattung der Soldaten in der Verantwortung des „Vermieters". Die hessischen Soldaten hatten einen guten Ruf – und das britische Kolonialreich war ein dankbarer „Abnehmer". Insgesamt erhielten die Grafen für die Überlassung von Soldaten an England etwa £ 1.770.000 Sterling.

Die kontinentaleuropäischen Soldaten waren ein entscheidender Faktor der britischen Kriegsführung. Im Jahre 1776 wurden 12.000 Mann nach Staten Island verschifft, bis 1782 folgten weitere 19.000 Soldaten, wobei letztere zu großen Teilen nicht mehr aus Hessen kamen. Briten wie Amerikaner bezeichneten sie jedoch – die unterschiedlichen Herkunftsländer außer Acht lassend – als „Hessen". Britische Aufstellungen sprechen von 29.877 deutschen Soldaten, davon 16.992 aus Hessen-Kassel, 2.422 aus Hessen-Hanau, 1.255 aus Waldeck, 5.723 aus Braunschweig-Wolfenbüttel, 2.353 aus Ansbach-Bayreuth sowie 1.152 aus Anhalt-Zerbst. Insgesamt waren während des Unabhängigkeitskrieges bis zu einem Drittel der britischen Truppen „hessische" Söldner. Die Truppe setzte sich aus 15 Infanterie-Regimentern, vier Grenadier-Bataillonen, zwei Kompanien Feldjägern und einem Artilleriecorps zusammen, später kamen noch drei Kompanien Feldjäger zu Fuß und eine zu Pferd hinzu. Sie verfügte über einen eigenen Generalstab.

Die Hessen kämpften als Erstes in der Schlacht von Long Island (27.8.1776) und waren danach in fast allen großen Schlachten des Krieges (Germantown, Charleston, Yorktown) zu finden. Später setzte sie die Führung jedoch auch häufig als Garnisonstruppen ein. Die Verluste waren hoch: In der Schlacht von Trenton (26.12.1776) wurden ca. 900 von 1400 am Kampf beteiligten hessischen Soldaten gefangengenommen. Im Laufe des Krieges erlitten die Söldner, zusammen mit britischen Truppen oder allein, schwere Niederlagen (Trenton, Red Bank), erzielten aber auch Erfolge (Hubbarton, Freeman's Farm). Die Amerikaner forderten die Söldner zur Desertion auf. Allerdings waren die Möglichkeiten, in den Kolonien eine feste Bleibe zu finden, schon aufgrund der sprachlichen Barrieren, gering.

Nach Kriegsende 1783 kehrten knapp 18.000 Soldaten nach Deutschland zurück, etwa 7.700 blieben auf dem Schlachtfeld. 5.500 ließen sich in Nordamerika nieder.

Friedrich Schiller hat die Praxis der Subsidienverträge in *Kabale und Liebe* (II, 2) scharf gebrandmarkt: Die Juwelen, die der Landesfürst seiner Geliebten zum Geschenk macht, sind mit dem Geld bezahlt, das er aus dem Verkauf seiner Soldaten an die britische Armee in Nordamerika erhält. Schon zuvor hatte Christian Friedrich Daniel Schubart in seiner *Deutschen Chronik* („Probe der neuesten Menschenschatzung") diese Politik dargestellt und kritisiert (Alt, 2000, 359 f.).

Nicht alle Soldaten gingen freiwillig, viele suchten aber auch das gute Auskommen und manche das Abenteuer. So schrieb später der Dichter Johann Gottfried Seume, der auf der Durchreise in Hessen gefangengenommen und zum Militärdienst gezwungen wurde: „Am Ende ärgerte ich mich nicht weiter; leben muss man überall: wo so viele durchkommen: wirst du auch: über den Ozean zu schwimmen war für einen jungen Kerl einladend genug und zu sehen gab es jenseits auch etwas."

Aus einem hessischen Soldatenlied:
*Frisch auf, ihr Brüder, ins Gewehr,*
*'s geht nach Amerika!*
*Versammelt schon ist unser Heer,*
*Vivat, Viktoria!*
*Das rote Gold, das rote Gold,*
*das kommt man nur so hergerollt,*
*da gibt's auch, da gibt's auch, da gibt's auch bessern Sold!*
*[...]*
*Adchö, mein Hessenland, adchö!*
*Jetzt kommt Amerika.*
*Und unser Glück geht in die Höh',*
*Goldberge sind allda!*
*Dazu, dazu in Feindesland,*
*was einem fehlt, das nimmt die Hand.*
*Das ist ein, das ist ein, das ist ein anderer Stand!*

Mittlerweile ging es zunehmend um die Unabhängigkeit der Kolonien. Im Januar 1776 veröffentlichte Thomas Paine seine berühmte Streitschrift *Common Sense*, in der er die Monarchie attackierte und die Errichtung einer unabhängigen Republik in Amerika forderte. Es sei absurd, so argumentierte er, wenn ein Kontinent von einer Insel regiert wird. 500.000 Exemplare des Buches wurden verkauft (eine solche Auflage, die Zahl der damaligen Leserschaft in Rechnung gestellt, entspricht heute ca. 25 Mio. Exemplaren).

Politische Pamphlete waren während der Revolution eine wichtige Waffe: 95 Prozent der männlichen Weißen in den Kolonien waren Alphabeten – die höchste Alphabetenrate der damaligen Welt. Die Schriften taten das ihre: Zwar gab es noch immer viele Loyalisten, die an der Bindung zu Großbritannien festhielten, und eine weitere große Gruppe von Unentschlossenen, aber erstmals wurde nun vielerorts eine Loslösung vom Mutterland in Betracht gezogen. Die Gruppe der Befürworter der radikalen Lösung wuchs.

Schließlich setzten sich die Befürworter der Unabhängigkeit durch. Der Kontinentalkongress beauftragte eine Kommission, eine Erklärung zur amerikanischen Unabhängigkeit aufzusetzen. Thomas Jefferson verfasste für diese Kommission einen Entwurf, der – nach leichten Veränderungen durch John Adams und Benjamin Franklin – dem Kongress vorgelegt und (nach Streichung einer Kritik der Sklaverei) am 4. Juli 1776 autorisiert und gedruckt wurde. Die Unabhängigkeitserklärung hatte weitreichende Bedeutung. Die Erklärung *all men are created equal* sollte später die Grundlage für die Gleichberechtigung von Schwarzen und Frauen bilden, auch wenn Jefferson und seine Zeitgenossen damit lediglich zum Ausdruck bringen wollten, dass die (männlichen, landbesitzenden) amerikanischen Siedler gleiche Rechte wie die britischen Bürger für sich in Anspruch nahmen. Revolutionär war Jeffersons Forderung nach einem Recht auf *life, liberty, and the pursuit of happiness*, eine Forderung, die sich an Vorstellungen John Lockes anlehnte. John Locke, Charles de Montesquieu und Isaac Newton bildeten das Dreigestirn, aus dessen Schriften der Virginier seine politische Philosophie entwickelte. Und Tom Paine schrieb, die Chancen der neuen Republik resümierend: „We have every opportunity and every encouragement before us, to form the noblest, and purest constitution on the face of the earth."

### Unabhängigkeitserklärung, 4. Juli 1776

„Wenn es im Laufe der Menschheitsgeschichte für ein Volk notwendig wird, die politischen Bande zu lösen, die es mit einem andren Volke verbunden haben, und unter den Mächten der Erde den selbständigen und gleichberechtigten Rang einzunehmen, zu dem natürliches und göttliches Gesetz es berechtigen, so erfordert geziemende Achtung vor den Ansichten der Menschen, dass es die Gründe darlegt, die es zur Absonderung bewegen. Folgende Wahrheiten bedürfen für uns keines Beweises: dass alle Menschen gleich geschaffen sind; dass sie von ihrem Schöpfer mit gewissen unveräußerlichen Rechten ausgestattet sind; dass dazu Leben, Freiheit und das Streben nach Glück gehören; dass zur Sicherung dieser Rechte Regierungen unter den Menschen eingesetzt sind, die ihre rechtmäßige Autorität aus der Zustimmung der Regierten herleiten; dass, wenn immer irgendeine Regierungsform diesen Zielen abträglich wird, das Volk berechtigt ist, sie zu ändern oder abzuschaffen und eine neue Regierung einzusetzen und diese auf solchen Prinzipien zu errichten und ihre Gewalten solchermaßen zu organisieren, wie es ihm zur Gewährleistung seiner Sicherheit und seines Glücks am ratsamsten erscheint. Die Vernunft gebietet freilich, dass seit langem bestehende Regierungen nicht aus geringfügigen und flüchtigen Anlässen geändert werden sollen; und dementsprechend hat alle Erfahrung gezeigt, dass die Menschen eher geneigt sind zu leiden, solange die Missstände erduldbar sind, als sich durch die Beseitigung altgewohnter Formen Recht zu verschaffen. Aber wenn eine lange Reihe von Missbräuchen und Übergriffen, die ausnahmslos das gleiche Ziel verfolgen, die Absicht deutlich werden lässt, das Volk unumschränktem Despotismus zu unterwerfen, so ist es sein Recht wie auch seine Pflicht, eine solche Regierung zu beseitigen und durch neue schützende Einrichtungen für seine künftige Sicherheit Vorsorge zu treffen. Entsprechend haben unsere Kolonien geduldig ausgeharrt; und dementsprechend sind sie nun notgedrungen gezwungen, ihre bisherige Regierungsform zu ändern. Die Regierungszeit des jetzigen Königs von Großbritannien ist voll wiederholt begangenen Unrechts und ständiger

> Übergriffe, die alle unmittelbar auf die Errichtung einer unumschränkten Tyrannei
> über unsere Staaten abzielen. (...)
> Daher tun wir, die in gemeinsamem Kongress versammelten Vertreter der Ver-
> einigten Staaten von Amerika, unter Anrufung des obersten Weltenrichters als
> Zeugen für die Rechtschaffenheit unserer Absichten, im Namen und Auftrag des
> wohlmeinenden Volkes unserer Kolonien feierlich kund und zu wissen, dass diese
> Vereinigten Kolonien freie und unabhängige Staaten sind und rechtens sein sol-
> len: dass sie von jeglicher Treuepflicht gegen die britische Krone entbunden sind
> und dass jede politische Verbindung zwischen ihnen und dem Staate Großbritan-
> nien vollständig gelöst ist und sein soll; und dass sie als freie und unabhängige
> Staaten das uneingeschränkte Recht haben, Krieg zu führen, Frieden zu schließen,
> Bündnisse einzugehen, Handel zu treiben und alle sonstigen Handlungen vor-
> zunehmen und Tätigkeiten auszuüben, zu denen unabhängige Staaten rechtens
> befugt sind. Und zur Bekräftigung dieser Erklärung geloben wir uns gegenseitig,
> im festen Vertrauen auf den Schutz der göttlichen Vorsehung, den Einsatz unseres
> Lebens, unseres Gutes und unserer heilig gehaltenen Ehre."

Die Unabhängigkeitserklärung sollte aber auch (oder vor allem) nach außen
wirken. Die Protagonisten der Revolution wollten den europäischen Regierungen eine Botschaft übermitteln: Die Trennung von England ist endgültig!
Vor allem Frankreichs Bereitschaft, offen für die Unabhängigkeit der Kolonien einzutreten und im besten Falle auch dafür zu kämpfen, sollte gestärkt
werden. Der berühmte amerikanische Gesandte in Paris, der Philosoph und
Revolutionär Benjamin Franklin, war der Star der Pariser Salons. Lion
Feuchtwanger hat in seiner Roman-Triologie *Die Füchse im Weinberg* im
ersten Buch (*Waffen für Amerika*) Franklins Wirkung auf die Pariser Gesellschaft mit großem historischem Gespür geschildert:

„Vor der Tür des Hotels d'Hambourg wartete eine große Menge, um den Vertreter
Amerikas, der Philosophie und der Freiheit zu Gesicht zu bekommen. Er erschien
und war so, wie ihn das Gerücht beschrieben hatte, er trug die eisenumrahmte
Brille und die berühmte Pelzmütze. Man war begeistert. (…)
Was für ein Mann, dieser Erfinder des Blitzableiters, Begründer der Unabhän-
gigkeit Amerikas, Autor von philosophischen und physikalischen Werken höchsten Ranges! Wo gab es einen zweiten, der so große Leistungen mit solcher Schlicht-
heit verband? So und nur so, patriarchalisch, bepelzt und bebrillt, konnte der wahre
Weise ausschauen, der Naturphilosoph, der Bonhomme Richard, der die edelsten
Lehren des Altertums mit neuzeitlicher Wissenschaft organisch mischte. Mit der
Schnelligkeit, die den Parisern eignete, verbreiteten sie den Ruhm ihres ‚Franquellin'. Monsieur Léonard, der Friseur der Königin, der erste Haarkünstler der Welt,
erfand eine neue Haarmode für die Damen, einen hohen, gekrausten Aufputz, der
Franklins Pelzmütze nachahmte, und er nannte diese Haartracht ‚Coiffure à la
Franquellin'" (Feuchtwanger, 1984, 114 ff.).

Der amerikanische Gesandte überzeugte schließlich Außenminister Vergennes, dass es im Interesse Frankreichs läge, die USA zu unterstützen. Die Unabhängigkeitserklärung, wie sie Franklin in Paris präsentierte, stärkte die Position der Amerikaner beträchtlich – in den Augen der Franzosen meinten es die Aufständischen ernst (Herring, 2008, 18 ff.).

Am 6. Februar 1778 schlossen Frankreich und die USA eine „ewige" Allianz. Frankreich stellte sich offen an die Seite der Aufständischen und erkannte die USA an. In den USA stieß der Vertrag zunächst auf einige Vorbehalte. Das katholische, absolutistisch-monarchisch regierte Frankreich galt seit den britisch-französischen Kriegen als der Erzfeind. Trotz der Vorbehalte wurde das Bündnis schließlich begrüßt. John Adams, obwohl Frankreich stets kritisch gegenüberstehend, sprach von einem „rock upon which we may safely build" (Herring, 2008, 21).

### Benjamin Franklin

Kaum einer der Väter der Unabhängigkeit verkörperte die „amerikanischen Ideen" so sehr wie Benjamin Franklin.

Franklin wurde 1706 in Boston geboren, seine Eltern waren in bescheidenen Verhältnissen lebende Puritaner. Benjamin ging nur kurze Zeit zur Schule – die Familie konnte eine längere Schulbildung nicht finanzieren. So wurde er Autodidakt, der sich selbst nicht nur einen ausgezeichneten Schreibstil, sondern auch Französisch, Italienisch, Spanisch, Latein und die Grundzüge der Mathematik beibrachte. Als Lehrling in der Buchdruckerei seines Bruders nutzte er die Chance, alles zu lesen, was er in die Hände bekam (er sollte später in Philadelphia die erste Bibliothek gründen). Bald schrieb Franklin selbst kleine Artikel. Der umtriebige Franklin, der an allem interessiert war und zahlreiche Erfindungen machte – der Blitzableiter und die Zweistärkenbrille sind zwei der bekanntesten – war ein Mann der Aufklärung. Er glaubte, der Mensch sei in der Lage, sich durch harte Arbeit zu vervollkommnen und sein Los zu verbessern. Diese Philosophie, die Franklin zum Inbegriff des amerikanischen *Self-made man* machte, fand ihren Niederschlag nicht nur in seiner berühmten Autobiographie, sondern auch in dem mit Aphorismen und Lebensweisheiten gespickten *Poor Richard's Almanack* und vor allem in *The Way to Wealth*, das Franklin als einen der Väter des amerikanischen Kapitalismus ausweist (van Doren, 1938; E. Wright, 1986).

Die Unabhängigkeitserklärung hatte also den erhofften Erfolg. Frankreich kam den Aufständischen zu Hilfe. Aber ohnehin schien sich das Kriegsglück zu Gunsten der Amerikaner zu wenden: 1777 scheiterte der Plan der Briten, die nördlichen Kolonien zwischen der Chesapeake Bay und der kanadischen Hudson Bay in die Zange zu nehmen. Aus Kanada kommende Truppen mussten bei Saratoga zwei verlustreiche Schlachten schlagen. In Frankreich wurde der Sieg der Amerikaner bejubelt. Im Jahr 1779 traten

Spanien, das Gibraltar von England zurückgewinnen wollte, und die Niederlande der Koalition gegen Großbritannien bei.

Zum zweiten Mal war ein Weltkrieg entbrannt. In Nordamerika, der Karibik, in Indien und Südostasien stießen die Kontrahenten aufeinander. Auch die kontinentalen Mächte – unter der Führung Katharinas II. von Russland – nahmen Stellung und erklärten eine letztlich gegen England gerichtete „bewaffnete Neutralität." Damit blieb die Versorgung der USA durch die Handelsflotten neutraler Staaten gesichert. Die Briten – nun in der Defensive – beabsichtigten, um ihre militärische Ausgangslage zu verbessern, die südlichen Kolonien unter ihre Kontrolle zu bringen, da diese militärisch schwächer und wegen der Möglichkeit von Sklavenaufständen eine zusätzliche Angriffsmöglichkeit boten. Ob letztere Möglichkeit tatsächlich bestand, sei dahingestellt, die Amerikaner fürchteten aber durchaus, die Briten würden die afroamerikanischen Sklaven auf ihre Seite ziehen und einen Aufstand provozieren. Der britische Vorstoß war erfolgreich: Der tiefe Süden geriet unter britische Kontrolle. Savannah und Charleston fielen in britische Hand.

Aber der Krieg der Amerikaner gegen die mit Großbritannien verbündeten Indianerstämme war erfolgreich. Die Stämme hatten mit Großbritanniens Entscheidung sympathisiert, die Besiedelung westlich der Appalachen zu beschränken. Nun drängten die Amerikaner die Stämme zurück – die Irokesen, deren Konföderation zerbrach, im Westen und die Cherokee im Süden. Mit äußerster Härte führte die Armee des unabhängigen Amerika Krieg.

Weiter nördlich verlief der Krieg aus britischer Sicht weniger glücklich als in den südlichen Kolonien: Im Sommer 1781 wurde ein großer Teil des Expeditionskorps der Briten in Virginia eingekesselt. Dem Befehlshaber Lord Cornwallis blieb es nur, im Oktober des Jahres die Kapitulation seiner Streitkräfte zu erklären. Die Regierung von Lord North stürzte. Obwohl der Krieg militärisch noch nicht entschieden war – zwei Jahre dauerten die Kämpfe noch an – und weite Teile der Kolonien unter britischer Kontrolle standen, akzeptierte London fürs Erste eine politische Niederlage. Die britische Regierung beschloss – gegen den Willen des Königs –, den Krieg nicht fortzusetzen. Im Frühjahr 1782 begannen langwierige und komplizierte Friedensverhandlungen in Paris. Mit der Unterzeichnung des Friedens von Paris am 3. September 1783 erkannte Großbritannien die Unabhängigkeit der Vereinigten Staaten an.

### Der Frieden von Paris (1783)

Die Friedensverhandlungen waren kompliziert und schwierig. Verständlicherweise hatten die Briten versucht, die Regel *uti possidetis*, also die tatsächlichen Machtverhältnisse bei Beendigung der Feindseligkeiten, den Verhandlungen zugrunde zu legen. Offenhalten wollte sich London auch die

Möglichkeit, mit den Kolonien (und jetzigen Staaten) einzeln zu verhandeln. Auch die Option eines Separatfriedens mit Frankreich war nicht vom Tisch.

Auf englischer Seite verhandelte William Petty-Fitzmaurice, Earl of Shelburne, die Amerikaner wurden von John Jay, Benjamin Franklin und John Adams vertreten.

Die Verhandlungen waren kompliziert, der Historiker Jonathan Dall nannte sie einen „circus of many rings" (Dall, in: R. Hoffman & P. J. Albert (Hrsg.), 1986, 105).

Für die Amerikaner waren die 1782 erreichten Ergebnisse der Verhandlungen, die ein Jahr später formell bestätigt wurden, ein großer Erfolg. England konzedierte den Staaten alle Gebiete südlich der Großen Seen bis zum Mississippi und den beiden Floridas, die nun wieder in spanischen Besitz kamen – die genaue Grenze im Norden wurde allerdings nicht festgelegt und blieb auch noch lange umstritten. Die Briten räumten militärisch bedeutsame Forts entlang des Grenzverlaufs – auch im amerikanischen Gebiet – zunächst nicht. An anderer Stelle kam London den Amerikanern entgegen: Das Recht, den Mississippi als Wasserstraße zu nutzen, bestätigte London. Allerdings verhandelten die Briten hier über spanische Rechte – Madrid protestierte. Die Staaten erhielten auch Fischereirechte (vor Neufundland und im Golf des St.-Lawrence-Stroms). Jedoch waren diese Rechte vage formuliert – viel Stoff für spätere Auseinandersetzungen.

Die USA sagten im Gegenzug die Entschädigung für Enteignungen von Loyalisten zu; die Formulierung dieser Zusage blieb allerdings ebenso vage wie die Grenzziehung im Norden. Entschädigungen wurden in der folgenden Zeit nicht ausgezahlt.

Die Folgen des Friedensschlusses für die Indianer waren gravierend. Sie waren nun der Souveränität der Vereinigten Staaten unterworfen. Einzelne indianische Nationen beantworteten diesen Anspruch mit eigenen Unabhängigkeitserklärungen und Pochen auf ihre Souveränität.

## Die Revolution und Staatsgründung

Gewalttätige Auseinandersetzungen im Inneren des revolutionären Amerika blieben weitgehend aus: Die verschienden Faktionen der Staaten, allesamt Befürworter der republikanischen Staatsform, bekämpften sich, aber sie führten keinen Krieg gegeneinander. Es gab keine von einer siegreichen Faktion durchgeführte „Säuberung" und für lange Zeit auch keine dauerhaften Feindschaften der politischen Protagonisten – jedenfalls keine, die zu bürgerkriegsähnlichen Auseinandersetzungen führte, wie dies wenige Jahre später in Frankreich der Fall war. Auch die Skeptiker und anfänglichen Gegner der Revolution wurden wieder in die politische Klasse integriert. So spielte der konservative Rechtsanwalt John Dickinson, ein Gegner der englischen Politik, der aber gegen die Unabhängigkeitserklärung gestimmt hatte und sich nun dennoch mit der neuen Situation abfand, im Verfassungskonvent von 1787 bereits wieder eine wichtige Rolle. Später bestimmte er für viele Jahre die Politik von Delaware. Auch die Auseinandersetzungen um die neue Verfassung führten zunächst zu keinen großen und endgültigen Zerwürfnissen: Patrick Henry, der die Verabschiedung der Verfassung von 1787/88 entschlossen bekämpft hatte, verlor durch seine politische Niederlage nicht an Einfluss. In Massachusetts führten Rivalität und unterschiedliche Grundauffassungen zwischen Gouverneur John Hancock und Samuel Adams zu keinem dauerhaften Zerwürfnis. Nach Hancocks Tod im Jahre 1793 wurde Samuel Adams Gouverneur. Eindeutige Verlierer waren die bis zuletzt royalistischen Vertreter der Krone. Sie waren schon während des Krieges geflohen, nach dem Friedensschluss verließen die meisten der noch Verbliebenen das Land (Bailyn, 1974). Während der Revolution wurden sie unnachgiebig verfolgt, viele kamen um ihr Leben (Polk, 2009).

Es waren von allen zwei Faktoren, die diese „Harmonie" der politischen Elite des neuen Staates über politische Gegnerschaft hinweg ermöglichte: Einmal das letztlich den Revolutionären gemeinsame Projekt, die Erreichung und Sicherung einer tatsächlichen Unabhängigkeit von England. Je heftiger sich England gegen diese Bestrebungen wehrte und je schwieriger während des Krieges die militärische Lage wurde, desto einiger zeigte sich die Elite der amerikanischen Revolutionäre. Auch waren die Revolutionäre eine vergleichsweise homogene Gruppe: Sie entstammten englischen Familien, hatten eine ähnliche Erziehung genossen und gehörten der wohlhabenden Oberschicht der Kolonien an. Auch ihre religiösen und politisch-philosophischen Überzeugungen waren nicht sehr unterschiedlich. Bei allen Differenzen in politischen Fragen verfochten sie doch das gleiche Ideal.

Niemand aber – auch nicht die Revolutionäre der ersten Stunde – erwartete, dass Konflikte und Parteibildung ausbleiben würden. Die Schnelligkeit, mit der die Einigkeit der amerikanischen Elite in der nachrevolutionären Zeit – vor allem nach der Verabschiedung der Verfassung 1787/88 – zerbrach, kam dennoch überraschend. Es waren zunächst die Französische Revolution und sodann die Politik Napoleons und der von ihm zwar nicht begonnene, aber doch ausgeweitete große Krieg in Europa zwischen dem revolutionären Frankreich und England, die das Zerwürfnis im fernen Amerika bewirkten. Als der revolutionäre imperiale Störenfried beseitigt und der europäische Krieg, der auch in Amerika geführt wurde, beendet war, stellte sich für einige Zeit auch in der Neuen Welt die einstmalige Einigkeit wieder ein. Allerdings nur um im Gefolge der demographischen, wirtschaftlichen und sozialen Entwicklungen der 1820er Jahre endgültig zu zerbrechen. In diesen Jahren starben auch die Väter der Revolution und der Verfassung oder zogen sich wie Madison und Monroe endgültig aus der Politik zurück.

## Von den *Articles of Confederation* zur Verfassung

Von dieser Entwicklung war am Beginn der 1780er Jahre noch nicht viel zu spüren. Jedoch: Die innere Ordnung der jungen Republik blieb prekär. Erst die Verfassung von 1787/88 gab dem Staat einen stabilen und dauerhaften Rahmen.

Die Neufassung der amerikanischen Verfassung war Folge der mangelnden Handlungsfähigkeit der Regierung der Staaten nach dem Sieg über Großbritannien. Zwischen den – durch die 1781 ratifizierten *Articles of Confederation,* der ersten amerikanischen Verfassung – nur lose verbundenen amerikanischen Staaten brachen schnell Streitigkeiten aus: Die Auseinandersetzungen gingen um die gerechte Verteilung der Kriegslasten, die Ansprüche auf die noch unerschlossenen Gebiete im Westen und die Papiergeld-Emission einiger Staaten. Zudem führte eine Wirtschaftskrise zu Unruhen und vereinzelt sogar zu Aufständen. Seit Mitte der 1780er Jahre schlossen sich verschuldete Farmer und Gewerbetreibende zusammen. Sie überfielen Gerichte und die Amtsräume der lokalen *Sheriffs.* Besonderen Aufruhr erregte ein von einem ehemaligen Soldaten, der bei Bunker Hill für die Freiheit der Amerikaner gekämpft hatte, angeführter Aufstand im westlichen Massachusetts (*Shay's Rebellion*). Die Unruhen wurden mit beträchtlicher Mühe niedergeschlagen; die Erkenntnis der Notwendigkeit, eine festere politische Ordnung zu schaffen, setzte sich durch. Das zentrale Problem war die Schwäche der Exekutive. Dies zeigte sich nach außen wie nach innen. Der nach den Bestimmungen der *Articles of Confederation* (unikameral organisierte) Kongress hatte auf die Schaffung einer eigenständigen Exekutive verzichtet. Ein *Comittee of the States* (ein Ausschuss des Parlaments, dem ein Präsident vorstand) vertrat die Vereinigten Staaten nach außen. Ein eigenständiger exekutiver Apparat bestand nicht. Der Kongress beauftragte lediglich einige Personen mit besonderen (exekutiven) Aufgaben. Dies reichte weder für die Anforderungen der Innen- noch der Außenpolitik.

Im Jahre 1784 zeigte eine außenpolitische Krise die Schwäche dieses Regierungssystems: Der spanische Diplomat Don Diego de Gardoqui war im Frühjahr 1785 in die USA gekommen, um über die wirtschaftlich dringend gebotene Öffnung spanischer Territorien für amerikanische Waren zu verhandeln – allerdings wollte Spanien im Gegenzug eine Bestätigung seiner ausschließlichen Kontrolle über den Mississippi. Die Rechte an der großen Wasserstraße (vor allem Navigationsrechte) waren umstritten. England hatte den USA im Vertrag von 1783 seine „Ansprüche" gegenüber Spanien „abgetreten". Spanien hatte dies nicht akzeptiert. Die USA hingegen bestanden auf ihren neuerworbenen Rechten. In Verhandlungen mit Spanien wurde ein Ausgleich gefunden, den amerikanischen Siedlern stand der Handel über den Mississippi nun offen, die USA erkannten spanische Besitzstände an.

Nach den *Articles of Confederation* mussten jedoch mindestens neun Staaten der Union einem Vertrag mit einer fremden Macht zustimmen (Art. IX). Nur sieben Staaten zeigten sich dazu bereit. Außenminister John Jay war düpiert. Der Vorfall war exemplarisch, die Union als Ganzes war weder wirtschaftlich noch politisch handlungsfähig. Dies galt auch für andere Bereiche: Die Union hatte weder das Recht, Steuern zu erheben, um ihre Schulden im Ausland zu begleichen, noch konnte sie Handelskonflikte zwischen den Staaten – die immer heftigere Formen annahmen – schlichten. Sie war außenpolitisch nahezu völlig und innenpolitisch weitgehend handlungsunfähig. Die amerikanischen Siedler im Westen, von der Ablehnung des Vertrags enttäuscht, spielten mit dem Gedanken, sich Kanada und damit dem britischen Empire anzuschließen. Don Diego de Gardoqui bot den Siedlern Tennessees eine Allianz mit Spanien an, wenn sie bereit wären, sich von den Vereinigten Staaten loszusagen. Das 1776 begonnene Experiment schien recht schnell seinem Ende entgegenzugehen.

### Verfassungsgebung

Als 1786 in Annapolis eine Versammlung von Vertretern amerikanischer Staaten zusammentrat, um diese und ähnliche handelspolitische Probleme zu erörtern, nutzten einige mit dem gegenwärtigen Zustand Unzufriedene dies, um eine grundlegende Reform der Verfassung in die Wege zu leiten. Die *Annapolis Convention* beschloss, für das folgende Jahr in Philadelphia eine Versammlung einzuberufen, um die *Articles of Confederation* zu überarbeiten.

Mit der Ausnahme von Rhode Island entsandten alle Staaten Delegierte nach Philadelphia. Am fünften Beratungstag brachte der Gouverneur Virginias, Edmund Randolph, den Antrag ein, den Auftrag der Versammlung zu erweitern: Nicht um eine Revision der *Articles of Confederation* solle es gehen, sondern um die Erarbeitung einer vollständig neuen Verfassung, deren Grundzüge der Gouverneur vorstellte. Diesem *Virginia Plan* stellten einige andere Staaten den Antrag (*New Jersey Plan*) entgegen, den ursprünglichen Auftrag aufrechtzuerhalten und die *Articles of Confederation* allenfalls vorsichtig zu erweitern. Die Befürworter der Erweiterung des Auftrags setzten sich durch, und nach dreimonatigen Verhandlungen verabschiedete der Konvent einen Verfassungsentwurf. Gemäß Artikel 7 der neuen Verfassung sollte diese in Kraft treten, wenn sie in mindestens neun Staaten von einem hierzu jeweils zusammengerufenen Konvent ratifiziert würde.

Nun setzte eine heftige Debatte zwischen den Gegnern und den Befürwortern der neuen Verfassung ein. Im Rahmen dieser Debatte meldete sich in insgesamt fünfundachtzig Artikeln ein Autor unter dem Pseudonym „Publius" zu Wort. Der Autorenname war gut gewählt: Publius Valerius Publicola war einer der römischen Senatoren, die den letzten König der Tarquinier vertrieben hatten, später wurde er der Gesetzgeber und damit der Begründer der römischen Republik. Hinter dem Pseudonym verbargen sich drei Autoren: James Madison, Alexander Hamilton und John Jay. Alle drei waren in ihrem jeweiligen Staat und für die Union als Politiker und Gesetzgeber hervorgetreten, Jay hatte für den Kongress die Außenpolitik der Union erarbeitet; er galt als der wichtigste und profilierteste Diplomat der USA. Hamilton war im Unabhängigkeitskrieg Washingtons Adjutant gewesen; er beschäftigte sich mit finanz- und wirtschaftspolitischen Fragen. Madison war der theoretisch versierteste Kopf der Revolution; er hatte sich seit langem mit Fragen des Staats- und Verfassungsrechts beschäftigt. Die Zeitungsartikel sollten die neue Verfassung verteidigen, darüber hinaus auch deren allgemeingültige theoretische Grundlage vorstellen, später wurden sie als Sammlung veröffentlicht – *The Federalist. A Collection of Essays, Written in Favour of the New Constitution, As agreed upon by the Federal Convention September 17, 1787* (Adams, 1994).

### James Madison

James Madison wurde am 16. März 1751 als Sohn eines Plantagenbesitzers in Port Conway, Virginia, geboren. Er studierte Recht und Theologie am *College of New Jersey* (der späteren *Princeton University*). Seine politische Karriere begann in Virginia, wo er 1776 am Verfassungskonvent teilnahm, von 1780 bis 1783 war er Mitglied des Kontinentalkongresses, danach wurde er Mitglied des Parlaments von Virginia. Während seiner Zeit im Staatsparlament studierte er (auch praktisch) die Wissenschaft der Politik (vor allem Staatsphilosophie und Verfassungsgebung) und Geschichte. Während dieser Zeit lernte er Thomas Jefferson kennen, der für Madison zum engen Freund und politischen Mentor wurde.

Der Verfassungstheoretiker James Madison war seit deren Verabschiedung ein Kritiker der *Articles of Confederation*. 1786 forderte er als Delegierter der *Annapolis Convention* einen nationalen Verfassungskonvent. Als dieser einberufen wurde, nahm Madison als Vertreter von Virginia teil. In den Beratungen konnte er sein umfassendes Wissen über politische Theorie nutzen: Die grundlegenden Ideen der Verfassung gehen auf seine Arbeit zurück. Der von ihm geprägte *Virginia Plan* diente als Basis der neuen Verfassung. Während des Ratifizierungsprozesses verfasste Madison – gemeinsam mit Alexander Hamilton und John Jay – die später als *Federalist Papers* zusammengefassten Artikel, die es unternahmen, die neue Verfassung zu erklären und zu verteidigen. 1789 wurde Madison in das erste Repräsentantenhaus gewählt. Er schlug in seiner Amtszeit Verfassungszusätze vor, die zur Grundlage der *Bill of Rights* wurden. Insbesondere die Trennung von Staat und Religion(en), die Sicherung der Religionsfreiheit und die aus diesen Prinzipien entwickelten Grundrechte gehen auf seine Initiative zurück.

Madison trat für eine Gesetzgebung ein, die sich streng nach der Verfassung richtete. Er widersprach jeglicher Machtausübung einer Regierung, die von der

Verfassung nicht gebilligt wird: Insbesondere die Amtsführung Washingtons und John Adams' kritisierte Madison aus Sicht des Parlaments. Als „Helvidius" argumentierte er in einer Aufsatzserie gegen eine Machterweiterung des Präsidenten. Nach dem Wahlsieg Jeffersons wechselte Madison in die Exekutive. Der Präsident ernannte ihn zum Außenminister. Insgesamt acht Jahre übte Madison dieses Amt unter Präsident Jefferson aus. 1808 wurde er von den (demokratischen) Republikanern zum Präsidentschaftskandidaten erkoren und schließlich zum vierten Präsidenten der Vereinigten Staaten gewählt.

Madisons Präsidentschaft war durch den zunehmend unpopulären Krieg gegen Großbritannien geprägt (*Mr. Madison's War*).

Nach seiner Präsidentschaft kehrte Madison nach Virginia zurück. Er starb am 18. Juni 1836 (Ketcham, 1990; Ackerman, 1991).

Diese Serie von Artikeln, *The Federalist*, die zwischen Oktober 1787 und Mai 1788 in New Yorker Zeitungen erschienen, war ohne Zweifel der bedeutendste frühe Beitrag zur Debatte um die amerikanische Verfassung. Thomas Jefferson schrieb am 17. November 1788 in einem Brief an Madison, die Artikel seien der beste je geschriebene Kommentar über die Prinzipien des Regierens. In der Tat sind die als *Federalist Papers* zusammengefassten Artikel eine gebündelte Synthese von Theorie und praktischer Handlungsanleitung. Sie führen praktische Politik und Staatslehre zusammen. Sie sind darüber hinaus ein klassischer Text der amerikanischen politischen Philosophie (Herz, 1999, 145–201).

Die konstitutionelle Neuordnung des Landes wurde auf dem Verfassungskonvent in Philadelphia vom 25. Mai bis 17. September 1787 gebilligt. Allerdings gelang die Ratifizierung durch die erforderlichen neun Einzelstaaten nur, da für die nahe Zukunft Ergänzungen zur Verfassung versprochen wurden. Insbesondere eine *Bill of Rights*. James Madison nahm sich – in das erste Repräsentantenhaus der USA gewählt – dieser Aufgabe an. Im Dezember 1791 trat die *Bill of Rights*, die ersten zehn Verfassungszusätze, in Kraft.

## 5. Staatswerdung und Nationenbildung: Die frühe Amerikanische Republik

> *„The World will here see such an extent of country under a free and moderate government as it has never yet seen (…) By enlarging the empire of liberty we (…) provide new sources of renovation should its principles at any time degenerate in those portions of our country which gave them birth. "*
> – Thomas Jefferson

### Das Zeitalter der *Federalists*

Vom tatsächlichen Inkrafttreten der Verfassung 1789 und der Bildung der ersten Regierung bis zu Jeffersons Wahl zum dritten Präsidenten im späten Herbst 1800 regierte eine Gruppe von Männern die USA, die sich als *Federalists* bezeichneten (Elkins und McKitrick, 1993). Fast alle von ihnen waren an der Ausarbeitung der Verfassung beteiligt gewesen, radikal-demokratischen Experimenten waren sie abgeneigt, mit wachsendem Entsetzen blickten sie nach Frankreich, dessen revolutionäre Exzesse sie keineswegs als Fortsetzung der Amerikanischen Revolution betrachteten. Sie unterstützten eine Politik, die eine Stärkung der Exekutive forderte.

Die überragende Leitfigur der *Federalists* – wenn auch nicht ihr theoretisch versiertester Kopf (das war Alexander Hamilton) – war der erste Präsident der Republik: Bei den ersten Präsidentschaftswahlen 1789 wurde George Washington vom Wahlmännergremium – damals 69 Wahlmänner – einstimmig zum Präsidenten gewählt. Der General hatte sich nicht nach dem Amt gedrängt, ließ sich jedoch von der neugegründeten Republik in die Pflicht nehmen.

Gegen den beherrschenden Einfluß der *Federalists* erwuchs im Kongress – und auch im (in politischer Hinsicht sehr heterogenen) Kabinett – nach und nach Widerstand. Vor allem Misstrauen gegen die neue Verfassung – und die durch sie geschaffene Bundesregierung – blieb stets präsent. Kompromisse waren nötig: Das Repräsentantenhaus etablierte sich als Gegenkraft zum Amt des Präsidenten. Dort spielte James Madison, der sich, nicht zuletzt unter dem Einfluss Jeffersons, von seinen einstigen Mitstreitern bei der Verteidigung der Verfassung – Alexander Hamilton und John Jay – entfernt hatte, eine wichtige Rolle. Zumindest unternahm die Kammer den Versuch, der Exekutive Fesseln anzulegen. Der Präsident und seine engere Umgebung wehrten sich gegen diese Versuche.

Das grundlegende Misstrauen gegenüber der Zentralregierung blieb ein Leitmotiv der amerikanischen Politik – in den Staaten und in weiten Teilen der Bevölkerung. Manchmal dezent im Hintergrund, zu anderen Zeiten laut und deutlich. Die Dichotomie zwischen der Legislative und der Zentralgewalt, den Rechten der (sich als souverän verstehenden) Staaten und der Bundesregierung und – auf der abstrakten Ebene – dem freien, selbstbestimmten Individuum und der Kaste der Politiker („Washington, D.C.") bestimmt bis zum heutigen Tag die politische Kultur der USA.

### George Washington

George Washington wurde am 22. Februar 1732 als Sohn eines Plantagenbesitzers in Pope's Creek Plantation in Westmoreland Country, Virginia, geboren. 1753 zog die Familie nach Mount Vernon, einer ruhigen, noch unbesiedelten Plantage. George erhielt nur eine rudimentäre Ausbildung; nach dem Tod seines Vaters (1743) übernahm sein Halbbruder Lawrence seine Erziehung. Lawrence wurde Georges Ersatzvater.

Erst fünfzehn Jahre alt, begleitete Washington George Fairfax, in dessen Familie Lawrence eingeheiratet hatte, 1747 auf einer Erkundungsreise ins Shenandoah Valley. Von da an war Washington überzeugter Befürworter der Expansion des Siedlungsgebiets über die Appalachen hinaus. Zwei Jahre später arbeitete er in den neu erschlossenen Gebieten als Landvermesser.

Nach dem Tod seines Bruders (1752) zog Washington nach Mount Vernon und mit dem Beginn des französisch-indianischen Krieges begann Washingtons militärische Karriere. Bereits 1753 wurde er, einundzwanzig Jahre alt, Major in der Miliz von Virginia. Im Verlauf des französisch-indianischen Krieges entwickelte sich Washington zu einem einflussreichen Offizier, der sich um die Verteidigung des Ohio-Tals verdient machte. Nach Kriegsende heiratete er 1759 die wohlhabende Witwe Martha Dandrige Curtis. Mount Vernon war durch Erbschaft mittlerweile in sein Eigentum übergegangen, Washington war jetzt einer der wohlhabendsten Landbesitzer des Landes. 1759 in das *House of Burgesses* gewählt, dem er bis 1774 angehörte, wurde er in diesen Jahren zu einem Gegner der Kolonialherrschaft. Den *Stamp Act* lehnte er entschieden ab; er unterstützte als einer der ersten einflussreichen Virginier die englandkritischen Bostoner. Schließlich, er war Delegierter in beiden Kontinentalkongressen, wurde er am 15. Juni 1775 zum Befehlshaber der *Continental Army* ernannt. Zögerlich akzeptierte er die Position. Mit wechselndem Kriegsglück, als militärischer Stratege war er nicht unangefochten, führte er die Amerikaner durch den Unabhängigkeitskrieg und erwarb sich den Ruf eines unbestechlichen und patriotischen Heerführers. Nach dem Friedensschluss zog er sich nach Mount Vernon zurück; in den Verfassungskongress zog er als einer der Delegierten Virginias. Sein großes Prestige und seine (unterstellte) Unabhängigkeit führten ihn schließlich in das Amt des Präsidenten. Als erster Präsident nahm Washington am 30. April 1789 seine Amtsgeschäfte in (der vorläufigen Hauptstadt) New York auf. 1792 wurde er als Präsident wiedergewählt. Washington war sich bewusst, dass seine Amtsführung Präzedenzcharakter für die Ausgestaltung der Befugnisse des Präsidenten haben könnte. An James Madison schrieb er: „As the first of every thing, in our situation will serve to establish a Precedent, it is devoutly wished on my part, that these precedents may be fixed on true principles." Dieses bedenkend, versuchte er durch die Unterstützung des finanzpolitischen und wirtschaftlichen Programms Alexander Hamiltons den Staat zu festigen. Hinzu kam sein entschlossenes Auftreten bei nationalen Krisen wie der Whiskey-Rebellion, als sich Tausende von Farmern in Pennsylvania weigerten, eine auf Whiskey erhobene Steuer zu entrichten. Washington entsandte Bundestruppen und schlug den Aufstand nieder. Die öffentliche Ordnung war wiederhergestellt. Die sich während seiner Amtszeit abzeichnende Parteienbildung sah er allerdings mit Beunruhigung.

Eine dritte Amtszeit lehnte Washinton ab. Auch darin wollte er seinen Nachfolgern ein Vorbild sein. Nach seinem Abschied aus der Politik beriet er seinen Nachfolger John Adams, um eine Eskalation des wieder aufgebrochenen Konfliktes zwischen Amerikanern und Briten zu verhindern. George Washington, schon zu Lebzeiten einer der berühmtesten Persönlichkeiten Amerikas, starb am 14. Dezember 1799 an den Folgen einer Hals- und Racheninfektion (die Literatur zu George Washington ist umfangreich; zu seiner Bedeutung für die amerikanische Politik vgl. Cunliffe, 1958; Longmore, 1988; Schwartz, 1987).

Washington, als über den Parteien stehend angesehen, war die Integrationsfigur der neuen Nation. Der Präsident versuchte diesem Anspruch gerecht zu werden. Im Inneren war er um Ausgleich bemüht, was nicht zuletzt darin zum Ausdruck kam, dass seinem Kabinett Vertreter beider großen, sich gerade herausbildenden Parteiungen angehörten – der *Federalists* um Hamilton und Adams, die eine starke Zentralgewalt favorisierten, und der *Democratic Republicans* um Madison und Jefferson, die die Rolle der Einzelstaaten betonten.

Das Kabinett setzte sich mithin aus sehr unterschiedlichen Persönlichkeiten zusammen: Der Präsident ernannte Thomas Jefferson zum Außenminister (*Secretary of State*), Alexander Hamilton übernahm das Finanzressort, Vizepräsident war in beiden Amtszeiten Washingtons John Adams. Die vom Krieg gegen England erzwungene Einigkeit der Revolutionszeit ging alsbald verloren.

### Alexander Hamilton

Alexander Hamilton wurde 1755 oder 1757 (Letzteres seine eigene Version) in Charlestown, der Hauptstadt der britischen Karibikinsel Nevis, geboren.

Nach der Schule arbeitete er zunächst für eine Handelsgesellschaft auf Nevis. 1772 kam er nach New Jersey, um seine Ausbildung in den größeren, besser entwickelten amerikanischen Kolonien fortzusetzen. Er besuchte das *King's College* in New York (die spätere *Columbia University*).

Bei Ausbruch des Unabhänigkeitskrieges trat Hamilton einer New Yorker Miliz bei. Er erwies sich als der geborene Soldat: Ausgezeichnet in vielen Kämpfen, bewies er großes organisatorisches und logistisches Geschick und wurde rasch befördert. 1777 machte ihn Washington zu seinem Stabschef.

Nach dem Krieg wandte sich Hamilton der Politik zu: Von 1782 bis 1783 war er Mitglied des Kontinentalkongresses, danach nahm er auch an der verfassungs-gebenden Versammlung teil.

Zusammen mit John Jay und James Madison unterstützte Hamilton mit den *Federalist Papers* die neue Verfassung. Weit mehr als Madison misstraute der Rechtsanwalt demokratischen Regierungsstrukturen – immer wieder setzte er sich daher für eine starke Zentralregierung und (vergeblich) für eine Präsident-schaft auf Lebenszeit ein.

In der Adminstration von George Washington war Hamilton von 1789 bis 1793 Finanzminister. Seine Initiativen trugen maßgeblich zum Aufbau des amerikani-schen Bankensystems bei. In einer Reihe von Denkschriften erwies sich Hamilton als ein originärer ökonomischer Denker. Vor allem der im Dezember 1791 vorgeleg-te *Report on the Subject of Manufactures* erwies sich in den ersten Jahren der Republik als einflussreich (Herz, 2006, 170 f.).

Während der Präsidentschaft John Adams' entfremdete sich Hamilton mehr und mehr der von den *Federalists* geprägten Administration. Er blieb aber ein hinter den Kulissen einflussreicher Politiker. Während der amerikanisch-französi-schen Krise (1798–1800) ernannte Präsident Adams Hamilton zum Generalmajor; sollte es zum Krieg kommen, wäre er de facto Oberbefehlshaber gewesen. Als der Krieg ausblieb, kritisierte Hamilton die Politik des Präsidenten immer deutlicher und obwohl er sich bei der Präsidentschaftswahl gegen Jefferson und für Adams aussprach, blieb sein Engagement für die *Federalists*, die er einst an bedeutender Stelle mitbegründet hatte, halbherzig.

Als im Frühjahr 1801, wegen der Stimmengleichheit im Wahlmännergremium, die Entscheidung, ob Jefferson oder Aaron Burr der Nachfolger Adams werden würde, an das Repräsentantenhaus gegeben wurde, unterstützte Hamilton seinen großen Rivalen Jefferson. Burr, den Hamilton verachtete und politisch seit langem bekämpfte, unterlag.

Hamilton agitierte auch weiterhin gegen den nunmehr Vizepräsidenten Burr: So setzte er sich bei der Gouverneurswahl in New York für Burrs Gegner Morgan Lewis ein, der schließlich auch gewann. Als Gerüchte bekannt wurden, Hamilton habe sich in der Öffentlichkeit (wieder einmal) abfallend über den Vizepräsiden-ten geäußert, verlangte dieser eine Entschuldigung, die Hamilton verweigerte. Nach dem Austausch einiger beleidigender Briefe forderte Burr Hamilton zum Duell. Am 11. Juli 1804 trafen die erbitterten Feinde am Hudson River aufeinander. Hamilton wurde im Schusswechsel der beiden Duellanten tödlich verwundet (Chernow, 2004; Fleming, 1999).

Das Duell beendete auch die politische Karriere Burrs. 1805 wurde er als Vize-präsident nicht wiedergewählt. George Clinton folgte ihm nach. Der einstige Vizepräsident wurde einige Zeit später in eine (vermeintliche, letztlich nie ganz aufgeklärte) Verschwörung verwickelt. Gerüchten zufolge wollte er einen von den USA unabhängigen Staat im Mississippi-Tal errichten – ein (vermeintlicher) Mitverschwörer informierte den Präsidenten. Jefferson ließ Burr verhaften und vor Gericht stellen. Der Tatbestand des Hochverrats konnte ihm nicht nachgewiesen werden. Für lange Zeit lebte Burr dann in Europa; er starb hochbetagt, wieder in die USA zurückgekehrt, im Jahr 1836.

(1973 veröffentlichte Gore Vidal einen vielbeachteten Roman (*Burr*) über das Leben des berühmt-berüchtigten Politikers, der eine eigenwillige, durchaus plausible Sichtweise auf die Revolution und den Unabhängigkeitskrieg enthält.)

In der internationalen Politik, vor allem nach Ausbruch der Koalitionskriege in Europa, setzte der erste Präsident auf Neutralität – die amerikanische Regierung verhielt sich während der Französischen Revolution und der durch diese ausgelösten internationalen Konflikte weitgehend passiv. Obwohl er für diese Haltung nicht nur Beifall erntete, wurde Washington 1792 wiedergewählt. Er setzte seine vorsichtige Außenpolitik fort. Als er 1797 aus dem Amt schied, legte er die Grundlagen dieser Politik noch einmal dar. Er riet seinem Nachfolger in seiner Abschiedsrede (*Farewell Address*, 19.10.1796), die USA sollten keine permanenten Bündnisse eingehen. Die Rede war zum Teil von Hamilton entworfen, in einigen Passagen nahm Washington offen Partei für die Politik der *Federalists*, deren Kopf Alexander Hamilton war. Bei der zweiten Präsidentschaftswahl zeichnete sich – konsequenterweise – die Entstehung eines Zweiparteiensystems ab.

### Farewell Address, George Washington, 19.10.1796

„(...) nothing is more essential, than that permanent, inveterate antipathies against particular Nations, and passionate attachments for others should be excluded; and that, in place of them, just and amicable feelings towards all should be cultivated. (...)

A passionate attachment of one Nation for another produces a variety of evils. Sympathy for the favourite Nation, facilitating the illusion of an imaginary common interest, in cases where no real common interest exists, and infusing into one the enmities of the other, betrays the former into a participation in the quarrels and wars of the latter, without adequate inducement or justification. (...)

Against the insidious wiles of foreign influence (...) the jealousy of a free people ought to be constantly awake; since history and experience prove that foreign influence is one of the most baneful foes of Republican Government. But that jealousy, to be useful, must be impartial; else it becomes the instrument of the very influence to be avoided, instead of a defence against it. (...)

The great rule of conduct for us, in regard to foreign nations, is, in extending our commercial relations, to have with them as little political connection as possible. So far as we have already formed engagements, let them be fulfilled with perfect good faith. Here let us stop. (...)

Our detached and distant situation invites and enables us to pursue a different course. If we remain one people, under an efficient government, the period is not far off, when we may defy material injury from external annoyance; when we may take such an attitude as will cause the neutrality, we may at any time resolve upon, to be scrupulously respected; when belligerent nations, under the impossibility of making acquisitions upon us, will not lightly hazard the giving us provocation; when we may choose peace or war, as our interest, guided by our justice, shall counsel. (...)

It is our true policy to steer clear of permanent alliances with any portion of the foreign world; so far, I mean, as we are now at liberty to do it; for let me not be understood as capable of patronizing infidelity to existing engagements. (...)

Taking care always to keep ourselves, by suitable establishments, on a respectable defensive posture, we may safely trust to temporary alliances for extraordinary emergencies.

Harmony, liberal intercourse with all nations, are recommended by policy, humanity, and interest. But even our commercial policy should hold an equal and impartial hand; (...) constantly keeping in view, that it is folly in one nation to look for disinterested favors from another; that it must pay with a portion of its independence for whatever it may accept under that character; that, by such acceptance, it may place itself in the condition of having given equivalents for nominal favors, and yet of being reproached with ingratitude for not giving more. There can be no greater error than to expect or calculate upon real favors from nation to nation. It is an illusion, which experience must cure, which a just pride ought to discard."

Am Ende seiner Amtszeit war die Spaltung der Regierung in zwei unterschiedliche Strömungen nicht nur sichtbar, sondern wirkmächtig geworden: *Secretary of State* Thomas Jefferson bewarb sich 1797 um die Nachfolge, unterlag jedoch John Adams, dem Kandidaten der *Federalists*. Das Verfahren brachte es allerdings mit sich, dass erneut, wie in den beiden Administrationen Washingtons, beide Gruppierungen – längst noch nicht als festgefügte Parteien organisiert – in der Regierung vertreten waren: Denn, so die damalige Regel, der in der Wahl Zweitplatzierte wurde automatisch Vizepräsident. Adams und Jefferson bildeten eine Regierung. Damit war die Administration in wichtigen politischen Fragen gespalten.

### Auseinandersetzung um die Außenpolitik: Die Französische Revolution und der Beginn des amerikanischen Parteiensystems

Im Zentrum der politischen Auseinandersetzung zur Zeit der Adams-Administration stand die Außenpolitik der jungen Republik: Die Französische

Revolution polarisierte die Amerikaner und führte nicht zuletzt zur (immer festeren) Formierung der beiden ersten politischen Parteien. Hatten die Amerikaner anfangs die Revolution in Frankreich mit viel Wohlwollen verfolgt und als Fortsetzung des eigenen Freiheitskampfes gesehen, schieden sich nach der Hinrichtung des Königs im Januar 1793 die Geister: Die *Federalists* geißelten die unkontrollierte Gewalt, die in Frankreich um sich griff, wohingegen die *Democratic Republicans* den republikanischen Prinzipien die Treue hielten. Die Regierung ging zu Frankreich auf Distanz. John Adams' Amtszeit als Präsident war geprägt von einem zunehmend belasteten Verhältnis zu Frankreich.

### John Adams

John Adams wurde am 30. Oktober 1735 in der Massachusetts Bay Colony geboren. 1758 wurde er als Rechtsanwalt zugelassen. In der Auseinandersetzung um den *Stamp Act* betonte Adams, dass die Rechte der englischen Bürger von Gott kommen, nicht von der britischen Monarchie oder dem Parlament in London. Sein „unparteiisches" Eintreten für Recht und Gesetz demonstrierte er, als er erfolgreich britische Soldaten verteidigte, denen vorgeworfen wurde, mit unverhältnismäßiger Gewalt gegen rebellische Kolonisten vorgegangen zu sein (*Boston Massacre*). 1774 wurde Adams Delegierter im ersten Kontinentalkongress. Zunehmend trat er auch mit staatstheoretischen Veröffentlichungen in Erscheinung (*Thoughts of Government*, 1776, das der Anwalt auch als Erwiderung auf Paines *Common Sense* verstand).

Schon früh forderte Adams die Unabhängigkeit von Großbritannien. Nachdem er sich 1777 aus dem Kongress zurückgezogen hatte, wurde er Mitglied der amerikanischen Gesandtschaft in Frankreich. Nach Amerika zurückgekehrt, erarbeitete Adams den ersten Entwurf der Verfassung von Massachusetts, der mit nur wenigen Veränderungen von der verfassungsgebenden Versammlung angenommen wurde. Zusammen mit Benjamin Franklin und John Jay handelte er 1783 mit Großbritannien den Vertrag von Paris aus. Mittlerweile Gesandter in Großbritannien, verfasste er zwischen 1785 und 1788 seine zweite große staatstheoretische Abhandlung (*Defence of the Constitution of Government of the United States*). 1789 wurde John Adams in der ersten Präsidentenwahl (nach Inkrafttreten der Verfassung) zum Vizepräsidenten gewählt. Acht Jahre später wurde er der zweite Präsident der Vereinigten Staaten. Mit dem Vertrag von Mortefontaine konnte er einen Krieg mit Frankreich verhindern. Die politische Einheit der Regierung konnte er nicht erhalten: Zunehmend stellte er sich gegen die Demokratisch-Republikanische Partei, vor allem durch die Durchsetzung der *Alien and Sedition Acts*, die auch gegen seine politischen Gegener gerichtet waren.

1800 unterlag er in der Präsidentschaftswahl Thomas Jefferson. Enttäuscht kehrte er auf seine Farm in Massachusetts zurück, der Inauguration seines Nachfolgers blieb er fern. Seine letzten Jahren verbrachte er mit der Abfassung seiner Autobiographie. Am 4. Juli 1826 starb John Adams in Quincy, Mass., am fünften Jahrestag der Unabhängigkeitserklärung (P. Smith, I und II, 1962; McCullough, 2001).

In der internationalen Politik hatte die junge Republik seit ihrer Gründung drei Gegenspieler, aber auch mögliche Verbündete: Großbritannien, Frankreich und Spanien.

Adams suchte in den europäischen Kriegen die Balance zu wahren. Die USA gaben eine Neutralitätserklärung ab. Damit setzte die neue Administration die Politik Washingtons fort. Im August 1795, während der zweiten Amtszeit Washingtons, hatten die USA *Jay's Treaty* unterzeichnet – der Vertrag, von John Jay verhandelt, sollte die Beziehungen zu England verbessern und gleichzeitig die USA aus den europäischen Kriegen heraushalten. Die Vereinbarungen waren „englandfreundlich": So schloss der Vertrag die Praxis der Zwangsrekrutierung von britischen Seeleuten, die auf amerikanischen Schiffen angeheuert hatten und die – oft zusammen mit Amerikanern – wieder in die britische Marine gepresst wurden (nachdem die amerikanischen Schiffe zuvor aufgebracht wurden), nicht ausdrücklich aus. Diese Praxis war ein zentraler Streitpunkt zwischen Großbritannien und den USA – er sollte es noch lange bleiben. Die Bestimmungen des Vertrags wurden in Kauf genommen, da die Vereinbarung die Beziehungen zu den Briten normalisieren und die Wirtschaftskontakte wieder in den Vordergrund stellen sollte. Großbritannien wurde damit faktisch, bei Aufrechterhaltung der Neutralität, Frankreich als Haupthandelspartner vorgezogen. Die Folgen im Verhältnis zu Frankreich waren absehbar: Die Beziehungen verschlechterten sich. Frankreich fürchtete eine Parteinahme der USA für Großbritannien. Auf See versuchte die französische Flotte den amerikanischen Handel mit Großbritannien zu unterbinden, wenigstens empfindlich zu stören. Während der Präsidentschaft Adams' kam es von 1798 bis 1800 zu einem „inoffiziellen", auf See geführten Krieg zwischen den USA und Frankreich. Neutralität und Aufrechterhaltung des Handels waren nur schwer in Einklang zu bringen.

Adams wollte sich aber auch nicht gegen Frankreich stellen: Trotz sich mehrender Zwischenfälle suchte er nach Möglichkeiten einer Entspannung. Standhaft verweigerte er sich den Forderungen seiner politischen Verbündeten nach einer Kriegserklärung an Frankreich. Dies war nicht einfach, da die Beziehungen der beiden Staaten sich permanent verschlechterten. Auf See bekämpften sich die Flotten der beiden Länder in einem immer mehr zum Quasi-Krieg werdenden Konflikt. Schon bis Ende 1796 hatten französische Kaperkommandos mehr als 300 amerikanische Schiffe aufgebracht. Mühsam wahrte Adams die Neutralität und versuchte mit Frankreich zu verhandeln. 1797 schickte er zu diesem Zweck eine Delegation nach Paris. Als dort drei französische Agenten – als X, Y und Z bezeichnet – Bestechungsgelder forderten, die dem französischen Außenminister Talleyrand Vorbedingung für die Aufnahme von Verhandlungen waren, blieb der Präsident gegenüber den Franzosen hart und gewährte keine Zugeständnisse, verweigerte aber eine Kriegerklärung an Frankreich. Die Stimmung in Washington wurde antifranzösisch.

1797 wurden die diplomatischen Beziehungen der ehemals Alliierten abgebrochen; die USA kündigten den Vertrag von 1778, das als „ewig" geplante Bündnis mit Frankreich. Mit der Auflösung des Bündnisvertrages bekräftigte die amerikanische Regierung zugleich noch einmal, ganz im Sinn von George Washington, dass die USA in Zukunft keine Allianzen eingehen würden. (Die USA hielten konsequent an dieser Politik fest; erst 1941 trat die amerikanische Regierung einem formalen Bündnis bei.)

Ein Krieg schien nun immer wahrscheinlicher zu werden. Die USA begannen mit konkreten Kriegsvorbereitungen: Im Mai 1798 wurde ein Marineministerium gegründet; der alte George Washington sollte erneut den Oberbefehl über die amerikanischen Truppen übernehmen (mit Alexander Hamilton als seinen Vertreter); Pläne zu einer Invasion Louisianas und Mexikos wurden erarbeitet.

Adams setzte sich gegen die Kriegsbefürworter jedoch noch einmal durch. Die Verhandlungen mit der Regierung in Paris wurden fortgesetzt. Endlich gelang ihm auch eine Verständigung: Im Vertrag von Mortefontaine wurde vereinbart, dass die USA und Frankreich sich auf den Weltmeeren nicht mehr bekriegen werden. Der Quasi-Krieg war damit beendet, aber auch die Waffenbrüderschaft der Revolutionszeit. Die „ewige" Allianz von 1778 war schneller als erwartet zu Ende gegangen.

### John Jay

John Jay wurde am 12. Dezember 1745 als Sohn einer angesehenen New Yorker Familie geboren. 1764 beendete er seine Ausbildung an der (später so genannten) *Columbia University*. Damit begann sein Aufstieg: 1768 erhielt er seine Zulassung als Anwalt. Danach heiratete er in die einflussreiche New Yorker Familie Livingston ein. Nicht zuletzt diese Verbindung förderte seine Karriere.

Jay war ein politischer Anwalt: 1774 wurde er in den ersten, 1775 in den zweiten Kontinentalkongress gewählt, dem er bis 1779 angehörte. Zwar hatte er sich vor der Revolution nicht zum Ziel der Unabhängigkeit bekannt und galt in den Kreisen der Revolutionäre als eher konservativ. Nach der Unabhängigkeitserklärung wandelte er sich jedoch zu einem energischen Vertreter der Eigenständigkeit der USA. 1777 wirkte er maßgeblich bei der Erarbeitung der ersten Verfassung des Staates New York mit.

Zusammen mit Benjamin Franklin und John Adams verhandelte Jay 1782 den Vertrag von Paris, der den amerikanisch-britischen Krieg beendete. Er war, als de facto „Außenminister" von 1784 bis 1789, der außenpolitische Kopf der jungen Republik.

> Nach Inkrafttreten der Verfassung wurde Jay von Washington zum Vorsitzen-
> den Richter des *Supreme Court* ernannt. Dennoch betätigte er sich weiterhin in der
> Politik. Wenn auch zunächst nicht erfolgreich: 1792 verlor Jay die Wahl um das
> Amt des Gouverneurs von New York gegen George Clinton.
> Als Sonderbeauftragter George Washingtons in England (1794), handelte er den
> nach ihm benannten *Jay's Treaty* aus, der – obwohl in den USA heftig umstritten –
> einen Krieg zwischen England und Amerika verhinderte. Als Jay nach Amerika
> zurückkehrte, erfuhr er von der in seiner Abwesenheit erfolgten Wahl (1795) zum
> Gouverneur von New York. Er gab sein Amt als Vorsitzender Richter des *Supreme
> Court* auf und war über zwei Amtszeiten Gouverneur von New York.
> Nach langer Krankheit verstarb John Jay am 17. Mai 1829.

Die Innenpolitik der Republik wurde inzwischen immer mehr unter partei-
politischen Prämissen betrieben. Der Präsident hatte mit polemischen Zei-
tungsangriffen der Opposition zu kämpfen. Er fühlte sich verletzt und
ungerecht behandelt. Die Auseinandersetzung der sich immer mehr voneinander abgrenzenden Parteiungen nahm an Schärfe zu. Seine Gegner warfen dem Präsidenten vor, mittels freiheitsbegrenzender Gesetze, die Ideen
der Amerikanischen Revolution zu verraten (*Alien and Sedition Acts*). Die
Administration versuchte in der Tat, ihre Kritiker mundtot zu machen.
Öffentliche Kritik am Präsidenten wurde unter Strafe gestellt, die den demokratischen Republikanern zugeneigte Presse damit eingeschüchtert
(*Sedition Act*). Auch die Rechte von Neueinwanderern (vor allem von Franzosen und der in der Mehrzahl gegenüber England feindlich gesinnten Iren)
wurden beschnitten (*Naturalization Act, Alien Act, Alien Enemy Act*). Insbesondere aber die Gesetze, die regierungskritische Schmähkritik unterbinden sollten, stießen auf heftigen Protest – auf Seiten Jeffersons, der ohnehin
die Opposition anführte und sein Amt als Vizepräsident kaum wahrnahm,
aber auch in den eigenen Reihen schwand die Unterstützung. Als Alexander
Hamilton den Präsidenten kritisierte, schwanden Adams' Chancen auf eine
Wiederwahl. Die *Federalists* waren gespalten. Mittels eines letzten gesetzgeberischen Kraftakts (*Judiciary Act*) versuchten die *Federalists* um Adams
wichtige Positionen in der Richterschaft vor der Präsidentschaftswahl zu
besetzen. Die Niederlage der Regierungspartei war absehbar.

   Zu den am Ende der Amtszeit ernannten Richtern gehörte John Marshall,
der an der amerikanischen Gesandtschaft in Frankreich teilgenommen hatte,
deren Mission in der XYZ-Affäre gescheitert war. Nach Jays Rückzug war
er für dreieinhalb Jahrzehnte Vorsitzender des *Supreme Court*. Zwei Themen bestimmten die Jurisdiktion des Gerichts in seiner Amtszeit: In vielen
Entscheidungen stärkte das Gericht die Union gegenüber den Staaten;
gleichzeitig etablierte er in *Marbury v. Madison* das Recht des Gerichts zur
Überprüfung der Bundesgesetze aus der Verfassung (*judicial review*). Unter

seiner Ägide begann auch die Interpretation und Fortentwicklung der bürgerlichen Grundrechte.

## The Revolution of 1800

Das Ergebnis der dritten Präsidentschaftswahl war keine Überraschung: Thomas Jefferson konnte sich 1800 im Wahlkampf gegen den Präsidenten durchsetzen. Allerdings erhielt er im Wahlmännergremium, das im Februar 1801 zusammentrat, die gleiche Zahl an Stimmen wie sein Vizepräsidentschaftskandidat Aaron Burr, so dass nun das Repräsentantenhaus die Entscheidung zu treffen hatte: Dort setzte sich Jefferson im 35. Wahlgang durch – ironischerweise dank der Unterstützung seines Rivalen Hamilton, der Aaron Burr, seinen New Yorker Landsmann, noch mehr verabscheute als den Virginier. Um eine ähnliche Situation für die Zukunft zu vermeiden, wurde die Verfassung ergänzt (durch den Zwölften Verfassungszusatz, der 1804 in Kraft trat): Künftig gab es getrennte Wahlgänge für Präsident und Vizepräsident.

Das sich gerade entwickelnde Parteiensystem fiel in sich zusammen: Die *Federalists* spielten keine entscheidende Rolle mehr – immerhin hatten sie die USA durch die ersten turbulenten Jahrzehnte der Republik geführt. Ihre Konzeption der Außenpolitik der USA bestimmte noch für lange Zeit das internationale Auftreten der Republik.

Jefferson wollte mit der vorsichtigen, konservativen Politik seiner beiden Vorgänger brechen und die Republik zu ihren Ursprüngen zurückführen. Der *Alien Act* wurde 1802, als er auslief, nicht mehr erneuert. Ebenso wurde eine Reihe anderer Maßnahmen der *Federalists* zurückgenommen, auch der *Judiciary Act*. Mit James Madison – als *Secretary of State* – und Albert Gallatin als Finanzminister traten neue Personen in die Regierung ein. Vor allem Gallatin stand für eine sparsame Ausgabenpolitik und einen ausgeglichenen Haushalt. Auch der Stil war ein anderer: „Als Zeichen seiner Volkstümlichkeit ging Jefferson 1801 zu Fuß zur Amtseinführung – ein großer schlaksiger Mann mit sandfarbenem Haar, der auch bei feierlichen Anlässen keine Perücke mehr trug. Er verzichtete auf den Vierspänner mit livrierter Eskorte und ritt lieber allein mit einer Wache durch die Stadt" (Adams, in: Heideking, 2002, 80).

Die Antrittsrede des neuen Präsidenten mit ihrem Versprechen, keine *entangling alliances* einzugehen, war in Fragen der Außenpolitik ein Echo der Position Washingtons – obwohl Jefferson, der Jahre zuvor Benjamin Franklin als Gesandter in Frankreich nachgefolgt war, grundsätzlich Sympathien für die Französische Revolution hegte. Dennoch: Im Inneren kündigte der Präsident eine grundlegende Neuorientierung an. Jefferson betonte die Bedeutung der Agrarwirtschaft, die Notwendigkeit territorialer Expansion nach Westen und eine „Rückkehr" zu den republikanischen Prinzipien der

Revolution. Symbolisiert wurde dies nicht zuletzt durch den Umzug der Regierung im Sommer 1800 – noch während der Amtszeit von John Adams – in das noch wenig städtische Washington, den neuen Regierungssitz. Die vielen unfertigen Bauten und das Fehlen eines Gesellschaftslebens symbolisierten die „Einfachheit" der republikanischen Politik und ihrer Protagonisten. Seit Ende 1790 hatte Philadelphia als vorläufige Hauptstadt gedient – die südlichen Staaten hatten New York immer eher ablehnend gegenübergestanden.

Jefferson, der dritte Präsident der USA, akzeptierte das Erbe seiner beiden Vorgänger: Die Machtübergabe verlief, trotz gegenteiliger Befürchtungen, friedlich und geordnet. Jeffersons zwei Amtszeiten, auf eine dritte verzichtete er dem Vorbild Washingtons folgend, waren anders, als es seine Rhetorik erwarten ließ – er sprach von der *Revolution of 1800* –, nicht von Konfrontation und Umbruch, sondern von sozialem Konsens und der Betonung der Einigkeit des Landes geprägt. Nach außen trachtete der Präsident, die Vereinigten Staaten zu einem wichtigen Handelspartner der europäischen Staaten zu machen. Der (erneut) angekündigte Verzicht auf Bündnisse war für die wirtschaftliche Entwicklung der jungen Nation dabei kein Hindernis: Der Handel blühte, die Exportüberschüsse wuchsen und die Expansion nach Westen – insbesondere durch den Erwerb des gesamten Louisiana-Territoriums von Frankreich – sorgte dafür, dass die Vereinigten Staaten geographisch und strategisch an Gewicht gewannen.

### Thomas Jefferson

Thomas Jefferson wurde 1743 in Shadwell, Virginia, geboren. Seine Familie war alteingesessen und wohlhabend; Thomas erhielt daher eine sorgfältige und umfassende Schulbildung. Zunächst durch Privatlehrer, dann am *College of William and Mary* in Williamsburg. Nach seinem Abschluss 1762 studierte er Jurisprudenz bei einem bekannten Anwalt, 1767 wurde er selbst als Anwalt zugelassen.

In den folgenden Jahren baute sich Jefferson eine Karriere als Anwalt und Politiker auf. Seit 1772 mit Martha Wayles Stalton verheiratet, wurde er in den 1770er Jahren Abgeordneter des *House of Burgesses*. Während seiner Tätigkeit als Abgeordneter begann sich Jefferson mit politischen Theorien (den politischen Konzepten der Aufklärung) zu befassen. 1774 erschien seine erste wichtige Abhandlung: *A Summary View of the Rights of the British America*.

Der angesehene Anwalt und Parlamentarier wurde 1774 einer der Vertreter Virginias im Kontinentalkongress. Seiner politiktheoretischen Kenntnisse und der Gabe gut zu formulieren wegen beauftragte der Kongress Jefferson mit dem Entwurf einer Unabhängigkeitserklärung. Obwohl dieser Entwurf von John Adams und Benjamin Franklin noch einmal redigiert und verändert wurde, gilt Jefferson zu Recht als der wichtigste Autor der Unabhängigkeitserklärung.

Nach einigen Jahren, in denen er zum zweiten Mal im Parlament von Virginia tätig war – und umfangreiche Gesetze zu verschiedenen Fragen maßgeblich mitentwarf (Religionsfreiheit, Reform des Strafrechts, Bildung) –, war er von 1779 bis 1781 Gouverneur seines Heimatstaates.

1785 (bis 1789) wurde Jefferson zum Gesandten der USA in Frankreich ernannt. Soweit es sein Status als Diplomat erlaubte, unterstützte Jefferson die beginnende Französische Revolution.

Zurück in den USA wurde Jefferson von Washington zum Außenminister (*Secretary of State*) ernannt. Bald zeigten sich aber politische Differenzen zwischen Jefferson und Alexander Hamilton, dem einflussreichen Finanzminister Washingtons. Um die beiden Antagonisten formierten sich die ersten politischen Gruppierungen in der Geschichte der USA. 1793 warf Jefferson das Handtuch und zog sich für einige Zeit aus der aktiven Politik zurück.

1796 kandidierte er für das Amt des Präsidenten; er unterlag John Adams, wurde aber als Zweitplatzierter, dem damaligen Prozedere der Wahl entsprechend, Vizepräsident. Die Differenzen zwischen dem Präsidenten und seinem Stellvertreter zwangen Jefferson zu einer weitgehend passiven Rolle – immerhin: Er verfasste ein Handbuch über die Verfahren und Regeln des Senats (*A Manual of Parliamentary Practice*).

1800 kandidierte er erneut für das Amt des Präsidenten und setzte sich in einem komplizierten Verfahren (die Wahl wurde wegen einer Pattsituation an das Repräsentantenhaus überwiesen) gegen Aaron Burr durch.

Die Präsidentschaft Jeffersons war geprägt durch die territoriale Erweiterung der USA (*Louisiana Purchase*), die Erforschung des Landes (Lewis-Clark-Expedition) und Auseinandersetzungen mit Frankreich und vor allem Großbritannien. 1809 zog sich Jefferson auf sein Landgut Monticello zurück, James Madison folgte ihm in der Präsidentschaft.

Jefferson war sein Leben lang ein Erfinder und Gelehrter. Für seine *Notes of the State of Virginia* (11786/87 erschienen) führte er die ersten archäologischen Untersuchungen in Amerika durch, er entwarf die Pläne für seinen Landsitz Monticello und die von ihm gegründete *University of Virginia* – für die er auch ein Curriculum erarbeitete. Der *Sage of Monticello* war aber auch ein Mann mit Widersprüchen: So blieb sein Verhältnis zur Sklaverei stets ambivalent, er war Sklavenhalter und wollte die Sklaverei überwinden, eine seiner Sklavinnen, Sally Hemmings, war seine langjährige Geliebte.

Am 4. Juli 1826, dem 50. Jahrestag der Unabhängigkeitserklärung, starb der ehemalige Präsident, Diplomat und Universalgelehrte – am gleichen Tag, an dem sein einstiger Freund und langjähriger politischer Gegner John Adams verstarb. Als Epitaph wünschte er sich, er möge für drei Leistungen seines Lebens in Erinnerung bleiben: die Unabhängigkeitserklärung, das Gesetz Virginias über die Freiheit der Religion und die Gründung der *University of Virginia*.

## Der Weg nach Westen: Der *Louisiana Purchase* und die Lewis-und-Clark-Expedition

Die Expansion nach Westen war für Jefferson der Königsweg zur Stabilisierung der jungen Republik. Zwischen den USA und dem pazifischen Westen lag allerdings das riesige Louisiana – abwechselnd von Spanien und Frankreich beansprucht. Am einfachsten war es, dieses Gebiet durch Kauf zu erwerben. Dies war früh die Absicht der Amerikaner. Die Aussicht für einen solchen Handel schien aber zunächst gering. Am Ende gelang es dem Präsidenten jedoch, den Kauf zu bewerkstelligen.

Jefferson hatte trotz seiner Zweifel daran, ob ein Kauf des Louisiana-Territoriums verfassungsrechtlich möglich ist – und seiner Abneigung gegen Napoleon, der seiner Ansicht nach die Französische Revolution „verraten" hatte –, der Gelegenheit nicht widerstehen können, das Territorium der USA durch den Kauf von Louisiana auf einen Schlag auf das Doppelte zu vergrößern. Der Präsident, der von der „Einzigartigkeit" seines Landes überzeugt war und deshalb bis heute als einer der Väter des amerikanischen Exzeptionalismus gilt, war der Ansicht, ein dünn besiedeltes, agrarisch geprägtes Land könne die Konflikte zwischen den unterschiedlichen sozialen Schichten, unter denen Europa litt, vermeiden. Dazu bedurfte es einer Erweiterung des Territoriums.

Ursprünglich plante Jefferson, lediglich New Orleans zu kaufen. Das französische Louisiana im Westen und Südwesten der USA, westlich des Mississippi und um das Delta des Stroms, war jedoch für die zukünftige Entwicklung der Republik von großer Bedeutung: Seit dem Erlangen der Unabhängigkeit waren Tausende Europäer in die Gebiete jenseits der Appalachen gezogen und hatten dort erst Territorien, dann Staaten errichtet: Kentucky (1792), Tennessee (1796), Ohio (1803). Um mit ihren Produkten auch überseeische Märkte zu erschließen, war der Mississippi für die Farmer und Trapper, für die nach und nach entstehenden Manufakturen und Brennereien der neuen Territorien und Staaten unverzichtbar. Politisch und wirtschaftlich kontrolliert wurde das Gebiet von New Orleans, dem bedeutendsten Hafen der amerikanischen Karibikküste. Die Stadt war daher unverzichtbar für eine territoriale Expansion über den Mississippi hinaus.

Die Ansprüche auf Louisiana waren zu Beginn des 19. Jahrhunderts etwas verworren: New Orleans und das gesamte Louisiana waren 1763 vom bourbonischen Frankreich zwar an Spanien abgetreten worden, doch waren die Amerikaner zu Recht davon überzeugt, das zur europäischen Großmacht aufgestiegene napoleonische Frankreich könnte auf eine Revision der Abtretung drängen. Auch Jefferson sah eine solche Entwicklung mit Besorgnis: „Es gibt auf dem Globus einen einzigen Fleck, dessen Besitzer unser natürlicher Feind ist. Es ist New Orleans, das die Produkte von drei Achtel unseres Territoriums auf dem Weg zu den Märkten passieren müssen. Wenn

Frankreich sich in diese Tür stellt, löst dies bei uns das Gefühl der Abwehr aus."

In der Tat versuchte Napoleon eine Wiederherstellung des im britisch-französischen Krieg Mitte des 18. Jahrhunderts verlorengegangenen amerikanischen Imperiums. Am 1. Oktober 1800 „erwarb" Frankreich Louisiana (inklusive New Orleans) von Spanien – festgelegt in einer geheimen Zusatzklausel zum Vertrag von San Ildefonso.

Frankreich kämpfte zu dieser Zeit um die Erhaltung der Kolonialherrschaft auf Haiti (Saint-Dominique). In Paris glaubte man, den Aufstand der schwarzen Sklaven der Karibikinsel schnell niederschlagen zu können. Obwohl 500.000 schwarze Sklaven nur ca. 30.000 europäischen Kolonisten und ca. 30.000 Freigelassenen gegenüberstanden. Haiti war wirtschaftlich von Bedeutung für Frankreich; den Aufständischen, die sich auf die Ideen von 1789 beriefen, schlug in Paris deswegen nur wenig Sympathie entgegen. Daher wandten diese sich zunächst den gegen Frankreich stehenden Spaniern zu; später wechselten die Aufständischen ihre Loyalität. Sie sahen sich nun als Teilhaber der Französischen Revolution. In Frankreich hielt man aber an der Idee der Unterwerfung des Aufstandes fest, gedacht als erster Schritt zur Rückeroberung des amerikanischen Imperiums. Denn nach der Niederschlagung des Aufstandes sollte das dorthin entsandte, 20.000 Mann starke Expeditionscorps unter General Charles Leclerc auf das amerikanische Festland übersetzen. Leclerc hatte den Auftrag, sodann Louisiana militärisch unter Kontrolle zu bringen und dort eine lebensfähige koloniale Struktur zu errichten.

Zunächst schien der Plan aufzugehen: Im Juni 1802 deportierten die Franzosen den von ihnen gefangengenommenen Freiheitskämpfer Toussaint L'Ouverture, den Anführer der Revolution in Haiti, nach Frankreich. Dort kam er in der Haft ums Leben. Die Aufständischen waren damit aber keineswegs besiegt. Im Gegenteil: Es zeichnete sich alsbald eine Niederlage der Kolonialarmee ab. Das in Haiti grassierende Gelbfieber dezimierte die französischen Soldaten und tötete im November auch General Leclerc. Die brutale und rassistische Politik der Franzosen führte zu einem rücksichtslosen Guerilla-Krieg und zum Überlaufen französischer Offiziere; General Jean-Jacques Dessalines und Alexandre Pétion, die Befehlshaber der Aufständischen, setzten sich durch. Dessalines erklärte die Unabhängigkeit, ließ sich zum Generalgouverneur auf Lebenszeit und schließlich zum Kaiser ernennen (1806 wurde er ermordet und das Land geteilt). Die weißen Sklavenhalter und Plantagenbesitzer wurden ermordet und vertrieben. Für den amerikanischen Süden war der blutige Sklavenaufstand ein Menetekel. Von Harriet Beecher Stowe (*Uncle Tom's Cabin*, 1851), über Herman Melville (*Benito Cereno*, 1855) zu William Faulkner (*Absalom, Absalom*, 1936) und Eugene O'Neill (*The Emperor Jones*, 1920) blieb die Revolution in Haiti ein politisch und sozial brisantes Thema für die amerikanischen Intellektuellen und die politische Klasse des Landes.

Die Rückschläge der französischen Kolonialpolitik führten dazu, dass Napoleon seine Pläne aufgab, das französische Imperium in der neuen Welt zu restaurieren. Die Franzosen zogen sich im November 1803 aus Haiti zurück. Napoleon war nun bereit, Louisiana an die USA zu verkaufen. Er konzentrierte sich auf den großen Krieg in Europa.

Die amerikanisch-französischen Verhandlungen, die schon vor geraumer Zeit begonnen, aber bisher zu keinem Ergebnis geführt hatten, kamen nun schnell zu einem Abschluss. Zur Überraschung der Amerikaner ging es den Franzosen bei den Verkaufsverhandlungen nun nicht mehr nur um New Orleans, sondern um das ganze Louisiana. Ohne weitere Instruktionen des Präsidenten abzuwarten, akzeptierte die amerikanische Delegation das Angebot der Franzosen.

Am 30. April 1803 wurde der Vertrag von Robert R. Livingston, James Monroe und François Barbé-Marbois in Paris unterzeichnet. Der Senat ratifizierte ihn am 20. Oktober und autorisierte Präsident Jefferson am 31. Oktober, Louisina für die USA in Besitz zu nehmen und eine vorläufige Militärregierung zu errichten.

Frankreich erhielt 60 Millionen Franc von den USA. 20 Millionen Franc wurden gegen Forderungen von amerikanischen Bürgern an Frankreich (meist für aufgebrachte Schiffe und beschlagnahmte Waren) verrechnet. In amerikanischer Währung belief sich die Kaufsumme auf ca. 15 Millionen Dollar.

Damit hatte sich das Staatsgebiet der USA mehr als verdoppelt und der Weg nach Westen war offen. (Auf dem Gebiet des *Louisiana Purchase* liegen heute die Staaten Louisiana, Arkansas, Missouri, Iowa, North Dakota, South Dakota, Nebraska, Kansas, Wyoming, Minnesota, Oklahoma, Colorado und Montana. Das Territorium des *Louisiana Purchase* umfasst 900.000 Quadratmeilen.)

Die Territorien im Westen – in Louisiana und westlich und nordwestlich davon – waren weitgehend noch unerforscht. Für die amerikanische Regierung war es daher wichtig, Erkenntnisse über die Beschaffenheit des Landes, seiner Bewohner und Bodenschätze zu gewinnen.

Die Erkundung des Westens war seit längerem geplant: Thomas Jefferson bat den Kongress noch vor dem Erwerb Louisianas, seine Mitarbeiter Meriwether Lewis und William Clark auf eine Forschungsexpedition in die unerforschten Gebiete des Westens zu entsenden. Er erhielt die Zustimmung. Noch während der Überlegungen und Diskussionen um den Kauf von Louisiana beauftragte Jefferson daher Lewis, das (zu dieser Zeit vermeintlich noch) spanische Louisiana zu erkunden. Als Lewis und Clark schließlich – nach langen Beratungen und Vorbereitungen – aufbrachen, gehörte das Louisiana-Territorium bereits zu den USA. Der Auftrag an die beiden Entdecker wurde nun erweitert: Sie sollten den Nordwesten bis zum Pazifik erkunden, Möglichkeiten eruieren, mit den dortigen Indianerstämmen Vereinbarungen zu treffen und damit die Kontrolle über den Pelzhandel – bisher in den Händen der Briten – zu gewinnen. Nach dem Erwerb von Louisiana war nun das Oregon-Territorium im pazifischen Nordwesten das Ziel der amerikanischen Expansion.

Dabei sollten die Forscher nicht nur Material über Geographie, Flora und Fauna sammeln, sondern auch über die Indianerstämme, auf die sie trafen, über Handelsmöglichkeiten und über Wege, die sich für den Zug nach Süden und Westen anboten. Die zweijährige Expedition begann 1804 und führte Lewis und Clark und ihre Begleiter entlang des Missouri, über die Rocky Mountains und sodann entlang des Columbia zum Pazifik. Als sie im September 1806 zurückkehrten, brachten sie umfassende Informationen über die Geographie, die Indianerstämme und die Flora und Fauna des amerikanischen Westens mit. Ihre Expedition förderte den Pelzhandel im Westen und bekräftigte die amerikanischen Ansprüche auf das Oregon-Gebiet (Lewis & Clark, 2004). Lewis und Clark schufen solchermaßen die Voraussetzungen für militärische Erkundungsunternehmen und wiesen den westwärts ziehenden Pionieren den Weg entlang des *Oregon Trail* (die klassische Darstellung des *Oregon Trail* ist Francis Parkmans *The Oregon Trail: A Summer's Journey Out of Bounds*, eine zwischen 1847 und 1849 erschienene Folge von Artikeln, die mehrfach neu aufgelegt und verändert wurde; vgl. Parkman, 2008).

Die zweijährige Erkundungsfahrt hatte die Entdecker quer durch den Kontinent zum Pazifik geführt. Die publizistische und tatsächliche Resonanz war in den gesamten Vereinigten Staaten zu spüren: Berichte über die Expedition veranlassten Trapper und Pelzhändler in den Nordwesten zu ziehen; Verhandlungen mit den Ureinwohnern zeigten aber auch, dass keineswegs alle Stämme bereit waren, die Souveränität der USA über das ganze Land zu akzeptieren. Aber der Anspruch auf das Oregon-Territorium war durch die Reise deutlich unterstrichen worden. Insbesondere auch gegenüber Großbritannien, das ebenfalls Rechte geltend machte.

Die wirtschaftliche Situation im Osten und eine stetig ansteigende Einwanderung trieben die Expansion weiter an. Die wirtschaftliche und soziale Situation der Landbevölkerung im westlichen Massachusetts, im Norden von Connecticut und Vermont hatte sich in den ersten beiden Jahrzehnten des 19. Jahrhunderts stetig verschlechtert. Der Grund war die wachsende Konkurrenz aus dem Landesinneren. Aus den westlich der Küstenansiedlungen gelegenen Gebieten, die seit Beginn des Jahrhunderts rasch erschlossen wurden, kamen immer billigere Agrarprodukte. Viele Farmer an der Küste im Osten des Landes gaben ihr Land auf und zogen nach Westen.

Dort bildeten sich neue wirtschaftliche und politische Strukturen: Es gab riesige Besitzungen, deren Eigentümer oftmals so gut wie keine Landsteuer zahlten. Auf dem ungenutzten, fruchtbaren Land ließen sich Siedler nieder, die keine Pacht zahlten und mehr landwirtschaftliche Erzeugnisse produzierten, als sie verbrauchten.

Die Union erweiterte sich: Bereits 1791 war das mittlerweile erschlossene Vermont als erster Staat nach dem Unabhängigkeitskrieg den Vereinigten Staaten beigetreten. Der Norden des Bundesstaates New York und die Ufer südlich der großen Seen wurden besiedelt. Von Süden her kamen Siedler aus Pennsylvania in das nachmalige Ohio. Die Besiedlung des (mittleren) Westens hatte begonnen.

### The Second Great Awakening

Griff zu Ende des 18. Jahrhunderts unter den gebildeten Amerikanern zunehmend Deismus und Säkularismus um sich, entwickelte sich um die Jahrhundertwende und danach als Gegenreaktion das *Second Great Awakening*; in der ersten Hälfte des 19. Jahrhunderts breiteten sich neu entstehende religiöse Bewegungen von Osten nach Westen aus. Im Gegensatz zu den Lehren der meisten Prediger des ersten *Great Awakening* vertraten viele Evangelikale nun nicht mehr die Prädestinationslehre. Vielmehr nahmen sie an, der Mensch sei zu moralischen Handlungen fähig und könne sich bewusst gegen die Sünde entscheiden.

In den Neuenglandstaaten inspirierte die neu erwachte evangelikale Begeisterung eine Vielzahl sozialer Bewegungen – wie die Abolitionisten, die für die Abschaffung der Sklaverei kämpften, und die Temperenzler, die für ein Verbot alkoholischer Getränke eintraten.

Im geographischen Zentrum dieser Bewegung, im Westen des Staates New York, wurde Charles Grandison Finney zu einer der Schlüsselfiguren. Finney, ein Rechtsanwalt, hatte im Alter von 29 Jahren eine Epiphanie erlebt. Nach diesem Erlebnis und seiner Bekehrung wurde er Prediger. In den 1820er und 1830er Jahren machte er durch gut organisierte Gottesdienste von sich reden, in denen er mittels kraftvoller Predigten viele seiner Hörer zur Bekehrung und Umkehr bewegte.

Geistliche und Prediger in den großen Siedlungsgebieten folgten seinem Beispiel. Überall fanden Bekehrungsgottesdienste (*protracted meetings*) statt. Neue Varianten des Gottesdienstes und der religiösen Unterweisung entwickelten sich: In den Appalachen in Kentucky und Tennessee entstand mit den *camp meetings* eine neue Form – sich über mehrere Tage erstreckende Gottesdienste im Freien oder im Zelt. Immer größere Menschenmengen nahmen daran teil. Im August 1801 fand in Cane Ridge in Kentucky eine Versammlung mit über 10.000 Teilnehmern statt. Geistliche der Presbyterianer, Baptisten und Methodisten nahmen teil; sie predigten Feuer und Schwert und forderten Umkehr. Die Gottesdienste waren hochemotional, oft unterbrochen von Schreien religiöser Ekstase, öffent-

lichen Beichten, Absagen an die Sünde und dem Bekenntnis persönlicher Erweckungserlebnisse.
   Von dem neu erwachten religiösen Eifer profitierten vor allem Baptisten und
Methodisten, die nun gegenüber denjenigen Denominationen an Einfluss gewannen, die Amerika in der Kolonialzeit dominiert hatten, wie Presbyterianer, Kongregationalisten, Anglikaner und Quäker.
   Der religiöse Aufbruch dauerte bis in die Zeit vor dem Bürgerkrieg. Während
des Krieges und in den ersten Nachkriegsjahren flaute die religiöse Begeisterung
ab. Der Kriegsalltag ließ wenig Raum für große missionarische Anstrengungen.

Mittlerweile war die Republik ein Akteur der Weltpolitik. Jefferson wollte
die USA zu einer starken, autarken Macht entwickeln. Nach der territorialen Expansion stand für ihn der Handel (mittels der Schifffahrt) im Vordergrund. Anders als Hamilton vertraute der Präsident auf das freie Spiel der
Kräfte. Den Hamilton'schen Protektionismus lehnte er ab.
   Die maritime Expansion der USA machte während seiner Präsidentschaft
große Fortschritte. Der Ausbau der amerikanischen Handelsmarine wurde
forciert. Der Krieg Englands gegen Napoleon kam den Amerikanern dabei
zunächst zupass. Sie suchten ihre neutrale Position zu nützen. Nach und
nach gerieten die USA aber (erneut) in Gegensatz zu den Interessen Großbritanniens.
   An anderem Ort zeigte der Präsident (auch militärische) Entschlossen-
heit: Gegen die Piraten der nordafrikanischen Fürstentümer (die „Barbares-
ken"), die auch amerikanische Schiffe kaperten, Geiseln nahmen und Lösegeld forderten, entsandte Jefferson ein Geschwader ins Mittelmeer. Die
Republik zeigte ihre Zähne.
   Der Zerfall der osmanischen Herrschaft im Maghreb hatte im 18. Jahrhundert zu einer Blütezeit der Piraterie geführt. Die USA, ihre Handels-
interessen im Augenmerk ihrer Politik, suchten zunächst nach einem Arran-
gement. Mit den lokalen Herrschern in Marokko, Algiers und Tripolis
schloss die amerikanische Regierung in den 1790er Jahren „Abkommen";
für die Freilassung gekaperter Schiffe wurde Lösegeld bezahlt. Als der Pascha von Tripolis höheren Tribut verlangte, erwiderte Jefferson die Forderung mit militärischen Maßnahmen. Er schickte 1801 vier Kriegsschiffe ins
Mittelmeer. Die Mission war zunächst wenig erfolgreich; 1803 eskalierte
Jefferson den Krieg daher – mit dem Ziel, die Regierung des Pascha zu stürzen. Eine größere Flotte stach in See. Die amerikanische Marine schlug sich
gut – Lord Horatio Nelson nannte einen wagemutigen Angriff auf Tripolis
„the most bold and daring act of the age" (Herring, 2008, 99).
   Der Krieg gegen Tripolis („to the shores of Tripoli", wie es in einem Lied
des *Marine Corps* heißt) ging in die amerikanische Militärfolklore ein. Die
Ergebnisse der Expedition waren letztlich aber bescheiden: 1805 trafen der

Pascha, der an der Regierung blieb, und die USA ein Abkommen, das die Feindseligkeiten beendete. Als sich das amerikanische Geschwader 1807 aus dem Mittelmeer zurückzog, kam es erneut zu Übergriffen der Herrscher von Algiers, Tunis und Tripolis. Erst 1812 konnte – erneut segelten amerikanische Schiffe ins Mittelmeer – die Piraterie (zumindest die zum Nachteil der USA) beendet werden.

Die mit außenpolitischen und militärischen Notwendigkeiten begründeten Maßnahmen hatten eine verfassungsrechtliche Wirkung. Jefferson schuf mit seiner Aktion einen Präzedenzfall: Ohne Zustimmung des Kongress hatte der Präsident amerikanische Truppen im Ausland eingesetzt.

Das amerikanisch-britische Verhältnis verschlechterte sich während Jeffersons Amtszeit. Die Gründe lagen in der europäischen Politik: Großbritannien richtete sein Vorgehen immer mehr an den Notwendigkeiten der Kriegsführung gegen das napoleonische Frankreich aus. Dies führte auf See zu Konflikten mit den USA. Der Anlass war die Flucht zahlreicher britischer Seeleute. Eine große Zahl dieser Desserteure heuerte bei der amerikanischen Marine an, um dem Militärdienst in der britischen Flotte zu entgehen. Das hatte Folgen: Eine geringere Zahl erfahrener Seeleute verursachte der britischen Seekriegsführung Probleme – die Dominanz auf See war im Kampf gegen Napoleon aber von entscheidender Bedeutung. Die Fahnenflucht führte daher zu britischen Gegenmaßnahmen; Schiffe wurden gekapert, um Desserteure zu finden, und immer öfter wurden auch Amerikaner in die britische Marine gepresst. Zwischenfälle häuften sich. Zwischen 1804 und 1807 brachte die britische Marine über tausend Handelsschiffe der USA auf (im Vergleich: die französische Flotte kaperte im gleichen Zeitraum 500 amerikanische Schiffe). Der Ärger in den USA wurde zur Wut.

Einen Höhepunkt erreichte die Auseinandersetzung 1807 in der *Chesapeake*-Affäre: Der Kommandant des englischen Kriegsschiffes *Leopard* erzwang die Durchsuchung der amerikanischen *Chesapeake* und nahm vier angebliche Deserteure fest. Das amerikanische Schiff wurde schwer beschädigt.

Jefferson reagierte mit Härte. Die USA verhängten ein Handelsembargo (*peaceable coercion*): Jeglicher Handel mit kriegsführenden Staaten wurde verboten – damit sollte Großbritannien getroffen werden. Andererseits wollte der Präsident keinen Krieg herbeiführen. Es war der Versuch einer Vermittlung zwischen den Prinzipien des Präsidenten, der keinen Krieg wollte, und der Notwendigkeit der (auch ökonomischen) Selbstverteidigung. Konkret: Jefferson beabsichtigte, einen Krieg wenn möglich zu vermeiden, er wollte sich aber auch nicht den Notwendigkeiten der britischen Seekriegsführung unterwerfen, die er auch aus wirtschaftlichen Gründen als gegen die amerikanischen Interessen gerichtet sah.

Die Embargopolitik zeitigte keinen Erfolg. Die Staaten im Nordosten litten unter dem Handelsembargo, den Staaten im Süden gingen Möglichkeiten verloren, ihre Agrarprodukte zu exportieren. Im März 1809, am Ende der Amtszeit Jeffersons, wurde das Embargogesetz aufgehoben.

### James Madison und der „Zweite Unabhängigkeitskrieg"

Im März 1809 übernahm James Madison die Präsidentschaft. George Clinton, der 1805 Aaron Burr abgelöst hatte, blieb Vizepräsident. Der Präsident versuchte die Embargopolitik zunächst durch eine vermittelnde Position zu ersetzen. Der Handel mit Frankreich und Großbritannien sollte von einer Genehmigung des Präsidenten abhängen. Die Verhandlungen mit den beiden Ländern schienen zunächst erfolgversprechend, dann aber scheiterten die Verhandlungen mit London. Damit nutzte auch eine Übereinkunft mit Frankreich, die immerhin möglich erschien, nicht mehr viel. Die Beziehungen zwischen London und Washington erkalteten, Madison rief seinen Gesandten zurück. In Washington machte sich eine Gruppe von Kriegsbefürwortern bemerkbar, die *War Hawks*. Die wichtigsten Vertreter dieser Gruppe hatten weitreichende Ziele. Ein Krieg bot in ihren Augen die Chance, (das britische) Kanada und (das spanische) Florida in die USA einzuverleiben. Sie agierten mit Verve gegen Großbritannien. Und sie setzten sich schließlich durch. Einer der einflussreichsten Köpfe der *War Hawks* war der Anwalt Henry Clay. Zweimal war der Virginier durch Nachwahlen Senator geworden. Zwischen diesen Amtszeiten war er Mitglied und zeitweise Sprecher des Repräsentantenhauses von Kentucky. 1811 wurde er in das Repräsentantenhaus der Vereinigten Staaten gewählt und schon am ersten Sitzungstag zum Sprecher bestimmt. Er machte sich schnell einen Namen als einer der besten Redner des Kongresses. Nun sprach er für den Krieg gegen England.

Recht eigentlich hatte der Krieg schon zuvor begonnen. Die „Indianerkriege" und die britisch-amerikanischen Auseinandersetzungen gingen ineinander über. Ein wichtiger Protagonist der Kriege gegen die Indianer war William Henry Harrison. Seit 1800 Gouverneur des Indiana-Territoriums (das die zukünftigen Staaten Indiana, Illinois, Michigan, Wisconsin und Teile von Minnesota umfasste), verfolgte er das Ziel, den dortigen Indianern so viel Land wie möglich abzunehmen. Harrison hatte bereits unter General Wayne an den Kämpfen gegen die Indianer im Ohio-Tal teilgenommen. 1797 aus der Armee ausgeschieden, hatte er sich um einen Sitz im Kongress beworben (als Vertreter des Nordwestterritoriums, mithin ohne Stimmrecht). Präsident Jefferson übertrug dem Gouverneur nun das Recht, mit den Stämmen im Indiana-Territorium über den Kauf von Land zu verhandeln. Er hatte auch umfassende militärische Vollmachten.

Als Harrison 1809 einen Vertrag mit einigen Stämmen über den „Verkauf" von Land schloss, regte sich Widerstand. Zwei Brüder aus dem Stamm der

Shawnee, Tenskwatawa und Tecumseh, schmiedeten eine Föderation mit den Creek, Cherokee und den Choctaw. Schon 1809 hatte Tecumseh, der sich im Krieg als ein fähiger militärischer Führer erwies, erklärt: „We can go no further." Sein Bruder Tenskwatawa war ein religiöser Führer, der die Stämme zur althergebrachten Lebensweise zurückführen wollte. Da er Land als Gemeinbesitz sah, bezweifelte er die Rechtmäßigkeit von Abtretungen. Ein erbitterter Krieg begann: Tenskwatawa wurde 1811 von Harrison in der Schlacht von Tippecanoe geschlagen; Tecumseh setzte den Widerstand auf Seiten der Briten im Krieg von 1812 fort, der sich aus indianischer Perspektive als eine Fortsetzung der Kämpfe zwischen Indianern und Amerikanern in den letzten Jahrzehnten darstellte. Im August 1812 eroberten Briten und Tecumsehs Krieger Detroit. Es war ihr letzter großer Erfolg. Der indianische Aufstand wurde wenige Monate danach niedergeworfen. Tecumseh wurde von Harrisons Truppen im Oktober 1813 (*Battle of the Thames*) geschlagen und getötet. Wenig später kapitulierten die Krieger der Konföderation gegenüber Harrison in Detroit.

Als die indianische Föderation kapitulierte, war der Krieg gegen Tecumseh längst im britisch-amerikanischen Krieg aufgegangen. Die *War Hawks* hatten den Briten immer wieder vorgeworfen, mit den großen Stämmen gegen die Amerikaner zu konspirieren und diese militärisch zu unterstützen. Ein Argument, das schon vor dem Krieg gegen die Konföderation zu hören war. Es war eines von vielen Argumenten für die Notwendigkeit des Krieges gegen die Briten.

Letztlich hatten diese Argumente Erfolg: Am 18. Juni 1812 erklärte der amerikanische Kongress, auf Vorschlag von James Madison, Großbritannien den Krieg. Die Entscheidung für den Krieg fiel denkbar knapp aus. Nicht zuletzt weil viele Abgeordnete Madisons Optimismus, es würde ein kurzer, nach den Regeln der Manöverkriege des 18. Jahrhunderts geführter Konflikt sein, nicht teilten. Die Ausgangsbedingungen sahen auch nicht allzu gut aus: Die Kräfteverhältnisse waren wenig ausgewogen – 17 amerikanische, standen mehr als 500 britischen Kriegsschiffen gegenüber. Allerdings konnte die amerikanische Marine gerade im ersten Kriegsjahr Erfolge verbuchen, da ein Großteil der britischen Flotte noch im Krieg gegen Frankreich gebunden war.

Die Amerikaner setzten auf eine Ausweitung des Konflikts: Der Krieg sollte – ähnlich wie zu Beginn des Unabhängigkeitskrieges – nach Kanada getragen werden. Anfangs gab es einige Erfolge. An der kanadischen Front besiegte die amerikanische Flotte unter dem Kommando von Oliver Hazard Perry die Briten auf dem Eriesee (September 1813).

Auch der Kampf gegen die Stämme war erfolgreich: Im Oktober gelang es Harrison, die Briten und ihre indianischen Verbündeten nördlich des Eriesees vernichtend zu schlagen. Tecumseh fiel in der Schlacht. Damit war ein britischer Vormarsch in den Nordwesten der USA blockiert. Andererseits wehrten die Briten Vorstöße der Amerikaner nach Kanada ab, und ihre weit überlegene Flotte blockierte die amerikanische Küste. Der wirtschaftliche Schaden machte sich schnell bemerkbar. Die Situation war einige Monate nach Beginn der Feindseligkeiten unentschieden.

Der amerikanisch-britische Krieg in Nordamerika verlief zeitgleich zum Höhepunkt der napoleonischen Kriege in Europa: Aber für Großbritannien war Nordamerika nur ein Nebenkriegsschauplatz; für die USA wurde der Krieg (mit nahezu 2.000 Gefallenen und 158 Milliarden Dollar an Kriegskosten) mit der Zeit zu einem Überlebenskampf.

Eine militärische Entscheidung zeichnete sich auch nach Monaten nicht ab: Keine der Kriegsparteien konnte die Oberhand gewinnen; die amerikanische Position (vor allem in wirtschaftlicher Hinsicht) verschlechterte sich jedoch. Dies hatte mit dem Kräfteverhältnis der Kontrahenten zu tun. Die militärische und wirtschaftliche Überlegenheit der Briten machte sich bemerkbar. Die ausbleibenden Erfolge auf dem Schlachtfeld hatten Auswirkungen im Inneren: Der Krieg war nie populär gewesen, nun regte sich immer mehr Opposition gegen Madisons Politik. In einigen Staaten wurde mehr oder weniger offen von Sezession gesprochen. Die britische Blockade brachte den amerikanischen Handel fast zum Erliegen. Gesetzlosigkeit und Schmuggel machten sich breit. Die Regierung stand vor dem Bankrott.

Die Amerikaner hatten inzwischen mit den Briten Verhandlungen begonnen. Im flämischen Gent verhandelten Henry Clay, Albert Gallatin und John Quincy Adams über die Bedingungen eines Friedensschlusses. Die Gespräche in Gent standen – wegen der militärischen und wirtschaftlichen Lage der USA – zunächst unter sehr ungünstigen Vorzeichen. Dennoch zögerten die Unterhändler die Verhandlungen hinaus. Sie hofften auf eine günstigere Ausgangslage. Mit Henry Clay war einer der einflussreichsten Kriegsbefürworter an den Verhandlungen beteiligt.

Die Rechnung ging auf. In der zweiten Jahreshälfte verbesserte sich die militärische Situation der Amerikaner. Im September 1814 siegte eine amerikanische Flotte auf dem Lake Champlain über die Briten. Damit war der Vormarsch der britischen Kräfte im Nordwesten endgültig gestoppt. Auch im Süden hatten die Amerikaner Erfolge: Der britische Angriff in der Chesapeake Bay wurde zurückgeschlagen. Der Angriff auf Baltimore, eine wirtschaftlich bedeutende Stadt, scheiterte. Allerdings eroberten britischen Truppen Washington und zerstörten die amerikanische Hauptstadt – der Amtssitz des Präsidenten wurde niedergebrannt.

Eine Episode des Krieges wurde zu einer der stilbildenden Legenden der amerikanischen Geschichte: Am 13. und 14. September bombardierten die Briten Fort McHenry – der Auftakt der Schlacht von Baltimore. Der amerikanische Anwalt und Autor Francis Scott Key beobachtete das Bombardement von Bord eines britischen Kriegsschiffes aus. Er war auf dem Schiff, um einen Gefangenenaustausch abzuwickeln; die Briten hielten im Vorfeld des Angriffs auf das Fort die Delegation fest, da sie über Stärke und Bewaffnung der Angreifer Bescheid wusste. Zur Untätigkeit verbannt, beobachteten die Amerikaner das Bombardement. Als der Pulvernebel der Geschütze sich legte, wehte die amerikanische Flagge noch immer über dem Fort und Francis Key Scott schrieb bewegt ein Gedicht: *„The Defence of Fort McHenry.“* Die Verse waren als Text für John Stafford Smiths *„To Anacreon in Heaven“* gedacht – bekannt wurde das Lied als *„The Star Spangled Banner“*. Text und Melodie wurden schnell populär. 1916 erklärte Präsident Woodrow Wilson es zur Nationalhymne; 1931 bestätigte der Kongress die Anordnung des Präsidenten.

Die unklare militärische Lage beförderte die Friedensverhandlungen. Während der Weihnachtszeit 1814 unterzeichneten die Unterhändler in Gent den Friedensvertrag. Verhandelt hatten die Diplomaten beider Seiten über eine Revision des Vertrages von 1783, im Detail über Fischereirechte, Gebietsabtretungen, die (zumindest denkbare) Errichtung eines indianischen Pufferstaates und eine Vielzahl weiterer Probleme. Das Ergebnis blieb hinter den Erwartungen zurück. Letztlich stellte der Vertrag den *status quo ante bellum* wieder her. Strittige Fragen wurden ausgeklammert. Ein spöttischer französischer Beobachter sprach von einem *Treaty of Omissions*.

Zwei Ergebnisse des Krieges reichten weit in die Zukunft: Es begann der Aufstieg Andrew Jacksons. Vor allem aber: Der Krieg besiegelte das Schicksal der Indianerstämme. Mit ihrer faktischen „Unabhängigkeit“ in den noch unerschlossenen Gebieten war es nun vorbei.

Der Aufstieg Jacksons war vor allem einem „Epilog“ des Krieges zu verdanken: General Andrew Jackson war während seines Feldzuges gegen die Creek über Florida nach New Orleans vorgedrungen. Dort schlug er, mit einer geringeren Truppenzahl als sie die Briten aufbringen konnten, deren Angriff auf die Stadt zurück. Er wurde zum Kriegshelden – als die Schlacht geschlagen wurde, war der Friedensvertrag allerdings bereits unterzeichnet, die Nachricht aber noch nicht über den Atlantik gedrungen.

### Die „Indianerkriege“

Die Siege der Amerikaner in den beiden Kriegen mit England und die sich beschleunigende Erschließung und Besiedelung des Landes, leiteten die Vernichtung der indianischen Gesellschaften ein.

Während die Indianerkriege der Kolonialzeit einzelne Stämme oder häufig auch Föderationen von Stämmen betrafen, hatte die Amerikanische Revolution auf die gesamte indianische Bevölkerung östlich des Mississippi Auswirkungen. Die meisten Stämme – um die 13.000 Krieger – kämpften auf Seiten der Briten. Als der Krieg 1783 endete, mussten die indianischen Verbündeten der Briten feststellen, dass diese ihr Land an die Amerikaner abtraten. Ohne militärische Unterstützung und erschöpft durch den Krieg waren sie nicht in der Lage, sich gegen die Folgen des amerikanisch-britischen Friedensschlusses zur Wehr zu setzen. Viele Stämme unterzeichneten Verträge, deren Bedingungen nun von der amerikanischen Regierung diktiert wurden.

Schon kurz nach Ende des Unabhängigkeitskrieges kam es zum Konflikt zwischen amerikanischen Siedlern, die in das Nordwestterritorium drängten, und den dort lebenden Indianern. Präsident George Washington entsandte Truppen, um den Frieden wiederherzustellen, doch eine indianische Föderation unter Blue Jacket (Shawnee), Little Turtle (Miami), Buckongahelas (Lenape) und Egushawa (Ottawa) brachte den amerikanischen Soldaten zwischen 1790 und 1791 empfindliche Niederlagen bei. Die von den Indianern geforderte Grenze zwischen weißem und indianischem Siedlungsgebiet fanden die Amerikaner inakzeptabel, George Washington entsandte abermals Soldaten, diesmal unter Führung von General Anthony Wayne. Wayne gehörte zu den erfolgreichsten Generälen des Unabhängigkeitskrieges und er hatte Erfahrung im Kampf gegen Indianer. Nach der britischen Kapitulation hatte er die (zuvor mit den Briten verbündeten) Stämme der Creek und Cherokee in Georgia besiegt. Den Erfolg sollte er im Nordwesten wiederholen. Zumindest reorganisierte Wayne die amerikanische Armee. Mit gut ausgebildeten Truppen griff er schließlich an. Er besiegte die indianische Föderation, die vergeblich auf britische Unterstützung gehofft hatte, 1794 in der Schlacht von Fallen Timbers. Die Indianer mussten daraufhin (im Vertrag von Greenville) große Teile des Ohio-Gebietes abtreten.

Die Indianer im Nordwesten des von den USA beanspruchten Gebietes wurden nun durch eine Reihe von Verträgen, die ihnen von der amerikanischen Regierung oktroyiert wurden, über den Mississippi gedrängt. Einige Stämme setzten sich gegen diese Politik 1832 im *Black Hawk War* zur Wehr, unterlagen jedoch den Truppen von Zachary Taylor.

Auch im Süden gab es Konflikte. Der *Red Stick War* (1813–1814) hatte ursprünglich als Krieg innerhalb der Creek begonnen. Die Lower Creek schlossen sich mit den Cherokee und amerikanischen Soldaten unter Führung von Andrew Jackson zusammen und besiegten die Upper Creek unter Häuptling Menawa. Dieser floh nach der Niederlage nach Florida. Im Vertrag von Fort Jackson fielen daraufhin die Hälfte von Alabama und ein Teil des südlichen Georgia an die USA.

1818 begann der erste Seminolenkrieg, als amerikanische Truppen unter Führung von General Andrew Jackson in Florida einmarschierten. Weiße Siedler hatten zuvor die Seminolen angegriffen, die zurückgeschlagen hatten. Auch waren die Siedler erbost darüber, dass die Seminolen geflohenen Sklaven Zuflucht gewährten.

Die amerikanischen Truppen setzten sich letztlich durch und im Adams-

Onís-Vertrag, 1819 zwischen Spanien und den USA geschlossen, trat Spanien Florida an die USA ab: Amerikanische Truppen begannen mit der Vertreibung der Seminolen ins Gebiet des heutigen Oklahoma. Es kam zum zweiten Seminolenkrieg (1835–1843). Diejenigen Seminolen und Creek, die sich gegen die erzwungene Umsiedlung zur Wehr setzten, bekämpften die Amerikaner mit Guerilla-Strategien. Die amerikanische Regierung reagierte mit einer massiven Entsendung von Truppen und die Armee ging dazu über, die Taktik ihrer indianischen Gegner zu übernehmen. Der Krieg endete im August 1842, als die Seminolen, deren Nahrungsvorräte verbrannt worden waren, aus Hunger aufgeben mussten. Die meisten wurden ins Gebiet östlich des Mississippi vertrieben, ein kleines Kontingent zog sich in die Everglades in Florida zurück.

Das Jahr 1830 brachte einen der vielen traurigen Höhepunkt in der Geschichte der Indianervertreibung: Unter der Präsidentschaft von Andrew Jackson wurde 1830 der *Indian Removal Act* verabschiedet. Der Präsident erhielt dadurch die Möglichkeit, vertraglich den Tausch von indianischem Land gegen weiter westlich gelegene Gebiete zu regeln. Das Gesetz war umstritten, auch der legendäre Kongressabgeordnete Davy Crockett aus Tennessee sprach sich dagegen aus: Letztlich passierte das Gesetz jedoch den Kongress. Vor allem die Cherokee in Georgia waren betroffen. Sie hatten sich in den letzten Jahrzehnten den Lebensweisen der Einwanderer angepasst, sie bebauten Land und hielten Vieh. Ihre politische Ordnung war komplex; sie gründete sich auf eine Form von repräsentativer Regierung. Einer der großen Gelehrten der Cherokee, Sequoia, hatte für die Sprache der Stämme ein Alphabet entworfen.

In Reaktion auf die Gesetzgebung erklärten sich die Stämme zu einer unabhängigen Nation und klagten vor dem *Supreme Court* gegen die Umsiedlungspläne der Regierung. Vor allem Häuptling John Ross wehrte sich gegen die Absichten der Regierung. Zwar lehnte der Gerichtshof die Klage zunächst ab – mit der Begründung, die Cherokee seien keine unabhängige Nation – aber 1832 (in *Worcester v. Georgia*) änderte das Gericht seine Auffassung. Jetzt verlangte es einen vom Senat ratifizierten Vertrag zwischen den Cherokee und den USA; nur auf einer solchen Grundlage könnte eine Umsiedlung erfolgen.

Einige Häuptlinge waren bereit den Vertrag zu unterzeichnen, da sie glaubten, keine andere Wahl zu haben. Denn die Lebensbedingungen in den Stammesgebieten änderten sich rapide: Die Einwohnerzahl von Georgia hatte sich zwischen 1790 und 1830 versechsfacht. Immer mehr landhungrige Siedler kamen nach. Goldfunde taten das Übrige, sie weckten große Begehrlichkeiten. Die Häuptlinge schlossen – gegen den Willen von John Ross – mit Jacksons Administration den Vertrag von New Echota, der das Stammesland östlich des Mississippi an die USA abtrat. Von vielen Cherokee wurde der Vertrag, der von keinem der offiziellen Vertreter der Nation der Cherokee je unterzeichnet wurde, jedoch abgelehnt. Trotzdem ratifizierte der Senat den Vertrag – mit nur einer Stimme Mehrheit; Daniel Webster und Henry Clay hatten vehement dagegen gesprochen. Der Bundesstaat Georgia hatte noch vor Ratifizierung des Vertrags eine Lotterie zur Verlosung des Landes begonnen. Offensichtlich zweifelte dort niemand an der Durchsetzung der Umsiedlung. So kam es auch. Trotz der Zweifel an der Legalität des Vertrags beschloss Jacksons Nachfolger im Präsidentenamt, Martin Van Buren, den Vertrag durchzusetzen. General John Wood, der den Befehl erhielt, die Umsiedlung durchzuführen, trat unter Protest zurück und wurde von General Winfield Scott ersetzt. Soldaten begannen im Mai 1838 mit der Vertreibung der Cherokee. Mit Waffengewalt und unter unmenschlichen Umständen wurden etwa 17.000 Cherokee zum Marsch nach Westen gezwungen, der als der *Trail of Tears* (in der Sprache der Cherokee: *Nunna daul Tsung*, wörtlich: der „Weg, auf dem sie weinten") in die amerikanische Geschichte eingehen sollte. Auch wenn die Zahl der Opfer ungewiss ist – Schätzungen gehen von mindestens viertausend Toten aus –, sind sich die Historiker einig, dass Tausende Indianer ihr Leben ließen und die Kultur der Cherokee zerstört wurde.

### Amerika, Du hast es besser? Deutsche Vorstellungen von der Neuen Welt

Im frühen 19. Jahrhundert wurde Amerika zu einem Sujet in der deutschsprachigen populären Literatur – Charles Sealsfield und Friedrich Gerstäcker schilderten Amerika als ein romantisches, exotisches Land. Ernst Willkomm und Nikolaus Lenau suchten dort eine politische Utopie.

Sealsfield, als Karl Postl in Mähren aufgewachsen, war 1822 nach Amerika geflohen, dessen demokratische Ordnung er bewunderte, auch als er später nach Europa zurückkehrte. Der Hamburger Friedrich Gerstäcker war weniger von den politischen Möglichkeiten fasziniert. Angezogen war er von einem Land, dessen wildromantisches Bild er den Lederstrumpf-Romanen James Fenimore Coopers entnahm. Nachdem er in sechs Wanderjahren das Land durchquert hat, nach Lederstrumpf-Manier in Hirschleder gekleidet und von dem lebend, was er mit der Büchse schoss, kehrte auch er nach Deutschland zurück.

In Ernst Willkomms Roman *Die Europamüden* (1838) ist Amerika der ersehnte Fluchtpunkt angesichts der restaurativen Verhältnisse in Deutschland. In Willkomms Roman wird der Ruf nach einer großen Tat des Protagonisten erhoben – ohne dass gesagt wird, was diese Tat zum Inhalt haben soll. Jedenfalls muss sich das Leben ändern – der Europäer, so die pessimistische Botschaft des Romans, ist durch die Zivilisation nur noch ein Wesen matter Künstlichkeit. Die „Europamüdigkeit" ist Ausdruck einer allgemeinen Zivilisationsmüdigkeit. Die Rousseau'sche Rückkehr zur Natur ist nach Willkomms Ansicht in Europa längst nicht mehr zu verwirklichen, weil hier alles verdorben und unnatürlich ist. In Amerika hofft er, die Natur noch zu finden, dort vermutet er Zustände, die dem Menschen ein naturgemäßes Leben ermöglichen, in dem er sich zu einem körperlich und geistig gesunden Individuum entwickeln kann. Folgerichtig endet der Roman damit, dass der Ich-Erzähler Europa verlässt und sich nach Amerika einschifft. Allerdings klingt in Willkomms Roman auch eine leise Skepsis an: „Amerika trotz seiner Geldaristokratie ist und bleibt dennoch das Land der Zukunft: Geht nicht in die Städte, sondern geht in die Wälder, traut Euch der Natur an (...)" (Neuendorff, 1968, 7).

Diese Skepsis gegenüber der kapitalistischen Seite Amerikas, die in Willkomms Roman nur Andeutung war, wird im Verlauf des 19. Jahrhunderts bedeutsam. In bewusstem Kontrast zu *Die Europamüden* erschien 1856 Ferdinand Kürnbergers Roman *Der Amerikamüde*. Der liberale Publizist Ferdinand Kürnberger, 1848 nach dem Scheitern der Märzrevolution aus Wien geflohen, lernte in Hamburg Auswandererschicksale kennen; er wendet sich gegen die Verklärung und „politisch-liberale Schönfärbereien" des Lebens in der Neuen Welt. Die Geschichte, die Kürnbergers Roman *Der Amerikamüde* erzählt, war inspiriert von Nikolaus Lenaus missglücktem Emigrationsversuch von 1832/33.

Lenau verbindet beide Vorstellungen: Er sehnt sich nach der demokratischen Freiheit Amerikas und fühlt sich gleichzeitig abgestoßen und zurückgewiesen. Lenau war 1832 – enttäuscht von den restriktiven politischen Verhältnissen in den deutschen Staaten – nach Amerika ausgewandert. Sein Gedicht *Abschied. Lied eines Auswandernden* – entstanden im Frühjahr 1832, kurz vor seiner Abreise – zeigt noch, mit den europäischen politischen Verhältnissen abrechnend, die auf Amerika gerichteten Hoffnungen: „Sei mir zum letzten Mal gegrüßt/Mein Vaterland, das, feige dumm/Die Ferse dem Despoten küsst/Und seinem Wink gehorcht stumm. (...)/Du neue Welt, du freie Welt,/An deren blütenreichem Strand/Die Flut der Tyrannei zerschellt,/Ich grüße dich, mein Vaterland!" (Lenau, 1993, 40).

Lenau erhoffte sich von Amerika eine bessere politische Ordnung, auch eine Art persönlicher Erlösung – die Überwindung einer Schaffenskrise: „Vielleicht geht mir in der neuen Welt zugleich eine neue Welt der Poesie auf" (Barthel, 1883, L II f.). Knapp ein Jahr später kehrte er tief enttäuscht zurück: „Diese Amerikaner sind himmelanstinkende Krämerseelen. Tod, für alles geistige Leben, mausetod" (Barthel, 1883, LXIII).

Kürnbergers *Der Amerikamüde* erinnert an diese Erlebnisse Lenaus: Wie der Dichter, so sucht auch sein Held, Dr. Moorfeld, in Amerika die Erfüllung seiner politischen wie künstlerischen Träume: „Das Individuum sagt: mein besseres Ich, der Erdglobus sagt: Amerika. Es ist der Schlussfall und die große Kadenz im Koncerte der menschlichen Vollkommenheiten" (Kürnberger, 1973, 9). In New York angekommen, hält sich Moosfeld in der deutschen Einwanderersiedlung auf, lernt den amerikanischen Kunstliebhaber James Gordon Bennett kennen und trifft in dem jungen Benthal, der als Teilnehmer des Hambacher Festes aus Deutschland fliehen musste, den Typus des hoffnungsvollen, optimistischen Liberalen. Letzterer ahnt in der rücksichtslosen Industrialisierung Amerikas das Kommen sozialer Spannungen und flüchtet. Und auch Moorfeld ist vom Leben in New York zunehmend enttäuscht: Er glaubte dem Ideal näher gekommen zu sein und sieht nun Betrug und Geldgier hinter dem allgegenwärtigen Handelsgeist. Er flüchtet in die Wälder von Ohio, ersteigert Farmland und bewirtschaftet dieses zusammen mit dem Vorbesitzer, einem Deutschen namens Anhorst. Ein Methodistenaufstand, bei dem ein von Moorfeld verehrtes Mädchen dem Wahnsinn verfällt, treibt den Dichter weiter in die unberührten Wälder. Bei seiner Rückkehr – Anhorst war während einer Handelsreise umgekommen – sieht er die Farm in der Hand eines Betrügers, und auch die Freunde in New York sind Anhänger des amerikanischen Lebensstils geworden. Benthal, nun Unternehmer, hat dafür sogar seine Braut verlassen. Als Moorfeld deutschfeindliche Pogrome erlebt, kehrt er desillusioniert nach Deutschland zurück: „Amerika ist ein Vorurtheil", resümiert er seine Erfahrung. „Das ist das Land, in welchem Niemand zu Grunde geht, wenn er arbeiten kann! Richtig, gewiß; denn von den zu Grundegegangenen braucht man bloss zu sagen, sie konnten nicht arbeiten." Die Kritik an Amerika, die in diesem Roman einen ersten Höhepunkt erfährt, entzündet sich an der konkreten gesellschaftlichen, wirtschaftlichen und politischen Ordnung der Vereinigten Staaten. Seine Landeskenntnisse entlieh Kürnberger – der niemals in Amerika war – zeitgenössischen Berichten (Duden, 1829; Sealsfield, 1997).

Lenaus Ende Mai 1839 verfasstes Gedicht Das Blockhaus – der Autor war längst wieder in Europa – erzählt: „Müdgeritten auf langer Tagesreise/Durch die hohen Wälder der Republik,/Führte zu einem Gastwirt mein Geschick;/Der empfing mich kalt, auf freundliche Weise, (...)/Als ich eintrat in die geheizte Stube,/Sprang mit Fragen heran des Farmers Bube,/Was von meinem Gepäck dies jenes koste? (...)/ Schweigend ließ ich die Reden vorüberziehn./Endlich gewann der Schlaf den stillen Sieg/Und sie gingen zu Bett; ich blieb allein,/Trank noch eine Flasche vom lieben Rhein,/Als das englische Talergelispel schwieg. (...),/Uhland! wie steht's mit der Freiheit daheim?' die Frage/Sandt ich über Wälder und Meer ihm zu. (...)/ Also führt ich mit mir ein wirres Plaudern;/(Hoffnungsloser Kummer ist ein Phantast,)/Und ich blickte mich um – und musste schaudern" (Lenau, 1993, 95).

## Behauptung nach außen: James Monroe und John Quincy Adams

Im März 1817 wurde James Monroe als Präsident vereidigt. James Monroe war der fünfte Präsident der USA, der vierte, der aus Virgina stammte. Auch er blickte auf eine distinguierte politisch-diplomatische Karriere zurück. Zwischen 1790 und 1794 war er Senator für Virginia; Monroe unterstützte als Senator Jeffersons Kurs gegen die Federalists; mit dem dritten Präsidenten und James Madison kann er als einer der Gründerväter der (demokratischen) Republikaner gesehen werden.

Monroes Karriere hatte als Außenpolitiker begonnen: Präsident Washington suchte 1794 nach einem Diplomaten, der die Beziehungen zu

Frankreich verbessern könnte; er wählte den frankophilen Monroe (obwohl der Präsident wusste, dass Monroe seiner Politik in vielen Feldern kritisch gegenüberstand). Monroes Bemühungen, eine (erneute) amerikanisch-französische Allianz zu ermöglichen, standen im Gegensatz zu der eigentlich von ihm erwarteten probritischen Position. Als er den („englandfreundlichen") *Jay's Treaty* öffentlich kritisierte, wurde er abberufen. Von 1799 bis 1802 war Monroe Gouverneur von Virginia, dann ging er als Sonderbeauftragter Präsident Jeffersons nach Frankreich; zusammen mit dem Gesandten Robert R. Livingston verhandelte er den *Louisiana Purchase*. Der Präsident entsandte Monroe im Anschluss an diese Mission nach Spanien, um dort (zusammen mit Charles Cotesworth Pickney) Verhandlungen um den Kauf von Florida zu führen. Das Vorhaben scheiterte. Trotzdem ernannte Jefferson ihn nun zum Gesandten in Großbritannien. Später war er Abgeordneter der Versammlung von Virginia, bevor er von 1811 bis 1817 als Außen- und zeitweilig als Kriegsminister (1814–1815) der Madison-Administration angehörte.

Monroes beide Amtszeiten waren durch den Abbau der jahrzehntealten Rivalität zwischen den beiden wichtigsten politischen Strömungen gekennzeichnet. Der Mangel an parteipolitisch begründeten und verfestigten Überzeugungen gilt als eine der Ursachen der bald *Era of Good Feeling* bezeichneten Zeit. In J. Q. Adams hatte Monroe zudem einen der besten Außenminister in der Geschichte der USA.

Monroes Präsidentschaft war von einer Reihe außenpolitischer Erfolge gekrönt: Durch die amerikanisch-britische Konvention von 1818 wurden die Grenzkonflikte mit Kanada beigelegt und durch den Adams-Onis-Vertrag (Transkontinentaler Vertrag) Florida erworben. Auch proklamierte Monroe am 2. Februar 1823 eine „Doktrin", die bis heute als ein wichtiger Leitsatz der amerikanischen Außenpolitik gilt. Die Erklärung, seit Mitte des 19. Jahrhunderts als Monroe-Doktrin bezeichnet, wies sämtliche Ansprüche europäischer Mächte auf den Erwerb oder Tausch von Gebieten in der westlichen Hemisphäre zurück.

Der wichtigste außenpolitische Erfolg Präsident Monroes (und seines Außenministers) war der Erwerb der beiden Floridas und die Regelung der Beziehungen (Grenzfragen, Anerkennung von territorialen Ansprüchen und Gebietsabtretungen) mit Spanien.

Nach dem Krieg von 1813 hatte Madison das östliche Florida (der heute gleichnamige Bundesstaat) an Spanien zurückgegeben. Die westlichen Teile Floridas blieben zunächst in amerikanischer Hand. Die Amerikaner erhoben aber Ansprüche auf beide Floridas. Denn Florida, so schrieben amerikanische Publizisten, auf die geographische Form der Halbinsel anspielend, ist ein auf das Herz der Nation gerichtete Pistole (in der Hand einer fremden Macht).

Florida wurde von Spanien, das durch die napoleonischen Kriege, innere Unruhen und die Revolutionen in Lateinamerika geschwächt war, nur noch eingeschränkt beherrscht. Das Land war Zufluchtsort für Piraten, Flüchtige aus den USA und aus ihren Stammesgebieten vertriebenen Indianern. Die Seminolen in Florida wehrten sich gegen Eindringlinge und griffen immer wieder amerikanische Gebiete an. Die Grenze war unruhig. Schließlich handelten die USA: Im Dezember 1817 beorderte Präsident Monroe General Jackson nach Florida, um die Seminolen zu „befrieden". Jackson erledigte die Aufgabe mit gewohnter Härte. Die spanischen Proteste verhallten ungehört. In einer Reihe von brillanten diplomatischen Demarchen verteidigte Außenminister John Q. Adams Jacksons Vorgehen: Ein offener, aggressiver Akt wurde als politische und moralische Notwendigkeit interpretiert. Jackson wurde schließlich zurückbeordert, aber das schwache Spanien musste kurze Zeit später einlenken. Im Frühjahr 1818 begann der spanische Gesandte Don Luis de Onís mit den Amerikanern über die Floridas zu verhandeln. Monroe und Adams erhöhten im Zuge dieser Verhandlungen den Druck: Sie machten nun auch Ansprüche auf Texas und Kalifornien geltend. Zudem stand die Anerkennung der von Spanien abgefallenen Kolonien, nunmehr Republiken, im Süden des Kontinents im Raum. Den Spaniern blieb also nichts als nachzugeben. Im Februar 1819 wurde eine Einigung erzielt. Der Transkontinentale Vertrag übertrug den USA alle spanischen Ansprüche im pazifischen Nordwesten (auch Großbritannien und Russland machten dort Ansprüche geltend) auf die USA. Die beiden Floridas wurden Teil der USA, die im Gegenzug 5 Millionen Dollar an Spanien zahlten. Texas und Kalifornien blieben spanisch – einstweilen.

## Die Monroe-Doktrin

Bleibend mit dem Namen des fünften Präsidenten verbunden ist die Monroe-Doktrin. Sie ist einer der ältesten und der wohl einflussreichsten Grundsätze der amerikanischen Außenpolitik.

Wieder einmal war die europäische Politik Auslöser wichtiger Weichenstellungen der amerikanischen Außenpolitik. Die Regierung in Washington befürchtete, dass die Franzosen, die zum Schutz des absolut regierenden König Ferdinand auf Geheiß der Heiligen Allianz in Spanien interveniert hatten, nunmehr versuchen würden, die Intervention auf die ehemaligen spanischen Kolonien in Südamerika auszudehnen, die gerade erst ihre Unabhängigkeit gewonnen hatten. (Zwischen 1811 und 1825 hatten alle spanischen Kolonien, mit Ausnahme von Kuba und Puerto Rico, in der westlichen Hemisphäre ihre Unabhängigkeit erreicht.)

Hinzu kam die Befürchtung, der russische Zar Alexander I. werde versuchen, im pazifischen Westen Einfluss zu gewinnen. Überlegungen solcher Art wurden in St. Petersburg durchaus angestellt. Alaska war de facto in russischem Besitz und russische Händler und Seefahrer stießen von dort entlang der Pazifikküste nach Süden vor. Vereinzelt errichteten sie Stützpunkte.

Die Präsidenten Jefferson and Madison waren daher während ihrer Amtszeit grundsätzlich bereit, auf einen Vorschlag Großbritanniens einzugehen, der eine gemeinsame Erklärung vorsah, in der man den Status quo festschreiben würde. Daran ließ sich anknüpfen. John Quincy Adams, der Außenminister Monroes, lehnte ein solches Vorgehen jedoch ab, da eine Erklärung dieses Inhalts einen weiteren Landerwerb der USA verhindert, zumindest aber erschwert hätte. Er schlug als Alternative vor, die Vereinigten Staaten sollten einen eigenen, alleinigen Anspruch deutlich machen, ihre Einflusssphäre gegen europäische Mächte zu verteidigen. In einer Rede vor dem Kongress am 2. Dezember 1823 folgte Präsident Monroe Adams' Vorschlag: Eine Einmischung europäischer Mächte in der westlichen Hemisphäre werde in Zukunft von den USA als eine Gefährdung von Frieden und Sicherheit betrachtet und sei ein feindlicher Akt. Im Gegenzug versicherten die Vereinigten Staaten, dass sie ihrerseits sich nicht in europäische Angelegenheiten – einschließlich der politischen Ordnungen bestehender europäischer Kolonien in Kanada und Südamerika – einmischen würden. Obwohl den europäischen Mächten klar war, dass die USA kaum über die militärischen Mittel verfügten, ein solches „Kolonisierungs- und Interventionsverbot" durchzusetzen, forderten sie die Republik nicht heraus. Mehr als zwei Jahrzehnte lang kam es zu keinen ernsten Krisen in den Verhältnissen der USA zu europäischen Mächten (May, 1976).

Erst in den 1850er Jahren wurde diese Politik als *Monroe Doctrine* bezeichnet. Nach dem Bürgerkrieg wurde die Doktrin erweitert: Kein Gebiet in der westlichen Hemisphäre dürfe aus der (kolonialen Verantwortung) einer europäischen Macht in die einer anderen übergeben werden, so wurde ergänzt. Ende des 19. und zu Beginn des 20. Jahrhunderts wurde die Doktrin benutzt, um amerikanische (politische) Ansprüche auf dem mittel- und südamerikanischen Kontinent zu begründen. Präsident Theodore Roosevelt erklärte 1904, dass schwerwiegende politische Probleme in lateinamerikanischen Ländern die USA zu Interventionen veranlassen könnten, um Einmischungen von europäischer Seite zuvorzukommen (*Roosevelt corollary to the Monroe Doctrine*).

Nach seiner Amtszeit kehrte Monroe nach Virginia zurück und war dort fünf Jahre Präsident der *University of Virginia*. 1829 wurde er Vorsitzender der *Virginia Constitutional Convention*. Die Politik hatte ihn zu einem armen Mann gemacht, der mittlerweile auch zu alt war, um in das erlernte juristische Metier zurückzukehren. Seine finanziellen Schwierigkeiten zwangen ihn, zu seiner Tochter nach New York zu ziehen, wo er am 4. Juli 1831 starb.

## John Quincy Adams

Der politische Konsens, der noch die zweite Amtszeit Monroes geprägt hatte, war mittlerweile brüchig. Die (demokratischen) Republikaner waren während ihrer langen Regierungszeit konservativer geworden und mit den Resten der *Federalists* verschmolzen. Dagegen erhob sich der Widerstand radikaler Demokraten. Das erste Zweiparteiensystem der Republik löste sich auf, es bildete sich ein neues Zweiparteiensystem. Die Politiker, die in der Nachfolge Monroes um die wichtigsten Staatsämter konkurrierten, waren daher erstmals seit längerem wieder heftig zerstritten. Der Kandidat der Regierungsfraktion für das Amt des Präsidenten wurde schließlich John Q. Adams – obwohl Monroe einen anderen Kandidaten bevorzugt hatte. Adams war seit langem einer der erfahrensten und weitblickensten Außenpolitiker der USA. Und wie sein Vater, dem er in vielem ähnelt, betätigte er sich als politischer Publizist. 1791 veröffentlichte er *Letters of Publicola*, eine Schrift, die zu der Auseinandersetzung zwischen Edward Burkes *Reflections on the Revolution in France* (1791) und Thomas Paines Erwiderung auf Burkes Analyse der Französischen Revolution (*The Rights of Man*, 1791) Stellung nahm. 1794 ernannte Washington den jungen Publizisten zum Gesandten in den Niederlanden, es folgten Jahre einer beispielhaften diplomatischen Karriere – die in seiner Ernennung zum Außenminister gipfelten. Seine Bewerbung um das Präsidentenamt betrieb er mit Vorsicht: Denn John Quincy Adams, als Sohn des zweiten Präsidenten und Repräsentant der politischen Elite des Landes, war wie seine beiden Vorgänger (zumindest hatten sie das in ihrer Amtszeit so gehalten) der Auffassung, der amerikanische Präsident habe überparteilich zu sein. In diesem Sinne legte er seine Bewerbung an. Später, als Präsident, lehnte er es sogar ab, öffentlich oder im Kongress für die Anliegen seiner Partei zu werben.

Das politische System hatte sich aber bereits geändert: Die Präsidentschaftswahlen 1824 waren Vorbote einer erneuten (politischen) Spaltung der Amerikaner. Henry Clay (ihm eher wesensverwandt) und Andrew Jackson (sein Antipode) traten gegen Adams an. Die Wahl war kompliziert, das Ergebnis zunächst nicht eindeutig: Der Kriegsheld Andrew Jackson vereinte 1824 die meisten Stimmen – der Wähler wie der Wahlmänner – auf sich. Er formulierte eine klare politische Alternative zu der bisherigen Politik. Für einen eindeutigen Wahlsieg reichte es jedoch nicht. Da keiner der Kandidaten die erforderliche Mehrheit der Wahlmännerstimmen erhielt, wurde der Präsident durch eine Abstimmung im Repräsentantenhaus bestimmt. Dort gewann der zurückhaltend-kultivierte John Quincy Adams. Dem ungeschliffenen Emporkömmling aus dem Westen schlug das Misstrauen der Abgeordneten entgegen. Noch wichtiger aber war das Verhalten Henry Clays. Der einflussreiche Sprecher des Repräsentantenhauses, der sich nunmehr – zumindest für diesmal – als chancenlos betrachtete und seine Bewerbung nicht aufrechterhielt, machte seinen Einfluss geltend: Er sprach sich für Adams aus, der daraufhin genügend Unterstützung der Abgeordneten fand. Adams „belohnte" Clay und ernannte ihn im Mai 1825 zum *Secretary of State*. Andrew Jackson sah darin ein abgekartetes Spiel, er fühlte sich um seinen Wahlsieg betrogen. Clay und Jackson wurden zu erbitterten Feinden. Die „missglückte" Wahl warf einen Schatten auf die Präsidentschaft Adams'. Um die beiden Protagonisten der amerikanischen Politik formierten sich zwei neue (aus den bisherigen Gruppierungen hervorgegangenen) Parteien: die Demokraten (um Jackson) und die *Whigs* um Clay, John Q. Adams und Daniel Webster. Adams' „präsidentielle" Regierungsführung führte zum Verlust an tatsächlichen politischen Gestaltungsmöglichkeiten des Präsidenten. Henry Clay wurde die bestimmende Kraft des Kabinetts. Er wollte ein „amerikanisches System" (*American System*) schaffen: Es sollte den gezielten Ausbau von Kanälen und Straßen umfassen, eine Nationaluniversität sollte gegründet werden, er plante – wie einst Jefferson – die Durchführung von Forschungsexpeditionen, die der Erschließung des Landes dienen sollten.

Ein solches Programm stieß auf den zum Teil erbitterten Widerstand der Mehrheit des Kongresses – für viele Abgeordnete war Clay nichts weiter als ein verfassungswidrig handelnder und verschwenderischer Tyrann. Der Widerstand gegen den Präsidenten und sein Kabinett formierte sich. Als Adams eine, den Indianerstämmen in Georgia entgegenkommende Politik einschlug, formierte sich eine breite Koalition gegen die Administration. Martin Van Buren, ein enger Freund Jacksons, organisierte den kommenden Wahlkampf gegen den Präsidenten – er stilisierte die Auseinandersetzung zu einem Kampf zwischen Demokratie (Jackson) und Aristokratie (Adams).

Mit 56 Prozent der Stimmen siegte Jackson – die Vereinigten Staaten traten in ein neues Zeitalter ein.

### The Jacksonian Revolution

Als Andrew Jackson 1829 als siebter Präsident vereidigt wurde, war dies also in gewisser Weise – so sah er dies – sein zweiter „Wahlsieg". Mit ihm siegte eine neue Partei und ein neues Verständnis von Politik.

Andrew Jackson kam allerding 1828/1829 mithilfe einer heterogenen Wählerkoalition ins Amt, die einerseits die Rolle der Einzelstaaten gegenüber den Befugnissen des Bundes gestärkt sehen wollte. Gleichzeitig forderte die neue Regierung eine „Demokratisierung" des Landes. Eine solche erforderte eine Stärkung der Exekutive. Ein Ausgleich der Position war nicht einfach zu finden. Die Haltung zu den Indianerstämmen östlich des Mississippi war feindlich, deren Land sollte für Siedler geöffnet werden.

## Andrew Jackson

Andrew Jackson wurde am 15. März 1767 geboren – an der *Frontier*, im Waxhaw-Gebiet zwischen North und South Carolina, auf das zu dieser Zeit beide Staaten Anspruch erhoben. Für eine geistliche Laufbahn bestimmt, erhielt Andrew eine kurze, wenngleich rudimentäre Schulbildung. Denn als der Unabhängigkeitskrieg ausbrach, trat Jackson, gerade dreizehn Jahre alt, einer Miliz bei. Die Erfahrung des Krieges prägte sein Leben. Zusammen mit seinem Bruder Robert geriet er in britische Gefangenschaft. Fast wäre er dort verhungert; sein Bruder starb kurz nach der Entlassung an Pocken. Sein Vater, ein Ire schottisch-protestantischer Herkunft, war bereits kurz nach seiner Geburt gestorben; die Mutter starb am Ende des Krieges. Zeit seines Lebens machte Jackson die Briten für den Zerfall seiner Familie, den Tod seiner nächsten Angehörigen, verantwortlich.

Nach 1781, als er aus der Gefangenschaft entlassen wurde, arbeitete Jackson als Sattelmacher, dann „erlernte" er Jurisprudenz in einer Kanzlei in Salisbury, N.C.; 1787 wurde er als Anwalt im westlichen Distrikt von North Carolina zugelassen (dem späteren Staat Tennessee). 1791 heiratete er (die vermeintlich geschiedene) Rachel Dornelson. Da die Scheidung nicht rechtskräftig war, musste die Eheschließung 1794 wiederholt werden. Jackson war mittlerweile ein erfolgreicher Anwalt, ein wohlhabender Plantagenbesitzer und eine einflussreiche Person des öffentlichen Lebens.

Als Tennessee 1796 ein Staat der Union wurde, schickten die Wähler Jackson in das Repräsentantenhaus. 1797 wurde er zum Senator gewählt – als Parteigänger der *Democratic Republicans*. Nach einem Jahr trat er zurück und wurde Richter des *Tennessee Supreme Court* (bis 1804).

1802 wurde Jackson zum Befehlshaber der Miliz von Tennessee gewählt. Jacksons umstrittener Lebenswandel – er pflegte, sich zu duellieren, war mit zahllosen Personen der Stadt zerstritten und verstand sich auch mit Präsident Jefferson nicht besonders – ließ es dem Richter und Befehlshaber der Miliz geraten erscheinen, sich in politischen Fragen zurückzuhalten. Das änderte sich 1813.

Im amerikanisch-britischen Krieg kämpfte Jackson gegen die britisch-indianische Allianz. 1814 schlug er die Creek, die sich gegen die Amerikaner erhoben hatten, in der Schlacht von Horseshoe Bend. Den Besiegten oktroyierte er einen harten Friedensvertrag – die Stämme mussten große Gebiete (im heutigen Georgia und Alabama) abtreten.

Sein größter militärischer Erfolg aber war die Schlacht von New Orleans. Im Krieg gegen die Indianer war Jackson nach Florida und von dort nach New Orleans vorgedrungen. Hier traf er im Januar 1815 auf die Briten. Mit zahlenmäßig unterlegenen Streitkräften schlug Jackson den britischen Angriff auf New Orleans zurück. Eigentlich kam der glanzvolle Sieg zu spät – in Gent war bereits der Friedensvertrag (am 2. Dezember 1814) unterzeichnet. Aber das wusste in Amerika noch niemand. Der General wurde zum Held. Seine Härte gegen sich und andere hatte Jackson den Spitznamen *Old Hickory* eingetragen und diese bekannte Härte und

Durchsetzungskraft veranlasste die Regierung, ihn 1817 mit einem Feldzug gegen die Seminolen zu beauftragen. Der in (dem noch spanischen) Florida beheimatete Stamm sorgte für Unruhen an der spanisch-amerikanischen Grenze. Jackson marschierte kurzerhand in Florida ein – was zu diplomatischen Verwicklungen und Untersuchungen gegen den General in Washington führte.

Nachdem Spanien Florida im Transkontinentalvertrag (1819) an die USA abgetreten hatten, wurde Jackson 1821 Militärgouverneur des neuen Territoriums. 1822 wurde er erneut zum Senator gewählt, bei der Wahl von 1824 schließlich Präsidentschaftskandidat (auf Vorschlag des Parlaments von Tennessee). In der Wahl erreichte keiner der Kandidaten die Mehrheit – Jackson immerhin hatte die Mehrheit der Bevölkerung für sich gewonnen und auch im Wahlmännergremium die relative Mehrheit unter den Kandidaten. Die Entscheidung ging aber – entsprechend der Verfassung – auf das Repräsentantenhaus über: Henry Clay, ohne Aussicht selbst Präsident zu werden, unterstützte nun das Lager von John Quincy Adams, der zum Präsidenten gewählt wurde. Jackson fühlte sich betrogen (Rimini, 1988).

1825 legte Jackson sein Senatorenamt nieder, kämpfte aber nach wie vor um die Präsidentschaft.

Die Wahlen von 1828 bereitete Jackson sorgfältig vor. Senator Martin Van Buren schmiedete eine Koalition von Republikanern, denen J. Q. Adams' Politik zu vorsichtig und konservativ war. Auch Vizepräsident John C. Calhoun schloss sich diesem Bündnis, das sich alsbald als „Demokraten" bezeichnete, an. Am 13. Jahrestag des Sieges von New Orleans reiste Jackson an den Ort der Schlacht, die erste, in der Presse gefeierte, *campaign tour* in der Geschichte der amerikanischen Präsidentschaftswahlkämpfe. Mit großem Vorsprung vor Adams gewann Jackson die Wahl.

Die beiden Amtsperioden Jacksons waren geprägt von Auseinandersetzungen um die Rechte der Einzelstaaten gegenüber der Union („Annullierungskrise"), die brutale Zurückdrängung der Indianer aus den Gebieten östlich des Mississippi (*Indian Removal Act*) und die Ausgestaltung des Bankwesens.

Gleichzeitig demokratisierten sich die USA – sowohl das politische System, das nun allen (weißen) Männern das Wahlrecht zuerkannte, als auch die Parteien. Als Jackson für eine zweite Amtszeit kandidierte, hielten die Demokraten (der Name hatte sich nun eingebürgert) einen Nominierungskonvent ab, der sich einstimmig für Jackson als Präsidentschaftskandidat und Martin Van Buren als Kandidat für das Amt des Vizepräsidenten aussprach.

Andrew Jackson starb am 8. Juni 1845. Er war der letzte Präsident der USA, der im Unabhängigkeitskrieg gekämpft hatte, der einzige, der in Kriegsgefangenschaft war, und der erste Präsident, der an der *Frontier* groß geworden war (Brands, 2005).

Die Präsidentschaft Jacksons veränderte die USA tiefgreifend (A. M. Schlesinger, 1944). Der neue Präsident erwies sich schnell als der Vertreter eines neuen Politikertyps. Als Sohn irischer Einwanderer war Jackson an der *Frontier* aufgewachsen und hatte sich, früh verwaist und auf sich gestellt, aus eigener Kraft hochgearbeitet. Der politischen Elite der Ostküste stand er ablehnend gegenüber – nicht zuletzt, da Jackson, als Jugendlicher im Unabhängigkeitskrieg in britischer Kriegsgefangenschaft, dieser Klasse zu große Nähe zu den ehemaligen Kolonialherren unterstellte. Er selbst verstand sich als ein Mann des einfachen Volkes, als amerikanischer *self made man*, und die Tatsache, dass er ein Held des Krieges von 1812 war, verschaffte ihm Vertrauen und Prestige. Mit Jacksons Präsidentschaft begann *the Era of the Common Man.*

Hatten seine Vorgänger Politik und Regierung auf eine Elite der Gebildeten beschränkt, da man der breiten Masse diese Aufgabe nicht zutraute und die Herrschaft des Pöbels fürchtete, forderte Jackson eine „Demokratisierung" des amerikanischen Systems. Und er sah es im Gegensatz zu Adams nicht als verwerflich an, für die eigene Sache zu werben. Der Gedanke des Wettbewerbs, der die Geschäftswelt bestimmte, setzte sich nun auch in der politischen Sphäre durch. Die Struktur der amerikanischen Demokratie erfuhr dadurch eine grundlegende Änderung: Es gelang Jackson, die Exekutive gegenüber dem bisher die Politik beherrschenden Kongress zu stärken.

Der Präsident und seine Unterstützer bemühten sich auch, das Wahlrecht auszuweiten – nicht mehr nur die Grundbesitzer, jeder (weiße) Mann sollte wählen dürfen. Das Interesse an politischer Teilhabe wuchs, nicht zuletzt, da die Presse die Wahlkämpfe als ein die breite Leserschaft interessierendes Thema entdeckte. Hatten 1824 nur ca. ein Viertel der Wahlberechtigten ihre Stimme abgegeben, so waren es 1828 bereits 56 Prozent. Jackson förderte auch die Parteiloyalität; er führte das *spoils system* ein: Parteifreunde wurden mit politischen Ämtern bedacht. Er begründete dies damit, dass gerade der einfachen Bevölkerung ein Anreiz für die Teilnahme am politischen Prozess geboten werde müsse. Die Einbindung seiner Gefolgsleute in die Regierung sah er schlicht und einfach als Selbstverständlichkeit.

Als Jackson ins Amt kam, befand sich die amerikanische Gesellschaft (zumindest im Norden) im Umbruch von einer landwirtschaftlich zu einer zunehmend industriell geprägten Gesellschaft. Der damit verbundenen Machtkonzentration in der Hand von Unternehmen und Banken begegnete die Bevölkerung mit Misstrauen – einem Misstrauen, dass Jackson teilte. Der Präsident hatte kein ausgearbeitetes kohärentes Regierungsprogramm, nicht zuletzt da seine Wählerschaft kein gemeinsames Profil besaß; er reagierte pragmatisch auf die politischen Herausforderungen des Tages. Vor allem schuf er einen politischen Apparat.

Waren Parteien in den ersten Jahrzehnten der Republik ausgesprochen kritisch betrachtet worden, entwickelten sie sich nun zu einem anerkannten Instrument der Politik. Der politische Willen des Volkes wurde in den Parteien artikuliert. Die *Federalist Party* John Adams' und Alexander Hamiltons spielte bereits seit 1816 kaum mehr eine Rolle. Auch die *Democratic Republican Party* Jeffersons und Madisons verlor immer mehr an Einfluss. In den Wahlen von 1824 hatte sich bereits eine neue Richtung gezeigt: Politiker, die sich meist als „Demokraten" bezeichneten. Zwischen 1824 und 1828 (den Wahlen, die Jackson schließlich gewann) konstituierten sich diese losen Gruppen zur Demokratischen Partei. In Opposition zu Jackson und seiner Demokratischen Partei entstand seit 1832 die *Whig Party*, die ihren Namen in Anlehnung an die britischen *Whigs* wählte – ähnlich wie die britischen *Whigs* sich gegen eine starke Zentralgewalt der Monarchie zur Wehr setzten, kämpften die amerikanischen *Whigs* gegen eine (zu) große Machtfülle der Exekutive. Damit war die Grundlage eines Zweiparteiensystems gelegt, das – trotz einer weiteren grundlegenden Veränderung vor dem Bürgerkrieg und gelegentlicher Gründungen dritter Parteien – die amerikanische Politik bis heute prägt.

Eine weitere Dichotomie der amerikanischen Politik macht sich nun verstärkt bemerkbar: Der Gegensatz zwischen der Union und den Staaten. John C. Calhoun, der 1817 Kriegsminister wurde und sich 1824 durch geschicktes Taktieren die Vizepräsidentschaft gesichert hatte (am Ende der Amtszeit van Burens rechnete er sich den Demokraten zu), wurde 1828 unter Andrew Jackson erneut Vizepräsident. Er vertrat die Ansicht, dass die Einzelstaaten das Recht hatten, Bundesgesetze zu missachten, die sie als nicht verfassungsgemäß betrachteten (*nullification*). Als ein vehementer Verfechter der Sklaverei argumentierte Calhoun, die Südstaaten hätten auch das Recht, die Frage der Sklaverei ohne Einmischung der Bundesregierung zu regeln.

Obwohl Jackson eine Stärkung der Kompetenzen der Einzelstaaten befürwortete und zunächst in diesem Sinne Entscheidungen traf, sah er sich schon bald nach seinem Amtsantritt gezwungen, klar für die Prärogative des Bundes einzustehen. Der Anlass war die Verabschiedung eines Zollgesetzes: South Carolina behielt sich nach Inkrafttreten dieses Gesetzes vor, die vom Kongress beschlossenen Zölle für null und nichtig zu erklären. Der Präsident widersprach. Diese *Nullification Crisis* zog sich jahrelang hin und erreichte ihren Höhepunkt, als South Carolina drohte, aus der Union auszutreten – Jackson kündigte an, er werde gegen eine solche Absicht militärisch vorgehen. Der Präsident war fest entschlossen, notfalls auch durch Anwendung von Gewalt, die Einheit des Landes zu erhalten. Die Krise wurde 1833 beigelegt. Jackson überwarf sich in dieser Frage allerdings mit Calhoun; für die Wahl 1832 wurde Calhoun nicht mehr als Vizepräsidentschaftskandidat nominiert.

Andrew Jackson gewann 1832 erneut die Präsidentschaftswahlen – mit großem Vorsprung vor seinem Herausforderer Henry Clay. Der Wahlkampf wurde vor allem von einem Thema bestimmt: dem „Bankenkrieg". Jackson hatte gedroht, die auf zwanzig Jahre befristete Charta der Bank of the United States nicht zu erneuern. Jackson vertrat in Wirtschaftsangelegenheiten eine Laissez-faire-Philosophie, die dem Konzept einer Bundesbank und deren weitgehenden Befugnissen entgegenstand. Weite Teile der Bevölkerung lehnten eine Monopolstellung der Bank ebenfalls ab; zudem war die Forderung nach Erleichterungen bei der Kreditvergabe einerseits und Währungsstabilität andererseits für die Bank kaum zu erfüllen. Jackson nutzte die Kritik an der Bank propagandistisch – seine Gegner akzeptierten dieses Wahlkampfthema, da sie überzeugt waren, er könne die Bank nicht schließen. Genau das aber tat Jackson. Durch sein Veto verhinderte er die Verlängerung der Bank-Charta und überhöhte die Bank zum Symbol eines elitistisch-kapitalistischen Systems, das die Reichen reicher und die Armen ärmer mache. Mit dieser Politik brachte Jackson sowohl die fortschrittsskeptischen, antimodernistischen Kräfte hinter sich als auch Unternehmer, die unbehindert von staatlicher Einmischung ihren Geschäften nachgehen wollten. Jackson gewann den Kampf. Die Bank versuchte sich als Privatbank zu etablieren, ging nach wenigen Jahren jedoch in Konkurs.

Zwar wurde Jackson aufgrund seiner politischen Alleingänge – er benutzte das Vetorecht häufiger als alle seine Vorgänger zusammen – von seinen Gegnern als „Tyrann" angegriffen und aufgrund seiner Selbstherrlichkeit und seines Machtbewusstseins als „King Andrew" verspottet, doch es gelang ihm, die Demokratisierung des amerikanischen politischen Systems entscheidend voranzubringen. Am Ende seiner Amtszeit galt er als der bekannteste und beliebteste Amerikaner (zusammenfassend: Cole, 1993).

## Alexis de Tocqueville und die amerikanische Demokratie

Der französische Adelige Alexis de Tocqueville war gerade fünf Jahre Untersuchungsrichter, als er 1831 von der Pariser Regierung beauftragt wurde, das Rechtssystem und insbesondere den Strafvollzug in den USA zu studieren. Zu diesem Zweck bereiste de Tocqueville zusammen mit seinem Freund Gustave de Beaumont zwischen Mai 1831, als er in Newport, Rhode Island, ankam, und der Abreise von New York im Februar 1832 die Vereinigten Staaten. Die Reise führte die beiden Franzosen fast durch die gesamten Vereinigten Staaten westlich des Mississippi und durch den einst französischen Teil Kanadas: Zu den wichtigsten Stationen gehörten New York, Philadelphia und Washington; im Süden Fayetteville, Columbia, Augusta, Montgomery, Mobile und New Orleans; im Westen Memphis, Nashville und Louisville, ebenso wie Michigan und der Staat New York (in Kanada: Montreal und Quebec). Die beiden Reisenden hatten die Gelegenheit, mit vielen wichtigen Persönlichkeiten (aus der Politik, der Kirche und anderen wichtigen

Institutionen) zu sprechen. Ergänzt wurden die Gespräche und Beobachtungen durch ausführliche Lektüre. Das Ergebnis der Forschungsreise war zunächst der Bericht *Du Système pénitentiaire aux Etats-Unis*. Die *Academie Française* zeichnete die Studie mit einem Preis aus.

Zurück in Frankreich fasste de Tocqueville seine Beobachtungen und Schlussfolgerungen in einem zweibändigen Werk, *De la démocratie en Amérique*, zusammen. Im Juni 1835 erschien der erste Band. Die bereits achte Auflage (1840 erschienen) enthielt dann auch den zweiten Teil der umfassenden Untersuchung. Auch dieser zweite Teil beruhte aber auf dem in den USA gesammelten Material, bezog aber auch Analysen und Beobachtungen zu den politischen Systemen Europas in die Darstellung ein.

Die Untersuchung analysiert das politische System der jungen Republik in seiner Wechselwirkung von Verfassung (i. e. ihre Geltung und Durchsetzung) und der Entwicklung der amerikanischen Gesellschaft. Die prinzipielle Skepsis des französischen Aristokraten gegenüber demokratischen Regierungsformen wird durchaus sichtbar, aber de Tocqueville konstatiert, dass die politische Ordnung der USA ein Gegengewicht zu einer in einer Demokratie immer möglichen „Tyrannei der Mehrheit" entwickelt habe (Dezentralisierung von Entscheidungsprozessen, die Partizipation der Bürger durch Verteilung der Macht in Gemeinden, Verbänden, Vereinen, Kirchen, Gerichten, der lokalen Presse etc.).

Tocqueville bereiste die USA zur Zeit der *Jacksonian Revolution*, also in der Phase der rasch fortschreitenden Demokratisierung des Landes, die zu einer Politisierung weiter Teile der Bevölkerung geführt hatte. Es entwickelte sich in den USA, so Tocqueville, ein (neues) demokratisches Selbstverständnis, das dem politisch Handelnden als Rahmen dient: Er nennt dies Sitten oder Gewohnheiten (*mœrs*), die sich aus dem Religions- und Verfassungsdenken ergeben. Daraus ergibt sich ein spezifischer, abgestufter Wirkungszusammenhang für das politische System der USA. Die Gesetze (vor allem die Verfassung) tragen, dieser Einschätzung nach, mehr zur Erhaltung der demokratischen Republik in den Vereinigten Staaten bei als die geographische Lage Nordamerikas, die Tocqueville ebenfalls berücksichtigt. Entscheidend aber sind die Sitten (Gewohnheiten), mehr noch als die Gesetze.

Der zweite Teil der Untersuchung befasst sich vor allem mit dem von de Tocqueville konstatierten Spannungsverhältnis von Freiheit und Gleichheit. Er unternimmt in diesem Teil seines Werkes eine sorgfältige Analyse des religiösen, wirtschaftlichen, sozialen und politischen Lebens der egalitären amerikanischen Gesellschaft. Dabei betrachtet er auch die Wirkungen der Egalität, die zu einer Gefahr für die Freiheit werden können und die in den USA durch die Verfassung und Dezentralisierung politischer Macht in Schach gehalten werden (Brogan, 2006, 179–213).

Im Jahr 1904 unternahm der deutsche Soziologe Max Weber eine Reise durch die Vereinigten Staaten, die in weiten Teilen der Tocquevilles glich. Max Weber verfasste zwar kein Buch über die USA, aber in vielen seiner Werke erörtert er Erkenntnisse über politische, soziale, wirtschaftliche und gesellschaftliche Umstände der USA, beruhend auf den 1904 gemachten Erfahrungen – und oft gleichen sich die Schlussfolgerungen Webers und Tocquevilles (Diggins, 1996).

## Martin Van Buren, William H. Harrison: Das Parteiensystem der demokratischen Republik

Mit der Präsidentschaft Martin Van Burens, so behaupteten spöttische Kommentatoren nach dessen Wahl zum Präsidenten, habe die dritte Amtszeit Jacksons begonnen. Hatte Jackson noch im Unabhängigkeitskrieg gekämpft, so war Van Buren der erste Präsident, der die Epoche der Amerikanischen Revolution nicht mehr aus eigener Anschauung kannte. Dennoch: Der Vertraute Präsident Jacksons und Vizepräsident galt als sein „legitimer" Nachfolger.

Martin Van Buren, 1782 in Kinderhook, New York, geboren, war zugleich der erste Präsident des „demokratisierten" Amerika, einer Demokratisierung, die Jackson eingeleitet hatte. Als Nachfolger Jacksons waren für ihn die politischen Parteien die Grundlage der politischen Ordnung der USA. Er hatte während Jacksons Präsidentschaft die Demokratische Partei maßgeblich mitgestaltet und dachte in Kategorien einer frühen Parteiendemokratie. Es gelang ihm, die amerikanische Verfassung und die neuen Parteien in Einklang zu bringen – der Wettbewerb einander agonal gegenüberstehenden Parteien wurde zu einer Grundlage der Republik.

Ohne dies zu wissen, trat Van Buren 1835 aber ein schwieriges Erbe an: Die Wirtschaft der USA erlebte eine der schwersten Krisen des 19. Jahrhunderts; kurz nach dem Amtsantritt des Präsidenten brachen in New York die ersten Banken zusammen; 1837 erreichte die Krise ihren vorläufigen Höhepunkt (*panic of 1837*). Es herrschte in vielen Teilen des Landes Massenarbeitslosigkeit, Nahrungsmittelknappheit führte zu Unruhen. Die freizügige Politik der Ära Jackson rächte sich, die Regierung bekam die Krise nicht in den Griff. Gegenüber dem Präsidenten machte sich Unmut breit.

In der Außenpolitik hatte Van Buren größere Erfolge: An der Nordostgrenze (im Grenzgebiet zwischen Maine und dem kanadischen New Brunswich) war es zwischen Briten und Amerikanern in den Jahren zuvor immer wieder zu Zwischenfällen gekommen. Van Buren sandte 1839 Truppen in die Grenzregion, versuchte aber einen Konflikt mit Großbritannien zu vermeiden. Sein vorsichtiges Vorgehen ermöglichte es seinem Nachfolger, die Nordostgrenze der USA (im Webster-Ashburton-Vertrag von 1842) im Einverständnis mit der Regierung in London endgültig festzulegen. Damit waren die seit dem Ende des Unabhängigkeitskrieges schwelenden Streitigkeiten mit Großbritannien über Grenzfragen im Nordosten endgültig geregelt.

Die außenpolitischen Erfolge – Behauptung gegen Großbritannien und die Vermeidung eines Krieges – nutzten dem Präsidenten wenig. Im Vordergrund standen wirtschaftliche Fragen. Und die *Whigs*, die bei den letzten Wahlen noch zerstritten und mit mehreren Kandidaten ins Rennen gegangen waren, hatten ihre Lektion gelernt. Die Wahlen von 1840 waren die Auseinandersetzung zweier geschlossener Parteien: der Demokraten, die sich für eine Wiederwahl Van Burens starkmachten, und der *Whigs*, die geschlossen hinter William Harrison standen. Die *Whigs* porträtierten General Harrison wie Jahre zuvor die Demokraten Jackson: ein Kriegsheld, der die Creek 1811 am Tippecanoe besiegt hatte, ein Mann der *Frontier*, einfach in seinem Lebensstil und bescheiden. Seine geringen politischen Erfahrungen erschienen seinen Freunden im Wahlkampf eher als ein Vorteil: Nur kurz hatte Harrison im Repräsentantenhaus in Washington und im Senat in Ohio gedient. 1825 wurde er Senator in Washington, kurz danach Gesandter in Kolumbien. Nun wollte er Präsident werden.

Die Rechnung der *Whigs* ging auf. Harrison wurde zum Präsidenten gewählt.

Harrisons Amtszeit dauerte nur einen Monat. Der leutselige, auf Harmonie bedachte Präsident starb am 4. April 1841 an den Folgen einer Lungenentzündung, die er sich bei seiner Inaugurationsrede zugezogen hatte. Zwei Tage später wurde John Tyler als zehnter Präsident der USA vereidigt. Erstmals ging das Amt des Präsidenten ohne Wahl auf den Vizepräsidenten über. Mit Tyler begann – trotz einer wenig erfolgreichen Präsidentschaft – eine neue Phase der Expansion und des Sendungsbewusstseins.


## 6. Expansion und Sendungsbewusstsein

> *„Keep what is yours and leave the rest of the continent to us."*
> – John Quincy Adams

### Der Weg nach Westen: Die Erschließung des Kontinents

Die Geschichte der Vereinigten Staaten ist eine Geschichte der Erweiterung und Expansion. Die erste Phase dieser Geschichte ist geprägt von der Gründung englischer Kolonien an der Ostküste des nordamerikanischen Kontinents. Die zweite Phase ist die Expansion der neu gegründeten Vereinigten Staaten nach Westen und Süden.

Der Zug nach Westen hatte bereits Mitte des 18. Jahrhunderts begonnen. Aus den umkämpften Stützpunkten, immer gefährdet durch Indianerüberfälle, waren in der ersten Hälfte des Jahrhunderts prosperierende Städte geworden. Der Frieden von Paris hatte zudem England die uneingeschränkte Vorherrschaft auf dem nordamerikanischen Kontinent gebracht. Die „europäischen" Kriege in Nordamerika hatten ihr Ende gefunden.

Von der Küste aus erfolgte der Vorstoß nach Westen – zunächst durch große Siedlertrecks, die befahrbare Routen zu neuen Siedlungsgebieten im Südwesten und Westen erschlossen. Eine zeitweise Begrenzung der Expansion ergab sich durch natürliche Barrieren, zuerst die Bergkette des westlichen Massachusetts, weiter westlich die Appalachen. Gegen Mitte des 18. Jahrhunderts begannen die Wagenkolonnen der Siedler die Appalachen zu überschreiten. Auch der Mississippi und schließlich die gewaltige Bergkette der Rocky Mountains erwiesen sich als nur zeitweise wirksame Barrieren. Unablässig wurden die Grenzen nach Westen verschoben.

Die immer stärker ansteigende Zahl von Einwanderern während des 19. Jahrhunderts verstärkte die inneramerikanische Migrationsbewegung noch einmal – Neuankömmlinge blieben nur kurze Zeit in den urbanen Zentren des Ostens. Alsbald zogen sie weiter in den Westen.

Eine Revolution des Transportwesens kennzeichnete die erste Hälfte des 19. Jahrhunderts: zunächst vor allem der rasche Ausbau von Kanälen und Straßen – von besonderer Bedeutung war der Eriekanal, der den Hudson River mit dem Eriesee und damit den Atlantik mit den Großen Seen verbindet. Die Bauarbeiten begannen 1817, der erste Teilabschnitt des Kanals wude 1819 fertiggestellt, der gesamte Kanal war 1825 schiffbar. Die Transportkosten sanken, die Gebiete um die Großen Seen wurden damit schneller und effizienter für die Besiedlung erschlossen. Die bedeutendste Wasserstraße aber war der Mississippi, der das Land von Norden nach Süden durchfließt. Die großen Raddampfer auf dem Strom waren das wichtigste Verkehrsmittel.

Der Bürgerkrieg, während dessen Verlauf große Armeen durch das ganze Land zogen, und schließlich die Verbindung der wichtigsten Städte, Industriegebiete und Zentren landwirtschaftlicher Produktion durch den Eisenbahnbau schlossen die Erschließung des Landes ab. Die Handels- und Verkehrswege verliefen jetzt nicht mehr entlang des großen Stromsystems, sondern von Ost nach West. Die Migration kam aber nicht zum Erliegen. Im Gegenteil: In der zweiten Hälfte des 19. Jahrhunderts und im 20. Jahrhundert verstärkten Wirtschaftskrisen eine erneute Binnenmigration, die zur Entstehung neuer Bevölkerungszentren im Westen und später im Süden des Landes führte. Der Bau der großen Verbindungsstraßen (*Federal Highway System*) in den späten 1950 und 1960er Jahren und schließlich der Ausbau eines dichten Flugnetzes, schlossen das Land noch enger zusammen.

### Die Mormonen

Die „amerikanischste" der Religionsgemeinschaften der USA ist die Gemeinschaft der Mormonen. Die „Kirche Jesu Christi der Heiligen der Letzten Tage" (*Church of Jesus Christ of Latter-day Saints*) tauchte 1830 im Zuge der spirituellen Erweckungsbewegung als eine von vielen neuen religiösen Gruppierungen auf. Die

„Mormonen" entwickelten schnell eine organisatorische Struktur und gewannen Anhänger. Bereits in den 1840er Jahren gelang es der Religionsgemeinschaft, eine neue, genuin amerikanische religiöse Tradition zu etablieren.

Die Gründung ist das Werk von Joseph Smith. Smith war wie viele der verarmten Siedler der Ostküste aus Vermont nach Westen – in den Nordwesten des Staates New York – gezogen. Diese Region, noch wenig vom wachsenden Wohlstand des amerikanischen Ostens geprägt, wurde wegen der religiösen Begeisterungsfähigkeit ihrer Bewohner, die insbesondere im *Second Great Awakening* evangelikalen Bewegungen reichen Nährboden gegeben hatte, *burnt-over district* genannt, da dort immer wieder wald- oder steppenbrandartig religiöse Bewegungen und Sekten entstanden, von denen allerdings kaum eine dauerhaft Bestand hatte.

Joseph Smith hatte – so die mormonische Überlieferung – eine Offenbarung. Nach einigem Zögern ging er damit an die Öffentlichkeit. Er publizierte im Juli 1830 *Das Buch Mormon*, von dem ihm – so schreibt Smith – der Engel Moroni sieben Jahre zuvor erzählt und es ihm 1827 auf einer goldenen Tafel geschrieben übergeben hatte. Smith und einige Getreue hatten die ägyptischen Hieroglyphen, so sagten sie, in denen der heilige Text von Moronis Vater Mormon abgefasst war, mithilfe von „Sehersteinen" übersetzt. Danach habe er die Tafel dem Engel Moroni zurückgegeben. Elf Getreue des Propheten – darunter sein Vater und sein Bruder – gaben eidesstattliche Erklärungen ab, dass sie die goldene Tafel selbst gesehen hatten (*Das Buch Mormon*, 1976, IX). Das *Buch Mormon* wurde von Smiths Anhängern nach dem Alten und Neuen Testament als dritter Teil der Heiligen Schrift betrachtet und Joseph Smith als der Prophet Gottes.

Die Verkündigungen des Propheten waren recht konkret: Smith versicherte seinen Anhängern, sie seien von Gott auserwählte „Heilige" und der Garten Eden, den es wiederzuerlangen gelte, habe sich in Amerika befunden – in Missouri.

Es begannen alsbald eine rege Missionstätigkeit und der Aufbau einer kirchlichen Organisation. Eine ständige Flut neuer Offenbarungen und die Schaffung zahlreicher neuer Ämter hielten die Gläubigen in Atem. Smith verfügte über große spirituelle Kraft und eine schier unerschöpfliche Phantasie in der Erfindung von politischen und religiösen Strukturen. Der Prophet und Präsident der kirchlichen und politischen Gemeinschaft der Mormonen verkündete seinen Anhängern eine göttliche Botschaft, die auch Regeln für das wirtschaftliche und soziale Zusammenleben und Arbeiten der Gläubigen enthielt. Diese Regeln waren ein Amalgam der Strömungen, Bewegungen und Erkenntnisse der ersten Jahrzehnte des 19. Jahrhunderts: Kommunistische und kommunitaristische Ideen, wie Robert Owens Sozial- und Wirtschaftsordnung, in der die Menschen aus Vernunft auf ihre Besitzansprüche verzichten; der steigende Wert von Landbesitz und Landerwerb; die wachsende Bedeutung der Geldwirtschaft; die zunehmend offene Beschäftigung mit Sexualität – all dies findet sich in Smiths Vorstellungen. Berüchtigt war seine Auffassung von Ehe und Sexualität: Er befahl seinen Anhängern die

Vielehe und setzte diese Institution gegen manchen Widerstand durch. Die dadurch ausgelöste Diskussion um eine Neuausrichtung der Lebensformen traf einen Nerv der Zeit: 1850 veröffentlichte Nathaniel Hawthorne seinen Roman *The Scarlet Letter*, der sich mit dem Verhältnis der Amerikaner zur Sexualität auseinandersetzte. Smiths radikale Vorstellung gab seinen Kritikern Raum zur Spekulation, zur Entrüstung und – nicht zuletzt – zum Neid.

Das Ergebnis war vorauszusehen: Das Verhalten der neuen Religionsgemeinschaft – vor allem die vieldiskutierte und berüchtigte Vielehe –, aber auch der wirtschaftliche Erfolg, der die Kirche wohlhabend machte, stießen auf Misstrauen und Ablehnung. Die Mormonen, von ihren Nachbarn im Staat New York angefeindet und angegriffen, zogen weiter – nach Kirtland, Ohio, und Independence, Missouri. Obwohl sie dort isoliert lebten, wurden ihre Siedlungen Angriffsziele von Nachbarn, denen der Wohlstand, die wachsende Zahl und der Glaube der Mormonen nicht geheuer schienen. Smith selbst wurde aufgrund von Gerüchten über ein Mordkomplott vor Gericht gestellt, jedoch aus Mangel an Beweisen wieder freigelassen. In Independence wurden Häuser der Mormonen beschädigt und Gemeindemitglieder verprügelt. Den Mormonen blieb nichts anderes übrig, als erneut auszuweichen. Unter der Leitung von Joseph Smith vereinigten sich die Mormonen in Missouri. Aber selbst ein homogenes, abgeschlossenes Siedlungsgebiet gewährte inmitten einer feindlichen Umgebung keinen ausreichenden Schutz. Wieder kam es zu bewaffneten Konflikten mit Bewohnern der umliegenden Siedlungen, wieder zogen die Mormonen weiter. 1839 gingen fast 15.000 Mormonen nach Illinois, wo sie die Stadt Commerce erwarben und in Nauvoo (sephardisches Hebräisch für „schön sein") umtauften. Seine Erfahrungen ließen es Smith nunmehr geraten erscheinen, militärische Vorkehrungen zu treffen. In Illinois gründete der Prophet, sich selbst zum General ausrufend, eine „Mormonenlegion", eine Mischung aus Geheimpolizei und paramilitärischer Einheit.

1844 erklärte Smith, er wolle das Königreich Gottes auf Erden mit sich selbst als König verwirklichen. Als einen ersten Schritt auf dem Wege dazu würde er für das Amt des amerikanischen Präsidenten kandidieren. Mit den nichtmormonischen Nachbarn nahmen die Streitigkeiten noch einmal zu. Auch innerhalb der Kirche kam es zu Auseinandersetzungen. Im Juni 1844 wurden Smith und sein Bruder Hyrum, wegen der Zerstörung der Druckerpresse einer abtrünnigen mormonischen Zeitung im Gefängnis, vom Mob gelyncht (Bushman, 2005).

Nun übernahm Brigham Young, einer der frühen Anhänger Smiths, die Führung. Anders als der impulsive, spirituelle Smith war Brigham Young ein Organisator und Pragmatiker. Es war Brigham Young, der die Gemeinschaft der Mormonen rettete und ihr spirituelles und wirtschaftliches Eigenleben sicherte. Young knüpfte an die Ideen von Smith an; er wollte aber vor allem einen Ort, an dem die Mormonen den Vorstellungen ihrer Religion entsprechend in Frieden leben konnten.

Mit einer Gemeinde von mittlerweile etwa 16.000 Gläubigen zog Young nach

Westen – in das Gebiet des späteren Staates Utah. Die Mormonen hofften, dort ihre politische und wirtschaftliche Stellung festigen zu können, bevor weitere Siedler nachrückten. Wegen der Befürchtung, zu schnell von Feinden „eingeholt" zu werden, waren Oregon oder Kalifornien als Ort für die Neuansiedlung verworfen worden, da die Migration nach Oregon seit Beginn der 1840er Jahre stark angewachsen war und sich auch in Kalifornien – bereits Jahre vor dem Goldrausch – eine ähnliche Entwicklung abzeichnete.

Am 4. Februar 1846 überquerten die ersten Mormonen den Mississippi. In einem langen *great trek* nach Westen – durch die Prärien Iowas, nach einer Überwinterung in Omaha, Nebraska, und der Durchquerung der Wüsten Wyomings – erreichten sie im Juli 1847 den Großen Salzsee in Utah. Dort gründeten die Mormonen das Zentrum ihres Siedlungsgebietes. Dieses Zentrum, Salt Lake City, das sie Deseret nannten, wuchs als Stadt bis zum Tode Youngs 1877 nicht zuletzt durch die Zuwanderung europäischer Konvertiten auf 150.000 Einwohner an.

Die Mormonen fanden nun auch politische und gesellschaftliche Anerkennung. Präsident Fillmore berief Young, der bereits vorher von den Mormonen zum Gouverneur gewählt worden war, 1851 als Gouverneur des neuen *Utah Territory*.

Young herrschte mit harter Hand. Seine Stellung als „Prophet" verlieh ihm fast unbeschränkte Macht, die er skrupellos nutzte. Politische oder religiöse Gegner wurden ohne Zögern ermordet. Gegen die Indianer Utahs und Siedler, die sich nicht zum Glauben der Mormonen bekannten, ging er mit äußerster Grausamkeit vor. Sämtliche Institutionen – des Staates wie der Kirche – unterstanden Young. Der Staat der Mormonen entwickelte sich schnell. Mormonische Doktrinen, die harte Arbeit und das Streben nach Wohlstand ebenso gutheißen wie das einfache Leben, hielten die Gläubigen dazu an, ihr Heil in der Arbeit zu suchen, und führten zu schnellem wirtschaftlichen Wachstum der Siedlungen.

In der großen politischen Auseinandersetzung der zweiten Hälfte des 19. Jahrhunderts – dem Kampf um die Abschaffung der Sklaverei und der Diskussion um die Rechte der Staaten gegenüber der Union – lavierte der Mormonenstaat. Utah gehörte zwar zum Norden, ein Sieg der Südstaaten hätte jedoch den Weg für eine Sezession eröffnet. Dies hätte den Mormonen endgültig die Unabhängigkeit verschafft – ein Ziel, das die Führung des Staates durchaus noch nicht aus den Augen verloren hatte. Auch sonst war man der Union gegenüber skeptisch: Die Argumente gegen die Sklaverei ähnelten denen gegen die Vielehe; beiden Institutionen wurde vorgeworfen, unchristlich zu sein, da sie das Familienleben zerstörten, ihre Opfer erniedrigten und ökonomisch überholt waren. Die Mormonen fürchteten, ein Sieg des Nordens würde zur Zerstörung ihrer Institutionen führen. Tatsächlich drohte schon 1857 ein Bürgerkrieg zwischen Utah und der Union, als wegen des nicht unbegründeten Verdachts der mangelnden Treue zu den Vereinigten Staaten Unionstruppen nach Salt Lake City geschickt wurden, denen sich Young jedoch ohne Gegenwehr unterwarf.

Die rasche Industrialisierung und vollständige Erschließung des Landes nach dem Ende des Bürgerkrieges führten die Mormonen in tatsächlicher wie weltanschaulicher Hinsicht an die Vereinigten Staaten heran. An staatliche Unabhängigkeit war nun nicht mehr zu denken. Auch die Zusammensetzung der Bevölkerung veränderte sich: Die transkontinentale Eisenbahn brachte eine große Zahl neuer Siedler nach Salt Lake City, so dass von der Mehrheit der Amerikaner abgelehnte Institutionen wie die Polygamie auf Dauer unhaltbar schienen. Nachdem der Kongress 1882 durch den *Edmunds Act* Bigamie verbot, konnten Mormonen als Bigamisten verurteilt werden. Daher gab die Kirche unter Führung von Wilford Woodruff die Vielehe auf. Woodruff war bewusst, dass das Festhalten an der umstrittenen Institution die Schließung der mormonischen Tempel durch die Bundesregierung zur Folge gehabt hätte. 1890 veröffentlichte er daher – nach eigenen Angaben auf Geheiß Gottes – ein Manifest, das die Abschaffung der Polygamie verfügte. Auch die politische Organisation der Mormonen löste sich auf. Im Gegenzug wurde Utah 1890 Bundesstaat.

Obwohl die Kirche der Mormonen im 19. und bis zum Ende des 20. Jahrhunderts weithin als eine bizarre religiöse Bewegung gesehen wurde, teilte die „Kirche Jesu Christi der Heiligen der Letzten Tage" doch Vorstellungen, die für viele evangelikale Bewegungen im frühen 19. Jahrhundert kennzeichnend waren: Die Mormonen versuchten zur Einfachheit der frühen Kirche zurückzufinden. Sie betonten wenige (dem Propheten Smith und seinen Nachfolgern) offenbarte Grundsätze, die für alle verständlich waren. Vor dem Hintergrund wirtschaftlicher Schwierigkeiten und damit einhergehender sozialer Verwerfungen gaben sie den Gläubigen das Gefühl von Sicherheit und Ordnung. In Kirtland praktizierten die Mormonen eine Art „Kommunismus"; aller Besitz gehörte der Kirche und somit allen. Auch nachdem diese Praxis aufgegeben worden war, stellten die Mormonen sicher, dass neue Gemeindemitglieder wirtschaftlich abgesichert und durch die Zahlung des Zehnten kein Gemeindemitglied in die Armut abrutschte. Nur über die Kirche und ihre Kooperativen konnten Mormonen mit Nichtmormonen Handel treiben und alle wirtschaftlichen Unternehmungen der Gläubigen wurden als Kooperativen geführt. Das System führte zum ökonomischen Erfolg der Gemeinschaft und zu Wohlstand des Einzelnen, was es den Mormonen erleichterte, neue Mitglieder zu gewinnen.

Heute sind die Mormonen mit einer Mitgliederzahl von weltweit fast 12 Millionen (von denen knapp die Hälfte in den USA lebt) eine der am schnellsten wachsenden religiösen Gruppierungen.

2008 bewarb sich der mormonische Gouverneur von Massachusetts, Mitt Romney, um die Präsidentschaftskandidatur der Republikanischen Partei – ein deutliches Zeichen für die Akzeptanz der Mormonen in der amerikanischen Gesellschaft.

**Das Konzept der *Frontier***

Mit der Präsidentschaft Andrew Jacksons hatte die *Frontier* an politischem Gewicht gewonnen. Die Idee der Grenze wurde zu einem wichtigen Konzept des politischen Denkens – erst als Form der Selbstvergewisserung, dann als politische Theorie, zuletzt als Mythos und Folklore.

Die Regionen des Übergangs zwischen den besiedelten Gebieten und den unerschlossenen Regionen bezeichneten die Amerikaner als *Frontier* – eine Grenzregion zwischen Wildnis und Zivilisation, die im Laufe der Zeit von den Siedlern immer weiter nach Westen vorgeschoben wurde. Diese Vorstellung der „Grenze", die immer wieder verschoben wird, fand schließlich auch Eingang in das politische Denken der Amerikaner. Der Historiker Frederick Jackson Turner entwickelte unter dem Einfluss von Darwins Evolutionstheorie in den 1890er Jahren eine These über die *Frontier*, die er 1893 in seinem Essay *The Significance of the Frontier in American History* auf der Weltausstellung in Chicago der Öffentlichkeit präsentierte (Turner, 1986, 1–38). Turner argumentiert, die *Frontier* habe den amerikanischen Charakter und die politischen Institutionen des Landes entscheidend geprägt: Im harten Überlebenskampf des Westens verlieren sich europäische Einflüsse und es entwickelten sich spezifisch „amerikanische" Eigenschaften wie Erfindungsreichtum, Individualismus, Vielseitigkeit und Zähigkeit. Die „Grenze" war somit ursächlich für die amerikanische Form der Demokratie. Ende des 19. Jahrhunderts war diese Bedeutung der *Frontier* aber in Frage gestellt: Die amerikanische Zensusbehörde hatte 1890 die *Frontier* „für geschlossen" erklärt: „Up to and including 1880 the country had a frontier of settlement, but at present the unsettled area has been so broken into by isolated bodies of settlement that there can hardly be said to be a frontier line. In the discussion of its extent, its westward movement, etc., it can not, therefore, any longer have a place in the census report."

Turner befürchtete, ohne die den nationalen Charakter prägende Auseinandersetzung durch die Anforderungen der *Frontier* werde die einzigartige Vitalität der Amerikaner versiegen. Die „Schließung" der *Frontier* läutete mithin den Beginn einer neuen Phase in der amerikanischen Geschichte ein. Aus dieser These folgerten Turner und andere, Amerika müsse sich eine „neue" *Frontier* suchen, um die Quelle des „Amerikanischen" nicht versiegen zu lassen. Diese neue Herausforderung konnte vielerlei Gestalt haben: Präsident Theodore Roosevelt sah die Möglichkeit einer Erhaltung der Tugenden der *Frontier* in einer Ausdehnung der amerikanischen Einflusssphäre außerhalb des Territoriums der USA – die These Turners diente so auch der Rechtfertigung der kurzen Phase des amerikanischen kolonialen Imperialismus.

Das Konzept der *Frontier* prägte aber auch in der Folge das amerikanische Selbstverständnis. So war es nur folgerichtig, dass John F. Kennedy den

Kampf gegen Vorurteile und Armut zur *New Frontier* erklärte. Die NASA sprach in Bezug auf die Raumfahrt und die Erforschung des Universums von der *Last Frontier*. Präsident Reagan nahm auf die *Frontier* Bezug, als er seine radikalen Wirtschafsreformen verteidigte. Maßnahmen, die Unternehmen und die Reichen bevorzugten und Kapital für Investitionen freisetzen sollten, die als „neue" Ressource die Wirtschaft beflügeln sollte, sei vergleichbar der Erschließung neuen Territoriums zu Zeiten der westwärts ziehenden Pioniere, so der Präsident.

## 7. *Manifest Destiny:* Oregon, Texas und der Krieg mit Mexiko

> „*The United States will conquer Mexico but it will be as the man swallows the arsenic, which brings him down in turn. Mexico will poison us.*"
> – Ralph Waldo Emerson

### John Tyler, die Annexion Texas' und die Spaltung der Union

Präsident William H. Harrison verstarb plötzlich – sein Vizepräsident Tyler übernahm das Amt des Präsidenten. Der neue Präsident stammte aus der „Aristokratie" Virginias, dort wurde er 1790 geboren. In jungen Jahren schloss er sich den Anhängern Jeffersons an, der Beginn einer schnellen Karriere: Er gehörte der Legislative Virginias an, dem Repräsentantenhaus und Senat der Vereinigten Staaten und amtierte von 1825 bis 1827 als Gouverneur Virginias. Tyler war ein Mann des Südens, dessen Rechte (i. e. die Rechte der Einzelstaaten) er gegen die Union verteidigen wollte. Als Gegner Jacksons (das Vorgehen des Präsidenten in der Annullierungskrise hielt er für falsch) schloss sich Tyler den *Whigs* an, er warb für Henry Clay (dessen *American System* er aber andererseits zutiefst misstraute). Schließlich wurde er Vizepräsidentschaftskandidat Harrisons – er sollte die Chancen der Partei im Süden erhöhen.

Die Ambivalenz des Präsidenten in vielen politischen Fragen zeigte sich bei der Übernahme der Präsidentschaft. Henry Clay, der einen *Whig* an der Regierung wähnte, wollte die Chance nutzen und wichtige Entscheidungen der Jackson-Ära revidieren. Zunächst plante er eine Wiedereinrichtung der Bank der Vereinigten Staaten. Verfassungsbedenken der Vertreter einzelner Staaten wischte er vom Tisch. Dann kam die Überraschung: Der Präsident entschied gegen seine Partei. Das hastig eingebrachte Gesetz scheiterte an Tylers Veto, ebenso eine überarbeitete Fassung. Der Machtkampf zwischen Tyler und Clay war nun offen ausgebrochen. Das gesamte Kabinett erklärte seinen Rücktritt – nur Außenminister Webster blieb im Amt. Tyler wurde von den *Whigs* ausgeschlossen – der Präsident stellte ein neues Kabinett zusammen. Bereits in dieser Phase seiner Regierungszeit zeichnete sich eine Annährung Tylers an die Demokraten ab, die sich immer mehr der Sache des Südens verschrieben. Die *Whigs* blieben zerstritten. Der „Präsident ohne Partei" setzte sich ebenfalls für die Belange des Südens ein. Zum Ausdruck kam dies nicht zuletzt durch die Ernennung Calhouns zum Außenminister, nachdem Webster aus der Regierung ausgeschieden war.

Auch in der Außenpolitik knüpfte Tyler an die Politik Jacksons an. Die zentrale außenpolitische Frage war seit langem die mögliche Annexion (des unabhängigen) Texas und damit ein Konflikt mit Mexiko. Die USA und Mexiko hatten eigentlich vieles gemeinsam: Beide Länder waren föderal organisierte Bundesstaaten, republikanisch geordnet und im Krieg mit ihrer kolonialen Vormacht geboren. Zu Beginn der 1830er Jahre waren sie auch etwa gleich groß. Damit aber enden die Ähnlichkeiten. Die rasante Entwicklung der USA fand kein Gegenstück in Mexiko: Zwischen 1820 und 1840 verdoppelte sich die Bevölkerung der USA, die Mexikos stieg nur unwesentlich an. 1840 hatten die Vereinigten Staaten 17 Mio. Einwohner, Mexiko nur 7 Mio. Die Wirtschaft im Norden entwickelte sich schnell; Kanäle, Straßen und (später) die Eisenbahn banden die Vereinigten Staaten zusammen. Mexiko hingegen blieb weitgehend agrarisch geprägt, das politische System war instabil. Staatsstreiche und Unruhen prägten die Politik, die nördlichen Staaten Mexikos strebten nach mehr Unabhängigkeit. Der Zusammenhalt der Republik war keineswegs sicher. Dies war nicht zuletzt eine Folge der Einwanderung aus dem Norden.

Amerikanische Siedler drängten nach Süden, in die mexikanischen Staaten Texas und Kalifornien. Vor allem nach Texas, dem *New El Dorado*, kamen seit Mitte der 1830er Jahre immer mehr Amerikaner. Die Einwanderer waren den spanischen (und später mexikanischen) Verwaltungen zunächst durchaus willkommen. In den 1830er Jahren aber fürchtete die Regierung in Mexiko-Stadt, die Kontrolle über die Siedler zu verlieren. Es waren einfach zu viele, und sie begannen eine zunehmend von Mexiko unabhängige Politik zu betreiben. Die Zentralregierung versuchte daher, mittels einer Reihe von Maßnahmen ihre Autorität in Texas wieder zu festigen – vor allem schaffte sie die Sklaverei ab. Die Siedler wehrten sich – sie kämpften für ihre Rechte und damit nicht zuletzt für die Beibehaltung der Sklaverei (Fehrenbach, 2000).

Die „amerikanischen" Texaner hofften zunächst auf Autonomie innerhalb Mexikos – bei Beibehaltung der Sklaverei. Als General Santa Anna 1832 die Macht ergriff, rückte diese Möglichkeit in weite Ferne. Unruhen brachen aus und 1836 erklärte Texas seine Unabhängigkeit. Die mexikanische Regierung war nicht bereit, diese zu akzeptieren.

General Santa Anna rückte mit starken Bundestruppen nach Texas vor. Nach kurzer Belagerung fiel die Festung *The Alamo* (ursprüglich eine Mission) nahe der Stadt San Antonio. Die Verteidigung des Forts, bei dem fast alle Verteidiger fielen (darunter Davy Crockett), wurde ein gefeierter Moment der amerikanischen (Militär-)Geschichte.

Den Texanern unter der Führung von Sam Houston war aber mittlerweile der Aufbau einer schlagkräftigen Armee gelungen. Nicht zuletzt durch die Hilfe der USA, die die texanischen Rebellen mit Waffen, Geld und Freiwilligen unterstützt hatten. In der Schlacht von San Jacinto siegten die Texaner, General Santa Anna geriet in Gefangenschaft. Texas konstituierte sich als unabhängige Republik. Sam Houston wurde zum Präsidenten gewählt.

Die USA zögerten, die neue Republik anzuerkennen. Die Frage der Sklaverei stand allzu sehr im Vordergrund, denn für viele amerikanische Politiker – vor allem des Südens – war die Anerkennung nur der erste Schritt zur Annexion. Eine solche aber hätte die Sklavenstaaten gestärkt. Präsident Jackson sprach die Anerkennung daher erst aus, als Martin Van Buren – dessen Wahlchancen er nicht schmälern wollte – bereits zu seinem Nachfolger gewählt war. Alsbald war nun auch offen von der Möglichkeit einer Annexion Texas' die Rede, Van Buren wollte eine solche Diskussion allerdings vermeiden. Die schwierige Balance zwischen Norden und Süden sollte nicht zerstört werden.

Die Situation veränderte sich, als 1841 der die Sklaverei befürwortende Vizepräsident John Tyler nach Harrisons Tod Präsident wurde. Tyler war ein Vertreter der Rechte der Staaten, er wollte die Sklaverei als Institution erhalten wissen, und er war – in der Tradition Jeffersons – überzeugt, dass die USA ihr Territorium ständig vergrößern müssen, um der den USA von Gott und der Geschichte gegebenen Aufgabe gerecht zu werden. Eine wirkungsmächtige Kombination von Motiven.

Tyler unterstützte daher die Befürworter der Annexion; um die Notwendigkeit einer Zwei-Drittel-Mehrheit im Senat zu umgehen – sie wäre wegen der mit der Annexion verbundenen Frage der Sklaverei nur schwer zu erreichen gewesen –, schlug er vor, Texas solle durch eine gemeinsame Resolution des Senats und des Parlaments von Texas als Staat der Union beitreten. Texas stimmte zu, im Senat erhielt die Resolution eine knappe Mehrheit. Mexiko, das die Unabhängigkeit Texas' nicht akzeptierte, betrachtete die Resolution als einen kriegerischen Akt und brach die diplomatischen Beziehungen mit Washington ab. Tylers Nachfolger, Präsident James K. Polk, setzte die Annexionspolitik trotz der Einsprüche Mexikos fort. Zum 1. März 1845 wurde Texas in die Union aufgenommen.

## Die Oregon-Frage und die amerkanisch-kanadische Grenze

Auch im pazifischen Nordwesten spitzte sich die Situation zu. Die Konflikte mit Großbritannien im Nordosten waren während der Präsidentschaft Van Burens (durch dessen kluge Deeskalation) und während der Amtszeit

John Tylers durch den Webster-Ashburton-Vertrag (1842) weitgehend gelöst. Im pazifischen Nordwesten des Kontinents bahnte sich aber in den 1840er Jahren eine erneute Krise mit Großbritannien an.

Seit Beginn des Jahrhunderts hatte es im pazifischen Nordwesten Konflikte zwischen Briten und Amerikanern wegen des genauen Grenzverlaufs, dem Verhältnis zu den Stämmen, der Pelzausbeute und anderer Streitpunkte gegeben. 1818 waren London und Washington übereingekommen, das große Oregon-Territorium (es umfasst die heutigen Staaten Oregon, Washington, Idaho sowie Teile von Montana und Wyoming und des heute kanadischen Britisch Columbia) für beide Länder – konkret für Forscher, Jäger und Händler – für zunächst zehn Jahre offenzuhalten (*Anglo-American Convention*). Auch danach blieb das Gebiet für beide Länder offen und wurde, Absprachen zwischen den Regierungen zufolge, gemeinsam „verwaltet". Rivalitäten blieben trotzdem bestehen, aber erst in den 1840er Jahren änderte sich die Situation grundlegend. Die Amerikaner entdeckten das Territorium als ein wichtiges zukünftiges Siedlungsgebiet. Immer mehr Siedler zogen in den Nordwesten. 1841 zog der erste Siedlertreck von Missouri aus nach Oregon – fast 3.500 Kilometer betrug der *Oregon Trail*. Wagentreck an Wagentreck folgte.

Die faktische Aneignung des Landes durch amerikanische Siedler stellte England vor ein Problem. Für London hatte die Pazifikküste (einschließlich Kaliforniens) in den 1840er Jahre an Bedeutung gewonnen: Britische Expeditionsstreitkräfte besiegten die Armee des Ch'ing-Kaisers und erzwangen im Vertrag von Nanking 1842 die Öffnung Chinas. Die amerikanische Gegenküste – mit ihren natürlichen Häfen im Nordwesten bis nach Kalifornien – war nun sehr wertvoll geworden. Auch Russland interessierte sich für die Pazifikküste. 1741 hatte Bitus Jonassen Bering Alaska entdeckt, seit 1784 gab es dort russische Siedlungen; nach 1804 wurde eine Verwaltung für das russische Alaska eingerichtet und russische Forscher und Händler erkundeten die Pazifikküste südlich von Alaska – vom Oregon-Territorium bis zum spanischen Kalifornien.

Präsident Polk, der auf Tyler gefolgt war, forderte nun die Eingliederung des gesamten Oregon-Territoriums in die Vereinigten Staaten. Damit brüskierte er die Briten. Und er ging noch einen Schritt weiter: Im April 1846 kündigte der Kongress die Vereinbarung zwischen den USA und Großbritannien, die eine gemeinsame amerikanisch-britische Verwaltung des Gebietes vorsah. Die Briten entschlossen sich zu Verhandlungen – im *Oregon-Treaty* (1846) akzeptierten sie die amerikanischen Ansprüche auf Gebiete südlich des 49. Breitengrades. Damit fiel der größte Teil von Oregon an die USA, die amerikanisch-kanadische Grenze war nun festgelegt.

Seit März 1845 amtierte nun James K. Polk als Präsident. Er hatte sich im

Herbst 1844 gegen Henry Clay durchgesetzt. Damit stellten die Demokraten wieder den Präsidenten.

James K. Polk wurde 1795 in North Carolina geboren; alsbald, James war gerade elf Jahre alt, zog die Familie nach Tennessee. Er arbeitete nach seinem, wegen einer frühen Erkrankung späten Studium als Anwalt. Als überzeugter Anhänger Jacksons ging Polk in die Politik, war Abgeordneter in Tennessee und schließlich Mitglied des Repräsentantenhauses, dessen Sprecher er 1835 wurde. Von 1839 bis 1841 amtierte Polk als Gouverneur von Tennessee. Die beiden folgenden Gouverneurswahlen verlor er, so dass er sich wieder der nationalen Politik zuwandte. 1844 wurde er, für viele Beobachter überraschend, zum Präsidentschaftskandidaten der Demokraten gekürt – die einflussreichen Granden der Partei – Martin Van Buren, Lewis Cass und James Buchanan – hatten sich gegenseitig blockiert.

Polk wurde – für viele Wähler war das *dark horse* der Demokraten ein unbeschriebens Blatt – nur knapp gewählt.

### Der Krieg mit Mexiko

Polk war ein Vertreter der Annexion Texas' und wollte das gesamte Oregon-Gebiet für die USA, vor allem aber richtete er sein Augenmerk auf Kalifornien. Wie die Briten, sah er in den Hafenstädten der Westküste – vor allem in San Francisco – den Schlüssel zu einem Ausbau des Handels mit Asien. Über kurz oder lang musste es daher zu einer Konfrontation mit Mexiko kommen. Der Krieg mit Mexiko hatte zwar eine Reihe von Ursachen. An erster Stelle standen aber die Frage um die Zukunft Kaliforniens, das wie Texas in den Jahrzehnten zuvor immer mehr von Amerikanern besiedelt wurde, und die Gebietsansprüche Texas' an Mexiko.

Der Krieg hatte ein kurzes Vorspiel: Nach der Niederlage von San Jacinto hatten sich die mexikanischen Truppen hinter den Río Grande zurückgezogen. Die Grenze der (mexikanischen) Provinz Texas wurde allerdings seit langer Zeit vom Lauf des Nueces, nördlich des Río Grande, bestimmt. Die Texaner nutzten die Schwäche der mexikanischen Regierung und erklärten – in einer Resolution des texanischen Kongresses – den Río Grande zur Grenze. Nach dem Beitritt Texas' zur Union ging es nun um die amerikanisch-mexikanische Grenze.

Präsident Polk unterstützte die Gebietsansprüche; amerikanische Soldaten gingen entlang des Río Grande in Stellung. Auch in der Frage nach der Zukunft Kaliforniens verhärtete sich die Position der Polk-Administration. Die USA beabsichtigten, Kalifornien zu erwerben. Der Präsident machte Mexiko eine Reihe von Kaufangeboten, gleichzeitig brachte er Forderungen amerikanischer Geldgeber gegen Mexikaner oder die mexikanische Regierung vor. Damit unterstrich er die Legitimität seiner Forderungen und die Notwendigkeit, bald eine dauerhafte Regelung zu treffen. Der

Streit eskalierte. Immer dringlicher forderte Polk eine Lösung – zumal auch Großbritannien Interesse an Kalifornien zeigte. Die europäischen Mächte beobachteten die amerikanische Expansion ohnehin mit Argwohn. Frankreich und Großbritannien waren schon in der Frage der Annexion von Texas für die Unabhängigkeit des neuen Staates gewesen (wenn die mexikanische Herrschaft schon nicht aufrechtzuerhalten war), einer weiteren Expansion der USA standen sie kritisch gegenüber. Aus Sicht der amerikanischen Regierung schien schnelles Handeln geboten. Der Präsident ging daher einen Schritt weiter: Abenteurer, die auf eigene Faust Politik machen wollten, wurden ermutigt, gegen die mexikanische Regierung zu konspirieren und wenn möglich zu rebellieren. General Zacharias Taylor wurde angewiesen, Positionen am Río Grande zu besetzen, ein Emissär wurde nach Mexiko-Stadt entsandt, um die Mexikaner zum Einlenken zu bewegen. Als diese Mission fehlschlug und die Nachricht nach Washington gelangte, dass eine amerikanische Patrouille von mexikanischen Soldaten angegriffen worden sei, erklärten die USA Mexiko den Krieg.

In knapp zehn Monaten wurden die Mexikaner über den Río Grande gedrängt; bei Monterrey und Buena Vista schlugen die Amerikaner mexikanische Armeen, trotz deren zahlenmäßiger Überlegenheit. Große Teile Kaliforniens fielen in amerikanische Hand. Auch New Mexico konnte sich nicht lange gegen die Amerikaner behaupten; nach einem erfolgreichen Aufstand in Sacramento proklamierten die Sieger Kalifornien als Teil der USA. Zuvor hatten die Siedler die Unabhängigkeit einer *Republic of California* erklärt.

Mexiko war zunächst nicht bereit, die amerikanischen Ansprüche in seinen nördlichen Landesteilen anzuerkennen. Die mexikanische Regierung setzte den Krieg fort, der noch bis zum Jahresbeginn 1848 dauerte. Dann eroberte ein amerikanisches Expeditionskorps die Hauptstadt und Mexiko war zum Friedensschluss gezwungen. Der Vertrag von Guadalupe Hidalgo (Februar 1848) bestätigte die amerikanischen Ansprüche auf Kalifornien und New Mexico. Der Río Grande wurde als Grenzfluss zwischen den USA (dem Staat Texas) und Mexiko bestätigt. Die USA zahlten Mexiko für die Gebietsabtretungen eine Entschädigung von 15 Millionen Dollar und übernahmen weitere 3,25 Millionen an Forderungen amerikanischer Gläubiger gegenüber Mexiko.

Das zur Union hinzugekommene Gebiet umfasst die heutigen Staaten Arizona, Kalifornien, Nevada, Texas, Utah und große Teile von New Mexico, Colorado und Wyoming.

James K. Polk hatte damit das Territorium der USA beträchtlich erweitert. Die kontinentalen USA erreichten ihre heutige Ausdehnung.

Trotzdem war der Präsident nicht übermäßig beliebt, im Kongress nahm man ihm seine Betonung der Exekutive gegenüber der Legislative übel. Den

„nördlichen" Demokraten war er zu sehr ein Mann des Südens. Polk verzichtete, seiner angeschlagenen Gesundheit wegen, aber ohnehin auf eine
zweite Amtszeit. Aus dem Amt ausgeschieden, zog er sich nach Tennessee
zurück. Wenige Monate später starb er.

## Manifest Destiny

Die Expansion bedurfte ihrer Begründung: John L. O'Sullivan, ein der Demokratischen Partei nahestehender Journalist, prägte 1845 den Begriff *Manifest Destiny* (A. Weinberg, 1935). Die Idee einer (von Gott) den USA auf-
erlegten Aufgabe sollte die Expansion der Polk-Ära – die Eingliederung
Oregons, Texas und Kaliforniens in das Staatsgebiet der USA – rechtfertigen. Begründet wurde dies mit der Vorstellung, es sei die offensichtliche,
gottgegebene Bestimmung der USA, den gesamten Kontinent vom Atlantik
bis zum Pazifik zu beherrschen. Ältere Vorstellungen von der Auserwähltheit der USA (ihrer Exzeptionalität) gingen in dieser Vorstellung auf: Vielfach wurde argumentiert, dass die USA sogar die Aufgabe hätten, die noch
unter spanischer (mexikanischer) oder britischer Herrschaft befindlichen
Gebiete zu „befreien". Rückständige politische Systeme würden nach der
Befreiung verschwinden oder zu einer Anpassung an die Demokratie der
USA gezwungen werden. Dies war die „demokratische" Mission der USA.

Hinzu kam die ältere Vorstellung, dass die Aufrechterhaltung der repu-
blikanisch-demokratischen Ordnung einer starke Agrarwirtschaft (und damit eines ausgedehnten Territoriums) bedurfte. Jeffersons Ideen wurden in
dieses Amalgam von Jacksons und später Polks Vorstellungen über die Erweiterung der Union integriert. Auch rassistische Untertöne, gegen die Indianer und Mexikaner, waren nicht zu überhören. Die Unterlegenheit dieser
Völker gegenüber den Amerikanern wurde in vielen Texten immer wieder
betont.

Die expansionistischen Ideen verbanden sich dabei immer mehr mit dem
Problem der Sklaverei. Die Erweiterung der Union warf unweigerlich die
Frage nach der Ausdehung der Sklaverei auf. Der skeptische Philosoph
Ralph Waldo Emerson sollte Recht behalten. Die Expansionspolitik der
1840er verschärfte den Konflikt zwischen Norden und Süden; die Erobe-
rungen (vor allem im Krieg mit Mexiko) waren ein Gift, das die Einheit der
Republik zerstörte.

## Asien

Die USA, an der Pazifikküste angelangt, blickten nun auch nach China.
Kurz nach Abschluss des Vertrages von Nanking begannen die USA – an
die britische Politik anknüpfend (*hitchhiking imperialism*) –, ihrerseits mit
China zu verhandeln. Im Vertrag von Wanghia (1844), den Caleb Cushing,
ein Kaufmann aus Massachusetts, für die USA verhandelt hatte, räumte

ihnen das Kaiserreich die gleichen Rechte wie Großbritannien ein. Im Schlepptau der Briten bauten die USA ihren Einfluss in China aus – vor allem als während der Taiping-Revolte die kaiserliche Regierung durch einen blutigen Aufstand und Bürgerkrieg geschwächt wurde. Trotz einiger Erfolge blieben die USA bis zum Ende des 19. Jahrhunderts in China aber ein vergleichsweise kleiner Akteur auf dieser Bühne. Die Briten dominierten die Politik der „westlichen" Mächte im Reich der Mitte.

Im Falle Japans übernahmen die USA hingegen die Vorreiterrolle: 1852 beauftragte Präsident Fillmore Commander Matthew Perry mit einer Mission nach Japan. Das abgeschottete Land sollte für den Handel mit den USA (und europäischen Mächten in deren Gefolge) geöffnet werden. Im Juli 1853 erreichte das Geschwader Perrys Edo (das heutige Tokio), den Sitz des in Japan regierenden Shogun. Die vier Kriegsschiffe der Amerikaner – die modernsten Schiffe ihrer Zeit – erstaunten die Japaner. Die Demonstration der Stärke machte daher zwar Eindruck, Perry gelang es aber nicht, Abkommen zu schließen. Er segelte nach China und kehrte erst im März 1854 mit einer größeren Flotte nach Edo zurück. Nun trat Perry drohend auf. Er erklärte seinem Gesprächspartner, dass Japan das Schicksal Mexikos erleiden würde, wenn die Regierung den USA nicht entgegenkäme. Diesmal gaben die Japaner nach. Im Vertrag von Kanagawa öffneten sie zwei (abgelegene) Häfen. Die USA waren in Ostasien angekommen. 1856 kam Townsend Harris als erster amerikanischer Konsul nach Japan. Er sah sich als der „most isolated American official in the world", aber er vertrat hartnäckig amerikanische Interessen. Auch wurde er – Erzählungen zufolge unter dem Einfluss seiner japanischen Geliebten – zu einem Bewunderer japanischer Kultur (seine Erfahrungen sollen die Grundlage für Giacomo Puccinis Oper *Madame Butterfly* sein). 1858 erklärten sich die Japaner schließlich bereit, fünf weitere Häfen zu öffnen, gleichzeitig nahmen sie diplomatische Beziehungen mit den USA auf.

## 8. Ante bellum: Sklaverei und Bürgerkrieg

### Ante bellum

Die territoriale Expansion der USA hatte die Sklavenfrage in den Vordergrund der amerikanischen Politik rücken lassen. Die vier auf James K. Polk folgenden Präsidenten – Zachary Taylor, Millard Fillmore, Franklin Pierce und James Buchanan – fanden keinen Ausweg für die drohende Spaltung der Union. Es war Vorkriegszeit.

In den 1870er Jahren – der Bürgerkrieg war noch nicht lange vorüber und seine Wirkung auf die amerikanische Gesellschaft und Politik war noch gar

nicht abzuschätzen – begann Mark Twain mit der Niederschrift von *Adventures of Huckleberry Finn*. Unter dem Titel vermerkte er: „Schauplatz: Das Tal des Mississippi. Zeit: Vor vierzig bis fünfzig Jahren."
Der Roman fasste die Vorkriegsepoche in eine gewaltige Erzählung. Das große Thema des Romans ist die Befreiung. Die beiden Protagonisten, der „unzivilisierte" Außenseiter Huck Finn und der entflohene Sklave Jim, fahren den großen Strom Mississippi – den dritten „Helden" der Erzählung – entlang nach Süden. Sie fliehen aus einer Welt, in der nackte Gewaltherrschaft, Betrug, Heuchelei und ein alle Lebensbereiche umfassender Rassismus herrschen. Die Flucht in ein gesetzloses Niemandsland ist nicht nur ein Bekenntnis zur Freiheit, sondern auch zu einer alle Rassenschranken überwindenden egalitären Moral. In der bewegendsten Szene des Romans (Kap. 31) ringt Huck mit dem großen – Amerika in den Vorkriegsjahrzehnten bewegenden – Problem der Frage nach Recht und Unrecht und damit verbunden nach der Rechtmäßigkeit der Sklaverei. Der in einer legalistisch-rassistischen Sklavenhaltergesellschaft aufgewachsene Huck empfindet Schuld; sein Gewissen bedrückt ihn, weil er einem entlaufenen Sklaven zur Flucht verhilft. Die konventionelle Moral sieht dafür eine Strafe vor – und sei es in der nächsten Welt. Huck entscheidet sich gegen die „Moral" und für seinen Gefährten: „Na gut, dann komm ich eben in die Hölle." Huck Finn entscheidet sich für die verdrängte Grundeinsicht der Amerikanischen Revolution: Alle Menschen sind gleich und haben gleiche Rechte (gegenüber dem Staat und der Gesellschaft). Eine Einsicht, die in der Vorkriegszeit heftig umstritten war – sie war nicht der alleinige Grund des Krieges, sie begründete ihn aber.
Der große Strom, dessen Beherrschung für die junge Republik so wichtig war, die Flucht in die Freiheit und der Anspruch auf Gleichheit (im Sinn von Emanzipation und Inklusion) machen Twains Roman zum Roman Amerikas überhaupt. Zu Recht stellte Hemingway in den 1930er Jahren in einer vielzitierten Sentenz lapidar fest: „Die ganze moderne amerikanische Literatur stammt von einem Buch von Mark Twain ab, das ‚Huckleberry Finn' heißt. Davor gab es nichts. Und seither hat es nichts so Gutes gegeben."
Mark Twain schrieb aus dem Rückblick. In den Jahrzehnten vor dem Krieg war die Auseinandersetzung um die zentrale Idee der Amerikanischen Revolution aber noch nicht entschieden. Wie in den Jahren vor der Verfassungsgebung von 1787/88 standen die Republik und ihre Zukunft in Frage. Die Institution der Präsidentschaft verlor in diesen Jahrzehnten an Ansehen und Gewicht, die Union zerfiel und die Ideen der Revolution schienen keine Geltung mehr zu haben. Jedenfalls nicht überall. Hellsichtig bemerkte ein noch junger und noch nicht recht bekannter Politiker namens Abraham Lincoln: „A house divided against itself cannot stand."

## Die Sklaverei und die Republik

Die Geschichte der Sklaverei in Nordamerika (und also im atlantischen Raum) begann bereits 1619, als die ersten Afrikaner gegen ihren Willen auf den Kontinent verschleppt wurden. Anfangs gab es allerdings kaum soziale Unterschiede zwischen schwarzen Sklaven und weißen Arbeitern auf den Plantagen, die für eine vertraglich festgelegte Zeit ihren weißen Herren wie Leibeigene dienten. Auch sexuelle Beziehungen und sogar Ehen zwischen Schwarzen und Weißen kamen vor. In der zweiten Hälfte des 17. Jahrhunderts verschlechterten sich die Bedingungen für Schwarze jedoch zunehmend: So wurde festgelegt, dass Kinder mit einem schwarzen und einem weißen Elternteil nicht – wie in Europa üblich – den Status des Vaters, sondern den der Mutter erbten, da der Vater zumeist das weiße Elternteil war. Diese Regelung ermöglichte den weißen Sklavenhaltern ungestraft die eigenen Sklavinnen zu schwängern und mit illegitimen Kindern die Anzahl der Sklaven zu mehren. Sklaven wurden wie in der vorchristlichen Antike als „Besitz" gesehen und waren rechtlos.

Die von der Landwirtschaft geprägten südlichen Kolonien mit ihren häufig sehr großen Besitzungen entwickelten im späten 17. und dann im 18. Jahrhundert ein Wirtschaftssystem, das auf Sklavenarbeit aufbaute. 1770 stellten Sklaven bereits ein Drittel der Bevölkerung der südlichen Kolonien.

Der „Aufschwung" der Sklaverei hing mit der technischen Entwicklung des Baumwollanbaus zusammen. 1793 erfand Eli Whitney die Egreniermaschine (die *Cotton Gin*, wobei *Gin* für *engine* steht). Die Maschine entkernt die Baumwolle, trennt also Baumwollfasern von den Samenkapseln (und den manchmal klebrigen Samen). Sie ist eine Kombination aus Drahtsieb und kleinen Drahthaken, die die Baumwolle durch das Sieb ziehen. Bürsten entfernen dabei die losen Baumwollfasern. Kleine *Cotton Gins* arbeiten mit Handantrieb, größere mittels Pferde- oder Wasserkraft. Die Erfindung der *Cotton Gin* ermöglichte Baumwollanbau auf großen Flächen und machte damit den Einsatz von Sklaven wirtschaftlich sinnvoll. Denn die Sklaven wurden nicht mehr zum (arbeitsintensiven) Rupfen der Baumwolle per Hand benötigt, sondern konnten als Pflücker auf den Feldern eingesetzt werden. Es kam nun darauf an, die Anbauflächen zu vergrößern.

Da auf dem Land die Sklaven gegenüber den weißen Sklavenhaltern in deutlicher Überzahl waren, war ein brutales Unterdrückungssystem erforderlich, um Sklavenaufstände zu verhindern. Zudem erfanden Verfechter der Sklaverei Erklärungen, um die Institution der Sklaverei zu rechtfertigen. Häufig wurde argumentiert, Sklaverei sei in der Bibel begründet und daher gottgewollt. Selbst Weiße, die Sklavenhaltung ablehnten, waren im Allgemeinen davon überzeugt, dass Schwarze intellektuell und physisch unterlegen und auf einer niedrigeren Stufe der Evolution angesiedelt seien.

Der ständig wachsende Bedarf an Arbeitskräften, insbesondere auf den

Plantagen der Südstaaten, erforderte immer neue „Importe" von Afrikanern. Aus diesem Grunde sahen sich die Verfassungsväter zu dem Kompromiss veranlasst, den Sklavenhandel bis 1818 zu gestatten und die Sklaverei als Institution anzuerkennen.

Die unentschlossene Haltung der Verfassung – jedenfalls des Verfassungsverständnisses – machte, sollte die Union erhalten bleiben, einen Kompromiss zwischen den Gegnern und Befürwortern der Sklaverei nötig. Dies war insbesondere wichtig, da die Expansion der USA immer wieder die Frage aufwarf, ob neu zugelassene Staaten Sklaverei akzeptieren oder verbieten würden. Bis 1819 waren mit Kentucky, Tennessee, Louisiana, Mississippi und Alabama fünf neue Staaten der Union beigetreten, die Sklaverei erlaubten. Damit war – mit elf „freien" und elf Staaten, in denen Sklaverei erlaubt war – eine Pattsituation erreicht. Jede weitere Aufnahme eines Territoriums als Staat in die Union konnte diese Balance stören. Dies war bald der Fall: 1819 bewarb sich das Missouri-Territorium um Aufnahme in die Union, mit der Maßgabe, die dort bereits praktizierte Sklaverei beizubehalten. Eine Reihe von Kompromissvorschlägen wurde erörtert, erbittert diskutierten Gegner und Vertreter der Sklaverei. Schließlich akzeptierte der Kongress einen Kompromiss: Missouri wurde als Sklavenstaat zur Union zugelassen; Maine, das ebenfalls um Aufnahme ersucht hatte, wurde als freier Staat akzeptiert. Darüber hinausgehend wurde festgelegt, dass Territorien des Louisiana-Gebietes, die sich (zukünftig) als Staaten konstituierten, südlich einer Linie von 36° 30' nördlicher Breite Sklaverei erlauben könnten, nördlich davon war diese untersagt (*Missouri Compromise*).

Dieser „Missouri-Kompromiss" wurde alsbald in Frage gestellt. Der Krieg mit Mexiko brachte die Errichtung neuer Territorien mit sich. Emersons Befürchtung, dass die Eroberungen im Krieg gegen Mexiko die Politik der Vereinigten Staaten vergiften würden, schien sich schneller als erwartet zu bewahrheiten. Die politischen Kräfte des Landes zerstritten sich: Die Parteien lavierten in der Frage einer möglichen Ausdehnung der Sklaverei. Die jeweiligen Kandidaten sollten für möglichst viele Bürger wählbar sein.

Die *Whigs* gingen 1848 mit General Taylor ins Rennen um die Präsidentschaft. Taylor – im November 1784 in Virginia geboren – war politisch ein unbeschriebenes Blatt. Er war Berufssoldat, hatte im Krieg von 1812/13, in den Indianerkriegen der 1830er Jahre und an herausragender Stelle im Krieg gegen Mexiko gedient. Als Generalmajor hatte er die Schlacht von Buena Vista gegen eine zahlenmäßig weit überlegene Armee gewonnen. Seither war er ein Held. Zur Frage der Ausdehnung der Sklaverei äußerte er sich nicht. Als *Whig* war er für Gegner der Sklaverei akzeptabel, als im Süden geborener Kriegsheld auch für Wähler in den Sklavenstaaten. Taylor setzte sich in der Wahl durch, Vizepräsident wurde der New Yorker Millard Fillmore.

Taylors Amtsführung war wenig effektiv. Seine Entscheidungen fällte er spontan, oft ohne sachkundigen Rat einzuholen. Vor allem holte ihn nun die Sklavenfrage ein.

1848 war im Sacramento-Tal in Kalifornien Gold gefunden worden. Es begann ein Jahre anhaltender, legendärer „Goldrausch". Zehntausende von Goldsuchern, Abenteurern und auch neue Siedler zogen nach Kalifornien. Die kalifornische Versammlung stellte im Oktober 1849 den Antrag, als sklavenfreier Staat der Union beitreten zu dürfen. Der Präsident unterstützte diesen Antrag.

Nun entbrannte ein bitterer Disput um die Sklavenfrage und den Zusammenhalt der Union. Senator John C. Calhoun erklärte, dass ein Fortbestand der Union davon abhänge, dass die Balance zwischen freien und Sklavenstaaten erhalten bliebe; zudem müsse Sklaverei in allen Territorien erlaubt sein.

Der Hintergrund für Calhouns sich seit Jahren verhärtenden Position war eine Machtverschiebung zwischen Norden und Süden. Einwanderer aus Europa siedelten sich zum größten Teil im Norden oder Westen an: 1789 lebten 40 Prozent der (weißen) Bevölkerung im Süden, 1850 waren es 31 Prozent. Da die Zusammensetzung des Repräsentantenhauses von der Bevölkerungszahl der einzelnen Staaten abhängt, verschob sich das Gewicht immer mehr nach Norden. Lediglich im Senat war noch – da jeder Staat unabhängig von der Bevölkerungszahl durch zwei Senatoren vertreten ist – eine Balance möglich.

Die Möglichkeit eines Kompromisses wurde leidenschaftlich diskutiert – der Präsident blieb hart, er wollte seine Entscheidung für die Akzeptanz Kaliforniens in die Union ohne Gegenleistung aufrechterhalten. Die Verhandlungen zogen sich hin. Bevor der Kongress aber zu einem Kompromiss fand, kam es zu einem Wechsel in der Präsidentschaft. Am 9. Juli 1850 verstarb überraschend der Präsident. Stundenlanger Aufenthalt in der brütenden Hitze Washingtons während der Feier zum Unabhängigkeitstag und der Genuss von Eismilch und Früchten – im Anschluss an die Feier –, so wird berichtet, führten zu einer Darmentzündung, die den Tod des Präsidenten herbeiführte. Millard Fillmore folgte ihm ins Amt nach.

Der Wechsel im Amt erleichterte die Kompromissfindung. Fillmore war an einem Ausgleich gelegen. Auf Vorschlag Henry Clays, der schon den Missouri-Kompromiss maßgeblich erarbeitet hatte, wurde der „Kompromiss von 1850" beschlossen: Kalifornien trat der Union als freier Staat bei; die Territorien New Mexico, dessen Gebiet durch Abtretungen von Texas (für die Texas von der Union entschädigt wurde) vergrößert wurde, und Utah konnten frei über die Sklavenfrage entscheiden. In der Hauptstadt wurde Sklavenhandel verboten, das *Fugitive Slave Law* stärkte die Rechte der Besitzer entlaufener Sklaven, auch wenn diesen die Flucht in einen freien Staat gelang.

Es war absehbar, dass dieser Kompromiss nicht lange halten würde. Die Debatten wurden immer erbitterter geführt. War die Sklaverei in der amerikanischen Verfassung noch akzeptiert worden – schon weil die wirtschaftlich von der Sklavenarbeit abhängigen Südstaaten sonst nicht in die Union eingetreten wären –, so regte sich im 19. Jahrhundert zunehmend Widerstand gegen die menschenverachtende *peculiar institution*. So sorgte das 1850 erlassene *Fugitive Slave Law* statt für Entspannung eher für eine Zuspitzung des Konfliktes zwischen den Gegnern und Befürwortern der Sklaverei – und da erstere im Norden und letztere im Süden überwogen, spitzten sich regionale Gegensätze weiter zu. Das *Fugitive Slave Law* gab Sklavenbesitzern weitgehende rechtliche Vollmachten. Sie durften ihre in den Norden geflohenen Sklaven dort aufspüren und wieder in den Süden bringen. Und obwohl die Sklaverei in den Nordstaaten verboten war, hatten Staatsangestellte bei der Festnahme der Geflüchteten zu helfen und denjenigen, die entlaufene Sklaven unterstützten, drohten Geld- oder gar Freiheitsstrafen. Viele Bürger aus dem Norden waren aufgebracht über diese Maßnahmen. Die Auseinandersetzung wurde durch Harriet Beecher Stowes 1852 erschienenen Roman *Onkel Toms Hütte*, der zum Bestseller wurde, noch einmal verschärft. Der sentimentale Roman erzählt das Martyrium der Sklaverei, wobei insbesondere das Schicksal des sich aufopfernden, hochreligiösen Titelhelden, der zu einer Christusfigur und moralischem Vorbild stilisiert und von einem Sklavenhalter grausam zu Tode gequält wird, die Menschen im Norden berührte.

Die Gesetzgebung Mitte des Jahrhunderts, die weiterhin versuchte, Kompromisse zu finden, verschärfte die Krise. 1854 wurde der *Kansas-Nebraska Act* verabschiedet, der es den im Westen erschlossenen Territorien freistellte, die Sklavenfrage nach eigenem Gutdünken zu regeln (das Prinzipe der *popular sovereignty*) – dies widersprach dem *Missouri Compromise* und barg die Gefahr einer weiteren Ausdehnung der Sklaverei. Der Autor dieser Gesetzgebung war Senator Stephen A. Douglas aus Illinois. Konkret bedeutete die Regelung, dass das Nebraska-Territorium in zwei Gebiete – Kansas und Nebraska – geteilt wurde. Die jeweilige Bevölkerung sollte dann über die Frage, ob Sklaverei erlaubt sei, entscheiden. Der Missouri-Kompromiss war damit aufgehoben.

Der neue Kompromiss spaltete die Parteien, die in nördliche und südliche Fraktionen zerfallen waren, endgültig. Die *Whigs* brachen vollständig auseinander: Gegner der Sklaverei unter den *Whigs*, hinzu kamen noch Vertreter einiger Splitterparteien, formierten sich im Laufe des Jahres 1854 zur Republikanischen Partei.

Eine Entscheidung des Obersten Gerichtshofs im Jahre 1857 verhärtete die Fronten weiter: Der aus Missouri stammende Sklave Dred Scott war von seinem Besitzer zuerst einige Jahre in den freien Staat Illinois und später ins

Wisconsin-Territorium gebracht worden, wo Sklaverei verboten war. Nach seiner Rückkehr verlangte Scott vor Gericht seine Freiheit, da der Aufenthalt in diesen Gebieten ihn zu einem freien Mann gemacht habe. Das Gericht versagte ihm diese Freiheit. Die Verfassungsväter hätten nicht beabsichtigt, Bürgerrechte auf Schwarze auszudehnen. Das Gericht verweigerte Dred Scott die Freiheit aber auch unter Verweis auf den rechtlichen Schutz von „Leben, Freiheit und Eigentum": Scott war als Sklave das Eigentum seines Herrn, der Anspruch auf Schutz dieses Eigentums hatte, während Scott kein Bürgerrecht auf Freiheit geltend machen konnte. Darüber hinaus erklärte das Gericht ein prinzipielles Verbot der Sklaverei in den neuen Territorien für verfassungswidrig. Dies war für Gegner der Sklaverei nicht akzeptabel.

Präsident Fillmore hatte den „Kompromiss von 1850", anders als sein Vorgänger Taylor, prinzipiell unterstützt. Sein Kabinett tauschte er nach seiner Amtsübernahme vollständig aus, da er fürchtete, wichtige Kabinettsmitglieder hätten Taylor in seiner harten Haltung bestärkt. Daniel Webster wurde erneut Außenminister, er hatte dieses Amt schon unter Harrison und Tylor inne. Fillmore und Webster wollten ihre Politik auf die Außenpolitik konzentrieren, dort hofften sie Erfolge zu erzielen. Im Inneren vertrauten sie auf die Beständigkeit der Kompromisse.

Eigentlich war Fillmore ein erfahrener Politiker. Im Januar 1800 im Staat New York geboren, arbeitete er als Anwalt in Buffalo, 1833 wurde er in den Kongress gewählt. Er unterstützte Clays *American System*, insbesondere kümmerte er sich auch um den Ausbau des Erie-Kanals.

Als Präsident stellte er sich – zusammen mit Webster und nach dessen Tod mit Websters Nachfolger Edward Everett – gegen die von vielen Südstaatlern geforderte Annexion Kubas. Die Befürworter der Annexion im Süden hofften, mit Kuba einen weiteren Sklavenstaat in die Union aufnehmen zu können; andere karibische Gebiete könnten dann folgen. Befürworter der Annexion im Norden wollten die Herrschaft der USA in der Karibik sichern. Der Präsident war gegen eine solche Politik; er wollte außenpolitische Entscheidungen von der Sklavenfrage trennen. Die „kubanische Frage" betrachtete er deshalb mit Zurückhaltung. Eine Erweiterung der außenpolitischen (auch außenwirtschaftlichen) Möglichkeiten hingegen befürwortete er. Er war der erste Präsident, der sein Augenmerk auf Asien richtete (Vertrag von Kanagawa).

Trotzdem wurde der letzte *Whig*-Präsident nicht wieder zur Wahl aufgestellt, die Partei kürte stattdessen den populären Sieger des Krieges gegen Mexiko, General Winfield Scott.

Das Amt des Präsidenten verlor in der Ante-bellum-Epoche rapide an Ansehen. Die Parteipolitik im Kongress bestimmte zunehmend die Politik.

Die *Whigs* waren zu zerstritten, um in den Präsidentschaftswahlen einen Wahlerfolg erzielen zu können. 1852 eroberten die Demokraten das Weiße

Haus zurück. Franklin Pierce wurde mit großer Mehrheit zum Präsidenten gewählt. Millard Fillmore begab sich – der Tod seiner Frau und danach seiner Tochter hatten ihn hart getroffen – auf ausgedehnte Reisen durch Europa. Dort erfuhr er, dass ihn die xenophobe *American Party* (die *Know-Nothings*) zum Kandidaten gekürt hatte. Er nahm die Kandidatur an und kehrte in die USA zurück. Die Wahlen von 1856 verlor er allerdings gegen den Kandidaten der Demokraten, James Buchanan. Seine Partei erreichte mit knapp 22 Prozent der Wählerstimmen jedoch einen Achtungserfolg – geschuldet der großen inneren Verunsicherung in der zerfallenden Union.

Franklin Pierce, 1804 in New Hampshire geboren, war ein Sohn von Benjamin Pierce, General im Unabhängigkeitskrieg und Gouverneur von New Hampshire. Wie viele Präsidenten war auch Pierce Jurist; im Krieg mit Mexiko, den er im Rang eines Brigadegenerals beendete, hatte er sich auf dem Vormarsch von Vera Cruz nach Mexiko-Stadt durch Umsicht und Tapferkeit ausgezeichnet.

Als Präsident versuchte er an die Expansionspolitik Polks anzuknüpfen – mit mäßigem Erfolg – und war mit einer weiteren Eskalation der Auseinandersetzungen zwischen Norden und Süden konfrontiert. Wie Taylor, Fillmore und danach Buchanan war der Präsident dieser Krise nicht gewachsen. Das Amt des Präsidenten verlor seine integrative Funktion.

Das Kansas-Nebraska-Gesetz hatte inzwischen in Kansas zu bürgerkriegsähnlichen Auseinandersetzungen geführt. Ralph Waldo Emerson hatte John Brown den „Meteor", der den Bürgerkrieg ankündigte, genannt. *Bleeding Kansas* war der Prolog zum Krieg.

Kansas war ein Magnet für Einwanderer, Tausende von Siedlern strömten in das Land. Zugleich war die Bevölkerung über die Sklavenfrage heftig zerstritten; Befürworter und Gegner suchten Einwanderer ihrer Überzeugung in das Land zu holen. Die andere Seite sollte mit allen Mitteln geschlagen werden. Zwei gegensätzliche Verfassungen wurden geschrieben und es bildeten sich zwei Regierungen, ihre Anhänger und Parteigegner bekämpften sich mit immer zunehmenderer Brutalität.

In der Außenpolitik verfolgte Pierce einen Kurs der Expansion. Die noch vorsichtige Außenpolitik Fillmores radikalisierte er: Kuba sollte (als Sklavenstaat) endlich annektiert werden. Das sogenannte *Ostend Manifesto*, verfasst von amerikanischen Diplomaten, forderte die Trennung der Insel von Spanien – notfalls mit Gewalt. Proteste im Norden und in Europa brachten den Plan zu Fall. Eine Gruppe von Diplomaten, die allesamt dem radikalen Flügel der Demokraten nahestanden, wollte sich damit nicht abfinden. Sie suchten andere Möglichkeiten einer Expansion nach Süden (einschließlich der Ausdehnung der Sklaverei). In Mittelamerika unterstützte der Präsident den Abenteurer William Walker, der in Nicaragua eine Marionettenregierung errichtet hatte und offen die Eingliederung des mittelamerikanischen

Landes (als Sklavenstaat) in die Union betrieb. Eine Weile hielt sich die Gruppe um Walker an der Macht. Die Nachbarstaaten Nicaraguas stürzten Walkers Regierung schließlich. Auch weitere Eroberungen in Mexiko, die Pierce befürwortete, kamen nicht zustande. Am Ende blieb nur ein Erfolg: 1856 verabschiedete der Kongress ein Gesetz, wonach jeder amerikanische Bürger eine (bisher von keinem anderen Staat) beanspruchte Insel für die USA in Besitz nehmen könnte, so sich dort Guano-Ablagerungen (i. e. der Mist von Seevögeln) finden. Auf Grundlage dieses Gesetzes wurden ca. 70 Inseln (darunter die pazifische Insel Midway und die Christmas Islands) amerikanisch.

Pierce kandidierte nicht für eine zweite Amtszeit. 1857 wurde James Buchanan, Kandidat der Demokraten, zum Präsidenten gewählt. Franklin Pierce starb nach dem Bürgerkrieg, vereinsamt und isoliert, im Oktober 1869 in Concord, New Hampshire.

### John Brown: Der „Meteor"

John Brown, der Sohn eines strikt calvinistischen Gerbers, 1800 in Connecticut geboren, übernahm von seinem Vater eine leidenschaftliche Abneigung gegen die Sklaverei. Nachdem Browns Hoffnung, kongregationalistischer Pfarrer zu werden, an Geldknappheit und seiner kränklichen Konstitution – er litt häufig an Augenentzündungen – gescheitert war, führte er ein bewegtes und unstetes Leben: Er wechselte wiederholt den Beruf, hatte einige wirtschaftliche Erfolge, dann aber zunehmend Misserfolge. Seine finanziellen Schwierigkeiten ließen ihn noch mehr – als dies auf Grund seiner Religiosität ohnehin der Fall war – über das Elend der Schwachen und Unterdrückten nachdenken. Nachdem die Konflikte zwischen Befürwortern und Gegnern der Sklaverei erste Todesopfer auf der Seite der Abolitionisten gefordert hatten, beschloss Brown in unbändigem Zorn, dass es nicht länger ausreiche zu reden. Er wollte handeln. Allerdings blieb für ihn und seine engsten Freunde unklar, was er tatsächlich unternehmen könnte – und für die Kommentatoren und Historiker, was er in der Folge tatsächlich unternahm. Seine zeitgenössischen Gegner warfen ihm vor, 1856 in Kansas mit vier seiner Söhne, einem Schwiegersohn und zwei weiteren Anhängern fünf Befürworter der Sklaverei brutal ermordet zu haben. Brown avancierte wegen dieser Tat für viele Abolitionisten aus dem Norden zum Helden, da die Presse die Morde zu einem Akt der Notwehr gegen die Befürworter der Sklaverei stilisierte. Nach diesen Morden, von denen Brown später sagte, er habe zwar nicht daran teilgenommen, sie seien aber auf Geheiß Gottes geschehen, musste er sich verstecken. In den durch die Morde in Kansas ausgelösten Kämpfen kamen etwa 200 Menschen zu Tode, darunter auch ein Sohn Browns. Zwei Jahre später rächten sich Anhänger der Sklaverei, indem sie neun Sklavereigegner entführten und umbrachten, woraufhin John Brown mit seinen Anhängern nach Missouri vorstieß, einen Sklavenhalter tötete und elf Sklaven nach Kansas brachte. In den folgenden Jahren, in denen Brown

Schriften über Sklavenaufstände und Guerillakriegführung studierte, entwickelt er den Plan, den Kampf für die Sklavenbefreiung nach Süden zu tragen. Fasziniert von Berichten darüber, wie kleine Gruppen von Entschlossenen sich gegen zahlenmäßig überlegene Gegner durchsetzen können, entwickelte Brown einen kühnen Plan: Am 16. Oktober 1859 überfiel er mit 21 Getreuen das Zeughaus in Harpers Ferry im westlichen Virginia. Er hatte mittlerweile die Unterstützung von prominenten Nordstaatlern wie dem Verleger des *Liberator* William Lloyd Garrison, dem bekanntesten und einem der radikalsten Abolitionisten seiner Zeit. Garrison wurde zum Propagandisten Browns. Der Überfall in Harpers Ferry sollte dazu dienen, die Sklaven in der Umgebung der Stadt mit den dort erbeuteten Waffen auszustatten. Die bewaffneten Sklaven sollten sich dann ihrer Herren entledigen und entlang der Appalachen nach Süden vorstoßen, um andere Sklaven zu befreien. Am Ende würde ein allgemeiner Sklavenaufstand stehen. Danach, so Brown, könnten die befreiten Sklaven in den Bergen der Appalachen ihre eigene Republik gründen. Browns ehrgeiziger Plan scheiterte; zwei Tage nach dem Überfall wurden John Browns Männer von Soldaten unter Führung des späteren Oberbefehlshabers der Armee der Konföderation Robert E. Lee überwältigt, zehn von Browns Anhängern und zwei seiner Söhne getötet. Brown selbst wurde verwundet festgenommen und zwei Monate später in Charleston wegen Mordes, Anzettelung eines Sklavenaufstands und Landesverrats gehängt. Die Sklavenhalter in den Südstaaten richteten aus Angst vor Rebellionen Bürgerwehren ein, die zusammengenommen fast eine Armee darstellten. Es war die Geburtsstunde der Armee der Konföderation. Im Süden wuchs die Bereitschaft zur Sezession. John Brown – im Süden verteufelt und selbst von der Republikanischen Partei im Norden wegen seiner Gewaltbereitschaft für wahnsinnig erklärt – war für andere wegen seines konsequenten und uneigennützigen Einsatzes für seine Ideale ein Held. Frederick Douglass, der bedeutende afroamerikanische Aktivist, Autor und Berater mehrerer Präsidenten, der selbst aus der Sklaverei geflohen war, erklärte in einer Rede (*„Did John Brown fail?"*) am 30. Mai 1881, Brown sei größer gewesen als er – während er nur bereit sei, für die Sklaven zu leben, sei Brown für sie gestorben. Und schon 1860 bemerkte er, auf die Ambivalenz Browns und seiner Handlungen hinweisend: „Viele stimmten seinem Tod zu und gingen dann heim und lehrten ihre Kindern, sein Lob zu singen [...]." Und er beantwortet die Frage im Titel seiner Rede mit einem emphatischen: „Kein Mann scheitert, oder kann scheitern, der sich und alles was er hat auf so großartige Weise für ein gerechtes Ziel opfert" (Douglass, 1881, eigene Übersetzung). Abraham Lincoln war – trotz seiner Bewunderung für Browns Mut und Respekt vor dessen Selbstlosigkeit – der Ansicht, dass der Einsatz von Gewalt nicht zu entschuldigen sei. Obwohl mit ihm in der Frage der Sklaverei einer Meinung, könne man gegen Browns Exekution wegen Hochverrats nichts einwenden. „Old John Brown ist gerade wegen Landesverrats hingerichtet worden. Wir können nichts dagegen sagen, obwohl er mit uns darin einig war, die Sklaverei für falsch zu halten. Das rechtfertigt aber nicht Gewalt, Blut-

124     I. Grundzüge der Geschichte: Politik, Wirtschaft und Religion

vergießen und Verrat. Es half ihm nichts, dass er sich im Recht fühlte." In die Populärkultur ging John Brown nicht zuletzt durch das Lied *John Brown's Body* ein, das zur Melodie der *Battle Hymn of the Republic* gesungen wird und John Brown ohne Einschränkung als Helden feiert. So heißt es in dem Lied: „They hung him for a traitor, themselves the traitor crew" und „John Brown died that the slave might be free, but his soul is marching on" (Reynolds, 2005).

Der letzte Präsident der Vorkriegszeit stammte aus Pennsylvania. Dort wurde James Buchanan im April 1791 geboren – sein Vater hatte es zu einem wohlhabenden Geschäftsmann gebracht. Studium, Militärdienst (im Krieg von 1812/13) und eine Tätigkeit als Anwalt bereiteten ihn auf eine politische Karriere vor.

Buchanan war außenpolitisch erfahren: Gesandter in Russland (1832– 1833), Außenminister in der Polk-Administration und schließlich Gesandter in Großbritannien (1853–1856). Er vertrat eine konsequent expansionistische Außenpolitik; als einer der Mitautoren des *Ostend Manifesto* setzte er sich für die Annexion Kubas ein, er wirkte bei der Annexion Texas' und der Erweiterung des Territoriums nach dem Krieg mit Mexiko mit.

1856 als demokratischer Präsidentschaftskandidat nominiert, setzte er sich in der Wahl gegen John C. Frémont (Republikaner) und den ehemaligen Präsidenten Fillmore, der für die *American Party* antrat, durch.

Buchanan sah sich als Erstes mit der Lösung der Kansas-Frage konfrontiert. Er befürwortete die Aufnahme des Territoriums als Staat unter den Bedingungen der Verfassung Kansas', die den Staat als Sklavenstaat definierte. Der Opposition der Demokraten der Nordstaaten (um Senator Douglas), die eine konkurrierende Verfassung (es gab in Kansas ja derer zwei) bevorzugten, wollte er entgegenkommen, indem den Bürgern Kansas große Landgebiete übereignet werden sollten. Kritiker sahen in diesem Angebot den Versuch der „Bestechung". In einem Referendum lehnte die Bevölkerung den Kompromiss ab. Kansas konnte einstweilen der Union nicht beitreten. Ergebnis des Streites war die De-facto-Spaltung der Demokraten in eine nördliche Gruppe (geführt von Douglas) und eine südliche Fraktion (die den Präsidenten unterstützte).

Buchanan wollte an seine expansionistische Außenpolitik auch als Präsident anknüpfen: Er begann mit Russland Verhandlungen über den Kauf von Alaska, die einstweilen kein Ergebnis brachten. Sein wichtigstes Ziel war der Erwerb Kubas. Vielleicht wäre Spanien zum Kauf bereit gewesen, aber der Kongress verweigerte dem Präsidenten die Finanzmittel. Seit 1858 hatten die Republikaner im Kongress die Mehrheit, sie fürchteten, mit Kuba einen weiteren Sklavenstaat aufzunehmen, der dem Süden ein Übergewicht geben würde. Buchanan hatte damit sein außenpolitisches Traumziel verfehlt. Auch der Versuch, in Verträgen mit einigen mittel- und südamerikanischen Staaten (Mexiko, Costa Rica, Nicaragua und Paraguay), amerikanischen Einfluss festzuschreiben, scheiterte am Kongress – die Verträge wurden nie ratifiziert.

Im Inneren gelang ihm immerhin ein Ausgleich mit den Mormonen, die nach zähen Verhandlungen – fast wäre es zu einer militärischen Auseinandersetzung gekommen – die Souveränität der USA auch in Utah anerkannten.

Eine Wirtschaftskrise, die vor allem den Norden traf und für die sich Norden und Süden gegenseitig die Schuld gaben, verschärfte noch einmal die Gegensätze. Buchanan – Mitglieder seiner Administration waren zu allem Überfluss in Skandale verknüpft – hatte längst jede Autorität verloren, er erklärte, bei der kommenden Wahl nicht mehr anzutreten. Die Demokraten, endgültig gespalten, traten mit zwei Kandidaten an: Für die Gruppe der „nördlichen" Demokraten kandidierte Douglas, für den Süden Vizepräsident John C. Breckinridge. Der Kandidat der Republikaner war Abraham Lincoln. Damit war ein Sieg der Republikaner kaum mehr zu vermeiden. Sollte es dazu kommen, kündigten einige Staaten den Austritt aus der Union an. Nach der Wahl Lincolns machte South Carolina die Drohung am 20. Dezember 1860 wahr. Im Februar 1861 gründeten sieben Staaten des Südens die Konföderierten Staaten von Amerika.

Buchanan schwankte zwischen Legalismus (er hielt die Ansprüche der Unionsregierung aufrecht) und Nichtstun. So schob er den Krieg noch um einige Wochen hinaus – verhindern konnte er ihn nicht mehr.

Die Entschlusslosigkeit des Präsidenten führte die Republik in den unvermeidlichen Krieg. Nach seiner Amtszeit zog sich Buchanan auf seinen Landsitz zurück. Er hoffte auf eine Rehabilitation durch die Geschichte. Im Juni 1868 starb er. Die Geschichte hat ihn einstweilen nicht rehabilitiert. Eine ironische Volte zu Buchanans Wunsch von der späten Ehrenrettung erträumt schließlich eine Romanfigur John Updikes. Der zögerliche Protagonist von Updike *Memories of the Ford Administration*, Alfred L. Clayton, unternimmt einen letztlich zum Scheitern verurteilten Versuch, eine Biographie des letzten Ante-bellum-Präsidenten zu schreiben.

## Der Bürgerkrieg

Der Bürgerkrieg hat eine lange Vorgeschichte. Die Union war seit Mitte des Jahrhunderts im Begriff sich aufzulösen. Schließlich erschien eine gewaltsame Lösung des schwelenden Konflikts vielen Beobachtern als unvermeindlich. Wirtschaftliche, politische und weltanschaulich-kulturelle Bedingungen vermengten sich in der ersten Hälfte des 19. Jahrhunderts zu einem Amalgam, das durch die Ausgleichsbemühungen und Kompromisse der Ante-bellum-Politik nicht mehr beherrscht werden konnte. Seit 1860 eskalierten die Konflikte – nicht zuletzt als Folge der Wahl Abraham Lincolns zum Präsidenten. Bei der Wahl des neuen Präsidenten zeigte sich, dass die USA mittlerweile aus zwei distinkten Gesellschaften (mit einer jeweils eigenständigen Kultur) und zwei unterschiedlichen Wirtschaftsräumen bestanden: Im Norden war bis Mitte des 19. Jahrhunderts eine diversifizierte, auf einer raschen Industrialisierung und wachsendem Handel beruhende Wirtschaft entstanden. Immer mehr Menschen lebten in den großen Städten (1850 bereits annähernd 5 Millionen), die Bedeutung der Agrarwirtschaft ging zurück.

Der Süden hingegen war weitgehend agrarisch geblieben – die Plantagenbesitzer sahen daher in einer (wiederholt versuchten) geographischen Eindämmung der Sklaverei die Gefahr, dass die immer mehr Fläche verlangenden Anbaugebiete – vor allem für Baumwolle – nicht mehr erweitert werden konnten. Eine solche Erweiterung wurde aber als unabdingbar erachtet, um auch in Zukunft wirtschaftlich bestehen zu können. Schon früh glaubten die Vertreter des Südens, in der Politik des Nordens eine tödliche Bedrohung der Gesellschaftsordnung des Südens zu erkennen. Ein einheitliches Interesse der Vereinigten Staaten – Wirtschaft und Politik betreffend – gab es in den Augen vieler Beobachter – im Norden und Süden – längst nicht mehr.

Es kam aber noch anderes hinzu: Die Wahl Lincolns hatte gezeigt, dass die Verfassung der Vereinigten Staaten ebenso wie das darauf basierende politische System – insbesondere auch das Zweiparteiensystem – die Union nicht mehr zusammenhalten konnte. Beide großen Parteien waren in Norden und Süden gespalten; die Frage der Sklaverei verlangte ihnen unterschiedliche Positionen ab. Unmittelbar vor Ausbruch des Krieges entwickelte sich das Parteiensystem daher neu: In einer Reihe von Versammlungen und Kongressen in den Staaten konstituierte sich die neue (moderate bis abolitionistische) Republikanische Partei. Die *Whigs*, die sich als Gegengewicht zu Jacksons Demokraten gebildet hatten, verschwanden, soweit sie nicht in der Republikanischen Partei aufgingen, in der Bedeutungslosigkeit.

### Abraham Lincoln

> *„Sorrow is Knowledge: they who know the most Must mourn the deepest o'er the fatal truth."*
> – Lord Byron

> *„I have seen a good deal of the back side of this world."*
> – Abraham Lincoln

Abraham Lincoln – der außergewöhnlichste Präsident der USA – wurde zu der Schlüsselfigur im Bürgerkrieg.

1809 in Hardin County, Kentucky, geboren, war Lincoln ein Mann der *Frontier*. 1816 zog Lincolns Familie nach Indiana, das gerade erst in die Union aufgenommen worden war. Das harte Leben an der Grenze forderte Opfer: Als Lincoln neun

Jahre alt war, starb seine Mutter Nancy; schon 1811 war sein jüngerer Bruder Thomas gestorben, Jahre später erlag seine ältere Schwester Sarah, der Abraham in besonderer Weise verbunden war, dem Kindbettfieber. Gerade erst hatte die junge Frau geheiratet. Prägende Ereignisse seiner jungen Jahre.

Eine Schule konnte Lincoln nur ein Jahr lang besuchen, alles Weitere musste er sich selbst beibringen. Im Haus der Familie – Lincolns Vater hatte bald nach dem Tod seiner Frau wieder geheiratet – gab es nur ein Buch: die Heilige Schrift. Der junge Abraham las die Bibel so gründlich wie kaum ein späterer Präsident. Er war in allen Büchern der Heiligen Schrift bewandert, wichtige Passagen konnte er aus dem Kopf zitieren. Zu den wenigen Büchern, deren er in dieser Zeit habhaft werden konnte und die er in sehr jungen Jahren immer wieder las, gehörten John Bunyans The Pilgrim's Progress, die Fabeln Äsops und Daniel Defoes Robinson Crusoe. Lektüre, die ihn prägte. Später kam anderes hinzu.

1830 zog die Familie weiter nach Westen, nach Illinois, das 1818 in die Union aufgenommen worden war. Für eine Weile lebte Lincoln noch bei seinem Vater, dann verließ er die Familie. Lincolns unermüdliche Lektüre, anfangs geduldet, missbilligte sein Vater schließlich als „Faulheit". Abraham entfremdete sich seiner Familie, in der er nie so recht zu Hause war. Er suchte nach einer Arbeit und nach Unabhängigkeit.

Die Gelegenheitsarbeiten, die er in diesen Jahren annahm, brachten es mit sich, dass er den Mississippi abwärts bis New Orleans fuhr und so den Süden des Landes kennenlernte. Zu seiner Familie kehrte er danach nicht mehr zurück. Die Kontakte waren auch in den kommenden Jahren spärlich. Wieder in Illinois ließ er sich in New Salem, einer kleinen Siedlung, nieder. Seinen Lebensunterhalt verdiente er als Postmeister, Inhaber eines kleinen Ladens und Landvermesser.

Er lebte in einfachen Verhältnissen, die meisten seiner geschäftlichen Unternehmungen scheiterten. Fast immer war er verschuldet – wenn auch darauf erpicht, seine Schulden zurückzuzahlen.

Als 1832 der Black Hawk War ausbrach, meldete sich Lincoln zum Militärdienst. Seine Kameraden wählten ihn zum Captain.

Der Krieg gegen die aufständischen Indianer blieb für Lincolns Einheit weitgehend ohne Vorkommnisse. Allerdings hatte der Captain bemerkt, dass er Autorität ausstrahlte, seine Soldaten standen zu ihm. Er wollte diese Erfahrung nicht mehr missen; zurück aus dem Krieg kandidierte er für das Repräsentantenhaus seines Heimatstaates. Zunächst unterlegen, gewann er schließlich einen Sitz.

Auf Anraten eines Mentors begann der Abgeordnete Lincoln im Selbststudium Jurisprudenz zu studieren. Er las alle juristischen Texte, deren er habhaft werden konnte. Bald verfügte er über ein solides rechtliches Wissen.

Am Ende der kurzen Legislaturperiode im Februar 1835 kehrte Lincoln aus der Hauptstadt des Staates nach New Salem zurück. Die Abfindung für seine Tätigkeit als Abgeordneter war nicht hoch gewesen, bald war Lincoln wieder verschuldet. Er vertiefte sich nun noch mehr als je zuvor in sein Selbststudium, las unermüdlich juristische und andere Texte. Seine Freunde und Bekannten machten sich alsbald Sorgen über seinen Gesundheitszustand.

Kurz nach seiner Rückkehr verliebt sich Lincoln in Ann Mayes Ruthledge, ein neunzehnjähriges Mädchen – Tochter eines Gasthofbesitzers. Die hübsche, lebhafte junge Dame galt vielen jungen Männern in New Salem als begehrenswert – aber sie schien Lincoln zu mögen; er besuchte sie regelmäßig auf der Farm ihrer Eltern außerhalb des Ortes. Bis heute ist ungeklärt, wie eng die Beziehung zwischen Abraham und Ann war, selbst die Frage, ob eine Heirat geplant war, ist nicht letztgültig geklärt. Augenzeugenberichte und Biographien geben unterschiedlich Auskunft.

Im Juli 1835 folgte auf Wochen mit starken Niederschlägen große Hitze; es breiteten sich Epidemien aus. Auch Ann infizierte sich und starb nach Wochen schwerer Krankheit im August. Lincoln, der sie während ihrer Krankheit oft besucht hatte, brach über dem Tod der jungen Frau physisch und psychisch zusammen. Er dachte über Selbstmord nach, zog sich aus der Gesellschaft zurück und verfiel in eine lange Phase von Trauer, Lethargie und Lebensüberdruss, die er nur mühsam bewältigte.

Erstmals zeigten sich bei dem zukünftigen Präsidenten Zeichen einer tiefen Veranlagung zur Depression. Zeit seines Lebens sollte Lincoln mit dieser Krankheit zu kämpfen haben. Immer wieder bedrängten ihn Selbstmordgedanken. Wenigstens zwei weitere schwere Zusammenbrüche sind vielfach beschrieben worden. Lincoln war sich dieser Problematik durchaus bewusst, sein sprichwörtlicher Humor und eine große Gelassenheit verdeckten nach außen seine Stimmung, die schnell in tiefe Traurigkeit umschlagen konnte. Viele Zeitgenossen stellten, oft konsterniert, dieses Verhalten des Präsidenten fest.

Mit 26 Jahren (1836) wurde Lincoln in Illinois als Rechtsanwalt zugelassen und erwarb sich als Anwalt in kurzer Zeit Ansehen und materiellen Erfolg. 1836 zog er nach Springfield, der Hauptstadt Illinois'; der junge Anwalt wurde Partner in einer auch über die Stadt hinaus bekannten Sozietät.

Im Laufe des Jahres 1840 lernte Lincoln die junge Mary Ann Todd aus Kentucky kennen, die zu ihrer älteren Schwester nach Springfield gezogen war. Die aus einer wohlhabenden Familie stammende, gut erzogene und gebildete Frau war in der Hauptstadt des Staates schnell bekannt und umschwärmt. Sie suchte einen Partner, der ihre hohen (auch materiellen) Ansprüche befriedigen konnte. Zeitweise schien sie Stephen A. Douglas erkoren zu haben, nach und nach fühlte sie sich aber zu Lincoln hingezogen, der ihre Gefühle zu erwidern schien. Die Klugheit und Bildung, gemeinsame literarische Interesssen und auch ihr gesellschaftlicher Ehrgeiz nahmen Lincoln für Mary ein. Um das Jahresende 1840 verlobten sich die beiden.

Das Jahr war für Lincoln – er engagierte sich im Präsidentschaftswahlkampf für W. H. Harrison, suchte seine Schulden zu verringern, betrieb seine Kanzlei und arbeitete an seiner eigenen politischen Karriere – sehr anstrengend gewesen. Kurz nach der Verlobung kamen ihm Zweifel, ob seine Entscheidung richtig gewesen war. Er stellte seine Eignung für die Ehe in Frage, fürchtete um seine materielle

Zukunft und geriet immer mehr in eine psychische Krise. Tief verunsichert und deprimiert löste er am Neujahrstag 1841 die Verlobung. Er zog sich zurück, dachte erneut an Selbstmord; erstmals vertraute er sich einem befreundeten Arzt an. Im Sommer 1842, Lincoln schien die Krise überwunden zu haben, lebte die Beziehung zu Mary wieder auf. Im November 1842 heirateten die beiden. Die Ehe gab Lincolns Leben eine gewisse Ruhe und Stabilität, er hatte sich, um ein Bonmot Thomas Manns zu variieren, „eine Verfassung gegeben". Die Verbindung, aus der mehrere Kinder hervorgingen, gestaltete sich allerdings schwierig; Lincoln zog sich oft in sich selbst zurück. Nach der Ermordung des Präsidenten brach Mary Todd Lincoln zusammen, den Tod ihres Mannes konnte sie nicht verwinden.

Erneut wandte sich Lincoln Mitte der 1840er Jahre der Politik zu – diesmal auf der nationalen Ebene. 1846 wurde er als Abgeordneter der *Whig Party* für eine Amtszeit ins Repräsentantenhaus gewählt; seine Zeit im Parlament verlief wenig spektakulär, danach kehrte er wieder zu seiner Sozietät nach Springfield zurück und widmete sich seiner forensischen Praxis.

Der *Kansas-Nebraska Act* von 1854, der die Sklaverei auch in den neu erschlossenen Territorien ermöglichte, ließ Lincoln endgültig zum Politiker werden. 1856 trat er der gerade entstehenden *Republican Party* bei; 1858 kandidierte er erfolglos gegen Stephen A. Douglas um einen der Senatssitze von Illinois – die Debatten der beiden Kontrahenten, die um die Frage der Sklaverei kreisten, wurden berühmt. Zehntausende von Menschen wohnten den Debatten bei, die in sieben verschiedenen Städten des Staates veranstaltet wurden. Der republikanische Herausforderer verlor zwar die Wahl, die Debatten hatten ihn aber zu einer nationalen Berühmtheit gemacht. Mehrfach hatte Lincoln ausgeführt, dass Sklaverei und das Prinzip der Freiheit auf Dauer nicht nebeneinander bestehen können – eine Entscheidung müsse herbeigeführt werden. Präsident Buchanan bezichtigte er, die Sklaverei in der gesamten Union einführen zu wollen. Die wichtigste und überzeugenste Rede Lincolns während der Debatten (*„A house divided against itself cannot stand"*, eine an Matthäus 12,25 anknüpfende Überlegung) wurde im ganzen Land berühmt. Die Republikanische Partei stellte Lincoln aufgrund seiner Bekanntheit und wegen seiner moderaten Ansichten in der Sklavenfrage (Lincoln suchte nach einem Kompromiss) im Mai 1860 als Präsidentschaftskandidat auf: Lincoln sah in dieser Zeit keine Handhabe, die Sklaverei in den Südstaaten abzuschaffen, wollte *the peculiar institution* aber nicht auf die neuen Territorien ausgedehnt sehen.

Als Präsident besetzte Lincoln fast alle wichtigen (nationalen) Positionen mit Republikanern. Vor allem seine bisherigen Kontrahenten William H. Seward, Edward Bates und Salmon Chase erhielten wichtige Kabinettsposten.

Lincoln war von Anfang an entschlossen, die Einheit der Union zu verteidigen. Den Krieg, den er lange zu vermeiden suchte, akzeptierte er schließlich als Notwendigkeit. Die Politik seiner Administration ordnete er dem Ziel der Wiederherstellung der Einheit der Union unter. Er nutzte während des Bürgerkrieges alle politischen, administrativen und militärischen Befugnisse seines Amtes. Für die Zeit des Krieges setzte er eine Reihe wichtiger Freiheitsrechte der Verfassung außer Kraft, ohne die Verfassung jedoch prinzipiell in Frage zu stellen. Alle Maßnahmen suchte er als verfassungsgemäß und der Notlage geschuldet zu erklären. (Erstmals in ihrer Geschichte führten die Vereinigten Staaten auch die Wehrpflicht ein.)

Am 22. September 1862 verkündete Lincoln eine vorläufige Emanzipationserklärung, die alle Sklaven, die sich nach dem 1. Januar 1863 in einem der Staaten der Sezession befanden, zu Freien machte. Dieser Schritt war eine moralische Notwendigkeit, zeugte aber auch von großer politischer Klugheit: Viele Afroamerikaner waren nun bereit (in eigens aufgestellten Regimentern) für die Sache des Nordens zu kämpfen; die Erklärung nahm andererseits die endgültige Abschaffung der Sklaverei, die eine Ergänzung der Verfassung erforderte, nur vorweg: Zu erwartende verfassungsrechtliche Auseinandersetzungen konnten dadurch vermieden, zumindest aber entschärft werden. Und nicht zuletzt machte es die Erklärung den europäischen Großmächten schwer, sich auf Seiten des Südens zu engagieren. Denn nun war der Bürgerkrieg eine Auseinandersetzung um die Institution der Sklaverei – für eine Beibehaltung dieser Institution gab es weder in Großbritannien noch in Frankreich Sympathie.

Der Präsident nahm auf die Kriegsführung nach anfänglichem Zögern großen Einfluss. Stagnation, Rückschläge und erste Erfolge wechselten sich ab. Ab dem Sommer 1863 konnte der Norden seine Überlegenheit an kriegswichtigen Ressourcen zur Geltung bringen. Lincoln hatte nun endlich auch eine Reihe fähiger Militärs. Im März 1864 ernannte der Präsident Ulysses S. Grant, einen klugen Strategen, der zusammen mit den Generälen William T. Sherman und Philip Sheridan den Süden endgültig in die Knie zwang, zum Oberbefehlshaber.

Kurz vor der Präsidentschaftswahl 1864 zeichnete sich ein Sieg der Union ab. Die Einnahme Atlantas (im September 1864) half Lincoln, die Präsidentschaftswahl dieses Jahres klar zu gewinnen. Der Präsident bereitete nun eine Politik der Wiedereingliederung des Südens vor. Am 19. November 1863 interpretierte Lincoln in seiner berühmten *Gettysburg Address* den Sinn des Bürgerkrieges und entwarf erste Ideen einer gemeinsamen Zukunft von Norden und Süden. In seiner zweiten Inaugurationsadresse (4. März 1865) griff der Präsident das Thema der Versöhnung noch einmal auf: Der Blick des Präsidenten war nun auf die Zukunft gerichtet, obwohl er wiederholt gegenüber Vertrauten geäußert hatte, er glaube, er werde das Ende des Krieges nicht lange überleben.

Der 14. April 1865 war ein Karfreitag. Der Krieg war in diesem Frühling – selbst nach der Kapitulation Lees – de facto noch nicht zu Ende. Eine Armee der Konföderierten, unter dem Befehl von General Johnston, hatte sich noch nicht ergeben. Dennoch: An diesem Tag hisste Robert Anderson, der ehemalige Kommandant von Fort Sumter, nunmehr Generalmajor, eben dort die Unionsflagge, wo die Südstaaten die Union zum ersten Mal besiegt hatten. Ein Akt mit hoher Symbolkraft. – In Washington frühstückte Lincoln mit seinem Sohn Robert, der, aus Virginia zurückgekehrt, über das Prozedere von Lees Kapitulation berichtete. Danach saß Lincoln einer Kabinettssitzung vor, die sich mit dem schwierigen Problem der „Rekonstruktion" des Südens befasste. Die Spaltung des Kabinetts über die Frage, wie mit den Rebellen umzugehen sei, wurde noch einmal in aller Deutlichkeit sichtbar. Lincoln vermittelte – er wollte eine drastische Veränderung der Politik des Südens, widersetzte sich aber einer harschen Vergeltungspolitik.

Nach der Kabinettssitzung speiste der Präsident mit seiner Frau, danach unternahm er mit ihr – seiner Gewohnheit entsprechend – eine Kutschfahrt. Vor der Ausfahrt hatte er Akten bearbeitet und gelesen. Der Präsident, so berichtete seine Frau später, der die letzten Tage traurig und bedrückt gewesen sei, habe während der Kutschfahrt heiter und gelöst gewirkt.

Am Abend wollte das Präsidentenpaar in Ford's Theater eine unterhaltsame Komödie sehen: Tom Taylors *Our American Cousin*. General Grant und seine Frau, die das Präsidentenpaar begleiten sollten, hatten kurz zuvor abgesagt. Die beiden Frauen verstanden sich nicht gut. Stattdessen begleiteten Major Henry Rathbone und seine Verlobte Clara Harris den Präsidenten und seine Frau. Als der Präsident Ford's Theater betrat, erhob sich das Publikum, das Orchester spielte *Hail to the Chief*, die Hymne, die seit den Tagen James Polks die Anwesenheit des Präsidenten ankündigte.

Unter den Besuchern des Theaters befand sich auch der Schauspieler John Wilkes Booth. Booth, 1838 geboren, war seit seinen jungen Jahren ein überzeugter Rassist. In den 1850er Jahren unterstützte er die *Know-Nothing-Party*; in Lincoln sah er – Versatzstücke der xenophoben Ideologie der *Know-Nothings* klangen nach – den Vertreter ausländischer Interessen. Vor allem aber sah Booth in Lincoln einen Verräter an der weißen Rasse, der doch Gott Amerika geschenkt hatte: „This country was formed for the white not for the black men", lautete sein Credo; Lincolns Eintreten für das Wahlrecht für Afroamerikaner kommentierte er, das Attentat ankündigend: „That means nigger citizenship. Never by God. I'll put him through!" Und obwohl er die gegenteilige Auffassung von John Brown vertrat, bewunderte er doch die Konsequenz und den Mut des religiösen Eiferers: „A man inspired, the greatest character of the country" (Burlingame, II, 2008, 810 ff.). Er hatte den Hang zum Attentäter aus Überzeugung, und er wünschte als Märtyrer zu sterben und erinnert zu werden. Seine Aufzeichnungen und Briefe sind voller (pathetischer) Zitate von Schiller („Wilhelm Tell"), Shakespeare und antiken Autoren (Plutarch), die den Tyrannenmord feiern. Both war eine „theatralische" Existenz und als Schaupieler durchaus erfolgreich. In den 1860er Jahren hatte sich Booth einen Namen als dramatischer Darsteller gemacht; seine Sympathie für die Sache des Südens verdeckte er auch während des Krieges nicht.

Der Präsident hatte im Theater die gelassene Stimmung des Nachmittags verloren. Als Lincoln sich nach der Ehrenbezeugung des Publikums in seiner Loge setzte, lächelnd und mit einer Verbeugung, wirkte er, wie ein Beobachter bemerkte, „mournful and sad". Wenig später betrat Booth die Loge – die Bewacher des Präsidenten schöpften kein Misstrauen –, der Mörder zielte aus kürzester Entfernung auf den Hinterkopf des Präsidenten und drückte ab. Danach sprang er von der Brüstung der Loge mit dem Ruf „sic semper tyrannis" und „the South is avenged". Aus dem Theater entkommen, brachte sich Booth durch einen wilden Ritt in Sicherheit. Im Norden Virginias wurde er zwölf Tage später von Soldaten der Union aufgegriffen und getötet.

Lincoln lebte noch neun Stunden, erlangte aber sein Bewusstsein nicht mehr wieder. Am frühen Morgen des nächsten Tages starb der Präsident. Kriegsminister Edwin Stanton, der an seinem Totenbett stand, soll gesagt haben: „Now he belongs to the ages."

Die Literatur zu Lincoln ist nahezu unübersehbar: Auch in den letzten Jahren erschienen eine Reihe neuer Biographien und Studien zu Aspekten seines Lebens und politischen Wirkens. So beispielsweise zu Lincolns „Melancholie" (Shenk, 2005); Lincolns Verfassungsverständnis (Farber, 2003); seine Rolle als Autor (F. Kaplan, 2008). Die derzeit wohl wichtigste Biographie ist Michael Burlingames zweibändige Studie *Abraham Lincoln. A Life* (2008). Auf Deutsch erschien zuletzt Jörg Nagler, *Abraham Lincoln. Amerikas großer Präsident* (2009).

Lincolns Wahl war für die Südstaaten ein letzter und zu dieser Zeit wohl schon willkommener Vorwand, sich für unabhängig zu erklären. Am 20. Dezember 1860 war South Carolina der erste Bundesstaat, der sich von den Vereinigten Staaten lossagte; es folgten Mississippi, Florida, Alabama, Georgia, Louisiana und Texas. Am 9. Februar 1861 wählten diese sieben Bundesstaaten in Montgomery, Alabama, eine vorläufige Regierung unter Leitung von „Präsident" Jefferson Davis. Senator Davis hatte – nach dem Ausscheiden Mississippis aus der Union – den Senat 1861 verlassen. Seit 1847 hatte er der Kammer angehört. Unter Präsident Franklin Pierce war er (bis 1857) Kriegsminister und einer der einflussreichsten Berater des Präsidenten gewesen. Nun wurde er der erste und einzige Präsident der Konföderierten Staaten von Amerika.

Nach Lincolns Inauguration verschärfte sich die Krise. Als die Konföderation begann, Anspruch auf das Staatseigentum im Bereich der aus der Union ausgetretenen Staaten zu erheben, kam es zum ersten Schusswechsel: Der Norden weigerte sich, Fort Sumter in South Carolina aufzugeben, die Konföderation befahl am 12. April den Beschuss des Forts – nach 36 Stunden hatten die Südstaaten das Fort in ihre Gewalt gebracht. Die Konföderierten hatten die erste Schlacht des Bürgerkrieges gewonnen. Nach dem Fall von Fort Sumter erklärte Stephen A. Douglas, der Führer der Demokraten des Nordens und Lincolns entschiedener politischer Gegner, dem Präsidenten seine Loyalität. Der Senator starb unerwartet zwei Monate später, aber die Demokraten des Nordens hielten der Union die Treue.

Die Spaltung des Landes vertiefte sich. Denn nun rief der Norden zu den Waffen und vier weitere Bundesstaaten – Arkansas, North Carolina, Virginia und Tennessee – liefen zur Konföderation über. Die Grenzstaaten Maryland, Kentucky und Missouri hingegen blieben ein Teil des Nordens, auch wenn viele ihrer Bürger mit der Sache des Südens sympathisierten. Im Mai verlegte die Konföderation ihren Regierungssitz nach Richmond, Virginia, im November wurde die Verfassung, die den Bestand der Sklaverei festschrieb, ratifiziert und Jefferson Davis zum Präsidenten gewählt.

Zu Anfang des Krieges glaubten sowohl der Norden wie der Süden, der Krieg sei schnell zu gewinnen. Die Konföderation erhoffte sich in Großbritannien einen Verbündeten, da die englische Textilindustrie amerikanische Baumwolllieferungen benötigte. Diese Hoffnung wurde jedoch bald enttäuscht. Großbritannien blieb neutral.

Die Vorstellung eines schnellen Marsches auf Richmond mussten die Nordstaaten bald fallenlassen; ihr erster Angriff bei Bull Run (in Virginia) wurde blutig zurückgeschlagen. Der Süden hatte nicht nur den Vorteil, sich auf eigenem Boden zu verteidigen und dies unter der Führung von brillanten Generälen wie Robert E. Lee und Thomas „Stonewall" Jackson, die Union hatte zudem auch noch mit sich selbst zu kämpfen. Denn nicht alle Politiker des Nordens befürworteten einen Bürgerkrieg. Entscheidend war auch die Frage des Oberbefehls. Winfield Scott, der die Position innehatte, war bei weitem zu alt für die Aufgabe. Lincoln machte daher nach einigem Zögern General George B. McClellan zum Befehlshaber seiner Truppen. Der Demokrat McClellan, der sich selbst als eine Art „amerikanischen Napoleon" sah, zögerte militärische Operationen hinaus. Er exerzierte unermüdlich mit seinen Soldaten, aber einer ersthaften Konfrontation ging er aus dem Weg. Unruhe machte sich breit, Lincoln musste Erfolge erzielen (Keegan, 2009, 113 ff.).

Als der Krieg schließlich eskalierte, war das Ergebnis nicht jenes, das die beiden Parteien erwartet hatten. Der Krieg hatte sein Gesicht verändert: Beide Seiten mussten schwere Verluste hinnehmen; die traditionelle Aufstellung der Soldaten in geschlossener Formation trotz zielgenauer Gewehre von größerer Reichweite – es gab bereits erste Maschinengewehre mit Dauerfeuer – forderte hohe Opfer. Die Wehrpflicht wurde eingeführt, gegen die sich im Norden schnell Proteste erhoben, die nicht immer frei von rassistischen Untertönen waren und in New York blutig niedergeschlagen werden mussten.

Im Osten war der Krieg inzwischen zu einem Stellungskrieg geworden. Weiter im Westen gelang den Truppen der Nordstaaten jedoch in den nächsten Jahren ein Vordringen zu Lande und auf dem Mississippi. Ein Problem für die Südstaaten war zudem die Seeblockade durch die Flotte der Union. Die Blockade konnte zwar immer wieder durchbrochen werden, behinderte aber den Handel und die Versorgung des Südens. Zwar führte die Blockade zur Anerkennung der Konföderation als kriegsführenden Staat durch Groß-britannien; dies resultierte jedoch nicht in militärischer Unterstützung, auf die der Süden gerechnet hatte. Inzwischen war die Stimmung im bisher nicht kriegsbegeisterten Norden umgeschlagen: Waren viele weiße Nord-staatler zu Beginn des Krieges nicht ernsthaft an einer Sklavenbefreiung in-teressiert, so gelang es Lincoln nach einiger Zeit, die moralische Entrüstung wachzurütteln. Am 22. September 1862 wurde eine (vorläufige) *Emancipation Proclamation* veröffentlicht, die am 1. Januar 1863 in Kraft trat und alle Sklaven in den aufständischen Südstaaten für frei erklärte. Die Situation für die Emanzipationserklärung war günstig gewesen: Der Ausgang der blu-tigen Schlacht am Antietam in Maryland führte dazu, dass Lee seinen Vor-marsch nach Norden abbrechen musste. Die militärische Situation des Nor-dens hatte sich entscheidend verbessert. Lincoln nutzte die günstige Situation zur Verkündung der *Emancipation Proclamation*. Die zentrale Frage war nun nicht mehr nur der Zusammenhalt der Union, sondern der Kampf um die richtige Gesellschaftsordnung. Erstmals wurden auch schwarze Soldaten auf Seiten des Nordens eingesetzt, auch wenn diese in eigenen afroamerikanischen Verbänden unter dem Kommando weißer Be-fehlshaber kämpften.

Die Unionstruppen im Westen hatten mittlerweile erste entscheidende Erfolge: General Ulysses S. Grant marschierte im Februar 1862 von Illinois nach Süden. Nach ersten Erfolgen stellte sich ihm an der Grenze von Ten-nessee und Mississippi eine Armee der Könföderierten entgegen. Der Kampf an der Shiloh-Kirche wurde zu einem Gemetzel, in dem fast 25.000 Soldaten fielen. Die Union behauptete das Feld. Fast zur gleichen Zeit ge-lang es, New Orleans von See aus einzunehmen, Unionstruppen rückten von dort nach Baton Rouge vor. Im Februar 1963 eroberte Grand auch das stark befestigte Vicksburg. Nach und nach kamen wirtschaftliche und de-mographische Bedingungen zum Tragen: Der Norden hatte eine wesentlich stärkere Wirtschaft als der Süden und eine ungleich größere Bevölkerung: 23 Millionen weiße Bürger, im Vergleich zu 9 Millionen in den Südstaaten (die kaum ihre schwarze Bevölkerung zum Kampf gegen die Sklavenbefrei-ung einsetzen konnten).

Im Sommer 1863 ging der Süden noch einmal in die Offensive. General Robert E. Lee marschierte an Washington vorbei zum zweiten Mal nach Norden: Bei Fredericksburg und Chancellorsville (Mai 1863) war Lee er-folgreich. Er schlug eine Unionsarmee von fast doppelter Stärke – allerdings verlor auch Lee 10.000 Soldten und einer der fähigsten Generäle der Kon-föderation, „Stonewall" Jackson, fiel. Lee rückte weiter nach Norden vor. In Pennsylvania kam es bei Gettysburg über drei Tage vom 1. bis 3. Juli zu einer Schlacht, die auf beiden Seiten einen zuvor nie gekannten Blutzoll forderte. Die Entscheidung fiel zu Gunsten des Nordens (deren Armee unter dem Kommando von General George G. Meade gekämpft hatte); auch wenn die Reste der Südstaatenarmee sich in Sicherheit bringen konnten. In Gettysburg waren 50.000 Soldaten gefallen oder verwundet worden. Einige Monate später wurde ein Teil des Schlachtfelds zu einem Soldatenfriedhof bestimmt. Präsident Lincoln hielt eine Totenrede, die als *Gettysburg Address* in die Weltliteratur eingegangen ist.

In seinem eindrucksvollen Roman über die Odyssee eines jungen Amerikaners im Bürgerkrieg (*Coal Black Horse*, 2006) beschreibt Robert Olmstead die Stunden nach der Schlacht von Gettysburg:

„Er sah alle Arten von Verletzungen, grässlich verstümmelte Gesichter und Männer ohne Arme oder Beine, die aber noch lebten und im Schlamm zappelten wie die Hinterlassenschaften einer riesigen Flutwelle. Männer, die in Pfützen ertranken, weil sie sich nicht mehr auf den Rücken drehen konnten. Männer, die in der Nacht auf der kalten und nassen Erde lagen, ins Dunkel starrten und ihre letzten Gebete flüsterten. Wer Glück hatte, lag auf Heu und Stroh, auf einer Decke oder einer Jacke, aber die meisten hatten nichts mehr, keine Schuhe oder Stiefel, keine Mütze, keine Jacke und keine Hose, waren aller ihrer Habseligkeiten beraubt. (…) nach einer Weile gewöhnte er sich an den allgegenwärtigen Geruch des Todes, steckte das Tuch ein und war für immer immun, ließ sich vom Eisengeruch des vergossenen Blutes, von den Ausdünstungen der Verwundeten und vom eigentümlichen Hauch des letzten Atemzugs und der entweichenden Seele nicht mehr irritieren.

Er sah mit Papierschnipseln übersäte Tote, die ihre Briefe und die Fotos ihrer Liebsten zerrissen hatten, damit sie nicht in die Hände gefühlloser Menschen fielen und in den Gazetten des Nordens veröffentlicht wurden. Die, die noch lebten, winkten ihn zu sich und drückten ihm ihre letzten Zeugnisse in die Hand, und er nahm die Briefe an sich, um sie vor den Fledderern zu bewahren, die jetzt immer zahlreicher auf das Schlachtfeld kamen.

Die Fledderer schwärmten aus wie hungrige Geier. Sie sammelten all die liebgewonnenen Dinge ein, die die Soldaten in ihre Taschen eingenäht hatten oder als Talisman um den Hals trugen – Haarlocken, Medaillons, Damenschals und andere Dinge. Wie Krähen im Garten hüpften sie von einem Toten zum nächsten, tasteten verstohlen ihre Taschen und das Futter ihrer Kleider ab und nahmen alles an sich, was sie fanden. Sie drehten ihnen die Ringe von den Fingern und schlichen mit ihrer schändlichen Beute davon. Als anonyme Andenken an die Toten einer der größten Schlachten der Welt waren sie für eine Schublade, einen Schrank oder für ein Privatmuseum bestimmt, oder auch zum Verkauf an Familien, die einen Toten zu beklagen hatten und das Andenken nun auslösen mussten. (…)

Überall an Felsbrocken und Baumstämmen klebten Haare, Hirnmasse, Eingeweide und Fleischfetzen, in der Hitze schwarz verfärbt. Da lagen Männer und Pferde, auf das Doppelte angeschwollen, und in den folgenden Tagen konnte er mit ansehen, wie sich ihre Augäpfel blähten und hervorquollen und schließlich unter dem Druck der Faulgase aufplatzten wie schreckliche Blumenkelche.

Die Totengräber begannen ihr Werk, hoben über ihre Spaten gebeugt mit mechanischen Bewegungen die Erde aus, schaufelten einen Hügel nach dem anderen. Er beobachte zwei, die ein Grab mit der Erde füllten, die sie für das nächste ausgehoben hatten. Sie mussten die ganze Nacht gearbeitet haben, so lang war die Reihe der Grabhügel hinter ihnen. Er sah ihnen zu, bis sie erschöpft innehielten und der eine einen Krug fasste und dabei feststellte, dass er leer war. (…) Etwas weiter traf er auf junge Männer, die die amputierten Gliedmaßen einsammelten und in Holzfässer legten. Er fragte, was sie mit all diesen Körperteilen vorhatten, und sie sagten ihm, sie seien Medizinstudenten und wollten die Fässer im Boden vergraben, bis das Fleisch verwest war, und die Knochen dann zu ihrem College nach Washington bringen. Eine andere Gruppe von Studenten war damit beschäftigt, in gußeisernen Kesseln die Leichen der konföderierten Soldaten so lange zu kochen, bis sich das Fleisch vom Skelett löste. Sie hantierten sorgfältig mit Löffeln und Haken, während die Flammen an den dampfenden Kesseln leckten" (Olmstead, 2008, 144–147).

**Lincolns *Address delivered at the dedication of the cemetery at Gettysburg***
Four score and seven years ago our fathers brought forth on this continent, a new nation, conceived in Liberty, and dedicated to the proposition that all men are created equal.

Now we are engaged in a great civil war, testing whether that nation, or any nation so conceived and so dedicated, can long endure. We are met on a great battle-field of that war. We have come to dedicate a portion of that field, as a final resting place for those who here gave theire lives that that nation might live. It is altogether fitting and proper that we should do this.

But, in a larger sense, we can not dedicate – we can not consecrate – we can not hallow – this ground. The brave man, living and dead, who struggled here, have consecrated it, far above our poor power to add or detract. The world will little note, nor long remember what we say here, but it can never forget what they did here. It is for us the living, rather, to be dedicated here to the unfinished work which they who fought here have thus far so nobly advanced. It is rather for us to be here dedicated to the great task remaining before us – that from these honored dead we take increased devotion to that cause for which they gave the last full measure of devotion – that we here higly resolve that these dead shall not have died in vain – that this nation, under God, shall have a new birth of freedom – and that government of the people, by the people, for the people, shall not perish from the earth.
November 19, 1863 – Abraham Lincoln

Auch im südlichen Kriegsschauplatz bahnte sich eine Entscheidung an. Bereits am 4. Juli hatte Vicksburg in Mississippi kapituliert. Es gab weitere blutige Kämpfe, insbesondere nachdem Lincoln im März 1864 General Grant den Oberbefehl über die Nordstaaten-Armee übertragen hatte. Grant begann, die Kräfte der Konföderierten um ihren Regierungssitz in Virginia zu zerschlagen. Zwar mehrten sich angesichts der Verluste im Norden – wo Lincoln sich im Präsidentschaftswahlkampf befand – die Rufe nach Waffenstillstandsverhandlungen, doch gelang es General William T. Sherman mit der Eroberung Atlantas am 2. September 1864 die Siegesgewissheit zu stärken und Lincolns Wiederwahl zu sichern.

Sherman marschierte nach der Eroberung Atlantas nach Osten an die Küste und weiter nach Norden, wobei seine Soldaten raubend, brandschatzend und mordend eine Spur der Verwüstung hinterließen. Diese Strategie der „verbrannten Erde" führte zur völligen Demoralisierung des ausgebluteten Südens. Am 9. April kapitulierte General Lee; der Krieg war beendet. Auf der Flucht ins Ausland – dort wollte er eine Exilregierung bilden – wurde Jefferson Davis im Mai 1865 von Unionstruppen verhaftet. Er blieb bis 1867 in Gefangenschaft, die Staatsbürgerschaft der USA wurde ihm entzogen. Noch einmal (1874) in den Senat gewählt, konnte er seinen Sitz daher nicht einnehmen. 1889 starb Davis (1978 wurde ihm die Staatsbürgerschaft posthum wieder zuerkannt).

Der Norden verfiel in diesem Frühjahr in Siegestaumel, auch wenn der letzte Teil der Südstaatenarmee unter General Joseph E. Johnston sich noch nicht ergeben hatte – dies erfolgte erst am 26. April. Bevor es dazu kam, wurde Lincoln inmitten der Siegesfeierlichkeiten am 14. April bei einem Theaterbesuch in Washington von dem Schauspieler und Südstaatensympathisanten John Wilkes Booth so schwer angeschossen, dass er noch in derselben Nacht verstarb. Ein Mitverschwörer von Booth drang am gleichen Abend in das Haus des kranken Außenministers William H. Seward ein und verletzte diesen mit mehreren Messerstichen; Seward überlebte.

Die Überführung von Lincolns Leichnam von Washington nach Springfield in Illinois wurde zu einer öffentlichen Manifestation der Trauer, in der sieben Millionen Amerikaner an den verschiedenen Stationen der Reise dem Präsidenten das letzte Geleit gaben. Als der Zug New York erreichte, standen Hunderte von Afroamerikanern an den Gleisen. Einen Marsch von 5.000 Trauernden hatte die Stadt zunächst verboten, wogegen Kriegsminister Stanton wütend protestierte. Viele waren trotzdem gekommen, um ihrem Präsidenten die letzte Ehre zu erweisen. Eine schwarze Frau rief unter Tränen: „He died for me! He was crucified for me! God bless him!" (Burlingame, II, 2008, 824).

Lincoln war zum Märtyrer des Nordens geworden – der Süden hingegen erhob seine gefallenen Soldaten zu Märtyrern, die sich für die Ehre der Südstaaten geopfert hatten.

Der Krieg hatte jedoch nicht nur im unterlegenen Süden Verheerungen angerichtet, die bis heute nachwirken und das Selbstverständnis der Region prägen, auch der Norden hatte bittere Verluste erlitten. So waren Schätzungen zufolge 260.000 Soldaten aus dem Süden gefallen und 360.000 Soldaten der größeren Nordstaatenarmee. Das Auseinanderbrechen der USA war verhindert worden, doch der Preis war höher, als die Kriegsparteien sich dies hätten träumen lassen.

## Die „Rekonstruktion"

Nach dem Ende der Sklaverei galt es, den rechtlichen Status der Afroamerikaner zu klären und die besiegten Südstaaten wieder in die Union einzugliedern. Lincoln hatte vorgeschlagen, den abtrünnigen Staaten ihre politische Neuordnung zu überlassen, sobald 10 % derjenigen, die 1860 gewählt hatten, den Treueid auf die Vereinigten Staaten leisteten.

Zeitweise glaubte Lincoln, die beste Lösung des Rassenproblems bestehe in der „Rückführung" der Afroamerikaner nach Afrika. Gegen Ende des Krieges schlug er vor, die Staaten sollten sich überlegen, ob sie das Wahlrecht nicht auch auf besonders befähigte Schwarze ausdehnen wollten. Er befürwortete eine behutsame Politik, deren Ziel dennoch radikale Reformen waren. In den letzten Monaten des Krieges machte der Präsident seine Vorstellung immer deutlicher: eine radikale Reform auf der Basis der Versöhnung. Aber am Ende des Krieges war der große Präsident tot.

### Liberia

Eine wachsende Zahl von Gegnern der Sklaverei sah in der „Rückführung" der Sklaven in ihre afrikanischen Herkunftsländer die beste Möglichkeit, den Freigelassenen ein eigenbestimmtes Leben zu ermöglichen. Eine nicht ganz unbedenkliche Vorstellung, da sie (zumindest implizit) von der Prämisse ausging, dass ein Nebeneinander von schwarzer und weißer Bevölkerung auf der Basis der Gleichstellung nicht möglich oder jedenfalls sehr schwierig sei.

Bereits 1816 beschloss der Kongress eine Charta für die American Colonization Society, die sich einer solchen Rückführung annehmen sollte.

Im Dezember 1821 erwarb die Gesellschaft ein größeres Gebiet südlich des (britischen) Sierra Leone in Westafrika, um Siedlungsprojekte in Afrika verwirklichen zu können. 1822 wurde die erst größere Siedlung, „Christopolis", gegründet, zwei Jahre später wurde der Ort zu Ehren des amerikanischen Präsidenten James Monroe in „Monrovia" umbenannt. Das gesamte Gebiet nannten seine Gründer „Liberia".

In den nächsten Jahren kamen größere Gruppen von freigelassenen Sklaven und Afrikanern in die Kolonie. Aus den Vereinigten Staaten selbst war der Zufluss gering, in den ersten zehn Jahren der Besiedlung erreichten 2638 siedlungswillige Afroamerikaner aus den USA Liberia. Auch Afroamerikaner aus aufgebrachten Sklavenschiffen kamen in die Kolonie. Die Siedler aus den Vereinigten Staaten, die zumeist Englisch sprachen und denen afrikanische Sitten und Tradition fremd geworden waren, gerieten alsbald in Konflikt mit den Stämmen der Umgebung, die in den Siedlern Eindringlinge sahen. Meist setzten sich die Siedler in immer wieder aufflackernden Kämpfen durch.

1842 wurde Joseph Jenkins Roberts als erster Afroamerikaner Gouverneur der Gesellschaft. Er arondierte das Gebiet der Gesellschaft und half (1845) eine Verfassung zu entwerfen, die sich am amerikanischen Vorbild orientierte. Damit waren die Voraussetzungen für die Unabhängigkeit gegeben. Am 26. Juli 1847 erklärte der (erste) Kongress Liberias die Unabhängigkeit. Roberts wurde zum Präsidenten gewählt. Eine amerikanisch-liberianische Elite beherrschte die Politik des Landes in den ersten Jahrzehnten nach der Unabhängigkeit. Es waren also meist befreite Afroamerikaner, die wichtige Positionen innehatten. Die autochthone Bevölkerung wurde ignoriert, oft auch unterdrückt.

1848 erkannte Großbritannien Liberia an; Frankreich folgte 1852 und schließlich – während des Bürgerkrieges – erfolgte auch die Anerkennung durch die USA (1862).

Den radikaleren Republikanern genügte diese in ihren Augen zaghafte Politik nicht. Sie wollten keine „Restauration", sondern vielmehr eine „Rekonstruktion" der Südstaaten. Sie forderten, dass über 50 % der Bürger ihre Loyalität beschwören müssten, bevor die Staaten sich neue Verfassungen geben durften. Diese Verfassungen sollten die Abschaffung der Sklaverei festschreiben, Afroamerikanern das Wahlrecht garantieren, zudem sollte die gesamte schwarze Bevölkerung als Grundlage für die Berechnung der Zahl der Abgeordneten im Kongress dienen (gemäß der damaligen Gesetzeslage wurden für diesen Zweck nur drei Fünftel der Schwarzen gezählt). Weiße Südstaatler sollten nur dann wählen dürfen, wenn sie niemals aus freien Stücken gegen die Vereinigten Staaten zu den Waffen gegriffen hatten – eine Forderung, durch die der Süden so gut wie keine weiße Wahlbevölkerung gehabt hätte.

Lincoln konnte in den letzten Wochen seines Lebens seinen gemäßigten Plan durchsetzen. Einige weitreichende Beschlüsse wurden – mit seinem Einverständnis – jedoch ebenfalls getroffen. Im Januar 1865 beschloss der Kongress den 13. Verfassungszusatz, der (männlichen) Afroamerikanern das Wahlrecht gab. Die Ratifizierung erfolgte im Dezember desselben Jahres. Die Emanzipationserklärung war damit de facto Teil der amerikanischen Verfassung geworden.

Die Ermordung Lincolns änderte nun die Situation. Vizepräsident Andrew Johnson aus Tennessee, Parteigänger der Demokraten, wurde Präsident. Der aus ärmlichen Verhältnissen stammende Johnson hegte eine tiefe Abneigung gegen die „Südstaatenaristokraten", vor allem mit Jefferson Davis verband ihn eine offene Feindschaft. Johnson stammt aus Raleigh, North Carolina, dort wurde er im Dezember 1808 geboren. Er arbeitete sich mühsam nach oben und wurde, da geschäftlich durchaus begabt, bald recht wohlhabend. Nie vergaß er aber die Verachtung, mit der die Südstaatenelite auf die weiße Unterschicht blickte. Er bekannte sich alsbald zu den radikal-demokratischen Vorstellungen Jacksons und machte in den 1830er Jahren zunächst Karriere in Tennessee (als Abgeordneter und Senator) und schließlich seit 1843, als er ins Repräsentantenhaus gewählt wurde, auch in Washington. Nach einem Intermezzo als Gouverneur von Tennessee wurde er 1837 Senator. Als einziger Senator der Südstaaten blieb er im Kongress, bis ihn Lincoln 1862 zum Militärgouverneur des von Unionstruppen besetzten Tennessee ernannte.

Johnson hatte in Washington, nachdem er Vizepräsident geworden war, einen recht zwiespältigen Eindruck erweckt. Zur Inauguration in sein Amt war er betrunken erschienen, er galt als aufbrausend und unbeherrscht. Die Abgeordneten und Senatoren des Nordens hielten ihm aber zugute, dass er eine harte Linie gegen den besiegten Süden forderte. Mit ihm als Präsidenten, so dachten sie, wäre es leichter, eine konsequente Vergeltungspolitik zu betreiben, als mit dem vorsichtig abwägenden Lincoln.

Johnson war aber keineswegs ein Gegner der Sklaverei. Bis 1863 war er offen dafür eingetreten, lediglich in der Sezession sah er – wie sein Vorbild Andrew Jackson – ein strafwürdiges Verhalten. Hinzu kam seine tiefe Abneigung gegen die Elite der Konföderation. Gegenüber den Afroamerikanern hegte er Misstrauen – seiner Erfahrung nach waren sie die Gruppe, auf die selbst die weiße Unterschicht des Südens immer mit Verachtung geblickt hatte. Einen wirklichen Ausgleich zwischen Weißen und Afroamerikanern wollte der Präsident nicht.

Letztlich suchte Johnson nur die Elite zu bestrafen, die Lebensweise des Südens – einschließlich der Unterdrückung der Afroamerikaner – stellte er nicht in Frage. Johnsons Politik brachte der weißen Bevölkerung so über Zeit erneut die politische Führung. Die neu gegründeten Parlamente der Staaten im Süden schlossen die schwarze Bevölkerung nach und nach durch Winkelzüge und gewaltsame Unterdrückung vom politischen Prozess aus. Zwar erhielten Afroamerikaner in geringem Maße neue Rechte – so wurde ihnen der Schulbesuch gestattet und Ehen zwischen Schwarzen wurden rechtlich anerkannt –, doch waren sie weiterhin „Bürger zweiter Klasse". So konnte in Georgia ein Afroamerikaner, der beim Müßiggang „erwischt" wurde, vor Gericht gestellt und in staatlichen Arbeitsdienst gepresst werden.

Diese (erneute) Situation der Diskriminierung und Unterdrückung stand aber erst am Ende einer langwierigen Auseinandersetzung über die *reconstruction*. Denn Johnsons wachsender Widerstand gegen die Sicherung grundlegender Rechte für die durch den Krieg aus der Sklaverei befreiten Afroamerikaner, die nun abermals de facto in den Status von Sklaven gedrängt wurden, einigte die Republikanische Partei in ihrem Kampf um schwarze Bürgerrechte und führte zum Entwurf des 14. Verfassungszusatzes, der alle in den USA geborenen Personen und alle Eingebürgerten zu amerikanischen Staatsbürgern erklärte, den Einzelstaaten die Beschränkung der Grundrechte amerikanischer Bürger untersagte und denen Rechtsschutz und Gleichheit vor dem Gesetz garantierte. Die Einschränkung des Wahlrechts von Afroamerikanern wurde unter Strafe gestellt und nur durch eine Zwei-Drittel-Mehrheit im Kongress sollten ehemalige Amtsträger der Konföderierten zu politischen Ämtern zugelassen werden. Trotz Johnsons Veto wurde der 14. Verfassungszusatz 1866 durch eine Mehrheit in Repräsentantenhaus und Senat verabschiedet – bis zu seiner Ratifizierung durch die Staaten sollte es jedoch noch bis zum Juli 1868 dauern.

Gestärkt durch ihren parlamentarischen Sieg über Johnson gelang es den radikalen Republikanern im Mai 1867, den ersten *Reconstruction Act* zu verabschieden, durch den alle Parlamente der Staaten der ehemaligen Konföderation mit Ausnahme des Parlaments von Tennessee für illegal erklärt wurden. Der Süden wurde in fünf Besatzungszonen unterteilt, die vom Präsidenten benannten Generälen unterstanden. Diese sollten verfassungsgebende Versammlungen einberufen und dafür sorgen, dass deren Vertreter von schwarzen und weißen Wahlberechtigten gewählt würden. Als Voraussetzung für die Wiederaufnahme der Staaten in die Union hatten diese den 14. Verfassungszusatz zu ratifizieren und das aktive und passive Wahlrecht für schwarze Männer zu garantieren. In den neuen Parlamenten saßen folglich auch schwarze Abgeordnete, im Repräsentantenhaus gab es erstmals schwarze Abgeordnete und Mississippi stellte 1870 mit dem Pfarrer Hiram Revels den ersten schwarzen Senator (ihm folgte 1875 Blanche K. Bruce, ebenfalls aus Mississippi). Doch obwohl Afroamerikaner etwa die Hälfte der Wahlberechtigten im Süden ausmachten und in Alabama, Florida, Louisiana, Mississippi und South Carolina die Mehrheit der Wähler stellten, gab es nur in South Carolina eine Mehrheit schwarzer Abgeordneter im Parlament.

Als der Streit zwischen Präsident Johnson und dem Kongress über die Fortführung der *Reconstruction* zunehmend auch in der Öffentlichkeit ausgefochten wurde, wurde der Ruf nach einer Amtsenthebung des Präsidenten lauter, dessen südstaatenfreundliche Politik den Kongress brüskierte. Bald bot sich ein Anlass: Als Johnson Kriegsminister Stanton entließ, was ihm durch ein 1867 erlassenes Gesetz (*Tenure of Office Act*) nicht mehr ohne Zustimmung des Senats zustand, beschloss das Repräsentantenhaus nach dreitägiger hitziger Debatte, eine Amtsanklage einzubringen, da Johnson gegen die Gesetze des Landes und seinen Amtseid verstoßen habe. Johnson verteidigte sich damit, dass Minister (dem Wortlaut des fraglichen Gesetzes zufolge) so lange im Amt bleiben sollten wie der Präsident, der sie berufen hatte. Die Amtsanklage wurde nach dreimonatiger Verhandlung schließlich mit dem knappsten aller möglichen Ergebnisse abgewiesen. Neunzehn Senatoren stimmten „nicht schuldig", fünfunddreißig „schuldig". Eine weitere Stimme hätte die notwendige Zwei-Drittel-Mehrheit für einen Schuldspruch bedeutet.

Als Präsident Johnson sich, angeschlagen durch das Amtsenthebungsverfahren, um die Unterstützung der Demokraten für die Wahl 1868 bemühte, blieb ihm diese versagt. Die Demokratische Partei nominierte den ehemaligen Gouverneur von New York, Horatio Seymour. Die Republikanische Partei war mit dem Nordstaatengeneral und Kriegshelden Ulysses S. Grant in den Wahlkampf gezogen, der überraschenderweise nur mit einer knappen Mehrheit (52,7 %) gewann. Die radikalen Republikaner nahmen die Tatsache, dass Schwarze in den Südstaaten durch unlautere Mittel vom Wahlgang abgehalten worden waren, 1869 zum Anlass, den 15. Verfassungszusatz zu verabschieden, der eine Einschränkung des Wahlrechts amerikanischer Bürger aufgrund von „Rasse, Hautfarbe oder früherer Versklavung" verbietet.

Andrew Johnson zog sich nach seiner Amtszeit nicht in den Ruhestand zurück. Er war in seinem Heimatstaat Tennessee weiterhin politisch aktiv. 1875 kehrte er als Senator von Tennessee nach Washington zurück. Er war jetzt einer der entschiedensten Gegner der Rekonstruktionspolitik Präsident Grants – offen forderte er die Rückgabe der „Freiheit" an den Süden. Aber schon im Jahr seines Wiedereinzugs in den Senat starb Johnson in Folge eines Schlaganfalls.

Die Zeit der politischen Mitbestimmung der Afroamerikaner in den Südstaaten war nur von kurzer Dauer. Unvermeidliche politische Fehler und Korruption nährten die Skepsis des Nordens gegenüber dem „Experiment" der politischen Teilhabe der schwarzen Bevölkerung. Die kaum unterdrückten Ressentiments der weißen Südstaatler setzten Zerrbilder schwarzer Unfähigkeit und Verderbtheit geschickt für die eigene Sache ein. So gelang es ihnen, die politische Kontrolle in den Staatsparlamenten zurückzugewinnen – nicht zuletzt durch die Terrorisierung der schwarzen Bevölkerung durch den Ku-Klux-Klan, dessen Mitglieder mit flatternden Roben und vermummt unter spitzen Kapuzen eine brutale Einschüchterungsstrategie verfolgten und auch vor Mord nicht zurückschreckten.

1871 machte Präsident Grant zwar von seinem Recht Gebrauch, in neun Kreisen South Carolinas das Kriegsrecht zu verhängen und Truppen dorthin zu entsenden, doch dies konnte nicht darüber hinwegtäuschen, dass im Norden zu dieser Zeit bereits das Interesse an der Sache der Schwarzen erlahmt war. Der schon 1869 begonnene Rückzug der Truppen aus dem Süden wurde fortgesetzt. Die schwarze Bevölkerung im Süden war abermals der Willkür ihrer ehemaligen weißen Herren preisgegeben. Als der Republikaner Rutherford B. Hayes 1867 zum Präsidenten gewählt wurde, konnte er sich die nötigen Stimmen nur durch das Versprechen von Wirtschaftshilfe für den Süden und den Abzug der Armee sichern. Als die Demokraten 1874 die Mehrheit im Repräsentantenhaus zurückeroberten, war das Schicksal der Rekonstruktionsparlamente im Süden besiegelt. 1877 übernahmen die Demokraten auch die Kontrolle der letzten noch republikanischen Einzelparlamente im Süden. Die Rekonstruktion war beendet.

### „Rassentrennung": Die *Jim Crow Laws*

Das Scheitern der Rekonstruktion führte für Jahrzehnte zu einem System der Diskriminierung und Unterdrückung der Afroamerikaner, das auf dem Prinzip der „Rassentrennung" basierte. Jim Crow, ein fröhlicher, tanzender und singender, aber einfältiger Schwarzer, eine Figur des Kabaretts und einfacher Theateraufführungen, gab den Jahrzehnten der Rassentrennung nach der *Reconstruction* seinen Namen. Der *Jim Crow Dance* war ein beliebtes Thema in den *Minstrel Shows* Ende des 19. Jahrhunderts.

Die Diskriminierung der Afroamerikaner wurde nach der Rekonstruktion im Süden durch Staatsgesetze und lokale Vorschriften (*Jim Crow Laws*) institutionalisiert. Neben kruden Methoden gewaltsamer Einschüchterung und ökonomischen Drucks kamen auch subtilere Maßnahmen zur Anwendung, um Schwarze vom Wählen abzuhalten: die Einführung einer Gebühr für die Wählerregistierung (*poll taxes*), willkürliche Bildungsprüfungen (*literacy tests*) für die Zulassung zur Wahl oder die *grandfather clauses*, die nur diejenigen zur Wahl zuließen, deren Vorfahren nachweislich an früheren Wahlen teilgenommen hatten – eine Bedingung, die Schwarze nicht erfüllen konnten. Parkanlagen, Schulen, Restaurants oder andere Einrichtungen durften von Afroamerikanern nicht besucht werden. Oder diese mussten zumindest separate Eingänge benutzen. Die Einschränkungen und Diskriminierungen waren vielfältig. 1875 verabschiedete das Parlament von Tennessee das erste dieser Gesetze.

Rassentrennung setzte sich durch und im Fall Plessy v. Ferguson wurde die diese Politik umschreibende Formel *separate but equal* 1896 vom Obersten Gerichtshof zur Richtlinie erhoben, die die staatliche Haltung zur Rassenfrage mehr als ein halbes Jahrhundert bestimmen sollte. Homer Plessy, von dessen acht Großelternteilen sieben weiß waren und der äußerlich nicht als Afroamerikaner erkennbar war, galt nach dem Gesetz Louisianas als schwarz. Er wurde am 7. Juni 1892 festgenommen, weil er sich weigerte, das Zugabteil für Weiße zu verlassen und in ein Abteil zu steigen, das für „Farbige" bestimmt war. Der Oberste Gerichtshof Louisianas und auch der *Supreme Court* urteilten, dass es keine Diskriminierung bedeute, wenn es getrennte Einrichtungen für Schwarze und Weiße gebe, und dass die Unterscheidung zwischen den Rassen sich schon aufgrund der unterschiedlichen Hautfarbe nicht aufheben lasse. John Harlan, der einer reichen Familie aus Kentucky entstammte, die selbst Sklaven hatte, widersprach als einziger der neun Richter dem Urteil. Er argumentierte, die Verfassung sei farbenblind und alle Bürger seien vor dem Gesetz gleich. Bis dahin war es aber noch ein weiter Weg.

## „Reservate" und das Ende der Indianerkriege

Nach dem Ende des Bürgerkrieges brachen im Westen des Landes erneut Konflikte zwischen den Siedlern und den Stämmen aus. Wieder ging es um die Landfrage. Die Kämpfe waren alsbald entschieden. Die Regierungstruppen behielten die Oberhand; nur dem Lakota-Häuptling Red Cloud gelang es in Wyoming und Montana, den nach ihm benannten *Red Cloud's War* (1866–1868) zu gewinnen und durch den Vertrag von Fort Laramie seinem Stamm (zeitweise) ein großes, von der amerikanischen Armee nicht kontrolliertes Areal zu sichern.

Angesichts der Zusammenstöße zwischen Siedlern und Indianern beschloss Präsident Ulysses S. Grant, das System der „Reservate" auszubauen, dort sollten die Indianer ein abgeschlossenes, geschütztes Refugium haben. Diese Politik hatte unterschiedliche Auswirkungen: Stämme wie die Pueblo oder Irokesen konnten einen Teil ihres Landes behalten, auf dem nun Reservate eingerichtet wurden. Für die gerade erst „befriedeten" Sioux oder Cheyenne war das Leben in den Reservaten eine frustrierende und entwürdigende Erfahrung: Die traditionelle Jagd war verboten, an deren Stelle sollte Landwirtschaft treten – wofür die Böden in den Reservaten häufig ungeeignet waren. Die Stämme wurden abhängig: Um die Indianer vor dem Verhungern zu retten, teilte ihnen die Regierung alljährlich ein festgelegtes Kontingent an Waren zu (die aber oftmals nicht geliefert wurden). Die berüchtigte, fast sprichwörtlich gewordene Korruption der für indianische Angelegenheiten zuständigen Bundesbeamten verschlechterte die ohnehin düstere Lage in den Reservaten. Darüber hinaus: Deren Leiter waren oft nicht Regierungsbeamte, sondern religiöse Eiferer, die sich um die „Christianisierung" der Indianer bemühen sollten.

Der Widerstand der Indianer war in den letzten Jahrzehnten des 19. Jahrhunderts aber noch nicht gebrochen: Lakota-Sioux, Arapaho und Cheyenne unter der Führung von Sitting Bull (Tatanka Yotake) und Crazy Horse (Tasunka Witko) verließen ihre Reservate und organisierten eine beträchtliche Streitmacht – entschlossen zum Widerstand. Die Regierung schickte Truppen unter Führung von General George Armstrong Custer in das Gebiet des heutigen Montana, um die Stämme in die Reservate zurückzutreiben. Obwohl Custer gewarnt war, dass am Little Bighorn River ein großes Kriegslager der verbündeten Stämme lag, teilte er seine Truppen in zwei Abteilungen. Die Indianer brachten Custers Soldaten in der Schlacht am Little Bighorn River am 25. Juni 1876 eine vernichtende Niederlage bei; Custer fiel (Ambrose, 2003). Einige Monate nach der Schlacht führte Sitting Bull seine Krieger und ihre Familien nach Saskatchewan in Kanada; dort blieben die Lakota bis 1881. In diesem Jahr kehrte Sitting Bull in die USA zurück und kapitulierte. Für einige Zeit verblieb der Häuptling in Kriegsgefangenschaft, dann wurde er in das Sioux-Reservat zurückgeschickt. 1885 durfte der Häuptling das Reservat verlassen, um als Attraktion an William Frederick „Buffalo Bill" Codys Wild-West-Show teilzunehmen. Vier Monate unterzog sich Sitting Bull dieser Aufgabe, dann kehrte er in das Reservat zurück (Lears, 2009, 40 ff.). Was er dabei gedacht haben mag, wenn er mit dem Federschmuck des Häuptlings als Zugnummer der Show durch die Arena ritt, wird sein Geheimnis bleiben.

Der Versuch der Regierungstruppen, Sitting Bull nach seiner Rückkehr in das Reservat festzunehmen, da sie dessen Einfluss auf noch vorhandene Widerstandsgruppen fürchteten, führte zu einer Schießerei, bei der der große Häuptling ums Leben kam.

Ein Jahr später brachen die Nez-Percé-Kriege aus. Amerikanische Siedler wollten das Land der Nez Percé als Weideland für ihre Rinder nutzen. Die Regierung beschloss, die Indianer in ein Reservat umzusiedeln. Als vier Siedler eines Trecks ermordet wurden und Strafaktionen der Regierung zu befürchten waren, wollten Chief Joseph und andere Häuptlinge nach Montana in das Gebiet der Crow ausweichen. Auf dem Weg wurden sie von Regierungstruppen angegriffen, konnten sich aber behaupten. Von Montana aus wollten sie nach Kanada weiterzuziehen. Kurz vor der Grenze wurden sie von amerikanischen Streitkräften gestellt und zur Kapitulation gezwungen.

Die Indianerkriege endeten am 29. Dezember 1890 mit dem Massaker von Wounded Knee in South Dakota. Die Regierung wollte die Lakota zu einem Militärlager in Nebraska bringen. Die Krieger wurden in einer Atmosphäre zunehmender Gereiztheit entwaffnet. Bei dem Versuch, einen Lakota zu entwaffnen, der möglicherweise taub war, wurde eine Waffe abgefeuert. Chaos brach aus und die Soldaten feuerten mit ihren modernen Waffen auf die Indianer. 146 Lakota und zwischen fünfundzwanzig und einunddreißig amerikanische Soldaten wurden getötet (McMurtry, 2005, 151). Andere Indianer starben an ihren Wunden in der bitteren Dezemberkälte. Die Indianerkriege waren beendet.

Auch Crazy Horse, der große Militärstratege der Sioux, hatte sich längt ergeben, war in Haft genommen und in ein Reservat verbracht worden. Als Gerüchte aufkamen, Crazy Horse wolle erneut gegen die Weißen kämpfen, bemühte sich der Häuptling um Aufklärung. Er sprach mit dem zuständigen Indianeragenten, der ihm riet, nach Fort Robinson in Nebraska, wo er interniert war, zurückzugehen. Beim Betreten des Forts wollte ihn ein Wachposten festnehmen. Crazy Horse wehrte sich, der Posten erstach ihn daraufhin mit einem Bajonett.

Über drei Jahrhunderte blutiger Kämpfe und Vertreibung, erzwungener Umsiedlung und Isolation in Reservaten, Zwangsassimilation durch die

Zwangseinweisung indianischer Kinder in Internate, des Verbots indianischer Sprachen und kultureller Traditionen bis hin zu Zwangssterilisationen forderten einen hohen Zoll. (Das *Bureau of Indian Affairs* verfolgte noch bis in die 1970er Jahre eine Strategie der „Assimilation". Die amerikanischen Ureinwohner sollten in amerikanische Mehrheitsgesellschaften integriert werden.)

Heute gibt es in den USA mehr als 560 anerkannte Stammesregierungen. Die Stämme sind souverän und unterliegen nur wenigen Beschränkungen, sie haben aber kein Recht, Beziehungen mit anderen Staaten einzugehen, eine eigene Währung zu schaffen oder Krieg zu erklären. In den USA leben nahezu 2,8 Mio. Menschen, die sich als *Native Americans* definieren. Die größten Stämme sind die Cherokee, Navaho, Choctaw, Sioux, Chippewa, Apachen, Irokesen, die Schwarzfußindianer und die Pueblo. Etwa ein Drittel davon lebt in Kalifornien, Arizona und Oklahoma.

Das letzte Kapitel der Indianerkriege, in gewisser Weise deren Epilog, war der Kampf amerikanischer und mexikanischer Soldaten gegen Geronimo (eigentlich Gokhlayeh), den Kriegshäuptling und Schamanen einer Gruppe der Bedonkohe-Apachen. Als 1858 mexikanische Truppen aus Sonora die Frau Geronimos und seine Kinder töteten, begann er – zusammen mit Cochise, einem Häuptling der Chokononen-Apachen – einen jahrelangen Krieg gegen die Mexikaner. Er griff wiederholt Sonora und andere mexikanische Städte an. Vor den Mexikanern brachte sich Geronimo auf die amerikanische Seite in Sicherheit. Als Cochise starb, wurde Gokhlayeh Kriegshäuptling.

1876 erfolgte Gokhlayehs Einweisung in das San-Carlos-Reservat. In der Wüste gelegen, war dieses Reservat von den (unregelmäßigen) Lebensmittellieferungen der amerikanischen Armee abhängig. Hunderte von Apachen starben an Unterernährung oder Krankheit. Gokhlayeh beschloss, mit den Überlebenden aus dem Reservat auszubrechen. Er ging mit ihnen auf die mexikanische Seite der Sierra Madre.

Es folgten unruhige Jahre, die der Stamm teils in Mexiko, teils im San-Carlos-Reservat verlebte. Gokhlayeh brach aus dem verhassten Reservat immer wieder aus. Seine Krieger unternahmen Angriffe auf kleine Dörfer und Farmen, wo sie Vorräte und Pferde erbeuteten. Deswegen wurde er nicht nur von der amerikanischen Armee, sondern auch von den Mexikanern gejagt. 1882 unternahm er einen Überfall auf das Reservat in San Carlos und zwang Loco, einen Häuptling der Chihenne, sich mit seinen Kriegern und deren Frauen den in Mexiko kämpfenden Apachen anzuschließen. Auf dem Weg nach Mexiko gerieten die Apachen, unter denen sich auch einige westliche Apachen befanden, in einen Hinterhalt der mexikanischen Armee, Hunderte starben.

1884 brach er ein letztes Mal aus dem Reservat aus. Er führte mit seiner kleinen Schar an Kriegern einen wirkungsvollen Guerillakrieg gegen die ihn verfolgenden Truppen und schaffte es geschickt, sich seinen Gegnern zu entziehen, indem er, um den Verfolgern zu entkommen, immer wieder die Grenze passierte, da ihm die feindlichen Truppen dorthin nicht folgen durften. Die meiste Zeit hielt er sich mit seinen Männern in der Sierra Madre versteckt.

Als ein Kopfgeld auf ihn ausgesetzt wurde, stellte er sich am 4. September 1886 mit noch 36 von ursprünglich 500 Kriegern den Amerikanern unter dem Kommando von General Nelson A. Miles, die ihn jahrelang vergeblich gejagt hatten. Die nächsten drei Jahre verbrachte er im Gefängnis.

Zunächst wurde er in Fort Sam Houston in San Antonio, Texas, gefangen gehalten. Dann schickte man ihn nach Fort Pickens, Florida, in die Verbannung, im Anschluss nach Fort Marion, Alabama, und schließlich 1894 nach Fort Sill in Oklahoma ins Indianerterritorium, ohne dass er seine Sippe je wiedersehen konnte. Dort konvertierte er 1903 zum Christentum, wurde Methodist und besuchte regelmäßig den Gottesdienst. Gokhlayeh bekam im Reservat ein Stück Land, auf dem er sich ein Haus baute und das übrige Land bebaute.

Sein Wunsch, vor seinem Tod noch einmal in seine Heimat zurückzukehren, wurde nicht erfüllt, er starb am 17. Februar 1909 an einer Lungenentzündung und wurde auf dem Friedhof von Fort Sill bestattet.

## The Gilded Age

Die Jahre nach dem Bürgerkrieg und der ersten Phase der Rekonstruktion waren eine Zeit der mühevollen Anpassung an die Post-bellum-Ära. *The Long Shadow of Appomattox* (Lears) – der Ursachen des Krieges, seiner Brutalität und unmittelbaren Folgen – belasteten die Politik der USA. Dabei war die Nachkriegszeit zunächst eine Phase der wirtschaftlichen Expansion, allerdings von Krisen und Rezessionen unterbrochen. Die industrielle Entwicklung der USA, der Ausbau der Infrastruktur und das Bevölkerungswachstum beschleunigten sich. Das Land bekam ein anderes Gesicht.

Dieses „Vergoldete Zeitalter", so sarkastisch nach dem „Goldenen Zeitalter" einer mythischen Vergangenheit benannt, war mithin eine Ära des wirtschaftlichen und sozialen Umbruchs, die manche Amerikaner reich machte, doch unter dem schönen Schein und der oberflächlichen „Vergoldung" sah die gesellschaftliche Realität für die Fabrikarbeiter, die sich in den großen Städten drängten, oft düster aus. Die indianische Kultur wurde in diesen Jahrzehnten endgültig vernichtet – und gleichzeitig in den Wild-West-Shows, von denen die Buffalo Bills nur die bekannteste war, kommerzialisiert.

Die sarkastische Bennenung dieser Zeit leitet sich aus dem Titel eines satirischen Romans über das (auch politische) Leben in Washington ab, den Mark Twain und der Journalist Charles Dudley Warner 1873 gemeinsam

verfassten. Sie entwarfen ein schonungsloses Bild der amerikanischen Nach-
kriegsgesellschaft, sie nannten ihre Gegenwart das *Gilded Age*.

Die Politik bewältigte die Veränderungen der Nachkriegszeit nur ungenügend. 1868 entschieden sich die Republikaner, General Ulysses S. Grant
zum Präsidentschaftskandidaten zu machen. Der General gehörte der
Republikanischen Partei zwar nicht an, aber er hatte in den Kriegsjahren –
und als Kriegsminister Präsident Andrew Johnsons – politische Erfahrungen gesammelt und sah sich so als der Aufgabe gewachsen.

Ulysses S. Grant hatte eine ungewöhnliche Karriere für einen amerikanischen Präsidenten. Er war ein Zögerer, dem Entscheidungen schwerfielen.
Kurz vor Ausbruch des Bürgerkrieges betrachtete er sein Leben als miss-
glückt. Dafür schien es Gründe zu geben: Im April 1822 in Point Pleasant in
Ohio geboren, bestimmte ihn sein Vater zu einer Militärlaufbahn, die Ulysses
im tiefsten Inneren nicht wollte. Dennoch akzeptierte er den väterlichen Willen. Durch Vermittlung eines befreundeten Kongressabgeordneten wurde
Grant in West Point angenommen. Er absolvierte die Ausbildung ohne sich
auszuzeichnen, dann diente er im Krieg gegen Mexiko. Er wurde zwar
mehrmals befördert, aber seine depressive Veranlagung und seine exzessiven
Trinkgewohnheiten erweckten das Misstrauen seiner Vorgesetzten. Nach
dem Krieg diente er – zunehmend deprimiert und dem Alkohol ergeben –
an verschiedenen Standorten, schließlich schied er aus der Armee aus und
versuchte sich – wenig erfolgreich – in verschiedenen Geschäften.

Als der Bürgerkrieg ausbracht, trat er als Oberst in das 21. Freiwilligen-
regiment Illinois' ein. Wegen seiner militärischen Erfolge in den ersten Jahren des Bürgerkrieges wurde er schnell befördert. Die Offiziere seines Sta-
bes wie seine Soldaten schätzten, ja verehrten den General. Nach seinem
Sieg bei Vicksburg im Juli 1863 ernannte Lincoln ihn zum Befehlshaber des
Militärdepartements Mississippi, im März 1864 wurde er Oberbefehlshaber
aller Streitkräfte der Union.

Grant war ein intellektueller Soldat; sehr genau analysierte er den Unterschied zwischen einem Krieg zwischen Staaten und einem Bürgerkrieg.
Mehr als andere Kommandeure des Bürgerkrieges verstand er auch die neu-
en Bedingungen der Kriegsführung: die Bedeutung der industriellen Basis
des kriegsführenden Staates, Demographie, Nutzen und Zweck des Eisen-
bahnbaus. Seine Erfolge machten ihn trotz seiner Lebensweise populär.
Nach dem Sieg des Nordens gehörte er mit Lincoln zu den populärsten
Persönlichkeiten der Union.

Im Frühjahr 1868 brach er öffentlich mit Präsident Johnson, dem er vor-
warf, die Einheit der Union durch seine nachgiebige Politik erneut zu gefährden. Damit machte er sich für die Republikaner zu einem geeigneten
Kandidaten für die Präsidentschaftswahlen.

Grant gewann die Wahl gegen den Demokraten Horatio Seymour. Aber er stand fast unlösbaren Aufgaben gegenüber: Die Rekonstruktion des Südens war noch nicht abgeschlossen, die Wahlrechtsfrage für die befreiten Sklaven nicht gelöst; die Finanz- und Wirtschaftspolitik bedurfte einer Neuordnung. Diesen Herausforderungen zeigte sich Grant nicht gewachsen: Seine Administration war korrupt und auf die eigenen Vorteile bedacht. Reformüberlegungen des Präsidenten verliefen im Sande, schließlich wurde sogar Zachariah Chandler, einer der umstrittensten Vertreter des *spoils system*, Innenminister. Resigniert überließ der Präsident, nicht ohne zuvor einige Freunde und Verwandte mit Stellen zu versorgen, die Ämtervergabe einflussreichen Politikern in Kabinett und Senat.

Vor allem die drängenden finanzpolitischen Fragen konnte der Präsident nicht lösen. Papiergeld und Münzen existierten nun nebeneinander, die Lösung der finanzpolitischen Grundsatzfragen, die heftig diskutiert wurden, vertagte der Präsident.

Seinen zweiten Wahlsieg konnte Grant nur erreichen, da die Opposition – Demokraten und von den Republikanern abgespaltene Gruppen unter Führung von Carl Schurz und Horace Greely – gespalten waren und sich auf kein kohärentes Programm einigen konnten. Dennoch: 1874 errangen die Demokraten erstmals seit dem Bürgerkrieg die Mehrheit im Repräsentantenhaus. Auch die zweite Amtszeit Grants war von Skandalen geprägt; die Korruption nahm unerträgliche Maße an. Hinzu kam im Sommer 1873 eine schwere Finanz- und Wirtschaftskrise (*Panic of 1873*); der Aktienmarkt brach zusammen.

Grant hätte wohl eine dritte Amtszeit akzeptiert, er fand aber keine Mehrheit bei den Vertretern seiner Partei im Kongress. Er zog sich schweren Herzens – zunehmend krank und verschuldet – aus dem Weißen Haus zurück und ging mit seiner Frau auf eine ausgedehnte Weltreise.

Mark Twain drängte den alten General nach seiner Rückkehr nach Amerika, seine Memoiren zu schreiben. „Niemand interessiert sich für mich", soll Grant geantwortet haben. Drei Jahre später versuchte er es doch. Grant war zu dieser Zeit vermögenslos und todkrank, er sorgte sich um die Zukunft seiner Familie. Schlaflose Nächte, immer heftigere Schmerzen und eine wachsende Todesangst kämpfte er nieder. Seine Intelligenz, ein phänomenales Gedächtnis und große Stilsicherheit halfen ihm. Im Juli 1885 beendete er das Manuskript. Am 23. Juli, wenige Tage nachdem er die Fahnen korrigiert hatte, starb der ehemalige Präsident in einem Sommerhaus in New York. *Personal Memoirs* (1885), wie er seine Erinnerungen lapidar betitelte, wurde ein großer Erfolg. Bis heute erscheint das Buch in zahlreichen Ausgaben. In seiner Betrachtung zur Literatur des Bürgerkrieges *Patriotic Gore: Studies in the Literature oft he American Civil War* schreibt der bedeutende Kritiker Edmund Wilson: „This record of Grant's campaigns may well rank, as Mark Twain believed, as the most remarkble work of ist kind since the *Commentaries* of Julius Ceasar. It ist also, in its way – like Herndon's *Lincoln* or like *Walden* or *Leaves of Grass* – a unique expression of the national character (...)" (Carr, 1999, VII).

Immerhin: In der Außenpolitik konnte Grant an einige Erfolge seines Vorgängers anknüpfen. Präsident Johnson war es gelungen, durch diplomatischen Druck den Abzug der französischen Truppen aus Mexiko zu erreichen – Mexikos Unabhängigkeit war damit, nach dem Intermezzo der von Frankreich militärisch gestützten Herrschaft des habsburgischen Kaisers Maximilian I. (dessen Regierungszeit von 1864 bis 1867 kurz war), wieder unabhängig. Sein Gegner, Benito Juárez, blieb bis 1872 Präsident. Seine Reformpolitik seit 1858 (*La Reforma*) schuf die Grundlagen des modernen Mexiko.

Vor allem aber erreichte es Außenminister Seward, die Verhandlungen mit Russland über den Kauf Alaskas zum Abschluss zu bringen. Die USA erwarben für 7,2 Millionen Dollar Alaska von der russischen Regierung.

An diese Erfolge knüpfte Grant an. Außenminister Hamilton Fish, ein kluger und erfahrener Diplomat, vertrat die USA in der internationalen Politik: Zunächst gelang ein Ausgleich mit Großbritannien, das den Süden während des Bürgerkrieges wirtschaftlich unterstützt hatte. Ein internationales Schiedsgericht verurteilte London deswegen zu hohen Zahlungen an die USA. Als die angloirischen Auseinandersetzungen auf Kanada und die USA übergriffen, wohin sich die nationalistischen Führer der irischen Unabhängigkeitsbewegung (die *Fenians*) geflüchtet hatten, ließ der Außenminister diese auf amerikanischem Boden verhaften. Die Beziehungen zu Großbritannien verbesserten sich.

Und dann immer wieder Kuba. Auf der Insel hatte sich die Bevölkerung gegen die spanische Kolonialherrschaft erhoben, in den USA wurden die alten Forderungen nach Annexion der Insel laut. Auch hier konnte Fish (zusammen mit Senator Charles Sumner) einen vorsichtigen Kurs durchsetzen. Ein Krieg mit Spanien wurde so vermieden. Auch in der Frage einer möglichen Annexion der Dominikanischen Republik setzten sich die vorsichtigen Diplomaten gegen die Umgebung des Präsidenten durch.

Die Präsidentschaft des Generals ging unrühmlich zu Ende: 1876 nominierten die Republikaner Rutherford B. Hayes, den Gouverneur von Ohio, als ihren Präsidentschaftskandidaten. Es war ein Versuch, die Fehlentwicklungen der Präsidentschaft Grants, die Hayes zunächst begrüßt und in ihren Anfängen unterstützt und von der er schließlich enttäuscht war, zu korrigieren.

Der Nachfolger Grants, Rutherford Birchard Hayes, stammte aus Delaware, Ohio. Er wurde im Oktober 1822, kurz nach dem Tod seines Vaters, geboren. Sein Onkel sorgte für eine gründliche Ausbildung, die an der *Har-*

*vard Law School* endete. Seit 1850 arbeitete Hayes als Anwalt und unterstützte – ohne für ein Amt zu kandidieren – die neu entstandene Republikanische Partei. Der Bürgerkrieg, in dem Hayes zum Brigadegeneral aufstieg, radikalisierte seine politischen Ansichten. 1864 in das Repräsentantenhaus gewählt, unterstützte er die Anliegen der radikalen Fraktion der Republikaner in ihrer Auseinandersetzung mit Präsident Johnson. 1868 wurde er zum Gouverneur von Ohio gewählt (bis 1872), zwischen 1876 und 1877 war er ein zweites Mal Gouverneur. Hayes erwies sich als ein umsichtiger und fortschrittlich denkender Regierungschef: Er unterstützte die Gründung und Entwicklung der *Ohio State University*, verbesserte das Gefängnissystem (einschließlich der psychiatrischen Kliniken). Auch im Bereich der Infrastruktur und der Staatsverwaltung führte der Gouverneur eine Reihe von wichtigen Neuerungen ein (Reform des Bergbaus; Registrierung aller Wahlberechtigten).

Der Wahlkampf kreiste vor allem um die Notwendigkeit einer Verwaltungsreform, finanzpolitische Fragen („harte" Währung oder Papiergeld) und die Endphase der Rekonstruktion. Für die Demokraten bewarb sich Samuel Tilden um die Präsidentschaft. Tilden erzielte sowohl in der Volkswahl als auch im Wahlmännergremium eine deutliche Mehrheit. Die Republikaner akzeptierten eine solche Entscheidung allerdings nicht. Sie fochten die Ergebnisse in den Staaten South Carolina, Louisiana, Florida und Oregon an und verlangten die Einsetzung einer Schiedskommission. Je fünf Mitglieder des Senats, des Repräsentantenhauses und des *Supreme Court* bildeten eine Kommission. Acht der Mitglieder waren Republikaner, sieben gehörten den Demokraten an. Da alle entsprechend ihrer Parteizugehörigkeit entschieden, wurde R. B. Hayes zum Präsidenten gewählt. Der komplizierte Wahlvorgang bewog den Präsidenten, eine vorsichtige Politik einzuleiten, er wollte auch den Demokraten entgegenkommen.

Hayes versuchte zunächst, die Konturen einer großen Verwaltungs- und Finanzreform zu entwickeln. Die schlechte wirtschaftliche Lage zwang ihn zu einer Lösung der Finanzprobleme. Er wollte Gold zum alleinigen Standard und Garanten der Währung machen, setzte sich gegen den Kongress, der einen Kompromiss zwischen Hart- und Papiergeld wollte, aber nicht durch. Mehr Erfolg hatte der Präsident – unter maßgeblicher Hilfe von Carl Schurz, den er zum Innenminister gemacht hatte – bei seiner Verwaltungsreform. Er ernannte fähige Administratoren, die Korruption wurde beträchtlich eingedämmt. Wenig Erfolg war ihm im Süden beschieden. Die Demokraten hatten ihre Machtposition behauptet und ausgebaut. Afroamerikaner, immer noch diskriminiert, gingen in den Norden, wo sie Arbeit und bessere Lebensbedingungen fanden.

Der Süden erholte sich wirtschaftlich nur langsam. Hayes war mit Arbeitskämpfen konfrontiert, ein Streik der Eisenbahner führte in mehreren Staaten zu Unruhen, die nur durch Bundestruppen unter Kontrolle gebracht wurden. Hayes setzte als erster Präsident Soldaten gegen streikende Arbeiter ein, er unterstützte aber auch nicht die Gegenseite, so dass der Konflikt noch einmal entschärft werden konnte. Es war ein vergoldetes, kein goldenes Zeitalter.

Erstmals diskutierten die USA auch die Einwanderung aus China, die (vor allem in den Großstädten der Westküste) auf wachsenden Widerstand stieß. Hayes legte gegen restriktive Gesetze sein Veto ein, begann aber mit der chinesischen Regierung über eine Begrenzung der Einwanderung chinesischer Arbeiter in die USA zu verhandeln. Hayes war es gelungen, ein beachtliches Kabinett zusammenzustellen, er leitete eine Reihe von Reformen ein – seine kurze Amtszeit machte diese Politik allerdings zum Stückwerk.

### Carl Schurz

Carl Schurz, Sohn eines Lehrers, wurde im März 1829 in Liblar bei Köln geboren. Nach seiner Schulzeit in einem jesuitischen Gymnasium in Köln besuchte er die Universität Bonn. Unter dem Einfluss des Literatur- und Kunstprofessors Gottfried Kinkel wurde er zum Demokraten. Mit Kinkel zusammen verantwortete er eine radikal-demokratische Zeitschrift, unterstützte die Revolution von 1848 und floh – nach der Niederlage der Demokratie – in die Schweiz. Einmal kehrte er noch nach Deutschland zurück, um seinem inhaftierten Lehrer zur Flucht zu verhelfen. Als dieses geglückt war, emigrierte er nach Paris, von dort ausgewiesen nach London und ging 1852 schließlich in die Vereinigten Staaten.

Nach Jahren in Philadelphia und ausgedehnten Reisen nach Europa ließ sich Schurz schließlich 1856 in Watertown, Wisconsin, nieder. Er arbeitete als Anwalt und engagierte sich in der Republikanischen Partei – ohne Erfolg kandidierte er für eine Reihe von Ämtern. Als Delegierter der *Republican National Convention* – und entschiedener Gegner der Sklaverei – sprach sich Schurz für die Präsidentschaft W. H. Sewards aus, unterstützte dann aber den letztlich erkorenen Kandidaten Abraham Lincoln. Dieser ernannte ihn 1861 zum Gesandten in Spanien – die Bedenken Sewards, einen (europäischen) Revolutionär als Diplomaten nach Spanien zu schicken, überging der Präsident.

Im Januar 1862 kehrte er in die USA zurück und trat als Brigadegeneral der Unionsarmee bei. Als Divisionskommandeur nahm er an der zweiten Schlacht von Bull Run teil, später als Generalmajor auch an den Kämpfen bei Chancellorsvill, Gettysburg und Chattanooga, in den letzten Monaten des Krieges diente er in Shermans Armee in North Carolina.

Nach Ende des Bürgerkrieges schied er aus der Armee aus; Präsident A. Johnson beauftragte ihn, die Situation in den besiegten Südstaaten zu analysieren. Seine Vorschläge blieben weitgehend unberücksichtigt, für einige Zeit zog sich Schurz aus der aktiven Politik zurück und betätigte sich als Herausgeber verschiedener (auch deutschsprachiger) Zeitungen. Die Politik in seinem Herkunftsland verfolgte er mit Aufmerksamkeit. 1867/68 bereiste er Deutschland; mit dem preußischen Ministerpräsidenten Bismarck hatte er eine lange – prominent in seinen Memoiren erwähnte – Unterredung.

Zurück in den USA begab er sich wieder in die aktive Politik und engagierte sich im Präsidentschaftswahlkampf von 1868. Von 1869 bis 1875 vertrat er Missouri im Senat der Vereinigten Staaten – als Finanzexperte hochgeachtet. Mit der republikanischen Administration brach Schurz in diesen Jahren, er gründete die Bewegung der *Liberal Republicans*, setzte sich für Horace Greeley als Präsidenten ein und kritisierte Präsident Grants Außenpolitik. 1875 kehrte er – als Unabhängiger – in die Reihen der Republikaner zurück, 1876 unterstützte er Rutherford Hayes' Bewerbung um die Präsidentschaft. 1877 ernannte Präsident Hayes Schurz zum Innenminister. Er übte das Amt bis 1881 aus, als einer der erfolgreichsten Innenminister der USA. Zu seinen größten Erfolgen gehörten die Reform des *Indian Bureau* (das nicht dem Kriegsministerium unterstellt wurde), eine Überarbeitung der Gesetzgebung zum Landeigentum, die Neuregelung des Schutzes der Wälder und eine Reform der öffentlichen Verwaltung.

Nach seinem Ausscheiden aus der Regierung zog er nach New York, bis 1883 war er Chefredakteur und einer der Eigentümer der einflussreichen New Yorker *Evening Post*. Auch in der Politik blieb er als Unabhängiger aktiv, er arbeitete für die *National Civil Services Reform League*, unterstützte Grover Clevelands Wahl zum Präsidenten und sprach sich wiederholt gegen die imperialistischen Aktivitäten der USA aus – vor allem im Gefolge des Spanisch-Amerikanischen Krieges. Carl Schurz, einer der bedeutendsten unabhängigen Politiker in den letzten Jahrzehnten des 19. Jahrhunderts, starb im Mai 1906 in New York. Er war der erste in Deutschland geborene Senator der USA, seine *Reminiscences* (1907 posthum erschienen) gehören zu den großen – auch in stilistischer Hinsicht – Dokumenten der amerikanischen politischen Publizistik.

Präsident Hayes strebte keine zweite Amtszeit an, er unterstützte vielmehr die Kandidatur James Garfields, der sich 1880 überraschend gegen die beiden großen Fraktionen der Republikaner, die sich entweder für eine dritte Amtszeit Grants aussprachen oder James G. Blaine unterstützten, durchgesetzt hatte. Garfield wollte die Republikaner wieder zusammenführen. Er akzeptierte daher mit Chester A. Arthur einen der Granden der New Yorker Republikaner als seinen Vizepräsidenten. Garfield gewann die Wahlen nur mit einem knappen Vorsprung in der Volkswahl, allerdings erreichte er im Wahlmännergremium eine ausreichende Mehrheit.

Im Vorfeld der Wahlen und schließlich auch in den Wahlen des Jahres 1880 waren die Republikaner tief gespalten. Grant hatte immer noch Anhänger (die eine dritte Amtszeit forderten), John Sherman und Blaine vertraten weitere Fraktionen der Republikanischen Partei. Die drei Protagonisten blockierten sich. In dieser Situation setzte sich Senator James A.

Garfield aus Ohio, der auch von Präsident Hayes unterstützt wurde, überraschend durch.

Garfield wurde 1831 in Ohio geboren, er war ein Waisenkind, das sich seine Bildung hart erkämpfen musste. Nach Studium in Ohio und Neuengland wurde er 1856 Professor für alte Sprachen und Literatur. Als ein sehr gläubiger Mann und entschiedener Gegner der Sklaverei engagierte er sich seit 1859 für die Politik seines Heimatstaates. Er diente im Bürgerkrieg als Kommandeur eines Freiwilligenregiments aus Ohio, 1862 wurde er in das Repräsentantenhaus gewählt. Seit 1877 war James Garfield Senator für Ohio.

Garfield, ein kluger und intellektueller Mann, wie seine Tagebücher deutlich vor Augen führen, wollte das Patronagesystem, gegen das sich schon Präsident Hayes gestellt hatte, überwinden. Keine einfache Aufgabe. Anfangs war er zu Kompromissen gezwungen. Er nominierte James G. Blaine zum Außenminister, weigerte sich aber, weitere einflussreiche Vertreter der New Yorker Partei in die Regierung aufzunehmen. In fast allen Bereichen der Bundesverwaltung plante er umfangreiche und tiefgehende Reformen. Auch die wirtschaftliche Situation der Afroamerikaner lag ihm am Herzen, er wollte ihre Benachteiligung wenigstens abschwächen und so Norden und Süden wieder näher aneinander heranführen.

Über den Beginn seiner Reformpolitik kam der Präsident aber nicht hinaus. Im Juli 1881, nur wenige Monate nach Beginn seiner Amtszeit, wurde Präsident James Garfield von einem geistig verwirrten, von vergeblichen Versuchen, eine staatliche Anstellung zu finden, enttäuschten Mann (der sich selber als fanatischer Anhänger der New Yorker Fraktion der Republikaner bekannte) schwer verwundet, im September erlag er seinen Verletzungen.

Vizepräsident Chester A. Arthur wurde der neue Präsident. Er zeigte sich seinen Aufgaben nicht gewachsen.

Während seiner Präsidentschaft erreichte das *Gilded Age* seinen ersten „Höhepunkt". Der Bürgerkrieg war keineswegs vergessen, die Verletzungen stets präsent, aber die Entwicklung der Vereinigten Staaten nahm eine ungeahnte Dynamik an: Die Erschließung des Westens wurde abgeschlossen, der Anbau von Weizen auf immer größeren Flächen und die Produktion von Rindfleisch erfolgten in solchem großen Umfang, dass die USA zu einem der Hauptexporteure von Nahrungsmitteln wurden. Im Nordosten entwickelte sich die Stahlproduktion und stimulierte eine schnell an Fahrt gewinnende Industrialisierung. Der Eisenbahnbau (1885 gab es bereits 140.000 Meilen Eisenbahngleise) führte das Land immer enger zusammen. Der wirtschaftliche Erfolg zog auch immer mehr Einwanderer aus Europa in die USA: In den 1870er Jahren waren es etwa 2,2 Millionen Neuangekommene gewesen, in den 1880er Jahren waren es bereits mehr als fünf Millionen.

Es war auch die Zeit eines entfesselten „Raubtierkapitalismus": Industriemagnaten wie John D. Rockefeller, Andrew Carnegie, John Pierpont Morgan oder William Vanderbilt erwarben große Vermögen und kontrollierten weite Teile der Industrie und der Infrastruktur (vor allem der Eisenbahn). Die rasante wirtschaftliche Entwicklung hatte eine Schattenseite: Kleine Farmer verarmten, Einwanderer aus Irland oder Italien lebten in Ghettos, die Arbeiter mussten in den expandierenden Fabriken um ihre Rechte kämpfen – manchmal auch mit Gewalt und meist vergebens. Xenophobe Grundhaltungen machten sich breit. Vor allem, als die USA zwischen 1893 und 1897 von der härtesten Wirtschaftskrise ihrer bisherigen Geschichte getroffen wurde.

Diese Jahrzehnte waren ein Tiefpunkt im Ansehen der amerikanischen politischen Institutionen: Das Amt des Präsidenten hatte seit den Tagen Andrew Jacksons (die Präsidentschaft Lincolns einmal ausgenommen) stetig an Prestige verloren, nach dem Tod Garfields zeigte sich, dass die Präsidentschaft wie auch andere Ämter in die Fänge einer Klientel- und Interessenwirtschaft geraten waren. Regionale und lokale Machtpolitiker und ihre Netzwerke suchten nach relativ schwachen Repräsentanten auf der nationalen Ebene. Die gewählten Vertreter waren abhängig von starken Parteibindungen in den Staaten oder wirtschaftlich-politischen Konstellationen.

Die Präsidentschaft von Chester A. Arthur, Grover Cleveland, Benjamin Harrison und erneut Grover Cleveland brachten das *Gilded Age* zu seiner eigentlichen Ausprägung. Mit William McKinley erlebte diese Epoche erstmals wieder einen starken Präsidenten. Zumindest in der Außenpolitik gewann der Präsident das Heft des Handelns zurück. Das *Gilded Age* war zu Ende.

## Katholische Einwanderer und die Gegenbewegung

Katholiken kamen überwiegend aus Irland und Italien, dem übrigen Südeuropa, Polen und den katholischen Gebieten Deutschlands. Ihre Emigration hatte in erster Linie wirtschaftliche Ursachen. Sie wollten den Hungersnöten in Irland, der Armut in den katholischen Gebieten Deutschlands, Italiens oder Polens entfliehen.

Den Angehörigen der beiden großen Religionsgemeinschaften der USA wurden von der die Politik bestimmenden, protestantischen Elite gegensätzliche Stereotypen zugeordnet: Katholiken – vor allem die nach der (irischen) Hungersnot von 1849/50 in großer Zahl einwandernden Iren – galten als faul, ungebildet, als Analphabeten, Trinker, „Papisten" (und somit einer fremden Autorität, dem Papst, hörig). Protestanten hingegen wurden als fleißig, strebsam, antiautoritär und weltlichen Genüssen abhold gesehen. Ihre Organisationen waren vorgeblich selbstbestimmt, sie waren gebildet und die Lektüre der Bibel und religiöser Erbauungsschriften gehörte selbstverständlich zu ihrem Leben.

Die katholische Immigration schürte bei den protestantischen, politisch organisierten Gruppen Ängste vor einer tiefgreifenden Veränderung des politischen Systems, vor allem aber befürchtete die Elite den Verlust ihrer politischen und kulturellen Hegemonie. Es formierte sich daher nicht nur gesellschaftlicher, sondern auch politischer Widerstand gegen die katholisch geprägte Einwanderung: Bereits 1852 gründeten einige hartnäckige Gegner der Katholiken die *American Party* als eine ausländerfeindliche und spezifisch antikatholische Gruppierung.

Die neue Partei nutzte geschickt die Ressentiments gegen die irischen und deutschen Einwanderer. Ihre Mitglieder hingen Verschwörungstheorien an, in denen Katholiken die Rolle der Bösewichte übernehmen mussten. Entsprechend dieser Ideologie begann die Partei daher als eine klandestine, von Verdrängungsängsten geprägte verschworene Gemeinschaft. Anhänger der Partei wurden in der Presse und in politischen Diskussionen spöttisch *Know-Nothings* genannt. Der Name geht zurück auf eine Vorläuferorganisation der *American Party* – eine Geheimorganisation, deren Mitglieder, wenn über diese Organisation befragt, angeblich immer „I know nothing" antworteten.

1855 scheiterte die Bewegung jedoch und zerbrach an der Sklavenfrage wie zuvor bereits die mehrheitlich antikatholische *Whig Party*, von deren Spaltung die *American Party* zunächst profitiert hatte. Die Partei schickte zwar noch den früheren Präsidenten Millard Fillmore, der von 1850 bis 1853 als Vertreter der *Whig Party* im Weißen Haus regiert hatte, als Kandidat für die Präsidentschaftswahl 1857 ins Rennen. (Immerhin erhielt er noch 21 % der Wählerstimmen und auch bei Wahlen in Rhode Island und Maryland hatte die Partei gute Ergebnisse, konnte im Westen des Landes allerdings keine Erfolge verzeichnen.)

Die Auseinandersetzung um die Sklaverei, der Bürgerkrieg und die industriell-wirtschaftliche Entwicklung der Post-bellum-Ära ließen die konfessionellen Unterschiede zwischen Protestanten und Katholiken schließlich für einige Zeit in den Hintergrund treten.

Anfang des 20. Jahrhunderts gewannen die religiösen Unterschiede wieder an Bedeutung; es wurde die *American Protective Association* gegründet, die sich dezidiert gegen die Einwanderung von Katholiken wandte.

Die katholische Reaktion auf derartige Anfeindungen war ein wachsendes Engagement von Katholiken in politischen Organisationen – vor allem der Demokratischen Partei. Im Jahr 1928 nominierte diese mit Al Smith erstmals einen katholischen Präsidentschaftskandidaten. Die protestantischen Kirchen reagierten mit Entsetzen und beschlossen, mit aller Härte gegen Al Smith zu kämpfen. Der Baptistenprediger Mordechai F. Ham rief in einer vielbeachteten Predigt: „Wenn ihr für Al Smith stimmt, stimmt ihr gegen Christus und werdet alle verdammt sein!" Die Polemik zeigte Wirkung. Erstmals seit Ende des Bürgerkrieges gelang es einem Kandidaten der Republikaner, Herbert Hoover, die Stimmen einer Reihe von Staaten der ehemaligen Konföderation für sich zu gewinnen. Nicht überraschend gewann er die Präsidentschaftswahlen.

Auf die Gründung einer konfessionellen Partei verzichteten die Katholiken und – abgesehen von großen Städten wie New York oder Chicago – traten sie auch in der Öffentlichkeit nicht allzu sehr in Erscheinung. Der Fehlschlag zentraler (und populärer) protestantischer Anliegen (wie etwa die Prohibition) und das Aufkommen sozialistischer und kommunistischer Ideologien ließen die Auseinandersetzung zwischen Protestantismus und Katholizismus nach dem Zweiten Weltkrieg in den Hintergrund treten.

Trotz aller antikatholischer Tendenzen schritt also in den Jahren der Weltwirtschaftskrise und während des Zweiten Weltkrieges und in der Nachkriegszeit die Inklusion der Katholiken voran.

Dieser Prozess war jedoch auch nach dem Zweiten Weltkrieg noch nicht abgeschlossen, was während der Präsidentschaftskandidatur des Katholiken John F. Kennedy deutlich wurde. Noch im Mai 1959 hatten 24 Prozent der amerikanischen Wähler bekannt, dass sie auch dann nicht für einen Katholiken stimmen würden, wenn er für das Präsidentenamt gut qualifiziert sei (Dallek, 2003, 232). Kennedy nahm die Herausforderung trotzdem an. Tatsächlich wurde Kennedys Konfession eines der bestimmenden Themen im Wahlkampf und von ihm selbst und seinen Vertrauten als großes Handicap empfunden.

Da viele Wähler befürchteten, ein katholischer Präsident werde dem Papst hörig sein, musste Kennedy sich bei jeder Gelegenheit bemühen, seine Loyalität gegenüber seinem Land zu betonen – ohne aber durch eine solche Erklärung seinen Glauben in Frage zu stellen. Zwei Monate vor der Wahl fühlte Kennedy sich gezwungen, in die Offensive zu gehen; er äußerte sich in einer vielbeachteten Rede vor protestantischen Pfarrern in Houston zu „Kirche und Staat". Darin unterstrich er nicht nur, dass Religion keine Rolle bei der Präsidentschaftswahl spielen dürfe, sondern betonte auch dezidiert den Grundsatz der absoluten Trennung von Staat und Kirche. In offiziellen Angelegenheiten spreche er nicht für die katholische Kirche und die katholische Kirche nicht für ihn. Die Rede schloss mit einem Aufruf zur religiösen Toleranz. Obwohl im weiteren Verlauf des Wahlkampfes die Religionsfrage in den Hintergrund zu treten schien, lässt eine Analyse des knappen Wahlsiegs von Kennedy erkennen, dass die Angst vor einem Katholiken im Weißen Haus durchaus eine Rolle gespielt hatte. Der Wahlsieg war denkbar knapp. Kennedy wurde 1960 der erste Präsident, der die Wahl gewann, obwohl die Mehrheit der protestantischen Wähler für den anderen Kandidaten stimmte (Dallek, 2003, 296).

Mit dem Sieg und der Präsidentschaft John F. Kennedys, der den Amerikanern bewies, dass er in seiner Amtsführung nicht durch seinen Katholizismus beeinträchtigt war, wurde die Dichotomie der beiden großen christlichen Konfessionen weitgehend überwunden. Bei der Präsidentschaftskandidatur John Kerrys 2004 spielte dessen Katholizismus nur eine untergeordnete Rolle. Eher im Gegenteil: Kerry wirkte zu liberal und kirchenfern, um eine Mehrheit der katholischen Wähler von sich zu überzeugen. Sie zogen den Methodisten Bush vor, der in moralischen Fragen weit konservativer als seine Kirche argumentierte.

### Der Ku-Klux-Klan

Der Ku-Klux-Klan (KKK) war 1866 von sechs Bürgerkriegsveteranen in Tennessee als Studentenclub gegründet worden. In den Jahren der Rekonstruktion nach dem Bürgerkrieg hatte die Gruppierung einen hohen Zulauf (vor allem ehemalige Mitglieder der Konföderiertenarmee). Diese Veteranen glaubten, dass die Bundesregierung sie zu Gunsten der aus der Sklaverei befreiten Afroamerikaner benachteilige. Der Klan begann einen gewaltsamen Kampf gegen die befreiten Sklaven und die Militär- und Zivilverwaltung. Die immer gewalttätigeren Aktionen gegen Afroamerikaner und interne Führungskämpfe veranlassten 1869 den Anführer des KKK, den ehemaligen Südstaatengeneral Nathan Bedford Forrest, den Klan offiziell aufzulösen; kleinere Gruppierungen bestanden fort, politische Aufmerksamkeit erregte der Klan aber von da an so gut wie nicht.

Erst 1915 wurde die Organisation von William J. Simmons wiederbegründet – inspiriert von D. W. Griffith' Film *The Birth of a Nation*. Der rassistische, aber technisch brillante Film, der bis heute als eines der bedeutendsten Werke der amerikanischen Filmgeschichte gilt, porträtiert Afroamerikaner als Bedrohung der Zivilisation, gesteuert von der Gier nach Macht und dem sexuellen Verlangen nach weißen Frauen. In einer Schlüsselszene kommt dem Helden des Films, als er schwarze Kinder mit einem weißen Laken erschreckt, der Gedanke zur Gründung des Ku-Klux-Klans (dessen Mitglieder sich in weiße flatternde Gewänder mit spitzen Kapuzen kleiden). Im weiteren Verlauf der Filmhandlung „retten" die Mitglieder des Klans schließlich die weißen Amerikaner vor der schwarzen Gewalt.

Das Feindbild des Klans wurde nach der Neugründung erweitert – um die Einwanderer aus Süd- und Osteuropa seit Ende des 19. Jahrhunderts, die weder protestantisch noch des Englischen mächtig waren: Katholiken aus Irland und Italien und Juden aus Mittel- und Osteuropa.

Der Eintritt der USA in den Ersten Weltkrieg verschärfte die xenophobe Haltung in der weißen protestantischen Bevölkerung, was dem Ku-Klux-Klan in den Kriegsjahren und der Nachkriegszeit hohe Mitgliederzahlen bescherte: 1921 zählte die Organisation um die 100.000 Mitglieder; drei Jahre später, 1924, marschierten 40.000 Anhänger des Klans während des Parteikonvents der Demokraten in ihren Kutten durch die amerikanische Hauptstadt. Steigende Mitgliedszahlen und -beiträge sicherten dem Klan ein erhebliches Maß an Einfluss – bis in hohe politische

Ämter. Zugleich nahm aber auch die Gewalt gegen die Angehörigen von Minderheiten an Zahl und Brutalität zu: Der Widerspruch zwischen *Law and Order*-Parolen und ungezügelter Lynchjustiz wurde unübersehbar. Hinzu kam das kriminelle Verhalten vieler Mitglieder und Führer des Klans: Konflikte um die Verwendung von Geldern, Alkoholexzesse und sexuelle Übergriffe brachten die Führung in Misskredit, so dass der Ku-Klux-Klan bei Ausbruch der Weltwirtschaftskrise 1929/30 bereits in mehrere, einander befehdende Gruppierungen zerfallen war, die während der Jahre des *New Deal* schnell in der politischen Bedeutungslosigkeit versanken.

## Die Gewerkschaften

Die Jahre des *Gilded Age* brachten auch den Aufschwung der amerikanischen Gewerkschaftsbewegung mit sich – ein langsamer und zäher Prozess. Während die Industrialisierung im Norden fortschritt, regierte im Süden „King Cotton". Der Verkauf von Baumwolle brachte um 1860 rund zwei Drittel der Gesamterlöse ein, die die USA im Außenhandel erzielten. Aber der Süden verpasste den industriellen Anschluss. Größere Industriesiedlungen wurden nicht gegründet.

Die Gewerkschaftsbewegung begann daher im Norden. Sie war pragmatisch ausgerichtet. Die ersten Gewerkschaften kümmerten sich um die Lebens- und Arbeitsbedingungen der stark anwachsenden Arbeitsbevölkerung, die von 6 Millionen (1870) auf 37,5 Millionen Menschen (1910) gestiegen war (Heideking, 1996, 65–76; Wasser, 1996, 66 f.; Dippel, 1997, 65–76). Die Arbeitsbedingungen in den großen industriellen Zentren im Nordosten verschlechterten sich. Ein Grund für die Entstehung einer Gewerkschaftsbewegung.

Die amerikanische Gewerkschaftsgeschichte begann mit der Gründung der *Federation of Organized Trades and Labor Unions of the United States and Canada* 1881 durch den Holländer Samuel Gompers. Dass die Gewerkschaften keine so starke Rolle wie in Europa spielten, lag an ökonomischen wie politischen Gründen: ein alles in allem stetiger Wirtschaftsaufstieg des Landes ohne häufige Einbrüche oder Depressionen und eine konstant hohe Nachfrage nach Arbeitskräften. Es bestanden auch keine den europäischen vergleichbaren sozialen Strukturen, die Bevölkerung sah sich nicht – trotz aller sozialer Unterschiede und daraus resultierenden Arbeitskämpfen – im Klassenkampf und das Wahlrecht für Männer gab es seit den Tagen Andrew Jacksons.

Bis Mitte des 19. Jahrhunderts waren die Vereinigten Staaten agrarisch geprägt: 1839 arbeiteten nur 17 Prozent der Bevölkerung im arbeitsfähigen Alter in der Industrie, 1859 waren es 32 Prozent. Der Ruf nach einer Interessenvertretung der Arbeiter wurde im Zuge des Industrialisierungsprozesses lauter. Weite Teile der Bevölkerung beobachteten schon in der ersten Hälfte des 19. Jahrhunderts mit Sorge soziale Verwerfungen: Kinderarbeit war in den Neuenglandstaaten deutlich angestiegen. Ein Drittel bis zur Hälfte aller in Fabriken, insbesondere in Textilfabriken Beschäftigten waren unter 16 Jahre alt.

Der Zigarrenmacher Gompers sah Anfang der 1880er Jahre die Notwendigkeit, eine Interessenvertretung zu gründen. Er gründete 1881 die Federation of *Organized Trades and Labor Unions of the United States and Canada*. 1886 wurde sie zur *American Federation of Labor* (AFL). Die Gewerkschaft war bis 1955 eine der stärksten Interessenvertretungen der Arbeiter, bis sie sich mit dem *Congress of Industrial Organizations* (CIO) zur AFL-CIO zusammenschloss.

Gompers hielt das Amt des Präsidenten der AFL mit einer einjährigen Unterbrechung 37 Jahre lang inne (1886 bis 1924). Es war ein harter Kampf um Sozialreformen. Die AFL verfolgte seit ihrer Gründung drei Ziele: höhere Löhne und bessere Arbeitsbedingungen, föderale Strukturen innerhalb des Gewerkschaftsverbundes und weitgehende Heraushaltung der Regierung aus Tarifverhandlungen.

Klassenkampf im europäischen Sinne, also auch die Erkämpfung politischer Macht, spielte für amerikanische Gewerkschaften traditionell keine Rolle (Avery & Steinisch, 1996, 105–108).

## Goldrausch in Alaska

Wie die Jahre der Expansion und der Annexion Texas' nach dem Krieg mit Mexiko, so hatte auch das *Gilded Age* seinen „Goldrausch". Der „Klondike-Goldrausch", benannt nach dem Fundort am Klondike River in Alaska, ist neben dem kalifornischen Goldrausch von 1848 der größte der amerikanischen Geschichte. Der Klondike, im westlichen Kanada, fließt, von Osten kommend, in den Yukon River. Der Yukon, der größte Fluss Alaskas, entspringt in den kanadischen Rocky Mountains und mündet in Alaska schließlich in das Beringmeer. In diesem Flusssystem spielte sich der Goldrausch ab.

Am 16. August 1896 entdeckten George Carmack, Charlie Tagish und Skookum Jim Mason Gold am Klondike. Das Zentrum der Goldfunde lag beim Zusammenfluss von Klondike und Yukon. Viele Goldsucher (*stampeders*) machten sich auf den Weg, als die Nachricht von den Funden in den Hafenstädten San Francisco und Seattle ankam und die ersten *stampeders* ihre Schätze zeigten. Bald gab es mehr als 40.000 Goldsucher. Im Laufe des Booms entstand die Stadt Dawson, die größte Siedlung nördlich von Seattle und westlich von Winnipeg, mit einer florierenden Wirtschaft, in der insgesamt 30.000 Menschen Arbeit und Brot fanden.

Der Goldrausch führte zur Errichtung des Yukon-Territoriums und zur (endgültigen) Festlegung der Grenze zwischen Kanada und Alaska.

Die Goldwäsche blieb bis in die 1920er Jahre der wichtigste Wirtschaftsfaktor der Region und ist bis heute von Bedeutung. Besser als viele Historien fängt ein Film von Charlie Chaplin die Atmosphäre des Goldrauschs ein – zugleich ein kluger Kommentar über das ökonomische Denken der Zeit vor der Jahrhundertwende.

*The Gold Rush* ist eine Stummfilm-Komödie aus dem Jahre 1925. Charlie Chaplin zeigt seinen Helden in diesem Film aus seiner zeitgenössischen sozialen Umwelt herausgelöst, in der Eiswüste Alaskas und in den 1890er Jahren (Gregor & Patalas, 1973, 131).

Die Hauptfigur, der Tramp Charlie, zieht mit vielen anderen Goldgräbern 1889 über den verschneiten Chilkoot-Pass. Während eines Schneesturms sucht er Zuflucht in der Hütte von Black Larson, wo bald auch Big Jim McKay auftaucht, der auf seinem Claim Gold gefunden hat. Bald leiden die Eingeschlossenen unter Hunger; Black Larson wird beauftragt, Verpflegung zu besorgen, flieht aber. Charlie kocht aus Verzweiflung schließlich einen seiner Schuhe. Big Jim und Charlie trennen sich, als der Schneesturm nachlässt.

In einem Tanzlokal verliebt sich der einsame, mittellose Charlie in die Tänzerin Georgia, die ihn jedoch nicht ernst nimmt. Big Jim gelingt es schließlich mit Hilfe des Tramps, sein Gold wiederzufinden. Als Millionäre machen sich die beiden auf die Rückfahrt. Schließlich trifft Charlie auf dem Schiff durch Zufall Georgia wieder; sie reisen nun einer gemeinsamen Zukunft entgegen.

*The Gold Rush* wurde einer der kommerziell erfolgreichsten Filme Chaplins. Chaplin hat 1942 und 1956 jeweils neue mit Kommentar und Musik versehene Fassungen des Films herausgebracht (Krusche, 1993, 227). Viele Sequenzen sind in die Filmgeschichte eingegangen, vor allem das Verzehren des Schuhs, wobei der Tramp mit vornehm gespreiztem Finger Schuhnägel ableckt und die Schuhriemen wie Spaghetti um seine Gabel wickelt. Bittere Armut und großer Reichtum – zwei Seiten einer Medaille.

## The Third Great Awakening

Die „Dritte Große Erweckung" fand vor dem Hintergrund der die Lebensverhältnisse der Amerikaner verändernden industriellen Revolution – in den Jahren von 1886 bis 1908 – statt. Begleitet von Protesten der Arbeiter und der verarmenden Landbevölkerung während des *Gilded Age* entstand das *Third Great Awakening*.

Neue, die Öffentlichkeit erschütternde wissenschaftliche Erkenntnisse, insbesondere Darwins Evolutionstheorie, lösten eine religiös-weltanschauliche Erschütterung aus: Die Evolutionstheorie – 1859 erschien Darwins *On the Origin of Species* – schien den Beweis erbracht zu haben, dass die Bibel nicht unfehlbar war, und untergrub so die Basis des traditionellen christlichen Glaubens. Damit war, auch der (protestantischen) Überzeugung, dass materieller Misserfolg eine Strafe Gottes, selbstverschuldet und also klaglos zu erdulden war, der Boden entzogen. Es entstand eine Vielzahl von Gruppierungen atheistischer und materialistischer Prägung. Sozialistische und kommunistische Ideen gewannen Anhänger; in den Universitäten und den großen Städten des Ostens entwickelte sich ein säkularer Humanismus mit atheistischem oder agnostischem Ethos. Der Glaube an die Wissenschaft ersetzte nun für viele gut ausgebildete und oft wohlhabende Amerikaner den Glauben an Gott. Auf der anderen Seite versuchten einige christliche Glaubensgemeinschaften, Darwins Theorie mit der Lehre der Bibel (mehr oder weniger) in Einklang zu bringen. Es machte sich eine gewisse spirituelle Verunsicherung breit, in deren Windschatten die seltsamsten Blumen gediehen. Eine Auswirkung dieser Verunsicherung, die nicht zuletzt aus der Erschütterung des Glaubens durch die Wissenschaft resultierte, war die Entstehung einer irrationalen Bewegung – des Spiritismus. Dessen Anhänger behaupteten, die unsterblichen Seelen Verstorbener könnten mit Lebenden in Kontakt treten und mit diesen interagieren. Hinzu bedienten sie sich besonders begabter Menschen, die als Mittler zwischen der Welt der Lebenden und der Toten auftraten. Bis heute findet dieser Spiritismus seine Anhänger.

### Der Bedeutungsverlust der Präsidentschaft

Durch die Ermordung James A. Garfields war 1881 Chester A. Arthur Präsident geworden. Seine Vizepräsidentschaft hatte Arthur den internen Machtverhältnissen der Republikaner zu verdanken. Garfield musste die mächtigen New Yorker Republikaner für sich einnehmen, dies versuchte er durch die Ernennung zu erreichen – mit einer eventuellen Präsidentschaft Arthurs rechnete niemand.

Arthur wurde im Oktober 1830 in Vermont geboren, er wuchs dort und in New York auf. Nach seiner Ausbildung wurde er Lehrer, später Schuldirektor, dann Anwalt. Er engagierte sich für die Republikanische Partei in New York, war ein loyaler „Parteisoldat" und stieg schnell auf. Während des Bürgerkrieges war er einige Zeit – seiner logistischen Begabung wegen – Generalquartiermeister des Staates New York. Aus dieser Position wieder verdrängt, als Folge von Machtverschiebungen in der Republikanischen Partei, ernannte Präsident Grant Arthur 1871 zum Leiter der New Yorker Zollbehörde. Hatte der Politiker bisher als weitgehend ehrlich und vor allem als kompetent gegolten, so änderte sich dies nun schnell. Arthur führte sein Amt in einer Weise, die den Vorwurf der Korruption rechtfertigte: Seinen aufwendigen Lebensstil finanzierte er durch die Vergabe von Ämtern und die Annahme von Bestechungsgeldern. Seine Amtsführung und die damit verbundenen Schulden kosteten Arthur – als sich Präsident Hayes um Reformen im öffentlichen Sektor bemühte – erneut sein Amt. Seine Position in der Partei blieb aber weitgehend unangefochten. Garfield akzeptierte ihn schließlich – aus Proporzgründen – als seinen Kandidaten für das Amt des Vizepräsidenten.

Die Ermordung des Präsidenten und die Amtsübernahme Arthurs hatte Auswirkungen auf die Politik des neuen Präsidenten. Einerseits unterstützte er 1883 die Gründung einer *Civil Service Commission,* um den öffentlichen Dienst der Union gründlich zu reformieren – er wandte sich also gegen die Klientelwirtschaft seiner Partei –, andererseits schien er dem Amt des Präsidenten keine große Bedeutung zuzumessen: Er behielt seinen aufwendigen Lebensstil bei, kümmerte sich nur wenig um die Staatsgeschäfte und widmete sich dem gesellschaftlichen Leben Washingtons, das sich seit den Tagen Jeffersons doch sehr geändert und also für den ersten Mann des Staates seinen Reiz hatte. Es gab aber auch eine dunkle Seite: Der Öffentlichkeit war nicht bekannt, dass der Lebemann im Weißen Haus seit vielen Jahren sehr krank war (er litt an einer Nierenerkrankung). Unentschlossen, ob er noch einmal kandidieren sollte, überließ Arthur die Kandidatur schließlich seinem Außenminister James G. Blaine. Ein Jahr nach seinem Ausscheiden aus dem Weißen Haus, im November 1886, erlag der Präsident seiner Krankheit.

Veränderungen im politischen Machtgefüge zeichneten sich ab: James G. Blaine verlor die Wahl gegen den demokratischen Kandidaten, Stephen Grover Cleveland. Dieser war seit 1882 Gouverneur des Staates New York.

Cleveland, im März 1837 in New Jersey geboren, war Sohn eines presbyterianischen Pastors. Bereits mit 22 Jahren wurde er als Anwalt zugelassen und betrieb bald mit Erfolg eine Kanzlei in Buffalo. Gouverneur Cleveland war ein Mann von eher beschränkten intellektuellen Fähigkeiten, aber doch von großem Fleiß. Er arbeitete sich nach oben; seine politischen Überzeugungen blieben über all die Jahre starr: Einmal gefasst, wollte er nicht mehr davon lassen. Zu notwendigen Korrekturen seiner Politik (und ihrer Begründungen) war er sehr selten bereit. Seine Arbeitsdisziplin und seine sorgfältige Vorbereitung jedes Verfahrens, einschließlich eines ausgedehnten Aktenstudiums, brachten ihn aber bald nach oben. 1881 wurde er Bürgermeister von Buffalo, ein Jahr später Gouverneur. Die Prinzipien seines Regierungsstils waren einfach: Er wollte der weitverbreiteten Korruption entgegentreten, dafür legte er sich auch mit der mächtigen Parteiorganisation der Demokraten in New York, Tammany Hall, an. Die Öffentlichkeit (vor allem die Presse) befürwortete ein solches Programm – die Notwendigkeit von Reformen im Staats- und Verwaltungswesen wurden allenthalben diskutiert; es war daher nicht abwegig, den Gouverneur zum Präsidentschaftskandidaten zu küren.

Die Republikaner bereiteten ihrem Gegenspieler keinen erfreulichen Wahlkampf. Das Privatleben des Kandidaten wurde rücksichtslos benutzt, Cleveland wurden Affären und sexuelle Ausschweifungen unterstellt. Der Kandidat reagierte geschickt: Die Vaterschaft eines Kindes gab er achselzuckend zu, gleichzeitig blieb er bei seinem Reformprogramm. Schließlich gewann er knapp (an Wählerstimmen) und etwas komfortabler im Wahlmännergremium. Erstmals seit James Buchanan war wieder ein Demokrat Präsident der Vereinigten Staaten.

Cleveland setzte die Reformpolitik seines Vorgängers fort. Anders als Arthur, der sich in dieser Frage gleichgültig verhalten hatte, versuchte er das Präsidentenamt gegenüber dem Kongress zu stärken. Er erreichte es, den *Tenure of Office Act*, der Präsident Johnson fast zum Verhängnis geworden wäre, abzuschaffen. Er zögerte auch nicht, sein Veto gegen Gesetze des Kongresses einzulegen.

Das wichtigste Anliegen seiner ersten Amtszeit war aber die Reform der Zollgesetzgebung. Zölle schützten seit den Tagen Hamiltons die (immer noch im Aufbau begriffene) amerikanische Industrie, sie waren zugleich eine wichtige Einnahmequelle der Union. Cleveland wollte eine signifikante Senkung der Zölle, dafür kämpfte er (weitgehend erfolglos) im Kongress und schließlich auch im Wahlkampf von 1888.

Die zweite wichtige Frage war die Akzeptanz des Silberstandards als Ergänzung zum Goldstandard. Cleveland befürwortete, den Geldmangel der Wirtschaft mehr oder weniger ignorierend, dessen Abschaffung. Auch hier setzte er sich gegen den Kongress nicht durch.

Die Republikaner gingen in diesem Wahljahr mit einem Enkel Präsident William H. Harrisons in das Rennen um die Präsidentschaft: Benjamin Harrison, einem begabten Redner (Sautter, 1994). Der Präsident, dessen sparsamer und wenig glamouröser Lebensstil im Weißen Haus sich zunächst wohltuend von Arthurs Amtsführung abgesetzt hatte, galt gegenüber dem Herausforderer als eher langweilig. Und auch da, wo sich der Amtsinhaber von seinem Herausforderer unterschied, gereichte ihm das eher zum Nachteil: Cleveland war stark übergewichtig, wurde deswegen verspottet und war auch das Opfer allerlei Gerüchte, als er – schon im fortgeschrittenen Alter – sein erst einundzwanzigjähriges Mündel heiratete. Es war nicht überraschend, dass er die Wahlen verlor.

Der Wahlsieger, Benjamin Harrison, schien für das Amt des Präsidenten wie geschaffen zu sein. Im August 1833 in Ohio geboren, wurde er im presbyterianischen Glauben erzogen. Er studierte Jurisprudenz und arbeitete als Anwalt, blieb aber seiner Kirche als Prediger erhalten. Im Bürgerkrieg brachte er es bis zum Brigadegeneral; er galt – durchaus nicht zu Unrecht – als ein frommer Mann mit großen Führungseigenschaften. Eine politische Karriere strebte er, entgegen dem Willen seiner Freunde und Bewunderer bei den Republikanern nicht an, immerhin wurde er aber in den Senat von Indiana gewählt.

Seine Parteifreunde überredeten ihn schließlich, für die Präsidentschaft zu kandidieren. Er gewann die Wahlen nicht mit einem Erdrutsch, aber doch mit einer komfortablen Mehrheit.

Als Präsident enttäuschte er seine Anhänger und Wähler – nicht durch sein persönliches Verhalten, sondern wegen seiner Amtsführung. Das Urteil schon der Zeitgenossen war hart: Harrisons Amtszeit war der Tiefpunkt des Ansehens der Präsidentschaft (als Institution) in den Jahrzehnten des *Gilded Age*. Dies lag vor allem an seiner Inaktivität: Der Präsident überließ dem Kongress die Initative und akzeptierte in der Regel die Entscheidungen der Legislative. Zwar blieb der erfahrene Blaine Außenminister, aber auch ihm waren keine großen Erfolge beschieden: Die Politik gegenüber den mittel- und südamerikanischen Staaten, die er zum Kern seiner Politik machte, brachte keine Fortschritte; mit Chile kam es zu einer Krise, die nur mit Mühe abgewendet und ein Krieg so verhindert werden konnte.

Die Wirtschaftspolitik (vor allem die Handelspolitik) richtete sich während seiner Präsidentschaft noch mehr nach den immer starrer werdenden Grundsätzen der Republikaner aus: Das Repräsentantenhaus verabschiedete 1890 ein Zollgesetz, das die Höhe der Tarife dramatisch in die Höhe schnellen ließ. Der maßgebliche Verfasser des Gesetzes war William McKinley, der mehr und mehr zum wirtschaftspolitischen Sprecher der Republikaner wurde. Keineswegs wurde diese Politik aber von allen Bevölkerungsgruppen akzeptiert. Gegen die Wirtschaftspolitik der Regierung erhoben sich immer mehr kritische Stimmen. Die amerikanische Bevölkerung begann sich wegen der wachsenden Verflechtung der Industrie Sorgen zu machen. Der Kongress begann mit vorsichtigen Reformen: 1890 verabschiedete der Kongress den *Sherman Anti-Trust Act*, der erste Gegenmaßnahmen entwarf. Der Präsident verhielt sich selbst jetzt nachgiebig und uninteressiert. Der *Silver Purchase Act* akzeptierte schließlich den Silberstandard – auch hier hatte der Präsident gezögert, seinen eigenen Standpunkt geltend zu machen. Dies hatte Folgen für den Zusammenhalt der Partei. Die Republikaner teilten sich in eine Reihe von Fraktionen. Davon profitierte der Präsident. Als zudem Blaine, der krank geworden war, als Präsidentschaftskandidat ausschied, gewann Harrison erneut die Nominierung.

Mittlerweile war ihm jedoch in Grover Cleveland ein veritabler Gegner entstanden. Cleveland hatte seine Niederlage nach einiger Zeit verschmerzt und arbeitete auf eine erneute Nominierung als Kandidat der Demokraten hin. Erstmals führte der einst so behäbige Kandidat auch einen aktiven Wahlkampf. Er machte sich die Interessen der weißen Demokraten des Südens zueigen (und trat, um dies zu unterstreichen, gegen eine Ausweitung der Bürgerrechte für Afroamerikaner ein); er bekämpfte zudem vehement die Wirtschaftspolitik der republikanischen Administration, nicht zuletzt deren Zollpolitik.

Im Herbst 1892 gewann er die Wahlen gegen Harrison – sein Sieg war absehbar gewesen. Die zweite Amtszeit Clevelands war eine Zeit der Krisen: Mit Nervosität und Unruhe ging die Post-bellum-Epoche, das *Gilded Age*, seinem Ende entgegen. Dabei begann die zweite Amtszeit Clevelands mit ehrgeizigen Zielen. Der Präsident verfolgte zwei große wirtschaftspolitische Ziele: Er wollte den Silberstandard aufheben und die Zollgesetzgebung der Republikaner rückgängig machen. Seine Bemühungen, trotz einiger gesetzgeberischen Erfolge, gingen aber letztlich ins Leere. Dies lag auch an den sich während seiner Amtszeit rapide verschlechternden wirtschaftlichen Rahmenbedingungen. Die USA, immer wieder von meist kurzen Wirtschaftskrisen geplagt, erlebten die bisher größte Wirtschaftskrise ihrer Geschichte: Mehr als 600 Banken mussten schließen, über 15.000 Unternehmen gingen in den Konkurs. Die Arbeitslosigkeit stieg in bisher nicht gekanntem Ausmaß (20 Prozent); viele Farmer im Westen und Süden verloren – da die Agrarpreise verfielen – ihren Besitz. Die Abschaffung des Silberstandards und eine kaum wirksame Senkung der Zölle brachten unter diesen Umständen keine Abhilfe, eher verschärften sie die Situation. Cleveland musste Anleihen zeichnen, die Verschuldung wuchs. Soziale Unruhen brachen aus; gegen streikende Arbeiter setzte der Präsident ohne zu zögern Bundestruppen ein (Niederschlagung des Pullman-Streiks von 1894), Gewerkschaftsführer wurden verhaftet, es gab Tote unter den Streikenden.

In der Außenpolitik der zweiten Regierungszeit des Präsidenten ragt die Venezuela-Krise (1895/96) hervor. Grenzstreitigkeiten über einige Gebiete (in denen es Goldvorkommen gab) zwischen Britisch-Guayana und Venezuela führten fast zum Krieg der beiden Mächte. Unter Berufung auf die Monroe-Doktrin forderte der Präsident eine internationale Vermittlung unter maßgeblicher Beteiligung der USA. Der englische Premier Lord Salisbury akzeptierte die Intervention der USA zunächst nicht. Die Öffentlichkeit in den USA reagierte mit antibritischen Äußerungen und Stellungnahmen. Selbst von Krieg war die Rede. So weit kam es aber nicht. Lord Salisbury war vorsichtig. London reagierte besonnen und akzeptierte ein Schiedsgerichtsabkommen. Die Krise wurde entschärft. Ein wenig zeichnete sich aber ab, dass sich die USA zunehmend als ein (einflussreicher) internationaler Akteur betrachteten.

Dem Präsidenten gelang es in dieser schwierigen Zeit nicht, seine Partei zusammenzuhalten. Im Westen und Süden entstand ein Gegengewicht zu der bisherigen Politik. In William Jennings Bryan fand diese neue Ausrichtung einen eloquenten Vertreter. Er wollte eine Politik für die „kleinen Leute". Die Währungsfrage war für ihn schlicht der Kampf zwischen Arm und Reich. Offen attackierte Bryan die Organisation der Demokratischen Partei, formulierte seine wirtschaftspolitischen Alternativen und setzte sich schließlich durch. Die Demokraten nominierten W. J. Bryan als Präsidentschaftskandidaten. Cleveland fand kaum mehr Unterstützung. Nach dem Ende seiner Amtszeit zog sich der Präsident ins Privatleben zurück – war aber in der Öffentlichkeit als Redner und Publizist präsent. Im Juni 1908 starb er in Princeton, wo er die letzten Jahre seines Lebens verbracht hatte.

## Der Aufstieg zur Weltmacht: Der Spanisch-Amerikanische Krieg

Die Spaltung der Demokraten kostete der Partei den Wahlsieg. Mit großer Mehrheit wurde 1896 der Republikaner William McKinley zum Präsidenten gewählt. Mit seiner Präsidentschaft endete der Bedeutungsverlust des Präsidentenamtes (Heideking, 1996). Dies lag allerdings weniger an einer gezielten Politik des Präsidenten als an außenpolitischen Entwicklungen: Die USA begannen ihren Weg in die Weltpolitik und entwickelten sich zur Weltmacht.

McKinley wurde im Januar 1843 in Ohio geboren, in jungen Jahren kämpfte er im Bürgerkrieg, später arbeitete er als Anwalt. Seine politische Karriere begann er als Anklagevertreter. Er war durchaus erfolgreich, erlitt aber in den Jahren der wirtschaftlichen Depression (während der 1890er Jahre) große persönliche Verluste: Seine Frau erkrankte schwer und zwei seiner Töchter starben. Schon 1876 wurde er in den Kongress gewählt. Er vertrat ohne Einschränkung die Wirtschaftspolitik der Republikanischen Partei (gerade die auch mit seinem Namen verbundene Hochzollpolitik). Von 1891 bis 1895 war McKinley Gouverneur von Ohio.

Nach Jahren der Konzentration auf die innere Entwicklung der USA bekam die Außenpolitik neue und entscheidende Bedeutung. Das ausgehende 19. Jahrhundert war die Hochzeit des Imperialismus. Die großen Kolonialmächte – zu denen in Europa nun auch das Deutsche Reich gehörte – drangen in noch unerschlossene Gebiete Afrikas vor und setzten ihre Ansprüche in Ostasien (vor allem gegenüber China) mit Gewalt durch. Auch in den USA brach eine Debatte um koloniale Erwerbungen aus. Es gab vehemente Gegner (darunter Mark Twain) und Befürworter eines eigenständigen amerikanischen Imperialismus.

Eine Sonderstellung in dieser Diskussion nahm die Karibik ein. In den Inseln und den Staaten Mittelamerikas sahen einige Politiker Objekte einer spezifischen amerikanischen Form von Imperialismus: keine zukünftigen „Kolonien", sondern die Möglichkeit einer „Erweiterung" der Vereinigten Staaten.

Die Karibik war stets ein Thema amerikanischer (Außen-)Politik gewesen. Und stets war von möglicher Annexion die Rede. Die Haltung war oft ambivalent: Die Frage der Anerkennung Haitis war jahrzehntelang umstritten (sie erfolgte erst während des Bürgerkrieges); vor allem aber Kuba bewegte die Gemüter. Schon Präsident Pierce hatte sich offen für die Annexion der Insel eingesetzt – viele Amerikaner betrachteten Kuba als ein „natürliches" zukünftiges Mitglied der Union. In der Amtszeit McKinleys geriet die Insel abermals in den Fokus amerikanischer Politik.

Nachdem die spanischen Kolonien auf dem amerikanischen Festland sich zu Beginn des 19. Jahrhunderts ihre Unabhängigkeit erkämpft hatten, blieben – neben wenigen afrikanischen Besitzungen – nur noch Kuba und Puerto Rico in der Karibik und die Philippinen und die Marianen im Pazifik unter spanischer Herrschaft. Als in Kuba 1868 Rebellen die Unabhängigkeit erklärten, kam es auf der Insel zu einer Dekade der Rebellion und des Guerillakrieges gegen die Kolonialherren. Die Spanier versuchten, die Aufständischen mit aller Gewalt zu unterdrücken; diese wehrten sich nach Kräften. Hunderttausende Kubaner starben – viele verhungerten, da beide Kriegsparteien eine Strategie der „verbrannten Erde" verfolgten.

Bis 1897 hatten die kubanischen Rebellen den Ostteil der Insel unter ihre Kontrolle gebracht. Der Krieg eskalierte noch einmal. Die Vereinigten Staaten sahen durch die andauernden Kämpfe ihre wirtschaftlichen Interessen auf Kuba bedroht. Ein Krieg gegen Spanien wurde erwogen, nicht zuletzt, da der in den letzten Jahren erfolgte Aufbau der amerikanischen Flotte einen Sieg wahrscheinlich machte. Präsident McKinley stand jedoch nach den Erfahrungen des Bürgerkrieges einem Krieg skeptisch gegenüber. Er zögerte, zeigte aber durchaus Muskeln: Im Februar 1898 wurde das amerikanische Schlachtschiff *USS Maine* zu einem „Höflichkeitsbesuch" nach Havanna entsandt. Als sich auf dem Schiff am 15. Februar eine verheerende Explosion ereignete, die 266 Seeleute in den Tod riss, beschuldigte die amerikanische Presse Spanien, die *Maine* angegriffen zu haben. Mit großer Wahrscheinlichkeit war die Explosion aber kein Sabotageakt, sondern das Resultat eines Kohlebrandes, der auf ein Magazin des Schiffes übergriff.

Die amerikanische Öffentlichkeit war empört über den spanischen „Angriff". Die Verleger Randolph Hearst und Joseph Pulitzer schürten mit ihren Massenblättern die antispanische Stimmung. Allerorts war das kriegstreiberische Motto: „Remember the Maine! To hell with Spain!" zu hören. McKinley entschloss sich, Stärke zu demonstrieren, und forderte die Unabhängigkeit Kubas. Währenddessen scheiterte der kubanische General und Führer der Revolutionspartei Tomás Estrada Palma in seinen Bemühungen, die Unabhängigkeit Kubas – mit der finanziellen Unterstützung eines amerikanischen Bankiers – für 150 Millionen Dollar zu erkaufen. Estrada Palma versuchte daraufhin den amerikanischen Kongress zum Handeln zu bewegen und hatte Erfolg: Am 11. April forderte Präsident McKinley den Kongress auf, ihn zur Anwendung militärischer Gewalt auf Kuba zu ermächtigen, um den dortigen Bürgerkrieg zu beenden. Zur Begründung nannte er die Gefährdung der amerikanischen Wirtschaftinteressen und der allgemeinen Sicherheit in der Region und beklagte die Menschenrechts-verletzungen durch die spanischen Kolonialherren. In einem Beschluss er-klärte der Kongress Kubas Unabhängigkeit und ermächtigte den Präsiden-ten, die notwendigen militärischen Mittel einzusetzen, die Kuba zum Sieg über Spanien benötigte. Die Gegner einer offenen Annexion setzten sich aber im Kongress durch. In einem Zusatz zu diesem Beschluss erklärte der Kongress, dass die USA nicht beabsichtigten, Kuba zu annektieren. Spa-nien brach die diplomatischen Beziehungen ab und erklärte am 24. April den USA den Krieg.

Der Krieg wurde schnell durch die Übermacht der amerikanischen Flotte entschieden. Am 1. Mai 1898 besiegte die Marine eine veraltete, spanische Flotte vor Manila in den Philippinen. Die Spanier kapitulierten und die Amerikaner besetzten die Stadt am 13. August. Auch in der Karibik setzten die USA sich schnell durch. Bei Santiago, im westlichen Kuba, mussten die Spanier am 1. Juli eine vernichtende Niederlage erdulden – Teddy Roosevelt ritt mit seinen legendär gewordenen *Rough Riders* einen (militärisch kaum bedeutungsvollen) Kavallerieangriff gegen die Spanier. Unterstützt wurden die Amerikaner von kubanischen Rebellen unter General Calixto García. Am 3. Juli gelang es, die spanische Atlantikflotte komplett zu zerstören. Der Krieg war zu Ende. Am 10. Dezember 1898 wurde der Frieden von Paris geschlossen. Spanien musste die Philippinen, Puerto Rico und Guam an die USA abtreten; Kuba wurde unabhängig, blieb aber einstweilen unter amerikanischer Besatzung.

Mit dem Spanisch-Amerikanischen Krieg hatten sich die Vereinigten Staaten in den Kreis der imperialistischen Weltmächte eingereiht.

Während des Spanisch-Amerikanischen Krieges wurde eine weitere Er-werbung der USA – ebenfalls seit langem angestrebt – durch eine formelle Annexion besiegelt. In einer gemeinsamen Entschließung von Senat und Repräsentantenhaus wurde am 7. Juli 1898 Hawaii annektiert. Die Inseln wurden zum Territorium erklärt (*Hawaiian Organic Act*) und entsprechend der Richtlinie für Territorien verwaltet. Damit war eine jahrzehntelange Annäherung des Inselkönigreichs (und der kurzlebigen Republik) an die USA abgeschlossen. Hawaii war seit Beginn des 19. Jahrhunderts ein unab-hängiges Königreich, das seine territoriale Unabhängigkeit gegen europäi-sche Mächte – vor allem Russen und Briten – zu verteidigen wusste. Seit Mitte des Jahrhunderts stieg jedoch der amerikanische Einfluss; die Regie-rung des Königreichs bemühte sich, mittels einer Reihe von Verfassungsvor-schlägen, den Staat zu reformieren. Einwanderer und Arbeiter aus China, Japan und anderen Staaten richteten sich auf der Insel ein. Im Februar 1894 wurde das Königtum abgeschafft – der im Vorjahr erfolgte Putsch war von proamerikanischen Kräften organisiert, zumindest unterstützt – und für kurze Zeit war Hawaii eine Republik. Die auf der Insel lebenden Amerikaner und ihre Verbündeten wollten eine Annexion durch die USA. Andere widersetzten sich. Der Krieg mit Spanien brachte schließlich die Entscheidung. Hawaii hatte nun strategische Bedeutung.

Die amerikanische Politik in dem neu erworbenen Territorium – vor allem die Unterdrückung der autochthonen Sprache und Kultur – stieß auf Widerstand. Ohne Erfolg. Die amerikanische Marine baute Pearl Harbor zu ihrem wichtigsten Flottenstützpunkt im Pazifik aus. 1959 wurde Hawaii der 50. Bundesstaat der USA. Die Mehrheit der Bevölkerung stimmte für den Beitritt zur Union. Manches blieb aber in der Diskussion. Erst 1993 verabschiedete der Kongress die *Apology Resolution*: Der Putsch von 1893 wurde für unrechtmäßig erklärt, die amerikanische Regierung bat um Entschuldigung für die Umstände der Annexion und die Politik gegenüber den Ureinwohnern. An der Zugehörigkeit Hawaiis zu den USA änderte dies nichts.

1900 wurde McKinley erneut als Kandidat (für eine zweite Amtszeit) nominiert. Als Kandidat für das Amt des Vizepräsidenten wurde Theodore Roosevelt, der Gouverneur von New York, aufgestellt. Die Entscheidung für Roosevelt war nicht unumstritten gewesen. Für McKinley hatte die Partnerschaft mit dem Gouverneur aber Vorteile. Roosevelt war gerade im Westen sehr beliebt. Der Kandidat der Demokraten war erneut Bryan: Seine harte Kritik am „Imperialismus" des Landes und die Agitation für eine Wiedereinführung des den Goldstandard ergänzenden Silberstandards stießen jedoch auf keine große Resonanz bei den Wählern. Ohne Probleme – und mit beträchtlichen Gewinnen – entschied McKinley die Wahlen für sich.

Der Präsident nutzte den Beginn seiner zweiten Amtszeit zu ausgedehnten Reisen durch das Land. Er war ein populärer und machtbewusster Präsident. Dann kam – ein halbes Jahr nach seiner zweiten Inauguration – das jähe Ende. Während eines Besuches der Panamerikanischen Ausstellung in Buffalo schoss am 6. September 1901 der sich als Anarchist bezeichnende Leon Czolgosz auf den Präsidenten; am 14. September erlag William McKinley seinen Verletzungen. Theodore Roosevelt wurde der 26. Präsident der USA.

### Theodore Roosevelt

Wie James K. Polk und (wenn auch ohne Erfolg) James Buchanan – und unter anderen Vorzeichen McKinley – so war auch Theodore Roosevelt der Vertreter eines konsequenten Expansionismus. Die weltpolitische Bedeutung und Rolle der USA sah Roosevelt als Konsequenz der rapiden Industrialisierung, die die USA zu einer führenden Wirtschaftsmacht gemacht hatte. Die Bedingungen der neuen Zeit erforderten nach Ansicht des Präsidenten eine aktive Rolle des Staates, der für (mehr) Gerechtigkeit zu sorgen hatte, der die Institution und Tradition der Republik bewahren und weiterentwickeln musste und der vor allem für die angemessene Positionierung der USA in der internationalen Politik zu sorgen hatte. Damit stilisierte sich der Präsident zum Repräsentanten der Modernität der USA, gleichzeitig vereinnahmte er Ideen des (gerade auch von Demokraten geprägten) *Progressive Movement*, als dessen Vertreter und Ideengeber er sich sah.

Roosevelt wurde am 27. Oktober 1858 als Sohn einer wohlhabenden New Yorker Patrizierfamilie geboren. Der asthmatisch und schwächlich wirkende Junge erhielt – durch Hauslehrer und Familienangehörige – eine sorgfältige Erziehung, zu der sportliche Ertüchtigung gehörte. Bildungsreisen führten ihn nach Europa und in den Nahen Osten. Einige Monate lebte er in einer Dresdner Familie, um Deutsch zu lernen.

Nach einem Studium in *Harvard* und an der *Columbia University* (dort studierte er Rechtswissenschaft) trat er 1881 in die Politik ein. Erfolgreich bewarb er sich um einen Sitz im Parlament von New York.

Im gleichen Jahr veröffentlichte er sein erstes Buch, eine Studie über die Entwicklung der amerikanischen Kriegsmarine (*The Naval War of 1812*, 1881).

Am 14. September 1901 starb Präsident McKinley an den Folgen seiner Verletzungen, die ihm ein anarchistischer Attentäter in Buffalo (eine gute Woche zuvor) zugefügt hatte. Theodore Roosevelt wurde der 26. Präsident der Vereinigten Staaten, mit erst 43 Jahren war er der bisher jüngste Präsident der USA.

Seine Politik war gekennzeichnet von immer mehr wirtschaftspolitischen Reformen. Er setzte eine Arbeitsschutzgesetzgebung durch, reformierte die Struktur der Administration und ging (maßvoll) gegen die großen Industrievereinigungen (*Trusts*) vor.

Außenpolitisch verfolgte er einen Kurs, der die amerikanische Vorherrschaft in der westlichen Hemisphäre (Kuba, Dominikanische Republik, Pananma und Panamakanal) sichern und den Anspruch der USA auf Weltgeltung (durch Vermittlung im russisch-japanischen Krieg, der Marokko-Krise und eine Flottenpolitik) stärken sollte. Grundlage hierfür war seine Interpretation der Monroe-Doktrin.

1904 wurde der Präsident wiedergewählt. Die Themen seiner ersten Regierungsjahre bestimmten auch seine zweite Amtszeit. Schon früh erklärte Roosevelt, dass er für eine weitere Amtszeit nicht zur Verfügung stehen würde. 1908 wurde der bisherige Kriegsminister William H. Taft sein Nachfolger.

1912 bemühte sich Roosevelt noch einmal um die Präsidentschaftskandidatur der Republikaner. Ohne Erfolg, Taft setzte sich als Kandidat durch. Nun organisierte Theodore Roosevelt seine verbliebenen Anhänger in einer neuen Partei (*Progressive Party*). Für diese Partei kandidierte er erfolglos gegen seine eigene ehemalige Partei und die Demokraten, die Woodrow Wilson aufgestellt hatten.

Am 6. Januar 1919 starb Theodore Roosevelt, gerade 60 Jahre alt, auf seinem Landsitz bei New York.

(Eine ältere, aber vorzügliche [Doppel-]Biographie ist John Milton Cooper, jr., *The Warrior and the Priest – Woodrow Wilson and Theodore Roosevelt*, 1983.)

Teddy Roosevelt machte den Lebensstil des amerikanischen „Westens" zu einem wichtigen Merkmal des amerikanischen Selbstverständisses. Er war nicht der einzige Vertreter des „einfachen" und den Einzelnen herausfordernden Lebens im Westen, aber er war einer der einflussreichsten. 1895, nach dem Tod seiner ersten Frau, hatte sich Roosevelt für einige Jahre in den Mittleren Westen, damals noch ein Pionierland, zurückgezogen und als Rinderzüchter betätigt. Es war die Zeit, als die USA sich der „Schließung" der *Frontier* bewusst wurden. Die Pionierzeit selbst wurde zur Geschichte. Zum Mythos dieser Zeit, der nun zu einer Begründung amerikanischen Denkens und des Selbstverständnisses der Republik wurde, trug Roosevelt mit eigenen Schriften und Büchern bei (insbesondere mit *The Winning of the West*, 1889–1896). Der wichtigste Text dieser (verklärten) Selbstbeschreibung ist Owen Wisters 1902 erschienener Roman *The Virginian*. Der Präsident und Wister waren seit ihrer Studienzeit in Harvard befreundet.

### The Virginian

In seinem Roman *The Virginian. A Horseman in the Plains* hat Owen Wister 1902 ein Selbstbild „des Amerikaners" gezeichnet.

Die Geschichte ist recht einfach: Ein Besucher aus dem Osten der Vereinigten Staaten schildert seine Eindrücke von der Lebensform und der Natur der Menschen an der westlichen Zivilisationsgrenze. Im Zentrum des in den 1870er und 1880er Jahren in Wyoming spielenden Geschehens steht ein Aufseher der *cowpunchers* (Viehtreiber) auf der Ranch des Richters Henry, der von jedermann nur „The Virginian" genannt wird. Er zeigt dem Fremden das Land. Bei einem Besuch der benachbarten Kleinstadt macht er sich den arbeitsscheuen Trampas zum Feind: Er zwingt ihn, verleumderische Bemerkungen über die junge Lehrerin Molly Wood zurückzunehmen. Trampas versucht daraufhin vergeblich, die Cowboys gegen den Virginier aufzuwiegeln. Trampas machte zudem mit seinen gesetzlosen Kumpanen das Land durch Pferdediebstähle und andere Übergriffe unsicher. Der Cowboy Steve, der mit dem Virginier befreundet ist, wird von Trampas auf seine Seite gezogen, von Viehzüchtern gestellt und im Schnellverfahren hingerichtet. An dieser Lynchjustiz beteiligt sich auch der Virginier – obwohl er Gewalttaten verabscheut. Um des friedlichen Zusammenlebens willen, so seine Überzeugung, müsse ein Exempel statuiert werden. Bei der Wiederbegegnung mit Trampas lässt er sich widerwillig zu einem Schusswechsel herausfordern. Er tötet den Gegner.

Währenddessen muss er sich die Vorwürfe der von den Konventionen ihrer Heimat Neuengland geprägten Molly gefallen lassen, doch auch sie gelangt schließlich zu der Einsicht, dass das Land im Westen nur durch hartes Durchgreifen befriedet werden kann. Schließlich gibt sie der Werbung des Virginiers nach und wird seine Frau.

(Der Roman wurde dramatisiert, 1904 erstmals auf der Bühne aufgeführt und immer wieder neu inszeniert. Er gilt als Klassiker der amerikanischen Literatur, der an Schulen und Universitäten regelmäßig gelesen wird.)

Roosevelt wollte eine grundlegende (progressive) Reformpolitik einleiten. Er hatte für diese Politik (die er als *Square Deal* bezeichnete) eine Reihe von Schwerpunkten. Am bedeutendsten war ihm die Kontrolle der immer größer werdenden Industriekonglomerate (*Trusts*). Auf der Grundlage bestehender Gesetze (*Sherman Anti-Trust Act*) ging die Regierung gegen die Zusammenschlüsse vor. Einige Erfolge wurden erreicht (vor allem gegen Zusammenschlüsse von Eisenbahngesellschaften), aber der Präsident versuchte dennoch, eine in seinen Augen nicht zu kontrollierende Auseinandersetzung mit der mächtigen Industrie zu vermeiden. Dies wurde von seinen Kritikern, die er verächtlich als „Beschmutzer" (*muckraker*) bezeichnete, kritisiert; sie waren auch von seinen anderen Reformen – wie der Errichtung eines Ministeriums für Handel und Arbeit – nicht angetan. Roosevelt war im eigentlichen Sinne des Wortes kein Sozialreformer. Er wollte zwischen Arbeit und Kapital (so in den großen Arbeitskonflikten seiner Präsidentschaft) und zwischen Regierung und gesellschaftlichen Gruppen vermitteln und eine Art von Gleichgewicht herstellen. In diesem Sinne setzte er sich auch für die Belange der Industriearbeiter ein (Arbeitsschutzgesetze für Frauen und Kinder).

Wegweisend – und an seine durchaus romatischen Vorstellungen des „eigentlichen" Amerikas (des „Westens") anknüpfend – war seine Naturschutzgesetzgebung, die zur Errichtung großer Nationalparks führte (Yellowstone, Yosemite, Grand Canyon).

Im Sinne der imperialistischen Vorstellungen seiner Zeit war der Präsident von der Überlegenheit der angloamerikanischen Zivilisation überzeugt. Dies prägte nicht nur seine Außenpolitik, sondern auch sein Verhalten gegenüber den indianischen Nationen, die er als rückständig betrachtete, denen er misstraute und deren Zukunft er (allenfalls) in einer vollständigen Assimilation in die amerikanische Gesellschaft sah.

Roosevelts Außenpolitik setzte die Politik McKinleys fort – in seiner Rhetorik trat er aber härter auf als sein Vorgänger. Der oft zitierte Satz „Sprich sanft und trage einen dicken Knüppel (*big stick*) und du wirst weit kommen" hinderte ihn nicht, lateinamerikanische Präsidenten als „schäbige kleine Affen" zu beschimpfen. Er förderte die Unabhängigkeitsbestrebungen Panamas von Kolumbien und sicherte damit den USA die Kanalzone, jenes Gebiet, in dem die Amerikaner in dieser Zeit den Panamakanal errichteten. Die USA kontrollierten die Wasserstraße bis zur Präsidentschaft Jimmy Carters. Roosevelts Auslegung der Monroe-Doktrin (*Roosevelt Corollary*) nahm die Funktion einer karibischen und mittelamerikanischen Ordnungsmacht für die USA in Anspruch. Kubas Souveränität wurde durch das sogenannte *Platt Amendment* eingeschränkt, 1906 landeten amerikanische Marineinfanteristen auf der Insel. Kuba musste Guantánamo als Stützpunkt für die amerikanische Marine an die USA abtreten. Auch in der Weltpolitik traten die USA nun immer entschlossener als Ordnungsmacht auf. Die gesamte Außenpolitik, maßgeblich auch von Außenminister John Hay und nach dessen Tod 1905 von Elihu Root mitgestaltet, diente sicherheitspolitischen Erwägungen und einer Absicherung der amerikanischen Weltgeltung (die Roosevelt immer auch als eine Vermittlerrolle sah).

Dabei kam es zu Verstimmungen mit Großbritannien, später mit Japan und zu einer ernsthaften Krise mit dem Deutschen Reich, das in dieser Epoche ebenfalls nach „einem Platz an der Sonne" suchte. 1902/03 blockierten deutsche und britische Flotten die venezolanische Küste, sie wollten Finanzkontrollen durchsetzen, um ihre Investitionen und Ansprüche an die südamerikanische Republik zu sichern. Roosevelt, der ein deutsches Streben nach Stärke und Einfluss in Südamerika befürchtete, ließ die amerikanische Flotte zum „Manöver" auslaufen. Die Machtdemonstration zwang das Deutsche Reich zum Einlenken – zumal die deutsch-britische Allianz brüchig war.

In der Doppelkrise in der Mitte des ersten Jahrzehnts des 20. Jahrhunderts (dem russisch-japanischen Krieg von 1904/05) und der Marokko-Krise von 1904 bis 1906) vermittelte der Präsident. Im Falle des russisch-japanischen Krieges gelang es ihm, einen Waffenstillstand und schließlich ein Friedensabkommen zu erreichen (wofür er 1906 den Friedensnobelpreis erhielt). Auf der Konferenz von Algeciras (1906) erreichte Roosevelt wiederum ein deutsches Einlenken in der Marokko-Frage.

Nach seinem Ausscheiden aus dem Präsidentenamt 1908 entfremdete sich Roosevelt schnell von seinem Nachfolger und Freund William H. Taft. Er warf ihm zunehmend vor, die Ideen seiner Politik zu verraten. Die Republikaner spalteten sich und Roosevelt trat gegen Taft an, als sich dieser um die Wiederwahl bemühte. Er erreichte einen Achtungserfolg.

Während der Präsidentschaft Wilsons kritisierte er dessen „zurückhaltende" Außenpolitik. Dann setzte er sich vehement für einen Kriegseintritt der USA ein. Er polemisierte gegen den Präsidenten und machte sich wohl auch Hoffnung auf eine neue Präsidentschaft. In der Tat galt er seit Wilsons Krankheit als ein aussichtsreicher Kandidat auf die Präsidentschaftskandidatur der Republikaner 1920. Aber Roosevelt war selbst geschwächt; nach seiner Präsidentschaft hatte er anstrengende Reisen (und Safaris) durch die halbe Welt unternommen; der Tod seines Sohnes, der in Frankreich gefallen war, hatte ihn tief getroffen. Im Januar 1919 starb Roosevelt. In seinen letzten Lebenstagen soll er an einem Vortrag über „Amerika" (Amerikanismus) gearbeitet haben. Die Natur und das Wesen Amerikas waren das große Thema seines Lebens gewesen.

*Dollar Diplomacy*: **Von Theodore Roosevelt zu William H. Taft**
Teddy Roosevelt hatte bei seiner Wahl 1904 erklärt, dass er in vier Jahren nicht noch einmal kandidieren würde. Die Kandidatur fiel daher – ohne dass dies eine Überraschung gewesen wäre – an den Kriegsminister im Kabinett Roosevelts: William H. Taft. Der Minister gehörte seit langem zu den engsten Vertrauten und Beratern des Präsidenten. Er gewann erwartungsgemäß die Wahl gegen den Demokraten William Jennings Bryan, der erneut angetreten war.

Bei seinem Amtsantritt konnte Taft auf eine beeindruckende administrative und juristische Karriere zurückblicken: Im September 1857 in Cincinetti geboren, studierte er in *Yale* und an der *Cincinnati Law School*, praktizierte als Anwalt, war ein herausgehobener Richter seines Heimatstaates und wurde schon 1890 – während der Präsidentschaft Harrisons – zum *Solicitor General* der USA ernannt.

Präsident McKinley beauftragte den brillanten Juristen mit der Ausarbeitung einer Verfassung für die Philippinen (*Second Philippine Commission*) – 1901 wurde er, auch dies war keine Überraschung, der erste amerikanische Gouverneur der Philippinen. Seine Amtszeit war geprägt von dem brutalen Krieg, den die amerikanischen Besatzer gegen die philippinische Unabhängigkeitsbewegung führten. Ein Konflikt, der nur mühsam – unter Verlusten und mit äußerster Härte – zu Gunsten der USA entschieden wurde.

Die Präsidentschaft begann mit großen Erwartungen, die Taft nur zum Teil erfüllte. Als Präsident setzte Taft zwar die progressive Politik Roosevelts fort (Ausdehnung der staatlichen Kontrolle über die Eisenbahnen; Antitrust-Verfahren), konnte aber den progressiven Flügel der Republikaner nicht davon überzeugen, dass er wirklich auf ihrer Seite stand – vor allem in der Zollpolitik gelang es ihm nicht (der Interessen der Landwirtschaft entsprechend), eine Reduzierung der hohen Zölle herbeizuführen.

Verbunden ist seine Präsidentschaft vor allem mit einer (nicht ganz so) neuen amerikanischen Außenpolitik: mit der sogenannten *Dollar Diplomacy* der USA in Ostasien und Lateinamerika.

Außenminister Philander C. Knox, der als *Attorny General* für Roosevelt die Antitrust-Verfahren geleitet hatte, übte entschieden Druck auf die kaiserlich chinesische Regierung aus, um amerikanische Wirtschaftsinteressen (finanzielle Beteiligungen an großen Infrastrukturprojekten) durchzusetzen und damit impliziter der Expansion der europäischen Mächte im Reich der Mitte entgegenzutreten.

Eine ähnliche Politik verfolgte die Regierung in Lateinamerika, vor allem in Nicaragua und etwas weniger ausgeprägt in Mexiko. Der Versuch, in Nicaragua und Honduras eine Form der amerikanische Zollverwaltung

durchzusetzen (und damit die Souveränität dieser Staaten empfindlich ein-
zuschränken), scheiterte am Widerstand des Senats. Roosevelt hatte sich im
Fall einer ähnlichen Regelung für die Dominikanische Republik über die
Bedenken des Kongresses hinweggesetzt.

Schließlich beendete der Ausbruch der chinesischen Revolution 1911 und
fast zeitgleich der Ausbruch der Revolution in Mexiko (1910) die amerikanischen Bemühungen, größeren Einfluss zu gewinnen. Nur zögerlich
erkannten die USA die chinesische Republik an, die Probleme mit Mexiko
würden auch noch die folgende Administration beschäftigen.

Der progressive Flügel der Republikaner (um Senator Robert M. La Fol-
lette), seit langem unzufrieden, trat dem Präsidenten immer offener entgegen. Teddy Roosevelt, der endgültig mit seinem einstigen Freund gebrochen hatte, bemühte sich nun um eine erneute Kandidatur. Obwohl er
beträchtliche Erfolge erzielte, gelang es Taft, sich die Kandidatur zu sichern.
Unzufriedene Republikaner gründeten daraufhin die *Progressive Party*, die
mit Roosevelt in den Wahlkampf ging.

Die Wähler wollten aber längst eine Änderung, die grundsätzlicher war.
Der Demokrat Woodrow Wilson setzte sich mühelos gegen Roosevelt
durch. Taft erreichte nur den dritten Platz. Die Dominanz der Republikaner
(seit dem Beginn der Präsidentschaft McKinleys) war beendet.

Taft ging als Professor für Jurisprudenz nach Yale; 1921 wurde er zum
*Chief Justice* des Obersten Gerichtes gewählt – und wurde einer der ein-
flussreichsten und prägendsten Richter in der Geschichte des *Supreme
Court*. Ein brillanter Jurist ist nicht notwendigerweise ein bedeutender
Staatsmann!

## 9. Modernisierung und Mechanisierung

### New Freedom

Der neue Präsident hatte in seinen Regierungsjahren nur wenig Zeit, sich
um die Innen- und Wirtschaftspolitik zu kümmern. Der Erste Weltkrieg,
der sich nach der Eskalation der Balkankrise von Europa schnell auch auf
die Kolonialgebiete der Kriegsmächte ausdehnte, wurde von den USA zunächst zwar als ein „europäischer Krieg" wahrgenommen. Diese Haltung
konnte nicht lange aufrechterhalten werden.

Die amerikanische Regierung entschloss sich – trotz der Sympathien für
die *Entente* – neutral zu bleiben. Amerika war mit innenpolitischen Reformen beschäftigt: Präsident Woodrow Wilson, ein Vertreter des (demokratischen) „Progressivismus", wollte die Rolle des Staates gegenüber der
durch die Industrialisierung übermächtigen Wirtschaft stärken. Er plante,
weit über die Vorstellungen von Rooseveltes Reformpolitik hinauszugehen.

Er entwarf ein ehrgeiziges innen- und wirtschaftspolitisches Programm (Cooper, 2009).

Woodrow Wilson hatte am 3. November 1912 die Wahl mit (einer deutlichen) relativen Mehrheit gewonnen. Mit dem Slogan *New Freedom* als Kennzeichnung präsentierte der Präsident zunächst ein eher gemäßigtes Reformprojekt (aber durchaus im Sinne des Progressivismus): Die Außenzölle der USA wurden merklich gesenkt, das in Verruf gekommene Bankwesen wurde grundlegend verändert und einer Steuerungsinstanz unterstellt, dem *Federal Reserve Board*. Die neu eingerichtete *Federal Trade Commission* übernahm die Aufsicht über Industriekonzerne, auch um Wettbewerbsverzerrungen zu vermeiden.

Der „europäische Krieg" änderte die Situation: Die Seeblockade der *Entente* gegen die Mittelmächte führte bald schon dazu, dass die USA die Auswirkungen des Krieges über den Ozean hinweg zu spüren bekamen. Der Handel mit dem Deutschen Reich und Österreich-Ungarn brach weg. Allerdings wurden diese Einbußen nach kurzer Zeit durch die sprunghaft steigenden Exporte Amerikas an die *Entente* mehr als ausgeglichen – die Wirtschaft erlebte einen Aufschwung, der bis zum Ende des Krieges anhielt.

Dennoch: Präsident Wilson räumte der Außenpolitik zunächst einen geringen Stellenwert ein. Seine Politik der *New Freedom* war nach innen gerichtet.

Allerdings wollte der Präsident durchaus auch in der internationalen Politik seine Grundsätze angewandt wissen. Er distanzierte sich daher von der *Dollar Diplomacy* William H. Tafts, die amerikanische Mitwirkung an einem internationalen Konsortium zur „Entwicklung" Chinas widerrief er. Ohnehin war das republikanische China noch nicht so gefestigt, als dass sich Möglichkeiten für den Ausbau von Handel und Investitionen ergaben.

Aber wie die Präsidenten vor ihm, agierte auch Wilson südlich der Grenze und in der Karibik im Sinne einer konsequenten Wahrnehmung der amerikanischen Interessen.

Die 1910 in Mexiko ausgebrochene Revolution hatte das Land in große Unruhen und bürgerkriegsähnliche Konflikte geführt. Zu Beginn des Jahres 1913 – fast zeitgleich mit dem Amtsantritt Wilsons – war in Mexiko General Victoriano Huerta an die Macht gekommen. Die europäischen Staaten waren geneigt, den General indianischer Herkunft anzuerkennen. Wilson weigerte sich. Er beharrte auf der Übertragung der Macht an eine „demokratisch legitimierte" Regierung. Die Administration begann – über die Nichtanerkennung hinausgehend –, Waffen an den wichtigsten Gegner Huertas, Venustiano Carranza, zu liefern. In Mexiko kam es nun zum offenen Bürgerkrieg. Als im April 1914 amerikanische Matrosen in Mapico verhaftet wurden, bat der Präsident im Kongress um die Erlaubnis, in Mexiko zu intervenieren. Die Hafenstadt Veracruz wurde erobert und besetzt.

Schließlich siegte Carranza. Aber damit waren die Unruhen nicht vorbei. Der Guerillaführer (und Bandenchef) Pancho Villa, der sich gegen Carranza erhob, fiel in New Mexico ein. Sein Ziel war, die USA zu einer Intervention zu bewegen. General John J. Pershing stellte sich ihm entgegen, er verfolgte Pancho Villa bis tief ins mexikanische Territorium. Präsident Carranza protestierte. Wilson wollte – die Kriegssituation in Europa (und schließlich den amerikanischen Kriegseintritt bedenkend) – die Lage entspannen. Bis Ende 1916 zog er die amerikanischen Truppen in Mexiko zurück.

Auch in Haiti – dort war der Präsident 1915 gestürzt worden – intervenierten die USA. Im September dieses Jahres stellte sich die Regierung der Insel unter den Schutz der USA; 1918 akzeptierte sie eine von den USA vorgeschlagene Verfassung. Bis 1934 blieben amerikanische Streitkräfte in Haiti.

1917 schließlich kauften die USA die bis dahin dänischen Jungferninseln; deutschen Seestreitkräften sollten mögliche Stützpunkte in der Karibik verwehrt werden

### Der Erste Weltkrieg

Mit wachsender Beunruhigung verfolgte die amerikanische Regierung die Eskalation des Krieges in Europa. Die Nordsee-Blockade der britischen Marine wurde von der deutschen Seite im Februar 1915 durch die Verkündung einer Gegenblockade beantwortet, die von U-Booten durchgesetzt werden sollte: Schiffe mit kriegswichtiger Ladung für die Gegner der Mittelmächte konnten ohne Warnung versenkt werden – und zwar im Bereich aller an England angrenzenden Meere, die vom Deutschen Reich zur Kriegszone erklärt worden waren. Die amerikanische Regierung reagierte mit scharfen Protesten und ließ verlauten, man werde Deutschland für jegliche amerikanische Verluste verantwortlich machen. Am 7. Mai 1915 wurde der britische Passagierdampfer *Lusitania*, der Munition für England an Bord hatte, vor der südirischen Küste von einem deutschen U-Boot versenkt. 1198 Menschen fanden den Tod, darunter 128 Amerikaner. Die amerikanische Öffentlichkeit war entsetzt; plötzlich schien der Kriegseintritt der USA in greifbare Nähe gerückt (auch der ehemalige Präsident Roosevelt setzte sich für einen baldigen Kriegseintritt ein). Der Vorschlag von Außenminister William J. Bryan, amerikanischen Bürgern die Fahrt auf Schiffen der Kriegsmächte zu untersagen und den Transport von Waffen und Munition auf Passagierschiffen zu verbieten, schien Wilson unannehmbar. Bryan wurde durch Robert Lansing ersetzt, dessen Sympathie klar der *Entente* gehörte. Wilson verlangte vom Deutschen Reich nun die Einstellung des uneingeschränkten U-Boot-Krieges. Als im März 1916 ein französischer Dampfer im Ärmelkanal torpediert und versenkt wurde, kündigte Wilson den Abbruch der diplomatischen Beziehungen zum Deutschen Reich an, wenn am warnungslosen Angriff von Schiffen mit Kontrabande festgehalten würde. Die deutsche Seite lenkte daraufhin ein: Des Kontrabandeschmuggels verdächtige Handelsschiffe würden in Zukunft vor einer Torpedierung gewarnt werden. Wieder einmal bestimmte die Seekriegsführung europäischer Mächte die internationale Politik der USA.

Obwohl der Großteil der amerikanischen Öffentlichkeit inzwischen auf Seiten der *Entente* stand, stabilisierten sich die Beziehungen zunächst. Wilson war daran interessiert, einen Kriegseintritt der USA so lange wie möglich zu vermeiden; Anfang November des Jahres standen Präsidentschaftswahlen an und seine Wählerschaft, insbesondere im Westen des Landes, stand einem Kriegseintritt ablehnend gegenüber. Es gelang Wilson, mit einer Betonung seiner Neutralitätspolitik und dem Wahlslogan *He kept us out of war!* wiedergewählt zu werden – auch wenn der Sieg mit einem Vorsprung von 3,1 Prozent der Wählerstimmen gegenüber seinem republikanischen Gegenkandidaten Charles Evans Hughes ausgesprochen knapp ausfiel. In Kalifornien, dem letztlich wahlentscheidenden Staat, lag Wilson nur mit 3.800 Stimmen in Führung.

Wilson sah in der Wahl ein Mandat für die Fortführung seiner Politik der Neutralität. Kurz vor Weihnachten, am 18. Dezember 1916, bot er den kriegführenden Staaten eine Vermittlung an. Zugleich verschärfte er die Kreditbedingungen für die *Entente* und wandte sich an die europäischen Völker, um ihnen seine Vorstellung einer Friedensordnung nahezubringen, in der alle Nationen gleichberechtigt und selbstbestimmt sein würden – organisiert in einem „Völkerbund", der Frieden und Sicherheit garantieren sollte.

### Woodrow Wilson

Woodrow Wilson wurde am 28. Dezember 1856 in einem presbyterianischen Pfarrhaus in Virginia geboren. Seine Erziehung folgte streng den Prinzipien des Calvinismus. Damit war eine Laufbahn als Geistlicher und Prediger vorbestimmt. Woodrow Wilson entzog sich allerdings dieser Vorbestimmung – als Student an der *Princeton University* begann er sich mit politischen Fragen zu beschäftigen, für die er nach und nach eine Leidenschaft entwickelte. Vorbild war ihm der britische Premier (und alternierend: Oppositionsführer) William Gladstone, dessen Politik den Prinzipien des Liberalismus, aber auch einem tiefen christlichen Glauben verpflichtet war.

Das Studium der Rechtswissenschaft und eine kurzzeitige Anwaltstätigkeit (in Atlanta, Georgia) füllten Wilson nach dem Ende seines Studiums nicht aus, er wollte stattdessen wissenschaftlich (und publizistisch) arbeiten. Dies schien ihm die beste Voraussetzung für ein politisches Wirken in der Öffentlichkeit.

1883 setzte er sein Studium (Politik, Geschichte, Rechtswissenschaft) an der

Johns Hopkins University fort, die zu dieser Zeit als eine der führenden – am deutschen Vorbild orientierten – Forschungsuniversitäten zählte. 1885 wurde er mit einer Arbeit über Struktur, Funktion und Arbeitsweise des amerikanischen Kongresses (Congressional Government, 1885) promoviert. 1899 erschien eine zweite große Studie (The State, 1899), die eine Grundlegung der vergleichenden Regierungslehre entwarf.

Wilson gehörte mittlerweile zu den bekanntesten amerikanischen Gelehrten, die sich mit politischen Fragen beschäftigten – er nahm auch zu tagespolitischen Auseinandersetzungen Stellung, was ihm weitere Publizität einbrachte.

1890 wurde er auf einen juristischen Lehrstuhl der Princeton University berufen – sein Fach aber war die im Entstehen begriffene politische Wissenschaft. Mittlerweile verheiratet und als Wissenschaftler hoch angesehen, ernannte ihn Princeton 1902 zu ihrem Präsidenten. Er war ein aktiver Präsident; die Universität, deren eingefahrene Strukturen er kritisierte, wollte er grundlegend verändern. Die ersten Jahre war er erfolgreich – er reformierte den Unterricht grundlegend. Dann stießen seine weitreichenden Ideen auf erbitterten Widerstand einflussreicher Professoren der Universität. Wilson überwarf sich mit den meisten von ihnen; nach erbitterten Kämpfen gab er, gesundheitlich angeschlagen, 1910 auf und trat von seinem Amt zurück.

Wilson war in den Auseinandersetzungen um die Richtung der Universität bekannt geworden. Der eher konservative Flügel der Demokratischen Partei sah in dem aus dem Süden stammenden Professor einen möglichen Kandidaten für wichtige Ämter. Im November 1910 wurde er zum Gouverneur von New Jersey gewählt. Es begann die zweite Karriere des Woodrow Wilson.

Als Gouverneur enttäuschte Wilson den konservativen Flügel der Partei. Bereits während des Wahlkampfes, aber noch mehr nach seinem Wahlsieg bekannte er sich zu der politischen Programmatik des progressiven Flügels der Partei. Seine Amtsführung führte zu einer Reihe von Reformen, die Forderungen der Progressiven waren: So demokratisierte er die Partei (er führte Vorwahlen zur innerparteilichen Kandidatenauswahl ein), vertrat eine offene Diskussion von politischen Zielen und setzte sich für eine umfassende Sozialgesetzgebung ein.

1912 wurde er Kandidat für die Präsidentschaftswahlen – er hatte sich gegen William J. Bryan, dem Advokaten der Interessen des agrarischen Westens, durchgesetzt.

Die Präsidentschaft von Wilson war außenpolitisch bestimmt durch den Eintritt der USA in den Ersten Weltkrieg und den Versuch des Präsidenten, eine neue, auf den Prinzipien des (progressiven) demokratischen Denkens basierende Weltordnung zu errichten (verkörpert in der Idee des Völkerbundes). Mit diesen Ideen scheiterte der Präsident. Seine anderen außenpolitischen Aktivitäten (Intervention in Mexiko) waren ebenfalls nicht erfolgreich. Allerdings hatte der Weltkrieg gezeigt, dass ein amerikanisches Eingreifen in europäische Konflikte kriegsentscheidend ist.

Innenpolitisch setzte er (*New Freedom*) ein umfassendes Reformprogramm durch, das die Grundlage für spätere Sozialreformen legte. Wilson führte die progressiven Ideen der vergangenen Jahrzehnte zu ihrem politischen Höhepunkt.

Während der Auseinandersetzungen um die Ratifizierung des Versailler Vertrages durch den amerikanischen Senat erlitt der Präsident einen Schlaganfall, von dem er sich nicht mehr erholte.

1924 starb er – vereinsamt und verbittert. (Die neueste und beste Biographie ist J. M. Cooper, jr., *Woodrow Wilson. A Biography*, 2009.)

## *Over there*

Im Januar 1917 nahm das Deutsche Reich den uneingeschränkten U-Boot-Krieg wieder auf, was Wilson am 31. Januar erfuhr. Kurz zuvor war ein Telegramm des deutschen Außenministers Arthur Zimmermann an den deutschen Botschafter in Mexiko abgefangen worden. Das Außenministerium schlug der mexikanischen Regierung eine gegen die USA gerichtete Allianz vor. Mexiko könne so die an die USA verlorenen Gebiete zurückgewinnen. Auch Japan sollte in das Bündnis einbezogen werden. Wilson, der von den Briten über das Telegramm in Kenntnis gesetzt wurde, zögerte zunächst, die diplomatischen Beziehungen zum Deutschen Reich abzubrechen. Als aber mehrere amerikanische Handelsschiffe ohne Warnung von deutschen U-Booten versenkt wurden, konnte der Präsident nicht anders, als vom Kongress die Kriegserklärung zu verlangen: In einer flammenden Rede forderte er: „The world must be made safe for democracy." Am 6. April wurde die Kriegserklärung in beiden Häusern mit großer Mehrheit verabschiedet. Eine Weile hoffte Wilson, mit Österreich-Ungarn einen Separatfrieden schließen zu können. Als er erkannte, dass das Bündnis der Mittelmächte hielt, erklärten die USA im Dezember auch Österreich-Ungarn den Krieg. Die USA wurden aber kein Mitglied der *Entente*, sondern behielten den Status einer „assoziierten Macht". Die überkommene Politik – seit dem Bruch der Allianz mit Frankreich Ende des 18. Jahrhunderts –, keinem Bündnis beizutreten, sollte aufrechterhalten bleiben.

Nach der Kriegserklärung im April transformierte Wilson die amerikanische Wirtschaft in eine Kriegswirtschaft: Die Rohstoffallokation wurde vom Staat übernommen, für landwirtschaftliche Produkte wurden hohe Preise garantiert, Steuern wurden erhöht und der Staat übernahm die Kontrolle der Eisenbahnen. Die Regierung arbeitete dabei eng mit der Wirtschaft zusammen und suchte auch den Konsens mit den Gewerkschaften. Der durch die Kriegsanstrengungen hervorgerufene Bedarf an Arbeitskräften wurde durch die Anstellung von Frauen und durch die Migration von Afroamerikanern aus den Südstaaten in die industriellen Zentren des Nordens ausgeglichen.

Die Stimmung im Lande hatte sich gewandelt: War Wilson wiedergewählt

worden, weil er die USA nicht in den – so weit entfernten – Krieg hinein-
ziehen lassen wollte, gab es jetzt eine überwältigende Mehrheit, die den
Kriegseintritt unterstützte. Junge Amerikaner meldeten sich freiwillig zum
Kriegsdienst und als im Mai durch den *Selective Service Act* die Wehrpflicht
eingeführt wurde, stand die Bevölkerung hinter dieser Maßnahme. Drei
Millionen Amerikaner zogen in den Krieg – darunter überproportional viele
Afroamerikaner, die allerdings vorwiegend in untergeordneten Funktionen
und nicht im Kampf eingesetzt wurden.

Die USA sicherten zunächst die maritimen Versorgungswege der *Entente*
gegen die deutschen U-Boote durch die Einführung des Geleitzugsystems,
bei dem Handelsschiffe durch eine Eskorte von Kriegsschiffen geschützt
wurden. Waren 1917 erst wenige Kompanien nach Europa verlegt worden,
wurden 1918 große amerikanische Verbände nach Europa verschifft – im
Juli standen bereits über eine Million amerikanischer Soldaten in Frankreich. Der kommandierende General John J. „Black Jack" Pershing hatte
darauf bestanden, dass seine Soldaten vor ihrem Einsatz eine militärische
Ausbildung durchliefen und in amerikanischen Verbänden eingesetzt wurden – nicht zur Truppenverstärkung der britischen und französischen
Armee, wie die *Entente* dies forderte. Pershing ließ auch in Frankreich militärische Ausbildungsstätten für noch untrainierte Neuankömmlinge einrichten. Im August kam es bei der zweiten Schlacht an der Somme zum
ersten bedeutenden Kampfeinsatz für die amerikanische Infanterie – ein
großer Erfolg, bei dem die deutschen Linien 55 km zurückgedrängt wurden.
Kurze Zeit später eröffneten die USA die Meuse-Argonne-Offensive, die
vom 26. September bis zum Waffenstillstand am 11. November dauerte
und bei der nördlich von Verdun die amerikanischen Streitkräfte unter großen Verlusten – mehr als 26.000 amerikanische Soldaten verloren ihr Leben
– ihren größten Erfolg im Ersten Weltkrieg errangen.

Am 8. Januar 1918 verkündete der Präsident seine „Vierzehn Punkte" –
gedacht als Rahmen für einen gerechten und dauerhaften Frieden (die wichtigsten Elemente waren: öffentliche Diplomatie anstelle von Geheimdiplo-
matie; Freihandel; Abrüstung; Selbstbestimmungsrecht der Nationen; ein
System der kollektiven Sicherheit, der spätere Völkerbund).

Obwohl die Streitkräfte der *Entente* mit Schwierigkeiten zu kämpfen hatten, wuchsen die Kriegsmüdigkeit und die Entmutigung der deutschen Armee in solchem Maße, dass General Ludendorff am 1. Oktober zu dem
Schluss kam, dass die deutschen Streitkräfte nur durch einen Waffenstillstand der völligen Vernichtung entgehen konnten. Zwei Tage später wandte
sich das Deutsche Reich an den amerikanischen Präsidenten und bat diesen
um die Vermittlung eines Waffenstillstands.

Die USA hatten erst spät in die Kampfhandlungen eingegriffen, aber danach spielten sie eine kriegsentscheidende Rolle – vor allem da das Aus-

scheiden Russlands aus dem Krieg nach der Oktoberrevolution im Dezember 1917 die *Entente* geschwächt hatte. Erst die Führungsrolle der USA glich dies aus.

Mit einiger Berechtigung stellte der Präsident also Forderungen. Es gelang Colonel Edward House, dem Sonderbeauftragten des amerikanischen Präsidenten, die *Entente* in zähen Verhandlungen auf die meisten Punkte von Wilsons Friedensprogramm einzuschwören – die wichtige Reparationsfrage allerdings blieb ein Zankapfel. Wilson stimmte schließlich den harschen Waffenstillstandsbedingungen Frankreichs und Großbritanniens zu, die seine Vorstellung eines friedlichen, gleichberechtigten Zusammenlebens in Europa für die Zukunft schwierig machten. Deutschland hatte keine Wahl, als am 11. November das Waffenstillstandsabkommen zu unterzeichnen.

### Der Vertag von Versailles und der Völkerbund

Das Bestreben Wilsons, bei den Friedensverhandlungen in Paris im Januar 1919 seine Ziele durchzusetzen, war nicht von Erfolg gekrönt. Anfangs waren die Hoffnungen noch groß gewesen. Begeistert wurde der Präsident in London, Paris und Rom begrüßt (MacMillan, 2003). Harte Auseinandersetzungen mit den Regierungen der Siegermächte führten aber nicht dazu, dass diese in der Reparationsfrage nachgaben, die komplizierten Verhandlungen wurden eine harte Geduldsprobe. Der Präsident stimmte dem Frieden von Versailles letztlich zu – nicht zuletzt, da der Vertrag die Völkerbundsakte enthielt, die eine allgemeine Abrüstung und die Etablierung von Konfliktlösungsmechanismen zum Ziel hatte.

Tragischerweise jedoch war Wilsons Position in den USA zu diesem Zeitpunkt bereits so schwach, dass es ihm nicht gelang, die Ratifizierung des Versailler Vertrags im Kongress zu erreichen. Die Kongresswahlen vom November 1918 hatten der Republikanischen Partei Mehrheiten in beiden Häusern gebracht und diese sahen in den Bestimmungen der Völkerbundsakte eine unakzeptable Beschneidung der amerikanischen Handlungsfähigkeit. Diese primär nationalistische Argumentation traf sich mit einer linken Kritik, die dem Vertrag allzu großes Entgegenkommen gegen die „imperialistischen" Interessen der europäischen Großmächte vorwarfen. Wilsons Absicht, die Bevölkerung im Westen des Landes durch eine „Werbekampagne" – eine Rundreise – für die Sache des Völkerbundes zu mobilisieren, wurde durch einen Schlaganfall im Oktober 1919 beendet. Bereits in Colorado hatte der Präsident die Reise abbrechen müssen. Zuvor hatte Wilson unermüdlich für den Vertrag geworben. Nun war er im Wortsinn „gelähmt". Seine Frau, um die Gesundheit des Präsidenten besorgt, schirmte ihn weitgehend ab. Der Präsident galt einem großen Teil der politischen Öffentlichkeit als nicht handlungs- und vielleicht nicht zurechnungsfähig.

Seine wenigen Äußerungen zeigten keine Verhandlungs- und Kompromiss-
bereitschaft mit den Republikanern.

Als der Versailler Frieden im März 1920 im Senat in einer zweiten Abstimmung endgültig abgelehnt wurde (eine erste Abstimmung im November 1919 hatte keine Entscheidung gebracht), war eine historische Chance
verpasst. Obgleich der Völkerbund das geistige Kind des amerikanischen
Präsidenten war, wurden die USA kein Mitglied. Damit fehlte der wichtigste Garant für eine Friedensordnung in Europa.

Wilson wollte auch nach dieser Niederlage nicht aufgeben. Obwohl halb
gelähmt und todkrank, bemühte er sich um eine erneute Kandidatur. Seine
Partei verweigerte sie ihm (Cooper, 2009). Die letzten Jahre des bedeutenden Präsidenten waren Jahre wachsender Einsamkeit und körperlichen Ver-
falls. Im Februar 1924 starb er.

### Back to Normalcy

Wilsons Amtszeit hatte die Wählerschaft erschöpft – die Reformen der ersten Amtszeit Wilsons, das außenpolitische Engagement und schließlich – an
wichtigster Stelle – der Weltkrieg. Auch anderes änderte sich: Die Kriegswirtschaft hatte zu einer raschen Verstärkung der Massengüterproduktion
geführt. In großer Geschwindigkeit modernisierte sich das Land: Immer
mehr Fahrzeuge, Radioapparate und nicht zuletzt Haushaltsgeräte wurden
Bestandteil des Alltagslebens. Auch die Binnenmigration der letzten Jahrzehnte hatte sich fortgesetzt. 1920 lebten nur knapp weniger als 50 Prozent
(48,6) der Amerikaner auf dem Land oder in kleinen Städten und Dörfern.
Eine Mehrheit der 106 Millionen Einwohner lebten und arbeiteten jetzt in
den größeren Städten und Metropolen des Landes.

„Zurück zur Normalität" (*back to normalcy*) war daher nicht nur ein ein-
prägsamer Wahlslogan der Republikaner, sondern entsprach einem Gefühl
der Mehrheit der Bevölkerung (Angermann, 1983, 87). Die Demokratische
Partei hatte sich zudem in ihrer Regierungszeit verschlissen. Das Wahl-
ergebnis war daher eindeutig. Der Kandidat der Demokraten, James M.
Cox, unterlag dem Republikaner Harding in 37 Staaten. Nur der Süden
hatte für die Demokraten votiert.

### Modern Times

Es waren Jahrzehnte der Modernisierung. Die moderne Massenproduktion setzte
sich vor allem in der Automobilindustrie durch. Die ständig wachsende Nachfrage
auf dem Automobilmarkt konnte die Industrie nur mit neuen Herstellungsmetho-
den bewältigen. Zu den Charakteristika der modernen Produktionsgesellschaft
gehörten Fließbandproduktion und Akkordarbeit, die in ihrem ersten „Testlauf"
zur massenweisen Herstellung des legendären Ford-Modells T beitrugen – und
Charlie Chaplin Anregungen für seinen Film *Moderne Zeiten* lieferten.

Während Chaplin anschaulich die Entfremdung der Arbeiter von ihren Produkten durch die neuen Produktionsmethoden anprangerte, brachten diese auch Vorteile mit sich: Die Kaufpreise sanken mit zunehmender Nachfrage und Produktion, so dass ein Automobil auch für Arbeiter erschwinglich wurde. Um dem amerikanischen Verlangen nach Mobilität nachzukommen, wurde das System der Ratenzahlung zu einer bewährten Zahlungsmethode – eine Erscheinung, die private Haushalte in eine Verschuldungsspirale zu verwickeln drohte. Aber: Zwischen 1920 und 1930 erhöhte sich die Zahl der Automobile in den USA von acht auf 23 Millionen. 80 Prozent aller weltweit benützten Autos fuhren zu diesem Zeitpunkt auf amerikanischen Straßen.

Die Wiege der Fließbandarbeit lag im „Industriegürtel" (*manufacturing belt*), der sich über die Großen Seen zur nördlichen Ostküste erstreckte. Im *manufacturing belt* wurden nicht nur Autos gebaut, sondern auch das Telefon und die Mikrowelle erfunden sowie Eisen und Stahl verwertet. Die Automobilindustrie, von Ford, General Motors und Chrysler dominiert, hatte sich in dieser Industrieregion angesiedelt; sie profitierte von einer engen Anbindung an lokale Forschungseinrichtungen und Zulieferindustrien. In Chicago, Milwaukee, Columbus und Cleveland entstanden große Industriezentren. Die Amerikaner selbst sprachen vom *Rust Belt*.

## Die *Roaring Twenties*

> „*So we beat on, boats against the current, borne back ceaselessly into the past.*"
> – F. Scott Fitzgerald, *The Great Gatsby*

Entgegen der weitverbreiteten These vom amerikanischen „Isolationismus" wandten sich die USA keineswegs von der internationalen Politik ab. Die amerikanische Regierung verfolgte die Entwicklung im Deutschland der Nachkriegszeit mit Besorgnis, da man in der Stärkung der „Kommunisten" (in der Weimarer Republik) das Potenzial für ein deutsch-russisches Bündnis sah. In dem Bemühen, die moderaten Kräfte zu unterstützen, begannen die USA, Lebensmittelhilfe für das kriegsgebeutelte Europa zu organisieren – unter der Federführung von Herbert Hoover, der während des Krieges bereits mit der Versorgung Belgiens befasst gewesen war. Hoover löste diese Aufgaben bravourös und wurde in den Nachkriegsjahren, in denen die Wirtschaft prosperierte, Wirtschaftsminister sowohl unter Präsident Harding wie auch unter Präsident Coolidge. Auch hier erwies er sich als kompetent und erfolgreich. Die Republikanische Partei nominierte ihn danach als Kandidat für die Präsidentschaftswahl 1928, die er überlegen gewann. Die Amerikaner sahen in dem rationalen „Ingenieur" den Garanten für eine weiterhin florierende Wirtschaft.

## „Amerikanisierung"

Die europäische Diskussion über Amerika und die damit zusammenhängende „Amerikanisierung" blieb in den beiden Jahrhunderten erstaunlich ähnlich: Kommentatoren versuchten, „Amerika" mit einer für diesen Zweck oft ungeeigneten europäischen (oder deutschen) Begrifflichkeit und Vorstellungswelt zu erklären.

Bilder von Amerika – bewundernd, kritisch oder ablehnend – waren lange Zeit der Versuch einer Beschreibung der amerikanischen Lebenswelt und eine Auseinandersetzung mit dem politischen System der USA. Mit dem Ende des Ersten Weltkrieges, wurde diese Diskussion über Amerika eine Auseinandersetzung über die Zukunft Europas. Denn Europa, so der Befund, war im Begriffe sich „zu amerikanisieren".

Wie im 19. Jahrhundert herrschte zunächst Bewunderung vor: 1920 schrieb Bertolt Brecht das *Deutschlandgedicht*. Das im Ersten Weltkrieg besiegte und politisch diskreditierte Deutschland wird darin als ein „Aasloch" beschrieben, das keine Zukunft hat. Am Ende des Gedichts erwacht in den Jungen des alten Kontinents die Vorstellung eines utopischen Amerika: „Deutschland, du Blondes/Bleiches Wildwolkiges mit sanfter Stirn!/Was ging vor in deinen lautlosen Himmeln?/ Nun bis du das Aasloch Europas. (...)/O Aasland, Kümmernisloch!/Scham würgt die Erinnerung/Und in den Jungen, die du Nicht verdorben hast/Erwacht Amerika!" (Brecht, 1967, Bd. 8, 184). Brecht setzt Amerika mit Optimismus, Gerechtigkeit, mit Dynamik, Vitalität, Sportlichkeit und Fairness gleich: „Amerikanisierung" ist die Forderung des Tages.

Tatsächlich wird in den 1920er Jahren die amerikanische populäre Kultur in den deutschen Metropolen rasch und äußerst positiv aufgenommen. Seit 1925 wird in deutschen Großstädten, vor allem in Berlin, Duke Ellington gespielt, Louis Armstrong ist bereits 1928 auch in Deutschland ein Star, ebenso die vielbewunderte Josephine Baker. Das amerikanische Kino tritt neben das deutsche: Buster Keaton, Charlie Chaplin und Al Johnson werden zu bekannten Namen.

Es erscheinen Reiseberichte, die Amerika als verwirklichte Utopie beschreiben. Im Unterschied zu den Vorstellungen des 18. und 19. Jahrhunderts ist Amerika nicht mehr Ziel und Zuflucht. Vielmehr ein zu verwirklichendes Modell: „die Wonne letzt-errungenen Menschenfortschritts; und letzt-ersonnener Arbeitsmöglichkeit" (Kerr, 1925).

Keineswegs ist dies nur eine Reaktion der besiegten Deutschen. Als Woodrow Wilson nach dem Ersten Weltkrieg zur Pariser Friedenskonferenz reist, wird er in Paris von einer euphorischen Bevölkerung als *Prince of Peace* empfangen.

Doch ebenso wie zuvor das Bild von Amerika, bleibt auch die erwartete und von vielen Intellektuellen erwünschte „Amerikanisierung" nicht ohne Widerspruch. Es kommt zu einer Gegenbewegung – „Amerikanisierung" wird Synonym für Kulturverfall und politische und moralische Abstumpfung. 1927 notiert der Publizist Adolf Halfeld: „Die sonderbare Doppelseitigkeit im amerikanischen Leben – das idealistische Pathos, das sich mit gerissenen Geschäftspraktiken paart; die religiöse Unterbauung des Erfolgsgedankens; der Prediger; der Unternehmer ist; der Proselytenmacher der Moral; der Geschäftsmann mit Gott und Idealen auf den Lippen; die Vierzehn Punkte; der von der Wallstreet beglaubigte Weltfriede" (Halfeld, 1928, 11).

Auch Bertolt Brecht änderte seine Meinung. In seinen Schriften nach 1926 werden die USA mehr und mehr zu einer Symbiose von Oberflächlichkeit, sozialer und christlicher Heuchelei. Das Land ist ihm Verkörperung des Kapitalismus und der Kulturlosigkeit. Brecht bemerkt, „daß etwas Unedles, Infames, Geistloses allen Verkehr von Mensch zu Mensch anhaftet und von da übergegangen ist auf alle Gegenstände, Wohnungen, Werkzeuge, ja auf die Landschaft selbst" (Brecht, 1967, Bd. 20, 297).

Die Bewunderung und Kritik sind oft Ausdruck europäischer Selbstbefindlichkeit. Euphorische Hoffnungen und tiefe Frustration über Amerika gründen sich nicht auf eine Beschreibung der USA als Kulturnation und politisches Gemeinwesen, sondern auf die Entwicklung von Gesellschaft, Kultur und Politik in Europa: Die Auseinandersetzung über die „Amerikanisierung" wird zur Kritik an der Entwicklung der eigenen Gesellschaft, deren Modernisierungsprozesse als „amerikanisch" interpretiert werden. Die technische Entwicklung sorgt auch in Europa für eine („amerikanische") Beschleunigung (Eisenbahn, Autos, Flugzeuge), die entstehende Kulturindustrie (Radio, Tonträger, Film) für eine wachsende Dominanz der vermeintlich „amerikanischen" bestimmten Unterhaltungsindustrie.

## Prohibition

Ein wichtiges Anliegen vieler politischer und religiöser Gruppen war nach dem Bürgerkrieg der Kampf gegen Gebrauch und Missbrauch von Alkohol. Bereits zu Beginn des 19. Jahrhunderts war *the liquor question* ein gesellschaftspolitisches Problem. Zunächst setzten die „Temperenzlervereine", deren Mitglieder sich zumeist aus dem protestantischen kirchlichen Milieu rekrutierten, darauf, ihre Mitbürger von der moralisch und sozial verderblichen Wirkung des Alkohols zu überzeugen. Mit zunehmendem politischem Einfluss forderten sie aber bald ein gesetzliches Alkoholverbot. Schätzungen zufolge waren 1833 ca. 1 Mio. Amerikaner in 6000 Vereinen des *Temperance Movement* organisiert. 1851 erließ Maine als erster Staat ein landesweites Alkoholverbot, binnen vier Jahren folgten 12 weitere Staaten.

Der Bürgerkrieg drängte das Thema vorübergehend in den Hintergrund, doch 1869 wurde mit der *Prohibition Party* sogar eine politische Partei gegründet, die mit einem eigenen Präsidentschaftskandidaten antrat. Mit der Gründung der *Anti-Saloon League*, die sich, wie die *Woman's Christian Temperance Union* (gegründet 1874), dem Kampf für ein bundesweites Prohibitionsgesetz annahm, wurde die Prohibitionsbewegung zu einer einflussreichen politischen Kraft. 1913 legen 5000 Prohibitionsbefürworter dem

Kongress eine Petition vor, die einen entsprechenden Verfassungszusatz forderte. Eine Reihe sozialer und politischer Veränderungen verlieh den Forderungen der Temperenzler Gewicht: Die Einführung einer nationalen Einkommenssteuer (1913) verringerte die Abhängigkeit der Union von den Einnahmen aus Abgaben auf Bier und Whiskey; der Erste Weltkrieg beeinträchtigte die Versorgung von Brauereien und Destillerien mit Getreide; und die Einführung des Frauenwahlrechts 1920 gab der von Frauen dominierten Temperenzlerbewegung Auftrieb.

Die Prohibitionsbewegung reflektierte aber auch xenophobe und antikatholische Vorurteile, denn vor allem den katholischen Einwanderern aus Irland und den Ländern Süd- und Mitteleuropas wurde übermäßiger Alkoholkonsum unterstellt. Die dominante protestantische „Kultur der Mäßigung" fühlte sich dadurch bedroht.

Als im Januar 1919 Nebraska als 36. Staat den bereits 1917 vom Kongress verabschiedeten 18. Verfassungszusatz ratifizierte, hatte die Prohibitionsbewegung ihr Ziel erreicht: Produktion, Verkauf und Transport alkoholischer Getränke wurden nach einem Jahr in allen Staaten verboten.

Die Nebenwirkungen der Prohibition durch die Kriminalisierung aller Aspekte des Alkoholkonsums – private und kommerzielle Schwarzbrennerei, Schmuggel und illegale Trinkstuben (*speakeasies*) – lieferten den Keimboden, auf dem das organisierte Verbrechen in den folgenden Jahren atemberaubende Gewinne erwirtschaften konnte. Al Capone war ein Produkt der Prohibition.

Diese Auswüchse, aber mehr noch die Hoffnung, durch die Schaffung neuer Arbeitsplätze im Brauereiwesen die horrende Arbeitslosigkeit zu bekämpfen, die im Gefolge der Weltwirtschaftskrise nach oben geschnellt war, gaben den Prohibitionsgegnern, darunter natürlich auch der einflussreichen Lobby der Brauereiwirtschaft, gute Argumente an die Hand: Der demokratische Kandidat Franklin D. Roosevelt zog 1932 mit dem Versprechen in den Präsidentschaftswahlkampf, nach einem Wahlsieg zumindest das Verbot von Bier abzuschaffen. Und er hielt Wort: Am 7. April 1933 wurde zunächst Bier (mit weniger als 3,2 % Alkoholgehalt) legalisiert. Noch im selben Jahr, am 5. Dezember 1933, musste das dreizehnjährige *noble experiment* durch die Ratifizierung des 21. Verfassungszusatzes, der den 18. Verfassungszusatz aufhob, als endgültig gescheitert gelten.

### Harding und Coolidge

Warren Gamaliel Harding, der neue Präsident, stammte aus Ohio – dort wurde er im November 1865 geboren. Der Lehrer, Geschäftsmann und Herausgeber einer lokalen Zeitung wurde 1914 – nach nur wenigen Jahren politischer Tätigkeit in Ohio – in den Senat gewählt. Dort vertrat er konservative und nationalistische Positionen – er galt als Vertreter des *Big*

*Business.* Harding war kein herausragender intellektueller Kopf. Er verdankte seine Kandidatur vor allem der Tatsache, dass sich die Granden der Republikaner nur schwer auf einen anderen Kandidaten einigen konnten. Einmal gewählt, versuchte er das Land mit einer konservativen Agenda zur „Normalität" zurückzuführen. Dazu gehörte auch, was spätere Kommentatoren (und viele Historiker) als „Isolationismus" bezeichneten. Der Begriff umschreibt die internationale Politik der Zwischenkriegszeit allerdings nur sehr unzureichend. Vielmehr verbanden sich drei sehr unterschiedliche Motive zu einer spezifischen Form amerikanischer Außenpolitik. Durchaus im Sinne der außenpolitischen Tradition des Landes. An erster Stelle stand die überkommene Vorstellung, dass sich die USA nicht binden dürften – um ein Maximum an außenpolitischem Spielraum zu haben. Dieser Grundsatz verband sich mit einem konservativen Nationalismus, der auf Einwanderungsbedingungen und Zollerhöhungen setzte und also eher die innere Verfasstheit der USA zum Gegenstand hatte. Für die internationale Politik ergab sich daraus, dass die USA dem Völkerbund – auch in Zukunft – fernblieben (ebenso dem Internationalen Gerichtshof), aber gleichzeitig für weltweite Abrüstungsverhandlungen eintraten. Denn eine allgemeine Aufrüstung (ein „Rüstungswettlauf") würde auch die USA zu Maßnahmen zwingen, die in Washington nicht erwünscht waren. Vor allem die maritime Aufrüstung erforderte also die Aufmerksamkeit der Seemacht USA. Das wichtigste Ergebnis dieser Politik war das Fünfmächteabkommen (Februar 1922), das die Flottenstärke der USA, Großbritanniens, Japans, Frankreichs und Italiens festlegte und so für eine Weile den maritimen Rüstungswettlauf unterbrach. Hierzu gehörte auch, dass sich die pazifischen Mächte USA, Japan, England und Frankreich ihre Besitzungen im Stillen Ozean garantierten. Dieses für einige Jahre wichtige Übereinkommen wurde auf der Neunmächtekonferenz im November 1921 in Washington maßgeblich von Präsident Harding in die Wege geleitet (Heideking, 2008). Das dritte Element der internationalen Politik der USA zwischen den beiden Weltkriegen war eine Förderung der ökonomischen Expansion. Dazu gehörte das Insistieren der USA auf eine grundlegende Regelung der Kriegsschuldenfragen, die freilich einstweilen nicht erreicht wurde. Mit dem Deutschen Reich schlossen die USA im August 1921 einen separaten Friedensvertrag.

In der Auseinandersetzung mit dem Erbe der Wilson'schen Reformen betrieb die Regierung eine widersprüchliche Politik: Zahlreiche Regulierungen wuden zurückgenommen, aber ebenso neue Maßnahmen eingeleitet (Bau von Bundesstraßen, Vergabe von Farmerkrediten, Einführung des Acht-Stunden-Tages in der Stahlindustrie).

Insgesamt war die Arbeit der ersten Regierungsjahre der Harding-Administration nicht erfolgreich. Dies lag vor allem an der Verfasstheit der Administration selbst: Hardings Regierung war in zahlreiche Korruptionsskandale verwickelt. Der Innenminister Hardings war das erste amerikanische Kabinettsmitglied, das zu einer Gefängnisstrafe verurteilt wurde. Und dies war nur die Spitze des Eisbergs. Da die zahlreichen Regierungsmitglieder, denen Unregelmäßigkeiten nachgewiesen wurden, aus dem Umkreis des Präsidenten stammten, war es Harding, der zum Verantwortlichen erklärt wurde. Wie andere Präsidenten vor ihm (und nach ihm) versuchte er, sich seinen Wählern auf einer ausgedehnten Reise durch das Land persönlich zu erklären. Und sich damit von den Skandalen zu distanzieren. Er bereiste sogar Alaska; in San Francisco starb er am 2. August 1923 vollkommen unerwartet an den Folgen eines Schlaganfalls.

Der ehemalige Gouverneur von Massachusetts Calvin Coolidge, der Hardings Vizepräsident war, wurde sein Nachfolger. Als er die Nachricht vom Tod des Präsidenten hörte, war Coolidge in Plymouth, Massachusetts, im Haus seines Vaters, dem örtlichen Friedensrichter. Seine Vereidigung auf die Familienbibel im Haus des Vaters übertrug erstmals der sich gerade ausbreitende Rundfunk.

Calvin Coolidge ist mehr noch als Harding mit der Prosperität der 1920er Jahre – der *Roaring Twenties* – verbunden. Es war eine Zeit des Glaubens an Fortschritt und wachsenden Wohlstand – hellsichtige Beobachter wie Scott Fitzgerald oder die Autoren der *Lost Generation* ahnten vielleicht schon die Brüchigkeit der Verheißungen, die einige Jahr später noch einmal in Herbert Hoovers Ankündigungen in den ersten Monaten seiner Amtszeit kulminierten und in der Weltwirtschaftskrise zerbrachen. Einstweilen glaubten die meisten Amerikaner (und insbesondere die politische Klasse) an ein kommendes Zeitalter der Prosperität und des individuellen wirtschaftlichen Erfolges.

Der neue Präsident, Calvin Coolidge, wurde im Juli 1872 in Massachusetts geboren. Er erhielt eine gute Ausbildung, praktizierte als Anwalt und machte in der Legislative seines Heimatstaates Karriere. 1919 wurde er Gouverneur von Massachusetts.

Der Gouverneur galt als ein in Wirtschafts- wie sozialen Fragen konservativer Mann. Gegen Gewerkschaften ging er hart vor; er glaubte an die Werte der Mittelklasse und der Geschäftswelt: „Das Hauptgeschäft des amerikanischen Volkes ist das Geschäft", fasste er diese Auffassung gerne zusammen und traf damit durchaus einen Teil des Lebensgefühls seiner Zeit. Der Präsident galt andererseits als ein integrer Mann, er konnte daher die Skandale der Harding-Administration schnell hinter sich lassen. Geschickt nutzte er als Erster (wie schon bei seiner Vereidigung) das Radio, um Bekanntheit zu erreichen.

Reformen, die aus der Mitte des Kongresses vorgebracht wurden, lehnte er (oft mittels Veto) ab. Er vertrat einen radikalen Laissez-faire-Standpunkt und stand selbst den Initiativen seines Vorgängers Harding und den Vorschlägen Hoovers, der als Handelsminister in seinem Kabinett verblieb, skeptisch bis ablehnend gegenüber.

In der Außenpolitik – maßgeblich gestaltet von seinen beiden Außenministern Charles Hughes und Frank Kellogg (der dieses Amt seit 1925 innehatte) – folgte er den Vorgaben seines Vorgängers. Seine Regierung bemühte sich um eine bessere Regelung der deutschen Reparationen (dies gelang 1924 mit dem Dawes-Plan, der amerikanische Anleihen für Deutschland ermöglichte) und eine grundlegende Regelung der Kriegsschuldenfrage. Hierfür schlossen die USA in den Jahren zwischen 1923 und 1926 Abkommen mit den wichtigsten Schuldnerstaaten der USA (darunter Frankreich und Großbritannien). Eine langfristige Rückzahlung und verhältnismäßig niedrige Zinsen waren der Kern der Abkommen.

Auch in der Lateinamerikapolitik knüpfte Coolidge an die Politik seiner Vorgänger an: Intervention (1926 in Nicaragua), politischer Druck (auf Mexiko) und die vorsichtige Neuformulierung der Monroe-Doktrin (zurückhaltender als Teddy Roosevelts Interpretation) kennzeichneten die Politik.

1928 gelang seinem Außenminister Kellogg mit dem Abschluss des Kellogg-Briand-Paktes (in maßgeblicher Zusammenarbeit mit dem französischen Außenminster Aristide Briand) der Abschluss eines umfangreichen multilateralen Abkommens (dem schließlich 60 Staaten beitraten), das den Krieg als Mittel der Politik ächtete. Obwohl in den nächsten Jahrzehnten weitgehend folgenlos, spielte der Pakt später eine wichtige Rolle bei der Weiterentwicklung des Völkerrechts.

Als seine Amtszeit sich dem Ende näherte, erklärte der Präsident 1928, nicht noch einmal kandidieren zu wollen. Mit Herbert Hoover stand der geborene Nachfolger bereit.

Coolidge war ein konservativer, den Ideen des amerikanischen Kapitalismus verpflichteter Präsident. Seine persönliche Integrität gab dem Amt nach den Skandalen der Hardings Jahre neues Gewicht. Politisch überließ er das Land und seine Wirtschaft sich selbst.

1933 verstarb Coolidge, erst sechzig Jahre alt.

### Die Weltwirtschaftskrise

Zur Überraschung von Politik und Wirtschaft kam es ein Jahr nach der Wahl Hoovers zu einem abrupten Ende des wirtschaftlichen Wachstums: Am 24. Oktober 1929, dem „Black Thursday", bis zum 29. Oktober, dem „Black Tuesday", erlebte die Wall Street einen Börsenkrach ungeheuren Ausmaßes. Die Weltwirtschaftskrise brach innerhalb weniger Tage über die völlig unvorbereitete Bevölkerung herein.

Tatsächlich war der Börsenkrach keineswegs ein Blitz aus heiterem Himmel, sondern das Ergebnis der Entwicklungen nach dem Ersten Weltkrieg.

Die Wirtschaft in Europa hatte in den Kriegsjahren gelitten, die Kaufkraft war gesunken, die Inflation gestiegen. Die USA wurden zur führenden Wirtschaftsmacht, hielten aber an protektionistischen Praktiken fest, wodurch es den europäischen Ländern unmöglich gemacht wurde, ihre bereits im Krieg angehäuften Schulden gegenüber Amerika auszugleichen. Die USA gewährten ihren Schuldnern weiterhin großzügige Kredite, wodurch das Problem jahrelang verdeckt wurde.

Die amerikanische Bevölkerung erlebte die 1920er Jahre als eine Zeit der Prosperität, der wirtschaftlichen Entwicklung schienen keine Grenzen gesetzt (Heideking, 2008). Die Spekulationen an der Börse blühten und die Aktienkurse überstiegen bald, was die tatsächliche Wirtschaftskraft der USA erlaubt hätte. Angesteckt von der Spekulationseuphorie nahmen viele Anleger Kredite auf, um mehr Aktien zu erwerben.

Im Oktober begannen die Kurse zu stagnieren. Die Anleger wurden nervös. Dann kam der 24. Oktober und nach anfänglich ruhigem Handel brach ohne erkennbaren Auslöser plötzlich Panik aus; Händler wurden angewiesen, ohne Rücksicht auf die Kurse Aktien zu verkaufen. Keine zwei Stunden später war der Wert der gesamten börsennotierten Unternehmen um 11 Milliarden Dollar gefallen. Zwar gelang es dem Vizepräsidenten der New Yorker Börse, Richard Whitney, durch sein beherztes Eingreifen – er orderte öffentlich große Mengen von Aktien zu Preisen über dem Marktwert – die Lage bis zum Wochenende zu beruhigen, doch die Katastrophe war nicht mehr aufzuhalten. Die Kurse waren zu stark gesunken, um die Kredite noch decken zu können, und die Banken forderten ihr Geld zurück. Dies zwang viele Anleger zum Verkauf ihrer Aktien – egal zu welchem Preis. Der Dow-Jones-Index, der vor dem Börsenkrach über 331 Punkte erreicht hatte, fiel bis Mitte November auf 180 Punkte. Wiederum glaubten optimistische Anleger, die Talsohle sei erreicht, und begannen vermeintlich billige Aktien zu erwerben, doch die Talfahrt setzte sich fort. Der absolute Tiefpunkt war erst im Sommer 1932 erreicht, als der Index bei 41 Punkten ankam. Der Zusammenbruch der Aktienkurse bedeutete den Ruin für viele Anleger. Zahlreiche Firmen gingen in Konkurs. Die Arbeitslosigkeit schnellte nach oben. Auch Europa, das sich durch die Folgen des Ersten Weltkrieges in wirtschaftlicher Abhängigkeit von den USA befand, wurde in den Strudel hineingezogen, was wiederum ungünstig auf die amerikanische Wirtschaft zurückwirkte. Insbesondere Deutschland, nicht zuletzt durch die Reparationszahlungen unter finanziellem Druck, geriet in eine wirtschaftliche und politische Krise

Die Auswirkungen der Weltwirtschaftskrise waren weltweit verheerend, doch am schlimmsten getroffen waren die USA. Das Nationaleinkommen fiel innerhalb von drei Jahren um die Hälfte, die gesamte industrielle Produktion um fast 40 %. Bei für heutige Begriffe ausgesprochen unzureichenden sozialen Sicherungssystemen war die Arbeitslosigkeit, die 1933 bei 25 %

lag, für viele amerikanische Familien ein Existenzproblem. Viele Amerikaner litten Hunger und Not. Das ganze Land schien von einer Stimmung von
Hoffnungslosigkeit, Angst vor sozialem Abstieg und fehlendem Vertrauen
in die Regierung ergriffen (Remini, 2008). Geprägt nicht zuletzt vom puritanischen Gedankengut, das wirtschaftlichen Misserfolg als göttliche Miss-
gunst interpretierte, schämten sich viele der Notleidenden. Die überborden-
de Lebensfreude und Unbekümmertheit der „wilden" 1920er Jahre waren
einer lähmenden Niedergeschlagenheit gewichen. Amerika war von der
*Great Depression* ergriffen. Das Selbstbewusstsein und der Führungs-
anspruch der Wirtschaftselite schwanden – im Februar 1933 sah es gar nach
einem landesweiten Zusammenbruch des Bankensystems aus.

Am Beginn der Wirtschaftskrise erhofften sich viele Beobachter, dass mit
Präsident Hoover ein Mann im Weißen Haus saß, der in besonderer Weise
zur Bewältigung der nun anstehenden Aufgaben geeignet war. Der Bergbauingenieur verfügte über ein hohes Ansehen als fähiger Administrator. In der
Wilson-Administration hatte Hoover die amerikanische Lebensmittelver-
waltung organisiert (seit 1917), zuvor setzte er sich für die Belgien-Hilfe ein,
nach dem Krieg unterstützte er die Nahrungsmittelhilfe für die unter Hungersnöten leidende Sowjetunion.

Nach Amerika zurückgekehrt, ernannte ihn Präsident Harding zum Handelsminister, ein Amt, das er acht Jahre mit Umsicht ausübte. Er führte moderne Technik (Statistik, Marktforschung etc.) in die Arbeitsweise des Ministeriums ein und machte es sich zur Aufgabe, die Zusammenarbeit von
Unternehmen und Gewerkschaften zu fördern. Staatliche Eingriffe in die
Wirtschaft oder eine umfassende Regulierung lehnte Hoover allerdings ab.
Er war ein strikter Vertreter eines den Kapitalismus bejahenden amerikanischen Individualismus. Seiner Herkunft aus einer Quäker-Familie verdankte er sein humanitäres Engagement und seine Ablehnung von militärischer
Gewalt (zeit seines Lebens, auch nach seiner Präsidentschaft, lehnte er das
militärische Engagement der USA, sei es im Zweiten Weltkrieg, in Korea
oder Vietnam, ab).

Hoover war im August 1874 in Iowa geboren, damit war er der erste
Präsident, der aus einem Staat westlich des Mississippi stammte. Er studierte
Geologie an der gerade gegründeten *Stanford University* (die heute ein be-
deutendes konservatives Forschungsinstitut beherbergt, das seinen Namen
trägt). Bis zum Beginn der 1920er Jahre arbeitete er als Bergbauingenieur im
Ausland – unterbrochen von seinem humanitären Engagement während des
Ersten Weltkrieges.

Als Präsident wollte er zunächst der Politik seiner beiden Vorgänger folgen. Sein Kabinett umfasste neben Industriellen und Bankiers den routinier-
ten Diplomaten Henry L. Stimson als Außenminister. Wilson setzte die Politik vorangegangener republikanischer Administrationen konsequent fort:

Die Nationalparks, die Teddy Roosevelt geschaffen hatte, wurden erweitert; sozialpolitische Maßnahmen blieben hingegen marginal, obwohl der Präsident das baldige Ende von Armut (und für jeden Bürger ein Auto) in Aussicht stellte. In der Außenpolitik verweigerte er der Sowjetunion, wie Harding und Coolidge, die diplomatische Anerkennung. Dem Völkerbund blieben die USA auch unter seiner Ägide fern.

Sein Vertrauen auf die Selbstheilungskräfte der Märkte und die Kraft der kapitalistischen Ordnung wurde der Krise allerdings nicht gerecht. Er zögerte allzu lang, bevor er im Frühjahr 1932 mit aktiven Maßnahmen zur Bekämpfung der Depression (etwa der Schaffung der *Reconstruction Finance Corporation*) begann. Zudem machte er Fehler, als er das Hochzollgesetz von 1930 akzeptierte, das den Welthandel noch einmal schrumpfen ließ (Herz, 1987).

Seine politische Inaktivität hatte Folgen: Die Popularität des Präsidenten sank rapide – er galt bald als uneinsichtig und hartherzig. Vor allem als er im Juli 1932 demonstrierende Weltkriegsveteranen mittels brutaler militärischer Gewalt aus Washington vertreiben ließ. Die ehemaligen Soldaten waren auf die vorzeitige Auszahlung von Entschädigungen angewiesen, die ihnen zustanden und die nun ausblieben.

Außenpolitisch hatte der Präsident etwas mehr Erfolg. Unter seiner maßgeblichen Mitwirkung wurde die Reparationsfrage in Europa entschärft (der die Frage der deutschen Reparationen neu regelnde *Young Plan*, Juni 1929, und das sogenannte *Hoover Moratorium* vom Juni 1931, das für internationale Regierungsschulden einen einjährigen Zahlungsaufschub vorsah).

Die Bemühungen der Administration, eine weltweite Abrüstung zu erreichen, blieben allerdings vorläufig. Die Londoner Flottenkonferenz (1930) sah zwar Einschränkungen bei dem weiteren Ausbau nationaler Kriegsflotten vor, war aber bald nur Makulatur – spätestens als Deutschland und Japan zu einer expansiven Politik übergingen. Die Genfer Abrüstungskonferenz, ein Herzensanliegen des Präsidenten, brachte 1932 keine nennenswerten Ergebnisse.

In Ostasien traten die USA Japan entgegen, das in der Mandschurei 1931/32 zu einer offen agressiv-expansionistischen Politik übergegangen war. Die „Stimpson-Doktrin" legte fest, dass die japanischen Eroberungen in China seitens der USA grundsätzlich nicht anerkannt werden würden.

Erwartungsgemäß verlor der Präsident 1932 die Wahl gegen Franklin Roosevelt, dessen erbittertster Kritiker er über die nächsten Jahre sein würde. Nach dem Krieg (während der Truman- und Eisenhower-Administration) übernahm er noch einmal einige Regierungsfunktionen (wieder koordinierte er Lebensmittelhilfen). In Reden und schriftlichen Beiträgen setzte er sich gegen die Politik gezielter militärischer Interventionen ein.

Im Oktober 1964 starb er; kein Präsident hatte nach seiner Amtszeit noch so lange gelebt.

## Der *New Deal* – *Happy days are here again*

Gebeutelt vom Konjunktureinbruch und der Massenarbeitslosigkeit war das Land 1932 bereit für eine politische Wende. Als Franklin Delano Roosevelt in diesem Jahr als Präsidentschaftskandidat der Demokraten die nationale politische Bühne betrat und den Amerikanern einen *New Deal* versprach, wurde er als Hoffnungsträger und Erneuerer gefeiert. Obwohl er kein konkretes politisches Programm postulierte, gewann er die Wahl mit einer komfortablen Stimmenmehrheit von 57 Prozent. Herbert Hoover hatte zu spät erkannt, dass die Krise – auch aus psychologischer Sicht – ein aktives Handeln verlangte.

### Franklin Delano Roosevelt

Franklin Delano Roosevelt, 1882 im Staat New York geboren, war, wie Lincoln für das 19. Jahrhundert, die große Ausnahmefigur des 20. Jahrhunderts.

Als einziger Präsident in der Geschichte der Vereinigten Staaten von Amerika wurde er mehr als zweimal (insgesamt viermal) ins Amt gewählt (1933, 1936, 1940 und 1944); er blieb bis zu seinem Tode 1945 im Amt. Wie Lincoln veränderte er das Land tiefgreifend. Und wie sein großer Vorgänger war er in der Lage, über seine Herkunft, seine Klasse und seine Partei hinwegzusehen. Manche Kommentatoren nannten ihn „a traitor of his class" (Brands, 2008) – er muss dies als Auszeichnung empfunden haben. Und mit Berechtigung: Roosevelt setzte nicht nur die Politik des *Progressive Movement* nach Woodrow Wilson fort, sondern er legte den Grundstein zu einer amerikanischen Form des Sozialstaates, der bis zum Amtsantritt Ronald Reagans Bestand haben sollte.

Franklin D. Roosevelts Familie lebte in Hyde Park, am Hudson River – *upstate New York*. Dort wuchs Franklin auf. Sein Vater James verbrachte als ein typischer (amerikanischer) Quasi-Aristokrat jener Jahre viel Zeit zu Hause und mit seinem (einzigen) Sohn. Die Mutter, Sara Delano, die mit James in zweiter Ehe lebte, war Abkömmling einer ebenso reichen und konservativen Familie wie der ihres Mannes.

Der zukünftige Präsident wuchs in sehr privilegierten Verhältnissen auf. Und: Die Roosevelts hatten eine Bindung zu Deutschland: Sara lebte dort drei Jahre und sprach fließend deutsch. Zwischen 1891 und 1896 verbrachte Franklin D. Roosevelt einen Teil seiner Kindheit in Europa, dabei besuchte er im Alter von 9 Jahren, während eines Kuraufenthalts seines Vaters, für sechs Wochen auch eine Schule in Hessen. Daran soll er eher schlechte Erinnerungen gehabt haben – Deutschland blieb ihm suspekt.

1896 trat Franklin D. Roosevelt – standesgemäß – in eine der exklusivsten Privatschulen der USA ein: die *Groton School* in Massachusetts. Die Schule legte Wert auf christliche und humanistische Erziehung. Von 1900 bis 1904 studierte er in *Harvard*, anschließend an der *Columbia University* (die Rechte) und trat 1907 als zunächst unbezahlter Mitarbeiter einer renommierten New Yorker Anwaltskanzlei bei. In akademischer Hinsicht zeichnete sich der spätere Präsident nicht in besonderer Weise aus.

Im März 1905 heiratete Roosevelt in New York Eleanor Roosevelt, die Nichte des Präsidenten Theodore Roosevelt. In den Jahren danach begann sein politisches Engagement. 1910 wurde er in den Senat des Staates New York gewählt. Präsident Wilson holte Roosevelt, der frühzeitig zu seinen Anhängern gehört hatte, nach Washington – als Vizemarineminister, die Position, die einst auch Teddy Roosevelt innehatte. Zunächst verlief sein Aufstieg sehr schnell. 1920 kandidierte er für das Amt des Vizepräsidenten. Allerdings eine Wahl, die für die Demokraten nicht zu gewinnen war. Dann kam ein großer Rückschlag: 1921 erkrankte Roosevelt, im Alter von 39 Jahren, an Kinderlähmung (Poliomyelitis) und musste sich vorerst aus der Politik zurückziehen. Sieben Jahre lang kämpfte er verbissen, um wieder gehen zu können.

Nach seiner „Genesung", von der er jedoch eine starke Gehbehinderung zurückbehielt, wurde Roosevelt 1928 zum Gouverneur des Staates New York gewählt (und 1930 im Amt bestätigt). Seine Amtszeit in New York verschaffte ihm den Ruf des Reformers. Er erweckte Vertrauen und seiner Sorge um das Wohlergehen seiner Mitbürger wurde geglaubt. Damit wurde er zu einem Hoffnungsträger der amerikanischen Politik und zum Präsidentschaftskandidaten der Demokraten. Überzeugend gewann er die Wahl im Herbst 1932. Am Beginn der „Großen Depression" konnte sich Franklin D. Roosevelt gegen Herbert Hoover, von dem kaum noch jemand die Bewältigung der Krise erwartete, durchsetzen. Der Gouverneur wurde am 4. März 1933 zum 32. Präsidenten der Vereinigten Staaten vereidigt. Mit dem Motto *First things first* trat Roosevelt sein Amt an. Die Wirtschaftskrise bekämpfte der Präsident erfolgreich (so weit dies unter den binnen- und weltwirtschaftlichen Bedingungen überhaupt möglich war) mit dem *New Deal*, einem Reformprogramm, mittels dessen sich die Wirtschaft wieder erholen und die massive Arbeitslosigkeit bekämpft werden sollte. Dabei entließ er den Staat aus seiner bis dahin passiven Rolle in der Wirtschaft und Gesellschaft. Vor allem schuf er ein Klima des Optimismus und Vertrauens in die Regierung.

Entschlossen setzte er Akzente: Während Roosevelts Amtszeit erfolgten die Aufgabe des Goldstandards (April 1933), die Anerkennung der UdSSR mit der Aufnahme von diplomatischen Beziehungen (Dezember 1933) sowie die Aufhebung der Prohibition (Dezember 1933).

Nach der Machtübernahme der NSDAP in Deutschland verabschiedeten die USA das Neutralitätsgesetz im August 1935. Dieses Gesetz verpflichtete die USA zur strikten Nichteinmischung in bewaffnete Auseinandersetzungen. Eine Politik, die der Präsident nicht guthieß und die er behutsam zu ändern versuchte.

1936 wurde Roosevelt mit einer großen Mehrheit wiedergewählt. Nach Ausbruch des Weltkrieges erklärte Franklin D. Roosevelt im September 1939 zunächst die Neutralität Amerikas mit der Absicht, die USA so weit wie möglich aus dem Krieg herauszuhalten, auch weil die USA über keine nennenswerten Streitkräfte verfügten. 1940 entschieden sich die USA schließlich zur Wiederaufrüstung und zur Wiedereinführung der Wehrpflicht. Im Dezember 1940 wurde Franklin D. Roosevelt erneut für eine dritte Amtszeit als Präsident im Amt bestätigt. Als am 7. Dezember 1941 der japanische Überfall auf Pearl Harbor erfolgte, folgte am 8. Dezember 1941 die Kriegserklärung der USA gegen Japan. Am 11. Dezember 1941 antwortete Adolf Hitler mit einer Kriegserklärung gegen die USA, der sich Italien anschloss.

Roosevelt wurde der weltpolitische Gegenspieler Hitlers. Früh hatte er diese Aufgabe erkannt. Die drei wichtigsten strategischen Entscheidungen Roosevelts im Zweiten Weltkrieg waren: der Entschluss, den Bau einer Atombombe in Auftrag zu geben; das Festhalten an der mit Winston Churchill ausgearbeiteten Strategie „Deutschland zuerst", auch nachdem die USA von Japan angegriffen worden waren und der Wunsch nach Revanche in den USA stark war; und das Bestehen auf der bedingungslosen Kapitulation Deutschlands als Kriegsziel der Alliierten (1943).

Unter den führenden Politikern der „Vereinten Nationen", so die offizielle Bezeichnung für die Anti-Hitler-Koalition, hatte allein Roosevelt eine globale Vision der Nachkriegsordnung. Während der Treffen der „Großen Drei" (Churchill, Stalin und Roosevelt) in Teheran 1944 und Jalta 1945 verfolgte er das Ziel der Schaffung einer dauerhaften institutionalisierten (das System der Vereinten Nationen und die Weltwirtschaftsordung von Bretton Woods) Friedensordnung.

1944 wurde Roosevelt für eine vierte Amtszeit wiedergewählt. Seine Krankheit hatte er weitgehend geheimgehalten. Dass er dem Sterben nahe war, ist dem letzten Bild seiner öffentlichen Auftritte zu entnehmen. Am 12. April 1945 starb der Präsident in Warm Springs, Georgia, an einer Hirnblutung.

Roosevelt übernahm das Präsidentenamt, als die Depression ihre schlimmsten Ausmaße erreichte. Doch der Präsident, der als Folge einer Polioinfektion gelähmt war – was die meisten Amerikaner nicht wussten –, inspirierte die Bevölkerung mit seiner dynamischen, zupackenden Art und seinem Optimismus. Aufbruchsstimmung machte sich breit. Und er war politisch klug – vermutlich der beste Taktiker im Amt des Präsidenten in der amerikanischen Geschichte. Hoovers Vorschlag eines Treffens in den Monaten zwischen dem Wahlsieg und der Amtseinführung Roosevelts, um gemeinsam ein Programm zur wirtschaftlichen Stabilisierung zu erarbeiten, lehnte Roosevelt ab. Ihm war bewusst, dass es ihm nur schaden konnte, mit dem „Depressions-Präsidenten" Hoover assoziiert zu werden.

Kaum war Roosevelt im Amt, setzte er einen Katalog von Maßnahmen durch – auch solche, die noch von der Hoover-Administration stammten.

Die, als solche zum Programm erklärten, „ersten hundert Tage" der Roosevelt-Administration (seither spricht man von den „ersten hundert Tagen" einer neu angetretenen Regierung) waren eine Zeit des Aufbruchs – der Kongress zog mit und genehmigte weitreichende Reformen (Davis, 1986).

Anfang März verhängte Roosevelt *bank holidays*, um die Bankenkrise unter Kontrolle zu bringen. Nur „stabile" Banken durften nach den erzwungenen „Ferien" wieder öffnen, wodurch die Bevölkerung wieder Vertrauen ins Bankwesen gewann. Die Staatsausgaben reduzierte Roosevelt durch Kürzungen von bis zu 15 Prozent der Gehälter und Renten der Staatsangestellten. Dann wandte Roosevelt sich der Landwirtschaft zu, die von der Depression besonders stark in Mitleidenschaft gezogen worden war, was nicht zuletzt in der noch aus Kriegszeiten herrührenden Überproduktion begründet lag. Die Regierung setzte Obergrenzen für die Produktion fest; da diese jedoch erst im folgenden Jahr zum Tragen kamen, wurden im Sommer 1933 (in einigen Fällen) Ernten vernichtet und Tiere geschlachtet, um das Preisniveau nicht unter ein bestimmtes Niveau sinken zu lassen. Farmer bekamen Ausgleichsprämien dafür, dass sie ihre Produktion zurückfuhren. Auch in den industriellen Sektor griff der Staat regulierend ein: Die *National Recovery Administration*, eine Bundesbehörde, sollte die „nationale Erholung" vorantreiben. Die Rolle der Gewerkschaften wurde gestärkt, Streikrecht, Mindestlöhne und Arbeitszeitbeschränkungen eingeführt. Kinderarbeit wurde verboten und eine Arbeitslosenversicherung etabliert. Um ruinöse Preiskämpfe zu verhindern, gestattete die Regierung Produzenten Absprachen zu Produktion und Preishöhe. Zur Bekämpfung der Arbeitslosigkeit wurde ein ambitioniertes Programm entworfen, das die Wirtschaftskraft Amerikas erhöhen und die Lebensqualität der Bevölkerung verbessern sollte – vor allem durch den Ausbau der Infrastruktur mit großangelegten Straßenbau-, Staudamm- und Brückenbauprojekten. Das bedeutendste war die *Tennessee Valley Authority* – ein großes Staudamm- und Bewässerungsprojekt im Tal des Tennessee.

Die Bevölkerung fasste wieder Hoffnung. Doch es gab auch Kritik an Roosevelts Politik. Den Gewerkschaften waren die Veränderungen nicht radikal genug, sie forderten einen schnelleren Abbau der Arbeitslosigkeit. Den Unternehmen gingen die staatlichen Eingriffe zu weit, sie befürchteten ein Abrutschen in ein zentral gesteuertes Wirtschaftssystem. Auch der Oberste Gerichtshof hatte Einwände gegen viele der neuen Gesetze, die – so die Begründung in verschiedenen Urteilen – der Union zu große Befugnisse gegenüber den Einzelstaaten einräumten. Die Bevölkerung reagierte mit zunehmendem Unverständnis auf diese Urteile, die Reformmaßnahmen (wie beispielsweise das Mindestlohngesetz) für ungültig erklärten. Roosevelt weigerte sich, der Kritik des Obersten Gerichts und der Unternehmer nachzugeben. Statt seine Pläne zu mäßigen, radikalisierte er sie: Nach den

Zwischenwahlen im November 1934 begann der *Second New Deal*, der eine Stärkung der Gewerkschaften bewirkte und mit dem *Social Security Act* von 1935 die soziale Absicherung amerikanischer Arbeitnehmer entscheidend verbesserte – die Keimzelle des heutigen amerikanischen Sozialhilfesystems. Die Einrichtung der *Works Progress Administration* (WPA), die ohne Zustimmung des Kongresses auf Initiative Roosevelts durch *Executive Order* eingerichtet wurde, war im Wesentlichen eine breit angelegte Arbeitsbeschaffungsmaßnahme für arbeitslose Familienoberhäupter (davon ungefähr 15 Prozent Frauen) und brachte viele ungelernte Arbeiter, aber auch Künstler und Intellektuelle in Arbeit und Brot. Die Besteuerung von Unternehmen und der gut verdienenden Oberschicht wurde erhöht und mit der Beseitigung der Kluft zwischen dem Lohnniveau der breiten Masse und den wenigen Reichen nicht nur eine der Hauptursachen für die Depression aufgehoben, sondern auch eine wichtige Voraussetzung für den sozialen Frieden geschaffen.

Roosevelts Verärgerung über die Urteile des konservativen *Supreme Court*, der seine Reformen untergrub, wuchs in dieser Zeit – er glaubte, die Mehrheit der Bevölkerung hinter sich zu haben, als er 1937 einen Plan entwarf, um das Gericht auf seinen Kurs zu bringen. Dieser *Court-packing Plan* hätte es dem Präsidenten erlaubt, jedem über 70-jährigen Richter einen von ihm nominierten Richter an die Seite zu stellen – vermeintlich um die Arbeitsbelastung der älteren Richter zu reduzieren, tatsächlich aber um die Gegner seiner Reformen durch Reformbefürworter in die Minderheit zu bringen. Der Gesetzesentwurf löste Entrüstung aus – man warf Roosevelt undemokratisches, gar diktatorisches Verhalten vor. Dennoch hatte der Präsident in gewisser Weise Erfolg – die Kritik an der Rechtsprechung veranlasste Richter Owen Josephus Roberts, nicht mehr mit den Reformgegnern zu stimmen. So knapp die Urteile vorher mit 5:4 gegen den *New Deal* ausgefallen waren, gingen sie nun für diesen aus. Die Regierung konnte nun mit Rückendeckung des *Supreme Court* steuernd und regulierend in wirtschaftliche Belange eingreifen.

Die tatsächliche Wirkung des *New Deal* auf die Wirtschaft wurde aber weithin überschätzt. Die Arbeitslosigkeit, die bei Roosevelts Amtsantritt von 12,5 Millionen auf unter 8 Millionen gefallen war, stieg bis 1938 wieder auf 10 Millionen an. Die Depression wurde erst durch den Rüstungsboom während des Zweiten Weltkrieges wirklich überwunden. Nicht zu überschätzen ist jedoch die Wirkung des *New Deal* auf die Bevölkerung, die wieder mit Optimismus in die Zukunft blickte. Roosevelt vertrat den Grundsatz, jeder Amerikaner habe Anspruch auf einen sicheren Lebensunterhalt; um dies zu gewährleisten, stärkte er die Rolle des Präsidentenamtes. Große Teile der Bevölkerung verehrten ihn und sein *New Deal* war der Grund, dass viele Wähler – vor allem die einfachen Arbeiter, aber auch die Intellektuellen – der Demokratischen Partei für den Rest ihres Lebens die Treue hielten.

## 10. Der Zweite Weltkrieg

### Vorgeschichte

Die Weltwirtschaftskrise und die Maßnahmen zu ihrer Überwindung dominierten die amerikanische Politik. Große außenpolitische Initiativen unterblieben. Zwar nahm Roosevelt diplomatische Beziehungen zur Sowjetunion auf (und brach damit mit der Politik seiner drei republikanischen Vorgänger) und seine *New Neighborhood Policy* entspannte das Verhältnis der USA zu den lateinamerikanischen Staaten; aber im Mittelpunkt stand doch die Innen- und Wirtschaftspolitik.

Die Mehrheit des Kongresses wollte vor allem verhindern, dass die USA (noch einmal, wie im Ersten Weltkrieg) in europäische Auseinandersetzungen verwickelt wurde. Zwischen 1935 und 1937 erließ der Kongress „Neutralitätsgesetze", die Waffenlieferungen, den Handel mit Rüstungsmaterial und die Vergabe von Krediten an Kriegsmächte untersagten. Selbst die Empörung über den Einmarsch der Deutschen in Prag im März 1939 und die Ereignisse nach dem deutschen Überfall auf Polen im September 1939 veranlasste die große Mehrheit der Amerikaner nicht, in den Krieg eingreifen zu wollen (Heideking, 2008). Roosevelt allerdings war sich darüber klar, dass Europa unter der Herrschaft Hitlers auch für die USA eine Bedrohung darstellte. Er begann vorsichtig und Schritt für Schritt, den Kriegseintritt vorzubereiten. Zunächst schloss die Regierung einen Pakt mit Mexiko, der Nord- und Südamerika zu einer Sicherheitszone zusammenfasste, die gemeinsam gegen Angriffe verteidigt werden sollte. Die Neutralitätsgesetze wurden nach und nach gelockert und der Kongress – obschon zögerlich – genehmigte 4 Milliarden Dollar zur Aufrüstung des Landes.

Als Frankreich im Juni 1940 den Waffenstillstand von Compiègne unterzeichnete, der einer Kapitulation gegenüber Deutschland gleichkam, lautete die amerikanische Position nicht mehr „Neutralität", sondern (für das noch allein kämpfende Großbritannien) *all aid short of war* – abgesehen von militärischem Engagement sollte dem verbleibenden Gegner Deutschland, auf jegliche Weise geholfen werden. Da sich die Insel in arger Bedrängnis befand und unter den deutschen Angriffen zu fallen drohte, beschloss man ein Tauschgeschäft: England gab sechs Flottenstützpunkte in für den Krieg unmaßgeblichen Gegenden – Kanada und der Karibik – an die USA ab und erhielt dafür 50 Zerstörer. Zudem weitete Roosevelt die Zusammenarbeit mit dem kanadischen Premierminister William Mackenzie King aus, da man Angriffe der Japaner auf den nordamerikanischen Kontinent befürchtete. Im September 1940 führte der Kongress die Wehrpflicht wieder ein.

Als Roosevelt sich im November des Jahres zum dritten Mal zur Wahl stellte, versprach er seinen Wählern zwar noch, dass er die Amerikaner nicht in einen „fremden Krieg" führen werde, begann aber mit einer wirtschaftlichen Mobilmachung, die aus den USA ein *arsenal for democracy* machen sollten – ein Waffenlager für die Demokratie. Die Transformation der Wirtschaft in eine Rüstungswirtschaft war bereits in den Jahren zuvor vollzogen worden, was nicht nur die industrielle und landwirtschaftliche Produktion erheblich gesteigert, sondern auch zu Vollbeschäftigung und Lohnzuwachs geführt hatte (die Arbeitslosigkeit war unmittelbar vor Kriegseintritt von 10 auf 1 Million Erwerbslose gesunken).

Am 11. März 1941 wurde der *Lend-Lease Act* beschlossen, das Leih- und Pachtgesetz, das es dem Präsidenten ermöglichte, Rüstungsmaterial an Staaten, deren Verteidigung für die USA als unerlässlich angesehen wurde, nach Gutdünken weiterzugeben. Zunächst war Großbritannien der Nutznießer dieser wirtschaftlichen Hilfestellung Amerikas; nach dem Einmarsch der Deutschen in der Sowjetunion weitete Roosevelt das Programm auch auf die Sowjetunion aus.

Im August 1941 trafen sich Roosevelt und Churchill unter dem Eindruck des deutschen Überfalls auf die Sowjetunion auf dem britischen Schlachtschiff *Prince of Wales* im Atlantik und verabschiedeten die Atlantik-Charta, in der sie wichtige Grundzüge für eine Nachkriegsordnung festhielten: In Anlehnung an Wilsons Vierzehn-Punkte-Plan forderten sie den Verzicht auf territoriale Expansion und Gewalt, das Selbstbestimmungsrecht für alle Staaten, freien Zugang zu Handel und Rohstoffen, die Freiheit der Meere und die wirtschaftliche Zusammenarbeit der Länder.

Der Blick Roosevelts richtete sich vor allem auf das Kriegsgeschehen in Europa. Aber 1940/41 nahmen die Spannungen mit Japan zu. Mit Tokio führte die Regierung nun langwierige Verhandlungen, um noch einmal einen Ausgleich zu finden. Noch glaubte man nicht an einen unmittelbar bevorstehenden Angriff, obwohl Japan sich durch den Nichtangriffspakt mit der Sowjetunion im April 1941 freie Hand und Entlastung im Osten verschafft hatte und der amerikanische Botschafter in Tokio vor einem japanischen Angriff auf den Flottenstützpunkt Pearl Harbor in Hawaii warnte.

Die USA und Großbritannien hatten auf die japanischen Eroberungszüge in China mit Handelssanktionen reagiert und insbesondere den Erdölexport so gut wie eingestellt (bereits mit der Simpson-Doktrin waren die USA der japanischen Expansionsstrategie entgegengetreten). Als der ehemalige Kriegsminister Hideki Tojo am 16. Oktober 1941 japanischer Regierungschef wurde, bemühte er sich zunächst um Verhandlungen mit England und den USA, von denen man die Einstellung der Kooperation mit China und die

Aufhebung des Ölembargos verlangte. Als dieser Vorstoß keinen Erfolg brachte, entschloss sich Japan zu einem Überraschungsangriff auf Pearl Harbor, der die amerikanische Pazifikflotte zerstören und den Japanern Zeit zur Konsolidierung ihres Machtbereichs verschaffen sollte. (Bis heute kursieren Verschwörungstheorien, die Roosevelt unterstellen, den Angriff in Kauf genommen zu haben, um die USA in den Krieg führen zu können. Nachvollziehbare Belege für diese abstrusen Unterstellungen wurden nie gefunden.)

Der japanische Angriff kam unerwartet: Die beiden amerikanischen Kommandanten des Stützpunktes wurden von den Luftangriffen am 7. Dezember 1941 vollkommen überrascht. Mehr als 2400 amerikanische Soldaten fanden den Tod, 343 Flugzeuge und acht Schlachtschiffe wurden zerstört oder schwer beschädigt. Die drei Flugzeugträger der Pazifikflotte waren nicht im Hafen und entgingen so dem Angriff.

### Der *Good War*

Der Überfall auf Pearl Harbor schockierte die Amerikaner und ließ die vorsichtig abwartende Stimmung umschlagen: Am Tag nach dem Angriff erklärte der Kongress auf Aufforderung des Präsidenten Japan den Krieg. In Reaktion darauf erklärte Deutschland den USA am 11. Dezember den Krieg – in der Hoffnung, Japan werde im Gegenzug die Sowjetunion angreifen und so den Hauptgegner Deutschlands schwächen. Die Japaner hielten sich aber an ihren Nichtangriffspakt mit der Sowjetunion; Hitlers Kriegserklärung enthob Roosevelt der Notwendigkeit, seine Landsleute von Militäreinsätzen in Europa überzeugen zu müssen.

Der Kriegseintritt einigte die amerikanische Bevölkerung – mit der Ausnahme der japanischstämmigen Minderheit von etwa 100.000 Personen, die den Zorn und Rassismus nicht nur der übrigen Amerikaner, sondern auch der Regierung zu spüren bekamen. Offiziell zu Mitgliedern einer „Feindesrasse" deklariert, wurden sie in Lager interniert; die meisten von ihnen konnten diese während der Kriegsjahre nicht mehr verlassen – es sei denn, sie meldeten sich freiwillig zum Kriegsdienst.

Großbritannien und die USA begannen ihre Kriegsanstrengungen zu koordinieren. Vom 22. Dezember bis zum 14. Januar 1941/42 fand in der amerikanischen Hauptstadt die amerikanisch-britische Arcadia-Konferenz statt. Churchill und Roosevelt vertrauten einander, selten arbeiteten zwei führende Politiker so eng zusammen – es war die Geburtsstunde der amerikanisch-britischen *special relationship*.

Die Beziehung mit der Sowjetunion sollte auf eine Geduldsprobe gestellt werden. Roosevelt wusste, dass er nur dann die Unterstützung der Bevölkerung behalten konnte, wenn der amerikanische Kriegsbeitrag vergleichsweise wenige Todesopfer fordern würde. Er war sich im Klaren darüber, dass die russische Armee den höchsten Blutzoll zahlen würde. Die schnelle Er-

öffnung einer zweiten Front in Europa würde es nicht geben – darauf dräng-
te in den nächsten Jahren die sowjetische Führung. Roosevelt wollte der
Sowjetunion aber so gut es ging helfen, sich gegen Deutschland und seine
Verbündeten durchzusetzen. Amerika war bereit, einen ungeheuren Rüs-
tungsaufwand zu betreiben. Die Sowjetunion sollte jegliche amerikanische
Hilfe erhalten.

Über die angloamerikanische Strategie bestand Einigkeit: Churchill und
Roosevelt beschlossen, dass zunächst Deutschland besiegt und dann gegen
Japan vorgegangen werden sollte. Allerdings flogen die Amerikaner am
18. April 1942 einen überraschenden Luftangriff gegen Tokio (*Doolittle
Raid*), der zwar wenig materiellen Schaden anrichtete, aber dem amerikani-
schen Selbstbewusstsein Auftrieb gab. Er zeigte die Fähigkeit der USA, für
Pearl Harbor Vergeltung zu üben. Das Land der aufgehenden Sonne war
verwundbar.

Die amerikanischen Streitkräfte wandten sich, trotz des Zorns der Bevölkerung auf die japanischen Angreifer, zunächst gegen Deutschland. Da die
amerikanische Armee noch nicht bereit war, gegen die kriegserfahrenen
deutschen Armeen in die Schlacht zu ziehen, wurde zunächst eine Landung
britischer und amerikanischer Verbände im von der französischen (mit
Deutschland kooperierende) Vichy-Regierung beherrschten Nordafrika
vorgeschlagen. Am 8. November 1942 begann die Operation unter dem
Kommando General Dwight D. Eisenhowers mit der Landung amerikanischer Truppen in Casablanca und Algier. Zwar leistete das deutsche Afri-
kakorps unter Erwin Rommel Widerstand, letztlich aber mussten sich die
Achsenmächte gegen die Übermacht der Briten und der Amerikaner am
13. Mai 1943 im westlichen Nordafrika geschlagen geben. Bereits im Januar
hatten sich Roosevelt und Churchill in Casablanca getroffen und beschlossen, den Krieg bis zur bedingungslosen Kapitulation Deutschlands fortzusetzen.

Zwei Monate nach der Eroberung Nordafrikas, im Juli 1943, nutzten die
Alliierten die eroberten Gebiete als Ausgangspunkt für die Invasion Siziliens – der Auftakt des Italienfeldzugs. Ziel war die Vernichtung der Stützpunkte der Achsenmächte, nicht zuletzt um das Mittelmeer für alliierte
Schiffe zu sichern. Den Alliierten gelang es, in dieser größten amphibischen
Operation des Krieges (*Operation Husky*), erneut unter dem Kommando
von General Eisenhower, die Achsenmächte aus Sizilien zu vertreiben und
obendrein den Sturz Mussolinis herbeizuführen, der am 25. Juli vom itali-
nischen König entlassen wurde. Die Invasion führte auch zu einer Schwä-
chung der deutschen Ostfront, da die geplante deutsche Offensive bei Kursk
aufgrund von Truppenverlegungen nach Italien nicht durchgeführt werden
konnte.

Der Krieg blieb auf amerikanischer Seite nicht ohne Exzesse und Übergriffe: Nach der Eroberung des Flugfeldes von Biscari im Juli 1943 kam es zu einem Massaker, bei dem 74 italienische und 2 deutsche Kriegsgefangene exekutiert wurden. Die amerikanischen Befehlshaber bemühten sich, die Erschießungen zu vertuschen, trotzdem wurden zwei Amerikaner vor ein Kriegsgericht gestellt. Sie beriefen sich auf Befehle ihres Vorgesetzten General Patton. Einer der Angeklagten wurde freigesprochen, der andere später begnadigt. Die Amerikaner begegneten ihren Kriegsgegnern zumeist jedoch mit dem von internationalen Vereinbarungen vorgesehenen Verhalten. Darin unterschieden sie sich von der Wehrmacht und ihren Verbündeten – vor allem im Osten Europas –, die das Kriegsvölkerrecht mit Füßen traten. In den von den Amerikanern eroberten Ländern wurden die GIs als Befreier gefeiert.

Die Eroberung Siziliens kostete die Alliierten fast 5.000 Soldaten; die Achsenmächte verloren 29.000 Soldaten, 140.000 Mann gerieten in Kriegsgefangenschaft. 100.000 Soldaten jedoch konnten zusammen mit 10.000 Fahrzeugen bis zum 17. August auf das italienische Festland evakuiert werden. Am 3. September landeten britische Truppen in Kalabrien und zwangen die Achsenmächte auch dort zum Rückzug. Am 8. September ergab sich Italien. Die deutschen Truppen hatten mit dieser Entwicklung gerechnet, entwaffneten die italienischen Soldaten und nahmen Verteidigungspositionen ein.

Am 9. September landeten britische Truppen im Hafen von Taranto und amerikanische Soldaten gleichzeitig im Hafen von Salerno, um die deutschen Truppen zwischen den Häfen einzuschließen. Es gelang den Alliierten nach zwei Tagen, unter großen Verlusten das Gebiet zwischen den Landungsorten einzunehmen. Am 1. Oktober nahmen amerikanische Truppen den Hafen von Neapel ein, über den die Versorgung der Truppen in Italien erfolgen sollte. Der Vormarsch der Alliierten kam jedoch 100 km südlich von Rom an der deutschen Verteidigungslinie – der sogenannten Gustav-Linie – zum Stehen. Amerikanische Truppen griffen die Wehrmachtsstellungen an; der deutsche Befehlshaber General von Vietinghoff verstärkte seine Position mit zwei Panzerdivisionen aus Rom. Die Alliierten entschlossen sich nun, die Verteidigungslinie buchstäblich zu umschiffen, und landeten in der Morgendämmerung des 22. Januar 1944 bei Anzio. Die Gegenwehr der Deutschen blieb weitgehend ineffektiv.

Die entscheidende militärische Operation des Krieges, die Invasion und Befreiung Frankreichs, war seit dem Kriegseintritt der USA von Briten und Amerikanern diskutiert worden. Als Roosevelt, Churchill und Stalin im November 1943 in Teheran zusammenkamen, beschlossen sie einen Plan General George Marshalls, des *Chairman of the Joint Chiefs of Staff* der amerikanischen Streitkräfte, in die Tat umzusetzen, der eine großangelegte Landung britischer und amerikanischer Verbände an der französischen Atlantikküste vorsah. Stalin sicherte Roosevelt die Unterstützung Russlands im Krieg gegen Japan zu, wenn die sowjetischen Streitkräfte durch die Eröffnung einer neuen Front in Frankreich entlastet würden. Nachdem die für Mai geplante Invasion mehrfach wegen schlechten Wetters verschoben worden war, begann am 6. Juni 1944 der Angriff der Alliierten. Die französische Résistance unterstützte die Landung der Truppen durch Sabotageakte. Eine Flotte von über 6.000 Schiffen näherte sich der Küste der Normandie auf einer Breite von fast 100 km, unterstützt von 2.000 Jagdflugzeugen und 1.000 Bombern. 170.000 Soldaten der Alliierten landeten an diesem Tag in Frankreich – drei amerikanische, zwei britische und eine kanadische Division.

Die Invasion war für beide Seiten verlustreich. Hinter den Stränden entbrannten heftige Kämpfe, da die alliierten Streitkräfte die nächstgelegenen Städte einnehmen mussten, um Brückenköpfe zu sichern und sich vereinigen zu können. Dies gelang innerhalb von einer Woche; der weitere Vormarsch gestaltete sich jedoch schwieriger und langwieriger als geplant. Allerdings waren die Deutschen nicht in der Lage, notwendige Truppenunterstützung schnell genug an die Front zu verlegen, und die Überlegenheit der Luftwaffe der Alliierten tat ein Übriges, den amerikanisch-britischen Verbänden trotz blutiger Rückschläge bei Caen und Mortain letztlich die Kontrolle über Nordfrankreich zu sichern. Die Kesselschlacht bei Falaise im August brachte den Deutschen die entscheidende Niederlage; die Alliierten waren nun in der Lage, nach Paris vorzurücken und die französische Hauptstadt am 25. August zu befreien.

Am Sieg der Alliierten bestand nun kein Zweifel mehr. Es war daher wichtig – anders als am Ende des Ersten Weltkrieges –, Planungen für die Nachkriegszeit zu unternehmen (Herz, 1991).

Roosevelt und Churchill einigten sich im Oktober des Jahres bei der zweiten Konferenz von Quebec, dem Plan des amerikanischen Finanzministers Morgenthau zu folgen, demzufolge Deutschland ein Agrarland werden sollte. Wichtiger noch als die Frage der Zukunft Deutschlands war Roosevelt die Gründung der „Vereinten Nationen", unter deren Schirm die Großmächte USA, Großbritannien, China und die Sowjetunion als „vier Weltpolizisten" agieren und für Stabilität und Frieden sorgen sollten.

Der Krieg hatte seine Auswirkungen auch auf die Innenpolitik: Roosevelt stellte sich im November 1944 als erster amerikanischer Präsident für eine vierte Amtszeit zur Wahl. Er war, wie auch seine Berater – und trotz seiner angegriffenen Gesundheit – der Meinung, dass Amerika im Krieg keinen Führungswechsel verkraften konnte. Seine abermalige Wahl löste eine Debatte über eine Begrenzung der Amtszeit des Präsidenten aus. Viele Amerikaner fürchteten die Gefahr einer zu großen Machtkonzentration.

Im Dezember des Jahres brachten die deutschen Truppen den Vormarsch der Alliierten noch einmal durch die Ardennenoffensive zum Stehen – der größten Landschlacht des Krieges mit amerikanischer Beteiligung. Schon am 21. Januar aber versandete die Offensive, bei der die Deutschen erhebliche Verluste erlitten hatten. An der Westfront war die Wehrmacht geschlagen. Die Kampfkraft der Luftwaffe war gebrochen und die Alliierten drängten die Deutschen weiter zurück.

### Jalta und Potsdam

Anfang Februar 1945 trafen sich Churchill, Roosevelt und Stalin in Jalta am Schwarzen Meer, um über die Ordnung Europas nach Kriegsende zu verhandeln. Die Ergebnisse der Besprechung waren weitreichend: Deutschland und seine Hauptstadt wurden in Besatzungszonen aufgeteilt, die den Siegermächten unterstellt werden sollten. Über das zukünftige deutsche Staatsgebiet wurde noch keine Einigung erzielt; die letzten offenen Fragen bezüglich der Charta der Vereinten Nationen wurden jedoch geklärt: Auf Drängen Stalins erhielten die ständigen Mitglieder des Sicherheitsrates ein Vetorecht bei Abstimmungen. Roosevelt lehnte es ab, den Russen in strittigen Fragen mit Entschiedenheit entgegenzutreten, um die Kooperation mit der Sowjetunion nicht zu gefährden. Ebenso verzichtete er auf einen – von den Briten befürworteten – schnellen Durchmarsch nach Berlin, um der Sowjetarmee eigene Machtansprüche zu demonstrieren. Die Amerikaner blieben in den vereinbarten Besatzungszonen; wo die Truppen die Grenzlinien überschritten hatten, wurden sie nach der Kapitulation des Deutschen Reiches zurückbeordert – allerdings nicht mehr auf Befehl Roosevelts, sondern auf Anordnung seines Nachfolgers Harry S. Truman. Roosevelt war am 12. April an einem Gehirnschlag gestorben. Die Allianz der Großmächte hielt zwar noch angesichts des kurz bevorstehenden Sieges, doch war Truman gegenüber der Sowjetunion ungleich misstrauischer als sein Vorgänger.

Bei der Dreimächtekonferenz in Potsdam sah sich der außenpolitisch unerfahrene Truman mit Stalin einem sowjetischen Machthaber gegenüber, der zu keinen Kompromissen bereit war. Churchill wurde während der Konferenz (17. Juli – 2. August) von Clement Attlee abgelöst, dessen *Labour Party* die Unterhauswahlen (am 3. Juli) gewonnen hatte. Am Ende der Konferenz stand das Potsdamer Abkommen, in dem die Aufteilung des deutschen Gebiets in Besatzungszonen bestätigt wurde, wobei Frankreich eine eigene Zone erhielt, die aus Teilen der britischen und amerikanischen Zone gebildet wurde. Reparationszahlungen wurden ins Ermessen der jeweiligen Besatzungsmacht gestellt. Der Morgenthau-Plan war von den Amerikanern mittlerweile fallengelassen worden. Deutschland sollte als ein entwaffneter, demokratischer Staat wieder aufgebaut werden. Die Grenzfragen blieben einstweilen offen. Stalin war nicht bereit, von seinen harten Forderungen abzuweichen. Die deutschen Gebiete östlich der Oder-Neiße-Linie kamen unter polnische Verwaltung. Der nördliche Teil Ostpreußens fiel an die Sowjetunion.

## Der Krieg im Pazifik

Auch in Asien stand der Krieg vor dem Ende: Die Japaner hatten nach dem Angriff auf Pearl Harbor innerhalb weniger Monate einen großen Teil Südostasiens und des Pazifiks unter ihre Kontrolle gebracht. Die Schlacht im Korallenmeer im Mai 1942 leitete jedoch bereits die Wende ein: In der Luftschlacht verloren beide Seiten jeweils zwei Flugzeugträger; als im Juni eine Seeschlacht bei den Midway-Inseln (westlich von Hawaii) folgte und Japan vier seiner noch verbleibenden sechs großen Flugzeugträger verlor, war die japanische Flotte empfindlich geschwächt. Zu Wasser konnten sie keine Angriffe mehr unternehmen. Im August 1942 begann die amerikanische Marine einen Angriff auf die Salomonen-Insel Guadalcanal, auf der Japan ein Flugfeld eingerichtet hatte, das den Seeweg zwischen Australien und Amerika gefährdete. Nach Monaten heftiger Kämpfe behielten die Amerikaner im Pazifik die Oberhand. Auch auf anderen Salomoneninseln, auf den Gilbert-Inseln, den Marshall-Inseln, den Marianen und in Neuguinea spielten sich heftige Kämpfe ab; es gelang den Amerikanern, unter Umgehung japanischer Stützpunkte immer mehr Inseln zu erobern.

Im November 1943 bestätigten Roosevelt, Churchill und der chinesische Staatschef Chiang Kai-shek auf der Konferenz von Kairo die Absicht, so lange gegen Japan zu kämpfen, bis alle seit Ende des Ersten Weltkrieges eroberten Gebiete wieder befreit seien.

Auch der Einsatz von Kamikaze-Piloten konnte die amerikanische Flotte beim Vorrücken auf Japan nicht mehr aufhalten. Im Oktober und November 1944 verloren die Japaner in der Schlacht von Leyte, einer Philippineninsel, fast ihre gesamte Flotte.

Im Februar 1945 kam es zu einer bedeutsamen Schlacht um die kleine, japanisch besetzte Insel Iwo Jima, auf der die Japaner einen schwer befestigten Stützpunkt unterhielten: Die Amerikaner sahen in der Insel einen idealen Brückenkopf für Angriffe auf Japan. Die japanischen Soldaten leisteten der amerikanischen Übermacht erbitterten Widerstand. Über 20.000 Japaner fielen, nur 217 Soldaten ergaben sich. Die amerikanischen Streitkräfte hatten 7.000 Tote zu verzeichnen.

In der Schlacht von Okinawa versuchte Japan noch einmal die amerikanischen Streitkräfte aufzuhalten. Wieder wurde heftig gekämpft, die Verluste von Menschen und Material waren groß, doch auf japanischer Seite ungleich gravierender: Über 7.000 Amerikaner fielen, die Japaner hatten über 113.000 Soldaten verloren. Während 763 Flugzeuge der amerikanischen Luftwaffe und Marine vernichtet wurden, war der Verlust beim Gegner nicht zuletzt durch die Kamikaze-Flieger mit 7.800 Flugzeugen über zehnmal so groß.

Die Japaner bereiteten sich nach dem Verlust Okinawas auf eine amerikanische Invasion vor. Da Präsident Truman amerikanische Verluste an Soldaten (später schrieb er in seinen Memoiren, er habe auch an die japanischen Verteidiger gedacht) in Millionenhöhe befürchtete, autorisierte er den Abwurf von Atombomben über Hiroshima und Nagasaki. Am 6. und am 9. August erfolgten die Abwürfe der Bomben, deren Zerstörungskraft alle Erwartungen übertrafen. Der japanische Kaiser erklärte unter dem Eindruck der Verheerungen am 15. August die bedingungslose Kapitulation Japans. Der Zweite Weltkrieg war beendet.

16 Millionen Amerikaner hatten im Krieg gedient, 300.000 waren gefallen. Im Vergleich mit den anderen Kriegsmächten waren die Verluste der USA gering und die Zivilbevölkerung kaum in Mitleidenschaft gezogen worden. Wirtschaftlich war das Land aus dem Krieg nicht geschwächt, sondern gestärkt hervorgegangen – trotz der hohen Verluste an Material hatten die USA von der Umstellung auf die Kriegswirtschaft profitiert. Hinzu kam das Bewusstsein der militärischen Überlegenheit über die anderen Großmächte – durch den Besitz der Atombombe. Nun ging es um die Gestaltung der Nachkriegsordnung. Dies betraf in besonderer Weise Deutschland und Japan, aber auch die Strukturen der künftigen internationalen Ordnung. Anders als 1919 wollte die USA sich dieser Aufgabe nun nicht entziehen.

## 11. Nachkriegszeit und Kalter Krieg

> *„We want to see the time come when we can do the things in peace that we have been able to do in war. If we can put this tremendous machine of ours ... to work for peace, we can look forward to the greatest age in the history of mankind.“*
> – Präsident Harry S. Truman, 1945

### Vom *Red Scare* zum *McCarthyism*

Nach dem Ersten Weltkrieg brach die Angst vor dem in Russland siegreichen Kommunismus aus – *the Red Scare*. Schreckensberichte über bolschewistische Revolutionen in Europa und soziale Spannungen in den USA vereinten sich zu einem unheilvollen Amalgam. Eine Streikwelle – 1919 gab es in den USA 3.630 Streiks – wurde mit kommunistischen Umtrieben in Verbindung gebracht; die Gewerkschaften wurden verdächtigt, für die Arbeitskämpfe verantwortlich zu sein. Briefbombenanschläge einer kleinen Gruppe von Anarchisten, die gegen Prominente und Wirtschaftsmagnaten wie J. P. Morgan und John D. Rockefeller, jr., gerichtet waren, ließ die Nervosität in Hysterie umschlagen. Konservative Kreise befürchteten eine kommunistische Verschwörung. Generalstaatsanwalt A. Mitchell Palmer nutzte die Gelegenheit, um Jagd auf die „Roten" zu machen; er ließ bei Razzien am 1. Januar 1920 über 6.000 Personen festnehmen. Obwohl die Durchsuchungen lediglich drei Pistolen und keinerlei Sprengstoff zutage förderten, wurden 556 Ausländer in ihre Heimatländer deportiert. Eine Atmosphäre allgemeiner Verdächtigungen, die sich insbesondere gegen Intellektuelle richteten, war die Folge.

Im April 1920 wurden zwei italienische Anarchisten, Fernandino „Nicola" Sacco und Bartolomeo Vanzetti, wegen Raubmordes vor Gericht gestellt, verurteilt und schließlich hingerichtet. Prozessbeobachter waren keinesfalls von der Schuld der Angeklagten überzeugt, vielmehr war klar, dass die Angeklagten aufgrund ihrer politischen Überzeugungen als Sündenböcke herhalten mussten. Bertrand Russell, Upton Sinclair, John Dos Passos und andere bemühten sich, eine Wiederaufnahme des Prozesses zu erreichen. Als Sacco und Vanzetti im August 1927 hingerichtet wurden, gab es weltweit Proteste.

Während die Furcht vor kommunistischen Umtrieben im Laufe der 1920er Jahre abebbte, wurde die Furcht vor dem Kommunismus in der Zeit nach dem Zweiten Weltkrieg eine Konstante. Der Kalte Krieg verunsicherte Amerika und förderte das Bedürfnis nach innerer Sicherheit. Der Verdacht, dass die amerikanische Gesellschaft von aufrührerischen Kommunisten durchsetzt sei, war weit verbreitet. 1947 ordnete Präsident Harry S. Truman eine „Loyalitätsprüfung" aller Staatsangestellten an: Nicht für den Staatsdienst geeignet waren all jene, die Organisationen nahestanden, die der Generalstaatsanwalt als „subversiv" einstufte. Diese Organisationen hatten keine Gelegenheit zur Stellungnahme und diejenigen, die kommunistischer Sympathien bezichtigt wurden, hatten kein Recht auf eine Gegenüberstellung mit den Zeugen, die sie beschuldigten. Bis 1951 wurden 300 Staatsangestellte entlassen und fast zehnmal so viele quittierten „freiwillig" den Dienst. Der Kongress beschloss 1946 zudem, das *House Un-American Activities Committee* (HUAC) wiederzubeleben. Das HUAC besaß große Macht, da die Verweigerung einer Befragung durch das Komitee als Schuldeingeständnis gewertet wurde. Für die meisten Betroffenen eine ernsthafte Gefährdung ihres Arbeitsplatzes.

Die Angst vor der kommunistische Bedrohung, durch den ersten Atombombentest der Sowjetunion im September 1949 bestärkt und durch den Sieg der Kommunisten im chinesischen Bürgerkrieg bestätigt, ließ „antikommunistische" Agitatoren Morgenluft wittern. Im Februar 1950 erklärte der republikanische Senator Joseph McCarthy, eine Liste von 205 Mitarbeitern des Außenministeriums zu besitzen, die Mitglieder der Kommunistischen Partei seien. Der weltweite Erfolg der Kommunisten sei nicht zuletzt den Verrätern innerhalb der USA zu verdanken. Den Beweis für seine Behauptungen blieb der Senator schuldig – nachdem er die Zahl immer weiter reduziert hatte, konnte er am Ende nicht einen einzigen „Kommunisten" im Außenministerium enttarnen.

McCarthys Behauptungen wurden immer abenteuerlicher: Im Juni 1951 beschuldigte er General Douglas MacArthur – nach dessen Ablösung in Korea –, er habe der Politik der Sowjetunion gedient – mit Hilfe seines Freundes Eisenhower. Auch der Kongress wurde von der antikommunistischen Hysterie erfasst. Im September 1950 wurde der *McCarran Internal Security Act* verabschiedet – Trumans Veto wurde überstimmt. Das Gesetz sollte eine Diktatur in den USA verhindern. Die Regierung erhielt weitreichende Vollmachten, Bürger, die „kommunistischer" Sympathien verdächtigt wurden, festzunehmen und die Einreise von Ausländern aufgrund des leichtesten Verdachtes zu verweigern. Truman beklagte, das Gesetz bedeute keinen Schutz vor Totalitarismus, sondern vielmehr einen Schritt hin zum Totalitarismus. Im Juni 1952 wurde der *McCarran Walter Immigration Act* verabschiedet und damit Immigration aus kommunistischen Ländern erschwert. Dem Generalstaatsanwalt wurde die Möglichkeit gegeben, „subversive Elemente" auch nach deren Einbürgerung in ihre Heimatländer zu deportieren. Wieder wurde Trumans Veto überstimmt.

Im Präsidentschaftswahlkampf 1952 waren auch Anhänger der Demokraten überzeugt, die letzten zwei Jahrzehnte seien Jahre des Verrats gewesen – insbesondere die Entscheidung zur „Eindämmung" des Koreakrieges 1951 schien den Vorwurf zu untermauern. Truman, der durch einen Streik der Stahlarbeiter und Korruptionsskandale in seiner Umgebung geschwächt war, trat nicht mehr als Präsidentschaftskandidat an. General Dwight D. Eisenhower gewann die Wahl gegen Adlai Stevenson, den Gouverneur von Illinois, mit einer Mehrheit von über 55 Prozent der Wählerstimmen.

McCarthy führte weiterhin Anhörungen von angeblichen Kommunisten durch. Auf die Vorgeladenen wurde Druck ausgeübt, Personen mit „kommunistischen Verbindungen" zu denunzieren. Für zahlreiche Beschuldigte bedeuteten diese Verhöre das Ende ihrer Karriere, da sie von potentiellen Arbeitgebern auf „schwarze Listen" gesetzt wurden.

Als die *American Broadcasting Company* (ABC) 1954 begann, die Anhörungen im Fernsehen zu übertragen, verlor McCarthy die Unterstützung der Presse und Öffentlichkeit, da seine Einschüchterungsstrategien bei den Befragungen offensichtlich wurden. Im Dezember 1954 wurde McCarthy vom Senat wegen eines Senators ungebührlichen Verhaltens gemaßregelt. Nachdem er das amerikanische Leben über Jahre durch eine Atmosphäre von Hysterie und Angst geprägt hatte und mit dem Begriff *McCarthyism* dieser Politik den Namen gegeben hatte, verschwand er aus der Öffentlichkeit.

### Der Kalte Krieg: Truman und Eisenhower – *Containment* und *Rollback*

Wie Andrew Johnson nach der Ermordung Lincolns, so musste auch Harry S. Truman nach dem Tod Roosevelts in große Schuhe treten. Er machte

seine Sache weit besser als Andrew Johnson. Aber es dauerte einige Jahrzehnte, bis der Nachfolger Roosevelts eine seinen Leistungen angemessene
Wertschätzung fand. Als er 1952 aus dem Amt schied, galt er als einer der am
wenigsten geschätzten Präsidenten der amerikanischen Geschichte.

Harry S. Truman wurde im Mai 1884 in Independence, Missouri, geboren. Truman arbeitete auf der Farm seiner Großmutter, als sein Vater starb,
leitete er den landwirtschaftlichen Betrieb für einige Jahre. Er bekannte sich
früh zur Demokratischen Partei – unter dem Einfluss der Reformpolitik
Woodrow Wilsons. Im Ersten Weltkrieg kämpfte er in Frankreich. Danach
fiel es ihm schwer, sich wieder in das Arbeits- und Geschäftsleben der USA
einzugliedern, einige Unternehmungen (er führte einige Zeit ein Beklei-
dungsgeschäft) scheiterten.

Die Politik eröffnete einen Ausweg. Truman, politisch aktiv und angesehen, wurde zum Vorsitzenden Richter von Jackson County, Missouri, gewählt. Zu seinen Aufgaben gehörte auch die Verwaltung des *County*. Er
erwies sich als ein guter Administrator und geschickter politischer Taktierer.
1934 kandidierte er erfolgreich für den amerikanischen Senat. Dort schloss
er sich den überzeugten Befürwortern des *New Deal* an. Eine Reihe wichtiger Gesetze der Roosevelt-Administration gestaltete er maßgeblich mit.
1940 wieder in den Senat gewählt, leitete er ein Komitee zur Untersuchung
der Rüstungsprogramme der Regierung. Dieses „Truman-Komitee" erwarb
sich durch die kompetente Art der Geschäftsführung des Vorsitzenden hohes Ansehen. Als die Mehrheit der Demokraten 1944 einen neuen Vizepräsidentschaftskandidaten suchte – der bisherige Vizepräsident Henry Wallace
galt vielen als zu radikal –, schien Truman die geeignete Wahl.

Als Vizepräsident stand Truman im Schatten des übermächtigen Präsidenten Roosevelt – an den wichtigen Entscheidungen, Kriegsführung und
Nachkriegsplanung betreffend, war der Vizepräsident nicht beteiligt.

Nun war er Präsident – und entgegen der damaligen Sicht der Öffentlichkeit war er ein entscheidungsfreudiger und entschlossener *Chief Executive*
der USA. Truman hatte zwei große Aufgaben vor sich: Er musste die internationale Politik in der Phase des zu Ende gehenden Krieges und der Nachkriegszeit gestalten (alsbald zeichnete sich der Kalte Krieg ab) und er musste
und wollte die Reformpolitik Roosevelts im Inneren fortführen und an die
neuen Gegebenheiten anpassen.

Zu Beginn seiner Amtszeit zerbrach die Anti-Hitler-Koalition. Zwischen
der Sowjetunion und der USA (und auch Großbritannien) zeigten sich
schnell Differenzen über die Gestaltung der Nachkriegsordnung (Truman,
1956). Die Sowjetunion schien entschlossen, für sich, wie einst die Staaten
des Westens nach dem Ersten Weltkrieg, einen *Cordon Sanitaire* zu schaffen,
so dass ein nochmaliger Krieg auf sowjetischem Territorium unmöglich
würde. Dies führte zu Problemen bei einer Übereinkunft über die zukünf-

tige Rolle Deutschlands, aber auch über die politische Ordnung der von der Sowjetunion befreiten und jetzt besetzten Staaten (in Mittel- und Südosteuropa) und derjenigen Staaten, die im Süden an die Sowjetunion grenzten (Türkei, Iran).

Nach einer Phase der Unschlüssigkeit antworteten die USA auf das sowjetische Vorgehen mit einer grundlegenden Änderung ihrer Strategie: *Containment* („Eindämmungspolitik") war der Kern der strategischen Neuausrichtung der Außenpolitik der USA; dieses Konzept bestimmte seit den späten 1940er bis Ende der 1950er Jahre die amerikanische Politik gegenüber der UdSSR. Das Beharren auf *Containment* verdeutlichte das endgültige Auseinanderbrechen der Anti-Hitler-Koalition – und war zugleich eine Reaktion darauf – sowie den Beginn des Kalten Krieges. Ihre zentralen Elemente sind die Truman-Doktrin und der Marshall-Plan. Ziel war es, die „Ausbreitung des Kommunismus" einzudämmen und die als expansiv interpretierte Politik der UdSSR unter Stalin zu konterkarieren.

Westeuropa wurde zentral für die amerikanische Planung der Nachkriegsordnung. Die wachsende Wirtschaftskrise in Westeuropa nach dem Zweiten Weltkrieg gab den USA aus zweierlei Sicht Anlass zur Beunruhigung: Zum einen, eine Wirtschaftskrise könnte die westeuropäischen Staaten veranlassen, eine protektionistische Wirtschaftspolitik einzuschlagen (was die amerikanischen Pläne für die Weltwirtschaftsordnung der Nachkriegszeit gefährden würde), und zum anderen, die Kommunisten könnten einen Vorteil aus der Wirtschaftskrise ziehen und ihren Einfluss auf Westeuropa erweitern. Als Antwort entwickelten die Amerikaner den Marshall-Plan (Cox & Stroke, 2008, 73).

Der Marshall-Plan (*European Recovery Program*), benannt nach George Marshall, Außenminister unter Präsident Truman, der das Konzept in einer *Commencement*-Rede in Harvard vorstellte, beinhaltete unter anderem ein Wirtschaftshilfeprogramm für die europäischen Länder zur Behebung der Kriegsfolgen des Zweiten Weltkrieges. Außerdem wurde mit dem Marshall-Plan das Ziel einer nachhaltigen Zusammenarbeit zwischen den europäischen Staaten verfolgt (und entsprechende Institutionen geschaffen). Innerhalb von vier Jahren erhielt Westeuropa 13 Billionen Dollar finanzielle Unterstützung (Miller & Thompson, 2007, 268).

Die aktive Unterstützung europäischer Staaten gegen drohende kommunistische Umsturzversuche hatte Präsident Harry S. Truman mit seinem außenpolitischen Konzept, der Truman-Doktrin, am 12. März 1947 verkündet. Der unmittelbare Anlass war die politische Entwicklung in Südosteuropa – vor allem in Griechenland.

Ein im Grund eng begrenzter Krisenherd in Griechenland veranlasste den Präsidenten, eine global angelegte Eindämmungspolitik anzukündigen. In einem anonymen Artikel in der im Juli 1947 erschienenen Ausgabe von

*Foreign Affairs* forderte George F. Kennan, amerikanischer Diplomat und Chef des Planungsstabes, eine „feste und wachsame Zurückdämmung russischer expansiver Tendenzen" (*firm and vigilant containment*) (Sautter, 1994, 448). Er interpretierte, wie schon zuvor in einem „langen Telegramm" an das *State Department*, die sowjetische Politik nicht als „revolutionär", sondern als „expansionistisch". Eine „Eindämmung" dieser Expansion schien ihm die geeignete Antwort zu sein – eher klassische Machtpolitik als ideologische Auseinandersetzung.

Diese Politik erforderte eine institutionelle Verfestigung. Die USA verabschiedete sich von ihrer Politik der Vermeidung von Bündnissen. 1949 wurde die *North Atlantic Treaty Organization* (NATO) als internationale Organisation zur politischen und militärischen Verteidigung von den USA und Kanada sowie zehn westeuropäischen Ländern vertraglich zur Abwehr der Expansionsabsichten des Kommunismus gegründet. Der Aufbau weiterer Bündnissysteme im Mittleren Osten (CENTO), Pazifik (ANZUS) und in Südostasien (SEATO) folgte.

Eine besondere Bedeutung für die amerikanische Strategie in Europa kam Deutschland zu. Die USA wurden mit einer Reihe von politischen Entscheidungen von der Besatzungs- zur Schutzmacht Westdeutschlands (das unter maßgeblicher Mitwirkung der USA aus den drei westlichen Besatzungszonen gegründet wurde). Ziel war dabei, auch ein wirtschaftlich (später auch militärisch) starkes Bollwerk gegen den sowjetischen Machtbereich zu schaffen. Zu dieser Politik gehörte die Verteidigung Berlins – zunächst durch Aufrechterhaltung der Lebensfähigkeit der Stadt während der Berlin-Blockade (Luftbrücke), später durch Sicherung des Status quo (in den Berlin-Krisen bis zum Ende der 1960er Jahre).

Für die 1949 gegründete Bundesrepublik wurde ein komplizierter rechtlicher Rahmen geschaffen, der dem Land eine immer größer werdende Handlungsfähigkeit gewährte, es aber fest in amerikanische Obhut nahm. Amerikanische Militärs und Politiker wie General Lucius D. Clay und vor allem John J. McCloy prägten die beginnende deutsch-amerikanische Zusammenarbeit der Nachkriegsjahre. Aus der Besatzungsmacht wurde die Schutzmacht.

### John J. McCloy

Als Henry Stimson Roosevelts Kriegsminister wurde, holte er den jungen New Yorker Anwalt John J. McCloy nach Washington. Dies war der Beginn eines Lebens voll politisch kontroverser Entscheidungen: McCloy verweigerte die amerikanische Zustimmung zur Bombardierung der Gleisverbindungen nach Auschwitz; er war verantwortlich für die Internierung von Amerikanern japanischer Herkunft während der Kriegsjahre – er setzte sich aber auch für die Gleichstellung der Afroamerikaner in den Streitkräften ein. Später wurde McCloy wegen seiner Entscheidungen angegriffen. Er musste sich vor einem Untersuchungsausschuss des Kongresses rechtfertigen. Während die Politik viele Entscheidungen und Ereignisse der Kriegsjahre bedauerte – Präsident Carter entschuldigte sich bei den Überlebenden der Internierung der japanischstämmigen Bevölkerung –, hielt McCloy seine vor Jahrzehnten getroffenen Entscheidungen nach wie vor für richtig.

Nach dem Zweiten Weltkrieg kehrte McCloy in den Anwaltsberuf zurück, trat dann aber wieder in den Dienst der Regierung und wurde alsbald Präsident der Weltbank. Er benötigte nur kurze Zeit, um die Bank zu einem wirkungsvollen Instrument zu machen. Dabei verfolgte er eine konservative Gangart: Die Sicherheit der Investitionen der Industriestaaten, vor allem der USA, hatte für ihn Vorrang vor politischen Überlegungen. Mit den Idealen der Männer des *New Deal*, wie dem geistigen Vater der Weltbank und des IMF, Harry Dexter White, konnte der Wirtschaftsanwalt nicht viel anfangen. Der *New Deal* blieb ihm Zeit seines Lebens suspekt. Vor dem Krieg hatte er als Anwalt Wirtschaftsunternehmen gegen die Gesetzgebung der Roosevelt-Administration vertreten.

Schon während des Krieges hatte sich McCloy an den Planungen des Kriegsministeriums für die Zukunft Deutschlands beteiligt. Nach der Gründung der Bundesrepublik ging er als amerikanischer Hoher Kommissar nach Bonn. Wieder traf er kontroverse Entscheidungen: Er begnadigte eine Reihe von NS-Funktionären und belasteten Wirtschaftsführern, die von alliierten Gerichten zuvor zu hohen Strafen, teilweise zum Tode verurteilt worden waren. Er machte sich diese Entscheidungen nicht einfach, glaubte aber, sie seien im Interesse des Aufbaus Deutschlands notwendig. Dem neuen Deutschland gehörte fortan seine größte Aufmerksamkeit, später auch seine Zuneigung.

1952 kehrte er in die USA zurück und arbeitete in der Privatwirtschaft. Er wurde Vorstandschef der Chase Bank, deren Haupteigentümer, der Rockefeller-Familie, er ein Leben lang verbunden blieb.

McCloy, nun ein einflussreicher Privatmann, diente weiterhin amerikanischen Präsidenten als Berater. Für Kennedy führte er die Verhandlungen zur Beilegung der Kubakrise, später war er verantwortlich für die Koordinierung der Abrüstungspolitik. Als Emissär der amerikanischen Regierung reiste er immer wieder nach Bonn, aber auch in den Nahen Osten, wo er mit dem ägyptischen Präsidenten Nasser und dem Shah des Iran, den er in Geldangelegenheiten beriet, verhandelte.

McCloy wollte zeit seines Lebens seine bescheidene Herkunft überwinden und vergessen. Schließlich war es dem Sohn einer Friseuse nicht in die Wiege gelegt, jahrzehntelang Berater der amerikanischen Präsidenten zu werden und mit den reichsten Männern des Landes befreundet zu sein. Er war 1895, wie er oft sagte, auf der falschen Seite der „chinesischen Mauer" in Philadelphia geboren worden. Diese „Mauer" trennte die einfachen Leute, zu denen seine Familie gehörte, von den „Aristokraten". Und von diesen wollte McCloy akzeptiert werden. Auf seinem Weg nach oben übernahm McCloy viele der Vorurteile und Beschränktheiten der gesellschaftlichen Klasse, der er (noch) nicht angehörte, aber angehören wollte.

So akzeptierte er auch den „vornehmen" Antisemitismus der protestantischen Oberschicht der amerikanischen Ostküste. Seine Skepsis gegenüber Minderheiten wie den Juden verblieb passiv, aber sie wirkte auf sein Verhalten und seine Entscheidungen. Wie auch die Ablehnung gesellschaftlicher und sozialer Reformvorhaben. Der Vorwurf, er sei Antisemit gewesen, ist daher nicht völlig abwegig. McCloy diskriminierte zwar nicht aktiv, aber er widersetzte sich Benachteiligungen nicht. Er vertrat stets die Konvention seiner Zeit und Umgebung.

McCloys Verhältnis zu Deutschland war zunächst ambivalent. Während des Krieges gehörte er zwar nicht zu der Gruppe um Finanzminister Morgenthau, aber er befürwortete ein hartes Vorgehen gegen Deutschland. Schon als Offizier im Ersten Weltkrieg war er mit dem deutschen Militarismus konfrontiert gewesen; diesen – er assoziierte ihn mit Preußen – lehnte er stets ab. Ein Wiederaufleben dieser Krankheit schloss er nie ganz aus. Der deutschen Bereitschaft nach der verheerenden Niederlage im Zweiten Weltkrieg, bereitwillig alle demokratischen, amerikanischen Werte zu übernehmen, misstraute er. Er blieb ein Skeptiker. Deutschland, so betonte er als Hoher Kommissar immer wieder, muss Schritt um Schritt in die Gemeinschaft der westlichen Zivilisation geführt werden. Hierzu schien ihm auch die Teilung des Landes eine geeignete Maßnahme zu sein. Die dadurch herbeigeführte Dominanz der katholischen und anti-preußischen Elemente in der Bundesrepublik begrüßte er.

McCloy gehörte zu den Architekten eines demokratischen, fest mit dem Westen verbundenen Deutschlands, das Amerikas wichtigster Verbündeter in Europa sein sollte. Wann immer amerikanische Präsidenten Deutschland „vernachlässigten", wurden sie von McCloy an diese Konstante der Nachkriegsordnung erinnert. Es war McCloy, der Kennedy zu seinem legendären Berlin-Besuch überredete, und es war McCloy, der Johnson und Nixon immer wieder auf die Wichtigkeit guter deutsch-amerikanischer Beziehungen hinwies. Der Ostpolitik der sozialliberalen Koalition stand er mit Skepsis gegenüber. Er fürchtete Ansätze zu einem deutschen Sonderweg, die eigentliche Intention der deutschen Öffnung nach Osten – die Erweiterung des Handlungsspielraums der deutschen Diplomatie und die Überwindung der deutschen Teilung durch Annäherung – erkannte er nicht.

McCloy starb am 11. März 1989. Die letzten Jahre seines Lebens waren von Tragik überschattet. Mitte der 1970er Jahre war seine Frau krank geworden. Ein Opfer der Parkinson-Krankheit, versank sie immer mehr in einen Dämmerzustand. In der großen Politik veränderte sich die Nachkriegsordnung. Der Vietnamkrieg und der Watergate-Skandal erschütterten das amerikanische Establishment; der selbstverständliche Anspruch der *best and brightest*, zu regieren, war in Frage gestellt. (Die umfassendste und beste Biographie ist Kai Bird, *The Chairman. John McCloy – The Making of the American Establishment*, 1992.)

Die Containment-Politik wurde jedoch nicht nur in Verbindung mit Europa verfolgt. Unter Präsident Truman und dem langjährigen (1949–1953) amerikanischen Außenminister Dean Acheson wurde der nationalchinesische Führer Chiang Kai-shek mit massiver materieller und militärischer Hilfe von den USA unterstützt, um die Machtübernahme der Kommunisten in China zu verhindern. Dies konnte jedoch trotz der amerikanischen Hilfe nicht erreicht werden: 1949 kam es zur kommunistischen Machtübernahme in China (Weggel, 1989). Den Einsatz von Bodentruppen zur Untersützung der Nationalisten lehnte der Präsident allerdings entschieden ab. *Containment* war eine defensive Strategie. Die konservativen Amerikaner – und Teile des Militärs – warfen dem Präsidenten diese vorsichtige Haltung vor, er wurde für den *loss of China* verantwortlich erklärt.

In den späten 1950er Jahren – während der Eisenhower-Administration – kam es zu einem Übergang von der Containment-Politik der Ära Truman zu einer (zumindest rhetorisch) aggressiveren Politik des *Rollback* – eine Politik der Befreiung von Ländern, die unter kommunistischem Einfluss stehen. Diese Strategie, die im Außenministerium, maßgeblich von Außenminister John Foster Dulles bestimmt, entwickelt wurde, beruhte auf dem Vertrauen in die eigene nukleare Überlegenheit. In der Praxis stellte diese Politik allerdings nur eine rhetorisch aggressive Variante von Trumans und Achesons Eindämmungspolitik dar (Sautter, 1994, 454). Sie endete 1958 mit dem Ende des Atommonopols der USA. Auch zuvor hatten sich die USA einer Einmischung in die sowjetische Einflusssphäre (so zum Beispiel während der Aufstände in der DDR 1953 und Ungarn 1956) enthalten. Nach den erfolgreichen Atombombentests der UdSSR wurde die amerikanische Sicherheitspolitik auf eine neue Grundlage gestellt (NSC 68, 1950). Truman sah in der Atombombe nun – anders als in der letzten Phase des Zweiten Weltkrieges, als er die Bombe gegen Japan einsetzte, um den Krieg zu beenden – eine „politische Waffe". Ihre Existenz sollte Kriege nicht beenden oder entscheiden, sondern verhindern. Sein Ziel war die Verteidigung des Status quo, nicht ein Sieg über die Sowjetunion.

Trumans Außenpolitik war – anders als dies seine Zeitgenossen sahen – klar akzentuiert. Dies galt auch für die (beginnende) Nahostpolitik der USA. Gegen die Meinung des Außenministeriums (unter George Marshall) und der etablierten amerikanischen Diplomatie setzte sich Truman für die Gründung des Staates Israel ein (Truman, 1956). Die Gründe hierfür sind vielschichtig: Truman wollte die jüdischen Stimmen für die Wahl 1948, er zeigte jedoch auch ernsthafte Sympathie für die Überlebenden der *Shoa*, denen seiner Auffassung nach ein eigener Staat (als *safe haven*) zustand.

Trumans Politik im Inneren setzte zunächst die Reformen der Roosevelt-Ära fort: Er beendete die Rassentrennung in der amerikanischen Armee und entwarf eigene Ideen zur Fortschreibung der Bürgerrechte – ohne sich allerdings durchsetzen zu können. Der Kongress (vor allem auch die Demokraten aus dem Süden) lehnten eine weitergehende Sicherung oder gar Ausweitung von Rechten für die afroamerikanische Bevölkerung ab.

In den Kongresswahlen von 1946 erorberten die Republikaner die Mehrheit in beiden Häusern des Kongresses. Die Kritik am Präsidenten wuchs. An seiner Wiederwahl – gegen den Kandidaten der Republikaner Thomas E. Dewey – glaubte kaum noch jemand. Dennoch gelang es Truman, die Wahl knapp – so knapp wie seit 1916 nicht mehr – für sich zu entscheiden.

Nach seinem überraschenden Wahlsieg wollte Truman die Reformpolitik des *New Deal* fortsetzen und modernisieren. Schon kurz nach seiner zweiten Inauguration präsentierte er ein 25 Punkte umfassendes Programm – er nannte es, anknüpfend an Roosevelts Programm, *Fair Deal*. Der Präsident forderte die Kontrolle von Löhnen und Märkten, schlug umfassende Regulierung von Preisen, Krediten und der Industrieproduktion vor. Dies sollte die Grundlage schaffen für eine moderne soziale Politik (Förderung von günstigem Wohnraum, Mindestlöhne, Stärkung der Gewerkschaften, die Einrichtung eines Krankenversicherungssystems und den Ausbau der Bildung). Truman konnte – der Kongress war republikanisch (und konservativ-demokratisch) dominiert – nur wenig davon verwirklichen, aber es gelang ihm doch, Roosevelts Programm fortzuschreiben und Grundlagen zu legen, auf denen später Johnsons Sozialpolitik (*Great Society*) aufbauen konnte.

Dann brach der Koreakrieg aus und der Präsident war einmal mehr dazu gezwungen, die Außenpolitik in den Mittelpunkt seiner Überlegungen zu stellen.

### Korea: Der „vergessene Krieg"

1951, im zweiten Jahr des Koreakrieges, beginnt Marcus Messner aus Newark, New Jersey, weitgehend lustlos sein erstes Semester am idyllischen College von Wiesly in Ohio. Das Studium soll verhindern, dass der wehrpflichtige junge Mann in den Krieg nach Korea muss. – Philip Roths Roman *Empörung* (2008), die kurze Lebensgeschichte dieses Marcus Messner, erzählt von den 1950er Jahren, an deren Beginn der Krieg in Korea steht. Marcus' Geschichte geht nicht gut aus. Wegen eines Dummenjungenstreichs wird er vom College verwiesen. Der Direktor Lentz hält dem Missetäter eine empörte Rede, der Krieg im Fernen Osten wird zum pädagogischen Argument:

„Ist einem von Ihnen hier zufällig bekannt", hob Direktor Lentz an, „was an diesem Tag in Korea geschehen ist, an dem Tag, als ihr Helden beschlossen habt, Schimpf und Schande über den Namen einer angesehenen Einrichtung höherer Bildung zu bringen, deren Ursprünge in der Baptistischen Kirche liegen? An diesem Tag haben Unterhändler der UN und der Kommunisten in Korea eine provisorische Vereinbarung über eine Waffenstillstandslinie an der Ostfront dieses vom Krieg zerrissenen Landes erzielt. Ich gehe davon aus, dass Sie wissen, was ‚provisorisch' bedeutet. Es bedeutet, dass barbarische Kampfhandlungen, wie wir

sie in Korea erlebt haben – barbarisch wie nur irgend etwas, was amerikanische
Streitkräfte in irgendeinem Krieg unserer Geschichte jemals erlebten –, dass eben-
diese Kampfhandlungen jederzeit, zu jeder Tages- oder Nachtstunde wiederauf-
flammen und weitere Tausende und Abertausende junge Amerikaner das Leben
kosten können. (…) Unserer Ersten Kavalleriedivision, der Dritten Infanteriedivi-
sion und meiner alten Einheit aus dem Ersten Weltkrieg, der Fünfundzwanzigsten
Infaeriedivision, ist zusammen mit unseren britischen Alliierten und unseren südkoreanischen Alliierten ein kleiner Vorstoß am Old Baldy gelungen. Ein kleiner
Vorstoß, der viertausend Opfer gekostet hat. Viertausend junge Männer wie Sie,
tot, verstümmelt und verwundet (…) Haben Sie eine Vorstellung davon, wie glücklich Sie sich schätzen können, wie privilegiert Sie sind, dass Sie samstags hier sein
und sich Footballspiele ansehen können, dass Sie samstags nicht erschossen werden, und montags, dienstags, mittwochs, donnerstags, freitags und sonntags auch
nicht? Gemessen an den Opfern, die junge Amerikaner in Ihrem Alter in diesem
grausamen Krieg gegen die Aggression der nordkoreanischen und chinesisch-kom-
munistischen Streitkräfte bringen" (Roth, 2008, 188 ff.).

Der Krieg, obwohl kaum mehr im Bewusstsein der Amerikaner, ein „ver-
gessener Krieg" – verdrängt von der Erinnerung an den *Good War* und die
traumatischen Erfahrungen in Vietnam und im Nahen Osten – bestimmte
das politische Klima der ersten Jahre der 1950er Jahre.
    Roths jugendlicher Held wird vom College verwiesen und muss nun doch
in den Krieg. Kurz nach seiner Ankunft in Korea fällt er.
    Die Vorgeschichte des Krieges auf der koreanischen Halbinsel reicht ei-
nige Jahrzehnte zurück. Erst am Ende des Zweiten Weltkrieges hatte die
Sowjetunion Japan den Krieg erklärt. Die Rote Armee griff die japanischen
Verbände auf dem chinesischen Festland an und marschierte auch in den
Norden des von Japan beherrschten Korea. Im Süden des Landes landeten
amerikanische Truppen. Eine gelungene Choreographie am Ende des Zweiten Weltkrieges.
    Am 10. August einigten sich die Alliierten in Erwartung der Kapitulation
Japans, das Land auf der Höhe des 38. Breitengrades zu teilen, so dass der
Norden unter sowjetische und der Süden unter amerikanische Verwaltung
kamen. Im Süden wurden alsbald unter Beobachtung der Vereinten Nationen Wahlen durchgeführt, bei denen eine linksgerichtete Regierung abgelöst
wurde, die sich kurz vor Kriegsende gebildet hatte. Auseinandersetzungen
zeichneten sich ab: Die „linken" Parteien im Süden boykottierten die Wahl;
Syngman Rhee, ein vehementer Gegner des Kommunismus, wurde Präsident. Die Sowjetunion setzte derweil Kim Il-Sung als Generalsekretär der
kommunistischen Regierung in Nordkorea ein. Beide Regierungen strebten
danach, Korea unter ihrer Führung zu vereinigen. 1949 zogen sich sowohl
die russischen als auch die amerikanischen Truppen aus dem Land zurück.
    Kim Il-Sung argumentierte gegenüber Stalin, dessen Regierung den Nor-

den aufrüstete, dass die Zeit für eine Invasion des Südens gekommen sei. Als der amerikanische Außenminister Dean Acheson im Januar 1950 in einer Rede vor dem *National Press Club* ausführte, die Verteidigungslinie der USA in Ostasien (*Defensive Perimeter Strategy*) verliefe von den Aleuten über Japan, die Riukiu-Inseln zu den Philippinen, verstärkte sich in Nordkorea der Eindruck, die Vereinigten Staaten würden für Korea nicht in den Kampf ziehen. Stalin gab im Frühjahr 1950 seine Zustimmung zu einem Militärschlag gegen Südkorea. Am 25. Juni überschritten nordkoreanische Truppen die Grenze – die Regierung in Pjöngjang behauptete, südkoreanische Truppen seien im Norden einmarschiert und hätten den Krieg ausgelöst (Gaddis, 1987, 72 ff.).

Südkorea und die USA wurden von dem Angriff überrascht. Dean Acheson hatte noch am 20. Juni, wenige Tage vor dem Angriff, im Kongress erklärt, ein Krieg in Korea sei unwahrscheinlich (Acheson, 1969). Präsident Truman, dem seine Gegner immer wieder vorwarfen, den Kommunismus nicht konsequent zu bekämpfen, war zum Handeln gezwungen: Um nicht auf eine Kriegserklärung des Kongresses warten zu müssen, wandte er sich an die Vereinten Nationen. Die Sowjetunion boykottierte wegen des Ausschlusses der Volksrepublik China seit einiger Zeit die Sitzungen des Sicherheitsrates. Der Rat beschloss am 27. Juni die Unterstützung Südkoreas – lediglich Jugoslawien enthielt sich der Stimme. 16 Mitgliedsländer entsandten Soldaten nach Korea. Oberbefehlshaber war General Douglas McArthur, 90 Prozent der Soldaten waren Amerikaner.

Die südkoreanischen Truppen waren nach Ausbruch der Kampfhandlungen alsbald auf ein schmales Gebiet um die Hafenstadt Pusan im Süden der Halbinsel zurückgedrängt worden – der Entsatz durch die UN-Truppen kam kurz bevor auch diese letzte Verteidigungslinie fiel. Im September gelang es den UN-Truppen, Seoul, das gleich zu Beginn des Krieges gefallen war, zurückzuerobern. Am 30. September überschritten südkoreanische Verbände den 38. Breitengrad, am 7. Oktober erhielten auch die UN-Truppen die Erlaubnis, über die Grenze vorzurücken. McArthur erreichte im November die Grenze zur Mandschurei – die Chinesen, für die die Vorstellung eines vereinigten Korea unter amerikanischem Einfluss nicht akzeptabel war, rückten daraufhin in Nordkorea ein, ohne jedoch offiziell in den Krieg einzutreten. Die Gegenoffensive begann: Am ersten Januar griffen 400.000 chinesische Soldaten zusammen mit 100.000 Nordkoreanern die mittlerweile auf 200.000 Mann angewachsenen UN-Soldaten und ihre südkoreanischen Verbündeten an. Am 3. Januar wurde Seoul abermals geräumt, die amerikanischen Truppen und ihre Alliierten flohen in den Süden. Erst nach geraumer Zeit begannen sich die Truppen neu zu gruppieren und rückten wieder nach Norden vor. Im März gelang es den UN-Streitkräften, Seoul zurückzuerobern. Die Front verlief nun im Bereich der alten Grenzlinie; der Koreakrieg war zu einem Stellungskrieg geworden (Hastings, 1987).

Der Krieg forderte auch ein prominentes amerikanisches (politisches) Opfer: Am 11. April 1951 berief Truman den bei seinen Soldaten und in der amerikanischen Bevölkerung beliebten General McArthur ab. Wegen dessen Unberechenbarkeit und seines öffentlichen Drängens nach einer Ausweitung des Krieges auf China und dem Einsatz von Atombomben war der General untragbar geworden. Truman wollte eine Eskalation des Krieges vermeiden.

Auf Initiative der Sowjetunion begannen am 10. Juli 1951 Waffenstillstandsverhandlungen in Nordkorea, die zunächst zu scheitern drohten, weil Nordkorea eine UN-Forderung ablehnte, die die Rückführung von Kriegsgefangenen gegen deren Willen untersagte. Die Regierung in Pjöngjang befürchtete, viele ihrer Soldaten könnten es vorziehen, in Südkorea zu bleiben. Die Kämpfe entlang des 38. Breitengrades wurden fortgesetzt.

Der Koreakrieg war die erste militärische Auseinandersetzung im Kalten Krieg. Für die USA, vom Angriff auf Südkorea überrascht, brachte der Krieg einen Bewusstseinswandel mit sich – man fürchtete nun allerorts eine kommunistische Expansion. Die Haltung der Truman-Administration gegenüber der Sowjetunion verhärtete sich. Die Kampfstärke (Zahl der Soldaten) der amerikanischen Armee wurde verdoppelt, die Rüstungsausgaben erhöht, die Stationierung amerikanischer Truppen in Europa, im Nahen Osten und in Asien forciert (Blair, 1987).

### The Affluent Society: Die Eisenhower-Jahre

Der Koreakrieg war nocht nicht beendet, die Waffenstillstandsverhandlungen stockten. Senator McCarthy attackierte die Regierung, die Administration musste eine Reihe von Skandalen verkraften und es zeigten sich wirtschaftliche Schwierigkeiten – die Preise stiegen. Die Truman-Administration hatte den Tiefpunkt ihrer Popularität erreicht. Der Präsident entschied sich, in dieser Situation auf eine erneute Kandidatur zu verzichten. Die Demokraten erkoren schließlich den Gouverneur von Illinois, Adlai E. Stevenson, zu ihrem Kandidaten. Stevenson war ein begnadeter Redner, Intellektueller und sozialliberal in der Tradition F. D. Roosevelts. Für einen Moment sah es aus, als ob er gegen Senator Taft antreten müsste, einen alten Gegner des New Deal. Das republikanische Establishment verwehrte dem konserverativen Taft allerdings die Nominierung. Sie überredeten General Dwight D. Eisenhower zu kandidieren, als seinen Vizepräsidenten schlugen sie Richard Nixon, Senator aus Kalifornien, vor.

Eisenhower versprach den Krieg in Korea zu beenden (an early and honorable end) Der berühmte und geachtete General überzeugte die Wähler. Er gewann die Präsidentschaftswahlen mit großem Vorsprung – darüber hinaus: Erstmals seit zwanzig Jahren gewannen die Republikaner eine Mehrheit in beiden Häusern des Kongresses.

Truman hatte 1952 auf eine erneute Kandidatur verzichtet – nach dem Amtsantritt Eisenhowers zog er sich nach Independence, Missouri, zurück. Von dort beobachtete er die Politik und begleitete die Anstrengungen seiner Nachfolger mit Ratschlägen. Vor allem Johnsons Sozialpolitik begeisterte den alten Vertreter des *New Deal* und Ideengeber des *Fair Deal*. Im Dezember 1972 starb Truman – mittlerweile geachtet als einer der herausragendsten amerikanischen Staatsmänner des 20. Jahrhunderts.

Im folgenden Sommer – Eisenhower war schon Präsident – akzeptierten die Vereinten Nationen einen indischen Vorschlag für einen Waffenstillstand, der am 27. Juli 1953 in Pan Munjom unterzeichnet wurde. Die alte Grenzlinie entlang des 38. Breitengrades wurde als Grenze festgeschrieben, umgeben von einer vier Kilometer breiten demilitarisierten Zone. Eine Million Zivilisten, so Schätzungen, haben im Koreakrieg ihr Leben verloren; 36.000 amerikanische, 600.000 koreanische und 500.000 chinesische Soldaten fielen.

Der neue Präsident wurde mit großen Erwartungen begrüßt. Nicht nur wegen der Unbeliebtheit Trumans, sondern auch weil sich viele Amerikaner von dem General eine quasi-unparteiische Amtsführung erwarteten.

Eisenhowers Leben ist eine amerikanische Erfolgsgeschichte. 1890 in Texas in einer mennonitischen Familie geboren, verbrachte er seine Kindheit in Abilene, Kansas. Er besuchte (ohne sich dort besonders auszuzeichnen) die Militärakademie in West Point. Danach diente er in verschiedenen Positionen – auch im Ausland, unter anderem in Panama, auf den Philippinen und als Mitglied der Kommission für Kriegsdenkmäler in Frankreich. Nach den Auslandseinsätzen bildete er sich militärisch weiter (unter anderem an der Akademie in Fort Leavenworth); Eisenhower unterstützte in diesen Jahren den *New Deal* – so war er an der Organisation des *Civil Conservation Corps* beteiligt.

Im Zweiten Weltkrieg diente er zunächst in verschiedenen Stabsfunktionen – unter General George C. Marshall und General Douglas MacArthur, dann war er Chef der *Operations Division*. Er koordinierte die strategische Planung und entwickelte Einsatzpläne; 1942 wurde er zum Oberkommandierenden der europäischen Front ernannt. Im Juni 1944 befehligte er die alliierten Truppen bei ihrer Invasion in der Normandie – er war nun einer der einflussreichsten und bekanntesten Feldherren des Krieges. Es war daher nur konsequent, dass er nach der Kapitulation Deutschlands (bis November 1945) Militärgouverneur der amerkanischen Zone in Deutschland wurde. Er verwarf den Morgenthau-Plan und setzte sich früh für einen Wiederaufbau Deutschlands ein. 1945 (bis Februar 1948) wurde er Nachfolger Marshalls und damit der höchste amerikanische Soldat.

Nach seinem (vorübergehenden) Ausscheiden aus der Armee wurde er von Juni 1948 bis Oktober 1950 Präsident der *Columbia University*. 1949 ernannte Präsident Truman General Eisenhower zum Oberkommandierenden der gerade gegründeten NATO.

Als Eisenhower sich bereit erklärte, für die Republikaner zu kandidieren, überraschte er damit viele Beobachter. Denn es galt keineswegs als ausgemacht, dass der General den Republikanern und nicht den Demokraten nahestand.

Eisenhower versuchte dann auch als ein Präsident aller Amerikaner aufzutreten. Nach seiner Wahl sprach er häufig von *Modern Republicanism* (oder *Dynamic Conservativism*), wenn er seine Politik erklären wollte. Es blieb unklar, was damit gemeint war, aber einige Elemente zeichneten sich doch ab: Eisenhower vertrat als Person konservative Werte, als Präsident verstand er sich als ein Diener und Repräsentant des amerikanischen Volkes. Er postulierte auch einen engen Zusammenhang zwischen wachsender wirtschaftlicher Prosperität und der Stabilität der Wirtschaft (eine Auffassung, die wohl auch seinen Erfahrungen während der Weltwirtschaftskrise geschuldet war). Um diesen Zusammenhang zu stärken, förderte er die Interessen der Wirtschaft; viele der Regulierungen der Truman-Jahre hob er auf. Er wandte sich aber auch gegen die Exzesse des *McCarthyism*, die während seiner Amtszeit abebbten und schließlich zum Erliegen kamen.

Außenpolitisch verfolgte er (und sein Außenminister John Foster Dulles) einen vermeintlich harten Kurs gegen die Sowjetunion *(Rollback)*, der aber in der Praxis kaum Ergebnisse zeitigte. Eher verstand sich Eisenhower als Vermittler: Während seiner Amtszeit wurde auf der Genfer Konferenz 1954/55 die Indochinafrage (vorläufig) geregelt. Ebenso gelangen mit dem Abschluss des Österreichischen Staatsvertrages (24. Juni 1955) ein Ende der Besetzung Österreichs und die Neutralisierung des Landes.

Im Nahen Osten nahm die USA während der Regierungszeit Eisenhowers eine vermittelnde Position ein: Während der Suezkrise von 1956 stellte sich Eisenhower gegen die Koalition aus Frankreich, Großbritannien und Israel. Die europäischen Interventionstruppen mussten sich vom Suezkanal zurückziehen. Der Kanal wurde endgültig ägyptisch. Israel musste die eroberte Sinai-Halbinsel wieder räumen. 1957 erklärte Eisenhower („Eisenhower-Doktrin"), Nationen, die kommunistische Insurrektionen zu fürchten hatten, wirtschaftlich und militärisch zu unterstützen. 1958 intervenierten die USA, dieser Doktrin folgend, im Libanon. Nach kurzer Zeit zogen sie sich wieder zurück.

Am Ende der zweiten Amtszeit zeigten sich aber zunehmend Zeichen einer Stagnation im Inneren und einer wachsenden Verunsicherung im Äußeren. Den Russen gelang es im Mai 1960, ein amerikanisches Spionageflugzeug (U-2) abzuschießen. Schon zuvor hatte der „Sputnik-Schock" gezeigt,

dass die UdSSR im Begriff war, die USA in der Weltraumtechnik zu über-
holen. Dies war zwar eher eine der Denkweisen des Kalten Krieges geschul-
dete Perzeption als Realität, aber es entfaltete doch Wirkung. Und ein junger Senator aus Massachusetts machte den *missiles gap* zu seinem Thema.

Eisenhower regierte ein wohlhabendes Land, aber die Probleme – etwa
die Diskriminierung der afroamerikanischen Bevölkerung – behandelte die
Regierung nicht. Als der *Supreme Court* in *Brown v. Board of Education*
(Mai 1954) die Rassentrennung an Schulen für verfassungswidrig erklärte,
kam es zu immer gewalttätigeren Auseinandersetzungen im Süden. Im September 1957 musste der Präsident Bundestruppen nach Arkansas schicken,
um die schwarze Bevölkerung zu schützen und Recht und Gesetz aufrechtzuerhalten.

Eisenhower sah sich von einem immer mächtiger werdenden „militä-
risch-industriellen Komplex" in seiner Handlungsfähigkeit eingeschränkt
(so sagte er in seiner Abschiedsrede im Juni 1961). Die Regierung wirkte
ratlos. Die oppositionellen Demokraten sprachen vom „Stillstand". Eine
reiche Gesellschaft (*affluent society*), die keine Ideen mehr für die Bewältigung innen- und außenpolitischer Probleme hatte.

Eisenhower zog sich nach seinem Ausscheiden aus dem Amt zurück. Er
schrieb detaillierte Memoiren; am 28. März 1969 starb er in Washington,
D.C. (Ambrose, 1990).

## John F. Kennedy und Camelot

Im November 1960 wurde Senator John F. Kennedy zum Präsidenten der
Vereinigten Staaten gewählt. Der Wahl war ein fulminanter Wahlkampf vorausgegangen. Mit dem Vizepräsidenten Nixon und Senator Kennedy standen sich nicht nur grundlegend verschiedene politische Auffassungen gegenüber, sondern auch unterschiedliche Lebensstile. Nirgendwo wurde
dies deutlicher als im ersten „Fernsehduell" (der Präsidentschaftskandidaten) in der amerikanischen Geschichte. Der medienbewusste Senator, der
freundlich, lebhaft und kompetent, nicht zuletzt jugendlich wirkte, nutzte
seine Chance. Er sprach direkt in die Kamera, also zum amerikanischen
Volk. Nixon hingegen sprach Kennedy an, die Zuschauer sahen die meiste
Zeit nur sein Profil; er wirkte fahrig und müde, sein starker Bartwuchs lies
ihn unrasiert und wenig gepflegt erscheinen. Die Kommentatoren waren
sich einig, Kennedy entschied das Duell für sich.

Trotz allem war ein Wahlsieg Kennedys keine ausgemachte Sache. Seine
„aristokratische", aber auch dubiose Herkunft, vor allem die immer wieder
unterstellte Nähe seines Vaters zu Starlets und zweifelhaften Geschäftsleu-
ten sowie Gerüchte von des Vaters Beziehungen zur organisierten Kriminal-
lität wurden immer wieder thematisiert. Joseph Kennedy, sr., war zudem als
amerikanischer Botschafter in Großbritannien vor Ausbruch des Weltkrie-

ges Vertreter des *Appeasement* gewesen. Spötter und Skeptiker fragten sich, mitten im Kalten Krieg: „Does appeasement run in families?"

Und Kennedy war Katholik. Für das protestantisch geprägte Amerika war die Vorstellung eines katholischen Präsidenten keine leicht zu akzeptierende Vorstellung. Wie weit würde seine Loyalität zum Papst und der katholischen Kirche gehen?

John Fitzgerald (Jack) Kennedy wurde im Mai 1917 in Brookline, Massachusetts, geboren. Sein Vater wollte seinen Kindern eine „aristokratische" Erziehung geben. Seinen ältesten Sohn Joseph machte er früh mit dem Gedanken vertraut, er würde eines Tages Präsident werden. Jack begleitete seine Familie nach London, als sein Vater dort Botschafter wurde. Anders als Joseph, sr., war der junge Jack ein Gegner der Appeasement-Politik. 1940 veröffentlichte er eine überarbeitete Fassung seiner *Harvard Thesis* (*Why England Slept*, 1940), in der er seinen Standpunkt darlegte. Jack war schon als junger Mann kränklich, trotzdem trat er nach Kriegsausbruch in die Marine ein. Er war Kommandant eines Schnellbootes, das im August 1943 von einem japanischen Zerstörer versenkt wurde. Trotz einer ernsten Verwundung konnte er sich und eine Reihe von Besatzungsmitgliedern retten. Nach seiner Genesung schied Kennedy ehrenvoll, von seiner Familie als Kriegsheld gefeiert, aus der Marine aus. Etwa zur gleichen Zeit fiel sein Bruder, der als Marineflieger gekämpft hatte. In den dynastischen Vorstellungen seines Vaters musste nun Jack dessen Rolle übernehmen. J. F. Kennedy bereitete sich auf eine politische Karriere vor. Von 1947 bis 1953 vertrat er einen Bostoner Wahlkreis im Repräsentantenhaus. 1953 heiratete er Jacqueline Lee Bouvier, eine Frau der „besten" Gesellschaft, die ihm in den nächsten Jahren loyal zur Seite stand. In keiner einfachen Situation: Kennedy war chronisch leidend (eine Variante der Addison'schen Krankheit) und in fast krankhafter Weise sexsüchtig. Beides wurde vor der Öffentlichkeit geschickt versteckt, belastete aber das Ehe- und Familienleben. 1953 wurde der Abgeordnete zum Senator (für Massachusetts) gewählt.

Im Senat setzte er sich für Sozialreformen in der Tradition der Demokratischen Partei ein, verhielt sich aber in vielen Fragen (etwa gegenüber den Aktivitäten McCarthys) sehr vorsichtig. Sein größtes Interesse galt der Außenpolitik. Früh erkannte er die wachsende Bedeutung der in diesen Jahren unabhängig werdenden Staaten, selbst für den Befreiungskampf der algerischen *Front Nationale de Libération* (FNL) gegen Frankreich zeigte er Verständnis. Vor allem aber sah er die USA in einer tiefgreifenden ideologischen Auseinandersetzung mit der Sowjetunion. Diese Haltung verstärkte sich nach dem „Sputnik-Schock" von 1957, als die USA fürchteten im Wettrüsten (das den Weltraum einzuschließen begann) ins Hintertreffen zu geraten.

1956 verfehlte er die Nominierung als Vizepräsidentschaftskandidat (neben dem erneut angetretenen Adlai E. Stevenson), aber 1960 setzte sich der

Senator als Präsidentschaftskandidat durch. Er war die große Hoffnung seiner Partei – anders als L. B. Johnson oder Stevenson konnte er die verschiedenen Flügel seiner Partei vereinen. Konsequenterweise wählte er den Südstaaten-Demokraten Johnson zu seinem Vizepräsidentschaftskandidaten. Kennedy gewann die Wahl dennoch nur mit einem sehr knappen Vorsprung im Wahlmännergremium. Noch dünner war sein Vorsprung in der Volkswahl. Nixon gab sich jedoch geschlagen.

Der Senator war nun Präsident. Es war eine Zeit des Aufbruchs, der Hoffnung – aber Bedrohliches kündigte sich an. Der neue Präsident brachte einen neuen Stil: Seine Jugend, seine Familie und ein neues rhetorisches Pathos kennzeichneten den Beginn der Präsidentschaft. Wie König Artus versammelte er die „Besten" des Landes um sich – das Weiße Haus wurde zu Camelot. Mit dem Schlagwort *New Frontier* suchte Kennedy seine Politik der Bewegung und Erneuerung auf allen Gebieten zu beschreiben – gleichzeitig knüpfte er damit an ältere Traditionen der amerikanischen Republik an.

Der Aufbruch in eine neue Ära begann aber auch mit einem schlechten Vorzeichen. Am 2. Juli 1961 tötete sich Ernest Hemingway mit einem Schuss aus seinem Jagdgewehr. Der Schriftsteller litt an Depressionen, er glaubte nicht mehr schreiben zu können, seit langem war er alkoholkrank. „Papa" Hemingway, wie ihn seine Freunde nannten, verkörperte eine Reihe wichtiger Aspekte des amerikanischen Lebensstils: Er fischte mit Leidenschaft; wie einst Teddy Roosevelt war er ein Großwildjäger; im Ersten Weltkrieg, im Spanischen Bürgerkrieg und im Zweiten Weltkrieg nahm er als kämpfender Beobachter teil. Er liebte den Stierkampf, dem er in *Tod am Nachmittag* – 1932 erschienen – ein literarisches Denkmal setzte. Seine lakonische Art zu erzählen, der unerschütterliche Pessimismus seiner Geschichten, die unvermeidlich die Wiederkehr der Niederlage feierten, fanden in den beginnenden 1960er Jahren keinen Anklang mehr. Die Erfahrungen der Zeit zwischen den Weltkriegen und dem Krieg selbst verloren damit ihren wichtigsten Interpreten (Baker, 1969). Mit Hemingway trat das Amerika ab, das im Spanischen Bürgerkrieg für die republikanische Seite eingetreten war, das in den Zwischenkriegsjahren europäisch geprägt worden war. Was würde an dessen Stelle treten?

Ohne einen solchen Bezug zu beabsichtigen, betonte Präsident Kennedy diesen Epochenbruch in seiner Antrittsrede. Eine jüngere Generation, deren Vertreter im Zweiten Weltkrieg zwar (wie er selbst) noch Soldaten gewesen waren, deren politischen Erfahrungen und Lebenswelt aber in der Nachkriegszeit geprägt worden waren, übernahm nun die Verantwortung.

Kennedys Generation wollte einen Neuanfang, aber sie hatte kein grundlegendes und überzeugendes Programm für eine Erneuerung der amerikanischen Gesellschaft: „Let the word got forth from this time and place, to friend and foe alike, that the torch has been passed to a new generation of Americans – born in this century, tempered by war, disciplined by a hard and bitter peace, proud of an ancient heritage." Mit diesen Worten (in seiner Antrittsrede) bezeichnete Kennedy kein Programm, sondern eine Generation. Der junge Präsident sprach vom epochalen Wechsel, setzte aber die Politik seiner Vorgänger fort: Die Außenpolitik blieb zögerlich, den Ideen des Kalten Krieges verhaftet. Lediglich in den jungen Staaten Asiens und Afrikas und in Lateinamerika versuchte Kennedy einige neue Akzente zu setzen (unter anderem wurde das *Peace Corps* geschaffen). Die ersten Schritte des Präsidenten auf dem internationalen Parkett waren aber eher ein Stolpern als ein schnelles Voranschreiten zu neuen Zielen. Das erste Zusammentreffen mit Nikita Chruschtschow (auf dem Wiener Gipfeltreffen vom 3. und 4. Juni 1961) war eine Niederlage für den Präsidenten. Der selbstbewusst auftretende Generalsekretär kündigte einen Friedensvertrag der Sowjetunion mit der DDR an. Wenig später, am 13. August 1961, begann der Bau der Berliner Mauer – wieder wirkte Kennedy überrascht. Es zeigte sich aber schnell, dass den Russen eher an einer Festigung des Status quo gelegen war; der Status von Westberlin (und die Zugangswege) blieb bestehen, einen separaten Friedensvertrag mit der DDR schloss die UdSSR nicht. Und dieser Status quo war auch das Ziel der amerikanischen Politik. Die Lage um Berlin beruhigte sich wieder.

Auch im Inneren blieb der Präsident vorsichtig: Weder große Sozialreformen noch eine umfassende Gesetzgebung im Bereich der Bürgerrechte (der Emanzipation der Afroamerikaner) standen auf der Agenda. Wobei zu bedenken ist, dass gerade die sozialpolitischen Vorhaben der *New Frontier* (die durchaus beträchtlichen Veränderungen in der Sozial- und Krankenversicherung, der Aufbau der Infrastruktur oder die Sicherung der Bürgerrechte) zumeist am Widerstand des Kongresses scheiterten.

Dennoch verkörperte der Präsident das junge Amerika der frühen 1960er Jahre. Er griff die Themen der Zeit auf und gab ihnen Ausdruck. Seine junge Familie, von der es viele Bilder und Berichte gab, die schöne und elegante Frau an seiner Seite, die kultivierten Feste im Weißen Haus und der Landsitz in Hyannis Port prägten das Bild seiner Präsidentschaft. Kennedy versprach die Besten und Klügsten um sich zu versammeln. Wie in der Legende König Artus mit den Rittern der Tafelrunde hielt der Präsident Hof mit seinen Beratern. Schnell machte das Wort „Camelot" (König Artus' Burg) die Runde – Camelot, das war das neue Weiße Haus. Die Mitarbeiter Kennedys waren in der Tat jung – das Durchschnittsalter lag bei 45 Jahren, 11 Jahre jünger als in der Eisenhower-Zeit. Auch die Organisationsstrukturen der Regierung wurden verändert: Der Nationale Sicherheitsrat wurde zu einem wichtigen Entscheidungsgremium. Das Weiße Haus (vor allem das *Executive Office*) gestaltete im Wesentlichen die Politik. Das Kabinett verlor – von einigen wichtigen Ministern wie Robert McNamara (Verteidigung) oder Robert Kennedy (Generalstaatsanwalt) einmal abgesehen – an Bedeutung.

Der Präsident zog die Hoffnungen (und Sehnsüchte) vieler junger Amerikaner auf sich. Er verkörperte die Modernität der USA. Er war jung. Jedenfalls verglichen mit seinen Zeitgenossen: Nikita Chruschtschow und Harold Macmillan waren älter als fünfundsechzig, Adenauer fünfundachtzig Jahre alt, de Gaulle war siebzig, Nehru einundsiebzig, David Ben Gurion vierundsiebzig, Papst Johannes XXIII. achtzig.

Die Regierung vertraute auf Fortschritt, Planung und Modernisierung. Kennedy gab konsequenterweise dem technischen Fortschritt einen großen Stellenwert in seiner Politik. Im Zentrum dieser Technologiepolitik stand die Raumfahrt. Kennedy nahm den Wettbewerb mit der Sowjetunion auch hier auf. Innerhalb von zehn Jahren – so kündigte er an – würden die Amerikaner einen Astronauten auf den Mond schicken. Die NASA begann mit einem ehrgeizigen Forschungs- und Entwicklungsprogramm.

## Die Kubakrise

Wieder einmal bestimmte Kuba die amerikanische Außenpolitik. Die Karibikinsel wurde zum Zankapfel der beiden Supermächte – mit ungeahnten Folgen. In den USA wurde die Krise zum bestimmenden Moment der Kennedy-Präsidentschaft – um den vom Präsidenten bewunderten Winston Churchill zu paraphrasieren: *his finest hour*.

Die Sowjetunion besaß Anfang der 1960er Jahre keine Möglichkeit, Mittelstreckenraketen, die die USA erreichen könnten, in verbündeten Staaten zu stationieren. Dies änderte sich, als Fidel Castro nach der Vertreibung des kubanischen Diktators Fulgencia Batista die Regierung Kubas übernahm. Da die USA sich weigerten, mit der Revolutionsregierung zusammenzuarbeiten, und den Sturz der neuen Führung betrieben, suchte Castro andere Partner – die Sowjetunion stand bereit. Castro akzeptierte das Bündnis.

Die Radikalisierung der kubanischen Revolution verschreckte die amerikanische Regierung. Washington reagierte am 19. Oktober 1960 mit einem Importverbot für kubanische Waren und stoppte jegliche Erdöllieferungen an die neuen, vermeintlichen Verbündeten der UdSSR. Chruschtschow versprach Kuba im Gegenzug wirtschaftliche und militärische Hilfe (Heideking, 1996). Nicht zuletzt dieses „Eindringen" der Sowjetunion in die westliche Hemisphäre veranlasste den amerikanischen Präsidenten Kennedy, wenn auch zögerlich, seine Zustimmung zur Invasion der an der Südküste Kubas gelegenen „Schweinebucht" zu geben.

Geplant war, dass eine kleine Gruppe von exilkubanischen Kämpfern einen provisorischen Landeplatz sichern sollte, bis eine in Miami wartende kubanische Exilregierung dort landen und die USA um Militärhilfe bitten konnte. Die CIA unterstützte den Plan. Der Invasionsplan war jedoch so vielen Personen bekannt, dass er bereits bis nach Kuba durchgesickert war. Am 17. April 1961 begann die Invasion.

Die USA (wie die Exilkubaner) gingen fälschlicherweise von einer in Kuba vorherrschenden antirevolutionären Stimmung aus – gerade in der Gegend der Schweinebucht wohnten jedoch viele arme Kubaner, die von den Veränderungen durch die Revolution profitierten und sich – auf Geheiß der Regierung – mit Waffen gegen die Eindringlinge zur Wehr setzten. Die Bewohner der Bucht und die hochmotivierten und im Guerillakampf erprobten Soldaten Kubas waren den Exilanten überlegen und Kennedys Entscheidung, keine massive Luftunterstützung zu gewähren, verhinderte die geplante Vernichtung der kubanischen Luftwaffe – stattdessen wurden fünf amerikanische Bomber von kubanischen Flugzeugen abgeschossen. Die Invasion wurde ein außenpolitisches Fiasko für die USA. In ganz Lateinamerika gab es große Sympathie für das von der Großmacht überfallene Kuba. In den USA begann eine öffentliche Debatte über die Rolle von Geheimdienstaktivitäten als Mittel der Außenpolitik. Präsident Kennedy stand in der Kritik der Weltöffentlichkeit und ging geschwächt aus dem Konflikt hervor.

Castro wollte eine erneute Invasion in jedem Fall verhindern. Im Mai 1962 begann die UdSSR mit der verdeckten Stationierung von Atomraketen und 4.000 Soldaten auf Kuba, die (aus kubanischer Sicht) erneute Invasionsversuche der USA verhindern sollten. Die CIA entdeckte mittels Aufklärungsflugzeugen im August die Stationierung von Mittelstreckenraketen vom Typ SS-4 und SS-5, die mit einer Reichweite von 4.500 Kilometern in der Lage waren, Washington, D.C., mit einer Vorwarnzeit von nur fünf Minuten anzugreifen.

Der Präsident musste reagieren. John F. Kennedy setzte einen Beraterstab ein, das *Executive Commitee* (*ExComm*), ein Ausschuss des *National Security Council*, der die Handlungsoptionen der USA diskutieren und dem Präsidenten Vorschläge machen sollte. Der sowjetische Außenminister Andrei Gromyko, der sich zufällig zu einem Besuch in Washington befand, dementierte, dass die UdSSR Raketen auf Kuba stationiert habe. Adlai Stevenson, mittlerweile Kennedys Botschafter bei den Vereinten Nationen, präsentierte dem Sicherheitsrat Luftaufnahmen, die bewiesen, dass die Russen gelogen hatten. Nun drängte das amerikanische Militär auf ein schnelles Eingreifen – entweder einen Luftschlag oder eine Invasion oder beides.

Der Präsident wählte eine andere Option: Am 20. Oktober entschied sich Kennedy, eine Seeblockade Kubas anzuordnen; die Entscheidung wurde der Bevölkerung zwei Tage später mitgeteilt, die Armee in erhöhte Alarmbereitschaft versetzt, Kennedy drohte im Falle eines Angriffs auf die USA mit einem atomaren Vergeltungsschlag (Allison, 1999). Der sowjetische Regierungschef Nikita Chruschtschow erklärte, er werde die Blockade Kubas nicht akzeptieren, die Stationierung der Raketen würde fortgesetzt. Am 26. Oktober erhielt Kennedy jedoch ein Schreiben von Chruschtschow, in dem dieser den Abzug der Raketen anbot, falls die USA sich verpflichteten, nicht in Kuba zu intervenieren. Die Krise eskalierte dennoch: Am Tag darauf wurde ein amerikanisches Aufklärungsflugzeug über Kuba abgeschossen; der Pilot kam um. Viele Beobachter rechneten mit einer nuklearen Eskalation und dem Beginn des dritten Weltkrieges, doch Kennedy verhandelte weiter und bot sogar einen Abzug der in der Türkei und in Italien stationierten (allerdings veralteten und ohnehin für einen Abzug vorgesehenen) amerikanischen Raketen an. Sein Bruder, Robert Kennedy, ein wichtiges Mitglied des *ExComm*, traf sich mehrfach zu geheimen Verhandlungen mit dem sowjetischen Botschafter Dobrynin. Die Hardliner im *ExComm*, die einen Militärschlag befürworteten, waren nicht in die Verhandlungen eingeweiht. Am 28. Oktober lenkte Chruschtschow ein und zog die Raketen aus Kuba ab; die USA erklärten, in der Zukunft keine Invasion Kubas zu unternehmen; Washington stimmte darüber hinaus einem Abzug der Raketen in der Türkei und Italien zu – was jedoch vor der amerikanischen Öffentlichkeit geheimgehalten wurde.

## Die Ermordung Kennedys

Nach der Kubakrise hatte sich die Administration gefestigt. Kennedy – so schien es – war nun frei, sein Programm der Modernisierung der amerikanischen Politik auf den Weg zu bringen. Die Ermordung des Präsidenten setzte dem Aufbruch in diese neue Modernität (verstanden als eine Ära der „Machbarkeit") ein abruptes Ende. Mit dem Präsidenten starb nicht seine Politik – die im Bereich der Wirtschafts- und Sozialpolitik Lyndon B. Johnson fortsetzte und sogar erweiterte –, sondern das Vertrauen in den ungebrochenen Fortschritt. Es folgten Jahre der Unsicherheit: Rassenunruhen erschütterten das Land, die Regierung verstrickte sich in den Vietnamkrieg, politische Morde prägten diese Jahre: John F. Kennedy, Martin Luther King, Robert Kennedy, Malcolm X. Es begann eine kulturelle Umwälzung, die das Land in kulturell unterschiedliche Regionen und Wirtschaftsräume, Weltanschauungen, religiöse Überzeugungen und Ideologien teilte.

Kennedys Ermordung war der Beginn dieser Entwicklung. Durch seinen Tod änderte der Präsident das Land mehr als durch seine Politik in den Jahren seiner Regierung. Es war der Beginn eines Klimas des Misstrauens und der Spaltung.

Um die Ermordung ranken sich Legenden. Sie wurde zu einer archetypischen Szene der amerikanischen Geschichte – unzählige Male im Fernsehen gezeigt, verfilmt und nachgestellt, in Romanen, Erzählungen und Berichten verarbeitet. Es wird kaum einen Amerikaner (und nur wenige Menschen der westlichen Welt) geben, der diese Szene nicht gesehen hat. Kennedy hatte am 22. November 1963 Dallas in Texas besucht. Es war der Beginn seiner Kampagne um die Wiederwahl. Nach der Bewältigung der Kubakrise befand sich der Präsident auf einem Höhepunkt seiner Popularität. Aber wie vielleicht nur Lincoln und Franklin Roosevelt vor ihm zog Kennedy auch den Hass derer auf sich, die in ihm nicht den gegnerischen Politiker, sondern den Feind sahen. Die Ereignisse von Dallas – und deren Interpretation – verdeutlichten dies: Auf der Fahrt durch die Stadt wurde der Präsident von Lee Harvey Oswald aus dem Obergeschoss eines Lagerhauses erschossen. Der den Präsidenten im offenen Wagen begleitende Gouverneur von Texas, John Connelly, wurde schwer verletzt. Die dramatischen Umstände der Ermordung und die Verwirrung und Widersprüchlichkeit, die das Attentat umgaben, veränderten die USA. Für die Anhänger des Präsidenten wurde dieser zu einer Figur wie Lincoln – die Trauerfeierlichkeiten in Washington orientierten sich ausdrücklich an denen des großen Bürgerkriegspräsidenten. Andere jubelten über den Tod des progressiven Präsidenten. Bis heute ist immer wieder – ohne dass je ein Beweis dafür erbracht wurde – von einer Verschwörung gegen den Präsidenten die Rede. Harvey Oswald war aber wohl ein verwirrter Einzeltäter – er sollte Nachfolger finden. Kennedy war der vierte amerikanische Präsident, der ermordet wurde. Andere, wie Franklin Roosevelt, waren dem Tod durch die Hand eines Attentäters nur knapp entgangen (Dallek, 2003).

### Johnson's Great Society

Nun war L. B. Johnson Präsident der Vereinigten Staaten. Er wollte schnell aus dem Schatten seines Vorgängers heraustreten. In kurzer Zeit entwarf er ein ehrgeiziges Programm, das weit über die Ideen und Konzepte der *New Frontier* hinausging. Johnsons Visionen erweckten Erwartungen auf eine gerechte Gesellschaft, die er allerdings am Ende des Tages nicht einlösen konnte; hinzu kam bald, dass die Finanzierung des Vietnamkriegs zu Kürzungen bei den gerade erst eingeführten Sozialprogrammen und zu Steuererhöhungen führte. Der Präsident wurde hart angegangen: Für viele war der Sozialreformer ein Kriegspräsident. Die wachsende Kritik am Vietnamkrieg führte zu einer immer wirkmächtigeren Friedensbewegung. Die meist jungen Anhänger der Bewegung beließen es nicht bei Protesten gegen den Krieg: Ihre Kritik richtete sich alsbald gegen die Gesellschaft insgesamt. Der Aufbruch der frühen Kennedy-Jahre wurde zur Kulturrevolution. Der Protest war vielfältig: „Blumenkinder" und „Hippies" verschrieben sich dem Pazifismus und suchten nach einer Kultur der Liebe – sie forderten „freie Liebe" mit mehreren Partnern, schockierten das bürgerliche Establishment und stellten die restriktive amerikanische Sexualmoral in Frage. Die Hippie-

Bewegung, deren Zentrum San Francisco wurde, suchte nach alternativen Gesellschaftsentwürfen und neuen Erfahrungen – „bewusstseinserweiternde" Drogen wie Marihuana und LSD dienten als Lebenshilfe. Das rebellische Lebensgefühl, der Gegenentwurf zu den bürgerlichen Werten, sozialer Angepasstheit und Konsumorientierung prägten die 1960er und frühen 1970er Jahre. Dies alles hatte der Nachfolger Kennedys zu bewältigen. Keine einfache Aufgabe.

Lyndon Baines Johnson wurde im August 1908 in Stonewell, Texas, geboren. Seine Familie lebte in einfachen, aber für die Zeit keineswegs in ärmlichen Verhältnissen. Johnson unterrichtete nach seinem College-Abschluss für einige Zeit Kinder mexikanischer Einwanderer, dann (1931) wurde er Mitarbeiter eines Kongressabgeordneten. 1937 wurde er (in einer Nachwahl) selbst in das Repräsentantenhaus gewählt.

Johnson war ein strikter Anhänger des *New Deal*, wobei er die sozialpolitischen Anliegen der Roosevelt-Administration geschickt mit den Interessen seines Wahlkreises verband. 1948 wurde er (für Texas) schließlich in den Senat gewählt. Seine ersten Jahre im Senat waren gekennzeichnet von einem Amalgam von Positionen: Sozialpolitisch war er fortschrittlich und blieb den Ideen des *New Deal* verpflichtet; Trumans Bürgerrechtspolitik lehnte er aber (als ein „typischer" Südstaatendemokrat) ab; in Fragen der Außenpolitik vertrat er einen harten antikommunistischen Kurs.

Wie Roosevelt (als Präsident), so erwies sich Johnson als ein begnadeter Taktiker in der Legislative (Caro, 2002). Er half mit, Senator McCarthy zu entmachten, setzte sich für die Belange des Südens ein und unterstützte – vorsichtig – den Beginn der Bürgerrechtsbewegung unter Präsident Eisenhower (*Civil Rights Act*, 1957), von der keine allzu großen Veränderungen drohten. Dies alles machte ihn zu einem einflussreichen Mann in Washington und zu einem möglichen Kandidaten für die Präsidentschaft.

Bald galt der Senator als einer der einflussreichsten Mitglieder des Senats. Vielleicht wäre Johnson 1960 als Präsidentschaftskandidat nominiert worden, aber er zögerte zu lange. Kennedy machte das Rennen und Johnson musste sich mit dem zweiten Platz begnügen.

Als Vizepräsident fand sich der bisher so einflussreiche Johnson in der Position Trumans unter Roosevelt wieder. Er war von den wichtigsten Entscheidungsprozessen ausgeschlossen, stattdessen absolvierte er unzählige Auslandsreisen (so auch eine Reise nach Berlin, um unmittelbar nach dem Mauerbau den Berlinern die Solidarität der USA zu zeigen – die Reise war erfolgreich, stand aber bald im Schatten von Kennedys Deutschlandbesuch im Juni 1963 [„Ich bin ein Berliner"], die zu einem wahren Triumphzug wurde).

Johnson machte sofort nach seinem Amtsantritt die Sozialpolitik zum Schwerpunkt seines Regierungsprogramms. In seiner ersten *State of the*

*Union Address* (Januar 1964) kündigte der Präsident einen „bedingungslosen Krieg gegen die Armut" an. Zunächst aber musste Johnson seine Wiederwahl sichern, im November 1964 standen Wahlen an.

Die Republikanische Partei hatte sich in den wenigen Jahren der Kennedy-Administration gewandelt – sie war konservativ geworden und wollte den gesellschaftlichen Veränderungen der 1960er Jahre ein Gegengewicht entgegensetzen. In Barry Goldwater fand dieser neue Konservativismus seinen ersten Vertreter. Gegen L. B. Johnson – und noch unter dem Eindruck des Mordes an Kennedy – hatte Goldwaters radikaler Konservativismus allerdings keine Chance. Johnson errang einen der überzeugendsten Wahlsiege in der amerikanischen Geschichte (61 Prozent des *popular vote*).

Der Präsident interpretierte diesen Wahlsieg als ein Mandat für seine neue Sozialpolitik. Er wollte eine gerechte amerikanische Gesellschaft – der *New Deal* Roosevelts sollte in eine *Great Society* münden. Die Gerechtigkeitsvorstellungen Johnsons hatten sich mittlerweile erweitert: Der Südstaaten-Demokrat hatte sich auch zu einem der Vorkämpfer der Bürgerrechtsbewegung entwickelt. 1964 verabschiedete der Kongress – der erfahrene Gesetzgeber Johnson hatte alle seine Erfahrungen und Fähigkeiten genutzt – den *Civil Rights Act*. Damit erhielt die afroamerikanische Bevölkerung im Süden endlich auch de facto das Wahlrecht; die Gleichberechtigung der Geschlechter wurde festgeschrieben, die Rechte von Minderheiten verbessert und im *Voting Rights Act* von 1965 wurden die Wahlbeteiligungsmöglichkeiten der schwarzen Bevölkerung noch einmal verbessert. Parallel begann Johnson mit dem Ausbau (in vielen Fällen eigentlich dem Aufbau) des Sozialsystems (*Medicaid; Medicare*).

Johnson verbesserte auch die Einwanderungsgesetzgebung, förderte auf verschiedenen Ebenen (Schulen, Universitäten) Bildungsprogramme und erweiterte den Umweltschutz. Das Wirtschaftswachstum Mitte der 1960er Jahre ermöglichte zudem Steuererleichterungen. Der Wohlstand des Landes wuchs beträchtlich – eine Entwicklung, die sich noch bis Anfang der 1970er Jahre fortsetzte. Die hohen Kosten des Vietnamkrieges erzwangen aber nach 1967/68 Anpassungen, die manche Reformen Johnsons in ihrer Wirkung einschränkten.

### Vietnam

Seit 1967 stand die Johnson-Administration unter dem Eindruck des Vietnamkriegs, der – in der Perzeption vieler Amerikaner, jedenfalls für lange Zeit – die Regierungszeit Johnsons definierte. Vietnam wurde das große Thema der zweiten Hälfte der 1960er Jahre.

Die Erfahrungen des Koreakriegs beeinflussten die amerikanische Politik in Vietnam. Nach dem Indochinakrieg, bei dem die Unabhängigkeitskämpfer unter Ho Chi Minh 1954 die französische Kolonialarmee zuletzt entscheidend in Dien Bien Phu besiegt und sich von der Kolonialherrschaft befreit hatten, war das Land durch den Genfer Friedensvertrag (1954) in einen kommunistischen Norden und einen westlich orientierten Süden geteilt worden. Für 1956 sah das Genfer Abkommen Wahlen vor, in deren Folge das geteilte Land wieder vereinigt werden sollte. Der südvietnamesische Präsident Ngoh Dien Diem verhinderte diese Wahlen mit Unterstützung Eisenhowers, da er einen Sieg Ho Chi Minhs und der Kommunisten befürchtete. Daraufhin bildete sich die Guerillabewegung *Front National de Libération* (FNL), deren Mitglieder vom Westen als Viet Cong (eigentlich *Vietnam Cong San:* „vietnamesische Kommunisten") bezeichnet wurden. Die USA reagierten auf die Guerillaaktivitäten mit der Entsendung militärische Berater. Washington befürchtete, dass der Sturz des Regimes in Saigon zum „Umfallen" weiterer Länder in der Region führen würde (die „Domino-Theorie"). Die Sowjetunion unterstützte die FNL mit Waffen und Nachschub und sandte ebenfalls Militärberater. Denn auch nachdem Eisenhower das Weiße Haus 1961 verlassen und Kennedy dort eingezogen war, blieben die USA ihrer Strategie der „Eindämmung" treu. Kennedy war überzeugt, dass die Vereinigten Staaten sich in Vietnam der Ausbreitung des Kommunismus entgegenzustellen hätten, um ihre Glaubwürdigkeit zu wahren.

Im Süden gingen die Truppen von Präsident Diem mittlerweile mit solcher Brutalität gegen die Bevölkerung vor, dass buddhistische Mönche mit Selbstverbrennungen protestierten. Die USA versuchten in dieser Situation, ihren Einfluss auf die Generäle der südvietnamesischen Streitkräfte geltend zu machen, um die schlimmsten Ausschreitungen gegen die Zivilbevölkerung zu verhindern. Die Generalität interpretierte dies als amerikanisches Einverständnis zu einem Staatsstreich. Am 1. November 1963 ermordete sie Präsident Diem. Die aus dem Machtvakuum resultierende Destabilisierung Südvietnams nutzte der Norden für seine Zwecke. Auch in den USA kam es nach der Ermordung Kennedys am 22. November zu einem Führungswechsel – der neue Präsident Lyndon B. Johnson verlor keine Zeit, öffentlich zu erklären, dass die Vereinigten Staaten auch unter seiner Präsidentschaft Südvietnam unterstützen würden. Begonnen hatte das Engagement allerdings zur Zeit Kennedys. Der Präsident wollte den Süden durch militärische und wirtschaftliche Hilfe stabilisieren und die Kommunisten langsam zurückdrängen. Einer der Architekten dieser Strategie (*Counterinsurgency*) war Verteidigungsminister Robert McNamara. Seit 1962 waren einige tausend amerikanische Militärberater im Land, bis Ende 1963 war ihre Zahl auf 16.000 gestiegen.

Anfang August 1964 eskalierte die Situation: Drei nordvietnamesische Kanonenboote hatten am 2. August in den internationalen Gewässern des Golfs von Tonkin den amerikanischen Zerstörer *USS Maddox* beschossen und beschädigt. Ein weiterer Zerstörer kam der *Maddox* zu Hilfe, angeblich wurden beide am 4. August erneut angegriffen – eine vom amerikanischen Geheimdienst manipulierte Meldung, die nicht den Tatsachen entsprach. Die Nachricht löste in Washington Empörung aus: Verteidigungsminister Robert McNamara erklärte, dass die USA Südvietnam nicht militärisch unterstützen und die Angriffe daher nicht provoziert hatten. Am 7. August beschlossen beide Kammern des Kongresses eine Resolution (*Golf of Tonkin Resolution*), die den Präsidenten autorisierte, alle „notwendigen Schritte", inklusive der Entsendung von Streitkräften zu veranlassen, so ein Mitglied der SEATO um Hilfe zur Bewahrung seiner „Freiheit" bitten sollte.

Schon am Tag darauf landeten die ersten amerikanischen Truppen in Vietnam – die Zahl der bereits dort befindlichen amerikanischen „Militärberater" hatte bisher um die 16.000 betragen. Johnson entsandte über die Jahre nun mehr und mehr Soldaten nach Vietnam, schreckte jedoch vor einer von den Militärs geforderten Verstärkung der Bombardierung und einer Ausweitung des Konflikts auf den Norden zurück – auch weil er innenpolitisch angesichts der wachsenden Antikriegsstimmung zunehmend unter Druck geriet. Im Frühjahr 1968 erreichte die amerikanische Truppenstärke in Vietnam 550.000 Mann. Die USA führten zudem einen massiven Luftkrieg gegen Nordvietnam – dreimal mehr Sprengstoff wurde gegen Ziele im ganzen Land (Nord- und Südvietnam) eingesetzt als im Zweiten Weltkrieg.

Der Vietnamkrieg war der erste „Fernsehkrieg" – die Bilder, die die Weltöffentlichkeit täglich zu sehen bekam, belegten nicht nur die Verheerungen des Krieges und nährten Zweifel, dass der Sieg kurz bevorstand, sie untergruben auch die Moral der amerikanischen Zuschauer, die erkennen mussten, dass amerikanische Soldaten in diesem Konflikt nicht notwendigerweise „die Guten" waren.

Am 16. März 1968 ereignete sich das Massaker von My Lai, bei dem amerikanische Soldaten auf grausame Weise ein ganzes Dorf nahe der Grenze zu Nordvietnam niedermetzelten, da man die Bewohner für potentielle Unterstützer des Vietcong hielt. Das amerikanische Selbstverständnis war erschüttert: Wehrdienstpflichtige entzogen sich dem Militärdienst durch Flucht in andere Länder. Kriegsgegner verweigerten aus Protest die Zahlung ihrer Steuern.

Seit 1965 hatten die Amerikaner versucht, den Norden durch verstärkte Bombardierung in die Knie zu zwingen, doch die erhofften Erfolge waren ausgeblieben, auch wenn die amerikanische Führung zweckoptimistisch ein baldiges Ende des Krieges ankündigte. Als die nordvietnamesischen Truppen zusammen mit der FNL am 30. Januar 1968 die Tet-Offensive starteten, kam es zum psychologischen Wendepunkt des Krieges: Zwar verlor der Norden mit 50.000 Toten und Gefangenen die Hälfte seiner Truppen und konnte die zahlreichen eroberten Städte nicht lange halten, doch war die amerikanische Öffentlichkeit schockiert über die Offensivkraft eines Gegners, den man so gut wie besiegt glaubte. Sogar die amerikanische Botschaft in Saigon wurde angegriffen. Viele Amerikaner glaubten nun, der Krieg sei nicht zu gewinnen. Als General William C. Westmoreland, der amerikanische Oberkommandierende in Vietnam, weitere Truppenverstärkungen forderte, erreichte der neue amerikanische Verteidigungsminister Clark Clifford, dass Johnson dies ablehnte. Eine Invasion Nordvietnams wagten die Amerikaner nicht, da sie Chinas Einmischung in den Konflikt nicht provozieren wollten. Die Erinnerung an Korea war noch wach.

Vietnam stand im Mittelpunkt, aber die internationale Politik der USA kannte auch andere Themen: Johnson versuchte auch auf anderen Feldern die Außenpolitik Kennedys fortzusetzen – so verhandelte er mit der Sowjetunion über die Begrenzung der nuklearen Rüstung (SALT). In Lateinamerika setzte er die „klassische" Politik der USA fort: 1965 intervenierten amerikanische Truppen in der Dominikanischen Republik – vorgeblich um amerikanische Bürger zu schützen und einem Verbündeten Kubas entgegenzutreten. Der Militäreinsatz kostete der Administration einiges an Sympathie in Lateinamerika. In der Nahostpolitik setzte Johnson (im Sechstagekrieg) die von Kennedy begonnene Annäherung an Israel fort.

Präsident Johnsons Chancen auf eine Wiederwahl als Präsident hatten unter dem immer sichtbarer werdenden Debakel in Vietnam erheblich gelitten. Als er im Vorwahlkampf gegen Eugene McCarthy zu unterliegen drohte, der sich vehement gegen den Krieg aussprach, zog der Präsident sich aus dem Wahlkampf zurück und kündigte Friedensgespräche mit Vietnam an. Tatsächlich begannen im August 1969 geheime Verhandlungen, die jedoch scheiterten. Nach Johnsons Rückzug bewarb sich Robert Kennedy, der jüngere Bruder John F. Kennedys, um die Kandidatur als demokratischer Präsidentschaftskandidat. Johnsons Vizepräsident H. H. Humphrey bewarb sich ebenfalls, versprach jedoch, anders als Kennedy, weiter die südvietnamesische Regierung zu unterstützen. Er hatte die Unterstützung des Präsidenten. Robert Kennedy, der an das Erbe seines Bruders anknüpfend einen engagierten Vorwahlkampf führte und sich als ein charismatischer Politiker mit großen Aussichten auf die Nominierung erwies, wurde am 6. Juni 1968 im Ambassador Hotel in Los Angeles ermordet. Damit hatten die Demokraten kaum mehr eine Chance, die Wahlen zu gewinnen.

Johnson hatte nach seiner Ankündigung, nicht noch einmal zur Wahl anzutreten, viel an Einfluss verloren. Er war verbittert, enttäuscht über die Reaktion seiner Partei und der Bevölkerung. Nach der Inauguration Nixons zog er sich nach Texas zurück. Der psychisch angeschlagene Präsident starb im Januar 1973 – er hatte sich fast völlig aus der Öffentlichkeit zurückgezogen. Johnson war ein großer Sozialreformer, in Erinnerung blieb er aber wegen Vietnam.

## Die Bürgerrechtsbewegung

Ein Meilenstein im Kampf der Afroamerikaner für Gleichberechtigung war die Entscheidung des *Supreme Court* im Fall *Brown v. Board of Education of Topeka* im Mai 1954, die die Rassentrennung in öffentlichen Schulen abschaffte. Die Entscheidung hatte ihre Vorgeschichte: 1953 war der kalifornische Gouverneur Earl Warren (1891–1974) *Chief Justice* geworden. Warrens Entscheidungen, die weit mehr als bisher den Schutz der Bürgerrechte von Minderheiten garantierten, leiteten eine neue Phase der Emanzipation der afroamerikanischen Bevölkerung ein. Während die nördlichen Staaten des Südens die neuen Entscheidungen – wenn auch ohne Begeisterung – umsetzten, war der *Deep South* nicht bereit, den Urteilen des Obersten Gerichtshofes zu folgen. Im September 1957 wurde Little Rock in Arkansas zur Hochburg des Widerstands: Gouverneur Orval E. Faubus hielt neun afroamerikanische Kinder durch den Einsatz der *National Guard* vom Betreten einer Schule fern. Präsident Eisenhower antwortete mit der Entsendung von Bundestruppen, die den Kindern Zugang verschafften. Die (weiße) Bevölkerung von Arkansas aber stand hinter Faubus und reagierte auf die Integrationsbemühungen mit Ausschreitungen und einer wachsenden Radikalisierung. Die Auseinandersetzungen im Süden verschärften sich.

Wichtige Ereignisse und politische Aktionen trugen dazu bei, die Bürgerrechtsbewegung zum wichtigsten Thema der ersten Hälfte der 1960er Jahre zu machen. Der Kampf um Gleichberechtigung wurde zu einer Sache der gesamten USA. Es waren einzelne Geschehnisse, die bedeutsam wurden: Der aus Chicago stammende vierzehnjährige Emmett Till, der mit den ungeschriebenen Verhaltsregeln für Schwarze im Süden nicht vertraut war, verbrachte seine Sommerferien bei seinem Onkel in Mississippi. Als er angeblich einer weißen Frau hinterherpfiff, wurde er von deren Ehemann und dessen Halbbruder entführt und gelyncht. Seine Mutter ließ den Leichnam nach Chicago überführen, von wo die Fotos des entstellten Körpers um die Welt gingen. Die Mörder wurden vor Gericht gestellt, aber nach vier Tagen von einer Jury aus zwölf weißen Männern freigesprochen. Einer der Männer gab 1956 in einem Zeitungsinterview zu, dass die beiden Till getötet hatten, da er trotz ihrer Schläge keine Reue oder Angst gezeigt habe. Trotz dieses Geständnisses gingen beide Männer straffrei aus.

Die schwarze Bevölkerung ließ sich trotz der Gewalt nicht einschüchtern und forderte die Aufhebung der Rassentrennung. Am 1. Dezember 1955 wurde die schwarze Näherin und Bürgerrechtlerin Rosa Parks festgenommen, als sie sich weigerte, ihren Sitzplatz in einem Bus für einen weißen Fahrgast zu räumen, und wegen „ordnungswidrigen Verhaltens" verurteilt. Ihr ziviler Ungehorsam inspirierte den *Montgomery Bus Boycott* in Alabama. Die Führung übernahm ein junger Pfarrer der Baptistengemeinde: Martin Luther King, jr. Um ihre Empörung zum Ausdruck zu bringen, boykottierten die Afroamerikaner von Montgomery über ein Jahr lang die öffentlichen Verkehrsmittel. Der friedliche Protest hatte Erfolg: Im November 1956 erklärte der *Supreme Court*, dass die Rassentrennung in Bussen illegal sei. Der gewaltlose Widerstand nahm zu. Junge Schwarze setzten sich in Restaurants und an andere öffentliche Orte, wo sie nicht willkommen waren. Die Organisatoren dieser „Sit-ins" schlossen sich 1960 im *Student Nonviolent Coordinating Committee* zusammen. Sie setzten die Aufhebung der Rassentrennung in öffentlichen Verkehrsmitteln im Süden durch (*Freedom Rides*).

Der Kopf der Bürgerrechtsbewegung war Martin Luther King, jr., aus Atlanta, Georgia. Den friedlichen Protesten der schwarzen und weißen Aktivisten wurde mit Gewalt begegnet – friedliche Demonstranten in mehr als 800 Städten (im Sommer 1963) wurden von Polizeihunden attackiert und von Wasserwerfern buchstäblich weggespült. Dennoch predigte King Gewaltlosigkeit. Er organisierte zahllose Protestmärsche und forderte unermüdlich die Gleichberechtigung. Nach seiner Verhaftung in Birmingham, Alabama, schrieb Martin Luther King am 16. April 1963 seinen berühmten offenen „Brief aus dem Gefängnis von Birmingham", in dem er sich zum zivilen Ungehorsam bekennt, da das Warten darauf, dass die Gesellschaft den Schwarzen von sich aus die Bürgerrechte einräumen würde, fruchtlos sei. Birmingham erlangte im September desselben Jahres traurige Berühmtheit, als während des Sonntagsschulunterrichts in einer Baptistenkirche eine Bombe explodierte, die vier schwarze Mädchen tötete und 22 Kinder verletzte.

Im August 1963 organisierte King den *March on Washington*, bei dem über 200.000 Menschen „Freiheit jetzt" verlangten und er seine berühmte Rede *I Have a Dream* hielt, in der er den Zukunftstraum einer Gesellschaft ohne Rassenunterschiede entwirft. 1964 erhielt King den Friedensnobelpreis. Es war aber noch ein weiter Weg zu gehen. Am 7. März 1965 – *Bloody Sunday* – kam es in Selma, Alabama, wieder zu einer blutigen Auseinandersetzung zwischen weißen Ordnungkräften und schwarzen, friedlichen Demonstranten. Es war ein Wendepunkt. In einer Botschaft an beide Häuser des Kongresses sagte Präsident Johnson: „At times history and fate meet at a single time in a single place to shape a turning point in man's unending search for freedom. So it was at Lexington and Concord. So it was a century ago at Appomattox. So it was last week in Selma, Alabama." Der Präsident hatte die Bedeutung der Bürgerrechtsbewegung erkannt.

Als Martin Luther King am 4. April 1968 ermordet wurde, waren die USA schockiert. Obwohl der Rassist James Earl Ray den Mord zugab und dafür verurteilt wurde, blieben Zweifel – nicht nur weil der unmittelbare Mörder sein Geständnis nach wenigen Tagen widerrief. Das Land wurde von gewalttätigen Rassenunruhen erschüttert. Aus der Bürgerrechtsbewegung gingen radikale Organisationen hervor, die größere Distanz zu der (weißen) amerikanischen Gesellschaft suchte oder auf eine wirkliche und schnelle Veränderung pochten (*Nation for Islam*; *Black Panthers*).

Trotz der Brutalität der Auseinandersetzung erreichte die Bürgerrechtsbewegung in den 1960er Jahren mit ihrer Strategie der Gewaltlosigkeit große Veränderungen der Gesellschaftsstruktur. Der *Civil Rights Act* (1964) und der *Voting Rights*

Act (1965) waren Meilensteine der Gleichberechtigung. Sie begründeten ein Dis-
kriminierungsverbot in öffentlichen und staatlichen Einrichtungen, schafften
willkürliche Einschränkungen der Wahlberechtigung ab und verlangten die bundesstaatliche Registrierung schwarzer Wahlberechtigter in Gegenden, wo diese
unter 50 Prozent lag. Der Kampf um die Gleichberechtigung, keineswegs abgeschlossen, trat in eine neue Phase.

Nach Robert Kennedys Ermordung wurde Humphrey von der Demokratischen Partei als Kandidat nominiert, unterlag jedoch Richard Nixon, dem
Kandidaten der Republikaner, der behauptete, einen Plan zur Beendigung
des Krieges in Vietnam zu haben. Zwar hatte der neue Präsident keinen
wirklichen Plan, er war aber entschlossen, den Krieg schnell zu beenden.
Nach seiner Wahl begann Nixon damit, die südvietnamesischen Truppen
so aufzubauen und auszurüsten, dass sie stark genug waren, ohne amerikanische Unterstützung den Krieg weiterzuführen. Die amerikanischen
Streitkräfte wurden langsam abgezogen, doch das Bombardement Nordvietnams wurde uneingeschränkt fortgesetzt. 1970 befahl Nixon zudem
einen Angriff auf Kambodscha, um den kommunistischen Truppen den
Rückzug in ihr Hinterland abzuschneiden. Eine neue Welle von Protesten
war die Folge.

Bei der Wahl 1972 schickten die Demokraten den Kriegsgegner Senator
George McGovern gegen Nixon ins Rennen. Nach der Erklärung von Sicherheitsberater Henry Kissinger, ein Friedensschluss stehe kurz bevor,
konnte Nixon die Wahl (noch deutlicher und wie ohnehin erwartet) für sich
entscheiden. Die Friedensverhandlungen aber schienen nicht voranzugehen.
Erst am 15. Januar 1973 erklärte Nixon, die Offensive in Vietnam sei beendet. Am 27. Januar wurden die Pariser Friedensverträge unterzeichnet. Damit war die militärische Rolle der USA in Vietnam beendet. Nixon hatte
Südvietnam zwar weitere Militärhilfe zugesagt, sollte der Waffenstillstand
keinen Bestand haben, doch der Kongress weigerte sich, militärische Unternehmungen zu finanzieren, und Nixon hatte bald mit dem Watergate-Skandal zu viele innenpolitische Probleme, um Saigon zu Hilfe zu kommen. Als
Nordvietnam 1975 in Südvietnam vorrückte, war Nixon bereits zurück-
getreten und sein Nachfolger Gerald Ford, jr., fühlte sich an Nixons Versprechen nicht gebunden.

Wie viele Tote der Vietnamkrieg forderte, lässt sich nur schätzen. Die vietnamesische Regierung spricht von mehr als einer Million getöteter Kämpfer
und vier Millionen ziviler Opfer. Die Zahl der amerikanischen Opfer kennt
man: 58.226 amerikanische Soldaten kehrten aus dem Krieg nicht heim. Bis
heute ist der Vietnamkrieg ein amerikanisches Trauma.

## 12. *Years of Upheaval*

### Die Präsidentschaft Richard Nixons

Als Richard Nixon 1968 ins Präsidentenamt gewählt wurde, setzte er es sich zum Ziel, die „spirituelle Krise" des Landes zu überwinden. Er wurde einer der ungewöhnlichsten Präsidenten des Landes, ein zerissener, misstrauischer Mann – politisch hochbegabt, doch auch skrupellos. Er sah sich zeit seines Lebens von einer Welt von Feinden umgeben.

Richard Milhous Nixon wurde im Januar 1913 in Kalifornien geboren – seine Eltern, streng religiöse Quäker, hatten ein kleines Lebensmittelgeschäft. Zwei seiner Brüder starben während seiner Kindheit. Richard war ehrgeizig und erwies sich schnell als ein begabter, überaus intelligenter Student. Mit einem Stipendium studierte er (ab 1934) Rechtswissenschaften an der *Duke University* in North Carolina. Nixon war konservativ und profilierte sich früh als ein Gegner der Politik Roosevelts. Nach dem Studium heiratete er und arbeitete in einer kleinen Anwaltskanzlei. Sein Familienleben war Nixon sein Leben lang wichtig, aber die Anwaltstätigkeit befriedigte seinen Ehrgeiz nicht. Als der Krieg ausbrach, meldete er sich daher zum Militär – obwohl die Religionsgemeinschaft der Quäker vom Kriegsdienst befreit war. Er diente als Nachschuboffizier im Südpazifik und obwohl er sich nicht besonders auszeichnete, war er allgemein beliebt. Bei den Wahlen von 1946 kandidierte er (für einen kalifornischen Wahlbezirk) für das Repräsentantenhaus. Er gewann die Wahl überzeugend, nicht zuletzt mit – dies war am Beginn des Kalten Krieges wirkungsvoll – einem strikten anti-kommunistischen Kurs. Diese Haltung zeigte er auch im Repräsentantenhaus – als Mitglied des *House Un-American Activities Committee*. Er war die treibende Kraft in den Untersuchungen gegen den ehemaligen Diplomaten Alger Hiss, den er der Spionage gegen die Sowjetunion beschuldigte. Alger Hiss wurde schließlich verurteilt.

Die wachsende Bekanntheit förderte seine Karriere; 1950 zog er in den Senat ein und 1952 bemühten sich beide Präsidentschaftskandidaten der Republikaner, ihn als ihren Vizepräsidenten zu gewinnen.

Er war erstmals seit langem ein einflussreicher Vizepräsident. Einmal indem er die konservativen Kräfte der Republikaner an die Administration band, aber vor allem wegen seines Engagements für die Außenpolitik. Eisenhower ließ ihm beträchtlichen Spielraum, er nahm an den wichtigen Sitzungen des Nationalen Sicherheitsrates und des Kabinetts teil – der Präsident hörte auf seine Ratschläge. Große, mitunter schwierige Auslandsreisen ließen seine außenpolitischen Kenntnisse wachsen. Berühmt wurde seine Südamerikareise 1958, die dem Vizepräsidenten zeigte – es kam zu Ausschreitungen und Kravallen –, dass die USA in Lateinamerika mit Misstrauen betrachtet wurde. 1959 traf er Nikita Chruschtschow in Moskau.

Dass Nixon 1960 Präsidentschaftskandidat der Republikaner wurde – sozusagen als „legitimer" Erbe Eisenhowers –, war daher keine große Überraschung. Sehr knapp unterlag er John F. Kennedy.

Nixon, als Eisenhowers Vizepräsident und 1960 als republikanischer Präsidentschaftskandidat nur knapp Kennedy unterlegen, zog sich, nachdem er 1962 auch nicht zum kalifornischen Gouverneur gewählt wurde, zunächst verbittert aus der Politik zurück. Erst 1966 kehrte er auf die politische Bühne zurück. Zwei Jahre später gewann er die Nominierung als republikanischer Präsidentschaftskandidat. Er versprach den Amerikanern einen „ehrenvollen" Frieden in Vietnam; viele Wähler, wie auch sein Gegenkandidat Vizepräsident Hubert Humphrey, glaubten, er habe einen Geheimplan zur Beendigung des Krieges. Er hatte keinen, aber er wollte den Krieg beenden. Weltanschaulich wollte der Präsident die kulturelle Revolution der 1960er Jahre beenden. Er suchte hierfür die Unterstützung der „schweigenden Mehrheit" der konservativen Amerikaner, die wie Nixon der rebellischen Jugend mit Misstrauen gegenüberstanden. Er knüpfte an Barry Goldwaters Konservatismus an, suchte aber in der Außenpolitik nach realpolitischen Lösungen.

Nixon musste vor allem den Vietnamkrieg beenden. Dies hatte er im Wahlkampf versprochen und der Krieg war mittlerweile zum Mühlstein am Hals der amerikanischen Politik geworden. Der Präsident lehnte die vom Pentagon geforderte Truppenerhöhung ab und verfolgte stattdessen eine Strategie der „Vietnamisierung": einen allmählichen Rückzug der amerikanischen Streitkräfte und die Übertragung der Verantwortung auf die südvietnamesische Armee. Um Zeit zu gewinnen, schloss er aber auch eine (zeitweise) Eskalation des Krieges nicht aus. Bereits im Juni 1969 begannen die USA mit dem Abzug der 550.000 amerikanischen Soldaten. Die Rückführung der Truppen war bis zum März 1973 abgeschlossen. Seit 1970 führte der Sicherheitsberater des Präsidenten, Henry Kissinger, Geheimgespräche mit der nordvietnamesischen Regierung.

Auch innenpolitisch sah Nixon sich am Beginn seiner Amtszeit einer schwierigen Situation gegenüber: Die USA waren inmitten einer Rezession; eine hohe Inflation und wachsende Arbeitslosigkeit sorgten für Unzufriedenheit. Nixon ließ 1971 die Löhne einfrieren, was ihm den Applaus der Wirtschaft einbrachte. Gleichzeitig verfügte der Präsident eine Importabgabe, gab den Goldstandard auf und den Dollerwechselkurs frei (*Nixon Schocks*). Damit war das System von Bretton Woods, ein Pfeiler der amerikanischen Nachkriegsordnung, nicht mehr existent. Die Institutionen des Systems (*International Monetary Fund*, Weltbank) mussten andere Rollen finden.

Die aktivistische Bürgerrechtspolitik seines Vorgängers nahm der Präsident zurück: Seine Entscheidung, die Durchbrechung der Rassentrennung durch das umstrittene *busing* (i. e. das organisierte Zusammenführen von weißen und schwarzen Schülern) auszusetzen, fand die Zustimmung eines Großteils der weißen Bevölkerung. Bereits im Wahlkampf hatte Nixon begonnen, den Süden an die Republikanische Partei zu binden. Diese sogenannte „Südstaatenstrategie" sollte der weißen Bevölkerung verdeutlichen, dass die aktive Bürgerrechtspolitik der 1960er Jahre nicht fortgesetzt werden würde. Damit kam es zu einer massiven Hinwendung der weißen Bevölkerung des Südens zu den Republikanern. Das Parteiensystem veränderte sich, der seit dem Bürgerkrieg demokratische Süden wurde republikanisch – und Präsident Johnsons Ankündigung, mit seiner (und der seiner Partei) Befürwortung der Bürgerrechtsgesetzgebung würde der Süden für Jahrzehnte für die Demokraten verloren sein, gewann an Plausibilität. Er sollte Recht behalten.

Allem Anfang wohnt ein Zauber inne: Die Präsidentschaft begann mit einem grandiosen Erfolg, den Nixon ausgerechnet seinem einstigen Rivalen Kennedy verdankte. Am 20. Juli 1969 landeten amerikanische Astronauten auf dem Mond. Neil Armstrong und Buzz Aldrin betraten als erste Menschen den Erdtrabanten – und stellten eine amerikanische Flagge auf. Nixon hatte – so erklärten seine Bewunderer – Kennedys Versprechen wahrgemacht.

## Watergate

*„In destroying himself, Nixon had wrecked the lives of almost all who had come in contact with him."*
– Henry Kissinger

Die Präsidentschaftswahl 1972 – gegen den Vietnamkriegsgegner George McGovern, der als linksliberal galt – gewann Nixon ohne Schwierigkeiten. An diesem Wahlsieg gab es wenig Zweifel, aber der Präsident wollte doch sichergehen. Nixon besaß eine Persönlichkeit, in der hohe Intelligenz sich mit fast schon paranoider Angst vor Intrigen paarte. Seine (vermeintlichen) Feinde (vor allem die Presse) verfolgte der Präsident unerbittlich – und mit unlauteren Mitteln. Um seine Wiederwahl zu befördern, hatte er ein geheimes *Committee to Re-elect the President* gegründet. Am 17. Juni 1972 wurden fünf Männer festgenommen, die in das nationale Hauptquartier der Demokratischen Partei im Watergate-Hotel in Washington eingebrochen waren, um dort Abhörmikrofone zu installieren. Einer von ihnen stand mit dem Wiederwahlkomitee in Verbindung, was den Verdacht aufkommen ließ, das Weiße Haus könne seine Hand im Spiel haben. Zwei Reporter der *Washington Post*, Bob Woodward und Carl Bernstein, gingen der Sache nach. Woodward erhielt Informationen von einer mysteriösen Quelle (*Deep Throat*) – erst 2005 gab sich nach jahrelangen Spekulationen Mark Felt, damals der zweite Mann an der Spitze des FBI, als der geheimnisvolle Informant zu erkennen.

Im Januar 1972 wurden die fünf Einbrecher und zwei Mitglieder des Wiederwahlkomitees, als Hintermänner des Einbruchs, wegen Verschwörung, Einbruch und Abhören zu hohen Gefängnisstrafen verurteilt. Der Richter ließ erkennen, dass eine Reduzierung des Strafmaßes bei einer Kooperation mit den Strafverfolgungsbehörden möglich sei. Einer der Einbrecher gestand daraufhin die Verwicklung des Wiederwahlkomitees in den Einbruch. Nixon versuchte nun, die Ermittlungen zu behindern – unter anderem unter Hinweis auf eine mögliche Gefährdung der nationalen Sicherheit.

Der Senat setzte einen Untersuchungsausschuss ein, der versuchte, die Hintergründe des Watergate-Skandals zu ergründen. Als Senator Howard Baker (Rep.) in den im Fernsehen landesweit übertragenen Anhörungen fragte: „Was wusste der Präsident, und wann wusste er es?", stand Nixons Rolle im Zentrum des öffentlichen Interesses. Als die Anhörungen Hinweise ergaben, dass im *Oval Office* routinemäßig Tonbandaufnahmen angefertigt wurden, verweigerte Nixon deren Herausgabe. Er erzwang die Entlassung des Sonderermittlers Archibald Cox, um eine Rücknahme seiner Vorladung vor den Senatsausschuss zu erreichen. Um Nixons Weisung nicht ausführen zu müssen, traten daraufhin am 20. Oktober 1973 der Generalbundesanwalt und sein Stellvertreter zurück – die Glaubwürdigkeit der Administration war irreparabel beschädigt. Mit Robert Bork wurde zwar ein neuer Generalbundesanwalt gefunden, der willens war, Cox zu entlassen, doch mit Leon Jaworski wurde auch ein neuer Sonderermittler ernannt, der die Ermittlungen fortsetzte. Am 30. Juni 1974 musste Nixon die Bänder herausgeben, mehr als 18 Minuten eines entscheidenden Tonbands waren gelöscht worden. Die Behauptung des Weißen Hauses, eine Sekretärin habe die Löschung aus Nachlässigkeit verschuldet, schien mehr als fadenscheinig. Die Öffentlichkeit war schockiert, als sie erfuhr, welch rauer, ordinärer und oft obzöner Ton in vielen Gesprächen im *Oval Office* die Regel war. Schließlich ordnete der *Supreme Court* die Herausgabe aller Tonbandaufzeichnungen an.

Immer mehr Personen aus der direkten Umgebung des Präsidenten wurden im Laufe der Untersuchungen angeklagt – darunter Stabschef Harry Haldeman und Nixons enger Berater John Ehrlichman, deren Rücktritte Nixon im April 1973 erzwungen hatte.

Dann kam das nach Lage der Dinge Unvermeidliche: Das Repräsentantenhaus beschloss am 29. und 30. Juli 1974, wegen Justizbehinderung, Amtsmissbrauch und Missachtung des Kongresses eine Amtsanklage gegen den Präsidenten zu erheben. Als im August die Aufnahme eines Gesprächs zwischen Nixon und Haldeman bekannt wurde, in dem die Rede davon war, FBI-Ermittlungen durch falsche Behauptungen der CIA zu verhindern, verlor Nixon jegliche noch verbliebene Unterstützung im Repräsentantenhaus. Als ihm klar wurde, dass der Senat ihn im Sinne der Anklage schuldig sprechen und seiner Ämter entheben würde, trat er am 8. August zurück.

## Vietnam, Chile, der Yom-Kippur-Krieg, Détente und Henry Kissinger

Damit ging eine Präsidentschaft zu Ende, die im Inneren wenig bewirkt hatte (weder die Sozial- und Wirtschaftspolitik noch das Verhältnis zwischen Union und den Staaten, das Nixon auf eine neue Grundlage stellen wollte, hatten sich grundlegend verändert), die aber eine Hinwendung der Republikanischen Partei zu einem radikalen Konservativismus einleitete, der das Land in den kommenden Jahrzehnten spalten würde. 1973/74 erlebten die USA die schwerste Verfassungskrise seit dem Bürgerkrieg. Die „imperiale Präsidentschaft" (Richard Neustadt), die Franklin Roosevelt begründet hatte, lag in Trümmern. Es waren *Years of Upheavel*, wie Henry Kissinger das zweite Buch seiner Memoiren betitelte.

Außenpolitisch war die Präsidentschaft Nixons aber von kaum zu unterschätzender Bedeutung. Der Präsident änderte die Außenpolitik der USA, die er aus dem Prokrustesbett des Kalten Krieges herausholte.

Das Jahr 1973 war unter diesem Gesichtspunkt der Höhepunkt der Nixon-Administration: Détente mit der Sowjetunion und Öffnung nach China, Kissingers Krisenmanagement während und nach dem Yom-Kippur-Krieg waren Triumphe der amerikanischen Politik. Aber: Der brutale Staatsstreich in Chile, das Scheitern des Friedensabkommens in Vietnam, die Zerrüttung der Beziehungen zu Europa (das fehlgeschlagene *Year of Europe*) und der offensichtliche moralische Verfall der Administration in der Watergate-Affäre, der die Handlungsspielräume einschränkte, machten das Jahr zugleich zu einem Tiefpunkt der Nachkriegsgeschichte der USA. Es war ein nervöses, ereignisreiches Jahr.

Von April 1972 bis zum Ende des Jahres hatten die USA die Luftangriffe gegen Nordvietnam intensiviert. Gleichzeitig verhandelte Kissinger in Paris mit den Nordvietnamesen. Ende Januar wurden das Vietnamabkommen unterzeichnet: Die Kriegsgefangenen wurde ausgetauscht, die Amerikaner begannen ihren Truppenabzug. Die Präsenz nordvietnamesischer Truppen in Teilen Südvietnams wurde von den USA akzeptiert; die Regierung in Saigon sollte in der Zukunft unterstützt werden, aber auch Kissinger wusste, dass der Fall Südvietnams nur eine Frage der Zeit war. Das Ende des Engagements der USA in Vietnam, in welcher Form auch immer, war absehbar.

Nixon hatte in seiner ersten Amtszeit die Beziehungen mit der Sowjetunion auf eine neue Grundlage gestellt. Als erster amerikanischer Präsident besuchte er Moskau, schloss Verträge über die Begrenzung strategischer Atomwaffen (SALT I) und Raketenabwehrsysteme (ABM). Mit dem Viermächteabkommen über Berlin von 1971 unterstützte die Nixon-Administration auch die Entspannungspolitik Willy Brandts, der Kissinger allerdings mit Misstrauen begegnete.

Vor allem aber hatte Nixon 1972 die Volksrepublik China besucht und damit den Beginn einer vorsichtigen chinesisch-amerikanischen Annäherung eingeleitet. Ein revolutionärer Schritt, der in Moskau mit Sorge betrachtet wurde. Im realpolitischen Kalkül eines Kissingers (aber auch eines Nixons) konnten die USA nun bei Bedarf die „chinesische Karte" spielen.

Dies war auch der sowjetischen Führung klar, sie versuchte aber die neue Option der Amerikaner zu ignorieren. Seit Anfang 1973 stagnierten die weiteren Bemühungen um Détente. Breschnews Besuch in Washington (Juni 1973) brachte keine großen Fortschritte und als Nixon ein Jahr später noch einmal nach Moskau reiste, um weitere Abkommen in die Wege zu leiten, war er durch die Watergate-Affäre bereits so geschwächt, dass konkrete Ergebnisse nicht zu erwarten waren. Im Kreml wartete man auf seinen Nachfolger.

Im Inneren wurde die Außenpolitik des Präsidenten „gefesselt": 1973 verabschiedete der Kongress den *War Powers Act*: Der Präsident musste nun jede Anwendung von Gewalt innerhalb von zwei Tagen dem Kongress mitteilen; erfolgte dann keine Kriegserklärung, so hatte der Präsident die Feindseligkeiten spätestens nach 60 Tagen einzustellen. Das Veto Nixons gegen das Gesetz wurde überstimmt. Die Handlungsmöglichkeiten des Präsidenten waren damit beträchtlich eingeschränkt.

Als der Präsident, um der Amtsenthebung zuvorzukommen, seinen Rücktritt erklärte, begründete er dies mit dem Verlust seiner politischen Basis. Zu einem Schuldeingeständnis konnte er sich nicht durchringen.

Nach seiner Präsidentschaft verfasste Nixon seine Memoiren und eine Reihe von Büchern, zumeist zu außenpolitischen Themen. Letztlich ging es ihm um seine Rehabilitation. Langsam und über die Jahre schien er eine solche auch zu erreichen. Sein Rat war bei seinen Nachfolgern – im Bereich der Außenpolitik – gefragt. Am 23. April 1994 starb Nixon an den Folgen eines Schlaganfalls. Präsident Clinton hielt die Trauerrede bei dem Staatsbegräbnis (Ambrose, 1987–1989; Small, 1999).

### Henry Kissinger

Henry Alfred Kissinger, geboren 1923 in Fürth, emigrierte im Alter von 15 Jahren mit seiner Familie aus dem nationalsozialistischen Deutschland in die USA. Es dauerte, bis sich Henry in der neuen Lebenswelt einrichtete. Zeit seines Lebens verlor er nicht seinen deutschen Akzent – in späteren Jahren war dieser allerdings sein Markenzeichen. Da war Kissinger schon der europäisch-amerikanische Gelehrte. Viele sahen in ihm den Gelehrten, der die Lehre von den internationalen Beziehungen auf eine neue Basis stellte – unter Berücksichtigung der Bedingungen des nuklearen Zeitalters; für andere war Kissinger der Dr. Strangslove aus Stanley Kubricks politischer Satire *Dr. Strangelove or: How I Learned to Stop Worrying and Love the Bomb*. Er war wohl beides.

Der Zweite Weltkrieg vervollständigte zunächst einmal seine amerikanische Sozialisation. Aus den Kreisen der jüdischen Emigranten kam Kissinger in die amerikanische Lebenswelt. Als amerikanischer Soldat kehrte er am Ende des Krieges nach Deutschland zurück. Die politische Zukunft Europas interessierte ihn – er wollte sie mitgestalten. Die Zeit im besetzten Deutschland prägte ihn – nicht zuletzt lernte Kissinger, Einfluss auszuüben. Zurück in den USA studierte er an der *Harvard University*. Seine akademischen Arbeiten als junger Student wurden legendär. Er verfasste schon als *Undergraduate* lange, komplizierte geschichtsphilosophische Traktate. *Harvard College* fühlte sich bemüßigt, die Regeln zu ändern und für zukünftige Arbeiten Seitenbegrenzungen einzuführen. Er wurde schließlich in Harvard promoviert und einer der jüngsten Professoren der Universität. Jeden Sommer organisierte Kissinger ein internationales Seminar, das vielversprechende junge europäische und amerikanische Wissenschaftler, Diplomaten, Journalisten oder angehende Politiker zusammenbrachte. Ein Netzwerk entstand. Seine Bücher über Außenpolitik erlangten schnell Bedeutung – auch über die akademische Welt hinaus. Er wurde einer der bekanntesten „realpolitischen" Denker der USA, als einer der Ersten analysierte er die politische Bedeutung der Nuklearwaffen. Nachdem er bekannt geworden war, suchte die Politik seinen Rat. Für einige Zeit arbeitete Kissinger – am Rande – für die Kennedy-Administration, dann als ein enger Berater des liberalen Republikaners Nelson A. Rockefeller. Er war auch für den neuen Präsidenten der Republikaner interessant. Nixon machte ihn nach seinem Wahlsieg zu seinem wichtigsten außenpolitischen Berater.

In seiner Rolle als Berater Nixons' für Außen- und Sicherheitspolitik und später als Außenminister wurde er für einige Jahre zu einem maßgeblichen Gestalter der Außenpolitik der USA. Je schwieriger die persönliche und politische Situation Nixons wurde, desto größer wurde der Einfluss Kissingers. In seinen Memoiren übertreibt Kissinger seine Rolle wohl das eine oder andere Mal – Nixon war selbst ein erfahrener Außenpolitiker und an Außenpolitik seit seiner Zeit als Vizepräsident Eisenhowers sehr interessiert –, aber es ist doch unbestritten, dass Kissinger zu einem der einflussreichsten Kabinettsmitglieder (seine Position als Nationaler Sicherheitsberater einmal dazugerechnet) der amerikanischen Geschichte wurde.

Kissinger war Theoretiker und Praktiker der internationalen Politik. Eine rare Kombination, der sich der Außenminister stets bewusst war. Kissinger betrachtete die internationale Politik als ein großes miteinander verbundenes System. Er suchte deshalb die verschiedenen Probleme und Felder der amerikanischen Außenpolitik miteinander zu verbinden. Détente, die Öffnung gegenüber China, die Beendigung des Vietnamkrieges, waren die wichtigsten Ebenen seiner Politik. Der Nahostkonflikt (von ihm als Teil der amerikanisch-sowjetischen Auseinandersetzung gesehen), Europa, die Dekolonisierung und Lateinamerika, waren eine zweite Ebene. Beide Ebenen waren miteinander verbunden. Sein Ziel war das Erreichen einer stabilen Gleichgewichtssituation, wie sie Metternich und Lord Castlereagh im frühen 19. Jahrhundert – im System des Wiener Kongresses – erreicht hatten.

Eine solche Konzeption von Politik war selbstredend kalt, sie nahm auf die innere Verfasstheit des Staates keine Rücksicht und sie diente letztlich nur einer Maximierung der Interessen der USA. Zum Teil erklärt dies Kissingers Haltung zur demokratisch-emanzipatorischen Bewegungen (wie zum Beispiel in Portugal), in denen er lediglich ein Problem des internationalen Machtgleichgewichtes sah. Die taktische Ausweitung des Vietnamkrieges auf Kambodscha sowie die Unterstützung für die Putschisten in Chile sind lediglich die herausragenden Beispiele dieser Auffassung von der Politik als einem internationalen Spiel um Macht und Gleichgewicht.

Im besten Fall konnte diese Politik allerdings auch festgefahrene Strukturen bewegen und zu einer größeren Stabilität beitragen. Die Bewältigung der durch den Yom-Kippur-Krieg verursachten Nahostkrise (1973/74) war das erfolgreichste Beispiel dieser Form von Realpolitik.

In der durch den jüngsten Nahost-Krieg verursachten Krise sah Kissinger in erster Linie die Gelegenheit, die Wahrnehmung der USA in der Region zu verändern und damit die USA neu zu positionieren. Als Anwalt der Interessen von Israelis und Arabern. Die Sowjetunion verlor ihren Einfluss in einer strategisch wichtigen Region. Fortschritte in diesem Vorhaben konnte er aber erst nach einem Waffenstillstand erzielen, den er, als Vermittler zwischen den Regierungen der Staaten in der Region pendelnd, aushandelte. Es war seine berühmte *shuttle diplomacy*. In den ägyptisch-israelischen Verhandlungen machte er sich dabei eine Taktik zu Nutze, die Forderungen beider Parteien als Vorschläge der USA ausgab und somit auf mehr Verständnis hoffen konnte – und damit gleichzeitig die Vermittlerrolle der USA festigte.

Yitzhak Rabin, Verteidigungsminister und Ministerpräsident Israels, kommentierte Kissingers Politik: „Ich glaube nicht, dass irgendjemand anderes dazu fähig gewesen wäre. Nur durch *shuttle diplomacy* konnte er beide Seiten zur Schaffung einer solchen Atmosphäre bewegen, die eine Einigung möglich machte." Kissinger verfolgte viele Ziele, aber er ermöglichte auch einen zukünftigen israelisch-ägyptischen Ausgleich.

In anderen Bereichen war Kissinger weniger erfolgreich. Die Beendigung des Vietnamkrieges war letztlich nur eine Kaschierung der militärisch-politischen Niederlage der USA, abgefedert durch eine Politik der Öffnung gegenüber China. Zu dieser Öffnungspolitik zwischen der Volksrepublik China und den USA leistete Kissinger einen gewichtigen Beitrag. 1971 reiste er mehrmals in geheimer Mission nach China, um Gespräche mit Premierminister Zhou Enlai zu führen. Dies diente der Vorbereitung von Nixons historischem Besuch in Peking. Auch mit dieser Politik versuchte Kissinger die Position der USA in der Konstellation der internationalen Politik zu festigen – und erreichte damit auch eine Beschleunigung und Festigung der Détente. Nach der Wahlniederlage Präsident Fords, der Kissinger als Außenminister in sein Kabinett übernommen hatte, zog sich der Praktiker der internationalen Politik aus der Tagespolitik zurück. Kissinger verfasste umfangreiche Memoiren und eine Reihe von Traktaten über Außenpolitik und Diplomatie. Er blieb ein vielgefragter Berater – alle Präsidenten nach seinem Ausscheiden aus der Politik nahmen seinen Rat in Anspruch. Seine Politik ist bis heute umstritten, ein eindeutiges Urteil ist wohl noch nicht möglich. Mehr als andere amerikanische Außenpolitiker – vielleicht mit der Ausnahme Richard Nixons – war Kissinger die Verkörperung der amerikanischen Außenpolitik in der ersten Hälfte der 1970er Jahre (Dallek, 2007; Schulzinger, 1989; Isaacson, 1992; Hitchens, 2001; Suri, 2007; Horn, 2009).

## Memories of the Ford Administration

Mr. Bucket, Vater der „Buckets", einer in der zweiten Hälfte der 1990er Jahre beliebten Cartoon-Familie, stellt in recht apodiktischer Weise fest: „I can think of only one thing worse than the '70s: Doing them again." Die Zeichnungen, die Mr. Buckets Erinnerungen sichtbar machen, zeigen Schlaghosen, für die 1970er typische Frisuren, Diskothekenbeleuchtungen und drei Politiker: Nixon, Ford und Carter.

Die 1970er Jahre waren ein widersprüchliches und verwirrendes Jahrzehnt. Sie begannen 1974: „Bis zum Ende des Vietnamkrieges und der Abdankung Nixons waren die siebziger Jahre eine Fortsetzung der sechziger, mit ihrem rebellischen Fieber, ausgelöst durch Wut auf die da oben. Doch das neue Jahrzehnt war angeschlagener und härter gesotten" (Updike, 2006, 288).

In den ersten Jahren der neuen Dekade schienen sich die Hoffnungen der Reform- und Emanzipationsbewegungen der 1960er Jahre zu verwirklichen. Die kulturellen und sozialen Auseinandersetzungen gingen weiter, sie nahmen an Schärfe zu und sie zeitigten Erfolge. Dann kam die Gegenbewegung; geführt und gefördert von religiösen und politisch-konservativen Organisationen, die zuerst Ronald Reagan und nach dem Intermezzo der Clinton-Jahre George W. Bush an die Regierung brachten.

### Die Frauenbewegung in den 1970er Jahren

Die Frauenbewegung errang zu Beginn der 1970er Jahre bedeutsame Erfolge: 1972 legte der Kongress das seit den 1920er Jahren diskutierte und mühsam verhandelte *Equal Rights Amendment* (ERA) den Staaten der Union zur Ratifizierung vor. Die Gegner des Verfassungszusatzes erklärten, dieser würde zur Zulassung von Frauen in die Streitkräfte, zu einheitlichen Toiletten für Männer und Frauen und letztlich zu einer Gefährdung der sittlichen Ordnung führen. Bis 1977 hatten 35 Staaten das ERA ratifiziert; obwohl nun nur noch die Zustimmung drei weiterer Staaten erforderlich gewesen wäre, ratifizierte kein weiterer Staat den Verfassungszusatz. Der Kongress verlängerte zwar die Frist bis Mitte 1982, aber als auch dann noch keine Mehrheit erreicht war, wurde das Vorhaben, die Verfassung zu ergänzen, für gescheitert erklärt.

Im Rahmen der Ergänzung der Bürgerrechtsgesetzgebung erließ der Kongress Bestimmungen, die den Zugang von Frauen zu Universitäten und anderen Bildungsinstitutionen erleichterten. In den 1970er und der ersten Hälfte der 1980er Jahre führten fast alle Colleges Koedukation ein. Die Zahl weiblicher BA-Absolventen stieg von 43 % im Jahre 1970 auf 55 % im Jahre 1996.

1973 entschied der Oberste Gerichtshof, dass Gesetze und Regelungen der Einzelstaaten, die das Recht einer Frau, eine Abtreibung vornehmen zu lassen, negierten, nicht verfassungskonform seien. Diese Entscheidung – Roe v. Wade – begründete de facto ein Recht auf Selbstbestimmung (der betroffenen Frau) in der Frage, ob eine Schwangerschaft zu beenden sei oder nicht (Collins, 2009).

Auch die Bürgerrechtsbewegung setzte ihren Kampf fort. Die Politik und Rechtsprechung war nun zu einem gewichtigen Teil auf ihrer Seite. Im September 1974 ordnete ein Bundesgericht in Boston an, dass die Segregation im Schulwesen durch exekutive Maßnahmen aufzulösen sei. Die hinhaltende Position Nixons war damit obsolet geworden. Die Schüler wurden morgens in eigens dafür bereitgestellten Bussen zu Schulen außerhalb ihres Wohngebiets (und Schulbezirks) gefahren. Es begann das sogenannte *busing*. In Boston stieß das Vorgehen der Gerichte auf erbitterten Widerstand. Es kam zu Unruhen.

1976 veröffentlichte der afroamerikanische Autor Alex Haley seinen historischen Roman *Roots*. Damit rückte die Geschichte der afroamerikanischen Bevölkerung in das Bewusstsein einer breiten Öffentlichkeit. Die Verfilmung des Romans tat ein Übriges. Die literarisch bedeutende Memoirenliteratur seit dem frühen 19. Jahrhundert bis hin zu Malcom X hatte keine solche Wirkung erreicht. Jetzt wurden auch die Arbeiten schwarzer Romanciers bekannt (Ralph Waldo Ellison, *Invisible Man*, 1953, *Shadow and Act*, 1964, *Going to the Territory*, 1986; Toni Morrison, *The Bluest Eye*, 1970, *Sula*, 1974, *Song of Solomon*, 1977). In diesem Jahr feierten die USA ihr zweihundertjähriges Bestehen. Die Feierlichkeiten fielen in eine Phase des Umbruchs. Die Jahre der Unsicherheit waren noch lange nicht vorbei.

Der neue Präsident immerhin hatte den Ruf, ein ehrlicher und hart arbeitender Mann zu sein. 1913 als Leslie Lynch King in Omaha, Nebraska, geboren, zog er mit seiner Mutter – die Ehe der Kings war 1914 geschieden worden – zu deren Familie nach Grand Rapids, Michigan. 1916 heiratete seine Mutter Gerald R. Ford, der ein kleines Geschäft für Farben hatte. Leslie nahm den Namen seines Stiefvaters an und wurde Gerald R. Ford, jr.

Während des Zweiten Weltkriegs diente Ford als Marineoffizier im Pazifik. 1948 wurde er als Kandidat der Republikanischen Partei ins Repräsentantenhaus gewählt, 1965 Vorsitzender der Minderheit im Repräsentantenhaus. 1973 – nach dem Rücktritt von Spiro Agnew – schlug ihn Nixon als Vizepräsidenten vor. Ford wurde nach dem Rücktritt Nixons der bisher einzige amerikanische Präsident, der weder ins Präsidenten- noch ins Vizepräsidentenamt gewählt worden war. Der sportliche und bescheidene Ford, der zu vermitteln gewohnt war, war während seiner 24 Jahre im Repräsentantenhaus ausgesprochen beliebt. Sein Talent zur Versöhnung versuchte er auch als Präsident einzusetzen – nicht zuletzt indem er einen knappen Monat nach seiner Einführung ins Präsidentenamt seinen Vorgänger Richard Nixon begnadigte (*a full, free, and absolute pardon*), da dies seiner Ansicht nach im besten Interesse des Landes lag. Die Öffentlichkeit und ihre politischen Repräsentanten reagierten mit Überraschung, Enttäuschung und Zorn. Verschwörungstheorien machten die Runde: Nixon habe mit Ford den Rücktritt und im Gegenzug die Begnadigung ausgehandelt. Nichts dergleichen konnte je belegt werden, doch kostete der Unmut der Bevölkerung über die schnelle Begnadigung Nixons Ford möglicherweise 1976 den Wahlsieg. Ford begnadigte jedoch nicht nur seinen von ihm (letztlich) bewunderten Vorgänger Nixon, sondern auch all diejenigen, die sich dem Militärdienst in Vietnam entzogen. In seiner Autobiographie *A Time to Heal* schreibt Ford: „Falls man sich an mich erinnern wird, dann wahrscheinlich dafür, dass ich das Land geheilt habe" (Ford, 1979).

Eine der ersten wichtigen Entscheidungen Fords nach seiner Einführung ins Präsidentenamt war eine Reorganisation des Weißen Hauses: Er brachte junge, aufstrebende, intelligente und fest im republikanischem Lager verwurzelte Personen in die Administration. Alexander Haig wurde schon im Dezember als Stabschef des Weißen Hauses durch Donald Rumsfeld ersetzt; als dieser im Oktober 1975 Verteidigungsminister wurde, ernannte Ford Richard Cheney zu seinem neunen Stabschef. George H. W. Bush, der amerikanische Vertreter in der Volksrepublik China, wurde Direktor der CIA, Brent Scowcroft wurde als Nachfolger Henry Kissingers Nationaler Sicherheitsberater des Präsidenten, Kissinger blieb Außenminister. Von den neuen, jungen Leuten würde man noch hören.

Die Außenpolitik der Ford-Administration wirkte dennoch konzeptlos und schwach. Es gelang dem Präsidenten nicht, noch einmal eine militärische Unterstützung der südvietnamesischen Regierung zustande zu bringen. Deren Kapitulation war nun unausweichlich. Am 29. April 1975 gab die Regierung in Saigon auf. Die Funktionäre und Anhänger des Regimes suchten ihr Heil in der Flucht. Auf dem Gelände der amerikanischen Botschaft spielten sich ergreifende Szenen ab, als Tausende versuchten, an Bord der amerikanischen Helikopter zu kommen, die das Botschaftspersonal, Amerikaner und zahlreiche vietnamesischen Parteigänger Washingtons zu evakuieren suchten. Als der Botschafter als einer der letzten das Gelände der Vertretung verließ, die zusammengefaltete amerikanische Flagge in der Hand, erlebten die USA den demütigsten Augenblick ihrer Geschichte. Der Krieg war verloren.

Auch Laos und Kambodscha wurden von kommunistischen Bewegungen, die Jahrzehnte gegen Franzosen und Amerikaner und gegen ihre eigenen Landsleute gekämpft hatten, übernommen. Laos war im Vietnamkrieg bombardiert worden, da die nordvietnamesischen Kämpfer sich oftmals auf laotischem Gebiet bewegten. 1975 gelang es der kommunistischen Vereinigten Volksfront (*Pathet Lao*) durch eine unblutige Revolution, die Kontrolle über das gesamte Staatsgebiet zu erringen – am 2. Dezember 1975 wurde die Demokratische Volksrepublik Laos ausgerufen. Auch Kambodscha, das sich unter Führung von Prinz Norodom Sihanouk ursprünglich nach dem Vorbild der Schweiz um Neutralität bemüht hatte, wurde seit 1969 in den Vietnamkrieg hineingezogen. Nachdem sich das Land 1970, nach dem Sturz Sihanouks, offiziell auf die Seite Südvietnams gestellt hatte und verlustreiche Niederlagen einstecken musste, eroberte der Vietcong fast 80 Prozent von Kambodscha – zusammen mit den kambodschanischen Kämpfern der maoistischen Roten Khmer. Die Roten Khmer fanden vor allem bei der Landbevölkerung Unterstützung, als die USA das Land mit Flächenbombardements überzog. Nach dem Abzug des Vietcong im Jahr 1973 setzte sich der Bürgerkrieg in Kambodscha mit Hilfe von Waffenlieferungen der USA und Chinas fort, bis die Regierungsarmee im April 1975 kapitulierte und Phnom Penh von den Roten Khmer eingenommen wurde. Südostasien war in kommunistischer Hand.

Auch anderswo verändert sich das Kräftegleichgewicht: Das mit den USA bilateral und durch die NATO-Mitgliedschaft eng verbundene Regime des portugiesischen Diktators Marcelo Caetano wurde im April 1974 gestürzt. Linke Offiziere übernahmen die Regierung. Ein entsetzter Henry Kissinger sprach von der Notwendigkeit einer Invasion, sollte sich das Regime stabilisieren. Die neue portugiesische Regierung war nach jahrzehntelangen Kolonialkriegen bereit, die afrikanischen Besitzungen Lissabons in die Unabhängigkeit zu entlassen. Kommunistische Befreiungsbewegungen übernahmen in Angola und Mozambique die Regierung. Auch in Äthiopien stürzte der Kaiser, und Offiziere, die sich selbst als Sozialisten bezeichneten, errichteten eine Militärdiktatur.

Der Versuch, in einer solchen internationalen Lage Stärke zu zeigen, wirkte eher hilflos: Zwar bot sich nur wenige Tage nach der demütigenden Niederlage in Saigon die Chance der Revanche. Die *Mayaguez*, ein amerikanisches Handelsschiff, war von Streitkräften der Khmer Rouge im

Golf von Siam aufgebracht worden. Das Schiff, so die Kambodschaner, sei unbefugt in die Hoheitsgewässer Kambodschas eingedrungen. Ford und Kissinger befürworteten eine schnelle und harte Antwort: Marines enterten die *Mayaguez*, um die Mannschaft zu befreien, fanden das Schiff jedoch verlassen. Weitere 200 Marines wurden daraufhin mit acht Helikoptern zur Insel Koh Tang geflogen, wo sie jedoch auf unerwartet heftigen Widerstand und Beschuss durch die Khmer Rouge stießen. Insgesamt gab es auf amerikanischer Seite 41 Tote und 50 Verletzte. Die Amerikaner hatten zudem die falsche Insel angegriffen – die Mannschaft der *Mayaguez* befand sich auf einer 40 km entfernten Insel und war bereits während der Kämpfe freigelassen worden. Die Operation führte zudem zu Spannungen mit der thailändischen Regierung, da das amerikanische Militär trotz eines ausdrücklichen Verbotes einen thailändischen Militärflughafen benutzt hatte.

Im Spätherbst 1975 forderte Ronald Reagan Präsident Ford offen heraus. Er griff Ford in zwei wichtigen Politikfeldern, die ihn als ausgewiesenen Konservativen zeigten, an: Reagan befürwortete die Wiedereinführung des Schulgebets (dessen Verbot war der Trennung von Kirche(n) und Staat geschuldet) und sprach sich – obwohl er dies bisher vermieden hatte – vehement gegen das Recht auf Abtreibung aus. Außenpolitisch warf er dem Präsidenten eine defätistische Politik vor: nicht nur gegenüber der Sowjetunion, sondern auch gegenüber den Ansprüchen anderer Länder (etwa Panamas, das immer dringlicher seine Hoheit über die Kanalzone forderte). Reagan gewann einige wichtige Vorwahlen und die Nominierung Fords als Kandidat für eine zweite Amtszeit schien alles andere als sicher. Aber Ford war ein geübter Wahlkämpfer und er nutzte die Möglichkeiten des Präsidentenamts, um Gefälligkeiten zu erweisen und sich in der Öffentlichkeit darzustellen. Knapp gewann er die Nominierung. Die Wahlen freilich verlor er. Der neue Präsident hieß Jimmy Carter.

Als *elder statesman* erwarb sich Ford bald ein hohes Ansehen. Mit dem deutschen Kanzler Helmut Schmidt und dem französischen Präsidenten Giscard d'Estaing verband ihn eine lebenslange Freundschaft. Oft trafen sich die Staatsmänner, meist war auch der ehemalige britische Premier James Callaghan mit von der Partie, und diskutierten die Politik ihrer Regierungsjahre in diesen turbulenten 1970er Jahren. Im Januar 2007 starb Gerald Ford. In den Nachrufen wurde ihm nun selbst die Begnadigung Richard Nixons verziehen.

### *The Man from Plains*: Jimmy Carter

Der Aufbruch wurde ein Zwischenspiel. Obwohl sich große Hoffnungen mit dem neuen Präsidenten verbanden. Wie einst von Thomas Jefferson begonnen und seither von vielen neuen Präsidenten nachgeahmt, suchte Carter nach einem neuen Stil. Der Amtsantritt des Präsidenten begann mit einer Überraschung. Auf dem Weg vom Kapitol zum Weißen Haus stiegen der Präsident und seine Frau aus der Limousine. Den Rest des Weges gingen sie zu Fuß. „They are walking, they are walking" – der erstaunte Ruf der Umstehenden, Zuschauer und Bürger von Washington, D.C., wurde von der Presse aufgriffen. Die Jahre „imperialer" Präsidentschaft schienen auch im Stil des Amtsinhabers vorbei zu sein.

Carter versuchte einen Neuanfang. Einfach war dies nicht, denn der Präsident musste unterschiedliche Strömungen in seiner Person – später in seiner Politik – vereinen und versöhnen: Er war ein evangelikaler Christ, ein *Southern Baptist*, der in einem Gespräch mit seiner tiefgläubigen Schwester Ruth 1968 ein Erweckungserlebnis hatte, auf das er sich oft berief. Er stammte aus dem tiefen Süden. Dort wurde er im Oktober 1924 in Plains im Süden Georgias geboren. Sein Vater baute Erdnüsse an. Jimmy Carter bewarb sich 1943 unter dem Eindruck des Weltkrieges um einen Platz an der *Naval Academy* in Annapolis. Nach seinem Abschluss diente er bis 1952 in der Marine. Als sein Vater starb, schied er aus und übernahm die Farm. Von 1971 bis 1975 war er Gouverneur von Georgia. Zuvor, im Senat von Georgia (seit 1963), hatte er vorwiegend liberale Positionen vertreten. Er wollte Norden und Süden endgültig versöhnen. Und als ein Vertreter des „neuen" Südens betrat er die Arena der nationalen Politik.

1972 hatte ihm der Präsidentschaftskandidat der Demokraten, George McGovern, noch eine Absage erteilt – Carter wollte sein Vizepräsident werden. 1976 hatte er es aus eigenem Recht geschafft. Aber trotz Herkunft und Religiösität war Carter kein typischer Vertreter des Südens. Er war der archetypische Außenseiter: in der Demokratischen Partei, die jahrzehntelang aus dem Norden kontrolliert wurde, und in der Demokratischen Partei des Südens, deren Konservativismus und mehr oder weniger verbreiteten Rassismus er ablehnte. Er war ein Außenseiter in Washingtons Politikbetrieb, gegen den er seinen Wahlkampf geführt hatte. – Diese Position brachte ihn in kaum aufzulösende Schwierigkeiten: So unterstützte er (wie auch seine Frau Rosalynn) das *Equal Rights Amendment*; andererseits lehnte er Abtreibungen ab, versprach aber, die Gesetze und Rechtsprechung des *Supreme Court* einzuhalten. Positionen, die Freund und Feind irritierten.

Die Außenpolitik seiner Regierungsjahre hatte – wie in der ersten Hälfte der 1970er Jahre – mehrere Schwerpunkte: Abrüstung und Entspannung, der Nahostkonflikt, die Islamische Revolution im Iran (die ihn überraschte) und der Panama-Kanal.

### Der Kanal, Camp David und die Islamische Revolution im Iran

Carter wollte die Außenpolitik der USA auf eine neue Grundlage stellen: Schutz und Förderung von Menschenrechten und ein faires Verhalten gegenüber den Staaten der „Dritten Welt". Eine klare Abgrenzung zu der „zynischen" Realpolitik eines Henry Kissinger.

Ein politisches Vorhaben, in dem sich diese Vorstellungen verdichteten, war die Rückgabe des Panama-Kanals. Panama hatte seit Jahrzehnten immer heftiger insistierend eine Rückübertragung der Souveränität über die Kanalzone verlangt. Bisher hatten Gespräche und Verhandlungen keine Ergebnisse gebracht. Dies änderte sich nun: Carter verhandelte schnell, bereits nach wenigen Monaten legte er dem Kongress einen Vertrag vor, der eine Rückgabe des Kanals bis zum Ende des Jahrhunderts festlegte. Der Vertrag war in den USA umstritten. Es war vom Ausverkauf amerikanischer Interessen die Rede, vom Erbe Teddy Roosevelts – aber besonnenere Stimmen (auch unter Republikanern) hatten längst erkannt, dass die strategische Bedeutung des Kanals mittlerweile gering war, die Gefahr, einen weiteren Krisenherd in Mittelamerika zu schaffen, jedoch groß. Die Ratifizierung erwies sich erwartungsgemäß als mühsam, viele Zugeständnisse waren nötig, um das Ratifizierungsgesetz durch den Senat zu bringen. Carter setzte sich durch. Alles in allem ein wichtiger Erfolg am Beginn seiner Präsidentschaft.

Der größte außenpolitische Erfolg des Präsidenten war das Camp-David-Abkommen, das den Kriegszustand zwischen Israel und Ägypten beendete. Carter, dem als „wiedergeborenen" Christen viel am Heiligen Land lag, hatte schon am Beginn seiner Präsidentschaft erklärt, er wolle den Nahostkonflikt zu einem Schwerpunkt seiner Außenpolitik machen. Der Präsident profitierte bei seinen Bemühungen von den Erfolgen der Diplomatie Kissingers, die nach dem Ende des Yom-Kippur-Krieges zu ersten (direkten) israelisch-ägyptischen Gesprächen geführt hatten. Sodann hatte er mit Präsident Anwar Sadat einen Partner, der bereit war, einen historischen Schritt zu gehen und den Konflikt mit Israel (soweit er Ägypten als Staat betraf) zu beenden. Damit war viel erreicht, aber die Verhandlungen zwischen Ägypten und Israel waren bald ins Stocken geraten.

Die Anstrengungen Carters, die Genfer Friedenskonferenz wieder zu beleben, gingen zunächst ins Leere und auch die bilateralen Verhandlungen zwischen den Regierungen von Menachem Begin und Sadat kamen nicht voran. Beide Seiten erwarteten eine amerikanische Vermittlung. Schließlich lud Carter den israelischen Ministerpräsidenten und den äyptischen Präsidenten im Herbst 1978 nach Camp David ein. Er beabsichtigte in einem Verhandlungsmarathon den gordischen Knoten zu zerschlagen. Es folgten dreizehn Tage mühsamer Verhandlungen, bei denen Carter eine beachtenswerte Vermittlerrolle spielte. Im September einigten sich die Parteien auf ein Abkommen, das am 26. März 1979 im Rosengarten des Weißen Hauses unterzeichnet wurde. Der Weg zu einem israelisch-ägyptischen Friedensvertrag (es sollte allerdings ein kalter Frieden werden) war geebnet.

Der März 1979 war der (bezogen auf die internationale Politik) Höhepunkt der Präsidentschaft Carters, aber der weitere Verlauf des Jahres ließ den Erfolg zur Makulatur werden. Es waren zwei Ereignisse, die zu einem Scheitern der amerikanischen Außenpolitik während der zweiten Hälfte der Amtszeit Carters führten: der Einmarsch der Sowjetunion im Dezember 1979 in Afghanistan und der (sich radikalisierende) Verlauf der Islamischen Revolution im Iran.

Vorausgegangen waren einige hart erkämpfte Erfolge in der Abrüstungspolitik. Im Juni 1979 hatte Carter den SALT-II-Vertrag zur Beschränkung strategischer Nuklearwaffen abgeschlossen – nicht in dem Umfang, den der Präsident angestrebt hatte, aber immerhin setzte sich damit die Entspannungspolitik fort.

Zuvor hatte Carter im Dezember 1978 die Normalisierung der Beziehungen mit der Volksrepublik China zu ihrem Abschluss geführt. Die beiden Staaten nahmen diplomatische Beziehungen auf. Mit diesen Schritten hatte Carter – trotz der Bedenken seines Sicherheitsberaters Zbigniew Brzesinski – an die Détente-Politik seiner Vorgänger angeknüpft.

Nun machte der Einmarsch in Afghanistan die Entspannungspolitik zunichte. Carter reagierte (auch persönlich enttäuscht) mit Härte. Der SALT-II-Vertrag wurde nicht mehr zur Ratifizierung vorgelegt, die USA erklärten, die Olympischen Spiele im Sommer 1980 in Moskau boykottieren zu wollen, und verhängten gegen die Sowjetunion eine Reihe von Sanktionen (darunter die Einstellung von Getreidelieferungen). Der Kalte Krieg war zurück.

Schlimmer noch war die Situation im Iran. Der Schah war gestürzt und, nach einer Odyssee durch mehrere Staaten, schwer krank in die USA gekommen. Die Administration hatte die Entwicklungen in Persien lange falsch eingeschätzt; bis zur Rückkehr Ajatollah Chomeinis aus seinem französischen Exil nach Teheran glaubten die amerikanischen Dienste an ein Überleben des Regimes (eventuell in modifizierter Form). Dies hatte sich als trügerisch erwiesen. Als der Schah in den USA ankam, entlud sich die Wut der radikalen islamischen Studenten auf die USA. Spontan und unter Billigung der Revolutionsregierung stürmten radikale Anhänger der Revolution am 4. November 1979 die amerikanische Botschaft und nahmen sechzig Botschaftsangehörige als Geiseln. Für die Amerikaner begann ein langer demütigender Alptraum. Carter lavierte: Zunächst bemühte er sich um Zurückhaltung, dann drohte er, jeder Versuch der Einmischung seitens einer dritten Macht am Persischen Golf würde als eine Verletzung der vitalen Interessen der USA gewertet („Carter-Doktrin"). Schließlich ordnete er im April 1980 eine militärische Befreiungsaktion an, die kläglich scheiterte.

Dies wirkte sich negativ auf seine Chancen aus, erneut Präsidentschaftskandidat der Demokraten zu werden (oder gar die Wahlen gegen seinen

republikanischen Herausforderer zu gewinnen). Nur mühsam konnte der
Präsident – gegen Herausforderer wie Senator Edward Kennedy – seine
Kandidatur für eine zweite Amtszeit erkämpfen. Auf einen herkömmlichen,
intensiven Wahlkampf verzichtete er wegen der Geiselkrise, für die sich
trotz Vermittlungen verschiedener Seiten keine Lösung abzeichnete.

Im November verlor er die Wahlen gegen Ronald Reagan mit großem
Abstand – der Amtsinhaber gewann nur 49 Wahlmännerstimmen (der Stim-
menanteil bei der Volkswahl lag bei 41 Prozent gegenüber Reagans 51 Prozent). Die Verhandlungen um die Freilassung der Geiseln zogen sich weiter
hin. Am Tag der Inauguration Reagans kamen sie schließlich – nach 444
Tagen in Gefangenschaft – frei.

Nach seinem Ausscheiden aus dem Amt gründete Carter in Atlanta das
*Carter Center*, das sich um internationalen Ausgleich, die Organisation von
freien und fairen Wahlen und Vermittlung zwischen Konfliktparteien bemüht. Das *Center*, obwohl umstritten (etwa in Bezug auf Carters Äußerungen über den israelisch-palästinensischen Konflikt), erwarb sich über die
Jahre hohes Ansehen. 2002 wurde Jimmy Carter wegen seiner Verdienste
um den Frieden – nach seiner Zeit als Präsident – mit dem Friedensnobelpreis geehrt.

## 13. *The Reagan Revolution*

### Ein dramatischer Auftakt

Präsident Reagans Amtszeit begann spektakulär. Nur zehn Wochen nach
seinem Amtsantritt wurde der Präsident am 30. März 1981 Opfer eines Attentats. Nach einer Gewerkschaftsveranstaltung in der Nähe von Washington auf dem Weg zurück zu seiner Limousine wurden aus der Reihe der
Journalisten sechs Schüsse auf den Präsidenten abgegeben. Der Attentäter,
John Hinckley, jr., war geisteskrank und wollte durch den Anschlag die von
ihm verehrte Schauspielerin Jodie Foster beeindrucken. Reagan, in die Lun-
ge getroffen, musste notoperiert werden. Dann aber erholte er sich schnell
und bereits am 11. April 1981 kehrte der Präsident zurück ins Weiße Haus,
obwohl die Wunde noch nicht verheilt war.

### Der neue Konservativismus

Mit Ronald Reagan endete die lange Phase amerikanischer Reformpolitik,
die mit Franklin Roosevelts Präsidentschaft begonnen hatte. Selbst die drei
republikanischen Präsidenten dieser Epoche, Eisenhower, Nixon und Ford,
waren nicht grundlegend von Roosevelts Kurs abgewichen. Ihre Korrekturen führten zu keiner vollständigen Neuausrichtung. Mit Reagan änderte
sich dies. Er wollte den *New Deal* ungeschehen machen (vergleichbar der

Reformpolitik Margaret Thatchers, die gegen die seit 1945 konsensual aus-
gerichtete Politik des englischen Wohlfahrtsstaates vorging).

Die neue Administration stand bei ihrem Amtsantritt im Januar 1981 vor
großen wirtschaftlichen Herausforderungen: hohe Inflation und Arbeitslosigkeit, ein enormes Haushaltsdefizit. Reagans Antwort auf diese brennenden Fragen lautete vor allem: Abbau von staatlichen Eingriffen in die
Wirtschaft, mehr Freiheit für den Einzelnen und für Unternehmen und eine
umfassende Deregulierung. Bereits in seiner Antrittsrede zur Amtseinführung am 20. Januar 1981 macht er dies deutlich: „Die Regierung ist nicht die
Lösung für unsere Probleme; die Regierung ist das Problem." Seine Wirtschaftspolitik (*Reaganomics*) versuchte, durch Reduzierung von Sozialausgaben und Steuersenkungen die Wirtschaft anzukurbeln. Von diesen Maßnahmen, so die Argumentation, würden Unternehmen profitieren und es
entstünden neue Arbeitsplätze. Dies würde zu einem erhöhten Steuerauf-
kommen führen. Auf diese Weise sollten das Haushaltsdefizit reduziert
und die angestrebte Erhöhung der Militärausgaben finanziert werden. Vom
daraus resultierenden Wirtschaftswachstum würden dann alle Bürger profitieren. Der erwartete Erfolg blieb jedoch aus. Steuersenkungen und die
gleichzeitige Erhöhung der Rüstungsausgaben verursachten ein stetig wachsendes Haushaltsdefizit und explodierende Staatsschulden. Ende der 1980er
Jahre und zu Beginn der 1990er Jahre führte dies zu einer Rezession.

In der Innenpolitik vollzog Reagan eine Wende zu einer konsequent konservativen Politik: Durch den *New Federalism* erhielten die Bundesstaaten –
auf Kosten des Bundes – mehr Kompetenzen und Macht.

Über seine Amtszeit hinaus wollte Reagan durch Ernennungen von neu-
en Richtern des *Supreme Court* seine konservative Politik sichern. Er hatte
in der Tat eine Reihe von Möglichkeiten neue Richter zu ernennen. In seinem ersten Jahr im Amt nominierte Reagan mit Sandra Day O'Connor die
erste Frau für ein Richteramt am Obersten Gerichtshof. In seiner zweiten
Amtszeit machte er William Rehnquist zum Vorsitzenden Richter (*Chief
Justice*) und ernannte mit Antonin Scalia einen Mann, der seither als der
intellektuelle Kopf der konservativen Richter gilt. 1987 musste Reagan eine
Niederlage hinnehmen, als der von ihm nominierte Robert Bork vom Senat
nicht bestätigt wurde. An seiner Stelle ernannte Reagan Anthony Kennedy –
gewiss kein liberaler Richter, aber doch weit entfernt von dem konservativen Radikalismus eines Robert Bork. Auch eine Reihe von Bundesrichtern
wurde von Reagan ernannt. Mit der Zeit zeigte sich allerdings, dass nicht alle
von Reagan ernannten Richter seiner konservativen Ideologie folgten – der
*Supreme Court* wurde konservativer, aber er erwies sich nicht als Exekutor
der *Reagan Revolution*.

Außenpolitisch begann Reagans Amtszeit mit einem öffentlichkeitswirk-
samen Erfolg: Nur wenige Minuten nach seiner Amtseinführung gab die

iranische Revolutionsregierung die amerikanischen Geiseln im Iran frei. Nicht sein Verdienst, aber ein Erfolg am Beginn der Präsidentschaft.

Die außenpolitischen Themen, denen sich Reagan gegenübersah, waren die gleichen, die auch schon seine beiden Vorgänger belastet hatten.

Die Nahostpolitik stagnierte während seiner Regierungszeit. Den eskalierenden Konflikten konnte der Präsident nicht viel entgegensetzen. Die Regierung blieb zunächst untätig. Als ein Fiasko erwies sich die Libanon-Politik. Am 22. Oktober 1983 wurden bei einem Sprengstoffanschlag 241 amerikanische Soldaten getötet, die als Teil der internationalen Friedenstruppen – im Gefolge des Libanonkrieges (zwischen Israel und der PLO) von 1982 – in Beirut stationiert waren. Einen Anschlag dieser Art hatte es noch nicht gegeben. Reagan kündigte an, die amerikanischen Soldaten nicht abzuziehen. Eine Ankündigung, die er nicht aufrechterhalten konnte. Ein geplanter Vergeltungsschlag auf eine libanesische Kaserne wurde nie ausgeführt, weil Verteidigungsminister Weinberger eine Verschlechterung der Beziehungen zu anderen arabischen Staaten befürchtete. Die amerikanischen Soldaten zogen sich schließlich auf vor der libanesischen Küste patrouillierende Kriegsschiffe zurück. Vier Monate später erfolgte der Abzug des amerikanischen Kontingents.

Nur drei Tage nach dem Attentat von Beirut intervenierten die USA in einem Krisengebiet näher zu Hause. Reagan folgte dem Hilferuf von Putschisten in Grenada, die einige Tage zuvor die „marxistisch-leninistische" Regierung gestürzt und die USA sowie Barbados und Jamaika um militärische Unterstützung gebeten hatten. Die amerikanische Regierung, der Grenada, ein „kommunistischer" Inselstaat in unmittelbarer Nachbarschaft, ein Dorn im Auge war, reagierten mit einer massiven Invasion, die in kurzer Zeit trotz heftiger Gegenwehr zum Sieg führte. Es war kein ernstzunehmender Gegner gewesen, aber erstmals seit langer Zeit waren die USA wieder siegreich.

Wichtiger für die Außenpolitik der Administration war das Verhältnis zur Sowjetunion. Reagan wandte sich von der Entspannungspolitik der vorangegangenen Administrationen ab und demonstrierte Härte gegenüber der UdSSR. Die erfolgte auf mehreren Ebenen: Seine (weltweite) aktivistische Außenpolitik sollte dazu beitragen, das „Vietnamtrauma" der amerikanischen Gesellschaft zu überwinden. Gegenüber Moskau machten die USA wieder einen Überlegenheitsanspruch geltend. In einer berühmt gewordenen Rede vor dem britischen Parlament bezeichnete er die Sowjetunion 1982 als *evil empire*. Die Rüstungsausgaben wurden erhöht und die Aufstellung von SS-20-Raketen durch die Sowjetunion mit der Planung einer Stationierung von Pershing-II-Raketen in Westdeutschland und anderen europäischen Staaten beantwortet. Sein Plan, die USA durch eine Art „Schirm" vor Nuklearangriffen zu schützen (*Strategic Defense Initiative*, SDI), sorgte in der UdSSR für Unruhe, obwohl namhafte Wissenschaftler inner- und außerhalb der USA überzeugt waren, dass eine Verwirklichung dieses Plans auf absehbare Zeit nicht möglich sei. Statt einer weiteren Abrüstung wollte der Präsident die UdSSR zu einem (wie er annahm, wirtschaftlich für die Sowjetunion nur schwer verkraftbaren) Wettrüsten zwingen.

Als Reagan sich 1984 zur Wiederwahl stellte, war er bereits 73 Jahre alt und zeigte erste Anzeichen der Alzheimer-Krankheit. Dennoch wurde er mit einer beeindruckenden Stimmenmehrheit wiedergewählt. „It's morning again in America", sein wichtigster Slogan im Wahlkampf, betonte das neu gewonnene Selbstbewusstsein und die Hoffnung, die Reagan seinen Landsleuten nach den Verwerfungen und Traumata von Vietnam, Watergate und den Fehlschlägen der Carter-Administration zurückgegeben hatte. Der Gouverneur von New York, Mario Cuomo, setzte diesen Anspruch mit seiner *Keynote Speech* auf der *Convention* der Demokraten 1984 (eine der besten Reden der amerikanischen politischen Rhetorik des 20. Jahrhunderts) entgegen: „A Tale of two Cities". Cuomo sprach von Reagans Amerika als von zwei Welten: „There is despair, Mr. President, in the faces that you don't see, in the places that you don't visit, in your shining City."

Auch 1984 entschied Reagan die Wahl mit großem Vorsprung für sich. Der Kandidat der Demokraten, Walter Mondale, erzielte nur einen Achtungserfolg. Reagan hatte es (erneut) geschafft, eine breite Koalition von Wählergruppen zu seiner Unterstützung zu mobilisieren.

Reagans zweite Amtszeit brachte Überraschungen. Als Michail Gorbatschow 1985 Generalsekretär der Kommunistischen Partei der Sowjetunion wurde und das Land für wirtschaftliche Reformen öffnete, änderte Reagan nach und nach seine antisowjetische Haltung und bemühte sich, Gorbatschows Reformkurs diplomatisch zu unterstützen. Beide trafen sich auf vier Gipfelkonferenzen und einigten sich auf weitreichende Abrüstungsmaßnahmen. Mit dem Treffen in Reykjavík leitete Reagan 1986 eine neue Phase der Entspannungspolitik ein. In seinem Tagebuch schreibt er über die sowjetische Führung: „Es war klar, dass sie über Rüstungsbeschränkung reden wollten – wie wir." Insbesondere die Stationierung von Mittelstreckenraketen war für Reagan zu einem Problem geworden, das auch die Einheit der NATO bedrohte. Umso überraschter war der Präsident, als Gorbatschow die vollständige Beseitigung der amerikanischen und sowjetischen Nuklearwaffen mit mittlerer Reichweite in Europa vorschlug. Verstärkt wurde die Überraschung noch durch die Konzession, dass die englischen und französischen Mittelstreckenraketen unberücksichtigt bleiben sollten. Damit wurden die Verhandlungen wesentlich einfacher. Doch mit einer vollständigen „Nulllösung" bei der Stationierung von Mittelstreckenraketen konnte sich Reagan nicht anfreunden – eine zu große Gefahr ging, so seine Berater, von den SS-20 im asiatischen Teil der Sowjetunion aus. Einigen konnten sich

Reagan und Gorbatschow schließlich auf die Beseitigung aller Mittelstreckenraketen in Europa; in Asien sollte die Sowjetunion Mittelstreckenraketen mit hundert Sprengköpfen behalten, die USA behielten ebenso viele auf ihrem Territorium. Beiden Staatschefs war bewusst, dass in Reykjavík der endgültige Weg aus dem Wettrüsten hätte gefunden werden können, doch scheiterte die Konferenz am amerikanischen Plan eines weltraumgestützten Raketenabwehrschirms – Reagan war nicht bereit, das Projekt aufzugeben. Doch nur vier Monate später gab Gorbatschow nach, und ein gutes Jahr nach Reykjavík schlossen die Supermächte den INF-Vertrag, der die Verschrottung aller atomaren Mittelstreckenraketen in Europa festschrieb. Damit war eine neue Phase der Détente eingeleitet.

### Ronald Reagan

Ronald Wilson Reagan wurde am 6. Februar 1911 in Tampico, Illinois, als zweites Kind von John „Jack" und Nelle Wilson Reagan geboren. Sein Vater gab Ronald den Spitznamen „Dutch": „Er sieht aus wir ein fetter Holländer. Aber wer weiß, vielleicht wird er ja eines Tages Präsident." Reagans Vater war Schuhverkäufer, wechselte aber mehrfach den Beruf und führte ein unstetes Leben. Vermutlich war er Alkoholiker, oft war er für einige Tage verschwunden, so dass die Mutter sich alleine um die Kinder kümmern musste. Als Reagan neun war, ließ die Familie sich in Dixon, Illinois, nieder. Trotz der eher ärmlichen Verhältnisse der Familie beschreibt Reagan seine Kindheit und Jugend in Dixon als idyllisch.

1928 ging Reagan von der *Dixon High School* ab und wurde noch im selben Jahr im *Eureka College* angenommen. Reagan studierte Wirtschaft und Soziologie und machte seine ersten politischen Erfahrungen: Es war die Zeit der Weltwirtschaftskrise, die staatlichen Zuschüsse für sein College sollten gekürzt werden. Reagan organisierte einen Streik, der die Kürzungen verhinderte und den Rücktritt des College-Präsidenten zur Folge hatte. Nach Abschluss seines Studiums im Jahr 1932 arbeitete Reagan als Radiosprecher – eigentlich wollte er Schauspieler werden.

Als Reagan 1937 als Ansager für die Baseballmannschaft der *Chicago Cubs* nach Kalifornien reiste, stellte er sich beim Filmkonzern *Warner Brothers* vor. Er erhielt einen Vertrag und drehte seinen Film *Love is on the Air*. 1940 verkörperte er im Film *Knute Rockne – All American* die Footballlegende George Gip. Seither war er für seine Freunde „the Gipper".

Reagan spielte in mehr als fünfzig Filmen mit, doch der große Durchbruch gelang ihm nicht. Unzufrieden mit seiner Schauspielerkarriere engagierte er sich in der *Screen Actors Guild* (SAG), einer Schauspielergewerkschaft. Bereits 1938 wurde er Vorstandsmitglied, 1947 schließlich Vorsitzender.

1949 lernte Reagan die Schauspielerin Nancy Davis kennen, sie heirateten 1952. Noch im selben Jahr wurde ihre Tochter Patricia „Patti" Ann, 1958 ihr Sohn Ronald Prescott geboren.

1952 wurde Reagan „Gesicht und Stimme" von *General Electrics*, mit dem damals sehr hohen Jahresgehalt von 125.000 Dollar. 1960 bekannte sich Reagan, der vielen als ein Roosevelt-Demokrat galt, zur Republikanischen Partei und engagierte sich im Präsidentschaftswahlkampf für Richard Nixon.

1964 unterstützte Reagan die Präsidentschaftskampagne des konservativen Republikaners Barry Goldwater. Die Republikaner, beeindruckt von Reagans konservativen Überzeugungen und seinem rhetorischen Talent, kürten ihn 1966 zum Kandidaten für das Amt des Gouverneurs von Kalifornien. Mit 58 Prozent der Stimmen gewann Reagan gegen den amtierenden Gouverneur Edmund G. „Pat" Brown. Seine Politik war einfach und konsequent: Durch Einsparungen und Steuererhöhungen wollte er die desolaten Finanzen des Bundesstaates sanieren. Gegen die Studentenproteste an der Universität Berkeley ging er mit brutaler Härte vor.

1976 bewarb er sich vergeblich um eine Nominierung als Präsidentschaftskandidat. Er unterlag dem amtierenden Präsidenten Gerald Ford, erhielt allerdings auf der Parteiversammlung der Republikaner viel Unterstützung. 1980 schließlich setzte er sich durch. Die Republikaner schickten ihn als ihren Kandidaten in den Präsidentschaftswahlkampf, den er klar gegen den amtierenden Präsidenten Jimmy Carter gewann.

Nur zehn Wochen nach seinem Amtsantritt als Präsident wurde Reagan am 30. März 1981 Opfer eines Attentats. Nach einer Gewerkschaftsveranstaltung in der Nähe von Washington auf dem Weg zurück zu seiner Limousine wurden aus der Reihe der Journalisten sechs Schüsse auf den Präsidenten abgegeben. Der Attentäter John Hinckley, jr., war geisteskrank. Reagan erholte sich schnell und kehrte bereits am 11. April 1981 ins Weiße Haus zurück.

Die Regierung stand 1981 vor großen wirtschaftlichen Herausforderungen: hohe Inflation und Arbeitslosigkeit, ein enormes Haushaltsdefizit. Reagans Antwort auf diese brennenden Fragen lautete vor allem: Abbau von staatlichen Eingriffen in die Wirtschaft, mehr Freiheit für den Einzelnen und für Unternehmen. Der erwartete Erfolg blieb jedoch aus.

Innenpolitisch vollzog Reagan eine Wende zu einer konservativen Politik. Durch den New Federalism erhielten die Bundesstaaten – auf Kosten des Bundes – mehr Kompetenzen und Macht.

Außenpolitisch begann Reagans erste Amtszeit mit einem Erfolg: Nur wenige Minuten nach seiner Amtseinführung gab die iranische Revolutionsregierung die amerikanischen Geiseln im Iran frei. Weniger erfolgreich war die Libanon-Politik. Am 22. Oktober 1983 wurden bei einem Sprengstoffanschlag 241 amerikanische Soldaten getötet, die als Teil der internationalen Friedenstruppen in Beirut stationiert waren. Vier Monate später erfolgte der Abzug des amerikanischen Kontingents.

Nur drei Tage nach dem Attentat von Beirut intervenierten die USA in Grenada. Reagan folgte dem Hilferuf von Putschisten in Grenada, die einige Tage zuvor die „marxistisch-leninistische" Regierung gestürzt und die USA sowie Barbados und

Jamaika um militärische Unterstützung gebeten hatten. Die amerikanische Intervention führte zum Sturz der Regierung.

Reagan wandte sich von der Entspannungspolitik der vorangegangenen Administrationen ab und demonstrierte Härte gegenüber der UdSSR. Seine aktivistische, kämpferische Außenpolitik sollte auch dazu beitragen, das „Vietnamtrauma" der amerikanischen Gesellschaft zu überwinden. In einer berühmt gewordenen Rede vor dem britischen Parlament (1982) bezeichnete er die Sowjetunion als *evil empire*. Die Rüstungsausgaben wurden erhöht und die Aufstellung von SS-20-Raketen durch die Sowjetunion mit der Planung einer Stationierung von Pershing-II-Raketen in Westdeutschland und anderen europäischen Staaten beantwortet. Sein Plan, die USA durch eine Art „Schirm" vor Nuklearangriffen zu schützen, sorgte in der UdSSR für Unruhe, obwohl Wissenschaftler überzeugt waren, dass eine Verwirklichung dieses Plans auf absehbare Zeit nicht möglich sei.

Als Reagan sich 1984 zur Wiederwahl stellte, war er bereits 73 Jahre alt und zeigte erste Zeichen der Alzheimer-Krankheit. Dennoch wurde er mit einer beeindruckenden Stimmenmehrheit wiedergewählt.

Als Michail Gorbatschow 1985 Generalsekretär der Kommunistischen Partei der Sowjetunion wurde und das Land für wirtschaftliche Reformen öffnete, korrigierte Reagan nach und nach seine antisowjetische Haltung und bemühte sich, Gorbatschows Reformkurs diplomatisch zu unterstützen. Beide trafen sich auf vier Gipfelkonferenzen und einigten sich auf weitreichende Abrüstungsmaßnahmen. Insbesondere die Stationierung von Mittelstreckenraketen war für Reagan zu einem Problem geworden, das auch die Einheit der NATO bedrohte. Umso überraschter war der Präsident, als Gorbatschow die vollständige Beseitigung der amerikanischen und sowjetischen Nuklearwaffen mit mittlerer Reichweite in Europa vorschlug. Verstärkt wurde die Überraschung noch durch die Konzession, dass die englischen und französischen Mittelstreckenraketen unberücksichtigt bleiben sollten. Damit wurden die Verhandlungen wesentlich einfacher. Doch mit einer vollständigen „Nulllösung" bei der Stationierung von Mittelstreckenraketen konnte sich Reagan nicht anfreunden – eine zu große Gefahr ging von den SS-20 im asiatischen Teil der Sowjetunion aus. Einigen konnten sich Reagan und Gorbatschow schließlich auf die Beseitigung aller Mittelstreckenraketen in Europa. Doch nur vier Monate später machte Gorbatschow weitere Zugeständnisse, und ein gutes Jahr nach Reykjavík schlossen die Supermächte den INF-Vertrag, der die Verschrottung aller atomaren Mittelstreckenraketen in Europa festschrieb.

In Europa, gerade auch in Deutschland, war der Präsident bei weitem nicht so beliebt wie in den USA. Seine politische Rhetorik und symbolische Politik stießen oft auf Misstrauen. 1985 besuchte Reagan auf Einladung von Bundeskanzler Kohl den Soldatenfriedhof im deutschen Bitburg, was ihm viel Kritik einbrachte, da bekannt war, dass neben amerikanischen und deutschen Soldaten auch Mitglieder der Waffen-SS dort begraben sind.

Auch als sich Reagans zweite Amtszeit dem Ende näherte, war seine Popularität trotz aller Skandale („Iran-Contra"; „Bitburg") immer noch ungebrochen. Im November 1988 wurde George Bush, sr., Reagans Vizepräsident, zu seinem Nachfolger gewählt. Reagan verließ das Weiße Haus am 20. Januar 1989 im Alter von 77 Jahren und ging zurück nach Los Angeles, Kalifornien. 1990 veröffentlichte er seine Autobiographie An American Life und gründete 1991 die gemeinnützige Stiftung Ronald Reagan Presidential Foundation, die das Ronald-Reagan-Museum und die Ronald-Reagan-Bibliothek im kalifornischen Simi Valley unterhält. Seit 1994 reduzierte Reagan seine öffentlichen Auftritte und erklärte am 5. November in einem Brief an die Öffentlichkeit, unter Alzheimer zu leiden: „Ich beginne nun meine Reise, die mich in den Sonnenuntergang meines Lebens führt." Er starb schließlich am 5. Juni 2004 im Alter von 93 Jahren im Kreise seiner Familie an einer Lungenentzündung in seinem Zuhause in Bel Air, Los Angeles.

Im Oktober 1986 wurde der „Iran-Contra-Skandal" publik, die schwerste innenpolitische Krise in Reagans Amtszeit und nach Watergate die zweite große Verfassungskrise der USA in kurzer Zeit. Die Abläufe der Krise sind verworren: Die Reagan-Administration hatte Einnahmen aus geheimen Waffenverkäufen an den Iran (über dritte Staaten) zur Unterstützung der gegen die sandinistische Regierung Nicaraguas kämpfenden „Contras" verwendet. Durch diese Machenschaften hatte die amerikanische Regierung nicht nur gegen einen Kongressbeschluss verstoßen (der Waffenhilfe für die Contras ausdrücklich untersagte), es stellte sich auch heraus, dass sich die „Contras" nicht zuletzt durch das Schmuggeln von Kokain in die USA finanzierten, was der CIA bekannt gewesen war. Zu den Vorgängen befragt, erklärte der Präsident, sich an nichts erinnern zu können. Was er und sein Vizepräsident George Bush, sr., tatsächlich über die Affäre wussten, konnte nicht abschließend geklärt werden.

Auch als sich Reagans zweite Amtszeit dem Ende näherte, war seine Popularität trotz aller Skandale immer noch ungebrochen. Im November 1988 wurde George Bush, sr., Reagans Vizepräsident, zu seinem Nachfolger gewählt. Reagan verließ das Weiße Haus am 20. Januar 1989 im Alter von 77 Jahren und ging zurück nach Los Angeles, Kalifornien. Am Vorabend notierte er lapidar in seinem Tagebuch: „Morgen höre ich auf, Präsident zu sein." Doch sein Terminkalender war auch nach seinem Ausscheiden aus dem Amt immer noch gut gefüllt, sein politisches Engagement ungebrochen. So traf er sich mit Präsident Bush und anderen Staatsoberhäuptern wie Margaret Thatcher und hielt Vorlesungen an diversen Universitäten in den USA und in Europa. Reagan reiste trotz seines Alters viel und war weiterhin in den Medien präsent. 1990 veröffentlichte er seine Autobiographie An American Life und gründete 1991 die gemeinnützige Stiftung Ronald Reagan Presidential Foundation, die das Ronald-Reagan-Museum und die

Ronald-Reagan-Bibliothek im kalifornischen Simi Valley unterhält. Seit 1994 reduzierte Reagan seine öffentlichen Auftritte und erklärte am 5. November in einem Brief an die Öffentlichkeit, unter Alzheimer zu leiden: „Ich beginne nun meine Reise, die mich in den Sonnenuntergang meines Lebens führt." 2001 wurde ein Kriegsschiff der Marine nach ihm benannt – eine Ehrung, die nur wenigen amerikanischen Präsidenten zu Lebzeiten zuteil wurde. Reagan jedoch litt nun zunehmend unter Demenz. Er starb schließlich am 5. Juni 2004 im Alter von 93 Jahren im Kreise seiner Familie an einer Lungenentzündung in seinem Zuhause in Bel Air, Los Angeles. Während seiner Aufbahrung an drei verschiedenen Orten Amerikas erwiesen ihm mehr als 218.000 Amerikaner die letzte Ehre.

Reagans Erfolg liegt in der „Umkehrung" der amerikanischen Selbstbetrachtung der 1970er Jahre: Der moralisch fragwürdige Krieg in Vietnam, die politische Niederlage in diesem Krieg, der quälende Watergate-Skandal, das Amtsenthebungsverfahren gegen Nixon, die glanzlose Ford-Administration, die erfolglose Außenpolitik Carters, geprägt von einem Wiederaufleben des Kalten Krieges unter für die USA schlechteren Bedingungen und die demütigende Geiselnahme in Teheran – dies alles wollte Reagan hinter sich lassen. Er war überzeugt, dass die USA über die Kraft und Ressourcen verfügten, um einen schnellen Wiederaufstieg in Gang zu setzen.

## Reagonomics

Am wichtigsten – neben der Auseinandersetzung mit der Sowjetunion – war Reagan und seinen Beratern die Wirtschaftspolitik. Ronald Reagan brach mit seiner stringenten, unternehmerfreundlichen, angebotsorientierten Politik, wie sie Amerika im 20. Jahrhundert noch nicht erlebt hatte und die heftig und nachhaltig spürbar werden sollte, mit dem *New Deal*. Prägende Merkmale waren deutliche Steuersenkungen, die von einer hohen Staatsverschuldung und einer Kürzung der Sozialausgaben begleitet waren, sowie eine forcierte Deregulierung, die sich durch alle Bereiche des Wirtschafts- und öffentlichen Lebens zog. Mit solchen Maßnahmen gelang es Reagan, den Weg für seine ausgeprägte Dienstleistungsgesellschaft zu ebnen, die nicht nur sogenannte „McJobs" hervorbrachte, sondern durchaus hoch qualifizierte und gut bezahlte Arbeitsplätze in der Computerbranche und anderen High-Tech-Bereichen schuf.

Kritik richtete sich vor allem gegen die scharfen Einschnitte in der Sozialpolitik und gegen die gigantischen Ausgaben für Rüstungsvorhaben (eine weitere Säule der *Reaganomics*), die Reagan den Ruf eines *Star Warrior* einbrachten.

Zu den (wenigen) positiven Aspekten seiner Wirtschaftspolitik gehörte, dass wesentliche Impulse auf High-Tech-Branchen und den Forschungs- und Entwicklungsbereich ausgelöst wurden. Zu dem lange vernachlässigten und kaum beachteten Nebenaspekt einer angebotsorientierten Politik gehörte aber auch ein großes Defizit im Haushalt. Während Reagans Regierungszeit hatte sich die Bundesschuld von einer Milliarde auf fast drei Milliarden US-Dollar erhöht, wobei weniger die Gesamthöhe der Staatsverschuldung bedenklich stimmte (eine im Durchschnitt ähnlich hohe Verschuldung wie die Europas oder Japans), sondern deren sehr schneller Anstieg. Hinzu kam die in den 1980er Jahren extrem geringe Sparquote der privaten Haushalte. Die USA waren auch am Ende der Amtszeit Reagans nicht mehr in der Lage, ihre Privatinvestitionen über eigene Spareinlagen zu finanzieren.

### Nachfolge und Übergang: George H. W. Bush

Mit George Herbert Walker Bush, so sagten Kritiker und Spötter, begann die dritte Amtszeit Ronald Reagans. Letztlich war diese Analyse zu kurz gegriffen. Zunächst: Der Vizepräsident war eine andere Persönlichkeit. George H. W. Bush war ein „Aristokrat", im Juni 1924 in Massachusetts geboren. Sein Vater, ein einflussreicher Bankier, war von 1952 bis 1963 Senator (für Connecticut). Bush besuchte die *Phillips Academy*, danach *Yale* – dazwischen diente er im Weltkrieg als Marineflieger. Er wurde mehrfach befördert und ausgezeichnet.

Außenpolitik – in der G. H. W. Bush als Botschafter in Peking und Chef der CIA Erfahrung hatte – betrachtete der Präsident als eine rationale Angelegenheit. Seine eigenen Erfahrungen machten ihn zu einem der außenpolitisch am besten vorbereiteten Präsidenten der USA. Bush umgab sich darüber hinaus mit einer Gruppe von erfahrenen „Außenpolitikern". James Baker, Reagans Stabschef im Weißen Haus und späterer Finanzminister, wurde Außenminister. Richard Cheney, Stabschef unter Ford und später ein einflussreiches Mitglied des Repräsentantenhauses (für einen Distrikt in Wyoming), übernahm das Verteidigungsministerium. Brent Scowcroft, Luftwaffengeneral und seit seiner Pensionierung Professor für russische Geschichte in *West Point*, wurde Nationaler Sicherheitsberater. Er hatte dieses Amt bereits in der Ford-Administration ausgeübt. Im Oktober 1989 wurde General Colin Powell Vorsitzender der *Joint Chiefs of Staff*. Mit dieser Mannschaft wollte Bush an die Außenpolitik der zweiten Amtszeit Reagans anknüpfen. Es war offensichtlich, dass der Kalte Krieg zu Ende ging, aber die Konturen einer neuen Ordnung waren nocht nicht abzusehen.

Die Administration war aber nicht die Partei und die sie tragenden gesellschaftlichen Gruppen. Die Republikanische Partei durchlief während der Amtszeit Präsident Bushs einen schmerzhaften Prozess der Veränderung. Letztlich eine Beschleunigung und Radikalisierung der unter Reagan begonnenen Entwicklung. Für radikal religiöse Kräfte auf der einen Seite und für wirtschaftsliberal eingestellte Gruppen anderseits war die Politik des Präsidenten zu „moderat". Die Innen- und Wirtschaftspolitik des Präsidenten wurde zunehmend hart kritisiert. Religiöse Prediger, wie Jerry Falwell oder Pat Buchanan gewannen an Einfluss.

Im Mittelpunkt der Innenpolitik stand die Wirtschaft: Die USA gerieten 1990/91 in eine Phase der Rezession. Darauf hatte die Administration keine Antwort. Eine Reihe von wenig koordinierten Maßnahmen war die Antwort der Bush-Administration. Die Wirtschaft erholte sich erst im Laufe des Jahres 1992. Für den Wahlkämpfer Bush kam dieser Aufschwung zu spät und in Bill Clinton erwuchs dem Präsidenten ein politisch-taktisch überlegener Gegner, der die Wirtschaft zum zentralen Thema seines Wahlkampfes machte.

Damit traf er den Präsidenten an seiner verwundbarsten Stelle. Die Wirtschaftspolitik Bushs war von Beginn an die Achillesferse seiner Präsidentschaft: In den Präsidentschaftswahlen von 1988 hatte Bush versichert: „Read my lips: no new taxes." Aber schon im Oktober 1990 beschloss der Kongress den *Budget Enforcement Act*, der auf eine politische Initiative der Administration zurückging. Eine höchst umstrittene Maßnahme: Die Republikanische Partei war in der Frage, ob das riesige Handelsdefizit reduziert werden sollte, gespalten: Eine angebotsorientierte Wirtschaftspolitik vertretend, argumentierten Kritiker des Präsidenten, das Defizit sei im Verhältnis zum Bruttoinlandsprodukt nicht höher als Mitte der 1980er Jahre. 1990 umfasste das Defizit 21,8 Prozent des Bruttoinlandsproduktes – in der Tat vergleichbar mit den Zahlen der 1970er Jahre. Vor allem aber wandte sich diese Kritik gegen die (recht moderaten) Steuererhöhungen, die Bush als Teil der Maßnahmen zur Defizitreduzierung vorgeschlagen hatte. Radikale Republikaner – führend unter diesen war der Abgeordnete Newt Gingrich aus Georgia – warfen dem Präsidenten Verrat und Zurückweichen vor dem demokratisch beherrschten Kongress vor. Das Maßnahmenpaket zeigte zudem keine großen Auswirkungen: Hatte das jährliche Handelsdefizit 1989 noch 153 Milliarden US-Dollar betragen, 1990 bereits 221 Milliarden, so erreichte es 1992 die schwindelerregende Höhe von 290 Milliarden US-Dollar.

Die Auseinandersetzungen in der Partei hatten einen tieferen Grund: Die Republikanische Partei hatte mit dem Ende des Kalten Krieges eines ihrer wichtigsten politischen Argumente verloren. Bis dahin galt eine, wenn auch recht grobe Regel: Die Republikaner vertraten die Interessen der USA gegenüber dem weltpolitischen Gegner, der Sowjetunion (und dem ideologischen Gegenentwurf zum politischen System der USA, dem Kommunismus) besser und konsequenter als die Demokratische Partei. Nun aber war der Kalte Krieg zu Ende. Innenpolitische, soziale und wirtschaftliche Fragen traten in den Vordergrund. Als ein moderater Konservativer sah sich Bush mit einer Reihe von Positionen von Gruppen der eigenen Partei konfrontiert, die mit der Politik seiner Administration nur schwer in Einklang zu bringen waren. Gesellschaftliche Fragen, wie Ehe- und Sexualmoral, das Verhältnis von Staat und Kirche, die Rechte der Staaten und die Einwanderungspolitik gewannen an Gewicht.

Bushs Domäne aber war die Außenpolitik – und hier hatte er im Großen wie im Kleinen seine Erfolge.

1989 intervenierten amerikanische Truppen in Panama. Ziel war der Sturz (und die Gefangennahme) von Manuel Noriega, der seit langem in den internationalen Drogenhandel verwickelt war. Mit der Intervention knüpfte Bush an Reagans Politik (Grenada) an, er etablierte aber auch die USA erneut als eine „Ordnungsmacht" in Mittelamerika. Manuel Noriega wurde schließlich in die USA gebracht und dort zu einer langjährigen Gefängnisstrafe verurteilt.

Die große Herausforderung für Bush war aber die sich zwischen 1988/89 und 1991 abzeichnende Desintegration der Sowjetunion. Schneller als europäische Politiker wie Margaret Thatcher oder François Mitterrand erkannte Bush, dass eine grundlegende Veränderung Mittel- und Osteuropas bevorstand. Er förderte daher von Anfang an den deutschen Einigungsprozess – unter der Voraussetzung, dass ein (wieder)vereinigtes Deutschland fest in den westlichen Bündnissystemen verankert bliebe (vor allem der NATO). Die Wiedervereinigung Deutschlands (innerhalb der NATO) ist zu einem guten Teil seiner entschlossenen Politik zu verdanken.

Als im Sommer 1990 der irakische Diktator Saddam Hussein Kuwait überfiel und das Emirat als Provinz in den irakischen Staat eingliederte, trat ihm der Präsident – nun im Bewusstsein, die einzige verbliebene Supermacht zu vertreten – entgegen. Bush und seinen militärischen und außenpolitischen Beratern gelang ein Kunststück: Die Vereinten Nationen stellten sich geschlossen auf die Seite der USA und so kam es, dass eine amerikanisch-arabische Koalition Saddam Hussein entgegentrat. Der Präsident brachte mehr als eine halbe Million amerikanischer Soldaten an den Golf, die schließlich – im Januar 1991 in der Operation *Desert Storm* – innerhalb von 42 Tagen den Widerstand der Iraker brachen und Kuwait befreiten. Auf eine Eroberung Bagdads verzichtete die von den USA geführte Koalition. Colin Powell und Verteidigungsminister Caspar Weinberger entwarfen die strategischen Voraussetzungen für die Intervention am Golf (Powell-Weinberger-Doktrin). Anders als in Vietnam führte die USA einen zeitlich begrenzten Krieg unter Aufbietung ihrer großen Überlegenheit an Technologie und Ressourcen. *Mission Creep* sollte ausgeschlossen sein.

Als großer Erfolg erwies sich, dass es den USA gelungen war, Israel aus dem Konflikt herauszuhalten. Auf dringliche Bitten der USA verzichtete die israelische Regierung auf Vergeltungsschläge, als Saddam das Land mit Raketen beschoss, um es in den Krieg zu zwingen. Damit waren die Voraussetzungen für die Einleitung eines umfassenden Friedensprozesses gegeben,

der in den nächsten Jahren (Madrid-Verhandlungen und die Geheimver-
handlungen von Oslo) begann.

Die nicht zu bezweifelnden außenpolitischen Erfolge der Bush-Administration, die kurzzeitig zu einem Hoch in der Popularität des Präsidenten
führten, wirkten nicht lange nach. Im Inneren traten die wirtschaftlichen
Probleme immer mehr in den Vordergrund und nach außen zeigte sich, dass
der Präsident entgegen seiner Ankündigung kein Konzept für die Gestaltung einer „neuen Weltordnung" hatte. Der Irak blieb eine schmerzende
Wunde. Aufstände der Schiiten im Süden, die von Washington ermutigt
worden waren, schlug Saddam mit brutaler Härte nieder, ohne dass die
USA eingriffen; im Norden immerhin erlangten die Kurden eine gewisse
Autonomie. Die Situation des Zweistromlandes war jedoch höchst prekär.

Am Ende seiner Amtszeit schickte Präsident Bush amerikanische Truppen nach Somalia, ein Land, das im Bürgerkrieg zu versinken drohte.
Weihnachten 1992 gingen Marines an Land – *Operation Hope*. Es waren
bewegende Bilder. Bush sprach von einer „neuen Weltordnung" und Vulgär-
Hegelianer verkündeten das „Ende der Geschichte".

Im Sommer und Herbst 1992 machten sich – angesichts der wirtschaftlichen Situation – in vielen Schichten der Bevölkerung Niedergeschlagenheit
und Pessimismus breit. Die Amerikaner waren mit ihrer Regierung unzufrieden. Präsident Bush ging mit wenig Hoffnung auf eine Wiederwahl in
die Wahlen des Herbstes. Bei seinem Amtsantritt hatte ihm der Mehrheitsführer des Senats, der Demokrat George Mitchell, ein Porträt Präsident Van
Burens geschenkt. Halb im Scherz und halb als Wunsch erklärte Mitchell
sein Geschenk. Van Buren war der einzige amtierende Vizepräsident, der
zum Präsidenten gewählt wurde – für nur eine Amtszeit.

In den Wahlen setzte sich der Demokrat Bill Clinton (mit 42 Prozent) gegen Bush (28 Prozent) durch. Immerhin hatte aber auch ein dritter Kandidat,
der parteilose Unternehmer Ross Perot, fast ein Fünftel der Wählerstimmen
auf sich gezogen. George H. W. Bush zog sich in sein Privatleben zurück.

## Die Präsidentschaft Bill Clintons

Bill Clintons Weg zur Präsidentschaft war steinig, wenn man seine Biographie betrachtet. Es war dem 1946 in Hope, Arkansas, geborenen Clinton
nicht in die Wiege gelegt, Präsident der USA zu werden. Betrachtet man
seine politische Karriere, so war sein Aufstieg allerdings atemberaubend.
Clinton war hochintelligent, von der Legende (und Aura) Kennedys, den
er verehrte, fasziniert, und er wollte im Leben und in der Politik Erfolg
haben. Er verließ Hot Springs, wo er aufgewachsen war, studierte an der
*Georgetown University* in Washington, D.C., gewann ein prestigeträchtiges
Stipendium, das ihn für einige Jahre nach Oxford brachte. Von dort ging er
an die *Yale Law School*. Nach seinem Abschluss kehrte er nach Arkansas

zurück, arbeitete als Dozent an einer kleinen Universität und kandidierte alsbald für seine ersten politischen Positionen. 1976 wurde er zum General-staatsanwalt (*Attorney General*) von Arkansas gewählt; 1978 gewann er erstmals die Gouverneurswahlen: Er war 32 Jahre alt, der jüngste amerikani-sche Gouverneur seit 30 Jahren. 1980 verlor er die Wahlen, aber bereits 1982 wurde er wieder in das Amt gewählt (als das legendäre *comeback kid*), das er dann bis 1992 innehatte. Als er im Herbst 1992 die Präsidentschaftswahlen gewann, war er erst 46 Jahre alt (Hamilton, 2007).

Bill Clinton polarisierte die Amerikaner. Der hochintelligente und char-mante Präsident, während dessen Amtzeit die USA einen fast permanenten Wirtschaftsaufschwung erlebten und der seit 1998 einen ausgeglichenen Haushalt vorweisen konnte, wurde von vielen Amerikanern bewundert und verehrt. Es gelang Clinton, das größte Haushaltsdefizit in der Ge-schichte der USA nicht nur auszugleichen, sondern sogar in einen Über-schuss zu verwandeln. Der Präsident, der 1992 mit dem Slogan *It's the econ-omy, stupid* in den Wahlkampf gezogen war, konnte am Ende seiner ersten Amtzeit auf ein stetig steigendes Wirtschaftswachstum und sinkende Ar-beitslosenzahlen verweisen. Auch die Aktienkurse erlebten einen Höhen-flug. Mäßige Steuererhöhungen führten zu einem Abbau des Haushaltsdefi-zits; dies kurbelte auch den Konsum an. Das Wachstum der Wirtschaft resultierte in einer Aufwertung des Dollars und steigenden Investitionen ausländischer Anleger.

Der Präsident schien der Außenpolitik zunächst keine große Aufmerk-samkeit zu schenken. Die beiden entscheidenden Männer Clintons in diesem Bereich waren (zunächst) Warren Christopher und Les Aspin. Chris-topher, den Clinton zum Außenminister ernannte, war während der Carter-Administration der Stellvertreter von Außenminister Cyrus Vance gewesen. Er war ein nüchterner, oft zögerlich wirkender Rechtsanwalt. Seine Kritiker sprachen dem meist nachdenklich und oft düster wirkenden Mann jegliches Charisma, nicht aber Intelligenz und hohen Arbeitseinsatz ab. Les Aspin war längere Zeit für einen Distrikt in Wisconsin im Repräsentantenhaus ge-sessen. Er machte keinen großen Eindruck auf die Kommentatoren und Be-obachter amerikanischer Verteidigungspolitik. Er galt als phantasielos und in konzeptioneller Hinsicht wenig begabt. Im Vordergrund der militärischen Planung stand nach wie vor General Colin Powell, der auch unter Clinton zunächst Vorsitzender der *Joint Chiefs of Staff* blieb (Powell, 1996).

Clintons Außenpolitik war in den ersten Monaten der Amtzeit des Prä-sidenten zögerlich und von einer gewissen Vorsicht geprägt. Clinton akzep-tierte, dass in der noch ungefestigten Situation nach Beendigung des Kalten Krieges die USA für eine längere Zeit noch als eine „europäische Macht" agieren mussten. Die unter seinen Vorgängern geplanten neuen Waffensys-teme wurden daher weiterentwickelt; die Ausgaben für Verteidigung wurden nur in wenigen Bereichen reduziert. Auch die Irak-Politik Präsident Bushs setzte Clinton fort: Die wirtschaftlichen Sanktionen gegen das Land wurden aufrechterhalten, die *No-fly*-Zonen gesichert und die im Waffenstillstand vereinbarten Untersuchungen der UN-Waffeninspekteure unterstützt. Als Anfang 1993 entdeckt wurde, dass radikale Iraker, die Saddam Hussein nahestanden, geplant hatten, den ehemaligen Präsidenten Bush bei einem Besuch in Kuwait zu ermorden, ordnete Clinton einen Vergeltungsangriff auf Bagdad an. *Cruise Missiles* zerstörten das Hauptquartier des irakischen Geheimdienstes.

Bis zum Herbst 1993 aber blieb die Außenpolitik Clintons konturlos. Dann zwangen die Ereignisse in Somalia den Präsidenten zu einem Umdenken. In Somalia waren seit Dezember 1992 – noch von Präsident Bush angeordnet – amerikanische Soldaten zur Unterstützung der UN-Operationen stationiert. Im August verstärkte Clinton dieses Kontingent durch Eliteeinheiten, die helfen sollten, somalische Warlords gefangenzunehmen, die für die Ermordung pakistanischer UN-Soldaten verantwortlich waren. Im Oktober kam es zu heftigen Gefechten zwischen den amerikanischen Soldaten und somalischen Kämpfern. 18 Amerikaner fielen, 84 wurden zum Teil schwer verwundet. Die Verluste auf somalischer Seite waren ungleich höher. Hunderte von Somalis – darunter auch Zivilisten – wurden getötet. Die Amerikaner hatten sich militärisch durchgesetzt, allerdings war es den Kämpfern von Mohammed Aidid, einem der einflussreichsten Warlords des Landes, gelungen, einen amerikanischen Kampfhubschrauber vom Typ *Black Hawk* abzuschießen. Triumphierend wurde die Leiche eines amerikanischen Soldaten durch die Straßen von Mogadischu geschleift. Die amerikanische Öffentlichkeit war entsetzt. Da waren sie wieder, die Bilder, die unter Reagan und während des Golfkrieges in Vergessenheit geraten waren. Modernste amerikanische Waffen erwiesen sich als verwundbar, amerikanische Soldaten wurden gedemütigt, die Körper der Gefallenen geschändet. Clinton, so war zu lesen, habe *Mission Creep* erlaubt (wie Johnson in Vietnam), und was, so wurde gefragt, hatten die USA in diesem unwichtigen und gottverlassenen Land am Horn von Afrika zu suchen? Ein neues Syndrom war geboren: „Vietmalia".

Clinton reagierte. Er verstärkte zunächst die amerikanischen Truppen in Somalia; gleichzeitig aber erklärte er, dass das amerikanische Kontingent sobald wie möglich zurückgezogen würde. Nach der Unterzeichnung eines Abkommens zwischen den somalischen Bürgerkriegsparteien im März 1994 wurden die amerikanischen Truppen in der Tat abgezogen.

Die Ereignisse in Somalia hatten große Wirkung auch auf andere Konflikte. Als – nur wenige Tage nach den Kämpfen in Mogadischu – 200 amerikanische Ausbilder in Port-au-Prince auf Haiti an Land gehen wollten, um die dortige Polizei auszubilden, wurden sie von bewaffneten Haitianern am

Landgang gehindert. Der Mob skandierte „Somalia, Somalia". Die Amerikaner kehrten auf ihr Schiff und schließlich in die USA zurück.

Im April 1994 brachen Unruhen in Ruanda aus, die zu blutigen Kämpfen und schließlich zu einem Genozid an einer der Bevölkerungsgruppen des Landes – den Tutsi (und gemäßigten Hutu) – führte. Die USA blieben außen vor. Eher verhielten sie sich skeptisch, wenn Offiziere der UN-Truppen vor Ort, wie der kanadische Kommandeur Roméo Dallaire, um Unterstützung und die Erlaubnis zu aktivem Handeln baten. Später hat Madeleine Albright dies als ein großes Versagen der Clinton-Administration bezeichnet (Albright, 2003).

Auch in den Bürgerkriegen im zerfallenden Jugoslawien intervenierten die USA (zunächst) nicht. Im Übrigen sprachen die Europäer davon, dies sei „die Stunde Europas" und die Europäer würden die Krise eigenständig lösen. Es dauerte geraume Zeit, bis Clinton die Dringlichkeit eines amerikanischen Eingreifens erkannte. Der Wendepunkt war – wie auch für viele Regierungen in Europa – das Massaker von Srebenica. Am 6. Juni 1995 drangen bosnisch-serbische Truppen in die UN-Schutzzone ein. Die UN-PROFOR-Truppen leisteten keinen Widerstand – die moslemische Bevölkerung wurde aus der Stadt vertrieben, mehr als 7000 Männer (darunter viele Jugendliche) wurden ermordet. Die Administration änderte nun ihre Politik. Stillschweigend unterstützten die USA den kroatischen Vormarsch in der Krajina – die Serben wurden aus Kroatien verdrängt. Als die serbischen Bosnier den Belagerungsring um Sarajevo immer enger zogen und den serbischen Geschützen auf den Hügeln rund um die Stadt immer mehr Zivilisten zum Opfer fielen, war Clinton bereit, auch unilateral zu handeln. Mit Unbehagen folgten ihm jetzt auch die europäischen Regierungen. Ende August begannen NATO-Luftstreitkräfte die serbischen Positionen zu bombardieren (*Operation Deliberate Force*). Es war die bis dahin größte militärische Operation der NATO. Der Weg für Verhandlungen – vorbereitet von Richard Holbrooke, dem für Europa zuständigen Staatssekretär im Außenministerium, einem erfahrenen Diplomaten – war geebnet. Die Regierung Milošević lenkte ein. Im November begannen in Dayton, Ohio, Verhandlungen mit den Konfliktparteien. Ein kompliziertes Friedensabkommen war das Ergebnis (21. November 1995). Bis heute die Grundlage für die Stabilität Bosnien-Herzegowinas.

Das Dayton-Abkommen zeigte, dass die Administration handlungsfähig war. Seit Herbst 1994, also bereits vor dem Dayton-Abkommen, hatte die Administration in der Außenpolitik endlich Tritt gefasst. Clinton hatte erkannt, dass ohne ein aktives und entschlossen ein Ziel verfolgendes Engagement der USA keiner der großen internationalen Konflikte zu lösen oder wenigstens zu entschärfen war.

Der Präsident vermittelte auch im israelisch-palästinensischen Konflikt.

Anders als seine beiden Vorgänger versuchte Clinton eine aktive Rolle im israelisch-palästinensisch/arabischen Konflikt einzunehmen. In einer an Carters Camp-David-Erfolg anknüpfenden Zeremonie im Rosengarten des Weißen Hauses unterzeichneten Yitzhak Rabin und Schimon Peres für Israel und Jassir Arafat für die PLO die Grundsatzerklärung, die dem Friedensprozess von Oslo einen festen Rahmen gab. Clinton hatte in den vorangegangenen Verhandlungen die guten Dienste der USA angeboten.

Im Oktober 1994 folgte der israelisch-jordanische Friedensvertrag. Ein Jahr später – im November 1995 – wurde Premierminister Rabin ermordet. Clinton hatte seinen wichtigsten Partner im Nahen Osten verloren. Obwohl sich der Präsident bemühte, gelang es ihm nicht, den Friedensprozess, der langsam, trotz kleiner Erfolge (Wye-River-Abkommen) erodierte, zu retten. Der letzte Versuch – kurz vor Ende seiner Amtszeit –, eine Verständigung zwischen Israelis und Palästinensern herbeizuführen (Taba, Camp David), scheiterte. Dennoch erwarb sich der Präsident Verdienste im Nahen Osten. Ohne seine Präsenz und ständige Aufmerksamkeit wäre der Konflikt sicherlich früher eskaliert.

Standfestigkeit in der Irak-Politik und bei der Bekämpfung des immer sichtbarer werdenden Terrorismus waren weitere Schwerpunkte der internationalen Politik der USA in den 1990er Jahren. Anschläge in New York (im Frühjahr 1993 auf das *World Trade Center*), in Saudi-Arabien auf amerikanische Militäreinrichtungen und auf amerikanische Botschaften in Nairobi und Daressalam und auf ein amerikanisches Kriegsschiff vor Aden zeigten, dass eine neue Gefahr im Entstehen begriffen war. Es gelang der Administration allerdings nicht, eine kohärente Gegenstrategie zu entwickeln. Vereinzelte Vergeltungsschläge blieben weitgehend wirkungslos. Der internationale (radikal-islamische) Terrorismus erwies sich als ein vielgestaltiges, diffuses Phänomen.

In der Russland-Politik setzte Clinton die Politik seiner Vorgänger fort: Einerseits bestand er auf der Möglichkeit einer Osterweiterung der NATO, so dies die Staaten Mittel- und Osteuropas (vor allem die gerade erst unabhängigen Länder des Baltikums, für die sich die Administration in besonderer Weise einsetzte) wünschten, andererseits festigte er die Beziehung mit dem sich demokratisierenden Russland (NATO-Russland „Partnerschaft für den Frieden" vom Januar 1994). Etwas voreilig war man in Washington der Meinung, dass Russland als international agierende Großmacht auf lange Zeit ausgeschieden war.

Auch in Haiti, wo die amerikanischen Bemühungen, zur Stabilität beizutragen, in der Anfangszeit der Administration gescheitert waren, erreichte Clinton schließlich die Wiedereinsetzung von Präsident Aristide, der vom Militär gestürzt worden war. Mit amerikanischer Hilfe stabilisierte sich das Land vorübergehend.

Auch die Verhandlungen mit Nordkorea über das Nuklearprogramm des Landes führten zu einer zeitweisen Entspannung.

In der Außenpolitik lernte die Administration (und der Präsident) also schnell – Clinton erwarb sich internationales Ansehen und stärkte den Einfluss der USA. Die Innenpolitik (vor allem die Sozial- und Gesellschaftspolitik) erwies sich als schwieriger. Die erste Hälfte seiner Amtszeit war nicht einfach: Der Beitritt der USA zur NAFTA (noch von der Bush-Administration verhandelt) war in der eigenen Partei umstritten. Der Präsident befürwortete den Beitritt – der schließlich auch stattfand. Er wurde aber (von den Gewerkschaften und dem linken Flügel der Demokraten) heftig dafür kritisiert. Die von seiner Frau Hillary verantwortete, umfassende Gesundheitsreform misslang, als auch die Demokraten dem Präsidenten – jedenfalls in großer Zahl – die Gefolgschaft verweigerten. Seit Präsident Johnsons Regierungszeit hatte es in der Frage der Einführung einer allgemeinen Krankenversicherung keinen Fortschritt gegeben. Der Schutz der wirtschaftlich schlechter gestellten und oft nicht krankenversicherten Bevölkerung im Fall einer Krankheit war und blieb das große Thema der Demokraten (am eindrucksvollsten vertreten von Edward Kennedy [Herz, 2010], der dies zu seiner Lebensaufgabe gemacht hatte). Nun war Clinton in dieser zentralen Frage gescheitert. Hillary Clintons Reform galt als zu kompliziert, etatistisch und zu teuer.

Die konservative Stimmung der Reagan-Bush-Jahre war keinesfalls gebrochen. Umfassende gouvermentale Lösungen stießen auf Misstrauen.

Die Kongresswahlen des Jahres 1994 führten zu einer beispiellosen Niederlage der Demokraten, die ihre Mehrheit in beiden Häusern des Kongresses verloren. Newt Gingrich, der in Wirtschaftsfragen radikalste Vertreter der Republikaner, wurde Sprecher des Repräsentantenhauses. Er versuchte, dem Präsidenten eine andere, marktradikalere Politik aufzuzwingen. Er schlug einen *Contract with America* vor, der einen radikalen Kurswechsel der Wirtschaftspolitik forderte: Abbau von Sozialprogrammen, Steuererleichterungen, Rückzug der Bundesregierung aus vielen Politikfeldern, Deregulierung. Clinton bekämpfte die Vorschläge der Republikaner mit großem Geschick. Da die Republikaner nicht über eine Zwei-Drittel-Mehrheit verfügten, konnte Clinton die meisten Gesetzvorhaben durch sein Veto verhindern. Nach und nach verlief sich die Kampagne der Republikaner und Clinton gewann durch außenpolitische Erfolge und die positive wirtschaftliche Entwicklung an Prestige. Gingrichs Radikalität lehnte die Mehrheit der Bevölkerung nun doch ab – zumal Sozialprogramme ohne Rücksicht auf ihre Effizienz und Bedeutung eingeschränkt werden sollten. Clinton profilierte sich als Garant des Wirtschaftsaufschwungs und Verteidiger der Sozialprogramme.

Auch das gesellschaftliche Klima änderte sich. Das Vorgehen der Administration gegen die radikale Davidianer-Sekte in Waco, Texas, war von konservativen Kritikern Clintons noch hart kritisiert worden. Dort war die Bundesregierung mit Gewalt gegen die Sekte vorgegangen, deren Anhängern zahlreiche schwere Gesetzesverstöße vorgeworfen wurden. Konservative und religiöse Kreise hatten dieses Vorgehen nahezu als „Kriegserklärung" empfunden.

Die Gewalt rechtsextremer, radikal-religiöser Gruppen nahm zu. Als im April 1995 ein rechtsextremer Attentäter ein Gebäude in Oklahoma City mit Einrichtungen der Bundesbehörden sprengte – das Attentat mit den bis dahin meisten Opfern in der amerikanischen Geschichte –, gelang es dem Präsidenten, die Agitation seiner religiös-konservativen Gegner zu konterkarieren. In einer bewegenden Trauerfeier hielt der Präsident eine seiner besten Reden. Sein Ansehen in der Bevölkerung wuchs in den nächsten Monaten stetig. Ebenso die Wut seiner Gegner (Willentz, 2008, 323–407).

Scheinbar mühelos gewann Clinton unter diesen Vorzeichen im November 1996 zum zweiten Mal die Präsidentschaftswahlen gegen Senator Robert J. Dole, den Kandidaten der Republikaner. Auch die von Gingrich immer wieder angeheizte Auseinandersetzung zwischen Administration und Kongress schadete Dole und den Republikanern. Im Winter zuvor (1995/96) ließ Clinton zweimal große Teile der Bundesbehörden schließen, da ihm der Kongress ein Budget verweigerte. Gingrich, der einen letzten Versuch gemacht hatte, seine radikale Agenda doch noch durchzubringen, hatte überzogen. Clinton präsentierte sich als der Verteidiger einer vernünftigen Regierungsarbeit, einer maßvollen Wirtschaftspolitik und einer ausgewogenen Sozialpolitik. Die Republikaner behielten auch nach der Wahl von 1996 die Mehrheit in beiden Häusern, aber Clinton hatte gelernt, mit dieser Situation umzugehen.

## „Unabhängige Ermittlungen" und das Amtsenthebungsverfahren

Mehr als andere Präsidenten vor ihm war Clinton zum Feindbild der religiösen Rechten geworden. Der zweite Wahlsieg hatte den Hass dieser Gruppen, die über Verbündete in der Republikanischen Partei verfügten, auf eine neue Höhe gehoben. Mit allen denkbaren Möglichkeiten sollte die Präsidentschaft Clintons beendet – oder zumindest sein Ruf ein für allemal zerstört – werden.

Die politisch-rechtlichen Auseinandersetzungen um die Präsidentschaft Clintons begannen sehr früh. Seine Gegner suchten in der Vergangenheit des Ehepaares Clinton nach möglichen Verfehlungen – welcher Art auch immer. Der Präsident versuchte zunächst zu kooperieren. Bereits 1993 stimmte Clinton dem „Vorschlag" zu, dass ein unabhängiger Ermittler (*Independent Counsel*) die finanziellen Geschäfte des Ehepaares Clinton während ihrer Zeit in Arkansas und deren rechtliche Ausgestaltung untersuchen konnte. Das Gesetz, das solche Untersuchungen regelte und seit 1978 galt, war vom Kongress nicht rechtzeitig verlängert worden. Da für das Ernennungsverfahren also zu diesem Zeitpunkt keine spezifischen Regeln vorlagen, ernannte Justizministerin Janet Reno den ehemaligen Bundesstaatsanwalt (und Republikaner) Robert Fiske zum Ermittler.

Im Sommer 1994 verlängerte der Kongress das Gesetz. Nun galt, dass ein Gremium aus drei Bundesrichtern, die der Vorsitzende des Obersten Bundesgerichts bestimmte, den Ermittler ernannte. Es war zu erwarten, dass *Chief Justice* Rehnquist ein konservatives Gremium ernennen würde. Das von ihm alsbald ernannte Richtergremium entschied dann auch erwartungsgemäß, dass ein Ermittler, der von einer von Präsident Clinton ernannten Amtsträgerin ausgesucht worden war, nicht für ein solches Amt tauge. Die Richter ernannten den Anwalt Kenneth Starr, der während der Bush-Administration die Bundesregierung als *Solicitor General* vor dem Obersten Gerichtshof vertreten hatte, zum neuen Ermittler. Damit war die Richtung der Ermittlungen weitgehend vorbestimmt. Dennoch ergaben die Recherchen der Anwälte des *Independent Counsel* keine Anhaltspunkte für ein Fehlverhalten des Präsidenten und seiner Frau. Mit Interesse betrachtete Starr aber das Verfahren von Paula Jones gegen den Präsidenten. Sie klagte wegen sexueller Belästigung, der sich der Präsident angeblich während seiner Zeit als Gouverneur schuldig gemacht hatte. Das Verfahren stagnierte. Auch hier schienen sich keine Anhaltspunkte für neue Untersuchungen des Sonderermittlers zu ergeben. Starr, ein bigotter Jurist und Parteigänger aller Anliegen der Konservativen, blieb aber auf der Lauer. Er machte den Kampf gegen den Präsidenten zu seiner Sache.

Schließlich bekam er seine Chance. Ende Januar 1998 tauchten erstmals Gerüchte auf, Präsident Clinton habe ein sexuelles Verhältnis mit Monika Lewinsky, einer jungen Praktikantin des Weißen Hauses. Solche Gerüchte blieben nicht folgenlos. Der Präsident wurde zu Beginn des Jahres von seinen Gegnern heftiger angegriffen als je zuvor: Starr schloss sich diesen Angriffen an, es gab immer weiterführende Untersuchungen des eigentlich „nur" wegen früherer Geschäfte des Ehepaars Clinton ermittelnden „Unabhängigen Staatsanwalts" Kenneth Starr, schließlich – im Zuge der Ermittlungen wegen der „Affären" des Präsidenten – sogar eine Anhörung vor einer *Grand Jury.*

Der Präsident hatte tatsächlich eine Affäre mit der jungen Frau. Er leugnete dies zunächst, dann gab er ein sexuelles Verhältnis zu – nicht ohne allerlei juristische Einschränkungen geltend zu machen. Das Sexualverhalten des Präsidenten war nun täglich Gegenstand der Berichterstattung. Clintons ungeschickte Verteidigung bot seinen Feinden Angriffsfläche. Clintons Gegner im Kongress nutzten die Gelegenheit: Im Zusammenhang mit den Ermittlungen gegen Clinton und den verwirrenden und widersprüchlichen

Aussagen des Präsidenten erhob das republikanisch beherrschte Repräsentantenhaus Amtsanklage. Der Präsident sollte zu Fall gebracht werden. Damit kam die Angelegenheit vor den Senat. Unter dem Vorsitz des Vorsitzenden Richters des Obersten Gerichts, William Rehnquist, beriet der Senat – entsprechend der Verfassung – den Antrag des Repräsentantenhauses auf Amtsenthebung. Mit 55 gegen 45 Stimmen wurde der erste Anklagepunkt („Meineid") zurückgewiesen. Beim zweiten Anklagepunkt („Justizbehinderung") war der Senat mit 50 zu 50 Stimmen gespalten – da es für eine Amtsenthebung jedoch einer Zwei-Drittel-Mehrheit bedarf, wurde diese letzten Endes zurückgewiesen. Konservative und religiöse Kreise, die in Clinton von jeher einen moralisch verdorbenen Opportunisten gesehen hatten, dessen Überzeugungen im Gegensatz zu überkommenen amerikanischen Werten standen, fühlten sich durch die Lewinsky-Affäre und das Amtsenthebungsverfahren jedoch in ihrem Urteil bestätigt.

Der Präsident war durch die ständigen Attacken seiner Gegner am Ende zermürbt, außenpolitische Erfolge blieben in den letzten Monaten der Präsidentschaft aus. In Umfragen zeigten sich die meisten Amerikaner dennoch mit seiner Amtsführung zufrieden. Und dann war da die Frage der Nachfolge: Vizepräsident Al Gore, der Präsidentschaftskandidat der Demokraten, führte einen von vielen Beobachtern als langweilig angesehenen Wahlkampf. Er verzichtete weitgehend auf die Hilfe des Präsidenten; damit wollte er sich von den Skandalen der zweiten Amtszeit Clintons distanzieren und die Präsidentschaft aus eigenem Recht gewinnen. Die Republikaner hatten sich nach einem harten Vorwahlkampf auf die Kandidatur des Gouverneurs von Texas, George W. Bush, geeinigt. Bush führte einen konservativen, die „amerikanischen" Werte – Patriotismus, Gottesfurcht, Stärke nach außen, freie Entfaltung der Wirtschaft und Besinnung auf die eigene Kraft – betonenden Wahlkampf. Er nannte dieses Amalgam einen „mitfühlenden Konservativismus" (Herz, 2003).

Der Wahlkampf war hart, die Wahl ging denkbar knapp aus. Gore hatte landesweit insgesamt etwas mehr als eine halbe Million Stimmen Vorsprung, aber Bush dominierte, dank eines „Wahlsieges" in Florida, das Wahlmännergremium. In Florida war es in einzelnen Wahlbezirken jedoch zu Unregelmäßigkeiten gekommen, es war nicht klar, wer in dem Staat die Mehrheit gewonnen hatte. Schließlich erklärte die Regierung von Florida – der Gouverneur war G. W. Bushs Bruder Jeb – den Kandidaten der Republikaner zum Sieger. Eine nochmalige Auszählung der abgegebenen Stimmen wurde abgelehnt. Unabhängige Umfragen bezweifelten die Mehrheit für Bush. Al Gore war daher nicht bereit, diese Entscheidung zu akzeptieren; er rief das Oberste Gericht an. Dieses bestätigte im Frühjahr 2001 die Entscheidung Floridas. Damit war George Bush endgültig Präsident geworden. Das Wahlverfahren blieb allerdings ein Makel auf seiner Präsidentschaft. Viele Gegner des Präsidenten akzeptierten die Entscheidung des Obersten Gerichts nur zähneknirschend. Für sie hatte sich der Texaner die Wahl erschlichen. So war es wohl auch.

Präsident Clinton widmete sich nach seiner Amtszeit philanthropischen Aufgaben. Sein Engagement – gegen Aids, für Entwicklungsporgramme in Afrika und vor allem seine Arbeit für den Wiederaufbau Haitis nach dem verheerenden Erdbeben im Januar 2010 – fand große Beachtung. Im Frühsommer 2010 zählte ihn die Zeitschrift *Time* zu den hundert wichtigsten Personen der Welt – in der Kategorie „Helden".

## 14. Acht verlorene Jahre: Die Präsidentschaft von George W. Bush

### *America's unilateral moment*

George Bush trat die Präsidentschaft unter den denkbar günstigsten Umständen an. Die USA waren in einer wirtschaftlich starken Position und unangefochten waren die Vereinigten Staaten die einzige Supermacht der Erde. Sie standen allein. Der *unilateral moment* währte indessen nur kurz. Präsident Bush trat sein Amt an, im sicheren Bewusstsein, der einzigen Weltmacht vorzustehen. Dennoch zeigte sich schon Ende der 1990er Jahre und dann zu Beginn des neuen Jahrzehnts, dass die Gestaltungsmöglichkeiten der USA abnahmen. Es waren Entwicklungen, die sich nur langsam abzeichneten und die man im Washington George W. Bushs einstweilen negierte.

Diese Entwicklungen waren vielfältig. Unter der Führung von Präsident Putin kehrte Russland auf die Weltbühne zurück, mit dem „friedlichen Aufstieg" der Volksrepublik China erwuchs den USA im ostasiatischen und pazifischen Raum ein hegemonialer Konkurrent und das wirtschaftliche Wachstum Brasiliens und Indiens gab auch diesen Staaten neues Gewicht.

Die Aufstände in der islamischen Welt, die sich zumeist terroristischer Strategien bedienten, trugen ebenfalls zu einer Verunsicherung bei. Auch darauf hatten die USA – wie schon in den Clinton-Jahren – keine Antwort.

An eine Präsidentschaft George W. Bushs hatte noch vor einigen Jahren niemand geglaubt. Eigentlich galt sein Bruder Jeb als der Erbe des politischen Anspruchs der Bush-Dynastie. Es kam anders.

George W. Bush, im Juli 1946 geboren, war der älteste Sohn von Präsident George H. W. Bush. George erhielt eine vorzügliche Ausbildung, die er aber ohne Engagement und oft nur mit Mühe absolvierte. Einem Einsatz im Vietnamkrieg entzog sich Bush durch Eintritt in die texanische Nationalgarde. Erste berufliche Unternehmungen scheiterten, Bush zog einer kontinuierlichen Arbeit das schöne Leben vor. Seine Familie hielt ihn finanziell über Wasser. An seinem vierzigsten Geburtstag erlebte Bush seine „Wiedergeburt". Das religiöse Erlebnis ließ ihn zu einem evangelikalen Christen werden. Dem Alkohol schwor er für alle Mal ab. Stattdessen wandte er sich der Politik zu. Er unterstützte seinen Vater im Wahlkampf 1988 und begann sich in Texas auf ein politisches Amt vorzubereiten. 1994 wurde er zum Gouverneur von Texas gewählt. Die texanische Verfassung gibt dem Gouverneur nur geringe Kompetenzen – Bush befleißigte sich eines präsidentiellen Regierungsstils, der ihn zu einem der populärsten Politiker der Republikaner machte. Mit Hilfe des Politikberaters Karl C. Rove errang er die Nominierung der Republikanischen Partei – er setzte sich auch gegen den erfahrenen Senator John McCain durch.

Die Politik der Bush-Administration war zunächst ein Rückgriff auf die Rezepte klassischer republikanischer Politik: ein vorsichtiger Rückzug Washingtons aus den Vermittlermissionen der Clinton-Ära – vor allem im Nahen Osten; Aufmerksamkeit gegenüber dem potentiellen Rivalen China; freundliche Nichtbeachtung der Europäer. Vor allem im israelisch-palästinensisch/arabischen Konflikt führte diese Politik zu einem gefährlichen Stillstand. Als im Frühjahr und Sommer 2001 die Zahl an brutalen Attentaten zunahm, fühlten sich Palästinenser und Israelis von den USA gleichermaßen allein gelassen.

Bush war gerade acht Monate im Amt, als die Angriffe des 11. September diese Politik zur Makulatur machten. Nach einigem Zögern erklärte die Regierung, eine grundlegend neue Politik der USA einleiten zu wollen.

Der konservative Publizist Robert D. Kaplan brachte die neue amerikanische Strategie (einige Jahre später) auf den Punkt: „Wir werden feindselige Handlungen einleiten [...] wenn dies absolut notwendig ist und wir einen klaren Vorteil für uns darin erkennen, und wir werden dies moralisch nach begangener Tat rechtfertigen." Und einigermaßen überraschend fügt er hinzu: „Und dies ist kein Zynismus" (Kagan, zit. nach *The New York Times Book Review*, November 27, 2005). Die einzig verbliebene Supermacht suchte nach ihrem Weg. In der Außenpolitik bedeutete dies eine Auseinandersetzung mit terroristischen Organisationen, mit Staaten, die diese unterstützen, und Staaten, von denen anzunehmen war, sie könnten dies in Zukunft tun. Damit eng verwoben waren und sind die überkommenen „klassischen" Konflikte im Nahen und Mittleren Osten und Asien, deren Lösung nicht ohne Mitwirkung der USA denkbar ist: Dies gilt in besonderer Weise für die sogenannten „Rechtfertigungskonflikte": an erster Stelle der arabisch-palästinensisch-israelische Konflikt, aber auch der Kaschmir-Konflikt zwischen Indien und Pakistan und eine Vielzahl weiterer Konflikte ethnischer, sozialer und religiöser Natur (in Indonesien, auf den Philippinen, in Thailand). Konfliktlösungsversuche wurden in allen diesen Fällen zurückgestellt.

## Die einzige Weltmacht und ihre Herausforderer

Die Angriffe des 11. September 2001 wurden der bestimmende Moment der Bush-Administration – und weit darüber hinaus zu einem der bestimmenden Ereignisse der amerikanischen Geschichte. Der Suche nach Erklärungen widmeten sich Wissenschaft und Politik. Schnell wurde der 11. September auch zum Sujet der Literatur, die eindrucksvoll den Schrecken dieses Tages in Worte fasste: „Es war keine Straße mehr, sondern eine Welt, Zeit und Raum aus fallender Asche und nahezu Nacht. Er ging nordwärts durch Trümmer und Schlamm, und Menschen rannten an ihm vorbei, hielten sich Handtücher ans Gesicht oder Jacken über den Kopf. Sie hatten Taschentücher auf den Mund gepresst. Sie hatten Schuhe in den Händen, eine Frau mit einem Schuh in jeder Hand, rannten an ihm vorbei. Sie rannten und fielen, einige von ihnen, verwirrt und unbeholfen, überall kamen Trümmerbrocken herunter, und Menschen suchten unter Autos Schutz.

Das Röhren hing immer noch in der Luft, das Bersten und Rumpeln des Einsturzes. Das war jetzt die Welt. Qualm und Asche kamen die Straße entlanggewalzt und um die Ecken, stoben um die Ecken, seismische Qualmfluten und vorbeizischendes Schreibpapier, Normblätter mit scharfen Kanten, vorbeistreichend, -peitschend, anderweltliche Dinge im Sarg dieses Morgens" (Don DeLillo, 2007, 7).

DeLillos Beschreibung gilt fast schon als klassisch. Sie fängt die Atmosphäre dieses Tages ein – und erklärt, was sich dadurch veränderte. An diesem Tag wandelte sich die Politik der USA tiefgreifend. Die Ereignisse dieses Septembermorgens waren epochal in ihrer Wirkung: Um 8:46 Uhr steuerte der saudi-arabische Student Mohammed Atta eine entführte Boeing 767 der *American Airlines*, die eine Dreiviertelstunde zuvor in Boston abgehoben hatte und noch fast vollgetankt war, in den Nordturm des New Yorker *World Trade Center*. Die Maschine explodierte, das Feuer verhinderte für die Menschen in den höher gelegenen Stockwerken jede Fluchtmöglichkeit. Tausende Angestellte und Besucher des *World Trade Center* drängen ins Freie. Die Kameras aller Nachrichtensender richten sich auf den brennenden Wolkenkratzer; Millionen von Menschen können dabei an den Bildschirmen mitverfolgen, wie um 9:03 Uhr ein zweites Flugzeug (der *United Airlines*), das zwanzig Minuten zuvor in Newark bei New York gestartet war, in den Südturm einschlägt. Herrschte zuvor Unklarheit darüber, ob das erste Flugzeug außer Kontrolle geraten war, ist nun kein Zweifel mehr möglich, dass es sich um Terroranschläge handelt. Die New Yorker Flughäfen werden geschlossen, wenig später wird der Flugverkehr im gesamten Land eingestellt. Diese Maßnahmen kommen zu spät für zwei weitere Flugzeuge, die sich bereits in der Hand von Entführern befinden. Um 9:38 Uhr steuert ein weiterer Jet der *American Airlines* auf das Pentagon. Um 9:59 bricht der Nordturm des *World Trade Center* in einer gigantischen Staubwolke in sich zusammen. Um 10:03 stürzt eine Maschine der *United Airlines* im westlichen Pennsylvania – mit Kurs auf Washington – auf freiem Feld ab. Um 10:26 kollabiert auch der Südturm des *World Trade Center*.

3.056 Menschen starben. Zwei Tage nach den Anschlägen erklärte Außenminister Colin Powell, die USA verdächtigten Osama Bin Laden, den Kopf des islamistischen al-Qaida-Netzwerks, Drahtzieher der Anschläge zu sein. Die Regierung kündigt eine Militäroperation an, um die Terroristen zur Strecke zu bringen, am Tag darauf werden die Namen der 19 Flugzeugentführer bekannt gegeben. Am 16. September erklärte Verteidigungsminister Donald Rumsfeld, die Länder, die Terroristen Unterschlupf gewährten, würden den Zorn der USA spüren.

Die Anschläge führten zu einer neuen Definition von Terrorismus: Religiös motivierte Gewalt gegen amerikanische Einrichtungen hatte es auch in den 1990er Jahren gegeben. Der erste Anschlag auf das *World Trade Center* am 26. Februar 1993, die Anschläge auf die amerikanischen Botschaften in Nairobi und Daressalam am 7. August 1998, die Attacke auf den Zerstörer *USS Cole* am 12. Oktober 2000 im Hafen von Aden waren Ausdruck eines sich immer weiter radikalisierenden, religiös motivierten Terrorismus. Verstanden wurde dieser Terrorismus als eine Form politisch-religiös motivierter Gewaltkriminalität, die mit polizeilichen Mitteln zu bekämpfen war.

Das änderte sich nach dem 11. September. Die USA sahen sich einem global agierenden, gut organisierten Gegner gegenüber, der in der Lage ist, Bürger und Einrichtungen auf dem Territorium der USA selbst anzugreifen. Kriegerische Auseinandersetzung auf dem Boden der USA hatte es seit dem Bürgerkrieg und dem japanischen Angriff auf Pearl Harbor im Dezember 1941 nicht mehr gegeben. Schnell verglichen Kommentatoren die beiden Angriffe, verkannten dabei aber die Motive der Terroristen. Anders als die Japaner 1941 konnten die Attentäter des 11. September nicht erwarten, den USA eine vernichtende militärische Niederlage beizubringen. Der Symbolwert des Angriffs stand für sie über dem militärischen Nutzen. Sie zeigten den verhassten Amerikanern, dass sie über eine Macht verfügten, die von einer grundsätzlich anderen Qualität war. Der Angriff war ohne Beispiel, allen Sicherheitsmaßnahmen zum Trotz war er wiederholbar. Die demonstrierte Macht war Furcht erregend und gegen den Willen der Angreifer nicht zu kontrollieren. „Nicht Pearl Harbor: Hiroshima wollten sie sein" (zit. bei Kippenberg & Seidensticker, 2003, 54). Spätestens jetzt war der *unilateral moment* zu Ende.

Die Regierung zog aus den Ereignissen drei Schlussfolgerungen: Der radikale Islam und seine vielerlei Organisationen wurden unter dem Begriff „Terrorismus" als *ein* Phänomen zusammengefasst. Staaten, die eine oder mehrere dieser Organisationen unterstützten oder sich zu einer radikalen Form des Islam bekannten, wurden zu Feinden der USA erklärt. Dabei wurde – die dritte Schlussfolgerung – ergänzend argumentiert, dass die Größe und Bedeutung der Gefahr ein präemptives Vorgehen rechtfertigen. Die bloße Möglichkeit der Unterstützung terroristischer Organisationen (in einer nicht näher bestimmten Zukunft) reichte für eine gegebenenfalls auch militärische Intervention aus.

### Die „neue" Außenpolitik

Die neue Außenpolitik hatte Geltung nur für wenige Jahre – vom 11. September 2001 bis zu den Kongresswahlen im November 2006. Die neue Außenpolitik war dabei zunächst keineswegs ein kohärentes Konzept. Eindeutig waren lediglich ihre Begründung und der historische Ausgangspunkt: die Angriffe des 11. September 2001. Daraus ergab sich eine erste Schlussfolgerung: Die Angriffe des 11. September waren von Kommandozentralen der al-Qaida in Afghanistan gesteuert worden. In Afghanistan regierten (in der Hauptstadt und in den meisten Provinzen) seit 1996 die radikal-islamischen Taliban. Diese hatten Osama Bin Laden und seinen Mitkämpfern nicht nur Asyl und Schutz gewährt, sondern al-Qaida auch in das Gefüge ihrer Herrschaft integriert. Die Beseitigung des Taliban-Regimes und eine langfristige Befriedung und Stabilisierung Afghanistans waren daher für die USA die erste Maßnahme im „Krieg gegen den Terror". Dieses Vorgehen war akzeptiert, es war Konsens in der amerikanischen Bevölkerung, dem Kongress und der Administration. Auch ein Präsident Al Gore hätte nicht anders handeln können. Die USA versicherten sich der Zustimmung der UN-Gremien und ihrer Verbündeten in der NATO (die erstmals in ihrer Geschichte den Bündnisfall erklärte), aber sie standen in ihrer Vorstellung „allein". Am 7. Oktober 2001 begannen amerikanische Streitkräfte zusammen mit ihren afghanischen Verbündeten (der sogenannten Nordallianz) ihre Offensive gegen die Taliban. Deren Herrschaft brach in nur wenigen Wochen zusammen. In komplizierten Verhandlungen mit Führern der Nordallianz, Stammesfürsten und den USA und ihren Verbündeten wurde eine Übergangsregierung installiert.

Die Bush-Administration sah im Kampf gegen die Taliban aber nur einen „ersten Schritt". Der Feldzug in Afghanistan war in erster Linie als eine „notwendige Reaktion" auf die Anschläge gedacht. Vergeltung war aus Sicht der USA eine staatspolitische Notwendigkeit. Darüber hinaus sollte al-Qaida der Rückzugsraum genommen und das Bündnis mit den Taliban zerstört werden. Der Afghanistan-Feldzug stand aber nicht im Mittelpunkt der neuen Politik, die auf eine grundsätzliche Bedrohung antworten sollte. Diese Auseinandersetzung wurde prinzipiell gesehen: Der „Krieg gegen den Terror" wurde als eine existenzielle Auseinandersetzung zwischen der demokratischen, friedlichen Ordnung der USA und einer neuen totalitären Bedrohung definiert. Die Bedrohung ging, so die Begründung der neuen Strategie, von einer Ideologie (dem radikalen Islam) aus und einer von islamistischen Kräften organisierten – wenn auch nur lose oder noch gar nicht verbundenen – Gruppe von Staaten (*rogue states*) und Organisationen. Diese Trias bedrohte die USA gegenwärtig, aber vor allem in Zukunft, da sie in ständiger Bewegung begriffen war. Vergleichsmaßstab konnte nunmehr nur der Kampf gegen den Nationalsozialismus und die japanische Aggression in den 1930er und 1940er Jahren oder der Kalte Krieg (gegen den Kommunismus) sein. Eine wirkungsvolle Bekämpfung musste daher gegenwärtigen Gefahren (Afghanistan) und zukünftigen Bedrohungen (Irak, Iran) begegnen und langfristig eine grundlegende Änderung der internationalen Ordnung bewirken. Dies war – nach Auffassung der Strategen der Bush-Administration – nicht über multilaterale Mechanismen zu erreichen, sondern nur über die grundlegende Veränderung der inneren Ordnung der als Gefährdung für die USA (und ihrer Verbündeten) erkannten Staaten (*regime change*). Da Demokratien sich untereinander nicht bekämpfen (so eine empirische Beobachtung des Verhaltens demokratischer Staaten), war damit mit der Zeit eine stabile internationale Umwelt zu erreichen. Dieses Konzept knüpfte lose an Vorstellungen Präsident Wilsons an – vereinfachte dessen Ideen aber. Demokratie wurde als die quasinatürliche politische Ordnung betrachtet, nicht als Ergebnis eines längeren Entwicklungsprozesses.

Der zur größten potentiellen Gefahr erklärte Staat war der Irak. Das Land zwischen Euphrat und Tigris bot – wegen seiner hervorragenden strategischen Position im Nahen und Mittleren Osten – die größte Möglichkeit, einen grundlegenden Wandel der internationalen Politik in dieser Region herbeizuführen. Der Druck auf das seit der Niederlage von 1991 angeschlagene Regime Saddam Husseins wurde daher während des Jahres 2002 erhöht. Sehr früh entschloss sich die Administration, zu einem geeigneten Zeitpunkt Saddam zu stürzen und damit den Beginn einer grundlegenden Umwandlung der politischen Ordnung des Nahen und Mittleren Ostens einzuleiten. Um diese Politik gegenüber der amerikanischen Bevölkerung und den Verbündeten akzeptabel zu machen, erklärten die USA, dass Saddam im Besitz von Massenvernichtungswaffen sei (oder jedenfalls kurz davorstehe, solche zu erwerben). Auch Verbindungen zu al-Qaida wurden behauptet. Vom Sommer 2002 bis zum Frühjahr des folgenden Jahres eskalierte die Krise. Unterlagen der internationalen Atomenergiebehörde (*International Atomic Energy Agency*, IAEA) ergaben keine Anhaltspunkte für die Existenz von Massenvernichtungswaffen. Saddam schwankte zwischen Kooperation mit der internationalen Behörde und einer Verweigerungshaltung. Die USA betonten ihre „Ungeduld"; im Golf wurden Truppen zusammengezogen. Da ein klares Mandat der Vereinten Nationen nicht zu erreichen war, formierte sich unter Führung der USA eine „Koalition der Willigen" (*coalition of the willing*). Vor allem Premierminister Tony Blair stellte sich auf die Seite des Präsidenten, ebenso die konservative spanische Regierung von Premierminister José María Aznar und eine Reihe mittel- und osteuropäischer Staaten, die sich in besonderer Weise als Verbündete der USA sahen. Frankreich und Deutschland lehnten ein militärisches Vorgehen gegen Saddam unter den gegebenen Umständen (beruhend auf den Ergebnissen der Untersuchungen der internationalen Atomenergiebehörde) ab. Als Saddam auf die letzten Ultimaten der USA nicht einging, setzten die USA ihr in der Region zusammengezogenes Militär ein.

Am 20. März 2003 begann mit einer Luftoffensive der Krieg gegen den Irak. Wenige, mit den modernsten Waffen ausgerüstete Verbände sollten in einem schnellen Enthauptungsschlag die irakische Armee zerstören (*shock and awe*). Die Kämpfe (vor allem in Bagdad) waren heftiger als erwartet, aber die USA entschieden die Auseinandersetzung schnell für sich. Der anarchischen Situation unmittelbar nach Ende des Krieges standen die amerikanischen Truppen allerdings hilflos gegenüber. Als sich die Lage beruhigte, zeigte sich, dass es nur wenige Konzepte für den Wiederaufbau der irakischen Institutionen gab. Trotzdem: Die Bush-Administration triumphierte. Bereits am 1. Mai 2003 erklärte Präsident Bush den Krieg in einer martialischen Zeremonie auf einem Flugzeugträger vor der amerikanischen Westküste für beendet.

### Das deutsch-amerikanische Zerwürfnis

Nach den Anschlägen des 11. September 2001 hatte Bundeskanzler Schröder Präsident Bush die „uneingeschränkte Solidarität" Deutschlands zugesichert. Die Bundesrepublik Deutschland beteiligte sich dieser Zusicherung folgend am Afghanistan-Feldzug, zumindest stellte sie eine Beteiligung in Aussicht. Die Regierung geriet darüber in eine schwere Krise, der Kanzler musste am 16. November 2001 im Deutschen Bundestag die Vertrauensfrage stellen. Er obsiegte; Gerhard Schröder erhielt für seine Politik nicht nur die Mehrheit des Hauses, sondern auch eine Mehrheit der Regierungsfraktionen.

Die „Radikalisierung" der amerikanischen Politik – der „Krieg gegen den Terror" – und eine wachsende Neigung zum Unilateralismus beunruhigten die Bundesregierung jedoch zunehmend. Im Frühsommer und Sommer 2002 wurde es absehbar, dass die USA planten, gegen den Irak vorzugehen. Darüber entspannte sich alsbald eine öffentliche Diskussion.

Der (nunmehr als unabwendbar angenommene) Irakkrieg wurde zu einem der bestimmenden Themen des Bundestagswahlkampfs 2002. Schröder machte seine Position deutlich: In einer Rede in Goslar auf dem Höhepunkt des Wahlkampfes erklärte der Kanzler, unter seiner Führung würde sich Deutschland an keinen „Abenteuern" beteiligen. Dies war Staatsraison und Wahlkampfkalkül zu gleichen

Teilen. Der größte Teil der Bevölkerung teilte die Haltung des Kanzlers, insoweit hatte Schröder einen Vorteil im Wahlkampf, da sein politischer Gegner sich nicht zu einer klaren Aussage durchringen konnte. Die Oppositionsführerin Angela Merkel stellte sich auf einer USA-Reise sogar gegen die Regierung, sie gab sich den Anschein, den Krieg zu befürworten. Die amerikanische Politik wurde auch in den meisten anderen europäischen Staaten abgelehnt und entsprach weder europäischen Interessen noch einer langfristigen Stabilisierung des Nahen und Mittleren Ostens. Eine solche Politik war nicht im Interesse Deutschlands. Schröders Haltung entsprach also auch der deutschen Staatsräson.

Die USA nahmen die europäischen Differenzen wahr und suchten sie zu nutzen. Vor allem schafften sie Fakten: Am 26. August 2002 hielt Vizepräsident Cheney eine Rede vor Veteranen in Nashville, Tennessee, die in Europa als ein Ende der Diskussion und Beschluss einer militärischen Intervention gewertet wurde. Cheney sprach sich sowohl für einen Regimewechsel im Irak als auch für ein militärisches Eingreifen, auch ohne Zustimmung der UN (*against a UN-based approach*), aus. Eine „Containment-Politik" sei nicht möglich (Gordon & Shapiro, 2004, S. 96 ff.). Damit war der europäischen Politik jeglicher Handlungsspielraum genommen.

Der amerikanische Verteidigungsminister Donald Rumsfeld goss später noch einmal Öl ins Feuer: Am 22. Januar 2003 erklärte er in einer Pressekonferenz, es gäbe eben ein „neues" und ein – dies war durchaus abwertend gemeint – „altes" Europa. Amerika werde sich auf das „neue" Europa stützen. Das neue Europa waren die mittel- und osteuropäischen Staaten (von Polen über Estland bis Georgien), die sich auf die Seite der USA gestellt hatten. Hinzu kamen der unerschütterliche Verbündete Tony Blair und die konservativ geführten Regierungen im Süden Europas. Dagegen standen Deutschland und Frankreich, das schnell die Führung der Kriegsgegner übernommen hatte, und einige andere west- und nordeuropäischen Staaten.

Bei der entscheidenden Debatte vor dem Sicherheitsrat der Vereinten Nationen war das Zerwürfnis der transatlantischen Verbündeten – aber auch der Europäer unter sich – deutlich sichtbar. Am 5. Februar führte Colin Powell in der Sitzung des Rates Luftaufnahmen vor, die Existenz und Produktion von Massenvernichtungswaffen im Irak beweisen sollten. Am 14. Februar berichteten Hans Blix und Mohammed al-Baradei (für die Internationale Atomenergiebehörde) vor dem Sicherheitsrat. Sie waren skeptisch und rieten zur Vorsicht. Am 19. März fand die letzte große Debatte statt. Die Differenzen konnten nicht ausgeräumt werden.

Aber das Zerwürfnis ging tiefer als erwartet. Dies galt gerade auch für Deutschland. Schon im Herbst zuvor hatte sich das deutsch-amerikanische Verhältnis deutlich verschlechtert. Das klare Nein zum Irak-Konflikt ließ die Umfragewerte Schröders steigen; die Haltung der Regierung gegenüber den USA war aber auch Ausdruck einer neuen Amerikaskepsis. Auf der Ebene der Regierung war die Auseinandersetzung ein Novum: „es [handelt sich] um die erste europäische Wahl, in der eine regierende Partei ihre Wiederwahl durch anti-amerikanische Untertöne sicherte" (Behrends, 2005, 339). In der öffentlichen Meinung verdüsterte sich das Amerikabild grundlegend: Radikale Religiösität, arroganter Unilateralismus, militärischer Aktivismus fielen immer mehr zusammen. Die von einer Mehrheit der Bevölkerung – trotz der Proteste gegen den Vietnamkrieg und die Präsidentschaft Ronald Reagans – bewunderten Vereinigten Staaten verloren ihren Nimbus. Dieses war nicht wahlentscheidend, aber auch nicht ohne Bedeutung.

Im weiteren Verlauf der Debatte verschlechterte die (starre) Position Schröders die Beziehung zu Präsident Bush weiter. Auch die Rhetorik wurde schärfer: Justizministerin Herta Däubler-Gmelin beschuldigte Bush in der Endphase des Wahlkampfes, den Irak-Konflikt als Ablenkung von seinen innenpolitischen Problemen zu benutzen, und „verglich" ihn dabei mit Hitler.

Die sofortige Reaktion Schröders auf diese Äußerung (die Justizministerin musste zurücktreten) wurde vom Weißen Haus, das eine klare Entschuldigung erwartet hatte, als zu zurückhaltend empfunden, die Beziehungen zu Deutschland erstmals als „vergiftet" bezeichnet. Bush verzichtete darauf, Schröder zur gewonnenen Wahl zu gratulieren, und Rumsfeld brüskierte den deutschen Verteidigungsminister Peter Struck auf einer NATO-Konferenz in Warschau, indem er den Raum bereits vor dessen Rede verließ.

Schröders Haltung und das Zerwürfnis mit Bush geben auch Auskunft über die veränderte Beziehung von Amerika und Deutschland, das in der Nachkriegszeit durch die Geschichte, insbesondere den Zweiten Weltkrieg und den Kalten Krieg, geprägt ist: „Despite its growing economic power and political prestige, West Germany was viewed by America as an immature adolescent, liable to severe parental discipline if it acted out or talked back. The pervasive military, political, and ideological presence of the cold war in Germany encouraged West Germans to accept their subordinate position, stress America's commitment to internationalism (...) and ignore such interventions as Guatemala and Iran" (Ross & Ross, 2004, 127).

Die Bush-Administration hatte nicht in Rechnung gestellt, dass sich die Position Deutschlands seit der Wiedervereinigung geändert hatte. Das Land suchte nach einer neuen Rolle und die Regierung versuchte, den Handlungsspielraum zu vergrößern. Erstmals seit langem – und für fast alle Bevölkerungsgruppen – verlor die politische Ordnung der USA ihren Vorbildcharakter.

## Religion und konservative Rückbesinnung

Am 2. November 2004 wurde Präsident Bush wiedergewählt, im Januar 2005 wurde er zum zweiten Mal in das Amt des Präsidenten eingeführt. Bei der Wahl zeigte sich erneut, dass die amerikanische Bevölkerung tief gespalten war. Wie Clinton die Hassfigur der konservativen Gruppen war, so war Bush zur *bête noire* aller Liberalen geworden. Nie zuvor wurde ein republikanischer Präsident derart angegriffen. Dennoch gelang es Bush, seine im Jahr 2000 nur knappe Mehrheit bei seiner Wiederwahl auszubauen. Dies hatte vor allem zwei Gründe: Die Republikaner führten einen brillanten und harten Wahlkampf, der auch vor einer Diffamierung des Herausforderers nicht zurückschreckte. Es gelang der Partei des Präsidenten zudem, ihre Anhänger – vor allem im evangelikalen Bereich – zu mobilisieren. In erster Linie war der Wahlkampf – trotz der Diskussion um den Irakkrieg – von sozialen und gesellschaftspolitischen Themen geprägt. Und hier gelang es dem Präsidenten, Anliegen einer politisch aktiven konservativen Mehrheit aufzugreifen. Der „mitfühlende Konservatismus" der Bush-Administration war zu einem Amalgam konservativer Anliegen mutiert. Bush wollte die strikte Trennung von Staat und Religion lockern (Wiedereinführung des Schulgebets), er trat gegen gleichgeschlechtliche Lebensgemeinschaften und das Recht auf Abtreibung ein. Auch in einer Vielzahl anderer sozialer und moralischer Anliegen ergriff die Administration die Position evangelikaler Kreise. Mehr als andere Präsidenten der jüngeren Zeit benutzte Bush auch eine religiös konnotierte Sprache.

Diese Politik bedurfte auch einer langfristigen (institutionellen) Absicherung. Wie Reagan, so versuchte auch Bush, durch Besetzungen des *Supreme Court* über seine Amtszeit hinaus zu wirken. Am 1. Juli 2005 zog sich Sandra Day O'Connor aus dem Obersten Gericht zurück. Schon am 20. Juli nominierte Präsident Bush den ehemaligen Anwalt und Richter John Roberts für den vakanten Sitz. Am 4. September starb der Vorsitzende Richter William Rehnquist. Damit hatte Präsident Bush die Chance, zwei Richterpositionen neu zu besetzten – darunter die des Vorsitzenden. Für seine Nachfolge nominierte Bush zunächst seine Vertraute Harriet Miers; als diese wegen des Widerstandes konservativer Kreise der Republikanischen Partei ihre Kandidatur zurückzog, schlug Bush Samuel A. Alito vor. Damit war der konservative Flügel des Gerichtes gestärkt – eine eindeutige Vorherrschaft der Konservativen (in allen Fragen des Verfassungsrechts) ergab sich dadurch aber nicht.

### Die wirtschaftliche Entwicklung

George W. Bush, der im Jahr 2000 mit dem Versprechen allgemeiner und massiver Steuersenkungen in den Wahlkampf gezogen war, konnte diese mit Hilfe der republikanischen Mehrheit im Kongress auch zügig durchsetzen. Zusammen mit einer im März 2001 einsetzenden Rezession und einem starken Anstieg der staatlichen Ausgaben (eine Steigerung von 26 Prozent während Bushs erster Amtszeit) führte dies zu einem Rekord-Haushaltsdefizit. Auch die enormen Ausgaben für die militärischen Operationen in Afghanistan und den Irakkrieg belasteten den Haushalt, so dass die Staatsschulden bereits 2004 eine Höhe von 7,9 Billionen US-Dollar erreichten. Auch die Arbeitslosigkeit wuchs unter Bush – von 2000 bis 2005 sank der Prozentsatz der Bevölkerung, die einen Arbeitsplatz hatten, um 4,6 Prozent. Die Zahl der Amerikaner, die unter der Armutsgrenze lebten, stieg in den

Jahren von 2000 bis 2004 um 1,2 Prozent von 31,6 auf 35,9 Millionen. Der Präsident reagierte auf diese Entwicklungen nicht mit einer kohärenten Strategie. Im wirtschaftlichen Bereich vertraute er auf die Kräfte des Marktes.

### Irakischer Morast, Machtverfall und Kurskorrekturen

Die zentrale Aufgabe der Bush-Administration – so sah das der Präsident und seine wichtigsten Mitarbeiter – lag in der Bekämpfung des internationalen Terrorismus. Dieser Politik kam auch in der zweiten Amtszeit die höchste Priorität zu. Nach dem zweiten Wahlsieg bildete der Präsident seine Regierung um. Colin Powell verlor sein Amt als Außenminister, das nun an Condoleezza Rice fiel. (Der ehemalige Außenminister distanzierte sich in den folgenden Jahren immer mehr von der Administration – 2008 rief er zur Wahl Barack Obamas auf.) Die mächtige Beraterin des Präsidenten umgab sich in ihrem neuen Amt mit eher gemäßigten, im Diplomatischen Dienst des Landes sozialisierten Diplomaten; die wortgewaltigen Hardliner John Bolton und Paul Wolfowitz wurden aus dem Zentrum der Macht verbannt. John Bolton wurde Vertreter der USA bei den Vereinten Nationen, Wolfowitz Chef der Weltbank (beide übten ihr Amt nur kurze Zeit aus).

Es gelang der Regierung nach dem erneuten Wahlsieg nicht, Tritt zu fassen. 2006 erreichte die Präsidentschaft von George W. Bush ihren Tiefpunkt. Die immer mehr Opfer auf amerikanischer Seite fordernde Besetzung des Iraks, der wiederaufflammende Bürgerkrieg in Afghanistan, eine unaufhaltsame Radikalisierung in einigen Staaten des Mittleren Ostens, die immer noch schwelenden Differenzen mit den europäischen Verbündeten, die Enthüllung von Skandalen im Inland (die Administration betreffend) – vor allem aber auch Vorwürfe, dass Bush den Irakkrieg wissentlich mit der falschen Nachricht rechtfertigte, Saddam Hussein verfüge über Massenvernichtungswaffen, er habe versucht, in Niger waffenfähiges Uran zu erwerben, er sei mit al-Qaida verbunden – und eine unerfreuliche Entwicklung der amerikanischen Wirtschaft brachten den Präsidenten zunehmend in Bedrängnis.

Der Verfall seiner Autorität und seines Ansehens hatten aber schon im Jahr zuvor begonnen. Während des verheerenden Hurrikans „Katrina" im September 2005 trug das schlechte Krisenmanagement des Präsidenten dazu bei, Zweifel an den Befähigungen des Amtsinhabers zu wecken (beziehungsweise bei seinen Kritikern zu bestätigen). Es wird geschätzt, dass über 1.400 Menschen durch den Hurrikan ihr Leben verloren. Die Evakuierung der gefährdeten Städte – insbesondere von New Orleans – wurde viel zu spät eingeleitet; als man bereits im Fernsehen die Verheerungen verfolgen konnte, die „Katrina" angerichtet hatte, erklärten die Verantwortlichen noch immer, über keine Informationen aus dem Katastrophengebiet zu verfügen. Die Untätigkeit der Regierung wurde von vielen Kommentatoren als eine (zynische) Nichtbeachtung von Minderheiten gesehen. Die am stärksten betroffenen Gebiete waren Wohnviertel der afroamerikanischen Bevölkerung oder sozial schwächer gestellter Bevölkerungsgruppen. An über 50 Orten der Stadt New Orleans versagte das Schutzsystem vor Überschwemmungen, mehr als 80 Prozent der Stadt wurden überflutet. Der Historiker Jeffrey Diefendorf verglich New Orleans nach „Katrina" mit einer ausgebombten deutschen Stadt am Ende des Zweiten Weltkriegs (Diefendorf, *Journal of Urban Design*, Vol. 14, No. 3, 2009).

Vor allem die mit dem Irakkrieg verbundenen Folgen setzten dem Präsidenten zu. Die Übergriffe amerikanischer Soldaten in irakischen Städten (Haditha), die unmenschlichen Zustände in von den amerikanischen Truppen verantworteten Gefängnissen (Abu Ghraib), die Missachtung der amerikanischen Rechtstradition (Akzeptanz von Folter: Guantánamo) und eine wachsende Zahl von amerikanischen Gefallenen und Verwundeten, ohne dass das besetzte Land unter Kontrolle gebracht werden konnte, kosteten die Administration an Ansehen. Die optimistische Rhetorik des Präsidenten wirkte immer unglaubhafter.

In den Kongresswahlen von 2006 verloren die Republikaner ihre parlamentarische Mehrheit. Bush war nun auf eine Politik der Kompromisse angewiesen. Die neue (demokratische) Sprecherin des Repräsentantenhauses, Nancy Pelosi, zeigte sich entschlossen, dem Präsidenten seine Grenzen aufzuzeigen. Jetzt waren die Administration und der Präsident zu einer Reaktion gezwungen. Mit Robert Gates wurde ein alter Fahrensmann seines Vaters Verteidigungsminister, Rumsfeld musste gehen. Auch die militärische Strategie wurde angepasst – mit den Generälen Peträus und McChrystal übernahmen erfahrene und realistische Offiziere das Kommando. Peträus schaffte im Irak eine langsame, bis heute immer noch labile Verbesserung der Sicherheitslage. Die alten Ziele der Demokratisierung wurden fallengelassen, die Truppen (für einen begrenzten Zeitraum) erhöht (*surge*), der Schutz der Zivilbevölkerung in den Mittelpunkt der Strategie gestellt. Bis sich die Situation (in vielen Teilen Iraks) verbesserte, verging noch viel Zeit. Die Voraussetzungen für einen Rückzug waren damit jedoch geschaffen.

## 15. *Change* – Barack Obama und die Revolution von 2008

> *„This world is white no longer, and it will never be white again. "*
> – James Baldwin, *Notes of a Native Son*

### Das Bush-Erbe

Die Präsidentschaft von George W. Bush ging quälend zu Ende. Die Amerikaner wollten einen Wechsel. Einmal weil die Bush-Administration auf nahezu allen Politikfeldern Misserfolge zu verzeichnen hatte, aber auch weil

Bush – zeitweise mit Unterstützung großer Teile der Bevölkerung – Amerika in einer Weise zu verändern begonnen hatte, die den demokratischen Traditionen des Landes zutiefst widersprechen: Sicherheitsgesetze hatten Freiheitsrechte in den USA in bisher kaum gekannter Weise eingeschränkt; die Anwendung von harten „Befragungsmethoden" wurde akzeptiert, letztlich war dies die Inkaufnahme von Folter. Auch das Gefangenenlager in Guantánamo – außerhalb der Schutzzone des amerikanischen Rechts – beunruhigte viele Bürger. Hinzu kamen die Militäreinsätze in Afghanistan und im Irak, die hohe Verluste forderten und deren Ende nicht abzusehen war.

In den letzten Monaten der Amtszeit des Präsidenten erschütterte die Finanzkrise das wirtschaftliche und finanzielle System des Landes. Aus einer Immobilien- wurde eine allgemeine Finanzkrise und schließlich die größte Wirtschaftskrise des Landes seit der Depression der 1930er Jahre. Der Administration wurde nicht zugetraut, diese Krise zu bewältigen.

Die Vielzahl der politischen Probleme führte zu einer Wechselstimmung: Bereits die Nominierung der Präsidentschaftskandidaten wies auf den bevorstehenden Wandel hin. Der Kandidat der Republikaner, Senator John McCain, der sich schnell gegen innerparteiliche Konkurrenz durchsetzte, war lange Zeit ein ausgesprochener Kritiker Bushs gewesen: Duldung der Folter bei Verhören, das Gefangenenlager in Guantánamo und die religiösen Begründungsmuster für Politik lehnte der Senator ab. Im Wahlkampf musste er allerdings lavieren, vor allem um das religiöse Lager, das ihn mit Misstrauen beäugte, an sich zu binden. Seine Kandidatin für das Amt des Vizepräsidenten, die Gouverneurin von Alaska, Sarah Palin, gehört dem evangelikalen und konservativen Flügel der Republikaner an. Sehr schnell wurde Sarah Palin zum eigentlichen Gegenspieler der Demokraten. Bei den Demokraten kandidierten im Vorwahlkampf Hillary Clinton und der junge Senator Barack Obama gegeneinander: Die Nominierung, entweder einer Frau oder eines Mannes afroamerikanischer Abstammung, war bereits ein Novum in der amerikanischen Parteiengeschichte.

### Der Wahlkampf der Demokraten und die Präsidentschaft Obamas

Der innerparteiliche Wahlkampf der Demokraten war ein historisches Ereignis: Eine liberale Frau gegen einen Afroamerikaner. Die beiden Kandidaten schenkten sich nichts, der Vorwahlkampf war hart. Schließlich setzte sich Barack Obama durch – mehr als Hillary Clinton verkörperte der junge Senator aus Illinois einen Neuanfang. Während des Vorwahlkampfes war es ihm geglückt, die afroamerikanischen Wähler – die bisher durchaus den Clintons verbunden waren – für sich zu gewinnen. Seine Generation aus afroamerikanischen Politikern, Gelehrten, Pastoren und Intellektuellen bezeichnete er mit dem in den letzten Jahren immer häufiger verwendeten Begriff der *generation of Joshua*. War es den großen Führern der Emanzipation, wie zuletzt Martin Luther King, gelungen, die Unterdrückten in den Jahren der Bürgerrechtsbewegung aus ihrer Gefangenschaft zu führen (wie Moses die Israeliten aus Ägypten), so sollte die neue Generation der Afroamerikaner das gelobte Land (das für Moses noch unerreichbar war) betreten (so wie Joshua einst die Mauern von Jericho schleifte und das Heilige Land in Besitz nahm): Auch ein Afroamerikaner sollte nun Präsident der Vereinigten Staaten werden können. Diese (biblisch-bildliche) Argumentation überzeugte. Aber Obama ergänzte diese Position: Anders als Jesse Jackson in den Präsidentschaftswahlkämpfen (Vorwahlen) von 1984 und 1988 war der Senator nicht nur der Kandidat einer großen Minderheit.

Obamas Wahlkampf gegen McCain mobilisierte Amerikaner in allen gesellschaftlichen Gruppen. Der Senator kreierte eine Aufbruchstimmung – er versprach, mit der Politik Bushs gründlich zu brechen. Damit erhob er einen gewaltigen Anspruch: Seine Präsidentschaft sollte wie Jeffersons *Revolution of 1800*, die *Jacksonian Revolution* und Franklin D. Roosevelts *New Deal* einen Politikwechsel in der Geschichte der USA einleiten.

Sein Wahlsieg fiel überzeugend aus, aber es zeigte sich auch, dass ein großer Teil der Bevölkerung diese Neuerungen ablehnte oder ihnen zumindest mit großer Skepsis entgegenblickte. Obama versuchte, wie im Wahlkampf angekündigt, zu Beginn seiner Amtszeit die Spaltung der amerikanischen Gesellschaft zu überwinden und der religiös-konservativen Ideenwelt der Reagan- und Bush-Jahre eine andere Tradition entgegenzusetzen: das Amerika der großen Reformpräsidentschaften, der Bürgerrechtsbewegung und der außenpolitischen Verantwortung (Remnick, 2010). Aber auch Obama konnte die Spaltung der amerikanischen Gesellschaft, die sich seit den 1960er Jahren herausgebildet hatte, nicht überwinden. Schon kurz nach seinem Amtsantritt war er auf die Unterstützung des liberalen Spektrums angewiesen – seine Versuche, einen amerikanischen Konsens zu bilden, scheiterten. Die Euphorie des Wahlsieges ging schnell im Regierungsalltag verloren – und die ideologischen Gegner des Präsidenten gaben sich nicht geschlagen. Konservative Medien (wie *Fox News*) begannen, mit einer beispiellosen Diffamierungskampagne die Politik des Präsidenten anzugreifen. (Um den aus dem Amt geschiedenen Präsidenten Bush wurde es still. Anders als Clinton oder Carter mied er die Öffentlichkeit. Immerhin erschienen 2010 die lesenswerten Memoiren seiner Frau Laura (Laura Bush, *Spoken from the Heart*, 2010.) Im Herbst 2010 legte auch der Präsident seine Memoiren vor (George W. Bush, *Decision Points*, 2010). Erhellendes zu seiner Präsidentschaft hatte er nicht zu berichten.

Der Präsident war für seine Gegner schon wegen seiner Biographie eine Reizfigur. Barack Obama wurde im August 1961 in Honolulu, Hawaii, geboren. Sein Vater war ein kenianischer Austauschstudent – einer der ersten jungen kenianischen Intellektuellen, die nach der Unabhängigkeit des ostafrikanischen Landes die Chance bekamen, in den USA (in diesem Fall an der *University of Hawaii* und anschließend in *Harvard*) zu studieren. In Hawaii lernte er seine Frau kennen. Die Ehe der Eltern des zukünftigen Präsidenten scheiterte nach wenigen Jahren, Baracks Mutter Stanley Ann Dunham ging als Ethnologin nach Beendigung ihres Studiums nach Indonesien, um dort ihre wissenschaftliche Arbeit fortzusetzen. Barack verbrachte daher seine ersten Schuljahre in Indonesien. Dort heiratete auch seine Mutter das zweite Mal. 1981 kehrte Barack nach Hawaii zurück, lebte dort bei seinen Großeltern und besuchte die renommierte *Punahou School*. Nach seinem Schulabschluss studierte er in Los Angeles (*Occidental College*) und an der *Columbia University* in New York.

Im Anschluss (von 1985 bis 1988) arbeitete Obama als *community organizer* in Chicago. Die (Sozial-)Arbeit in den afroamerikanischen Stadtvierteln Chicagos, der Versuch, dort soziale Projekte aufzubauen und den Zusammenhalt der Bewohner zu fördern, prägten Obama. Er fand zu seiner afroamerikanischen Identität. Von 1988 bis 1991 besuchte Obama schließlich die *Harvard Law School*. Er wurde zum ersten Präsidenten des *Harvard Law Review* gewählt – eine prestigeträchtige und einflussreiche Position.

Nach Abschluss seiner rechtswissenschaftlichen Studien arbeitete Obama als Anwalt – wie viele andere amerikanische Präsidenten vor ihm. 1997 wurde er in den *State Senate* von Illinois gewählt. Nach einem fehlgeschlagenen Versuch, Abgeordneter im Repräsentantenhaus zu werden, schaffte es Obama – mit einer brillanten Wahlkampagne –, 2004 zum Senator für Illinois gewählt zu werden. Er war nun ein landesweit bekannter Politiker, im Juli 2004 – also noch während des Wahlkampfes um den Einzug in den Senat – hielt er die *Keynote Address* auf der *National Convention* der Demokraten. Als einer der wenigen einflussreichen Politiker der Demokraten sprach sich Obama bereits 2002/03 gegen den Irakkrieg aus – in seinen Wahlämtern vertrat er liberale bis linksliberale Positionen. 2008 erklärte er, sich um die Präsidentschaftskandidatur für die Demokratische Partei zu bewerben.

### Kriege und Krise(n)

Präsident Obama steht (in der zweiten Hälfte seiner ersten Amtszeit) vor Aufgaben, die an Herkules' Kampf gegen die Hydra erinnern. Jedes Problem, das er angeht und für das er Lösungen skizziert, gebiert eine Reihe von neuen Problemen. Dies gilt für die Sozial- und Wirtschaftspolitik wie für die internationale Politik.

Der Präsident kündigte an, den von W. Wilson, Franklin D. Roosevelt, Harry Truman und L. B. Johnson begründeten und entwickelten Sozialstaat zu ergänzen. Eine solche Absicht setzt zwei grundlegende Änderungen der amerikanischen Politik der letzten Jahrzehnte voraus: Der Präsident musste die Aufkündigung des Sozialstaates durch Reagan und seine Nachfolger rückgängig machen; er musste, um eine gesellschaftliche Mehrheit für eine solche Politik zu finden, gleichzeitig die kulturellen Kriege der letzten Jahrzehnte beenden.

Es war (in den ersten beiden Jahren seiner Amtszeit) vor allem eine Reform der Gesundheitspolitik, die für diesen Politikwechsel stand. Der Kern der von Obama initiierten Reform des Gesundheitswesens ist die Einführung einer umfassenden Krankenversicherung. Wäre ein solches Unterfangen schon in „guten" Zeiten schwierig, so stieß es in Zeiten der (wirtschaftlichen und finanziellen) Krise auf erheblichen Widerstand. Der Präsident musste einen mühsamen Kampf um die Stimmen der Kongressmitglieder führen, das für die Reform notwendige Gesetz wurde in immer neuen Varianten präsentiert; zahlreiche Kompromisse mussten eingegangen werden.

Der *Health Care and Education Affordability Reconciliation Act of 2010* wurde schließlich abschließend im Senat mit 56 zu 43 Stimmen verabschiedet. Damit war, aller Kompromisse zum Trotz, viel erreicht: Die Zahl der nicht versicherten Amerikaner soll sich um insgesamt 32 Millionen verringern: Um 17 Millionen soll sich über Zeit die Zahl der nicht versicherten Bürger durch eine Ausweitung von *Medicaid* verringern. Weitere 17 Millionen Unversicherte und etwa 9 Millionen bereits Versicherte sollen durch staatliche „Krankenversicherungsbörsen" eine (bessere) private Krankenversicherung vermittelt bekommen. Der Staat übernimmt in den meisten Fällen einen Teil der Versicherungsprämien.

Die Kosten der Reform sollen in den nächsten 10 Jahren 940 Milliarden US-Dollar betragen, gegenfinanziert durch Steuererhöhungen in Höhe von 400 Milliarden. Vor allem durch eine höhere *payroll tax* für Arbeitnehmer mit hohem Einkommen und eine höhere Einkommensteuer für Amerikaner mit hohen Kapitaleinkünften und durch eine als *Cadillac tax* bezeichnete Steuer auf besonders teure Krankenversicherungspolicen. Die Ausgaben von *Medicare* sollen durch Effizienzsteigerungen um 483 Milliarden US-Dollar reduziert werden. Das Gesetz ist eines der bedeutendsten Elemente der Sozialgesetzgebung in den USA seit der *Progressive Era*.

Auch in der Energie- und Umweltpolitik wollte der Präsident neue Wege gehen. Insbesondere wollte er sich der epochalen Aufgabe des Klimaschutzes annehmen.

In diesen Politikfeldern gelangen der Regierung im ersten Jahr der Amtszeit der Administration keine großen Erfolge. Die Ölkatastrophe im Golf von Mexiko im Frühjahr 2010 zeigte die Grenze der Handlungsmöglichkeiten der Regierung. Kritiker vergleichen das Krisenmanagement des Präsidenten mit dem seines Vorgängers während „Katrina". Allerdings sind die beiden Katastrophen und das jeweilige Krisenmanagement kaum miteinander zu vergleichen. Jedoch waren die Erwartungen an die Führungs-stärke Obamas ungleich höher als an die seines Vorgängers – zum Teil er-klärt dies die harte Kritik. Jedenfalls gibt die größte Umweltverschmutzung in der Geschichte der USA dem Präsidenten die Möglichkeit, in der Um-welt- und Energiepolitik neue Akzente zu setzen.

Obama ordnete auch die Außenpolitik in grundsätzlicher Weise neu: Auf fast allen Schauplätzen der Weltpolitik setzte der Präsident neue Akzente. Er suchte einen Ausgleich mit Russland und damit die Einleitung einer neu-en Variante der Détente. Bei einem Besuch in Moskau und in zahlreichen Erklärungen unternahm es der Präsident, in der Abrüstungspolitik (der bei-den Großmächte) neue Akzente zu setzen.

Sein wichtigstes Anliegen war die Beendigung des *War on Terror*. Eine Politik, die aus mehreren Elementen bestand: der Akzeptanz der isla-mischen Welt, der Beilegung der Krise mit dem Iran, der Beendigung der Kriege im Irak und in Afghanistan, der Stabilisierung in der aus Obamas Sicht gefährlichsten Krisenregion (Afghanistan/Pakistan und Pakistan/In-dien), der Fortsetzung des Friedensprozesses in Israel und Palästina. In einer Reihe von wegweisenden Reden leitete der Präsident diese Politik ein (so vor allem mit seiner Rede in Kairo am 4. Juni 2009). In Afghanistan versuch-te Obama mit einem ähnlichen Strategiewechsel wie 2006/07 im Irak eine Wende herbeizuzwingen. Er machte Afghanistan zu seinem Krieg.

Bisher brachten diese Initiativen nur wenige Erfolge – die Politik ist auf einen längeren Zeitraum ausgerichtet. Trotzdem verlieh das Nobelpreis-komitee Präsident Obama 2009 den Friedensnobelpreis – wohl eher als Er-mutigung denn als Anerkennung für eine bereits erbrachte große Leistung. In seiner Rede anlässlich der Verleihung des Preises (Dezember 2009) be-tonte Obama die Notwendigkeit von Versöhnung und Ausgleich, bei gleichzeitiger Bereitschaft, großem Unrecht auch mit Gewalt entgegen-zutreten. Eine wichtige Positionsbestimmung des Präsidenten und gleich-zeitig eine der bemerkenswertesten Reden anlässlich der Verleihung des Friedensnobelpreises.

Im Zentrum der Politik Obamas steht eine neue Ernsthaftigkeit, der An-bruch eines „neuen Zeitalters der Verantwortung". Der Begriff „Verantwor-tung" gewinnt im Kontext einer Analyse der Bush-Jahre an beträchtlicher Plausibilität – „die Zeit ist gekommen, abzutun, was kindlich war". Das biblische Zitat in der Inaugurationsrede des Präsidenten ist ein harter Schlag gegen die Politik seines Vorgängers. Obama weist nicht nur Bushs, sondern auch Reagans Auffassung, ja selbst die seines demokratischen Vorgängers Clinton von der Rolle des Staates und der Regierung zurück. 1981 hatte Präsident Reagan den *New Deal* Roosevelts für beendet erklärt: „In this present crisis, government is not the solution to our problem; government is the problem." Selbst Bill Clinton („the era of big government is over") hatte dem nicht widersprochen. Obama bricht mit dieser Sichtweise. Er knüpft an die Politik F. D. Roosevelts an (Herz, 2009, 204 ff.). Diese neue Sichtweise rechtfertigt, den Begriff „Revolution" (im Sinne Jeffersons) für die neue Politik zu verwenden. Die „Revolution von 2008" veränderte die amerikanische Politik und Gesellschaft nicht in einem einzigen, gewaltigen Akt. Wie Jeffersons Amtsübernahme 1800 „symbolisierte" sie in erster Linie alternative Möglichkeiten amerikanischer Politik. Dies ist nicht zuletzt Folge des amerikanischen politischen Systems, das den Präsidenten in die Kontinuität seiner Vorgänger stellt. Wie Jefferson das Erbe John Adams' akzeptieren musste, so stand Obama in der Nachfolge der Präsidenten seit Ronald Reagan. Sein Versuch einer Kurskorrektur musste daher grundlegend und tiefer ansetzen. Rhetorische Distanzierung von der Politik seines Vorgängers reichte nicht aus. Obama trat mit der Überzeugung an, dass die amerikanische Politik seit Reagans Präsidentschaft Fehlentscheidungen getroffen hatte, die es zu korrigieren galt. Die Präsidentschaft Reagans ist somit das eigentliche Gegenbild zu Obamas Politik. Das lange „Zeitalter Reagans" (von 1980 bis 2009) sollte beendet werden. Reagans Politik hatte am Beginn der 1980er Jahre den dritten grundlegenden Wandel der amerikanischen Politik des 20. Jahrhunderts zu Wege gebracht (nach W. Wilsons progressiver Reformpolitik und seinem außenpolitischen Aktivismus und F. D. Roosevelts *New Deal*). Mit Reagan setzte sich eine antigouvernementale Strömung durch, die in der Regierung allenfalls ein notwendiges Übel sah – allfällige Korrektur von Unrecht und sozialer Ungerechtigkeit war in diesen Jahrzehnten dem freien Spiel der Kräfte oder der Initative des Individiums überlassen. Obama wollte (und will) diese Grundauffassung der amerikanischen Politik korrigieren. Dem Staat kommt in seinen Augen eine wichtige Grundsatzfunktion zu. Dies gilt im Besonderen für die Sozial- und Gesundheitspolitik. Obama wollte eine neue Politik – anknüpfend an Roosevelts Herangehensweise stellte er die Reform des Gesundheitswesens in den Mittelpunkt seiner innenpolitischen Anstrengungen. Damit trat er auch das Erbe Lyndon B. Johnsons, des zweiten großen Sozialreformers des 20. Jahrhunderts, an.

## Sarah Palin und das *Tea Party Movement*

Zeitgleich formierte sich eine prinzipielle Gegnerschaft zur Politik des Präsidenten, die mehr an die Zeiten Roosevelts als an die eines Bill Clinton erinnerte. Es ist nicht unbedingt die Person (und der Lebenswandel) des Präsidenten, die im Mittelpunkt der Kritik steht, sondern seine Politik. Verkörpert wird diese ideologische Gegnerschaft nicht so sehr von einer seit dem Ende der Präsidentschaft Bushs desolaten Republikanischen Partei als von einigen konservativen Politikern und Kommentatoren und einer breiten antietatistischen, antiliberalen (im Sinne des amerikanischen Begriffes *libe-*

*ral*, also antisozialdemokratischen) Bewegung – dem *Tea Party Movement* (*New York Review of Books* 2010, May/June). Die Bewegung stellt sich gegen alle Reformvorstellungen der Administration (das Konjunkturprogramm zur Bewältigung der Finanzkrise, die Gesundheitsreform, die Klimapolitik, die Immigrationspolitik, die außenpolitischen Akzentveränderungen). Die ideologische Position dieser Bewegung lässt sich nicht genau bestimmen: Rechtsextreme weiße Suprematisten, die *National Rifle Association*, evangelikale Gruppen und radikal-liberale Politiker und Organisationen (wie der ehemalige Präsidentschaftskandidat der Republikaner Ron Paul, oder Anhänger der Pseudo-Philosophie der Romanautorin Ayn Rand oder Marktradikale) und radikale Radio- und Fernsehkommentatoren wie Rush Limbaugh oder Glenn Beck vereinen sich zu einem Amalgam des Protestes und der Gegenbewegung zur Reformpolitik des Präsidenten. Maskottchen der Bewegung ist zweifelsohne Sarah Palin, die in ihrer Autobiographie (Sarah Palin, *Going Rogue: An American Life*, 2010) anhand ihrer Person die Inhalte der Bewegung zu definieren sucht. Es wird sich zeigen, ob es diesen Gruppen gelingt, die Republikanische Partei (erneut) für ihre (diversen und unterschiedlichen) Zwecke in Anspruch zu nehmen. In den Kongresswahlen vom November 2010 machten sie die Gewinne der Demokraten von 2006 und 2008 ungeschehen. Die Vereinigten Staaten sind gespalten wie in den letzten Jahrzehnten.

### Ausblick

Amerikanische Präsidenten werden für vier Jahre gewählt – regieren sie einigermaßen erfolgreich, so bekommen sie eine zweite Amtszeit. Im besten Fall hat Präsident Obama also acht Jahre Zeit, sein ehrgeiziges Programm zu verwirklichen oder wenigstens die Grundlage dafür zu schaffen.

Progressive Politik – die Zusammenführung der Bevölkerungsgruppen, soziale Gleichheit, eine kooperative Außenpolitik – ist in den USA nur dann (dauerhaft) erfolgreich, wenn sie in den traditionellen Werten und Überzeugungen der Amerikaner verwurzelt ist: der Bereitschaft, Verantwortung zu übernehmen; Zurückhaltung des Staates, wo möglich Philanthropie. Der Präsident spricht in seiner Antrittsrede von Mut, Ehrlichkeit, Fairness, Loyalität, Toleranz, Patriotismus und Pflicht – zusammengefasst im Begriff einer (staatsbürgerlich verstandenen) „Tugend". Hier stehen traditionelle Werte, die auch Republikaner gutheißen können, im Dienst einer progressiven Politik. Mit Barack Obama endet die von Elvin T. Lim beschriebene „antiintellektuelle Präsidentschaft" (Lim, 2008). Ob es der Beginn einer großen Reformpräsidentschaft ist, wird sich zeigen.

# II. Grundzüge des politischen Systems: Regierungssystem, Wirtschaftsordnung, Staat und Religion

> *„But when you come to examine the American Constitu-*
> *tion you found that it was a charter of anarchism. It was*
> *not really a Constitution at all. It was not an instrument*
> *of government; it was a guarantee to a whole nation that*
> *they never could be governed at all. And that is exactly*
> *what they wanted. "*
> – George Bernard Shaw, *Address at Metropolitan Opera*
> *House New York 11. April 1933*

## 1. Grundlagen

### Die agonale Struktur der amerikanischen Politik

In der amerikanischen Politik gilt ein grundlegendes Prinzip: die Macht-
beschränkung von Personen oder Gruppen durch einen geregelten Wettbewerb der „Parteiungen". Die Väter der Verfassung – vor allem James Madison – wollten eine nach außen starke Zentralgewalt, die das Land auch im
Inneren zusammenhalten konnte. Keinesfalls aber sollte diese (notwendige)
Machtkonzentration die in der Revolution und im Unabhängigkeitskrieg
mühsam errungene Freiheit gefährden. Daher musste den verschiedenen
um die Macht ringenden Gruppen ein möglichst großer Handlungsspielraum eingeräumt werden. George Bernhard Shaw nannte dies – nicht ohne
Bewunderung – „Anarchie".

Madison war sich klar darüber, dass die dadurch hervorgerufene politi-
sche Auseinandersetzung eines Rahmens bedurfte, der diesen permanenten
Machtkampf regelte. Ansonsten bestand die Gefahr, dass der Staat in einen
Bürgerkrieg abgleiten würde. Dieser Rahmen konnte nur aus der politischen
Verfasstheit der Gesellschaft selbst erwachsen. Diese Gesellschaft beschrieb
Madison als eine Vielzahl von Individuen und deren Verbindungen – die er
als *factions* bezeichnete. Diese zahllosen, sich ständig neu formierenden gesellschaftlichen (politischen) Gruppen haben unterschiedliche Interessen
und streben unterschiedliche Ziele an. Der wohl gewichtigste Interessens-
gegensatz ist der zwischen Armen und Besitzenden. Aber auch in anderen

Bereichen wie Weltanschauungen, Religionen oder ethnischer Herkunft stehen Interessen einander gegenüber. Die politischen Vordenker und Führer der einzelnen *factions* sind von Ehrgeiz getrieben; sie tendieren dazu, ihre partikularen Interessen zu Interessen des Ganzen zu stilisieren. Teilweise entspringen politische Handlungen und Absichten aber auch emotionalen oder irrationalen Motiven (*passions*). Solchermaßen begründete politische Vorstellungen sind nur schwer miteinander in Einklang zu bringen. Die vollständige Kontrolle dieser *factions* würde eine so starke Zentralgewalt erfordern, dass die 1776 proklamierte freiheitliche Ordnung nicht aufrechtzuerhalten wäre. Eine homogene Gesellschaft aber wäre allenfalls in einem sehr kleinen Territorium herzustellen – die USA aber wollten wachsen und expandieren. Madison zog daraus einen verblüffenden Schluss: Er forderte nicht eine vollständige Kontrolle oder die Zusammenfassung der *factions* in einem das Gemeinwohl repräsentierenden Aggregat, und also eine territoriale Beschränkung, sondern befürwortete eine freie Entfaltung aller politischen Kräfte im Rahmen der durch die Verfassung vorgegebenen Spielregeln und eine territoriale Expansion der amerikanischen Republik. Gerade die Vielzahl und Zersplitterung der politischen, religiösen und wirtschaftlichen Gruppen schienen ihm die politische Ordnung der amerikanischen Republik zu garantieren. Die Verfassung sollte daher lediglich einen Rahmen schaffen, in dem sich die permanente Auseinandersetzung der *factions* abspielen würde. Und um ein solches geregeltes Gegeneinander aller politischen Kräfte zu finden, entwickelte die amerikanische Verfassung das von Charles de Montesqieu begründete Prinzip der Gewaltenteilung weiter und brachte es im Konzept der *checks and balances* zu seiner stärksten Entfaltung. Die Gewalten werden strikt voneinander getrennt. Innerhalb dieses *separated system* sollte sich der Machtkampf der Faktionen abspielen.

### A Separated System

Das Regierungssystem der USA ruht – diese Überlegungen konkretisierend – auf drei voneinander getrennten Säulen. Die erste und „vornehmste" Säule ist die Legislative. Nicht von ungefähr stehen die Ausführungen über die Gesetzgebung am Anfang der Verfassung (Art. 1, der in zehn Abschnitte untergliedert ist – es ist der bei weitem längste Artikel der amerikanischen Verfassung). Die gesetzgebende Gewalt ist in zwei Gewalten getrennt – also als ein Zweikammersystem ausgestaltet: der Kongress der Vereinigten Staaten – bestehend aus dem Senat und dem Repräsentantenhaus. Beide Kammern werden vom Volk in mittlerweile direkter Wahl ermittelt. (Die Senatoren wurden zunächst wie der Präsident nicht durch Volkswahl, sondern durch die Parlamente der Einzelstaaten gewählt.) Dem Kongress obliegt nicht nur die Gesetzgebung, er hat insbesondere auch das Recht zur Kriegserklärung und beschließt über den Bundeshaushalt. Den beiden Kammern kommen in der Gesetzgebung unterschiedliche und einander ergänzende Aufgaben zu (Jäger, 1995).

Als die „vornehmere" Kammer galt über die meiste Zeit der amerikanischen Geschichte der Senat – manchmal als der exklusivste Club der Welt bezeichnet. Jeder der fünfzig Bundesstaaten stellt unabhängig von seiner Bevölkerungszahl oder Größe zwei Senatoren. Senatoren werden durch Direktwahl für sechs Jahre in ihr Amt gewählt. Von diesen 100 Senatoren steht alle zwei Jahre jeweils ein Drittel zur Wahl. Neben den verschiedenen Gesetzgebungsverfahren ist der Senat für die Ratifizierung von Verträgen zuständig und muss die vom Präsidenten vorgeschlagene Ernennung von Bundesrichtern, Kabinettsmitgliedern und anderen hohen Amtsträgern des Bundesstaates bestätigen.

Das zahlenmäßig größere Repräsentantenhaus hat 435 stimmberechtigte Abgeordnete – und fünf weitere nicht stimmberechtigte Mitglieder. Die Abgeordneten werden alle zwei Jahre direkt vom Volk gewählt. Das Repräsentantenhaus nimmt im Gesetzgebungsverfahren eigene Befugnisse wahr und solche, die es gemeinsam mit dem Senat ausübt.

Die zweite Säule – die Exekutive – ist das Amt des Präsidenten. Das Präsidentenamt ist mit großen Machtbefugnissen ausgestattet. Der Präsident soll ein *king above parties* sein (Jones, 2007). Die Wahl des Präsidenten erfolgt zwar nach wie vor durch ein Wahlmännergremium. Die Entscheidung wird aber durch Volkswahl vor der Wahl im Wahlmännergremium festgelegt. Der Präsident (Art. 2, unterteilt in vier Abschnitte) wird von der Versammlung der Wahlleute für eine Amtszeit von vier Jahren gewählt. Er kann (seit Inkrafttreten des 22. Verfassungszusatzes im Jahr 1951) nicht mehr als zweimal nacheinander gewählt werden. Der Präsident ist nicht nur Regierungschef, sondern auch Staatsoberhaupt, Oberbefehlshaber aller Streitkräfte und bestimmt die Richtlinien der Außenpolitik. Er kann vom Kongress beschlossene Gesetze durch sein Veto verhindern oder zumindest aufschieben, da beide Kammern dieses Veto durch eine Zwei-Drittel-Mehrheit außer Kraft setzen können. Der Präsident ernennt die Leiter und Mitarbeiter von Bundesbehörden, Kommissionen und die Mitglieder des Exekutivbüros des Präsidenten. Die Ernennung von Kabinettsmitgliedern, Richtern des Obersten Gerichts und einer Reihe anderer wichtiger Amtsträger erfordert die Zustimmung des Senats.

Das Prinzip der strikten Trennung der Gewalten wird in den USA mit äußerster Sorgfalt beachtet. Insbesondere der Kongress achtet auf seine Rechte. Dies findet in Bräuchen und Gewohnheiten seinen symbolischen Ausdruck. So darf der Präsident den Kongress nur auf Einladung betreten – wenn er zu Beginn des Jahres im Sitzungssaal des Repräsentantenhauses vor beiden Kammern, den Richtern des Obersten Bundesgerichts und Gästen seinen alljährlichen Bericht zur Lage der Nation vorträgt, wird er von

*Marshalls* des Kongresses begleitet, er darf sich nicht setzen und muss nach seiner Rede das Kapitol wieder verlassen (Smith, 2006).

Die Mitgliedschaft des Kongresses hat sich den letzten Jahrzehnten stark verändert und trägt der Diversifizierung des Landes zunehmend Rechnung: Die erste gewählte weibliche Senatorin trat 1931 ihr Amt an; 2005 waren immerhin 14 von 100 Senatoren weiblichen Geschlechts. Im 111. Kongress (2009–2010) ist die Mitgliedschaft so divers wie nie zuvor in der amerikanischen Geschichte: Im Repräsentantenhaus haben die Demokraten 255 Sitze, die Republikaner verfügen über 173 Mandate. Sieben Abgeordnete rechnen sich keiner Partei zu. Im Senat sind 55 Mitglieder Demokraten, 40 Republikaner, zwei Senatoren sind Unabhängige und drei haben sich für keine der Fraktionen entschieden. Im Senat gibt es insgesamt elf neue Mitglieder, im Repräsentantenhaus sind 56 der 435 Abgeordneten Neulinge. Das Durchschnittsalter ist in beiden Häusern mit 63 Jahren im Senat und mit 57 Jahren im *House* so hoch wie nie zuvor. 95 Kongressmitglieder sind jetzt Frauen, fünf mehr als im 110. Kongress. Es gibt so viele Latinos – 31 in beiden Kammern – und so viele *Asian Americans* – zusammen elf – wie nie zuvor; der Abgeordnete Joseph Cao aus New Orleans ist das erste aus Vietnam stammende Kongressmitglied. Die Zahl der afroamerikanischen Abgeordneten und Senatoren sank gegenüber dem 110. Kongress. 43 *African Americans* gehören jetzt dem Parlament an.

Die dritte Säule ist das Oberste Gericht (*Supreme Court*), die Spitze der Bundesgerichtsbarkeit der USA. Für die neun Richter des Obersten Gerichts (Art. 3, unterteilt in drei Abschnitte) gilt eine unbeschränkte Amtszeit. Wenn sie nicht zurücktreten, bleiben sie daher auf Lebenszeit im Amt. Das Oberste Gericht ist zuständig für die Verfassungsgerichtsbarkeit und befasst sich mit Verfahren, in denen ein Bundesstaat Partei ist. Zudem ist das Gericht die letzte Instanz bei allen anderen Verfahren, wenn die Richter beschließen, einen bestimmten Fall zu hören.

### Der Kongress:
### a) Das Repräsentantenhaus

Das Repräsentantenhaus verkörpert das „demokratische Prinzip" – die Souveränität des Volkes und damit die Volksherrschaft. Das Volk wählt die Abgeordneten des Repräsentantenhauses in direkten Wahlen, die alle zwei Jahre am Dienstag nach dem ersten Montag im November stattfinden. Jeder Bundesstaat hat, abhängig von seiner Bevölkerungszahl, eine unterschiedliche Anzahl von Wahlbezirken, die jeweils einen Abgeordneten stellen. Die Zahl der 435 Abgeordneten bleibt immer gleich – die wachsende Bevölkerungszahl in den USA bedeutet daher, dass die Zahl der Wahlberechtigten pro Wahlbezirk regelmäßig steigt und dass die Grenzen der Bezirke dann der neuen Bevölkerungszahl angepasst werden müssen. Somit verändert sich

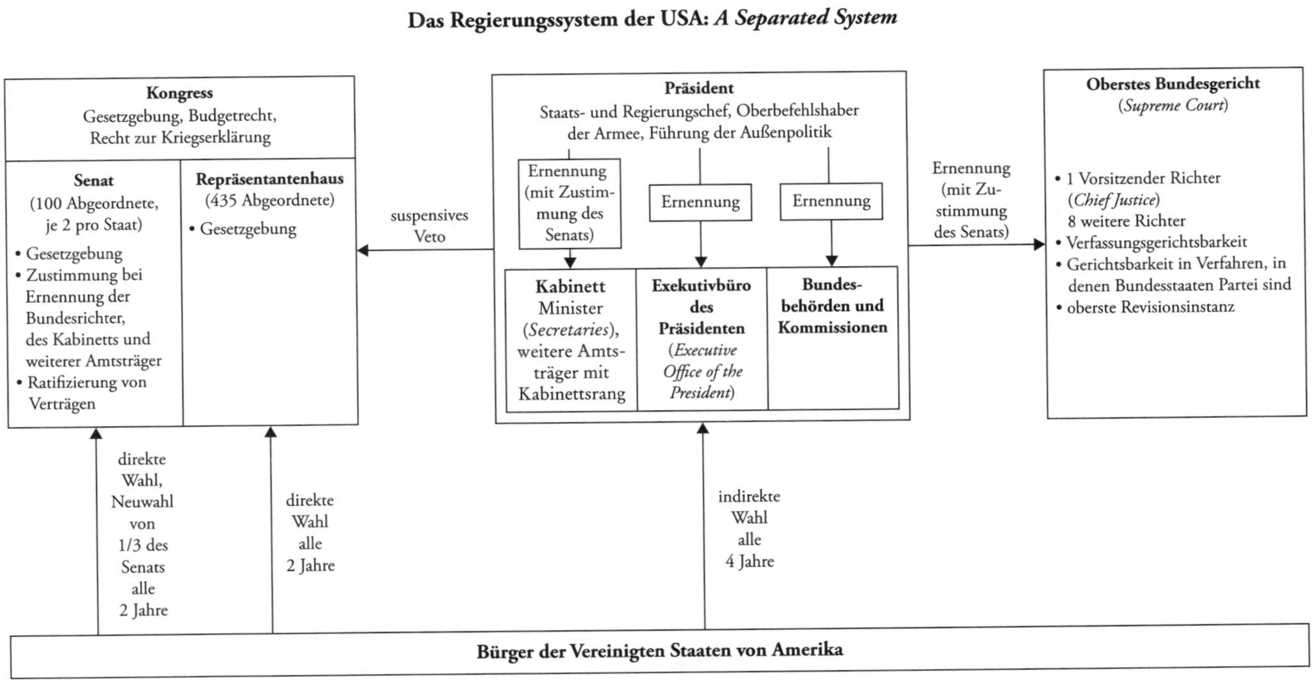

**Das Regierungssystem der USA: *A Separated System***

**Oberstes Bundesgericht**
*(Supreme Court)*

- 1 Vorsitzender Richter
  *(Chief Justice)*
  8 weitere Richter
- Verfassungsgerichtsbarkeit
- Gerichtsbarkeit in Verfahren, in denen Bundesstaaten Partei sind
- oberste Revisionsinstanz

Ernennung (mit Zustimmung des Senats)

**Präsident**
Staats- und Regierungschef, Oberbefehlshaber der Armee, Führung der Außenpolitik

Ernennung (mit Zustimmung des Senats)

Ernennung

Ernennung

**Kabinett**
Minister *(Secretaries)*, weitere Amtsträger mit Kabinettsrang

**Exekutivbüro des Präsidenten**
*(Executive Office of the President)*

**Bundesbehörden und Kommissionen**

suspensives Veto

**Kongress**
Gesetzgebung, Budgetrecht, Recht zur Kriegserklärung

**Senat**
(100 Abgeordnete, je 2 pro Staat)

- Gesetzgebung
- Zustimmung bei Ernennung der Bundesrichter, des Kabinetts und weiterer Amtsträger
- Ratifizierung von Verträgen

**Repräsentantenhaus**
(435 Abgeordnete)

- Gesetzgebung

direkte Wahl, Neuwahl von 1/3 des Senats alle 2 Jahre

direkte Wahl alle 2 Jahre

indirekte Wahl alle 4 Jahre

**Bürger der Vereinigten Staaten von Amerika**

Abb. 1: Das amerikanische Regierungssystem im Überblick

---

**Sprecher des Repräsentantenhauses**
(*Speaker of the House*)

- gewählt durch die Mehrheit der Mitglieder des Repräsentantenhauses
- Vorsitzender des Hauses, zugleich Führer der Mehrheitspartei
- legt die Tagesordnung fest, setzt die Ausschüsse ein und ernennt die Träger politischer Ämter in der Verwaltung des Repräsentantenhauses
- wird Amtsnachfolger des Präsidenten, sollte auch der Vizepräsident das Amt nicht antreten können

---

| **Mehrheitsfraktion (*Majority*)** (Demokraten: *Party Caucus*; Republikaner: *Party Conference*) | **Minderheitsfraktion (*Minority*)** (Demokraten: *Party Caucus*; Republikaner: *Party Conference*) |
|---|---|
| **Mehrheitsführer (*Majority Leader*)** Stellvertreter des Sprechers und Chef der Mehrheit | **Minderheitsführer (*Minority Leader*)** Chef und Sprecher der Minderheit |
| **Parlamentarischer Geschäftsführer (*Majority Whip*)** Stellvertreter (*Deputy Whips*) zuständig für die Einhaltung der Fraktionsdisziplin | **Parlamentarischer Geschäftsführer (*Minority Whip*)** Stellvertreter (*Deputy Whips*) zuständig für die Einhaltung der Fraktionsdisziplin |

Abb. 2: Das Repräsentantenhaus – Ämter und Führungsstruktur

von Zeit zu Zeit die Zahl der Mitglieder des Repräsentantenhauses aus einem bestimmten Staat. Abgeordnete müssen bei der Wahl mindestens 25 Jahre alt, seit sieben Jahren amerikanische Bürger sein und ihren Erstwohnsitz in ihrem jeweiligen Wahlbezirk haben.

Neben den 435 stimmberechtigten Abgeordneten des Repräsentantenhauses gibt es vier nicht stimmberechtigte Delegierte – jeweils einen aus dem *District of Columbia*, einen von den Virgin Islands, einen aus Guam und einen aus Amerikanisch-Samoa. Puerto Rico wählt und entsendet einen nicht stimmberechtigten *Resident Commissioner*. Eine gesetzliche Grundlage für die Territorien, nicht stimmberechtigte Delegierte zu entsenden, gibt es seit der Verabschiedung der *Northwest Ordinance* im Jahr 1787. Nach dem Spanisch-Amerikanischen Krieg räumte der Kongress Puerto Rico im Jahr 1900 die Möglichkeit ein, einen *Resident Commissioner* zu entsenden; 1902 wurde (gültig bis zu deren Unabhängigkeit) auch den Philippinen diese Möglichkeit gegeben. Die Amerikanischen Jungferninseln und Guam können seit 1972, Amerikanisch-Samoa seit 1978 jeweils einen nicht stimmberechtigten Abgeordneten ins Repräsentantenhaus entsenden.

Das Repräsentantenhaus beschließt zusammen mit dem Senat über neue Gesetze, die Erhebung von Steuern, die Schuldenaufnahme, die Regelung

**Vizepräsident**
Vorsitzender des Senats ohne Stimmrecht
(außer bei Stimmengleichheit das sog. *casting vote*)

**Präsident *pro tempore***
Vertreter bei Abwesenheit des Vizepräsidenten

**Geschäftsführer (*Secretary of the Senate*)**
Administrative Aufgaben, Vertreter des Vizepräsidenten,
solange noch kein Präsident *pro tempore* gewählt ist

| Mehrheit (*Majority*) | Minderheit (*Minority*) |
|---|---|
| **Mehrheitsführer (*Majority Leader*)** Chef der Mehrheit, unterstützt durch seinen Stellvertreter (*Assistant Majority Leader*) | **Minderheitsführer (*Minority Leader*)** Chef der Minderheit, unterstützt durch seinen Stellvertreter (*Assistant Minority Leader*) |
| **Geschäftsführer (*Majority Secretary*)** <br> • informiert die Senatoren über Abstimmungen und anstehende Themen <br> • schlägt der Führung Kandidaten zur Besetzung der Ausschüsse vor <br> • verteilt die Senatsplätze für die Mitglieder der Mehrheit | **Geschäftsführer (*Minority Secretary*)** <br> • informiert die Senatoren über Abstimmungen und anstehende Themen <br> • schlägt der Führung Kandidaten zur Besetzung der Ausschüsse vor <br> • verteilt die Senatsplätze für die Mitglieder der Minderheit |

Abb. 3: Der Senat – Ämter und Führungsstruktur

der Handelsbeziehungen und die Finanzierung der Armee und hat das Recht zur Kriegserklärung. Aber nur das Repräsentantenhaus hat das Recht, neue Steuergesetze zu initiieren und Amtsanklagen (vor allem gegen den Präsidenten) zu erheben (Remini, 2007).

Das Repräsentantenhaus gilt vielen Kommentatoren als „the finest deliberative body in human history" (Robert V. Remini, 2007, 1). Auch wenn man solchem überschwänglichen Lob nicht folgen will, so ist doch festzuhalten, dass Repräsentantenhaus und Senat wichtiges Beispiel und Vorbild vieler Parlamente der westlichen Demokratien sind.

## Der Kongress:
### b) Der Senat
Die Verfassungsväter misstrauten dem Volk. Die Gesetzgebung des Repräsentantenhauses, beruhend auf dem Mehrheitsprinzip, bedurfte einer Kontrolle – „um die Menschen gegen die flüchtigen Eindrücke zu schützen, zu

denen sie verleitet werden könnten". Einer oft erzählten Anekdote zufolge soll Thomas Jefferson, der während des Verfassungsgebungsprozesses nicht in den USA weilte, George Washington bei einer Tasse Kaffee gefragt haben, was ihn, den Präsidenten, in Gottes Namen dazu gebracht habe, eine Institution wie den Senat zu akzeptieren. Washington erwiderte: „Warum haben Sie Ihren Kaffee in die Untertasse geschüttet?" „Um ihn zu kühlen", antwortete Jefferson. „Eben", sagte der Präsident. „Wir legen die Gesetzgebung in eine senatorische Untertasse, um sie abzukühlen."

Der Senat ist auch als Gegengewicht zur Exekutive konzipiert: Der Abschluss von internationalen Verträgen bedarf der Zustimmung der Kammer. Der Senat verhandelt unter dem Vorsitz des Vorsitzenden des Obersten Gerichts Amtsanklagen gegen den Präsidenten und muss den Nominierungen des Präsidenten für bestimmte hohe Staatsämter – Kabinettsmitglieder, hohe Ministerialbeamte, Botschafter und Gesandte, Bundesrichter und weitere durch Gesetz geschaffene Ämter – zustimmen. Damit bildet der Senat ein Gegengewicht zum Präsidenten.

Der Senat verkörperte in den Augen der Verfassungsväter daher vor allem ein aristokratisches Prinzip – gedacht als Kontrolle der „demokratischen" Volksherrschaft, aber auch der „monarchischen" Exekutive – zugleich war er (seine dritte bedeutende Funktion) Ausdruck der politischen Eigenständigkeit der Bundesstaaten und deren Gleichgewichtigkeit – unabhängig von territorialer Größe und Bevölkerungszahl (Smith, 2006).

Das Amt eines Senators der Vereinigten Staaten wurde dieser großen Bedeutung entsprechend ausgestaltet: Die hundert zumeist männlichen Senatoren, die für eine Amtszeit von sechs Jahren gewählt werden – jeweils ein Drittel des Senats wird alle zwei Jahre neu gewählt –, müssen bei ihrer Wahl ein Mindestalter von dreißig Jahren erreicht und seit neun Jahren amerikanische Bürger sein. Jeder Bundesstaat stellt zwei Senatoren, diese müssen ihren Erstwohnsitz in dem jeweiligen Bundesstaat haben.

Die Wahl der Senatoren erfolgte – den Intentionen der Verfassungsväter folgend – durch die Parlamente der einzelnen Staaten. Im April 1787 trat der Senat erstmals zusammen. Die ersten drei Jahrzehnte nach seiner Gründung spielte die Kammer nur eine untergeordnete Rolle. Das Repräsentantenhaus galt – trotz der dem Senat zugewiesenen Kompetenzen – als die eigentlich entscheidende, das Volk repräsentierende Kammer. Erst die Auseinandersetzungen um die Sklavenfrage veränderten dieses Bild. Bedeutende Senatoren, oftmals auch herausragende Redner und als eindrucksvolle Gelehrte ausgewiesen, bestimmten zunehmend die nationale Debatte.

Ein prominenter Senator, der die Geschicke der USA während seiner vierzig Jahre währenden politischen Karriere von 1812 bis 1852 in maßgeblicher Weise mitprägte, war Daniel Webster. Der aus New Hampshire stammende Rechtsanwalt, der in seiner Jugend panische Angst davor hatte, in der

Öffentlichkeit zu sprechen, sollte einer der großen amerikanischen Redner des 19. Jahrhunderts werden. 1812 ins Repräsentantenhaus gewählt, verließ er dieses nach zwei Amtszeiten, um 1827 als Senator in den Kongress zurückzukehren. Das Präsidentenamt, das er mehrfach anstrebte, blieb ihm verwehrt, doch war er 1841 für ein Jahr *Secretary of State*. Während die Auseinandersetzungen über die Sklaverei sich zuspitzten, bemühte sich Webster erfolgreich, einen Kompromiss zwischen den Nord- und den Südstaaten zu finden. Als er 1850 zum zweiten Mal *Secretary of State* wurde, achtete er daher darauf, dass der *Fugitive Slave Act*, der die Auslieferung von in die Nordstaaten entflohenen Sklaven an den Süden verlangte und Teil dieser Kompromisspolitik war, strikt umgesetzt wurde.

Einer der schärfsten Gegner dieser Politik war Charles Sumner aus Massachusetts, der von 1851 bis 1874 den Senat der USA nicht zuletzt wegen seiner überragenden rhetorischen Fähigkeiten und seines dramatischen Redestils prägte. Er wurde mit der denkbar knappsten Mehrheit von einer Stimme als Nachfolger von Webster in den Senat gewählt, da seine Ablehnung der Sklaverei vielen zu radikal erschien. Für den Süden war er *bête noire* – am 22. Mai 1856 wurde er gar von Preston Brooks, einem Abgeordneten aus South Carolina, dessen Onkel er in einer Rede scharf angegriffen hatte, mit einem Stock im Senat bewusstlos geprügelt. Sumner, der danach unter Kopfschmerzen, Alpträumen und Angstattacken litt, blieb dem Senat daraufhin drei Jahre fern. Er wurde im Norden zum Helden stilisiert, Brooks in den Südstaaten. Als der Konflikt zwischen Norden und Süden sich zuspitzte, plädierte Sumner gegen jegliche Form von Kompromiss. Nach dem Krieg argumentierte er, der Süden sei nach dem Sieg des Nordens als ein besiegtes Territorium zu behandeln. Johnsons Politik während der *Reconstruction* hielt er für viel zu großzügig und lax.

In den Auseinandersetzungen um die Sklavenfrage fürchteten die Senatoren der Sklavenhalterstaaten, eines Tages im Senat von ihren Gegnern überstimmt zu werden. Sie versuchten daher, unter Zuhilfenahme von Bestimmungen der Verfassung und der Geschäftsordnung, ein Verfahren zu entwickeln, um gegebenenfalls eine Beschlussfassung der Mehrheit zu verhindern. Vor allem Senator James A. Calhoun, der entschiedenste Kämpfer gegen die Ansprüche der Bundesregierung und Verteidiger der Sklaverei, bediente sich dieses in dieser Zeit entstehenden Instruments.

### Filibuster

Es war im Verlauf des Streits, dass die Praxis des *Filibuster* entstand und schnell an Bedeutung gewann. Das englische Wort *filibuster* geht auf eine holländische Bezeichnung für Freibeuter (*vrijbuiter*) zurück, die nach einem Umweg über das Französische zum spanischen *filibustero* wurde, das Seepiraten bezeichnete, die Schiffe als Geiseln nahmen. Die Bezeichnung ist zutreffend gewählt, denn letztlich ist *filibustering* der Versuch, den Senat zu „kapern". Durch ausgedehnte Redebeiträge einzelner Senatoren wird die Beschlussfassung über ein bestimmtes Gesetz zu verhindern gesucht; zumindest gelingt es meist, eine Beschlussfassung lange hinauszuzögern. Mit einer Mehrheit von $3/5$ kann der Senat ein Ende der Debatte beschließen, ein *Filibuster* beenden und eine Abstimmung herbeiführen (bei 100 Senatoren bedarf es dazu der Stimme von 60 Mitgliedern der Kammer).

Für den Senat begann nach dem Ende der *Reconstruction* (1877) eine Zeit des Niedergangs. Vorwürfe über Korruption und einen immer schamloseren Ämterkauf häuften sich.

Präsident Cleveland, so wird erzählt, wurde des Nachts von seiner Frau geweckt. Sie flüsterte ihm zu, sie habe Geräusche gehört. Es seien Räuber und Einbrecher im Haus (*in the house*). Schlaftrunken antwortete der Präsident, Räuber seien nicht im Haus, sondern im Senat.

Präsident McKinley gelang es, mit dem Senat eine weitgehend reibungslose Zusammenarbeit zu organisieren. Das Ansehen der Kammer verbesserte sich wieder. Seine Ermordung in Buffalo setzte diese Zusammenarbeit einer Bewährungsprobe aus. Erneut galt der Senat als korrupt, die Legitimation durch indirekte Wahlen wurde in einer Zeit der zunehmenden Demokratisierung als unzureichend gesehen. Reformen schienen notwendig (Hübner, 2001).

Erst der 1914 in Kraft getretene 17. Verfassungszusatz schuf Abhilfe und verlieh dem Senat erneut Legitimität und Ansehen in der Öffentlichkeit. Darin wurde festgelegt: „Der Senat der Vereinigten Staaten besteht aus jeweils zwei Senatoren jedes Einzelstaates, gewählt für sechs Jahre von den Menschen dieser Staaten; und jeder Senator hat eine Stimme."

Der Senat gewann sein vor dem Bürgerkrieg erworbenes Ansehen zurück – er entwickelte sich zu der vorbildlichen und politisch maßgeblichen Kammer.

### Die Organisation der Kammern

Beide Kammern haben eine komplizierte Struktur – sowohl im Hinblick auf Ämter, Organisation und Ausschüsse als auch auf die internen Verfahren der Beratung und Beschlussfassung.

Das politisch bedeutendste Amt ist das des Sprechers im Repräsentantenhaus. Der wichtigste und politische bedeutenste Abgeordnete der Mehrheitspartei ist der Sprecher (*Speaker*) des Repräsentantenhauses und damit dessen Vorsitzender. Er wird von den Abgeordneten gewählt und ist nach dem Vizepräsidenten der Amtsnachfolger des Präsidenten, sollten Präsident und Vizepräsident dieses Amt nicht wahrnehmen können. Ihm obliegt es, die Tagesordnung des Repräsentantenhauses festzulegen und die Ausschüsse einzusetzen – eine gewichtige Machtposition. Auch ernennt er die Träger

| **Repräsentantenhaus** | **Senat** |
|---|---|
| Landwirtschaftsausschuss<br>(*Commitee on Agriculture*) | Ausschuss für Landwirtschaft, Ernährung und Forstwirtschaft<br>(*Committee on Agriculture, Nutrition, and Forestry*) |
| Bewilligungsausschuss<br>(*Committee on Appropriations*) | Bewilligungsausschuss<br>(*Committee on Appropriations*) |
| Verteidigungsausschuss<br>(*Committee on Armed Services*) | Verteidigungsausschuss<br>(*Committee on Armed Services*) |
| Haushaltsausschuss<br>(*Committee on the Budget*) | Ausschuss für das Bankwesen, für Wohnungsbau und für städtische Angelegenheiten<br>(*Committee on Banking, Housing, and Urban Affairs*) |
| Ausschuss für Erziehung und Arbeit<br>(*Committee on Education and the Workforce*) | Haushaltsausschuss<br>(*Committee on the Budget*) |
| Energie- und Wirtschaftsausschuss<br>(*Committee on Energy and Commerce*) | Ausschuss für Handel, Wissenschaft und Verkehr<br>(*Committee on Commerce, Science, and Transportation*) |
| Finanzmarktausschuss<br>(*Committee on Financial Services*) | Ausschuss für Energie und natürliche Ressourcen<br>(*Committee on Energy and Natural Resources*) |
| Ausschuss für Reformen der Regierung<br>(*Committee on Government Reform*) | Ausschuss für Umwelt und öffentliche Bauten<br>(*Committee on Environment and Public Works*) |
| Ausschuss für die Verwaltung des Repräsentantenhauses<br>(*Committee on House Administration*) | Finanzausschuss<br>(*Committee on Finance*) |
| Auswärtiger Ausschuss<br>(*Committee on International Relations*) | Auswärtiger Ausschuss<br>(*Committee on Foreign Relations*) |
| Rechtsausschuss<br>(*Committee on the Judiciary*) | Ausschuss für Regierungsangelegenheiten<br>(*Committee on Governmental Affairs*) |
| Ausschuss für natürliche Ressourcen und Rohstoffe<br>(*Committee on Resources*) | Ausschuss für Gesundheit, Erziehung, Arbeit und Pensionen<br>(*Committee on Health, Education, Labor, and Pensions*) |
| Lenkungsausschuss<br>(*Committee on Rules*) | Geschäftsordnungsausschuss<br>(*Committee on Rules*) |
| Wissenschaftsausschuss<br>(*Committee on Science*) | Rechtsausschuss<br>(*Committee on the Judiciary*) |
| Ausschuss für kleine und mittelständische Unternehmen<br>(*Committee on Small Business*) | Ausschuss für Geschäftsordnung und Verwaltung des Senats<br>(*Committee on Rules and Administration*) |
| Ausschuss für offizielle Verhaltenskodizes<br>(*Committee on Standards of Official Conduct*) | Ausschuss für kleine und mittelständische Unternehmen und für das Unternehmertum<br>(*Committe on Small Business and Entrepeneurship*) |
| Verkehrs- und Infrastrukturausschuss<br>(*Committe on Transportation and Infrastructure*) | Ausschuss für die Angelegenheiten der Veteranen<br>(*Committee on Veterans' Affairs*) |
| Ausschuss für die Angelegenheiten der Veteranen<br>(*Committee on Veterans Affairs*) | |
| Mittelausschuss<br>(*Committee on Ways and Means*) | |

### Gemeinsame Ausschüsse des gesamten Kongresses

| **Ausschuss** | **Zuständigkeitsbereich** |
|---|---|
| Gemeinsamer Wirtschaftsausschuss<br>(*Joint Economic Committee*) | Untersucht die Empfehlungen des jährlichen Wirtschaftsberichtes des Präsidenten an den Kongress |
| Gemeinsamer Ausschuss zum Steuersystem<br>(*Joint Committee on Taxation*) | Untersuchung der Funktion und Wirkung des Steuersystems |
| Gemeinsamer Ausschuss zur Kongressbibliothek<br>(*Joint Committee on The Library*) | Aufsicht über die Verwaltung der Bibliothek des Kongresses |
| Gemeinsamer Ausschuss zum Druck von Regierungsdokumenten<br>(*Joint Committee on Printing*) | Aufsicht über das *Goverment Printing Office*, das Regierungsdokumente druckt und veröffentlicht |

Abb. 4: Die Ausschüsse von Repräsentantenhaus und Senat
sowie des gesamten Kongresses

politischer Ämter in der Verwaltung des Repräsentantenhauses. Das Amt des Sprechers entstand erst zu Beginn des 20. Jahrhunderts, ist also in der Verfassung nicht verankert (Jäger, 1995).

Der Mehrheitsführer (*Majority Leader*), der nach dem Sprecher wichtigste Abgeordnete der Mehrheitspartei, fungiert als Stellvertreter des Sprechers. Bei Rücktritt oder Tod folgt er dem Sprecher meist in dessen Amt nach.

Bei der Oppositionspartei fallen die beiden Ämter zusammen. Der Minderheitsführer ist gleichzeitig Sprecher der Minderheitspartei – anders als der Sprecher des Repräsentantenhauses spricht er aber nur für seine Fraktion, nicht für das gesamte Haus. Sowohl die Mehrheitspartei als auch die Minderheitspartei haben zudem Parlamentarische Geschäftsführer, die für die Einhaltung der Fraktionsdisziplin zuständig sind: den *Majority* beziehungsweise *Minority Whip*.

Den Vorsitz im Senat hat der Vizepräsident, der allerdings über kein Stimmrecht verfügt, jedoch bei Stimmengleichheit die entscheidende Stimme (*casting vote*) abgeben darf. Bei Abwesenheit des Vizepräsidenten – der Regelfall – leitet ein Präsident *pro tempore* die Sitzungen. Laut Verfassung folgte ursprünglich der Präsident *pro tempore* in der Nachfolge des Präsidenten auf den Vizepräsidenten (Art. 1, Sec. 3). Seit 1947 jedoch nimmt der Specher des Repräsentantenhauses den zweiten Platz in der Nachfolge für das Präsidentschaftsamt ein (*Presidential Succession Act*). Die Mehrheit und die Minderheit im Senat besitzen jeweils einen Geschäftsführer (*Secretary of the Senate*), der über die Abstimmungen und die jeweiligen Themen informiert, Kandidaten für Ausschüsse vorschlägt und den Parteimitgliedern Sitze zuteilt. Bis zur Wahl des Präsidenten *pro tempore* ist der Geschäftsführer der Mehrheitspartei der Vertreter des Vizepräsidenten.

Die Ausschüsse von Senat und Repräsentantenhaus – darunter eine Reihe von gemeinsamen Ausschüssen der beiden Kammern – spielen in der Arbeit und der Funktion des Kongresses eine bedeutende Rolle. Wichtige Ausschüsse sind der Bewilligungsausschuss (*Committee on Approporiations*), der Verteidigungsausschuss (*Committee on Armed Services*), der Haushaltsausschuss (*Committee on the Budget*), der Auswärtige Ausschuss (*Committee on International Relations* bzw. *Committee on Foreign Relations*), der Rechtsausschuss (*Committee on the Judiciary*), der Mittelausschuss (*Committee on Ways and Means*) und der Gemeinsame Wirtschaftsausschuss (*Joint Economic Committee*) (Smith, 2006).

### Das Gesetzgebungsverfahren

Der Aufbau des Kongresses und die Aufgabenverteilung zwischen den beiden Kammern legen zu einem beträchtlichen Teil den Gang der Gesetzgebung fest. Dabei gilt der Grundsatz, dass sich im Laufe des gemeinsamen

# Der Gang der Gesetzgebung

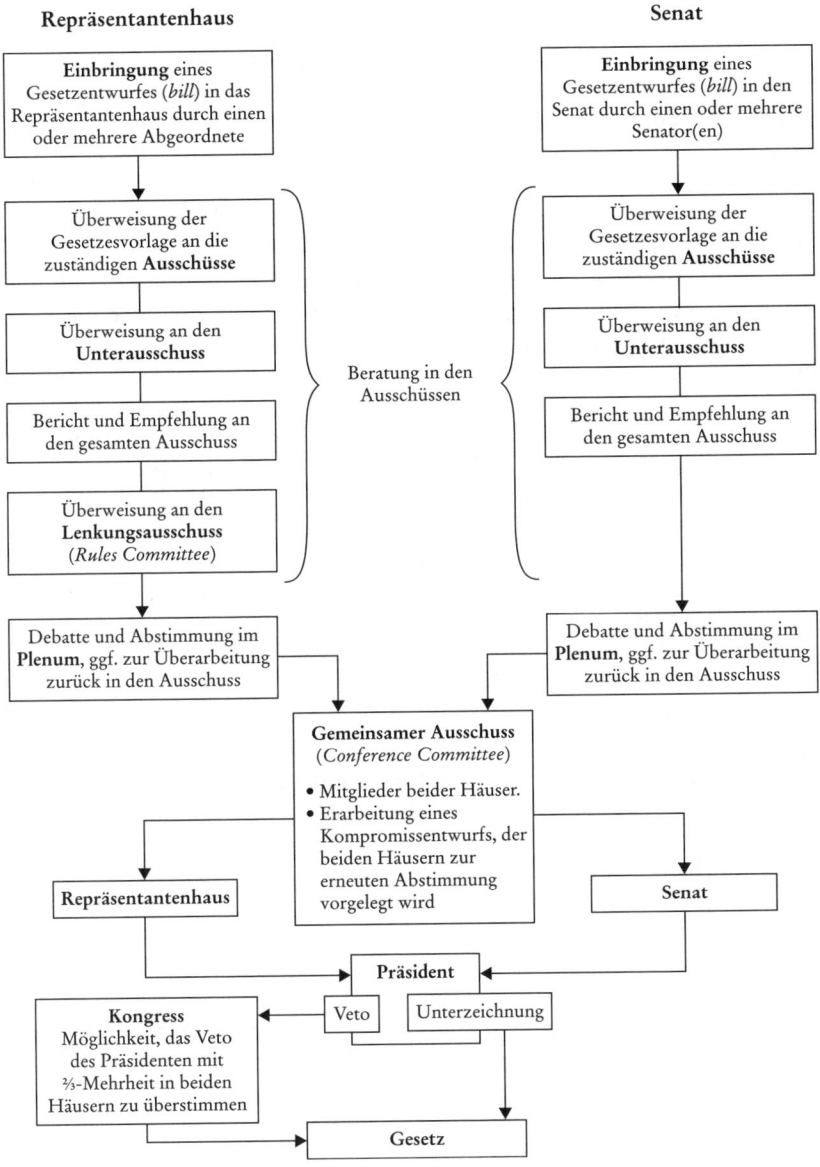

Abb. 5: Das Gesetzgebungsverfahren

Gesetzgebungsprozesses Repräsentantenhaus und Senat auf ein zu verabschiedendes Gesetz einigen müssen.

In beiden Kammern läuft das Gesetzgebungsverfahren im Wesentlichen gleich ab. Das Gesetzgebungsverfahren wird in Gang gesetzt, indem ein oder auch mehrere Mitglieder der jeweiligen Kammer einen Gesetzesentwurf (*bill*) einbringen. Dann wird die Vorlage an die zuständigen Ausschüsse überwiesen, von wo diese an den zuständigen Unterausschuss weitergegeben wird. Dieser erarbeitet einen Bericht und eine Empfehlung für den Ausschuss. Im Repräsentantenhaus wird die Vorlage danach an den Lenkungsausschuss (*Rules Committee*) weitergeleitet, bevor es zur Debatte und zur Abstimmung im Plenum kommt. Halten die Mitglieder einer Kammer eine Überarbeitung der Vorlage für notwendig, wird diese in die Ausschüsse zurückverwiesen. Ist eine Kammer mit der Vorlage zufrieden, wird diese in den gemeinsamen Ausschuss beider Kammern weitergegeben, in der Mitglieder von Senat und Repräsentantenhaus einen Kompromissentwurf erarbeiten, der wieder beiden Kammern vorgelegt wird. Stimmen sowohl das Repräsentantenhaus als auch der Senat schriftlich dem Gesetz zu, wird dieses an den Präsidenten weitergeleitet. Unterzeichnet der Präsident die Vorlage, wird sie Gesetz. Legt er sein Veto ein, hat der Kongress die Möglichkeit, durch eine Zwei-Drittel-Mehrheit in beiden Kammern das Veto des Präsidenten zu überstimmen. Andernfalls tritt das Gesetz nicht in Kraft (Jäger, 1995).

## 2. Der Präsident

### Die Wahl des Präsidenten: Die Nominierung als Kandidat

Die Bedeutung des Amtes des Präsidenten zeigt sich nicht zuletzt am Auswahlverfahren für dieses Amt – ein Verfahren, das im Lauf der amerikanischen Geschichte immer komplexer wurde.

Seit einigen Jahren ist es ein langwieriges Verfahren: Die erste Phase des (innerparteilichen) „Wahlkampfs" beginnt zu unterschiedlichen Zeiten mit der individuellen Entscheidung eines Politikers, sich für das Amt des Präsidenten zu bewerben. Wer schließlich als Kandidat für die beiden großen Parteien antritt, wird in einem langwierigen, zunächst informellen, später formellen Verfahren festgelegt. Für das informelle Verfahren sind zwei typische Ausgangssituationen zu unterscheiden: Ein Herausforderer aus den Reihen der Partei, die nicht den Präsidenten stellt, tritt gegen den zur Wiederwahl bereitstehenden Präsidenten an. In der jüngsten Geschichte der USA war dies wiederholt der Fall. 1972 forderte Senator George McGovern (Dem.) Präsident Nixon (Rep.) heraus; 1976 – auf den zurückgetretenen Nixon war dessen Vizepräsident Gerald Ford (Rep.) gefolgt – trat

Jimmy Carter (Dem.) gegen den Präsidenten an. 1980 wurde Präsident Carter von Ronald Reagan (Rep.) herausgefordert; dieser gewann die Wahlen und musste seine zweite Amtszeit gegen Walter Mondale (Dem.) verteidigen. 2004 forderte John Kerry (Dem.) Präsident G. W. Bush (Rep.) heraus.

Da Reagan erstmals seit der Präsidentschaft von Dwight D. Eisenhower (Rep., 1952–1960) über zwei volle Amtszeiten regieren konnte, trat 1988 (wie zuvor 1952, 1960, 2000 und zuletzt 2008) der zweite Fall ein: Zwei Bewerber, von denen keiner Amtsinhaber war, traten gegeneinander an. Oft ist in einer solchen Konstellation der bisherige Vizepräsident der Kandidat der (bisherigen) Regierungspartei (Vizepräsident Richard Nixon 1960 gegen Senator J. F. Kennedy; Vizepräsident Hubert Humphrey 1969 gegen den ehemaligen Vizepräsidenten Richard Nixon; Vizepräsident George H. Bush 1988 gegen Gouverneur Michael Dukakis; Vizepräsident Al Gore 2000 gegen Gouverneur George W. Bush). Nur zwei Vizepräsidenten gelang es allerdings, die Wahlen aus ihrem Amt heraus zu gewinnen: Martin Van Buren (1837) und George H. Bush (1988). Selten treten zwei Kandidaten gegeneinander an, von denen nicht einer Präsident oder (der nachfolgende) Vizepräsident ist. Zuletzt war dies 2008 der Fall, als Vizepräsident R. Cheney nicht nach der Nominierung strebte und so die Senatoren John McCain und Barack Obama gegeneinander antraten.

Während also bei der Regierungspartei entweder der amtierende Präsident oder dessen Vizepräsident ein quasi „natürlicher" Anwärter auf die Kandidatur ist, beginnt die Suche nach einem geeigneten Kandidaten bei der Oppositionspartei schon Jahre vor der eigentlichen Wahl.

Zumeist haben Präsidentschaftskandidaten vor ihrem Kampf um das Weiße Haus hohe Regierungsämter bekleidet. Die Kandidaten waren zuvor Gouverneure: Franklin D. Roosevelt (New York); Ronald Reagan (Kalifornien); Jimmy Carter (Georgia); Michael Dukakis (Massachusetts); Bill Clinton (Arkansas); George W. Bush (Texas). Oder sie gehörten dem Senat an: Harry Truman (Missouri); John F. Kennedy (Massachusetts); Lyndon B. Johnson (Texas); B. Goldwater (Arizona); Robert Kennedy (Massachusetts); Walter Mondale (Minnesota); Bob Dole (Kansas); John Kerry (Massachusetts); Barack Obama (Illinois).

Mögliche Kandidaten versuchen bereits Jahre vor dem Nominierungsprozess der Partei, durch national beachtete Initiativen, Auftritte in den in der Anfangsphase des Nominierungsprozesses der Parteien wichtigen Staaten für die Wähler (zunächst die der eigenen Partei) „sichtbar" zu werden. Dabei kann es durchaus im Kalkül der Kandidaten liegen, durch eine in Kauf genommene Niederlage in diesem Nominierungsprozess so viel Aufmerksamkeit erzeugt zu haben, dass eine spätere, zweite Kandidatur erfolgversprechender ist.

Der komplizierte „offizielle" Auswahlprozess beginnt mit der Nominierung der Kandidaten der beiden großen Parteien. Die Parteien (in den einzelnen Staaten) bestimmen die Regeln der Nominierungsverfahren. Die Parteien – teilweise auch die Staaten selbst – legen zunächst die Termine und das Verfahren der Nominierung fest. Die Auswahlverfahren sind dabei höchst unterschiedlich: Es gibt offene und geheime Abstimmungen, eine staatsweite Wahl oder nur Abstimmungen in Parteiversammlungen; Abstimmungen, an denen nur registrierte Wähler der Partei teilnehmen können, wohingegen die Abstimmungen in anderen Staaten für alle Wähler offen sind. Die Parteien in den Bundesstaaten benennen schließlich – je nach Ergebnis der Wahl – Delegierte, die auf der großen Parteiversammlung für ihren jeweiligen Favoriten stimmen (Jones, 2007).

Der Ausgang der ersten Abstimmungen in einzelnen Staaten (Iowa, New Hampshire) ist von sehr großer Bedeutung für die weitere Dynamik des Nominierungsprozesses. Seit 1988 gibt es den *Super Tuesday* (ein Dienstag Anfang Mai im Wahljahr), an dem in einer Vielzahl von Staaten gleichzeitig Vorwahlen abgehalten werden. Ein überzeugender Sieg eines der Kandidaten an diesem Tag ist ein bedeutender Meilenstein auf dem Weg zur Nominierung. Um im Nominierungsprozess Einfluss nehmen zu können, versuchen viele Staaten, den Termin für die Abstimmung immer früher anzusetzen. Es gibt daher eine Tendenz, die Abstimmungen in möglichst vielen Staaten am gleichen Tag stattfinden zu lassen. Über eine Reform dieses Systems, das sich in den letzten Jahrzehnten nach und nach herausgebildet hat, wird seit langem diskutiert – ohne dass es bisher zu einem Ergebnis gekommen ist.

### Die Wahl des Präsidenten: *Conventions*

Als die Nominierungsparteitage (*Conventions*) im frühen 19. Jahrhundert entstanden, dienten sie den führenden Parteimitgliedern und Politikern dazu, sich auf einen Kandidaten zu verständigen. Bei den heutigen Nominierungsparteitagen der Demokratischen und Republikanischen Partei, die den parteiinternen Vorwahlkampf abschließen, steht üblicherweise bereits fest, wer die meisten Delegierten auf sich vereinigen kann und als Präsidentschaftskandidat ins Rennen gehen wird. Das letzte Mal, als das Ergebnis in Frage stand, war 1976, als der kalifornische Gouverneur Ronald Reagan dem Amtsinhaber Gerald Ford die Nominierung streitig machte. In einem solchen Fall versuchen die Kandidaten, die Delegierten aussichtsloser Kandidaten für sich zu gewinnen oder sogar einzelne Delegierte auf ihre Seite zu ziehen. Allerdings können die Delegierten nur in wenigen Bundesstaaten dafür zur Verantwortung gezogen werden, wenn sie für einen anderen als „ihren" Kandidaten stimmen. Aussichtslose Kandidaten verhandeln mit den starken Kandidaten über Zugeständnisse für die Unterstützung durch die

Stimmen ihrer Delegierten. Dabei geht es oft auch um Positionen in einer zukünftigen Regierung oder Opposition.

### Die Wahl des Präsidenten: Der Wahlkampf

Parteilose Kandidaten haben große Hindernisse zu überwinden, um überhaupt zur Wahl zugelassen zu werden. Sie können durch eine Petition nominiert werden, die von einer von dem jeweiligen Bundesstaat festgelegten Zahl von Wählern unterschrieben wurde. Haben sie diese Hürde genommen, dürfen sie oftmals nicht an den großen Debatten der Fernsehanstalten teilnehmen und im Gegensatz zu den beiden großen Parteien haben sie meist nur geringe finanzielle Mittel für den Wahlkampf.

Mit dem Abschluss des Nominierungsprozesses beginnt der eigentliche Wahlkampf. Nun treten die beiden Kandidaten direkt gegeneinander an. Höhepunkt des Wahlkampfs ist seit der Auseinandersetzung zwischen Richard Nixon und John F. Kennedy die direkte Konfrontation der Kandidaten in genau reglementierten Fernsehduellen.

### Das Wahlmännergremium

Die Verfassung legt fest, dass der Präsident (und Vizepräsident) nicht direkt, sondern von einem eigens dafür geschaffenen Gremium gewählt wird. Die Auswahl der Wahlleute (*electors*) wird, wie in der Verfassung festgelegt, von den einzelnen Bundesstaaten geregelt (Art. II, Abs. 1). In den meisten Fällen schlagen die Parteien die Wahlleute auf den Parteitagen der Einzelstaaten oder durch eine Abstimmung des Hauptausschusses der Partei vor. In Florida beispielsweise wurden bei der letzten Wahl (2008) die Wahlleute vom Vorsitzenden der Demokratischen Partei in Florida ausgewählt, während die Republikanische Partei die Wahlleute durch ihren Exekutivausschuss in Florida nominieren ließ. Das Parlament des Staates bestätigt schließlich die vorgeschlagenen Personen durch Wahl. Die Namen dieser Wahlleute werden in einigen Staaten unter den Namen der Präsidentschaftskandidaten auf dem Wahlzettel aufgeführt, in anderen nicht.

Wie die Wahlmänner der jeweiligen Einzelstaaten in der „Versammlung" der Wahlleute abstimmen sollen, folgt aus dem Ausgang der Volkswahl. In vierundzwanzig der Einzelstaaten können Wahlleute dafür bestraft werden, wenn sie ihre Stimme einem anderen Kandidaten geben. Diese *faithless electors* müssen aber schlimmstenfalls mit mäßigen Geldbußen rechnen und können nur in New Mexico und South Carolina strafrechtlich zur Verantwortung gezogen werden.

Die Zahl der Wahlleute eines Staates entspricht der Zahl seiner Kongressabgeordneten (die derzeitige Zahl der Abgeordneten im Repräsentantenhaus plus zwei Senatoren). Das bedeutet, dass bevölkerungsreiche Bundesstaaten, die besonders viele Wahlleute stellen, für den Wahlkampf der Präsidentschaftskandidaten von besonderer Bedeutung sind. 2008 stellte Kalifornien 55, Texas 34, New York 31, Florida 27, Illinois und Pennsylvania jeweils 21 und Ohio 20 Wahlleute.

Zunächst stimmen die Wähler am Dienstag nach dem ersten Montag im November (alle vier Jahre) für einen der Präsidentschaftskandidaten. In fast allen Bundesstaaten erhält der Gewinner der Stimmenmehrheit *alle* Wahlmännerstimmen (*the winner takes it all*). Ausnahmen sind Maine und Nebraska: Der Kandidat erhält für jeden gewonnenen Wahlbezirk eine Stimme und der Gewinner der Stimmenmehrheit im Bundesstaat erhält zwei weitere Wahlmännerstimmen (2004 fielen allerdings alle Wahlbezirke in Maine und damit alle 4 Stimmen an die Demokraten und in Nebraska alle Bezirke und damit die 5 Stimmen des Staates an die Republikaner).

Die Wahlleute aus allen Bundesstaaten bilden die Versammlung der Wahlleute (*electoral college*). Die Zahl dieser Wahlleute entspricht mit 538 der Zahl aller Senatoren und Abgeordneten des Repräsentantenhauses und drei zusätzlicher Wahlleute aus dem District of Columbia. Die Wahl des Präsidenten und Vizepräsidenten erfolgt etwa sechs Wochen nach der Wahl im November in den Hauptstädten der Bundesstaaten. Das Ergebnis wird dem Wahlleiter in Washington, D.C., gemeldet. Die Wahlleute haben jeweils eine Stimme für die Wahl des Präsidenten und eine für die Wahl des Vizepräsidenten (Jones, 2007).

Gibt es in der Versammlung der Wahlleute keine Mehrheit für einen Präsidentschaftskandidaten, wird im Repräsentantenhaus abgestimmt, wobei jeder Staat eine Stimme besitzt. Diese wird durch einen Abgeordneten abgegeben, der zuvor von den Abgeordneten des jeweiligen Bundesstaates mit Mehrheit gewählt wurde. Gibt es keine Mehrheit für einen Vizepräsidentschaftskandidaten, so entscheidet der Senat über die beiden Kandidaten, die die meisten Stimmen auf sich vereinen konnten. Der Vizepräsident muss bei einem Quorum von zwei Dritteln von der Mehrheit der Senatoren gewählt werden.

### Das Amt

Das Amt des Präsidenten der USA ist eines der machtvollsten aller demokratischen Regierungssysteme. Er ist Staats- und Regierungsoberhaupt, Chef der Bundesverwaltung, Oberbefehlshaber der Streitkräfte und vertritt die Vereinigten Staaten völkerrechtlich. Er gestaltet mit Zustimmung des Senats die Außen- und Sicherheitspolitik und ernennt – ebenfalls mit Zustimmung des Senats – die Träger hoher Staatsämter. Er ernennt die Kabinettsmitglieder, die vom Senat bestätigt werden müssen, die er jedoch frei abberufen kann, und die Mitglieder des Exekutivbüros des Präsidenten.

## Wahl des Präsidenten durch die Versammlung der Wahlleute
### (*Electoral College*)

| Präsident | Vizepräsident |
|---|---|

**Repräsentantenhaus**
- pro Staat eine Stimme
- Stimmabgabe durch den aus der Gruppe von Abgeordneten eines Bundesstaates mit Mehrheit gewählten Abgeordneten – bei Stimmengleichheit Ungültigkeit der Stimme des Staates

**Senat**
- Quorum: ⅔ des Senat
- Wahl des Vizepräsidenten mit der Mehrheit aller Senatoren
- Zur Wahl stehen die zwei Kandidaten, die von der Wahlleuteversammlung die meisten Stimmen erhielten.

| keine Mehrheit für einen Kandidaten | Mehrheit für einen Kandidaten | Mehrheit für einen Kandidaten | keine Mehrheit für einen Kandidaten |
|---|---|---|---|

**Versammlung der Wahlleute (*Electoral College*)**
- 538 Mitglieder
- Die Wahl erfolgt in den Hauptstädten der einzelnen Bundesstaaten, ungefähr 6 Wochen nach der Präsidentschaftswahl
- Jedes Mitglied hat eine Stimme für die Wahl des Präsidenten und eine Stimme für die Wahl des Vizepräsidenten.
- Die Abgabe der Stimme ist frei, unabhängig von der zuvor erklärten Präferenz für einen Kandidaten.

| AK | AL | AR | AZ | CA | CO | CT | DC | DE | FL | GA | HI | IA |
|---|---|---|---|---|---|---|---|---|---|---|---|---|
| 3 | 9 | 6 | 10 | 55 | 9 | 7 | 3 | 3 | 27 | 15 | 4 | 7 |
| ID | IL | IN | KS | KY | LA | MA | MD | ME | MI | MN | MO | MS |
| 4 | 21 | 11 | 6 | 8 | 9 | 12 | 10 | 4 | 17 | 10 | 11 | 6 |
| MT | NC | ND | NE | NH | NJ | NM | NV | NY | OH | OK | OR | PA |
| 3 | 15 | 3 | 5 | 4 | 15 | 5 | 5 | 31 | 20 | 7 | 7 | 21 |
| RI | SC | SD | TN | TX | UT | VA | VT | WA | WI | WV | WY | |
| 4 | 8 | 3 | 11 | 34 | 5 | 13 | 3 | 11 | 10 | 5 | 3 | |

**Bestimmung von Wahlmännern in den Bundesstaaten**
- **Allgemein** erhält der Präsidentschaftskandidat, auf den die Mehrheit der Wählerstimmen entfällt, alle Stimmen.
- Ausnahmen sind Maine und Nebraska: Eine Stimme für den Gewinner der Mehrheit in jedem Wahlbezirk, zwei Stimmen für den Gewinner der Mehrheit im gesamten Staat.

| Stimmabgabe für einen Präsidentschaftskandidaten |
|---|

| Wahlberechtigte Bevölkerung der Vereinigten Staaten |
|---|

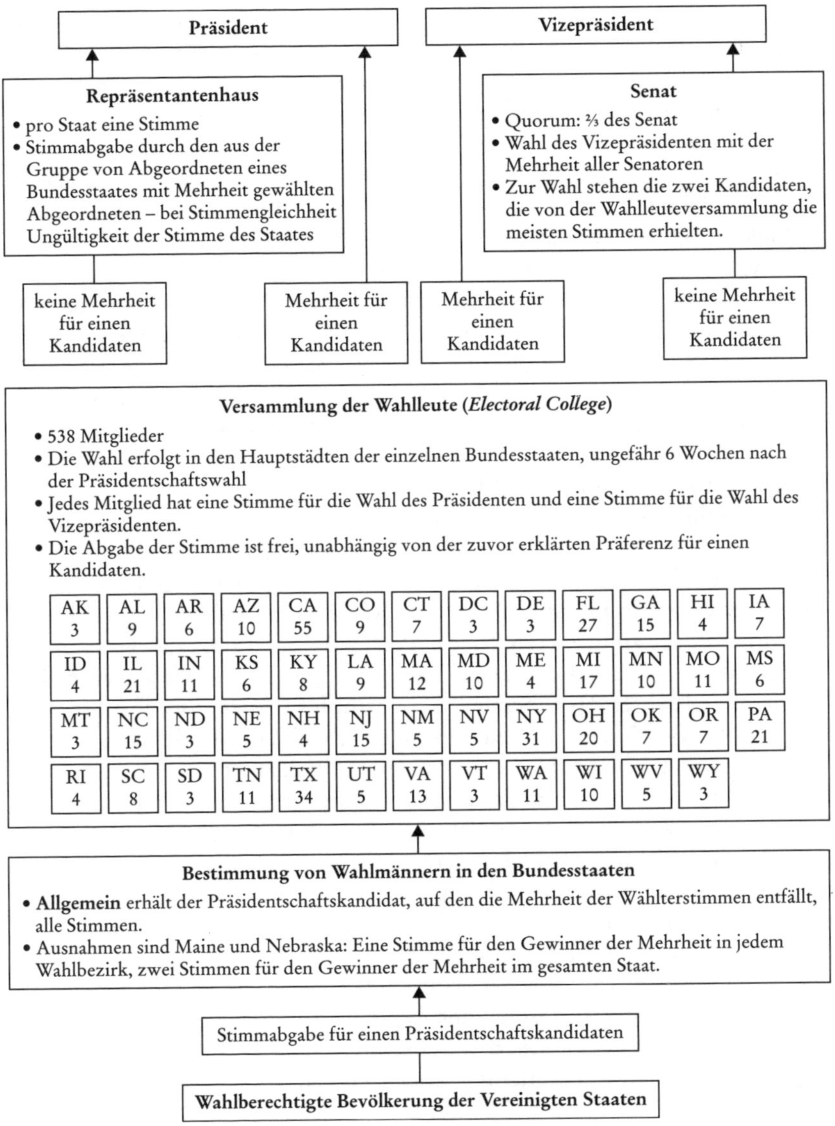

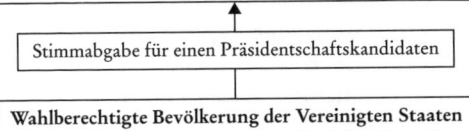

Abb. 6: Die Wahl des Präsidenten

### Die *First Lady*

Die Rolle der *First Lady* hat sich seit dem Zweiten Weltkrieg verändert. Eleanor Roosevelt war die erste Präsidentengattin, die ihre Position ganz bewusst dazu nutzte, eigene Politik zu gestalten, insbesondere im Kampf gegen den Rassismus. Seit dieser Zeit gehört ein gewisses politisches Engagement der *First Ladies*, vor allem in Bezug auf soziale Fragen, zu ihrer Rolle. Eleanor Roosevelt hat politisches Engagement für Präsidentengattinnen gesellschaftsfähig gemacht.

Hillary Rodham Clinton ist *das* Beispiel für eine „aktivistische" *First Lady*. Ihr Ehemann beauftragte sie mit der Leitung einer Kommission, die das Gesundheitswesen reformieren sollte. Nach dem Scheitern der Reformpläne gab es heftige Kritik der Öffentlichkeit an dieser politischen Rolle der *First Lady*, die sich daraufhin von solch dezidiert politischen Aufgaben zurückzog. Nach dem Ausscheiden Bill Clintons aus dem Weißen Haus kandidierte sie für den Senat. Von 2000 bis 2009 vertrat sie den Staat New York im Senat. Im Frühjahr 2009 wurde sie – in der Administration von Barack Obama – *Secretary of State*. Zuvor hatte sie sich um die Präsidentschaftskandidatur der Demokratischen Partei beworben und war Barack Obama erst in einer langen und harten Serie von Vorwahlen unterlegen.

## Das Amtsenthebungsverfahren

In Ausnahmefällen kann der Kongress – in Zusammenwirken seiner beiden Kammern – den Präsidenten seines Amtes entheben. Die Verfassung erlaubt eine Amtsanklage laut Art. IV, Abs. 4 im Fall von schwerwiegenden Verbrechen und Vergehen im Amt. Allein das Repräsentantenhaus hat das Recht, die Amtsanklage zu initiieren. Eine einfache Mehrheit setzt das Verfahren in Gang, das daraufhin an den Senat zur Verhandlung überwiesen wird. Der Vorsitzende Richter des Obersten Gerichtshofes (*Chief Justice*) führt dabei den Vorsitz. Beschließt der Senat mit einer Zwei-Drittel-Mehrheit der anwesenden Senatoren die Amtsenthebung des Präsidenten, darf dieser auch in Zukunft kein öffentliches Amt mehr bekleiden. Eine Amtsenthebung schließt weitere straf- und zivilrechtliche Klagen nicht aus.

In der Geschichte der Vereinigten Staaten kam es bisher nur zweimal zur Verhandlung von Amtsanklagen gegen Präsidenten, in beiden Fällen kam es jedoch nicht zur Amtsenthebung. Präsident Andrew Johnson wurde 1868 angeklagt. Der aus Tennessee stammende und den Südstaaten freundlich gesinnte Johnson hatte sich mit seiner auf Versöhnung gerichteten Politik während der *Reconstruction* bei der Republikanischen Partei unbeliebt gemacht, die daraufhin ein Gesetz durchsetzte, das es dem Präsidenten untersagte, seine eigenen Kabinettsmitglieder zu entlassen. Als Johnson dennoch seinen Kriegsminister entließ, erhob das Repräsentantenhaus Amtsanklage, die im Senat mit dem denkbar knappsten Ergebnis zu seinen Gunsten entschieden wurde. Im Fall von Präsident Richard Nixon sprach sich das Justizkomitee des Repräsentantenhauses am 27. Juli 1973 für eine Amtsanklage

## Amtsanklage (*Impeachment*) und Amtsenthebungsverfahren

Gemäß Art. IV Abs. 4 der Verfassung werden der **Präsident**, der **Vizepräsident** und **alle zivilen Amtsträger** im Falle einer Amtsanklage (*impeachment*) und Verurteilung wegen Verrat, Bestechlichkeit oder anderen schwerwiegenden Verbrechen und Vergehen ihres Amtes enthoben.

**Repräsentantenhaus**
Art. I Abs. 2 Satz 5
- Das Repräsentantenhaus hat die alleinige Macht, Amtsanklage (*impeachment*) zu erheben.
- Entscheidung mit einfacher Mehrheit

Verhandlung | über
Amtsanklage | im Senat

**Senat**
Art. I Abs. 3 Satz 6
- Der Senat hat die alleinige Macht, über alle Amtsanklagen (*impeachments*) zu verhandeln.
- Wird gegen den Präsidenten der Vereinigten Staaten verhandelt, führt der Vorsitzende des Obersten Bundesgerichts (*Chief Justice*) den Vorsitz.

Beschließt mit | ⅔-Mehrheit
der anwesenden | Senatoren
die | Amtsenthebung

**Amtsenthebung**
Art. I Abs. 3 Satz 7
- Die Verurteilung in einer Verhandlungen über eine Amtsanklage (*impeachment*) beinhaltet lediglich die Entfernung der verurteilten Person aus dem Amt und das Verbot, zukünftig in den Vereinigten Staaten ein öffentliches Amt zu bekleiden.
- Eine Verurteilung in einem Amtsenthebungsverfahren schließt weitere, zivil- und strafrechtliche Anklagen und Verurteilungen nicht aus.

Abb. 7: Das Amtsenthebungsverfahren

wegen Justizbehinderung aus und zwei Tage später zudem noch wegen Amtsmissbrauch und Missachtung des Kongresses. Der Erhebung der Klage durch das Votum des Repräsentantenhauses und der Verhandlung im Senat kam Nixon allerdings zuvor, indem er am 9. August seinen Rücktritt erklärte. Gegen Bill Clinton wurde im Dezember 1998 wegen Meineides und Justizbehinderung in Verbindung mit dem Skandal wegen der sexuellen Beziehungen des Präsidenten mit der Praktikantin Monica Lewinsky Amtsanklage erhoben. Im Februar 1999 sprach ihn der Senat jedoch in beiden Punkten frei.

### The West Wing: Das Executive Office of the President

> *„What does it look like when the President goes through a door? Does he go in first? Do his agents go in? Are there people around him?"* *„Almost always, agents will walk into a room first, particularly if it's a room where there are non – White House staff types. And then the President will walk through the door by himself and then staff will follow. It's not obvious. You realize that you havent't given it a lot of thought to exactly now it's different than when anybody else walks through a door."*
> – Dee Dee Myers

Die Entwicklung des amerikanischen Regierungssystems brachte es mit sich, dass der Prädident Vertraute brauchte, die ihm – neben dem Kabinett – beraten und unterstützen könnten. Präsident F. D. Roosevelt war der erste Präsident, der in systematischer Weise versuchte, einen festen Stab von Mitarbeitern im Weißen Haus zu etablieren. Zunächst richtete er den sogenannten *Brain Trust* ein, der aus eines Reihe von Akademikern bestand, die ihm als Berater dienten, jedoch keine gemeinsamen Treffen abhielten. Damit knüpfte er an das Beispiel eines seiner Vorgänger an: Woodrow Wilson hatte 1918 eine Gruppe von akademischen Beratern mit zur Konferenz von Versailles genommen, die als *The Inquiry* bekannt wurden. Jetzt wurde aber deutlich, dass eine bloße akademische Beratung nicht mehr ausreichend war. Mitte der 1930er Jahre gelangten die Berater des Präsidenten und wohl auch er selbst zur Überzeugung, dass der Präsident mehr und kontinuierlichere administrative Hilfe brauchte. 1937 veröffentlichten sie einen Report (*President's Committee on Administration Management*), der den Aufbau eines eigenen „Büros des Präsidenten" vorschlug. Zwei Jahre später wurde – auf Grundlage dieses Berichts – das *Executive Office of the President* (EOP) gegründet (Jones, 2007, 96 ff.).

Das Büro gewann schnell an Kompetenz und in Konsequenz davon an Mitarbeitern und Ausstattung. Nach und nach spiegelte das EOP die gesamte Exekutive wider. Die Anfänge allerdings waren bescheiden. Noch 1939 bestand das EOP aus zwei Abteilungen: dem *White House Office* und dem *Office of Management and Budget* (OMB, zunächst als *Bureau of the Budget* bezeichnet).

Nach dem Zweiten Weltkrieg kamen alsbald (neue) wichtige Aufgaben und entsprechende Mitarbeiterstäbe hinzu: Der Nationale Sicherheitsrat wurde 1947 im Zuge einer Reform des Sicherheitsapparates der USA geschaffen. Der Sicherheitsrat sollte zur institutionellen Koordinierung von Innen-, Außen- und Verteidigungspolitik dienen. In den ersten zwei Jahren war der Nationale Sicherheitsrat vergleichsweise ineffektiv. Unter dem Eindruck des Koreakriegs beschloss Präsident Truman jedoch, den Rat zu verkleinern und regelmäßige wöchentliche Sitzungen einzuführen. Die Effizienz des Amtes wurde dadurch beträchtlich erhöht. Eisenhower schuf zudem die Position des Nationalen Sicherheitsberaters, der als Hauptberater des Präsidenten in Fragen der Sicherheit fungiert. Der bedeutendste Sicherheitsberater des Präsidenten – der zeitweise sowohl das Außen- als auch das Verteidigungsministerium dominierte und für einige Jahre in Personalunion als Außenminister und Sicherheitsberater diente – war Henry Kissinger. Ebenfalls nach dem Krieg wurde der *Council of Economic Advisors* (CEA) geschaffen, der über Zeit an Einfluss gewann (Jones, 2005).

Der innerste Kreis des Exekutivbüros ist das *White House Office* – die engsten politischen Berater des Präsidenten. Meist handelt es sich dabei um Personen, die den Präsidenten während des Wahlkampfes unterstützt haben oder die in früheren vom Präsidenten ausgeübten Ämtern mit ihm zusammenarbeiteten.

### White House Office

Vereinfachte Darstellung der Personalstruktur des EOP/ohne Büro des Vizepräsidenten)

(1) *Assistent to the President*

| | |
|---|---|
| – Management | Stabschef, stellvertretende Stabschefs, Pressesekretariat, Mitarbeiter mit Zuständigkeit für Kommunikation, Kongressangelegenheiten, Redenschreiber, Personalangelegenheiten etc. |
| – Politikfelder | Nationale Sicherheit, Außenpolitik, Heimatschutz, strategische Planung, Politikfelder etc. |
| – Recht | *Counsel* (Rechtsberatung) |
| – allgemeine Berater | *Councelor* (Allgemein) |

(2) *Deputy Assistent to the President*

| | |
|---|---|
| – Management | Planung, Kommunikation etc. |
| – Büro der *First Lady* | Stabschef |
| – Politikfelder | Sicherheits- und Außenpoltik, Gesetzgebung etc. |

(3) *Special Assistent*

– spezielle Fragen (*social secretary, cabinet liaison* etc.)

### 3. Das Rechtssystem

Das amerikanische Gerichtssystem gliedert sich in die Gerichtsbarkeit der einzelnen Staaten und die Bundesgerichtsbarkeit. Die Judikative besteht im Grundsatz also aus zwei nebeneinander bestehenden Strukturen – die der Einzelstaaten und die des Bundes. Die Verfassung (Art. III) regelt die Gerichtsbarkeit des Bundes: „Die richterliche Gewalt der Vereinigten Staaten soll einem Obersten Gerichtshof und solchen untergeordneten Gerichten übertragen sein, wie sie der Kongress von Zeit zu Zeit anordnen und errichten wird."

In der Organisation der Bundesgerichtsbarkeit gibt es dieser Vorschrift entsprechend drei Entscheidungsebenen: Auf der unteren Ebene entscheiden die Bundesbezirksgerichte (*Federal District Courts*) sowie Gerichtshöfe, die sich mit Rechtsansprüchen gegen einen Bundesstaat befassen, und spezielle Gerichte: das Gericht für den Internationalen Handel, das Bundessteuergericht und Kommissionen und Behörden des Bundes, die regulierende Kompetenz besitzen.

Die zweite Instanz bilden die Bundesberufungsgerichte (*U.S. Courts of Appeal*), hinzu kommen das Berufungsgericht des Militärs und die Obersten Gerichtshöfe der einzelnen Bundesstaaten, soweit sie sich mit Fällen befassen, die Bundesrecht berühren (Hübner, 2001).

Die höchste Instanz ist das Oberste Gericht der Vereinigten Staaten (*Supreme Court*). Dessen neun Richter werden als *Justices* bezeichnet, der Vorsitzende Richter (*Chief Justice*) steht dem Gericht vor. Das Oberste Gericht befasst sich mit Fällen, in denen zwei oder mehr Bundesstaaten Partei sind, mit Streitigkeiten zwischen dem Bund und einem Einzelstaat sowie mit Verfahren zwischen einem Bundesstaat und einem Bürger, sofern das Verfahren seitens des Bundesstaates angestrengt wurde. Das Gericht kann zudem entscheiden, Berufungsverfahren von untergeordneten Instanzen anzuhören – mindestens vier Richter müssen zustimmen, um einen solchen Fall zu hören.

In den Vereinigten Staaten existierte bereits vor Verabschiedung der Verfassung ein System von Gerichten. Unter den Delegierten der Verfassungsgebenden Versammlung gab es daher erheblichen Streit darüber, ob ein System von Bundesgerichten überhaupt erforderlich sei oder ob es gar die Gerichte in den Staaten ersetzen sollte. Die Verfassung entwarf einen Mittelweg: Die Gerichte der Bundesgerichte erhielten genau festgelegte und umgrenzte Befugnisse. Der erste Kongress teilte das Land in Bezirke und setzte Bundesgerichte für jeden Bezirk ein. Aus diesen Anfängen entwickelte sich die heutige Struktur: das Oberste Gericht, 94 *Federal Courts* (zwischen einem und vier, je nach Größe des Bundesstaates) und insgesamt 13 *U.S. Courts of Appeal*. Elf dieser Berufungsgerichte fassen Regionen zusammen, der zwölfte ist für den *District of Columbia* zuständig, der dreizehnte

## Die Bundesgerichte – System und Zuständigkeit

Vefahren unter Beteiligung
von
• zwei oder mehr Staaten;
• den Vereinigen Staaten
  und einen Bundesstaat;
• einem Bundesstaat und
  einem Bürger eines anderen Bundesstaates (falls
  das Verfahren von dem
  Bundesstaat angestrengt
  wurde).

**Oberster Gerichtshof der**
**Vereinigten Staaten**
(*Supreme Court*)
• eine Kammer mit 9 Richtern
• Zuständigkeit für Berufungen:
  Die Verfahren haben ihren
  Ursprung in einem anderen,
  untergeordneten Gericht.
• Nimmt nach eigenem Ermessen
  Berufungsverfahren an von:

**Oberste Gerichtshöfe der**
**Bundesstaaten**
(*State Supreme Courts*)
(falls Probleme behandelt
werden, die in die Jurisdikation
des Bundestaates fallen)

**Bundesberufungsgerichte**
(*U.S. Courts of Appeals*)
• Eines in jeder der elf Regionen
  (*circuits*), ein weiteres in der
  Bundeshauptstadt Washington
  (*District of Columbia*) und ein
  Berufungsgericht für den Bereich
  des Bundes.
• Nimmt Berufungsverfahren nur
  an von den:

**Berufungsgericht des Militärs**
(*Court of Military Appeals*)

**Kommissionen und Behörden**
**des Bundes mit regulativer**
**Kompetenz**
(*U.S. Regulatory Commissions*)

**Bundesbezirksgerichte**
(*Federal Disctrict Courts*)
• eines in jedem der 94 Bezirke
  (*districts*)
Verfahren können u. a. eröffnet
werden bei
• Verstößen gegen Bundesgesetze;
• Zivilrechtsverfahren unter
  Bundesrecht;
• Zivilrechtsverfahren zwischen
  Bürgern verschiedener
  Bundesstaaten mit einem
  Streitwert von mehr als
  50.000 US-Dollar;
• Insolvenzverfahren;
• Überprüfung der Tätigkeit
  bestimmter Bundesbehörden;
• weiteren Angelegenheiten, die
  durch einen Beschluss des
  Kongresses der Jurisdikation
  der Bundesbezirksgerichte
  übertragen wurden.

**Gerichtshof für Rechtsan-**
**sprüche gegen den Bundesstaat**
(*Court of Federal Claims*)
Rechtsansprüche gegen die
Vereinigten Staaten, u. a.:
• Steuerrückerstattung;
• Verträge der öffentlichen Hand;
• Fragen von Umweltschutz und
  natürlichen Ressourcen;
• Fragen zu Besoldung und
  Gehältern öffentlicher Ange-
  stellter.

**Gerichtshof für den**
**Internationalen Handel**
(*Court of International Trade*)
Neun Richter, vom Präsidenten
mit Zustimmung des Senats ernannt; Zivilrechtsverfahren über
Import-Transaktionen; Bundesgesetze und -verordnungen, die
den Außenhandel betreffen

**Bundessteuergerichtshof**
(*Tax Court*)
19 Richter, vom Präsidenten mit
Zustimmung des Senats ernannt

Abb. 8: Das Rechtssystem der Vereinigten Staaten

befasst sich im Wesentlichen mit Bundesrecht. Dem Kongress steht es frei, Bundesgerichte einzusetzen (und abzuschaffen) und die Zahl der Richter an den Bundesgerichten zu bestimmen. Er kann allerdings nicht das Oberste Gericht abschaffen.

Die richterliche Gewalt erstreckt sich auf alle Fälle im Geltungsbereich der Verfassung, der vom Kongress beschlossenen Gesetze oder der Verträge der Vereinigten Staaten; auf alle Fälle, die Botschafter, Gesandte oder Konsuln anderer Länder in den Vereinigten Staaten betreffen; auf Streitigkeiten, bei denen die Vereinigten Staaten als Partei auftreten; auf Streitigkeiten zwischen Bundesstaaten (oder ihren Bürgern) und fremden Ländern (oder deren Staatsangehörigen) sowie auf Konkursfälle. Im 11. Verfassungszusatz wurde festgelegt, dass die Bundesgerichte nicht mehr für Fälle zuständig sind, in denen ein Bürger eines Bundesstaates Kläger und die Regierung eines anderen Bundesstaates Beklagter ist. Sie sind allerdings nach wie vor für Fälle zuständig, in denen die Regierung eines Bundesstaates Kläger und ein Bürger eines anderen Bundesstaates Beklagter ist.

Die Kompetenzen der Bundesgerichte erstrecken sich auf alle Formen von Zivilklagen als auch auf Strafsachen, soweit sie durch Bundesgesetze geregelt sind. Art. III hat ein komplexes Beziehungsgeflecht zwischen den Gerichten der Staaten und den des Bundes zur Folge. Verfahren im Rahmen der Gesetzgebung der Einzelstaaten werden in der Regel nicht an einem Bundesgericht verhandelt. Umgekehrt können Fälle, die zuerst unter die Zuständigkeit der Bundesgerichte fallen, allerdings auch vor den Gerichten der Einzelstaaten verhandelt und entschieden werden. In beiden Gerichtssystemen gilt mithin in einigen Bereichen die ausschließliche und in anderen die konkurrierende Zuständigkeit der Gerichte.

Eine besondere Funktion kommt dem Obersten Gericht insoweit zu, als das Gericht die alleinige Kompetenz für die (juristische) Verfassungsinterpretation besitzt. Alexander Hamilton beschreibt diese Aufgabe in *Federalist No. 78*: „Die vollständige Unabhängigkeit der Gerichte ist für eine Verfassung mit eingeschränkter Regierungsgewalt [*a limited Constitution*] in besonderer Weise ausschlaggebend. Eine gewisse Verwirrung über das Recht von Gerichten, Gesetze der Legislative für nichtig zu erklären, weil sie der Verfassung widersprechen, hat sich aus der Vorstellung ergeben, da diese Doktrin die Höherrangigkeit der rechtsprechenden gegenüber der gesetzgebenden Gewalt impliziert. Man behauptet, dass die Gewalt, die die Beschlüsse einer anderen für nichtig erklären kann, zwangsläufig höherrangig als diejenige sein muss, deren Beschlüsse für nichtig erklärt werden können. (…) Wenn man behauptet, dass die Mitglieder der Legislative selbst die Verfassungsrichter über ihre eigenen Kompetenzen sind und dass die Auslegung, für die sie sich entscheiden, auch für die anderen Verfassungsorgane bindend ist, so kann man darauf antworten, dass diese Annahme sich nicht natürlich ergibt, da sie nicht aus einer bestimmten Verfassungsbestimmung gefolgert werden kann. Man kann im Gegenteil nicht davon ausgehen, dass die Verfassung beabsichtigt, die Vertreter des Volkes zu befähigen, ihren *Willen* an die Stelle des Willens ihrer Wähler zu setzen. Es ist viel rationaler anzunehmen, dass die Gerichte als eine intermediäre Körperschaft zwischen Volk und Legislative die Aufgabe haben sollen, auch letztere in den ihrer Vollmacht gesetzten Grenzen zu halten. (…) Sollte es zu einer unüberbrückbaren Meinungsverschiedenheit zwischen beiden kommen, dann sollte selbstverständlich das, was die höherrrangige Verpflichtung und Gültigkeit hat, den Vorzug haben, anders ausgedrückt, der Verfassung sollte der Vorzug gegenüber einem einfachen Gesetz gegeben werden, der Absicht des Volkes der Vorzug gegenüber der Absicht seiner Beauftragten" (Hamilton, Madison & Jay, 1994, 471 ff.).

Die Verfassung schützt die richterliche Unabhängigkeit. Bundesrichter können ihr Amt ausüben, solange ihre „Amtsführung einwandfrei ist" – praktisch bedeutet dies, bis sie sterben, in Pension gehen oder zurücktreten. Allerdings kann ein Richter, der im Amt eine Straftat verübt, ebenso wie der Präsident oder andere Bundesbeamte durch Klage (*Impeachment*) seines Amtes enthoben werden (Jäger, 1995).

Die Bundesrichter werden vom Präsidenten ernannt. Oftmals werden Kandidaten vom Stab des Weißen Hauses, dem Büro des Justizministers (*Attorney General*), Senatoren oder anderen Politikern empfohlen. Vor der Nominierung überprüft das FBI die potentiellen Kandidaten. Das Justizkomitee des Senats entscheidet danach über die Eignung der nominierten Richter. Wird im Sinne des Kandidaten abgestimmt, muss der gesamte Senat den Kandidaten noch mit einfacher Mehrheit bestätigen. Der Kongress legt zudem die Besoldung der Richter fest.

Zusätzlich zu den Bundesgerichten mit allgemeiner Gerichtsbarkeit war es von Zeit zu Zeit erforderlich, Gerichte für besondere Zwecke einzurichten. Diese werden als „legislative" Gerichte bezeichnet, weil sie durch den Kongress eingesetzt werden. Die Richter an diesen Gerichten werden wie ihre Kollegen an anderen Bundesgerichten vom Präsidenten mit Zustimmung des Senats auf Lebenszeit ernannt.

Derzeit gibt es zwei Sondergerichte mit nationaler Zuständigkeit für bestimmte Arten von Fällen. Das Gericht für Außenhandel behandelt Fälle im Zusammenhang mit internationalen Zoll- und Handelsfragen. Das Gericht für Entschädigungsansprüche gegen den Bund ist für alle Ansprüche auf Sachentschädigung gegen die Vereinigten Staaten, Streitigkeiten über Bundesverträge, illegale Inbesitznahme von Privateigentum durch die Bundesregierung und eine Vielzahl anderer Ansprüche gegen die Vereinigten Staaten zuständig.

Das Rechtssystem der Vereinigten Staaten von Amerika besitzt eine herausragende Bedeutung. Gerichte – vor allem der Oberste Gerichtshof – genießen hohe Reputation und bestimmen durch den Tenor ihrer Entscheidungen zu einem wichtigen Teil Politik und Gesetzgebung. Seit dem 1803 ergangenen Urteil *Marbury v. Madison* hielt das Oberste Gericht den Grundsatz aufrecht, dass Verfassungsrecht über dem vom Kongress gesetzten Recht steht (Hübner, 2003). Seither wird über den politischen Einfluss des Obersten Gerichts – und der Gerichtsbarkeit als solche – gestritten. Dabei changiert das Gericht (und die Berichterstattung über die Entscheidungen) zwischen den Positionen „Zurückhaltung" (*judicial self-restraint*) und einer dezidiert aktivistischen, in die Politik eingreifender Position (*judicial activism*).

## Die föderale Ordnung

Die Vereinigten Staaten von Amerika sind ein Bundesstaat, der aus Staaten, Distrikten und Territorien besteht. Eine Besonderheit: Der *District of Columbia* ist direkt dem Kongress unterstellt. Art. IV ermächtigt den Kongress, „alle notwendigen Regeln und Verfügungen bezüglich der Territorien und anderem Eigentum der Vereinigten Staaten" zu erlassen.

Territorien können einer eigenen Gerichtsbarkeit unterstellt sein – unter einem Gouverneur und vom Präsidenten ernannten Amtspersonen, die vom Senat bestätigt worden sind. Die Territorien sind in „organisierte" und „unorganisierte" Territorien gegliedert. Historisch waren „unorganisierte Territorien" entweder unbevölkert oder für die indianische Bevölkerung vorgesehen; heutzutage bezieht sich der Begriff auf eine Region, die den USA nicht vollständig unterstellt ist. „Organisierte Territorien" der USA sind Puerto Rico und die Nordmarianen in Mikronesien. Zudem unterscheidet man zwischen nichtinkorporierten amerikanischen Außengebieten wie Guam, den Amerikanischen Jungferninseln, Amerikanisch-Samoa und einer Reihe weiterer kleiner Inseln und Territorien, deren Gebiet zu den USA gehört und vollständig der amerikanischen Gerichtsbarkeit unterstellt ist – der einzige derartige Fall ist gegenwärtig das unbewohnte Palmyra-Atoll zwischen Hawaii und Amerikanisch-Samoa.

Der seit dem Afghanistan- und Irakkrieg berüchtigte Militärstützpunkt Guantánamo im Süden Kubas, den die USA von Kuba pachteten, steht unter amerikanischer Verwaltung und damit unter Gebietshoheit der USA, auch wenn Kuba die territoriale Souveränität besitzt und seit Jahrzehnten die Auflösung des Stützpunktes und Rückgabe des Gebietes fordert. Die USA haben dies stets verweigert und bestehen auf ihrer Souveränität: Aus diesem Grund ist es den USA in den Jahren der Bush-Administration gelungen, dort eine Art von Schattengerichtsbarkeit zu schaffen, da die Regierung argumentiert, dass amerikanisches Recht in diesem Raum nicht gelte, obwohl den USA die Gebietshoheit zustehe.

Haben die USA in kriegerischen Auseinandersetzungen neue Gebiete erobert, so können diese besetzten Gebiete der Verwaltung der Armee unterstellt werden, wie dies nach dem Zweiten Weltkrieg in Westdeutschland und Japan der Fall war und im Irak unmittelbar nach der Beendigung des Feldzuges vom Frühjahr 2003.

## Die Regierungssysteme der Staaten

Die Regierungssysteme der einzelnen Bundesstaaten gleichen der amerikanischen Verfassung und ähneln sich insoweit. In der Zuweisung von Kompetenzen an die einzelnen Gewalten weichen sie zum Teil voneinander ab. (So hat Nebraska als einziger Staat ein Einkammernsystem. Die 49 Senatoren der Gesetzgebenden Versammlung Nebraskas werden für eine Amtszeit von vier Jahren gewählt und dürfen nicht mehr als zweimal nacheinander gewählt werden.)

Das Regierungssystem von New York – ein Beispiel für den „Regelfall" der Verfassungen der Bundesstaaten – hingegen spiegelt die Verfassung der Union:

Der Gouverneur wird für vier Jahre direkt gewählt und darf nur einmal wiedergewählt werden. Er ist der alleinige Vertreter New Yorks gegenüber der Bundesregierung und anderen Bundesstaaten. Er steht den Ministern und der Verwaltung vor und besetzt Verwaltungsämter (teilweise nach Bestätigung durch den Senat des Staates New York). Er beruft die sieben Richter des Obersten Berufungsgerichts für eine Amtszeit von 14 Jahren und die Richter der Berufungsabteilungen des Obersten New Yorker Gerichtshofes für eine Amtszeit von fünf Jahren. (Die Richter der erstinstanzlichen Gerichte und die Richter des Obersten Gerichtshofs werden vom Volk direkt gewählt.) Zudem ist der Gouverneur der Oberbefehlshaber der Miliz von New York. Er kann Entscheidungen der Gesetzgebenden Versammlung des Staates durch sein Veto aufschieben und besitzt darüber hinaus das Recht auf die außerordentliche Einberufung des Parlaments.

Die 150 Abgeordneten der Abgeordnetenversammlung und die 50 Senatoren werden durch Direktwahl für zwei Jahre gewählt und dürfen einmal wiedergewählt werden. Beide Kammern wirken bei der Gesetzgebung zusammen. Die Abgeordnetenversammlung hat das Recht, Amtsenthebungsverfahren zu initiieren, die der Senat gemeinsam mit dem Obersten Berufungsgericht verhandelt.

Ein ähnliches Beispiel ist die Verfassung von Kalifornien: Der Gouverneur des Staates Kalifornien wird für höchstens zwei aufeinanderfolgende Amtszeiten von vier Jahren gewählt. Er hat das Recht auf die außerordentliche Einberufung der Gesetzgebenden Versammlung und kann deren Entscheidungen durch ein suspensives Veto aufschieben.

Die 80 Abgeordneten der *State Assembly* und die 40 Senatoren werden durch Direktwahl für höchstens zwei Amtszeiten gewählt. Die Amtszeit der Abgeordneten beträgt zwei, die der Senatoren vier Jahre.

Das Volk wählt auch die Richter für die Landkreise (Amtszeit 6 Jahre), die Berufungsgerichte (Amtszeit 12 Jahre) und den Obersten Gerichtshof (7 Richter, Amtszeit 12 Jahre).

Das Volk kann zudem bei einer Unterstützung von 5 % der Wähler der letzten Gouverneurswahl mittels Referenden über Gesetzesvorlagen entscheiden. Auch kann das Volk direkt Gesetzes- und Verfassungsänderungen initiieren, wofür eine Unterstützung von 5 % bzw. 8 % der Wähler der letzten Gouverneurswahl benötigt werden.

## 4. Der Staat, Religion und Kirche

### Die Trennung von Staat und Kirche

Zu den wichtigsten Grundlagen der politischen Ordnung der USA gehört die strikte Trennung von Staat und Religionsgemeinschaften – bereits 1791 im ersten Verfassungszusatz zur amerikanischen Verfassung festgelegt: „Der Kongress darf kein Gesetz erlassen, das die Einführung einer Staatsreligion zum Gegenstand hat oder die freie Religionsausübung verbietet." Der erste Verfassungszusatz enthält zwei Festlegungen (*clauses*): (1) das Verbot, eine (oder mehrere) Staatskirche(n) zu errichten (*establishment clause*), und (2) die Garantie der freien Religionsausübung (*free exercise clause*).

Der erste Verfassungszusatz war das Ergebnis einer langen Auseinandersetzung. Die Gründung und Festigung einer „amerikanischen" episkopalen Staatskirche in Virginia schien in den ersten Jahren nach der Unabhängigkeit ein Erfolg versprechendes Unternehmen. Die episkopale Kirche, die nach der Unabhängigkeit der Kolonien von England aus dem amerikanischen Zweig der anglikanischen Kirche hervorgegangen war, war zwar bestrebt, eine von der Autorität des englischen Königs unabhängige, religiöse Organisation zu schaffen. Dabei orientierten sich die Kirchenoberen aber am englischen Staatskirchenmodell; 1784 setzten sie die Errichtung einer episkopalen Staatskirche in Virginia durch. Doch nun gab es heftigen Widerstand. James Madison sprach sich 1785 in einer Mahn- und Protestschrift (*Memorial and Remonstrance to the General Assembly of the Commonwealth of Virginia*) dezidiert gegen eine Staatskirche aus; er lehnte es sogar ab, Religionslehrer – selbst wenn diese verschiedenen Denominationen angehören sollten – mit Steuergeldern zu bezahlen. Ein Jahr später argumentierte Thomas Jefferson in seiner *Bill for Establishing Religious Freedom Enacted into Virginian Law*, dass diejenigen, die anderen ihren Glauben aufzwängen, immer bedenken müssten, dass sie selbst fehlbar seien. Nur die eigenen Überzeugungen könnten der Maßstab sein und diese

Überzeugungen gelten eben auch nur für ein Individuum. Von einem Mann Steuern einzufordern, mit denen andere als seine eigenen Überzeugungen unterstützt würden, hielt er gar für „sündig und tyrannisch". Madison sprang ihm bei, indem er feststellte, dass persönliche Überzeugungen nicht Gegenstand staatlicher Regulierungen sein dürften. Diejenigen, die Macht in Händen hielten, könnten sonst anderen willkürlich ihre Meinung aufzwingen. Die Kritik hatte Erfolg, 1786 wurde die Staatskirche in Virginia abgeschafft.

## Die Rechtsprechung des Obersten Gerichtshofes und das Verhältnis von Staat und Religion

Eine besondere Bedeutung bei der Ausgestaltung des Verhältnisses zwischen dem Staat und den Religionsgemeinschaften kommt der Rechtsprechung des Obersten Gerichtshofes zu (McGurn, 1997). Der Oberste Gerichtshof hat, seit er in grundlegender Weise ab 1940 Gesetze, Verwaltungsakte und staatliche Praxis auf ihre Vereinbarkeit mit dem ersten Verfassungszusatz zu untersuchen begann, dabei in seinen Urteilen immer wieder das Prinzip der Trennung von Staat und Religion gegen jede Aufweichung verteidigt. In einer Reihe von wegweisenden Entscheidungen hat das Gericht dabei das Verhältnis von Staat und Kirchen konkretisiert und die diesbezüglichen Prinzipien der Verfassung weiterentwickelt.

Ausgangspunkt für die Ausgestaltung der verfassungsrechtlichen Trennung von Staat und Kirche war zunächst die „religiöse Neutralität" des Staates. In *Everson v. Board of Education of Ewing Township* erklärte der Oberste Gerichtshof 1947 nicht nur Praktiken staatlicher Einrichtungen für verfassungswidrig, die eine einzelne Religion unterstützen oder diese einer anderen gegenüber bevorzugen, sondern auch Regelungen und Praktiken, die alle Religionen begünstigen. Das Gericht berief sich in seiner Argumentation dabei ausdrücklich auf die Erfahrungen mit der 1785 verabschiedeten *Virginia Bill of Religious Liberty*, die auf einem Entwurf Jeffersons beruht und die anglikanische Kirche Virginias „entstaatlichte".

In einer Vielzahl von Entscheidungen, die auf *Everson v. Board of Education* aufbauen, aber auch eine Reihe älterer Urteile berücksichtigen, interpretierte der Oberste Gerichtshofes die beiden Verfügungen des ersten Verfassungszusatzes. Eine ältere Entscheidung hatte die Reichweite des Rechts auf freie Religionsausübung bereits konkretisiert: Diese Entscheidung zur Reichweite der *free exercise clause* und eine nähere Bestimmung des Religionsbegriffs im Fall *Reynolds v. U.S.* (1879) räumten – auf der Grundlage der Unterscheidung zwischen (unbedingt geschützter) religiöser Überzeugung und (bedingt geschützten) religiös motivierten Handlungen – dem Kongress das Recht ein, letztere gesetzlich zu regeln – vorausgesetzt allerdings, dass ein „rationaler Grund" für eine gesetzliche Regelung angegeben werden kann (*rational basis test*). Damit wurden die religiöse Neutralität und die Gleichberechtigung aller Glaubenssysteme festgeschrieben.

In *Everson v. Board of Education* hatte der *Supreme Court* darüber zu entscheiden, ob der Staat New Jersey Eltern die Fahrtkosten ersetzen durfte, die ihre schulpflichtigen Kinder im öffentlichen Nahverkehr entrichten mussten, wenn sie eine kirchliche Schule besuchten. Das Oberste Gericht wandte hier erstmals die *child benefit theory* an, der zufolge ein Kind, das eine kirchliche Privatschule besucht, nicht schlechter gestellt werden darf als Kinder an staatlichen Schulen. Der Staat, so das Gericht, habe sich strikt neutral zu verhalten.

Gerade an der Schule entzündete sich oft Streit über die Rolle der Religion. Besonders das „Schulgebet" erwies sich als ein Stein des Anstoßes. In *Engel v. Vitale* (1962) entschied der Oberste Gerichtshof, dass Schulgebete mit der *establishment clause* unvereinbar seien, weil aufgrund der in der Verfassung verankerten Trennung von Religion und Staat öffentliche Schulen nicht das Recht haben, religiöse Vorschriften irgendwelcher Art zu erlassen. Ein gemeinsames Gebet, an dem alle Schüler teilnehmen müssen, sei eine solche religiöse Vorschrift.

In der Entscheidung *Abington School District v. Schempp* (1963) wurden gemeinsame Bibellektüre und Schulgebete während des Unterrichts an öffentlichen Schulen sogar grundsätzlich untersagt. Der Oberste Gerichtshof stellte fest, dass solche Handlungen der (verfassungswidrigen) Förderung der Religion dienen.

Auch das Verbot, eine (oder mehrere) Staatskirchen zu errichten, wurde immer wieder interpretiert und für die Praxis konkretisiert. In *Lemon v. Kurtzman* (1971) ging es um die Frage, ob direkte staatliche Geldzuwendungen für religiöse Schulen mit der *establishment clause* vereinbar sind. Um zu klären, ob eine zu enge Beziehung zwischen staatlichen Institutionen und Religionsgemeinschaften vorliegt, entwickelte der *Supreme Court* den nach dem Urteil benannten *Lemon test*: Demzufolge verletzt jedes staatliche Handeln, das erstens ein religiöses Ziel hat oder zweitens primär die Förderung einer Religion zur Folge hat oder drittens eine „exzessive" Verwicklung des Staates in religiöse Angelegenheiten fördert, die *establishment clause*.

Auf der anderen Seite wurde die *free exercise clause* vom Obersten Gerichtshof auch gegen Einschränkungen seitens staatlicher Institutionen verteidigt. Das Gericht bekräftigte 1940 das Recht der Zeugen Jehovas zu missionieren und erklärte 1943, dass Kinder von Angehörigen dieser Religionsgemeinschaft nicht zum Salutieren der amerikanischen Flagge gezwungen werden dürfen. Im Jahre 1963 entschied das Gericht, dass einer Siebenten-Tags-Adventistin nicht aufgrund ihrer Weigerung, an Samstagen zu arbeiten, die Arbeitslosenversicherung gestrichen werden dürfe. Das Gericht äußerte sich auch grundsätzlich, in *Sherbert v. Verner* (1963), und in *Wisconsin v. Yoder* (1972) urteilte das Gericht, dass religiöse Interessen innerhalb des Verfassungsgefüges von übergeordneter Bedeutung seien; staatliche Maßnahmen, die diese Interessen verletzen, seien daher prinzipiell „hoch verdächtig".

Auch für die *free exercise clause* entwickelte der Gerichtshof einen „Test": Religiöse Rituale und Praktiken sind nur dann durch die Verfassung geschützt, wenn das Ritual erstens einem „ernsthaften religiösen Glauben" entspricht und es zweitens vom Staat durch seine Eingriffe oder Regulierungen mit einer „substantiellen Belastung" belegt wurde. Sind diese beiden Voraussetzungen erfüllt, müssen staatliche Institutionen dieses Ritual anerkennen, es sei denn, sie können ein „zwingendes Interesse" an einer Restriktion nachweisen. So erklärte der Oberste Gerichtshof 1993 in *Church of the Lukumi Babalu Aye v. City of Hialeah* das Verbot von Tieropfern in vier Städten Floridas für verfassungswidrig, da sich diese Maßnahme gezielt gegen die Santería-Religion richte. Die Erwägungen des Staates, die sich auf Hygieneregelungen, den Tierschutz oder andere Vorschriften beriefen, mussten dem gegenüber zurücktreten.

Auch wenn in Ausnahmefällen Einschränkungen möglich sind, genießen Religionen in den USA ein außergewöhnliches Maß an Schutz vor staatlichen Eingriffen, was nicht zuletzt auf die konsequente Trennung von Staat und Kirche zurückzuführen ist. Dies bedeutet jedoch nicht, dass Einflussnahme religiöser Gruppen der amerikanischen Politik gänzlich fremd ist. Im Gegenteil: Die 1989 gegründete *Christian Coalition* versucht mit beträchtlichem Erfolg, Politiker zur Unterstützung sexueller Abstinenz, zur Ablehnung der Heiratserlaubnis für Homosexuelle oder zum Verbot von Abtreibungen zu bewegen. In religiösen und ethischen Fragen sind viele Politiker bei ihren Entscheidungen daher besonders vorsichtig: Sozialprogramme, die Abtreibungen unterstützen oder in Kauf nehmen, erhalten oft nur unter Schwierigkeiten staatliche Gelder.

Seit der Reagan-Administration lässt sich eine Tendenz zur Aufweichung der klaren Trennung von Staat und Kirche konstatieren. Präsident Reagan schlug dem Kongress 1982 einen neuen Verfassungszusatz vor, der Schulgebete wieder erlaubt hätte. Der Senat lehnte einen solchen Verfassungszusatz jedoch ab.

Ein weiteres Beispiel für eine versuchte Einflussnahme ist der Fall *Newdown v. U.S. Congress*, in dem der Oberste Gerichtshof zu Gunsten eines Vaters entschied, der die Worte „unter Gott" in der allgemeinen, aber nicht verpflichtenden Rezitation des *Pledge of Allegiance* in der Schule als Verstoß gegen die Trennung von Staat und Kirche begriff. In diesem Fall standen der Kongress und der Präsident – George W. Bush – auf derselben Seite, als sie sich bemühten, den Obersten Gerichtshof von der Annahme des Falles abzubringen. Wäre dies geschehen, hätte eine frühere Entscheidung, die der Schule Recht gab, Bestand gehabt. 2004 entschied der Gerichtshof, dass Newdown nicht als Vertreter seiner unehelichen Tochter, für die er bei Klageeinreichung kein Sorgerecht hatte, klagen durfte, äußerte sich aber nicht dazu, ob die Worte „unter Gott" in diesem Fall verfassungswidrig seien. Drei Richter waren der Auffassung, die Worte „unter Gott" förderten keine Religion, sondern seien lediglich die Anerkennung des religiösen Erbes der Nation. Bereits 2002 hatte der Senat eine nichtverpflichtende Resolution verabschiedet, die die Worte „unter Gott" als Teil der *Pledge of Allegiance* bekräftigt. Die Annäherung von Staat und Religionsgemeinschaften verläuft langsam; allerdings ist eine solche Entwicklung klar zu erkennen.

### Die Begründung der Nation durch religiöse Erfahrung

Religiöse Erfahrungen, das Wirken von Religionsgemeinschaften und die Auseinandersetzungen der Denominationen miteinander haben die Geschichte der nordamerikanischen Kolonien und der Vereinigten Staaten in vielerlei Hinsicht geprägt. Die für die amerikanische politische Ordnung spezifische Rolle der Religion zeigt sich nicht nur in der Besiedlungsgeschichte, sondern auch in der Geschichte der intellektuell-politischen Selbstvergewisserung der Amerikaner. Diese Selbstvergewisserung – letztlich eine Interpretation der amerikanischen Geschichte – findet sich nicht nur in Werken des politischen Denkens, sondern auch in der populären Kultur des Landes.

Religiöse Erfahrungen sind der Ausgangspunkt vieler Ideologien und politischer Konzepte. Insbesondere gilt dies für Vorstellungen nationaler Identität und Bestimmung, die auf den Gedanken der Exzeptionalität der eigenen Gemeinschaft aufbauen. Die Begründung jeglicher solchermaßen konstruierter nationaler Identität erfolgt im Zusammenwirken von Vorstellungen, die ursprünglich religiöser Natur sind. Diese religiöse Begründung und Festigung einer bestimmten Gemeinschaft und ihrer Bestimmung umfasst vier Grundvorstellungen: (1) Die politische und soziale Gemeinschaft, die es zu „begründen", in tatsächlicher Hinsicht zu stabilisieren gilt, wird als von Gott „erwählt" definiert. (2) Das Siedlungsgebiet, das es zu behaupten oder zu erobern gilt, wird als ein „geheiligtes" oder „gelobtes" (d.h. versprochenes) Land verstanden, zu dem die Gemeinschaft in einer besonderen Beziehung steht. (3) Die Bedeutung der Gemeinschaft wird durch eine große und glorreiche Vergangenheit und eine aus dieser Vergangenheit abgeleitete (zukünftige) Aufgabe unterstreichen. (4) Die Geschichte der Gemeinschaft wird als Geschichte von heroischen Taten und Opfern (Märtyrern) erzählt. Das Opfer vorangegangener Generationen verpflichtet die Nachkommen, das Erreichte zu bewahren und weiterzuentwickeln.

Ein solcher Begründungszusammenhang – dem ein funktionelles Verständnis von Religion zugrunde liegt – erlaubt eine Unterscheidung von „Heiligem" und „Profanem" (Durkheim, 1981, 62–68): Die Gemeinschaft verfügt über die für die Unterscheidung notwendigen gemeinsamen Kriterien. Es konstituiert sich so eine Gemeinschaft der Gläubigen.

Im Verlauf der sozialen, politischen und wirtschaftlichen Entwicklung der Gemeinschaft wird dieser religiöse Begründungszusammenhang auf politische Überzeugungen übertragen. Die ursprüngliche religiöse Bedeutung der Exzeptionalität der eigenen Nation und ihrer politischen Ordnung tritt über Zeit in den Hintergrund: Es entwickelt sich eine „politischen Religion", also eine „politische" Begründung der „Identität" und „Bestimmung" der Nation. Nimmt diese „politische Identität" eine der Politik und ihrer Vertreter bewusste Aufgabe im politischen und institutionellen Geflecht der sozialen und politischen Ordnung wahr, so kann man von „Zivilreligion" sprechen. „Zivilreligion" bezeichnet also die tatsächliche politische Funktion religiös-politischer Überzeugungen. In der politisch-religiösen Entwicklung der amerikanischen Nation lassen sich beide Prozesse beobachten. Die „amerikanische" (politische) Religion wurde nach der Staatsgründung zur Zivilreligion.

Der Begriff „Zivilreligion" (*réligion civile*) geht auf Jean-Jacques Rousseau zurück, der in seinem *Gesellschaftsvertrag* unterschiedliche Arten von Religion und ihre Aufgabe innerhalb der bürgerlichen Gesellschaft erörtert und daran anschließend die Form einer bürgerlichen Zivilreligion beschreibt. Er kennzeichnet diese Zivilreligion als eine Form der Verankerung, „die Gottesverehrung mit der Liebe zu den Gesetzen vereinigt. Sie macht aus dem Vaterland den Gegenstand der Verehrung der Bürger und lehrt sie damit, dass der Dienst für den Staat ein Dienst für den Schutzgott ist; eine Art Theokratie, in der man keinen anderen Oberpriester als den Herrscher haben darf und keine anderen Priester als die Beamten" (Rousseau, 1995, 202).

Eine solchermaßen gestaltete Religion stabilisiert die politische Ordnung. Sie ersetzt die spirituelle Bindung, mit der das Königtum oder andere dynastische Herrschaftsformen Legitimität und daher Loyalität erzeugen konnten.

Jede Zivilreligion entwickelt ihre eigenen Dogmen und Rituale, die ein Gemeinschaftsgefühl und somit Zugehörigkeit und Geborgenheit in der politischen Ordnung des Staates konstituieren und diesen dadurch festigen.

Auch die amerikanische Zivilreligion kennt solche „Dogmen". Gerade „neue" Staaten, die ihre Unabhängigkeit erkämpfen, oder Staaten, die einen radikalen Bruch mit ihrer bisherigen Staatsform vollziehen, greifen zum Konzept einer politischen oder Zivilreligion zurück. Die Formen und Wirkungsweisen einer solchermaßen verstandenen funktionell-politischen Religion wurden in den 1960er Jahren von Historikern und Sozialwissenschaftlern wie Elie Kedourie, David Apter, Leonard Binder und Manfred Halpern untersucht.

### Exzeptionalität und *Manifest Destiny*

Zum Verständnis der amerikanischen Zivilreligion bedarf es einer Benennung und Klärung ihrer „Dogmen". An wichtiger Stelle im politischen Selbstverständnis der Vereinigten Staaten steht der Gedanke der „Exzeptionalität". Das ist zunächst nicht ungewöhnlich, denn viele politische Ordnungen nehmen für sich eine solche Besonderheit oder herausgehobene Stellung in Anspruch. Die Vereinigten Staaten sind insoweit keine Ausnahme. Allerdings ergibt sich aus den Besonderheiten ihrer Geschichte, insbesondere der Staatsgründung, eine „tatsächliche" Begründung der Exzeptionalität. Denn politische Ordnungen, die eine besondere Stellung für sich beanspruchen, weisen in vielfacher Hinsicht Ähnlichkeiten in der historischen Entwicklung auf. Dies ist bei den USA aber nicht der Fall. Die 1776 gegründete Republik ist tatsächlich eine Ausnahme.

Wie die meisten „Dogmen" einer Zivilreligion war auch der Gedanke der Besonderheit Amerikas zunächst religiös begründet. Ein vielzitiertes Beispiel hierfür ist das Selbstverständnis der Puritaner in Massachusetts. John Winthrop sah die Siedlungen der von ihm geführten Puritaner in Massachusetts als „a Citty vpon a Hill", ein leuchtendes Beispiel für christliche Gemeinschaften in aller Welt. Mit dem Rückgriff auf das dem Neuen Testament entlehnte Bild vergleicht Winthrop die politische und religiöse Ordnung der Puritaner mit der des Christentums in seiner reinsten und ursprünglichsten Form: „Ihr seid das Licht der Welt. Es kann die Stadt, die auf einem Berge liegt, nicht verborgen sein" (Matthäus, 5,14). Die von den religiösen Führern der ersten Siedler geforderte moralische Überlegenheit der Puritaner über die Christen Europas und der damit begründete Vorbildcharakter der von ihnen geschaffenen politischen Ordnung für die Alte Welt konstituierten ein Gefühl der Auserwähltheit. Diese Auserwähltheit bringt eine Verpflichtung mit sich. Andere politische Gemeinschaften und Kirchen sollen sich entsprechend dem neuen Vorbild reformieren. Sie sind dazu aufgefordert, sich an der „Stadt auf dem Berge" zu orientieren. Damit wird die neue amerikanische Ordnung zum Ausgangspunkt einer neuen und endgültigen Reformation. Der ständige Wandel der politischen Ordnungen ist mit Amerika, wie der irische Bischof und Philosoph George Berkeley 1727 in den *Verses on the Prospect of Planting Arts and Learning in America* schreibt, zu Ende gegangen: „Nach Westen nimmt der Gang des Imperiums seinen Weg:/Die ersten vier Akte sind schon vorbei,/Ein fünfter wird das Schauspiel und den Tag beenden:/Die edelste Frucht der Zeit ist die letzte" (Berkeley, 1901, 364). Die Geschichte hat ihr Ziel gefunden.

Erfolgt eine solche von Amerika ausgehende Reformation der Alten Welt aber nicht oder nicht so bald, so kommt es zu einer strikten Trennung zwischen alter und neuer Ordnung. Amerika muss dann seinen Weg (einstweilen) allein gehen.

Der aus einer solchen Exzeptionalität abgeleitete politisch-religiöse Vorbildcharakter erfuhr mit der Zeit eine zweite, nunmehr säkulare Begründung: Die Amerikanische Revolution brachte die politische Ordnung der USA als Ergebnis eines rationalen Entscheidungsprozesses hervor – die Zufälligkeiten der Entstehung einer Nation aus ethnischen, sprachlichen oder kabinettspolitischen Wurzeln wurde durch die bewusste, in einen Staatsgründungsakt gekleidete Verwirklichung der Ziele der politischen Aufklärung ersetzt. Die USA nehmen für sich in Anspruch, im Locke'schen Sinne durch einen Vertrag aller ihrer Bürger – in einem historisch genau bestimmbaren Moment – gegründet worden zu sein. Durch diesen Akt entstand eine rationale politische Ordnung, die in der menschlichen Geschichte ohne Vorbild ist. Spätere Staatsgründungen haben sich daran orientiert.

Diese Exzeptionalität der Vereinigten Staaten rechtfertigt, ja verlangt geradezu die Expansion. Auch hier kommt zunächst eine religiöse, später zunehmend säkulare Begründung zur Anwendung. Die Überzeugung, es sei göttlich vorherbestimmt und für das Schicksal und Heil aller Christen von Bedeutung, dass die christlichen Siedler sich den gesamten nordamerikanischen Kontinent untertan machen würden, kommt im Konzept des so genannten *Manifest Destiny* der amerikanischen Gemeinschaft zum Ausdruck. Die gottgewollte oder – in der säkularen Variante – schlicht vernünftige Expansion, die den (weißen) Amerikanern die Kontrolle über das neu gewonnene Land einräumt (wobei die Vertreibung und Vernichtung der indianischen Ureinwohner ebenfalls als vorherbestimmt und daher nicht als Schuld begriffen wird), findet ihre Fortsetzung in der amerikanischen Überzeugung, anderen Teilen des Kontinents – später der Welt – zum Vorbild dienen zu können.

Diese Überzeugung fand auch Eingang in die praktische Politik. War die amerikanische Außenpolitik anfangs von dem Gedanken geprägt, dass die junge Republik sich nicht in die Angelegenheiten anderer (in erster Linie europäischer) Länder verwickeln lassen solle, verlor dieser Gedanke angesichts der Expansionsmöglichkeiten schnell an Bedeutung.

Die „Expansion" erstreckte sich auch auf die innere Ordnung der die USA umgebenden Staaten: Vor allem im 20. Jahrhundert gewann die Überzeugung an Anhängern, dass nur ein weltweiter Siegeszug der Demokratie – unter amerikanischer Führung – eine friedvolle Entwicklung der Staatengemeinschaft sicherstellen könnte. „Expansion" bedeutet in dieser Lesart daher nicht territoriale Eroberung, sondern die Gestaltung der politischen Ordnung anderer Staaten. Präsident Woodrow Wilson gelangte durch die

Erfahrung des Ersten Weltkrieges zu dem Schluss, dass Amerika seine Ideale in andere Länder exportieren müsse, um die Welt *safe for democracy* zu machen. Franklin D. Roosevelt, Harry S. Truman und John F. Kennedy ließen sich von ähnlichen Überlegungen leiten. Der „missionarische" Charakter einer danach gestrickten Politik wurde zwar immer wieder von Phasen einer realpolitischen Rückbesinnung unterbrochen, blieb aber stets ein Leitmotiv der amerikanischen Politik. George W. Bushs „Kreuzzug" gegen die Schuldigen des 11. September 2001 und sein Bestreben, auch mittels militärischer Interventionen Demokratie in allen Regionen der Welt zu verbreiten, sind die jüngste Fortschreibung dieses Konzeptes. Präsident Obama versuchte am Beginn seiner Amtszeit, zu einem nüchteren und realistischeren Konzept internationaler Politik zurückzukehren.

## Die amerikanische Zivilreligion

Die amerikanische Zivilreligion hat zwei Ausprägungen: Eine Version betont die Universalität der amerikanischen Werte und des darauf begründeten politischen Systems. Letztlich ergibt sich aus dieser Auffassung die Forderung, die amerikanische politische Ordnung „überall" zu verwirklichen. Die Idee des *Manifest Destiny* kommt hier in ihrer säkularen Form zum Tragen. Die zweite Ausprägung der Zivilreligion betont die „amerikanische Besonderheiten" und steht einer Übertragung auf andere Staaten und Gegebenheiten eher skeptisch gegenüber. Beiden Formen der Zivilreligion ist aber gemeinsam, dass sie im Binnenbereich darauf abzielen, die politische Ordnung und ihre Institutionen zu stabilisieren. Die Zivilreligion bindet die Individuen an den Staat und die amerikanische Idee von Gesellschaft.

Eine solchermaßen verstandene Zivilreligion weist dem Religiösen eine Funktion in der amerikanischen politischen Ordnung zu: Das Bekenntnis zur Religion erlangt eine politische Funktion. Diese „religiöse" Komponente der amerikanischen Zivilreligion hat sich über Zeit verändert und umfasst heute – vor allem in der universalistischen Ausprägung – nicht mehr nur Glaubensinhalte und Rituale der christlich-jüdischen Tradition, sondern versucht, auch andere Glaubensrichtungen in den (politischen) Grundkonsens der amerikanischen Nation einzubinden, in erster Linie den Islam, fernöstliche Religionen und „exotische", zumeist aus dem karibischen Raum beziehungsweise ursprünglich aus Afrika stammende synkretistische Religionen.

Von ihren ursprünglichen Wurzeln in Judentum und Christentum ausgehend hat sich die amerikanische Zivilreligion so zu einer „deistischen", nach Möglichkeit alle Glaubensrichtungen einschließenden Form entwickelt. Die Bezugnahme auf Religion ist daher meist abstrakt und entspricht durchaus den Anforderungen der strikten Trennung von Staat und Kirchen.

Eine beispielhafte Illustration dieser Denkweise findet sich in der Rede Präsident Bill Clintons, anlässlich der Trauerfeier für die Opfer des Terroranschlags von Oklahoma City am 23. April 1995. Die Rede enthält Anklänge an religiöse Konzepte wie „Sünde", „das Böse" oder „Gott", ohne diese jedoch mit einem spezifischen, einer Religion zuzuordnenden Glaubensinhalt zu füllen. So sagt der Präsident in seiner Trauerrede:

„[...] eines, das wir jenen schulden, die sich geopfert haben, ist die Pflicht, uns von den dunklen Mächten zu reinigen, die dieses Böse haben wachsen lassen. Dies sind Mächte, die unser aller Frieden bedrohen, unsere Freiheit, unseren Lebensstil. Lasst uns unsere Kinder lehren, dass der Gott des Trostes auch ein Gott der Gerechtigkeit ist."

Die Verbindung des Gottes des Trostes – ein genuin religiöses Konzept – mit dem Gott der Gerechtigkeit, einem religiös-politischen Konzept verweist auf die Verbindung von Religion und Politik. Sie nimmt Gott zugleich für politische Aufgaben (Gerechtigkeit zu erlangen) in Anspruch.

Diese deistische Form der amerikanischen Zivilreligion in ihrer universalistischen Ausprägung – in ihrer republikanisch-patriotischen Variante wird zumeist am Bezug auf die judeo-christliche Tradition festgehalten – kann als Reaktion auf zwei gesellschaftliche Entwicklungen der vergangenen Jahrzehnte gesehen werden. Auf diese Entwicklungen nimmt auch die Rede Clintons Bezug: Es ist einmal der Anstieg der Zahl derjenigen Glaubensgemeinschaften, die den amerikanischen Grundkonsens aufgekündigt haben und den Staat, der ihnen als Verkörperung allen Übels gilt, aktiv bekämpfen. Ihnen soll (auch) durch ein religiöses Konzept entgegengetreten werden. Die andere Tendenz ist eine zunehmende und immer schneller erfolgende Diversifizierung bestehender Denominationen und der Zuwachs an nichtchristlichen Gruppen. Diese neuen Religionsgemeinschaften müssen in den gesellschaftlichen und politischen Konsens einbezogen werden.

## Landschaften, Gebäude, Städtebau

Die Zivilreligion benutzt eine Reihe von Symbolen, deren ursprünglich religiöse Bedeutung durch einen fast ausschließlichen politischen Gehalt verdeckt ist. Dazu gehören Naturdenkmäler (vor allem in den *National Parks*), für die amerikanische Geschichte bedeutende Orte (wie zum Beispiel Alamo oder Gettysburg), „imperiale" Architektur, die antike Sakralbauten nachahmt (wie das *Lincoln Monument* in Washington).

Eine besonders aussagekräftige Form dieser zivilreligiösen Symbolik findet sich in Washington, D.C. Die architektonische und planerische Struktur der Hauptstadt ist mit einer Vielzahl von Symbolen durchsetzt. Die repräsentativen Gebäude der politischen Institutionen haben eine zivilreligiöse sakrale Bedeutung und bilden insgesamt ein „religiös-politisches" Ensem-

ble. Die Veränderungen des Ensembles durch das Hinzufügen weiterer Gebäude reflektieren dabei zugleich wichtige Ereignisse der amerikanischen
Geschichte.

Auf dem höchsten Punkt der Stadt wurde in einem klassizistischen, grie-
chisch-römische Foren nachahmenden Stil das Kapitol errichtet. Seine Vorderfront ist wie bei griechisch-römischen Tempeln nach Osten, der aufgehenden Sonne entgegen gerichtet. Vom Kapitol erstreckt sich in gerader
Linie die sogenannte *National Mall*, eine imperiale Prachtstraße. Entlang
der Straße befinden sich die großen Museen der Hauptstadt. Neben der
Kunst sind viele der Museen der Geschichte (der Ureinwohner, der Raumfahrt etc.) gewidmet. Die *Mall* endet am *Lincoln Monument*, einem zu Ehren des ermordeten Präsidenten errichteten Denkmal, das einem antiken
Opfertempel gleicht. Lincoln ist dort durch eine monumentale Statue dargestellt. Die Vorderfront ist wie beim Kapitol nach Osten gerichtet. Das
Denkmal für den großen Toten begrenzt so die imperiale Struktur im
Westen – der Himmelsrichtung der untergehenden Sonne und des Toten-
reiches. Eine gedachte Verlängerung der *Mall* vom *Lincoln Monument* nach
Westen führt in gerader Richtung zum Nationalfriedhof in Arlington, das
ehemalige Anwesen des Bürgerkriegsgenerals Lee. Im Zentrum der *Mall*
steht der George Washington zu Ehren errichtete Obelisk, das höchste Bau-
werk der Stadt. Höhere Gebäude dürfen in Washington nicht gebaut werden. Auf der Höhe des *Washington Monument* befindet sich im Norden das
Weiße Haus und im Süden das *Jefferson Memorial*. Letzteres symbolisiert
Wissen, Erleuchtung und Erziehung – Anliegen des dritten Präsidenten der
USA. Alle Gebäude sind aus Marmor, mit Ausnahme des Weißen Hauses,
das aus dem für die Gebäude in Georgetown üblichen roten Sandstein gebaut wurde. Während die großen Prinzipien der amerikanischen politischen
Ordnung für die Ewigkeit – und also aus Marmor – errichtet sind, ist die
daraus abgeleitete Macht (das Amt des Präsidenten) der Zeit unterworfen.
Deswegen ist sein Amtssitz auch nicht aus Marmor, sondern aus einfachem
Sandstein.

Dieses Ensemble aus Gebäuden und Monumenten bildet insgesamt ein
Rechteck, das als geometrische Form die Perfektion der politischen Ordnung symbolisiert – ein Symbol, das sich noch einmal in der Begrenzung
des *District of Columbia* wiederholt. Der Bundesdistrikt war ursprünglich
ein vollständiges Quadrat, das aus abgetretenen Gebieten der Staaten Virginia und Maryland bestand. Während des Bürgerkrieges forderte Virginia
sein ehemals abgetretenes Gebiet zurück, so dass die Bezirksgrenzen seither
kein vollständiges Quadrat mehr bilden. Das Quadrat sollte – so die Begründung der Grenzziehung – die Perfektion und Rationalität der politischen Ordnung der USA verkörpern. Benannt wurde es nach Christoph
Kolumbus, dem Entdecker Amerikas.

## III. Grundzüge der Bildungs- und Medienlandschaft: Schule, Universitäten, moderne Massenmedien

### 1. Schulen und Universitäten

> *„The former generations acted under the belief that a shining social prosperity was the beatitude of man, and sacrificed uniformly the citizen to the State. The modern mind believed that the nation existed for the individual, for the guardianship and education of every man. This idea, roughly written in revolutions and national movements, in the mind of the philosopher had far more precision; the individual is the world."*
> – Ralph Waldo Emerson, *Historic Notes of Life and Letters in New England, 1867*

#### Der Stellenwert von Bildung

Für Thomas Jefferson war die Ausbildung des menschlichen Geistes von grundlegender Bedeutung für Freiheit, Wohlstand und Fortschritt der Nation. Ein Kerngedanke der amerikanischen Republik, so formulierte der spätere Präsident, sei es, die Menschen zu aufgeklärten Bürgern heranzubilden. Eine solche Forderung hat praktische Auswirkungen: Es bedurfte eines umfassenden Schul- und Universitätssystems: Dieses dient der Bildung des Individuums, aber auch dem Wohlergehen der Republik. Jeffersons Diktum kennzeichnet damit auch den Stellenwert von Erziehung, Bildung und Ausbildung im amerikanischen Denken und seine Bedeutung für die amerikanische politische Ordnung. Tatsächliche Möglichkeiten zur Bildung und Ausbildung (beziehungsweise deren Schaffung) sind daher elementar für die amerikanische Politik seit der Unabhängigkeit. Das ganze 19. Jahrhundert über sprachen amerikanische Erzieher und Philosophen über die Bedingungen und Inhalte von Bildung. 1837 schrieb Emerson, die Debatte in seinen Vortrag *The American Scholar* zusammenfassend: „The actions and events of our childhood and youth are now matters of clamest observation. They lie like fair pictures in the air. Not so with our recent actions – with the business which we now have in hand. On this we are quite unable to speculate. Our affections as yet circulate through it. We no more feel or know it than we feel the feet, or the hand, or the brain of our body. The new deed is yet a part of life

– remains for a time immersed in our unconscious life. In some contemplative hour it detaches itself from the life like a ripe fruit, to become a thought, a thought of the mind. Instantly it is raised, transfigured; the corruptible has put on incorruption. Henceforth it is an object of beauty, however base its origin and neighbourhood. Observe too the impossibility of antedating this act. In its grub state, it cannot fly, it cannot shine, it is a dull grub. But suddenly, without observation, the selfsame thing unfurls beautiful wings, and is an angel of wisdom. So is there no fact, no event, in our private history, which shall not, sooner or later, lose its adhesive, inert form, and astonish us by soaring from our body into the empyrean. Cradle and infancy, school and playground, the fear of boys, and dogs, and ferrules, once filled the whole sky, are gone already, friend and relative, profession and party, town and country, nation and world, must also soar and sing" (Emerson, 1968, 53).

Die Bildungsinhalte passten sich der Entwicklung der Vereinigten Staaten an. Um die Jahrhundertwende veränderte sich der Diskurs (jedenfalls im Hinblick auf die Eliteeinrichtungen). Im Vordergrund steht seitdem – vor allem seit Ende des Zweiten Weltkrieges – die Bedeutung von Bildung für Wirtschaft und Arbeitsmarkt. Dies ist einer der Hauptgründe, dass qualifizierte Jobs 60 Prozent des amerikanischen Arbeitsmarkts ausmachen, nur 20 Prozent entfallen auf unqualifizierte Arbeiten – ein Verhältnis, das noch 1950 umgekehrt war.

Das Bildungssystem der USA ist seit Gründung der Republik einem ständigen Wandel unterworfen. Dies gilt insbesondere für die primäre und sekundäre Ausbildung. Die Überwindung der Segregation nach dem Zweiten Weltkrieg ist dabei die wohl wichtigste Veränderung des amerikanischen Bildungssystems. Bis 1954 galt *separate but equal*. Schwarze und weiße Schüler wurden getrennt unterrichtet. In den späten 1950er Jahren kam es zur Integration und Öffnung der meisten Schulen auch für schwarze Schüler.

Im Schulsystem stand seit den 1960er Jahren zudem die Schaffung einer größeren Flexibilität im Vordergrund. Die in den 1960er Jahren eingeführte Wahlfreiheit der Schüler bei der Kursbelegung hatte einen Einfluss auf die Allgemeinbildung der Schüler. Fertigkeiten in Mathematik, Lesen und den Naturwissenschaften wurden nur ungenügend ausgebildet, so dass Präsident George H. W. Bush und die Gouverneure der Bundesstaaten 1989 das amerikanische Bildungssystem erneut reformierten: Diese Bildungsreform hatte das Ziel, dass alle Schüler Kompetenzen in den Kernfächern erlangen und 90 Prozent die Schule erfolgreich mit dem *Highschool*-Abschluss beenden. Weitere Ziele waren die weltweite Führung amerikanischer Schüler in den mathematischen und naturwissenschaftlichen Fächern und eine vollständige Alphabetisierung der erwachsenen Bevölkerung.

Schulpolitik war (ist) Sozialpolitik. Nachfolgende Regierungen setzten diese Politik fort. 2002 verabschiedete der Kongress den *No Child Left Behind Act*, der Ausstattungs- und Qualitätslücken in den öffentlichen Schulen zu schließen versuchte und die Leistungen der afroamerikanischen und Kinder aus sozial schwachen Gruppen innerhalb von zehn Jahren denen der weißen, wohlhabenden angleichen sollte (*U.S. Department of Education*, 2002). Damit verfolgen die USA (zumindest in der Programmatik verschiedener Administrationen) eine nachhaltige Bildungspolitik; die Regierung versuchte, Bildungselend und Kriminalität zu bekämpfen.

In der PISA-Studie 2006 belegten die USA allerdings hintere Plätze. Dies liegt auch daran, dass viele Lehrer an öffentlichen Schulen schlecht ausgebildet sind (Ravitch, 2010). In den mathematischen und naturwissenschaftlichen Fächern liegen die Fähigkeiten der amerikanischen Schüler unter dem OECD-Durchschnitt, fast ein Drittel verlässt die *Highschool* ohne Abschluss, wobei Afroamerikaner und Hispanics in besonders großer Zahl scheitern. Aber der *No Child Left Behind Act* zeigte doch Wirkung: Einem Bericht (*Nation's Report Card Long-Term Trend*) von 2005 zufolge wächst die Zahl gut ausgebildeter Schüler stetig, besonders unter den Minderheiten. Im Lesen wurden innerhalb von fünf Jahren bessere Ergebnisse erzielt als in den letzten 50 Jahren. Probleme gibt es weiterhin bei den *American Indians* und den *Alaska Natives*. Nur jeder sechste von ihnen ist im achten Schuljahr kompetent im Lesen und nur jeder siebte besitzt ausreichende Fähigkeiten in Mathematik (*U.S. Department of Education*).

Die USA besetzen allerdings den ersten Platz im OECD-Ranking im Hinblick auf die Anzahl der Einwohner, die einen Hochschulabschluss besitzen. 39 Prozent der Bevölkerung verfügen über einen Hochschulabschluss, wobei zu den Absolventen auch diejenigen eines Zwei-Jahres-Colleges gezählt werden, was (je nach College) vergleichbar mit einem Abschluss einer Fachhochschule, Berufsakademie oder Berufsschule in Deutschland ist. Einen Bachelor-Abschluss besitzen 27,6 Prozent der amerikanischen Bevölkerung und damit 10 Prozent mehr als in Deutschland. In den USA gibt es (bezogen auf die Bevölkerungszahl) doppelt so viele Hochschulen und etwa anderthalb so viele Studenten wie in der Bundesrepublik.

### Das Konzept des amerikanischen Schulsystems

Das Schulsystem liegt in der Hand der Staaten. Die Schulpflicht variiert je nach Bundesstaat zwischen neun und dreizehn Jahren, wobei die Möglichkeit besteht, zwischen verschiedenen Schulmodellen zu wählen. So kann die Ausbildung an einer staatlichen oder privaten Schule, im sogenannten Hausunterricht (*Homeschooling*), oder gar nach dem Konzept des selbstgeleiteten Lernens stattfinden (*Unschooling*).

Es gibt im amerikanischen Schulsystem keine horizontale Differenzierung. Das öffentliche Schulwesen ist einheitlich nach Jahrgangsstufen gegliedert. Die Schüler besuchen ihrem Alter entsprechend gemeinsam eine Stufe. Eine Differenzierung erfolgt über spezielle Förderungen. Zum Beispiel erhalten Kinder mit geistiger Behinderung, die ebenfalls allgemeinbildende Schulen besuchen, eine spezielle Betreuung, indem sie in Kleingruppen mit einer eigenen Klassenlehrerin und Lehrerassistentin arbeiten. Begabte Schüler haben hingegen die Möglichkeit, Klassen zu überspringen oder an speziellen Programmen (*educational enrichment*) teilzunehmen.

Für Thomas Jefferson war das gesellschaftliche Klassensystem ein Relikt der Alten Welt. Er hatte die Vision, dass es eine natürliche Aristokratie der Talente gibt und jeder Einzelne selbstverantwortlich mit diesen Talenten umgeht. Freie Menschen sollten ihr Potential ausschöpfen, ihren Horizont erweitern und ihre Freiheit verteidigen können. Dazu bedurfte es seiner Ansicht nach einer Öffnung des Bildungssystems, damit alle Kinder eine Schulausbildung erhalten. Die Schulen sollten nicht nur die Charakterbildung, Sozialisierung und individuelle Leistung fördern, sondern sie sollten die Schüler auch zu Staatsbürgern erziehen und das Nationalbewusstsein fördern.

> *„No one more sincerely wishes the spread of information among mankind than I do, and none has greater confidence in its effect towards supporting free and good government."*
> Thomas Jefferson, 1810

Bildung als Angelegenheit jedes Einzelnen sollte lokal geregelt sein. So liegt auch heute noch die Bildungsverantwortlichkeit in den Händen der einzelnen Staaten; einzig für die Militärakademien ist die Bundesregierung verantwortlich. Es besteht kein nationales, einheitliches Schulsystem. Amerikanische staatliche Grund- und weiterbildende Schulen sind im Gegensatz zu europäischen Schulen, die der zentralen oder regionalen Autorität unterliegen, den lokalen Behörden unterstellt. Gemeinsam ist allen Staaten die Schulpflicht, wobei die Altersgrenzen differieren.

Die einzelnen Staaten können die lokalen Schuldistrikte auffordern, eine bestimmte Politik in Schul- und Erziehungsfragen zu verfolgen, und üben ihren Einfluss über finanzielle Zuwendungen aus und somit auch auf die Möglichkeiten der Schulaktivitäten. Sie haben jedoch keinen Einfluss auf Curricula oder auf Lehr- und Lernstandards.

Jeder Staat hat eigene Gesetze zum Bildungswesen und innerhalb der Staaten tragen die Städte und Gemeinden die Verantwortung für die Gewährleistung der Schulausbildung.

Die Schulbezirke agieren nicht völlig autonom, sondern erhalten Richtlinien vom jeweiligen *Department of Education* des Bundesstaates. Ein auf lokaler Ebene von der Bevölkerung gewählter Bildungsrat (*Board of Edu-*

*cation*) legt in dem jeweiligen Bezirk Bildungsrichtlinien und Schulsteuern fest und bestimmt über die Einstellung von Lehrpersonal und Verwaltungsangestellten. Die Zulassung von Lehrkräften obliegt den Bundesstaaten. Es bestehen außerdem Schulräte (*School boards*) in jedem Schulbezirk, die die Richtung und die Struktur der Schulen in ihrem jeweiligen Schulbezirk festlegen, und zur Umsetzung Richtlinien entwickeln und Kontrollstellen einrichten. Diese Autorität erhalten sie durch die jeweilige staatliche Gesetzgebung.

Die Bundesregierung schreitet bei grundlegenden Fragen ein: wie zum Beispiel der Rassentrennung oder der Armut, der Zivilrechte und der Ausübung von Religion in den staatlichen Schulen. In den 1950er und 1960er Jahren hat der *Supreme Court* im Zuge des *Civil Rights Movement* die Doktrin des *separate but equal* als verfassungswidrig erklärt.

Integrationsfördernd wirkte die Politik von Präsident Lyndon B. Johnson, der sich dafür einsetzte, finanziell benachteiligten Kindern frühkindliche Erziehung und Verpflegung in den Schulen zu gewährleisten. Für dieses Programm stellte die Bundesregierung in Washington Gelder bereit und erwirkte eine bundesstaatliche Kontrolle. Mittlerweile befinden sich fundamentale Bildungsangelegenheiten wie Lerninhalte, Lehrerauswahl und -gehälter, Konditionen für ein weiterführendes Studium, Auflagen und Bücher in staatlichen und lokalen Händen.

Die Regierung, speziell das Bildungsministerium, entwickelt Leitlinien und stellt Mittel bereit. 3,8 Prozent ihres Bruttoinlandproduktes investieren die USA in die Schulbildung (zum Vergleich: Deutschland 3,5 Prozent). Der Schulbetrieb und die Lehrergehälter werden aus Grundsteuern finanziert, was bedeutet, dass arme Gemeinden weniger Geld zur Verfügung haben als reiche Kommunen. Zwar erhalten schwache Distrikte Ausgleichszahlungen und Zuschüsse, von Ort zu Ort gibt es jedoch erhebliche Ausstattungs- und Niveau-Unterschiede. Dies zeigt sich an veralteten und heruntergekommenen Schulen, aber auch an der unterschiedlichen Qualifikation der Lehrkräfte.

## Die historische Entwicklung des Bildungssystems

Zu Beginn des 17. Jahrhunderts gründeten Jesuiten und Franziskaner Missionen entlang der kalifornischen Küste, im heutigen Südwesten der USA und – an der Ostküste – in Florida. Die Missionen legten den Grundstein für den spanischen (religiösen und kulturellen) Einfluss, sie dienten auch – mit wechselndem Erfolg – der Missionierung der Indianer.

In den britischen Kolonien entlang der Ostküste verlief der Aufbau eines Schulsystems in anderer Weise: 1671 verfügte der Gouverneur von Virginia, Sir William Berkeley, dass die Bewohner Virginias bei der Ausbildung ihrer Kinder so verfahren sollten wie in den ländlichen Gebieten Englands: *Every man according to his own ability in instructing his children.* Kinder wurden also zumeist von den Eltern oder Geschwistern unterrichtet. Bestand diese Möglichkeit nicht, so konnten die Kinder eine „Damenschule" besuchen, in der eine Hausfrau gegen geringes Entgelt Grundkenntnisse in Lesen und Schreiben vermittelte. Lesen war für die zumeist protestantischen Siedler von großer Bedeutung, um Zugang zur Heiligen Schrift zu erhalten. Schreiben hingegen galt als eine Fertigkeit, die zumeist Jungen vorbehalten war, da Schreibhefte und Stifte teuer waren und nicht wiederholt benutzt werden konnten. Jungen konnten, wo es solche gab, weiterführende Schulen besuchen. Dort lernten sie Griechisch, Latein und Hebräisch und wurden in Geographie, Geschichte und Mathematik unterrichtet. Die erste weiterführende Schule in den britischen Kolonien war die 1635 gegründete *Boston Latin Grammar School*. Sie war eine Bastion der Bildung und Erziehung der Söhne der Bostoner Elite. Vier Jahre Lateinunterricht war Pflicht für alle Schüler ab der siebten Klasse. Diese Auffassung folgte aus der im 18. Jahrhundert aufkommenden *Latin School*-Bewegung, die der Überzeugung war, dass grundlegende Kenntnisse in Latein zu einem gebildeten Menschen gehörten.

Im 17. und auch noch im 18. Jahrhundert schickten Pflanzer und reiche Händler ihre Kinder zur Schul- und später zur Universitätsausbildung nach England, so dass ein beträchtlicher Teil der Elite Virginias und anderer Staaten – vor allem im Süden – in Oxford, Cambridge oder Edinburgh ausgebildet wurde.

Andere „importierten" die traditionelle englische Schulausbildung nach Amerika, indem sie englische und schottische Tutoren und Gouvernanten anstellten.

Als die Zahl der amerikanischen Colleges während des 18. Jahrhunderts langsam zunahm, dienten bald vorwiegend Studenten und Graduierte als hauseigene Tutoren.

Von dem Dutzend freier Schulen in den südlichen Kolonien während der Kolonialzeit gingen nur die *King William's School* in Annapolis, die *Eaton School* in Elizabeth City, Virginia, und die *Free School* in Charleston über die Elementarstufe hinaus. Seit Mitte des 18. Jahrhunderts begannen einige presbyterianische Akademien in Maryland und North Carolina sowie moravianische Schulen in Wachovia (Winston-Salem) fortgeschrittenen Unterricht anzubieten.

Generell war eine gute Ausbildung lange Zeit ein Privileg der weißen, protestantischen Ober- und Mittelschicht, die vorwiegend private Akademien besuchten. Dabei waren Qualität und Charakter der Bildungseinrichtungen von Kommune zu Kommune sehr unterschiedlich. Immer mehr Einrichtungen boten eine große Kursauswahl an, besonders im naturwissenschaftlichen oder ökonomischen Bereich. Zwischen 1783 und 1860 kam es regelrecht zu einer Explosion von Bildungsanstalten – im Staat Georgia entstanden mehr als 580 Akademien. In Virginia gab es vor 1800 ca. 25 Akademien, im Jahr 1835 stieg die Anzahl auf 380, von denen mehr als 20 Institutionen für Frauen waren.

Die älteste Universität in den Vereinigten Staaten von Amerika ist die *Harvard University*. Sie wurde 1636 von der *Massachusetts Bay Colony* als College gegründet. Zwei Jahre später nahm es seinen Lehrbetrieb auf und wurde 1639 nach dem englischen Geistlichen John Harvard benannt. Dieser hinterließ dem College sein gesamtes Vermögen und seine Privatbibliothek. Während seiner frühen Jahre bot das College ein klassisches akademisches Programm, das auf dem englischen Universitätsmodell basierte. Obwohl viele Absolventen des College die puritanische Lebensanschauung unterstützten, wurde es nie an eine bestimmte religiöse Gruppe angegliedert. Der erste Präsident des College, John Leverett, drängte das College zur intellektuellen Unabhängigkeit vom Puritanismus. Die wissenschaftlichen Lehrpläne wurden erweitert und die Studentenzahlen wuchsen. 1780 wurde das College zu einer Universität. Später wurden die *University of Virginia* (1819) sowie die *Princeton University* (1746) gegründet.

### Die *University of Virginia*

Die *Universität von Virginia* ist eine der renommiertesten staatlichen Universitäten Amerikas; sie wurde 1819 von Thomas Jefferson gegründet. Der Präsident hatte die Vision einer Universität, die seinen philosophischen Vorstellungen entsprach: Das Lernen und die Einführung in die Wissenschaft sollte in einem *academic village* stattfinden, einem Ort, an dem Lernen mit dem Lebensalltag verbunden ist. Er entwickelte Pläne für zehn Pavillons, in denen Klassenräume im Erdgeschoss und Arbeitsräume mit Wohneinheiten für Fakultätsmitglieder im Obergeschoss Platz haben sollten. An diesen Häusern sollten zwei Reihen von Räumen für Studenten angeschlossen sein, verbunden mit einem Säulengang. Jeder Pavillon sollte einer Studienrichtung gewidmet sein und bewohnt werden von einem Professor, der dieses Fach unterrichtet. Im Zentrum des Universitätsgeländes sollte die Bibliothek sein, deren Kuppelform, die Rotunda, vom römischen Pantheon inspiriert, die Aufklärung symbolisieren sollte.

Jefferson korrespondierte mit Gelehrten aus Europa und Amerika. Er versuchte, die besten zukünftigen Fakultätsmitglieder für die Studienfelder der Philosophie, der Kunst, der Fremdsprachen, der Naturwissenschaften, der Rechtswissenschaften und der Medizin zu gewinnen – mit nur teilweisem Erfolg.

Die Bauarbeiten am Campus und transatlantische Reisen Jeffersons verzögerten die Eröffnung der Universität; erst im März 1825 öffnete die Universität von Virginia ihre Pforten für die ersten 123 Studenten.

Seit der Gründung der Universität ist Thomas Jefferson a *living legacy* unter den Studenten und Professoren der Universität. Zu Lebzeiten gab er jeden Sonntag ein

Abendessen für Studenten im Monticello, seinem Wohnsitz. Unter diesen Studenten befanden sich in späteren Jahren bedeutend werdende Amerikaner, darunter Edgar Allan Poe, der seit 1826 an der Universität studierte.

Während des amerikanischen Bürgerkriegs war die *University of Virginia* die zweitgrößte Universität der USA nach Harvard. Auch danach hielt das Wachstum an. Im Jahr 1929 erreichte die Universität eine Größe von 290 Dozenten und 2450 Studenten (1904 waren es 48 Dozenten und 290 Studenten). Im Zweiten Weltkrieg führte der Kriegseintritt der USA zu einem drastischen Rückgang der Studentenzahlen, die Zahlen erholten sich jedoch nach dem Krieg wieder schnell, auch aufgrund der *GI Bill*, die es allen Kriegsveteranen ermöglichte, ein Hochschulstudium aufzunehmen.

1987 nahm die UNESCO die von Jefferson entworfenen Gebäude der Universität, einschließlich der Rotunda, gemeinsam mit Thomas Jeffersons nahe gelegenem Wohnsitz Monticello als 442. Objekt in ihre Liste des Weltkulturerbes der Menschheit auf.

Heute gilt die Universität von Virginia als eine der besten staatlichen Universitäten der Vereinigten Staaten und als eine der 25 besten Universitäten des Landes. Auch die Qualität der Studenten ist überdurchschnittlich hoch: Etwa 65 Prozent der Bachelor-Bewerber wurden für das Studienjahr 2007 abgelehnt, 87 Prozent der Studienanfänger gehörten als Schüler zu den besten 10 Prozent ihrer Schule.

Präsident Andrew Jackson reformierte das Schulwesen: Er öffnete die Schulen für das einfache Volk (*common people*) und errichtete die *Common School*. Alle Kinder, unabhängig von Herkunft und Status, sollten die Chance auf Bildung erhalten – zumeist ausgeschlossen waren allerdings Afroamerikaner und weiße Kinder mit „sonderlichem" Glauben, wie irische Katholiken.

Die *Common Schools* wurden über Steuern finanziert und waren zentralisierter als ihre Vorläufer. Wurden Distriktschulen auf geographischer oder nachbarschaftlicher Basis organisiert, war der Einzugsbereich der *Common School* der gesamte Staat.

Die *Common School*-Bewegung entfesselte Ideen und setzte Trends, die in der amerikanischen Bildungsdebatte noch immer bestimmend sind: Schulen sollen frei sein und nicht auf Gebühren basieren. Sie sollen allen und nicht nur wenigen offen stehen. Eine Aufgabe der Schule besteht darin, Moral und Ethik zu stärken – unabhängig von bestimmten konfessionellen Bindungen.

Die Entwicklung des städtischen Schulwesens im späten 19. und Anfang des 20. Jahrhunderts hat David Tyack als eine Suche nach dem „one best system" bezeichnet (Tyack, 2005). Die Schulen wurden jetzt zunehmend nach Altersgruppen organisiert, so dass nicht mehr Schüler jeder Altersklasse in einem Unterrichtsraum unterrichtet wurden, wie dies in den *Common*

*Schools* der Fall war. Es wurden altersspezifische Kurse und ein Prüfungssystem eingeführt sowie Schulleiter ernannt, die Lehrpläne kontrollieren und das Management der Schulen übernehmen sollten. Vor diesem Hintergrund entstanden auch die Anfang des 20. Jahrhunderts errichteten *Junior High Schools*, die auf die speziellen Bedürfnisse und Anforderungen der frühen Jugend eingehen, um die Schüler adäquat auf die vertiefende *High School* vorzubereiten.

Dennoch ist das kleine rote Schulhaus mit nur einem Klassenraum und einem Lehrer keineswegs ein Relikt aus der Vergangenheit. Bestanden 1916 fast ein Drittel der 620.000 Schulen Amerikas aus nur einem Raum, existieren noch heute an die 1.000.

Über die Schulausbildung hinaus erhebt die Schule den Anspruch, den Gemeinschaftssinn der Schüler zu fördern. Die Schule dient somit nicht nur Ausbildungszwecken, sondern ist gleichzeitig auch ein Kommunikationszentrum und Treffpunkt lokaler Interessen – bis heute wird die Schule außerhalb der Schulzeiten für eine Vielzahl von sportlichen, kulturellen und politischen Aktivitäten genutzt.

Die grundsätzliche Einstellung zur Bildung richtet sich an einer fundamentalen Grundeinstellung des amerikanischen politischen Systems aus: Die Dezentralisierung und Errichtung lokaler Strukturen ist auf den Gedanken zurückzuführen, dass der Mensch direkt (ohne die Vermittlung über Priester) zu Gott sprechen und daher fähig sein sollte, die Bibel zu lesen. Bildung war mithin kein Luxusgut sondern ein zentraler Bestandteil des protestantischen Glaubens. Auf die Schulen als Kommunikationsort bezogen, sollten freie Menschen ihre Interessen mit anderen erarbeiten und zusammen verfolgen.

### Die Ausbildung an staatlichen und privaten Schulen

Staatliche Schulen sind säkular und kostenlos. Sie werden über eine Grundsteuer finanziert, die im Schulbezirk erhoben wird. Aus den Steuereinkünften des jeweiligen Bundesstaates erhalten die Schulen zusätzliche Zuschüsse. Darüber hinaus betreiben einzelne Schulen auch *Fundraising*, um beispielsweise Klassenfahrten zu finanzieren.

Die (verpflichtende) Schulzeit in den Vereinigten Staaten beträgt zwölf Jahre und ist in Grund- und höhere Schule aufgeteilt. Die Grundschule (*Primary School*) umfasst in der Regel das 1. bis 5. Schuljahr. Grundschulen können je nach Schulbezirk die Klassenstufen vom Kindergarten bis zur vierten, fünften oder sechsten Klasse umfassen. In Schulbezirken, in denen es keine *Middle Schools* oder *Junior High Schools* gibt, umfassen die *Elementary Schools* sogar acht Schuljahre. Die höheren Schulen (*Secondary Schools*) sind aufgeteilt in die *Middle School* (5.–8. Schuljahr), auch *Junior High School* genannt, und in die *High School* (9. bis 12. Schuljahr). Der

Schultag der Grundschüler beträgt unabhängig vom Alter der Schüler etwa sechs Stunden. Bereits von der ersten oder zweiten Klasse an werden jeden Tag Hausaufgaben aufgegeben, auch wenn der Schultag erst um 15.00 Uhr endet.

Zwischen dem Besuch der *Elementary School* und der *High School* wird die *Junior High School* besucht. Der von 1869 bis 1909 amtierende Präsident der Harvard-Universität Charles William Eliot entwickelte dieses Konzept. Die *Junior High School* gilt als Brücke zwischen der *Elementary School* und der *High School*. Die Lehrerschaft ist dort in verschiedene akademische Abteilungen eingeteilt, die mehr oder weniger unabhängig voneinander sind. Zunehmend wird statt der *Junior High School* die *Middle School* besucht. An den *Middle Schools* arbeiten die Fachlehrer eng zusammen und bilden interdisziplinäre Einheiten.

Eine *High School* kann mit einer deutschen Gesamtschule verglichen werden. Sie bietet ein Kurssystem an und ist nicht in Klassenverbänden organisiert. Die Versetzung ist gewährleistet, wenn die Kurse erfolgreich abgeschlossen werden – es gibt keine Abschlussprüfungen. Somit berechtigt das *High School Diploma*, das bei einem erfolgreichen High-School-Abschluss verliehen wird, nicht als solches zum Besuch einer Hochschule. Schulzeugnisse spielen beim Hochschulzugang in den USA eine vergleichsweise geringe Rolle, dafür werden standardisierte Tests verwendet. Deren wichtigster ist der *Scholastic Aptitude Test* (SAT). SAT-Punkte stellen eine „universelle Währung" dar, die über die Chancen bei der Studienzulassung entscheiden. Die von den Hochschulen je nach Grad ihrer Selektivität festgelegten SAT-Mindestwerte sind eine der wichtigsten Orientierungsgrößen für die Entscheidung, bei welcher Universität sich die künftigen Studierenden bewerben sollen.

Privatschulen erhalten keine staatliche finanzielle Unterstützung und werden aus Spenden und Gebühren finanziert. Die Ausbildung an einer Privatschule ist daher kostenpflichtig. Trotz des zu entrichtenden Schulgeldes (*tuition*) und der sehr hohen Leistungsanforderungen erfreuen sich private Schulen einer hohen Bewerberzahl. Privatschulen verfügen über eine hohe Ausbildungsqualität und versprechen somit beste Zulassungsaussichten bei angesehenen Colleges und Universitäten. Eine der exklusivsten Privatschulen in den USA ist die *Groton School* in Massachusetts.

Der Großteil der Privatschulen (vier von fünf) wird von Religionsgemeinschaften betrieben, so dass der Religionsunterricht ein wesentlicher Bestandteil des Lehrplans ist. Private Schulen legen besonderen Wert auf die Vermittlung der Werte der Gründungsgemeinde. Auch gibt es Schulen, die Schüler eigens für den religiösen Beruf ausbilden. Diese Schulen sind oftmals sehr klein; Schulen mit weniger als 15 Schülern und Colleges mit weniger als 50 Studenten sind nicht ungewöhnlich.

Ein Problem der privaten kirchlichen Grund- und weiterführenden Schulen ist die Zertifizierung der Lehrer. Oftmals sind Lehrer an kleinen religiösen Schulen nicht rechtmäßig approbiert.

Ob privat oder staatlich, die Schüler in den USA müssen sich weniger Gedanken um ihre schulische Ausbildung oder um ihre anschließende berufliche Weiterbildung machen als in Europa. Es wird nicht bereits nach dem vierten Schuljahr selektiert und ein Grundstein für die spätere Karriere gelegt. Kinder lernen gemeinsam und es wird ihnen die Möglichkeit zur individuellen Entwicklung gegeben. Wichtig ist die Ausbildung der Schlüsselqualifikationen, berufspezifische *skills* werden später beim sogenannten *on the job training* erworben. Eine Sortierung nach Leistung und Vermögen würde in den USA gegen die Grundpfeiler des amerikanischen Selbstverständnisses sprechen.

Ralph Turner hat die Schulsysteme in Europa mit dem in den USA verglichen und stellte fest, dass sich die Systeme dahingehend unterscheiden, dass das amerikanische System als *contest-* und das europäische System als *sponsorship system* bezeichnet werden kann (Brown, 1973). Hängt die berufliche Zukunft in einem *sponsorship system* davon ab, wie sich Individuen an andere Personen, wie Professoren, Arbeitgeber „hängen" und dadurch versuchen, ein begünstigendes Verhältnis zu der Person aufzubauen, werden in einem *contest system* die persönlichen Qualitäten stärker bewertet und es kommt zu einem Wettbewerb auf dem Markt.

## Das Hochschulwesen

Es gehört zu den nicht auszurottenden Vorurteilen über das amerikanische Hochschulsystem, dass dort einer Reihe erstklassiger Privatuniversitäten einer großen Zahl mittelmäßiger (oder noch darunter angesiedelter) staatlicher Universitäten gegenüberstehen. Diese Auffassung hält einer Analyse des gegenwärtigen Hochschulsystems der USA nicht stand – und auch eine Betrachtung der Genese der amerikanischen Universität zeigt ein anderes Bild.

Die amerikanischen Universitäten haben sich – beginnend in der frühen Kolonialzeit – über einen langen Zeitraum entwickelt. Diese Entwicklung war unkoordiniert, von Staat zu Staat unterschiedlich. Sie hing von vielerlei politischen, wirtschaftlichen und sozialen (oft auch religiösen) Entwicklungen ab. Dabei unterschieden weder die Gründer der jeweiligen Universitäten noch die Regierungen der Kolonien (beziehungsweise der Staaten) zwischen privat und öffentlich. Die *Harvard University* war eben *die* Universität Massachusetts' und wurde seit dem 17. Jahrhundert durch Steuern unterstützt, da dem Parlament von Massachusetts die Bedeutung der Universität für die Entwicklung des Landes und der dafür nötigen Fachkräfte durchaus bewusst war. *Yale* hatte eine ähnliche Funktion für Connecticut, das *Dartmouth College* für New Hampshire, *Princeton* für New Jersey und das *College of William and Mary* für Virginia. Es gab also keine Unterscheidung zwischen privaten und staatlichen Universitäten. Die genannten Universitäten arbeiteten wie staatliche Einrichtungen, obwohl sie private Gründungen waren.

Erst während des Bürgerkrieges entstand ein staatliches System von Universitäten und es ergab sich nun ein Nebeneinander von privaten und staatlichen Einrichtungen. Auch die „privaten" Universitäten grenzten sich nun ab. Der Präsident der *Harvard University* begann die formellen Beziehungen zum Staat Massachusetts nach und nach zu lösen. Die meisten anderen großen Universitäten, die einst von Privatleuten gegründet worden waren, folgten dem Beispiel von *Harvard*.

Zwischen 1800 und 1850 erlebten die Vereinigten Staaten von Amerika einen *college building boom*, bei dem mehr als 200 neue Institutionen geschaffen wurden. Obwohl das Studium der klassischen Sprachen und *liberal studies* nach wie vor charakteristisch für das Studiensystem dieser Zeit waren, bildeten sich mit der Zeit immer mehr neue Studiengänge heraus, darunter waren viele technische und naturwissenschaftliche Studieneinrichtungen. Gleichzeitig begann die professionalisierte Ausbildung (*professional education*) in Medizin und Rechtswissenschaften – jedoch in separaten Einrichtungen.

1862 wurde der *Land-Grant College Act* beschlossen. Das Gesetz beinhaltete eine Bereitstellung von Land für jeden Bundesstaat, um die Ansiedlung von Colleges zu fördern, die sich auf Landwirtschaft und Industrie spezialisierten. Die Mittel aus dem Verkauf des Landes wurden von einigen Staaten außerdem dafür genutzt, neue Colleges und Universitäten zu gründen, andere Bundesstaaten gaben die Mittel aus dem Verkauf weiter an bestehende staatliche und private Hochschulen. Dies verhalf auch den privaten Hochschulen zu Wachstum.

Zwischen 1870 und 1910 erfuhren die Hochschuleinrichtungen in den USA einen enormen Anstieg an Studenten, manch ein Historiker sprach von einer *Age of the University*. Es bildeten sich Forschungsuniversitäten heraus (*research universities*), die Forschung und Lehre vereinen. Die *Johns Hopkins University* war die erste amerikanische Forschungsuniversität; sie wurde 1876 gegründet. Die Universität hat heute mit etwa 1,6 Milliarden Dollar die höchsten Ausgaben für Forschung und Entwicklung der amerikanischen Universitäten. Sie war Gründungsmitglied der *Association of American Universities*. Noch heute ist diese Vereinigung ein wichtiges Forum der führenden forschungsintensiven amerikanischen Universitäten in der Diskussion über die Definition und die Rolle moderner Universitäten.

## Der Streit um *Dartmouth College*

Diese „Zwitterstellung" zwischen „privat" und „öffentlich" der amerikanischen Universitäten änderte sich erstmals mit dem Streit um die Präsidentschaft des *Dartmouth College*. Diese Universität war bereits 1769 von Eleazar Wheelock gegründet worden – der Generalgouverneur der Kolonie New Hampshire unterstützte die Gründung. Er versprach sich davon eine schnellere Entwicklung der Kolonie.

Georg III. stellte die Gründungsurkunde aus, und, obwohl von der Regierung bestätigt, war die Universität doch eine von Privatpersonen geleitete Einrichtung, die eigene Vorstellungen verwirklichen wollten. Zu Beginn des 19. Jahrhunderts – New Hampshire war mittlerweile ein Staat der USA, folgte Eleazars Sohn, John Wheelock, seinem Vater in das Amt des Präsidenten der Universität. Der neue Präsident war fortschrittlich gesinnt, er wollte die Universität reformieren, das Curriculum entrümpeln und neue Fächer einführen. Auch vertrat er unorthodoxe Ansichten in religiösen Fragen. Der konservative Hochschulrat war mit diesem Programm keineswegs einverstanden und entließ den Präsidenten. John Wheelock wandte sich an den Gouverneur und das Parlament von New Hampshire. Er wollte wieder in das Amt eingesetzt werden. Die Auseinandersetzung um die für den Staat wichtige Universität wurde ein Wahlkampfthema. Im Jahr 1816 gewannen die Anhänger Wheelocks die Wahlen. Sowohl die Mehrheit des Parlaments als auch der Gouverneur stellte sich auf die Seite des entlassenen Präsidenten. Das Parlament beschloss, die Universität umzubenennen (von *Dartmouth College* zu *Dartmouth University*), den Hochschulrat zu entlassen und John Wheelock wieder als Präsidenten einzusetzen. Der Hochschulrat war nicht bereit, dieses Verdikt zu akzeptieren, und ging vor Gericht. Seine Einlassung, dass die Universität älter sei als der Staat und dieser mithin keine Eingriffsrechte habe, wies das Oberste Gericht von New Hampshire zurück. Der Hochschulrat rief daraufhin den Obersten Gerichtshof der Vereinigten Staaten an. Unter dem Vorsitz von John Marshall erarbeitete das Gericht in diesen Jahren eine Reihe wichtiger Entscheidungen, die das Verhältnis der republikanischen Institutionen in den USA zu den Bürgern klären sollten – darunter fielen auch viele Fragen, die das Verhältnis zwischen Privaten (vor allem auch Privateigentum) und öffentlichen Einrichtungen betrafen. Der Hochschulrat hatte einen jungen Anwalt und Absolventen des *Dartmouth College* mit seiner Vertretung betraut: Daniel Webster. Seine Ausführungen überzeugten das Gericht, das 1819 feststellte, dass die Universität nicht dem Staat New Hampshire unterstehe. Damit war eine Trennung zwischen privaten und staatlichen Bildungseinrichtungen gezogen; erstere unterstanden keiner staatlichen Kontrolle. Praktische Auswirkungen – außerhalb von New Hampshire – hatte diese Entscheidung zunächst nicht. Nach wie vor subventionierten die Staaten die „privaten" Universitäten mit beträchtlichen Steuermitteln und weiterhin betrachteten sie die Einrichtung als *ihre* Universität.

## Amerikanische Hochschuleinrichtungen heute

Das Land kann heute eine hohe Anzahl von Hochschulen vorweisen: 6.500 Hochschuleinrichtungen, die sich an *student financial aid programs* beteiligen, darunter sind 4.200 Colleges und Universitäten, die *degrees* vergeben, und 2.300 Institutionen, die *vocational certificates* verleihen (Eckel & King, 2004). Das Angebot geht von einer handvoll „berühmter, hervorragend ausgestatteter und meist privater Elite-Hochschulen" bis zu hunderten sehr guter Universitäten und tausenden Colleges, ob nun staatlich oder privat (Schreiterer, 2008). Das Angebot wird bestimmt durch Markt und Wettbewerb, eine staatliche Regulierung des Hochschulsystems gibt es nur in Ansätzen. Ungefähr 2.600 Einrichtungen konkurrieren um die Gunst der an einem Studium Interessierten, doch nur gut 250 Hochschulen gelten als selektiv, weil sie mehr als die Hälfte der Bewerber ablehnen. Darunter sind neben den renommierten privaten Universitäten wie *Harvard, Stanford* und *Yale* auch kleine private Colleges sowie große staatliche Universitäten wie die *University of Michigan* in Ann Arbor oder die *University of California* in Berkeley. Hat man es jedoch erst einmal an eine dieser Hochschulen geschafft, werden einem sehr gute Studienbedingungen geboten: kleine Klassen, eine intensive Betreuung und ausgezeichnet ausgestattete Einrichtungen wie Bibliotheken sowie eine Vielzahl von Angeboten politischer, sportlicher und kultureller Aktivitäten.

Die staatlichen Universitäten sind mittlerweile in den meisten Staaten in einem *System* zusammengefasst: Die staatlichen Universitäten *University of Michigan* in Ann Arbor und die *University of California* in Berkeley gehören jeweils einem bundesstaatlichen Universitätssystem an. Die *University of Michigan* ist der wichtigste Standort des *University of Michigan System*. Dieses System ist ein Verbund staatlicher Universitäten im Bundesstaat Michigan. Zu dem System gehören drei Universitäten. Neben der *University of Michigan* gehören die *University of Michigan-Dearborn* und die *University of Michigan-Flint* zu dem Universitätssystem.

Im Kalifornien bestehen drei staatliche Systeme von Hochschulen. Unter dem *California Master Plan for Higher Education*, der ein dreistufiges System der staatlichen Hochschulbildung vorsieht, gehört die *University of California* in Berkeley dem *University of California System* an (auf zehn Standorte verteilt). Insgesamt beinhaltet dieses Universitätssystem eine Studentenzahl von mehr als 190.000. Außerdem gibt es in Kalifornien als System noch die *California State University* und das *California Community College System*.

Keineswegs ist dies aber ein egalitäres Universitätssystem. Es reflektiert vielmehr die Gesellschaft der USA (und ihre Entwicklungen): „Für alle Institutionen, insbesondere aber für die *graduate* und *professional schools*, gilt, dass hervorragende *High School*-Absolventen und *undergraduates* als *high achievers* durch ein dicht geknüpftes Netz der institutionellen Begabtenförderung und intensive Rekrutierungsanstrengungen der einzelnen Hochschulen jeweils an Hochschulen ihrer Wahl studieren können. Im Allgemeinen aber reflektiert das sozioökonomische Profil der Studentenschaft in den jeweiligen Klassen der Institutionen die soziale, ethnische und regionale Struktur der amerikanischen Gesellschaft. Die *research universities* sind überwiegend Institutionen der weißen Ober- und Mittelschicht, neuerdings auch zunehmend der Amerikaner asiatischer Abkunft. Insofern die einzelne Hochschule Herr ist über die Auswahl der Studenten und sich diese andererseits je nach Ergebnis ihres College-Eingangstestes entsprechend bewerben, entsteht ein System des wechselseitigen Wettbewerbs" (Breinig, 2001).

Durch diesen Wettbewerb bildet sich in den guten und sehr guten staatlichen und privaten Hochschulen eine motivierte und überdurchschnittlich begabte Studentenschaft heraus. Anreize für gute Leistungen bestehen neben dem beruflichen Erfolg und den besten Zukunftsaussichten auch in der Finanzierung der Gebühren oder in der Aufnahme in Stipendienprogramme.

Heute sind fast 60 Prozent der Hochschulen in den Vereinigten Staaten private Einrichtungen. Fast 80 Prozent aller Studenten sind jedoch an einer staatlichen Hochschule eingeschrieben. Obwohl solch eine hohe Prozentzahl der amerikanischen Studenten ihr Studium an einer staatlichen Hochschuleinrichtung absolviert, belegen immer noch die großen privaten Universitäten bis auf drei bis vier Plätze die 25 Top-Plätze in den meisten Universitäts-Rankings (Wagner, 2005).

Die staatlichen Hochschulen spielen jedoch eine wichtige Rolle in den USA. Sie waren wichtige Partner der nationalen Verteidigung während des Zweiten Weltkrieges und sind bis heute wichtige Quellen für intellektuelle und menschliche Ressourcen (Duderstadt, 2003). An staatlichen Universitäten entwickelte sich in vergangenen Jahrzehnten wie heute eine Kritik an der Politik der USA. Sie bieten den Studenten eine Ausbildung sowohl in *general education*- und *liberal arts*-Programmen als auch in hoch spezialisierten weiterführenden Studiengängen. Andere Aufgaben kommen hinzu: „Public universities are also expected to provide an array of services such as health care, agricultural extension, continuing education, and economic development" (Duderstadt, 2003).

An Amerikas staatlichen Colleges und Universitäten sind über 11 Millionen Studenten eingeschrieben, dies sind mehr als 75 Prozent aller College-Studenten des Landes. Etwa 66 Prozent aller *bachelor's degrees*, 75 Prozent aller *doctoral degrees* und 70 Prozent der *engineering and technical degrees* des Landes werden an öffentlichen Universitäten verliehen (Duderstadt, 2003).

Dies ist bei einer historischen Betrachtung auch auf die *GI Bill of Rights* zurückzuführen. Das Gesetz wurde 1944 verabschiedet und sollte den Kriegsveteranen den Wiedereinstieg in das Berufsleben vereinfachen. So ermöglichte das Gesetz den Universitätszugang für jeden Kriegsveteranen. Dies führte zu einer Verdreifachung der Studentenzahlen von 1945 bis 1948 und zu der Entwicklung von Massenuniversitäten in den Vereinigten Staaten. Seit den 1950er Jahren ist die Zahl der Studenten stetig gestiegen. Auch der Anteil von amerikanischen Studenten, die einer Minderheit angehören, nimmt zu. 1976 waren nur 15 Prozent der Studenten Angehörige einer Minderheit, 2007 waren es schon 32 Prozent (*U.S. Department of Education*, 2008).

Von allen amerikanischen Hochschulen können die großen staatlichen Universitäten oft den größten Anteil an ausländischen Studenten und Stipendiaten vorweisen. An der Universität von Minnesota studieren mehr als 4500 internationale Studenten und Stipendiaten aus über 130 Ländern (Bruininks, 2005).

### Klassifizierung des amerikanischen Hochschulwesens

Die *Carnegie Foundation* teilt Hochschuleinrichtungen in mehreren Kategorien ein. Es gibt dieser Klassifizierung folgend zehn nach Funktionen und Bildungsauftrag definierte Kategorien, von denen einige allerdings nur verschiedene Niveaus innerhalb einer Grundkategorie repräsentieren. Letztlich geht die Einteilung also von sechs Grundtypen aus: Forschungsuniversitäten, *doctoral universities, master's universities, bachelors's colleges, associate colleges* und spezialisierte Einrichtungen.

Aus der *Carnegie Classification* ist erkennbar, dass fast die Hälfte aller Hochschuleinrichtungen in den USA nicht klassifiziert ist. Dazu gehören hauptsächlich kleine private Einrichtungen wie *beauty colleges* oder Schulen, die Ausbildungen zu Bürofachangestellten *(schools of secretarial skills)* anbieten. Diese Einrichtungen sind meist jedoch so klein, dass insgesamt nur 6 % der Studenten dort immatrikuliert sind. Dies zeigt, dass die meisten Studenten in den Vereinigten Staaten *two-year community colleges* (36 %) besuchen, gefolgt von den *master's universities* (21 %) und den Forschungsuniversitäten (18 %) (Breinig, 2001).

Die *community colleges* sind meist staatlich finanziert und bieten den Studenten berufsbildende Programme an, die mit einem *certificate, diploma* oder auch *associate degree* abgeschlossen werden. Außerdem bieten sie Transfer-Programme an, die den Studenten ermöglichen, nach der zweijährigen Ausbildung an einem *community college* in das dritte Schuljahr einer staatlichen Hochschule einzusteigen und dort nach zwei weiteren Studienjahren den *bachelor's degree* zu erwerben.

## Inhalte und Abschlüsse

Das amerikanische Hochschulsystem ist sehr vielschichtig. Die *post secondary education* besteht aus zwei Hauptbereichen, den *undergraduate studies (college)* und den *graduate studies (university)*. In den USA existieren fünf Arten von Universitätsabschlüssen. *Two-year colleges (community colleges)* und eine kleine Anzahl von Colleges mit einer vierjährigen Ausbildungszeit verleihen *associate degrees*. Diese Abschlüsse beinhalten einen beschränkten Abschluss in einem bestimmten Berufsfeld und bereiten Studenten darauf vor, den *bachelor's degree* an einem College abzuschließen.

Der *bachelor's degree* ist der am weitesten verbreitete Abschluss im amerikanischen Hochschulsystem und wird nach einem vierjährigen Studium an einem College oder einer Universität verliehen. Er bereitet die Studierenden auf die meisten Berufe, die einen College-Abschluss voraussetzen, vor, ebenso auf ein weiterführendes Studium, wie zum Beispiel ein Master-Studium an einer Universität. Er ist demnach Voraussetzung für ein *graduate*-Studium an einer *University*.

Der Inhalt des Bachelor-Studiums besteht aus zwei Komponenten: einem breit gefächerten Allgemeinstudium (Englisch, Natur- und Sozialwissenschaften) und einem Hauptfach, das frei gewählt werden kann. Das Ziel des Allgemeinstudiums ist es, das Wissen aus der *High School* zu erweitern, und liegt der Überzeugung zugrunde, dass es einen für alle Studenten unerlässlichen Kanon von Bildung gibt (Menand, 2010). In der Regel bieten amerikanische Colleges die klassischen Ausbildungsgänge an, die zu einem ersten akademischen Grad führen. Eine weiterführende wissenschaftliche Ausbildung erfolgt schließlich an den *graduate schools* oder *professional schools*. Die *graduate schools* bieten weiterführende Studiengänge an. Möchte man jedoch akademische Berufe wie Mediziner, Theologe oder Jurist ergreifen, muss eine Ausbildung an einer *professional school* erfolgen.

Der *master's degree* ist der bekannteste Typ eines weiterführenden Hochschulabschlusses. Über 75 % der Studenten im Aufbaustudium sind in Masterprogrammen eingeschrieben. Ein *master's degree* ist zu vergleichen mit einem deutschen Diplom oder Magister (heute auch *Master*) und befähigt nach Abschluss zu weiterführendem wissenschaftlichen Arbeiten mit dem Ziel eines Doktorabschlusses. Außerdem qualifiziert er als Hochschulabschluss zu einem höhergradigen Berufseinstieg.

Der *doctoral degree* ist der höchste akademische Abschluss in den Vereinigten Staaten, in Deutschland zu vergleichen mit einem Doktorabschluss, zum Teil auch mit einer Habilitation. Der bekannteste Abschluss ist der *doctor of philosophy* (Ph.D.) (Eckel & King, 2004).

Die Differenzierung der Studienmöglichkeiten zeigt sich auch in der Altersstruktur der Studenten. In den Hochschulen mit hohen Zugangsbeschränkungen bilden die 18- bis 22-Jährigen die Mehrzahl der *under-*

*graduates*, auf die gesamte Bachelor-Ausbildung gesehen sind jedoch ca. 50 Prozent der Studenten älter als 22 Jahre alt und ca. 25 Prozent der Studenten älter als 30 Jahre. In den *graduate schools* entspricht das Durchschnittsalter dem der deutschen Studenten: ca. 28 Jahre. Der Mittelwert des Alters für den Erwerb eines Doktorats liegt bei ca. 34 Jahren. Diese Altersstruktur resultiert nicht zuletzt aus der Kombination von Lernen und Berufsarbeit: 40 Prozent der Bachelor-Studenten sind Teilzeitstudenten: „Viele kehren im höheren Alter an die Hochschule zurück, um sich weiterzuqualifizieren. Dies gilt auch für das Graduierten-Studium" (Breinig, 2001).

Die qualitative Differenzierung der Studiengänge drückt sich in der Abbrecherquote im BA-Studium aus: Sie ist gering in den hochselektiven Spitzenuniversitäten (3–8 Prozent), sie entspricht mit ca. 35 Prozent dem deutschen Durchschnitt in guten Staatsuniversitäten mit niedriger Zulassungsschwelle für Studenten aus dem eigenen Bundesstaat und erreicht 50 Prozent und mehr in Institutionen mit niedriger akademischer Reputation (Breinig, 2001).

### Finanzierung und Studiengebühren

„Colleges and universities are financed in ways consistent with both the Jeffersonian ideal of limited government and the belief that market competition tends to improve quality and efficiency. While government plays a very important role in financing, American colleges and universities are supported further by diverse revenue sources that reflect the market choices of students and parents as well as other consumers of the goods and services that institutions provide. The major sources of revenue include tuition and fee payments from students and families (including the government financial aid that students use to pay tuition); appropriations, grants, and contracts from federal state, and local governments; privat gifts; endowment and other investment earnings; and sales from auxiliary enterprises and services" (Eckel/King, 2004).

Staatliche Universitäten mit einem großen Forschungsbudget erhalten üblicherweise zwischen 10 und 30 Prozent ihres Budgets vom Staat. Den Rest erhalten sie durch Studiengebühren, Zuschüsse und Spenden (Bruininks, 2005).

Aufgrund des kostentreibenden Wettbewerbs in der amerikanischen Hochschullandschaft sind die Gebühren für ein Studium besonders im staatlichen Sektor in den letzten Jahren stark angestiegen. „Die Durchschnittspreise, hinter denen sich eine enorme Spannbreite verbirgt, betrugen 2007 6.185 Dollar pro Jahr an öffentlichen und 23.712 Dollar an privaten Hochschulen" (Schreiterer, 2008). Die Gebühren an einer prestigeträchtigen Hochschule lagen im Durchschnitt sogar bei etwa 35.000 Dollar. Zusätzlich müssen noch Unterbringung und Verpflegung bezahlt werden.

Es bezahlt jedoch kaum ein Student die Studiengebühren in voller Höhe. Drei Viertel der Studenten erhalten Studienbeihilfen und Stipendien vom Staat oder der eigenen Hochschule, an den privaten Universitäten beziehen sogar 85 Prozent der Studenten Studienbeihilfen. Fast die Hälfte muss dennoch ein Studiendarlehen aufnehmen, das nur zum Teil vom Staat subventioniert wird.

## Die Zukunft des amerikanischen Hochschulsystems

Eines der wichtigsten Charakteristika des amerikanischen Hochschulwesens ist die Motivation, jedem die gleichen Rechte und Möglichkeiten auf Bildung in einer Gesellschaftsstruktur mit einer großen kulturellen und ethnischen Vielfalt zu geben. Im neuen Jahrhundert werden die Vereinigten Staaten von Amerika weiterhin mit einer steigenden Diversifizierung der Gesellschaft durch die enormen Ströme von Einwanderern aus Lateinamerika, der Karibik, Afrika und Asien konfrontiert werden. Demographen sagen voraus, dass im Jahr 2030 etwa 40 Prozent der Amerikaner Mitglieder einer *minority group* sein werden, „and by midcentury we may cease to have any majority ethnic group, a milestone reached by California in 2000" (Duderstadt, 2003). 1976 lag die Anzahl derer Studenten, die einer Minderheit (*minority*) angehörten, noch bei 15 Prozent, 2007 waren es schon 32 Prozent (*U.S. Department of Education*, 2009).

Dies bedeutet auch eine Herausforderung für die Hochschullandschaft in den USA. Obwohl diese Entwicklung der kulturellen Vielfalt viele Vorteile mit sich bringt, müssen die amerikanischen Hochschulen auf die demographische Entwicklung reagieren, um Spannungen durch kulturelle und ethnische Unterschiede an ihren Colleges und Universitäten zu verhindern. „They must take decisive action to build more diverse institutions to serve an increasingly diverse society" (Duderstadt, 2003). Jeffersons Ideal einer republikanischen Bildung muss weiterentwickelt und neuen Situationen angepasst werden.

## 2. Moderne Massenmedien

> „*Congress shall make no law ... abridging the freedom of speech or of the press ...*"
> – *Constitution of the United States, 1ˢᵗ Amendment*

### Printmedien/Zeitungswesen

Die erste Zeitung in den amerikanischen Kolonien erschien 1690 in Boston unter dem Namen *Publick Occurrences*. Der Herausgeber, Benjamin Harris, hatte sie ohne Genehmigung gedruckt und zog damit den Unmut der Regierung von Massachusetts auf sich: Ein Exempel statuierend wurden alle Ausgaben vernichtet und für die Zukunft wurden nicht lizenzierte Publikationen in der Kolonie untersagt.

Erfolgreicher war der von dem Postmeister John Campell gegründete *Boston News-Letter*, der ab 1704 zur ersten kontinuierlich publizierten Zeitung in den amerikanischen Kolonien wurde. Die Zeitung erhielt großzügige Beihilfen von der britischen Regierung und berichtete in erster Linie über die Politik in Großbritannien und die europäischen Kriege.

Eine amerikanische Presse und ein eigenständiger amerikanischer Journalismus entstanden erst im Zuge der Politisierung der Kolonien in der vorrevolutionären Zeit. Die zweifellos einflussreichste Zeitung in den Jahren der beginnenden politischen Unruhen war die *Pennsylvania Gazette*. Ihr Herausgeber, Benjamin Franklin, einer der bestimmenden Persönlichkeiten in der Revolutionszeit und einer der Gründungsväter der Republik, plädierte in seinen Artikeln für die Unabhängigkeit der amerikanischen Kolonien. Franklin besaß die Unterstützung eines Großteils seiner Zunft. Dazu trug nicht zuletzt der *Stamp-Act* von 1765 bei, mit dem Druckmaterialien – und somit auch Zeitungen – besteuert wurden. Herausgeber und Drucker wandten sich gegen die britische Kolonialregierung, und ihre Publikationen trugen maßgeblich zu dem Stimmungsumschwung zu Gunsten der politischen Unabhängigkeit in der sich formierenden amerikanischen Öffentlichkeit bei.

Gegen Ende des Unabhängigkeitskrieges 1783 waren bereits 43 Zeitungen im Umlauf und die Zeitung stieg zum wichtigsten Medium der amerikanischen Gesellschaft auf. Viele Zeitungen waren mit politischen Parteien affiliiert und dienten als Sprachrohre rivalisierender Faktionen, die um Einfluss auf die öffentliche Meinung rangen. In kompromisslosem Stil diskutierten Befürworter einer starken Bundesregierung (*Federalists*) und deren Gegner (*Anti-Ferderalists*) in ihren jeweiligen Zeitungen die politische Verfassung der Republik. So war in den ersten Jahren der Republik Alexander Hamiltons *New York Evening Post* eine Plattform für die Faktion der *Federalists*, während der *National Intelligence* Jeffersons Politik unterstütze. Zeitungen waren oftmals die Grundlage für die nationale parteipolitische Organisation, da sie das einzige verbindende Kommunikationsmittel zwischen den weit über das Land verteilten Gemeinden waren. Trotz der großen politischen Bedeutung war die zahlenmäßige Reichweite der Zeitungen begrenzt: Die Leserschaft beschränkte sich weitgehend auf einen kleinen Zirkel wohlhabender, gebildeter und politisch interessierter Bürger. 1830 hatten die größten Zeitungen im Land eine Auflagenstärke von nur 4.500 Exemplaren – von der Zeitung als einem Massenmedium kann somit noch nicht gesprochen werden. Grund für die geringe Verbreitung der Zeitungen waren vor allem die hohen Herstellungskosten. Zeitungen finanzierten sich – wenn nicht durch nahestehende Parteien – fast gänzlich durch das Abonnement ihrer Leser. Ein Jahresabonnement kostete etwa 10 US-Dollar. Dies entsprach einem Wochengehalt eines durchschnittlichen amerikanischen Arbeiters.

Gesellschaftliche und technologische Veränderungen, vor allem Fortschritte in der Druck- und Papierherstellungstechnik, führten zu einer Explosion des Zeitungswachstums in den 1830er Jahren und zur massiven Ausweitung der Leserschaft. Die dampfbetriebene Druckpresse ermöglichte die Massenproduktion bei sinkenden Produktionskosten pro Zeitung. In den Großstädten New York, Baltimore, Boston und Philadelphia entstand mit der *Penny Press* eine neue Art von Zeitung, die Entwicklungen des modernen amerikanischen Pressewesens vorwegnahm. Das erfolgreichste Blatt, der von James Gordon Bennett gegründete *New York Herald*, erzielte 1840 mit einer Auflagenstärke von 40.000 Exemplaren Rekorde. Die *Penny Press* verzichtete auf Parteilichkeit und richtete die Berichterstattung am Interesse des Lesers aus: Kriminalgeschichten und Skandale, aber auch gesellschaftliche Ereignisse des städtischen Lebens (Theateraufführungen oder sportliche Veranstaltungen) dominierten die Berichterstattung. Neben dem Trend zum Boulevard entwickelte die *Penny Press* vor allem Organisationsformen der modernen amerikanischen Zeitung: werbebasierte Finanzierungsmodelle und arbeitsteilige Organisationsstrukturen in dem Redaktionsprozess. 1841 gründete Horace Greeley die *New York Tribune*, die mit einer seriösen Berichterstattung neue Maßstäbe im amerikanischen Journalismus setzte. Greeley selbst war ein Gegner der Sklaverei und benutzte die Zeitung als ein einflussreiches Sprachrohr in der Anti-Sklaverei-Bewegung. Später griff er auch direkt in die Politik ein und kandidierte (erfolglos, denn nur von einer Splitterpartei unterstützt) für das Amt des Präsidenten.

Im Zuge des Übergangs zur Professionalisierung der amerikanischen Zeitungsbranche gründeten New Yorker Zeitungen 1849 die erste amerikanische Nachrichtenagentur, die *Associated Press*, die auch heute noch eine der wichtigsten Nachrichtenagenturen in den Vereinigten Staaten ist.

Nach der Depression in den Jahren nach dem Bürgerkrieg um 1870 entwickelte sich das Pressewesen im Zuge der Industrialisierung rasant. 1880 waren bereits 11.314 verschiedene Zeitungen auf dem Markt. In dieser Zeit wurden erstmals Auflagenstärken von über einer Million erreicht.

Die industrielle Revolution, die alle Aspekte der amerikanischen Gesellschaft veränderte, transformierte auch das Wesen der Zeitung. Die Tageszeitungen lockerten, dem Vorbild der *Penny Press* folgend, Bindungen an die politischen Parteien. Sie begannen sich nun vorrangig über Werbeeinnahmen zu finanzieren. Waren Anfang des Jahrhunderts Zeitungen ein Instrument, um Wahlen zu gewinnen und politische Macht zu erlangen, orientierten sich die Zeitungen nun an wirtschaftlichen (Rentabilitäts-) Kriterien. Der (urbane) Leser war nicht mehr (nur) ein potenzieller Wähler, den es zu überzeugen galt, sondern ein zahlungskräftiger Konsument, an dessen Interessen sich die Berichterstattung ausrichtete. Es entstanden die visuellen Merkmale der modernen amerikanischen Zeitung: Banner Überschriften, umfassende Bebilderung, unterhaltsame „Witzseiten" und Ressorts (der Sport-, der Finanz- und der Gesellschaftsteil).

### Joseph Pulitzer und William Randolph Hearst

Joseph Pulitzer war ein amerikanischer Journalist und Verleger ungarischen Ursprungs, der gemeinsam mit William Randolph Hearst eine neue Art des Journalismus begründete.

Nach einer Zeit als Korrespondent für die *New York Sun* brachte Pulitzer seit 1881 den *St. Louis Post-Dispatch* zu Erfolg. 1883 erwarb er zusätzlich die finanziell angeschlagene *New York World*, die sich unter seiner Leitung in den nächsten zehn Jahren zu einer der einflussreichsten Zeitungen des Landes entwickeln sollte.

1885 wurde er in den New Yorker Kongress gewählt, aber nur nach wenigen Monaten legte er sein Mandat nieder. Zwei Jahre später gründete er die *Evening World* (New York), obwohl er sich zu dieser Zeit bereits aus dem direkten Management seiner Publikationen zurückgezogen hatte. Pulitzer sah sich als ein Vertreter der „einfachen Leute", der unorganisierten Interessen und als ein Advokat der Demokratie gegen Korruption und Machtmissbrauch. Er unterstützte Arbeiterinteressen, attackierte Syndikate und Monopole und deckte politische Korruption auf.

1895 kaufte William Randolph Hearst das *New York Morning Journal* und kopierte die Art der erfolgreichen Berichterstattung seines früheren Mentors Pulitzer. Inspiriert von dessen Journalismus, kombinierte Hearst investigativen Journalismus und Sensationsjournalismus. Für seine Zeitung arbeiteten die besten Journalisten des Landes, darunter Ambrose Bierce, Stephen Crane, Mark Twain, Richard Harding Davis und Jack London.

1896 und 1898 konkurrierte Pulitzers *World* mit Hearsts *Journal*: Beide Zeitungen überboten sich im Kampf um höhere Auflagen, oft auch mittels manipulierter Sensationsberichte. Sie heizten mit ihrer Berichterstattung über den Unabhängigkeitskampf der Kubaner gegen die spanische Kolonialmacht derart die Stimmung im Land gegen Spanien an, dass der Kongress schließlich eine Kriegserklärung, wie von Präsident William McKinley gefordert, verfasste. Nach dem viermonatigen Krieg distanzierte sich Pulitzers *World* von dieser Art Journalismus und betrieb schonungslosen, gut recherchierten, investigativen Journalismus. Dies brachte ihn und seine Zeitung in große Schwierigkeiten, als er 1909 einen Bestechungsskandal um den Panamakanal (die Zahlung von 40 Mio. Dollar unter Präsident Theodore Roosevelt an die *French Panama Canal Company*) aufdeckte. Pulitzer wurde daraufhin von Roosevelt und dem Finanzier J. P. Morgan verklagt. Aus dem Verleumdungsprozess ging Pulitzer siegreich hervor, was er als Sieg des freien Journalismus feierte.

Die 1890er Jahre sind auch die Epoche, in der die großen Zeitungsimperien entstanden: Verleger wie Joseph Pulitzer und William Randolph Hearst, Edward Scribbs und William Patterson schufen die ersten Zeitungskonglomerate. Viele unabhängige Zeitungen wurden von den entstehenden Konzernen aufgesogen. Insbesondere Pulitzers und Hearsts „Zeitungskriege" prägen den amerikanischen Journalismus jener Jahre.

Der scharfe Wettbewerb um Auflagenstärke und Absatzmärkte hatte Auswirkungen auf die Art der Berichterstattung, die unter dem Begriff *yellow journalism* zum Kennzeichen des amerikanischen Journalismus dieser Epoche wurde. *Yellow journalism* ist der Inbegriff für den Kampf um die Lesergunst mittels sensationsorientierter Berichterstattung und aggressiver Methoden der Nachrichtengewinnung.

Doch es entwickelten sich auch alternative Formen des Journalismus, die sich in den Dienst einer progressiven Politik und sozialer Reformen stellten: Zwischen 1890 und 1920 wurden einzelne Journalisten und Schriftsteller bekannt, *muckrackers* (Schmutzaufwirbler). *Muckracking* ist eine Wortschöpfung Präsident Theodore Roosevelts, der seiner ambivalenten Haltung gegenüber dem kritischen Journalismus seiner Zeit mit einem Bild aus einer allegorischen Geschichte John Bunyans Ausdruck verlieh:

„In Bunyan's Pilgrim's Progress you may recall the description of the Man with the Muck-rake, the man who could look no way but downward with the muck-rake in his hands; Who was offered a celestial crown for his muck-rake, but who would neither look up nor regard the crown he was offered, but continued to rake to himself the filth of the floor." (Cornelius, 1957).

Die Auffassung des Präsidenten setzte sich nicht durch: Bis heute ist *muckracker* ein Bezugspunkt journalistischen Selbstverständnisses: der Journalist als Anwalt der Nichtprivilegierten, der „verborgenes Leid thematisiert und kriminelle Machenschaften der Mächtigen ans Licht zerrt" (Ruß-Mohl, 2009). Aus der Geschichte des Journalismus in den USA gibt es viele Beispiele: Die Reportagen der Bürgerrechtlerin Ida B. Wells über die Praxis des Lynchens in den Südstaaten, Jacob Riis' Porträts der obdachlosen Jugendlichen in New York und Lincoln Steffens' Schilderungen des Immigrantenelends in New York gehören dazu.

Die Jahre vor dem Ersten Weltkrieg waren der Höhepunkt der amerikanischen Presse: 1910 erreichte die Zahl der Tageszeitungen 2.600 Exemplare und die Auflagen Millionenhöhe.

Seit den 1920er Jahren kamen jedoch konkurrierende Medien auf, die Vormachtstellung der Zeitung als hauptsächliche Informationsquelle über das aktuelle Tagesgeschehen wurde streitig gemacht. Die für den Zeitungsmarkt charakteristische Wachstumsdynamik nahm ab. Die große Wirtschaftskrise seit 1930 führte zu einem massiven Einbruch der Werbeeinnahmen für Zeitungen. Neue Medien wie das Radio (seit 1920) und seit den 1950er Jahren das Fernsehen begannen Leser und Werbeeinnahmen auf sich zu ziehen. Das Fernsehen ist mittlerweile zum Leitmedium der amerikanischen Öffentlichkeit aufgestiegen und ist für viele Amerikaner die vorrangige Informationsquelle.

In den letzten Jahren hat das Internet seinen Siegeszug angetreten und ist insbesondere für junge Leute zur bevorzugten Informationsressource geworden. Anders als das Radio und das Fernsehen tritt das Internet jedoch, als eine technische und mediale Plattform, nicht nur in Konkurrenz zu der klassischen Zeitung, sondern bietet den amerikanischen Zeitungshäusern auch Expansionsmöglichkeiten auf einem neuen Markt.

### New Journalism

*New Journalism*, ein Reportagestil, wurde Mitte der 1960er von amerikanischen Publizisten ins Leben gerufen. Autoren wie Tom Wolfe oder Jimmy Breslin begannen, die traditionellen Regeln und Hierarchien von Journalismus und Literatur aufzubrechen, sie verbanden Journalismus mit literarischen und filmischen Darstellungstechniken und schufen damit Spannungsfelder zwischen Fakt und Fiktion. Die Philosophie des *New Journalism* war „Erzählung statt Wiedergabe, Intuition statt Analyse, Menschen statt Dinge, Stil statt Statistik" (Haas & Wallisch, 1991). Zu den bevorzugten Mitteln gehörten das Spiel mit Lautmalereien und Neologismen, eine farbbetonte Sprache, aber auch ein szenischer Aufbau der Texte und eine vollständige Wiedergabe von Dialogen. Die primäre Stoßrichtung des *New Journalism* zielte darauf ab, den vorherrschenden Faktenjournalismus zu überwinden. Die auch in literarischer Sicht wichtigsten Vertreter waren Hunter Thompson, Truman Capote und Norman Mailer.

### Der amerikanische Zeitungsmarkt heute

Der Zeitungsmarkt in den USA ist in den vergangenen Jahrzehnten stetig geschrumpft. In den letzten 30 Jahren ist die Zahl der Zeitungen von 1748 auf 1422 (2007) zurückgegangen – trotz Bevölkerungswachstum und steigendem Pro-Kopf-Einkommen (*Encyclopedia of Media and Politics*, 2002).

In den meisten amerikanischen Städten gibt es keine konkurrierenden lokalen Tageszeitungen mehr, wie dies noch Anfang des Jahrhunderts der Fall war. In allen Altersgruppen sinken die Zahlen der Zeitungsleser, am drastischsten in der Altersgruppe der 18- bis 35-Jährigen, von denen etwa 31 % eine Tageszeitung lesen; unter den 55- bis 64-Jährigen, der treuesten Leserschaft, befinden sich nur noch 57 % regelmäßige Zeitungsleser (*Pew Research Center for the People & the Press*, 2009).

Unbestritten können andere Medien einen schnelleren Nachrichten-Output gewährleisten: CNN sendet 24 Stunden aus allen Winkeln der Erde, über Online-Dienste wie Blogs und Twitter werden politische Ereignisse im Internet nahezu in Echtzeit veröffentlicht. Die Stärke der Tageszeitungen liegt dagegen in der Analyse und Interpretation politischer Ereignisse und Nachrichten. Dass ein Bedürfnis nach qualitativ anspruchsvoller Berichterstattung und Analyse besteht, bezeugt der ungebrochene Einfluss der großen amerikanischen Tageszeitungen, die nach wie vor die Leitmedien der politischen Führungselite des Landes sind.

Die drei „Flagschiffe" des amerikanischen Zeitungsjournalismus sind die 1851 gegründete *New York Times*, die *Washington Post* (1877) und die *Los Angeles Times* (1881). Auflagenstärker sind nur noch die 1982 gegründete *USA Today* und das *Wall Street Journal* – das Leitmedium der internationalen Wirtschaftselite. Doch die Stellung der großen Tageszeitungen bemisst sich an ihrem Einfluss auf die politischen Entscheidungsträger des Landes.

Der Erfolg der *New York Times* begann unter der Leitung von Adolph Ochs schon 1857. In dieser Zeit erlangte die Zeitung internationale Reichweite, hohe Auflagen und Reputation. Auch heute noch befindet sich die *New York Times* im Mehrheitsbesitz der Ochs-Sulzberger-Familie, die eine der großen Zeitungsdynastien in den USA ist. Der Slogan der *New York Times* „*All The News That's Fit To Print*" steht programmatisch für den hohen Qualitätsanspruch, den die Berichterstattung auszeichnet und der ihr seit 1918 98 Pulitzer-Preise (bis 2009) eingebracht hat. Sie gilt als *paper of record* und alle besser sortierten Bibliotheken des Landes besitzen die kompletten Ausgaben auf Mikrofiche. Ihre Artikel werden von Historikern zitiert (u. a. als Beleg, dass ein Ereignis an einem bestimmten Tag stattgefunden hat). Heute besitzt die Zeitung eine Auflagenstärke von 1.039.031 Exemplaren an Wochentagen und 1.451.233 Exemplaren an Sonntagen (*New York Times*).

Die *Washington Post* wurde 1877 ursprünglich als Parteiblatt der demokratischen Partei gegründet und besitzt ebenfalls eine herausragende Stellung in der amerikanischen Zeitungslandschaft. Obwohl die Verbreitung der *Post* sich auf den Großraum Washington beschränkt, setzt sie journalistische Qualitätsstandards und genießt internationales Renommee. Sie profitiert von ihrer Lage in der Hauptstadt in unmittelbarer Nähe zur Washingtoner Politik und hat unter Politikern den Ruf eines sehr nachfragenden, kritischen Organs.

In den frühen 1970er Jahren wurde die *Washington Post* zum Synonym für investigativen Journalismus, als die beiden jungen Reporter Bob Woodward und Carl Bernstein den *Watergate*-Skandal aufdeckten, in dessen Folge Präsident Richard Nixon von seinem Amt zurücktrat. Der Einsatz der beiden Reporter gilt als beispielhaft für couragierten Journalismus.

Heute hat die *Washington Post* eine Auflagenstärke von 665.383 und ist damit nach der *Los Angeles Times* die fünftgrößte Zeitung in den Vereinigten Staaten (*Audit Bureau of Circulations*). Die *LA Times* wurde 1881 gegründet und sie besitzt eine Vorrangstellung an der amerikanischen Westküste. Ihre tägliche Auflagenstärke liegt bei etwa 739.000 Exemplaren.

### Online-Journalismus als Modell der Zukunft

Die Leser wechseln das Medium. Bereits 19 % aller Amerikaner informieren sich im Internet, die Tendenz ist steigend. Angesichts dieser Entwicklung hängt die Zukunft des klassischen Zeitungsjournalismus auch von der Fähigkeit ab, eine erfolgreiche Online-Präsenz aufzubauen. Die *New York Times* ist eine der wenigen klassischen Zeitungen, die erfolgreich eine Internetpräsenz aufgebaut hat. Ihr Auftritt im Internet gehört zu den populärsten Online-Zeitungen in den USA und zählte im Mai 2009 etwa 20 Millionen Besucher. Bisher haben die Online-Zeitungen allerdings noch kein tragfähiges Finanzierungsmodell gefunden. Im September 2005 wurden Teile der Website, die mit Ausnahme des Aufmachers eine einmalige Anmeldung erfordert, unter dem Titel *Times Select* vorübergehend kostenpflichtig. Um mehr Werbeeinnahmen anzuziehen, wurden 2007 jedoch alle Inhalte mit Ausnahme des Archivs aus der Zeit zwischen 1923 und 1986 wieder kostenfrei online zur Verfügung gestellt. Allein dem *Wall Street Journal* ist es bisher gelungen, eine ebenso erfolgreiche (kostenpflichtige) Website aufzubauen. Dies gelingt jedoch nur wegen der hoch relevanten Informationen zu Wirtschafts- und Börsendaten, die auf der Website zur Verfügung gestellt werden.

Die Webtechnologie hat die traditionelle Aufsichtsfunktion der Journalisten gestärkt. Diese haben nun effizientere Quellen, um an Informationen zu gelangen, sowie die Möglichkeit, in kürzester Zeit Dokumente zu durchsuchen, Hintergrundinformationen und historischen Kontext zusammenzustellen und Quellen zu identifizieren. Dies hat zu einer neuen Kultur geführt, die gekennzeichnet ist durch hohe Interaktivität und weniger Regeln und Beschränkungen. Leser haben Zugang zu Journalismus aus aller Welt. Natürlich besteht die Gefahr der Unseriösität mancher Medien und Quellen. Als Abhilfe ist die Idee von „Online-Standards" entstanden.

Die bedeutendsten (Nachrichten-)Websites werden von alteingesessenen Produzenten beherrscht: den traditionellen Tageszeitungen, Zeitschriften, sowie den Fernseh- und Kabelfernsehsendern. Journalisten versuchen auch selbst Regelungen für die Berichterstattung im Internet aufzustellen. Die *Online News Association* entwickelt derzeit Empfehlungen mit entsprechenden Vorschlägen. Den größten Anteil an der Einführung neuer journalistischer Standards hat jedoch die Interaktivität per E-Mail. Dies bietet Reportern und Herausgebern die Möglichkeit, unmittelbar mit Personen zu kommunizieren, die ihr Wissen beitragen oder auf unausgewogene und unfaire Berichte hinweisen.

Auch einige der Gewinner der Pulitzer-Preise 2010 sind Online-Angebote: *ProPublica*, der Twitter-Dienst der *Seattle Times* und die Website des *San Francisco Chronicle*. Die Juroren des wichtigsten Medienpreises der Welt haben durch ihre Entscheidung eine Entwicklung nachvollzogen, die – zumindest mit Blick auf die USA – überfällig war: die Emanzipation des Online-Journalismus. Online-Journalismus wird sich auch in Zukunft als eine Hauptquelle der Nachrichtenüberbringung behaupten, auch da immer mehr Menschen auf der Welt Zugang zum Internet erhalten, schneller und zu niedrigeren Preisen (Hargreaves, 2005).

## Rundfunk

Mit der Einführung des Radios verlor die Presse in den 1920er Jahren ihr Monopol. Erste lokale Radiosender gingen 1919 auf Sendung. Der Beginn war von Idealismus gekennzeichnet: Das neue Medium sollte (in erster Linie) der Erziehung und Aufklärung dienen.

Die Entwicklung des Rundfunks verlief stürmisch und in einem nahezu rechtsfreien Raum. Bis 1927 gab es keine Lizensierung oder andere regulative Beschränkungen (Bussmann, 1999, 10). Aber schon 1926 gab es bereits über 600 Radiostationen. In einigen Ballungszentren war durch Frequenzüberlagerungen Radioempfang kaum mehr möglich. Eine Regulierung war unumgänglich. Um die Nutzung von Sendefrequenzen auf eine gesetzliche Basis zu stellen, verabschiedete der Kongress 1927 den *Federal Radio Act*: Lizenzen sollten fortan nur an ausgewählte Radiostationen vergeben werden. Die Qualität der Beiträge, ausreichende finanzielle und technische Ressourcen der Betreiber waren Kriterien für die Lizenzvergabe (Blanchard, 1996).

Mitte der 1930er Jahre hatte nahezu jeder Haushalt ein Rundfunkgerät. Obwohl Radiosendungen zunehmend der Unterhaltung dienten, war der Rundfunk in den Jahren der Weltwirtschaftskrise und während des Zweiten Weltkrieges die wichtigste Informationsquelle. Präsident Franklin D. Roosevelt erkannte das Potential des Hörfunks früh und wandte sich in regelmäßigen Radiosendungen (seinen *Fireside Chats*) an die Bevölkerung.

Für die immer härter umkämpfte Verteilung von Sendefrequenzen musste schließlich eine neue gesetzliche Grundlage geschaffen werden. Auf Initiative des Präsidenten wurde 1934 der *Federal Communications Act* verabschiedet, der Zugangs- und Mengenvorschriften bei der Lizenzvergabe enthielt und mit der *Federal Communications Commission* eine Aufsichtsbehörde errichtete, die für Lizenzvergabe und Wettbewerbskontrolle zuständig war.

Diese Regulierung wurde während des Zweiten Weltkrieges und bis in die jüngste Vergangenheit fortgeschrieben. Vor allem wurden Obergrenzen für den Besitz von Radiostationen festgesetzt. In den 1990er Jahren wurden

diese Bestimmungen konkretisiert: maximal der Besitz von 20 AM-, 20 FM-
und 12 Fernsehstationen wurde erlaubt. Untersagt wurde der gleichzeitige
Besitz von Presse- und Rundfunkunternehmen sowie von Kabel- und
Rundfunkunternehmen in demselben lokalen Markt.

Die Wirkmächtigkeit des Rundfunks war alsbald gefürchtet. Orson
Welles' Hörspiel *Krieg der Welten*, am Abend des 30. Oktober 1938 gesen-
det, führte diese Macht und die damit verbundenen Möglichkeiten der Ma-
nipulation drastisch vor Augen. Der Regisseur inszenierte eine Erzählung
H. G. Wells' als Radioreportage. Das einstündige Hörspiel berichtete von
Meteoriteneinschlägen in New Jersey, von der Landung kriegerischer Mars-
bewohner und Kämpfen zwischen den Außerirdischen und amerikanischen
Truppen. Die Angreifer wollten New York zerstören und die Erde erobern.
Zu spät kamen die Schlussworte von Orson Welles, die sein Hörspiel als
fiktiv enttarnten. In New York war bereits eine Massenpanik ausgebrochen.
Da die Sendung landesweit übertragen wurde, breitete sich die Panik über
New York hinaus aus.

Auf Druck der *Federal Communications Commission* und einer besorgten
Öffentlichkeit veröffentlichte die *National Association of Broadcasters* wenige Monate nach Ausstrahlung von Welles' Hörspiel Verhaltenskataloge,
die Rundfunkanbieter aufforderten, Programme im „öffentlichen Interesse"
zu gestalten. Die Kommission machte es sich auch zur Aufgabe, obszönen
Sprachgebrauch in den Programmen lizenzierter Rundfunksender zu verhindern. Die Kontrolle war nicht sehr wirkungsvoll: Bei Missachtung der
von der Kommission festgelegten Normen machte diese – mit ihren „hoch-
gezogenen Augenbrauen" – auf die beanstandeten Vergehen lediglich aufmerksam. Eine Kompetenz, Sanktionen zu verhängen, gibt es nicht.

Der amerikanische Hörfunk ist seit den 1920er Jahren überwiegend pri-
vatwirtschaftlich organisiert – und daher kommerziell ausgerichtet. Ein
nicht profitorientierter Rundfunk entwickelte sich erst später und spielt bis
heute eine eher untergeordnete Rolle. Der private Rundfunk finanziert sich
durch den „Verkauf" von Zuhörern an die Wirtschaft. Die Programmpro-
duktion verfolgt den Zweck, eine möglichst große Zuhörerschaft (auf nationaler, regionaler und lokaler Ebene) mit Werbebotschaften zu konfrontie-
ren (Kleinsteuber, 1991).

Die wichtigste Organisationsform des amerikanischen Rundfunks sind
landesweite Sendenetze (*Networks*). Deren zentrale Gesellschaften fungie-
ren als Händler zwischen Lokalstationen, Programmherstellern und Wer-
beinvestoren. Sie senden ein nationales Programm, das durch private Sender
um lokale Beiträge ergänzt wird. Bereits Mitte der 1920er Jahre schlossen
sich lokale Radiostationen – vor allem um kostengünstigere Produktionen
zu ermöglichen – zu solchen nationalen *Networks* zusammen. Die Werbeeinnahmen werden zwischen dem *Network* und (einer lokalen) Radio-

anstalt geteilt. Meist verfügen die Anbieter nur über einige der angeschlossenen Stationen, die restlichen bleiben in der Hand unabhängiger Eigentümer. Dennoch: Die meisten kommerziellen Radiostationen waren mit der nationalen *American Broadcasting Company* (ABC) oder dem *Columbia Broadcasting System* (CBS) affiliiert.

In der zweiten Hälfte des 20. Jahrhunderts entstanden eine Vielzahl unabhängige, kommerzielle Radiosender; der Einfluss der *Networks* ging deutlich zurück (Smith, 1998). Mit dem Aufstieg des Fernsehens büßte die gesamte Hörfunkindustrie ihre langjährige Ausnahmestellung als Unterhaltungs- und Nachrichtenmedium ein. Das Programm wurde eingegrenzt und von musikdominierten spezialisierten Nischenformaten sowie gelegentlichen Nachrichten und Reportagen ersetzt.

Heute ist die Spezialisierung der Radiosender weit fortgeschritten. Ein enormer Variationsreichtum steht zur Wahl, wie man einen solchen aus Deutschland nur von der Zeitschriftenindustrie kennt. Von hochspezialisierten Musikformaten (wie Country, Jazz, Urban Contemporary, Christian Contemporary Oldies), reinen News-, Talk-, Business- oder Sportprogrammen bis hin zu Angeboten für verschiedene religiöse und ethnische Minderheiten. Es gibt aber auch Stationen mit klassischer Musik, die sich vorwiegend in wohlhabenden Bezirken etablieren, landesweit aber nur bis zu 3 % der Hörer erreichen.

Auch klassische Radioprogramme können lukrativ sein. In den Vorstädten von Washington, D.C., erreichte WGMS-FM in den 1990er Jahre einen Gewinn von acht Millionen Dollar pro Jahr und war somit die landesweit erfolgreichste (klassische) Radiostation.

Eine weitere Variante ist das *Talk Radio*. Rush Limbaugh, ein Radiomoderator und Entertainer, erreicht mit seinen Sendungen, einer Talkshow im Radio zwischen 14 bis 20 Millionen Zuhörer pro Woche. Damit besitzt er die größte Zuhörerschaft innerhalb des Segments *Talk Radio* in den gesamten USA. Radikale konservative, religiöse und politische Gruppen, als deren Vorreiter Rush Limbaugh auftritt, nutzten diese Radioprogramme zur politischen Agitation. Die Wirkung erkennt man bereits an der Popularität der Moderatoren, die vor rassistischen Bemerkungen und eindeutiger politischer Agitation (*Hate Radio*) nicht zurückschrecken.

## Fernsehen

In 99 Prozent aller amerikanischen Haushalte gibt es mindestens ein Fernsehgerät. Der Anteil der Haushalte mit mehreren Geräten (70 Prozent) ist in den USA ebenfalls höher als in anderen OECD-Staaten (in Deutschland sind es zum Beispiel nur 40 Prozent).

Der Erfolg der *Networks* der Radiosender führte zur Übernahme dieser Struktur für den Fernsehmarkt. Die Entwicklung verlief ähnlich: In den frühen 1950er Jahren konnten einige Gesellschaften ihre Dominanz auf dem neuen Markt festigen: Ein Oligopol von CBS, NBC und ABC beherrschte dann in den 1960er Jahren nahezu den ganzen Markt. In den 1970er Jahren und bis in die 1980er Jahre hinein stellten diese Gesellschaften bis zu 80 Prozent aller Fernsehprogramme bereit. In jüngerer Zeit kam mit Fox ein vierter Akteur hinzu.

Lokale Fernsehanbieter beziehen ihre Programme und überregionale Werbespots von den großen Gesellschaften ABC, CBS, NBC und Fox. Verbleibende freie Programmzeiten und Werbeblöcke werden mit lokalen Nachrichten und Werbespots gefüllt (Wentzel, 2002).

Die Dominanz der *Networks* ist Kritikern seit langem suspekt. Sie gefährdet die publizistische Vielfalt und führt zu einer Abhängigkeit lokaler Sender von den Medienkonzernen. Diese produzieren lediglich lokal relevante Sendungen und erwerben die restlichen Programme von den vier größten Networks. Im Durchschnitt versorgen die vier *Networks* ihre über 200 angeschlossenen Lokalstationen mit mehr als 15 Stunden zur Hauptsendezeit zwischen 20.00 und 23.00 Uhr.

Die *Networks* verloren allerdings durch die wachsende Konkurrenz anderer Fernsehanbieter (aus der Kabelbranche) ihre Ausnahmeposition: Vor allem zur Hauptsendezeit wechselten viele Zuschauer und die *Networks* verloren so bis Ende der 1990er Jahre große Teile ihrer Kunden. Heute bezieht ein durchschnittlicher Bürger knapp die Hälfte seines Fernsehkonsums von den *Networks*.

Untersuchungen zufolge verbrachten im Jahre 2000 die Amerikaner insgesamt 1650 Stunden vor dem Fernseher; davon 775 Stunden vor Programmen der *Networks* (47 %). 1990 waren es noch 780 Stunden von insgesamt 1470 (53 %) (*US Census*, 2001).

1970 verfügten nur 6,7 Prozent aller amerikanischen Haushalte über Kabelanschluss. 1985 waren es bereits 42,8 Prozent. Im Jahre 2002 war der Anteil sogar bis auf 69 Prozent gestiegen (ibid., 2002). Derzeit gibt es in den USA knapp 10.000 Kabelsysteme, und der durchschnittliche Bürger sieht ca. 550 Stunden pro Jahr die Programme der Kabelsender: TBS Superstation (87 Mio. Abonnenten), C-Span (87 Mio.), ESPN (86 Mio.), Discovery Channel (86 Mio.) und CNN (86 Mio.) (NCTA, 2002). CNN (Cable News Network) hat sich in der Nachrichtenbranche gegen die etablierten *Networks* durchgesetzt und ist landesweit zum Marktführer aufgestiegen.

ESPN, der wichtigste Sportkanal der USA, gilt mit seiner Programmstrategie heute als Vorreiter der gesamten Kabelbranche. Im September 1979 ging ESPN erstmals auf Sendung und bot der Zielgruppe, vorwiegend männlichen Sportfans, stundenlange Berichte zu sportlichen Ereignissen. Bereits ein Jahr später sendete ESPN 24 Stunden am Tag. Innerhalb der nächsten Jahre dehnte sich ESPN sogar auf mehr als 50 % der Kabelhaushalte aus. 1987 konnte sich ESPN mit der Unterzeichnung eines Exklusivvertrages die Rechte an 13 *National Football League*-Spielen sichern. 1989 debütierte ESPN international. 1995 umfasste ESPN ein Radio-Network, eine Kabelschwester (ESPN2), die Internetseite *SportsZone* und eine eigene Sendung (ESPY's). Nach dem Aufkauf der ESPN durch *Disney* wurden noch zwei weitere Kabel-Networks an das ESPN-Unternehmen angeschlossen: *ESPNews* und *Classic Sport Network*. Darüber hinaus lancierte *Disney* die erfolgreiche Zeitschrift *ESPN*. 1996 erwirtschaftete Disney 550 Millionen Dollar allein durch *ESPN*.

Auch „politisches Fernsehen" verbreitet sich immer mehr. *Fox News Channel* wirbt mit Slogans wie *Fair and Balanced* und behauptet, eine neutrale Berichterstattung zu betreiben. Kritiker aus konkurrierenden Medien und aus der Demokratischen Partei sehen dagegen eine sehr den politischen Rechten zugeneigte Ausrichtung der Berichterstattung. Eine zutreffende Beobachtung: *Fox* übernahm in den letzten Jahren Interpretationsmuster der extrem-konservativen Radioprogramme. Dies zeigte sich nicht nur in der Berichterstattung über den Irakkrieg und den Wahlkampf 2004 (Kerry vs. Bush), sondern zuletzt auch an einer rücksichtslosen Agitation gegen die Administration Präsident Obamas.

Die frühere Gouverneurin Alaskas, Sarah Palin, die im Wahlkampf 2008 mit John McCain gegen Barack Obama und Joe Biden antrat, versucht sich derzeit als politische Kommentatorin und Moderatorin bei *Fox News*. Aus (konservativer) Berichterstattung wurde politische (rechtextreme) Agitation. Der Fernsehsender gehört dem Medienmogul Rupert Murdoch (*Wall Street Journal, Times, Sun*).

## Hollywood

Der Aufstieg Hollywoods zum Zentrum der amerikanischen und weltweiten Filmindustrie begann früh. Schon zehn Jahre nach der Aufführung des ersten (achtminütigen) Films *Der Große Eisenbahnraub* (*The Great Train Robbery*, Edwin S. Porter, 1903), hatte sich Hollywood als Filmmetropole etabliert. Als besonders populär erwies sich das seit 1915 entwickelte Genre der *Slapstick Comedy*, mit Charlie Chaplin als umjubeltem Schauspieler und gefeiertem Regisseur. In *The Tramp* (Charles Chaplin, 1915) eroberte Chaplin mit seinem Aussehen, seiner Mimik und Gestik das Publikum. Sein Film bestimmte das künstlerische Bild von Hollywood.

Die 1930er und 1940er Jahre wurden zur Blütezeit Hollywoods: Während und nach der Weltwirtschaftskrise und in der unsicheren weltpolitischen Situation der Vorkriegs- und Kriegsjahre sehnte sich das Publikum nach Ablenkung und der Darstellung einer stabilen gesellschaftlichen Ordnung: *Vom Winde Verweht* (*Gone With The Wind*, Victor Fleming, 1939) entsprach mit seinem klassischen Erzählstil den Sehnsüchten der Zeit. Der Film beschreibt Bürgerkrieg und Gewalt, entwirft jedoch auch ein Bild von Sinn und Ordnung im Amerika des späten 19. Jahrhunderts; in einer Ära, in der sich jedermann seines Platzes in der Gesellschaft und seiner Aufgaben bewusst war. Andere Filme gaben den Unsicherheiten der sich rapide ändernden Gesellschaft Raum. Der Gangsterfilm etablierte sich in den 1930er Jahren. Am Erfolg dieses neuen Genres wurde offenkundig, wie der Optimismus das Alltagsempfinden der Amerikaner nach dem Börsencrash 1929 verlassen hatte: Der Gangsterfilm sprach seiner Gegenwart die Garantie für Ordnung und Sicherheit ab. Ein zentraler Aspekt des Gangsterfilms ist das jeweils beschriebene soziale Gefüge. Die Bande, der sich ein Gangster anschließt, ist dabei oft Spiegel der Gesellschaft. Klassische Hollywood-Gangsterfilme sind *Der kleine Caesar* (*Little Caesar*, Mervyn LeRoy, 1931), *Scarface* (Howard Hawks, 1932) und *Der öffentliche Feind* (*The Public Enemy*, William A. Wellman, 1931).

Fünf Filmgesellschaften beherrschten den Markt und konnten Produktionsprozesse, Vertrieb und Aufführung der Filme kontrollieren: *Paramount Pictures, MGM, RKO, Warner Brothers, Twentieth Century Fox* (Compaine, Gomery, 2000).

Künstlerische und technische Qualität der einzelnen Filme waren nicht Bedingung für Rentabilität. Filme wurden nicht einzeln vermarktet, sondern mittels Blockbuchung, die zur Abnahme des gesamten Jahresprogramms einer Filmgesellschaft zwang, von den Pächtern hauseigener Kinos übernommen. Die kleineren Studios *Universal Pictures, Columbia Pictures* und *United Artists* (manchmal als *Minors* bezeichnet) besaßen keine eigenen Filmtheater und waren auf Kooperation mit den Großen angewiesen.

Einem wachsenden Widerstand unabhängiger Kinobesitzer und Filmemacher gegenüber der fließbandartigen Massenproduktion erst- und zweitklassiger Produktionen war es zu verdanken, dass das alte Studiosystem im Jahr 1949 durch gesetzliche Regelungen (*Paramount Decree*) aufgebrochen wurde. Studios wurden verpflichtet, sich von einem der drei Geschäftsbereiche zu trennen, woraufhin diese den Großteil ihrer Filmtheater aufgaben. Das finanzielle Risiko von Eigenproduktionen erhöhte sich damit, da die Verwertung nicht mehr gesichert, sondern von Qualität und Marketing abhängig war. Die Einnahmen seitens der Studios schränkten ihre Produktion ein. Daneben wirkten sich die wachsende Popularität des Fernsehens und das Klima der McCarthy-Ära auf die Filmindustrie aus. Das traditionelle Familienpublikum zog sich vor den Fernseher zurück. Im Zeitraum von 1949 bis 1959 halbierte sich die Rate der wöchentlichen Kinobesucher und sank von 87,5 im Jahr 1949 auf 42 Millionen im Jahr 1959 (Blanchet, 2003).

Hollywood reagierte auf die ökonomischen und soziopolitischen Entwicklungen mit einer Neuausrichtung: Technisch aufwendige Produktionen wie *Ben Hur* (William Wyler, 1959), *Lawrence of Arabia* (David Lean, 1962), *Mary Poppins* (Robert Stevenson, 1964) und *Doktor Schiwago* (David Lean, 1965) repräsentieren diese Ära.

Im Schatten des in erster Linie kommerziell orientierten Kinos konnte sich in dieser Zeit auch ein Genre etablieren, das die Arbeit des Regisseurs aufwertete und das intellektuelle und politisch interessierte Publikum ansprach. Beeinflusst vom *Cinéma Verité*, der *Nouvelle Vague*, Regisseuren wie Ingmar Bergman, Federico Fellini und Michelangelo Antonioni, hatten individualistische, sozialkritische und künstlerisch anspruchsvolle „Low-Budget"-Werke Erfolg. Inmitten der ästhetischen, gesellschaftlichen und industriellen Umbruchsphase der späten 1960er und 1970er Jahre gründete sich in der Folge eine Bewegung experimentierfreudiger Regisseure (Robert Altman, Woody Allen und Sydney Pollack, später Roger Corman, Stanley Kubrick, Martin Scorsese und Francis Ford Coppola). Ihnen gelang es, Kunst und Unterhaltung zusammenzuführen und ihr Kino als *New Hollywood* (1968–1980) zu etablieren.

Stephen Spielberg (mit *Der Weiße Hai*, 1975) und George Lucas (mit *Krieg der Sterne*, 1977) schrieben ein weiteres Kapitel der Geschichte Hollywoods: *Der Weiße Hai* (*Jaws*) und *Krieg der Sterne* (*Star Wars*) waren Filme, die durch handwerkliche Exzellenz, aber auch durch Besucherrekorde neue Maßstäbe setzten. Die Universalität und Geradlinigkeit der Erzählung und die verstärkte Präsenz visueller und akustischer Spezialeffekte machten die Attraktivität dieser Filme aus. Erstmals führten die Studios auch breitangelegte Werbekampagnen durch. Mit durchschlagendem Erfolg: *Der Weiße Hai* durchbrach als erster Film die 100-Millionen-Dollar-Marke im amerikanischen Filmverleih und *Krieg der Sterne* erwirtschaftete einen Gesamtgewinn von 193 Millionen Dollar (Blanchet, 2003).

George Lucas inspirierte mit *Krieg der Sterne* in den 1980er Jahren eine Reihe von Filmen, die mit Spezialeffekten spielten und deren thematische Ausrichtung und ideologische Grundierung dem Klima der Zeit entsprach.

Mit Ronald Reagan war 1980 ein Präsident (ehemals ein Schauspieler) gewählt worden, der das Bild und Prestige der Vereinigten Staaten durch eine Politik der Stärke aufzuwerten suchte und dem Land sein verlorenes Selbstbewusstsein zurückgeben wollte. Filme mit Sylvester Stallone (*Rambo* 1982, 1985, 1988) und Arnold Schwarzenegger (*Phantom-Kommando*, orig. *Commando*, 1985) zeigten ein neues Selbstbewusstsein – ohne die Verletzungen der vergangenen Jahrzehnte zu leugnen.

1996 war *Independence Day* (Roland Emmerich, 1996) der erste Kinofilm, der die Milliarden-Dollar-Grenze sprengte, gefolgt von noch erfolgreicheren Produktionen wie *Titanic* (James Cameron, 1997), *Der Soldat James Ryan* (*Saving Private Ryan*, Steven Spielberg, 1998), *Spider-Man* (Sam Raimi, 2002) und *Der Krieg der Welten* (*War of the Worlds*, Steven Spielberg, 2005).

**Film und Politik**

Augenmerk verdient die amerikanische Kinolandschaft nach den Anschlägen des 11. September 2001. Mit der Vorverlegung des Starttermins patriotischer Kriegsfilme wie *Im Fadenkreuz – Allein gegen alle* (*Behind Enemy Lines*, John Moore, 2001) vergewisserte sich Hollywood (und die USA) seiner selbst. Vorbei waren plötzlich die Zeiten, als profitgierige Unternehmen (*Erin Brockovich*, Steven Soderbergh, 2000) sowie fragwürdige Geheimdienstpraktiken (*Enemy of the State*, Tony Scott, 1999) oder die Untiefen des Präsidentschaftswahlkampfes (*Primary Colors*, Mike Nichols, 1997) kritisch betrachtet wurden. Das Interesse richtete sich vor allem auf die Vergangenheit, weg von den Problemen der Gegenwart. Beispiele sind Filme wie *Master and Commander* (Peter Weir, 2004), *Unterwegs nach Cold Mountain* (Anthony Minghella, 2003) und *The Alamo* (John Lee Hancock, 2004). Sie nehmen den Zuschauer mit auf eine turbulente und schwierige Reise in die Zeit der napoleonischen Kriege und des amerikanischen Bürgerkrieges. Ähnliches gilt für eine neue Welle von Western (Kevin Costners *Open Range* (2003); Ron Howards *The Missing* (2003); in gewisser Weise auch *The Last Samurai* (2003)), die Konflikte der Vergangenheit problematisieren und aufarbeiten.

Hollywood-Filme über den Irakkrieg gibt es in bemerkenswerter Vielzahl. Sie kritisieren offen und vehement wie nie zuvor die amerikanische Regierung, spannen die Nerven der Kinobesucher, sind einigermaßen politisch korrekt und zudem oft mit hochkarätigen Schauspielern besetzt. Und dennoch kommen sie nicht gut an. Bildgewaltige Actionfilme wie beispielsweise *Syriana* (Steven Gaghan, 2005) mit George Clooney oder *Home of the Brave* (Irwin Winkler, 2006) mit Samuel L. Jackson können die Produktionskosten nur sehr knapp wieder einspielen. *Redacted* (Brian De Palma, 2007), der die Vergewaltigung einer jungen Irakerin durch amerikanische Soldaten zum Thema machte, floppte an den Kinokassen genauso wie *Grace is Gone* (James C. Strouse, 2007). Als Paradebeispiel für gekünstelte Charaktere und langweilige Stereotypen ist der Film *Stop-Loss* (Kimberley Peirce, 2008) in Verruf geraten, in dem Ryan Phillippe den Soldaten Brandon King verkörpert, der mehrmals zum Einsatz in den Irak geschickt wird.

Eine Ausnahme – zumindest was Kritiken, Erfolg und Herangehensweise betrifft – bildet Kathryn Bigelows *The Hurt Locker* (2008). Der Film erzählt die Geschichte des einzelgängerischen Sergeant William James, der in einer düsteren Welt voller beklemmender Gefahrensituationen seinen Militärdienst ableistet. Die ständige Präsenz bevorstehender Bombenexplosionen und anderer Attentate prägt James aufs Tiefste und reicht sogar so weit, dass er die zu entschärfenden Bomben mit „Baby" anredet und nach Ablauf seiner Dienstzeit freiwillig in den Irak zurückkehrt. Bigelow versteht es in ihrem Film, den Krieg für das Publikum mit allen Sinnen erfahrbar zu machen, indem sie sich von Klischees des Genres distanziert. Es gibt nicht den machtgeilen Politiker oder den patriotischen GI, sondern gleißende Hitze und Staub der Wüste, Schweiß und Blut und die Welt aus Sicht eines Bombenentschärfers, an mehreren Stellen wackelig mit einer 16-mm-Kamera aufgenommen.

Gründe dafür können möglicherweise in den Anfängen der amerikanischen (Anti-)Kriegsfilme gefunden werden. Zwar traute man sich zu Beginn und während des Vietnamkrieges nicht, die amerikanische Regierung offen zu kritisieren. Dies änderte sich jedoch schnell nach Ende des Konfliktes im Frühling des Jahres 1975. Überragende Erfolge feierte *Platoon* (Oliver Stone, 1985), der – wenn auch mit einigen überzeichneten Helden – den Kinozuschauern erstmals die ungeschönte, von Gewalt und Todesangst durchdrungene Realität des Krieges zumutet und dafür mit vier Oscars ausgezeichnet wurde. *Full Metal Jacket* (Stanley Kubrick, 1987) zeigt in aller Schonungslosigkeit Strategien des Tötens und der Gewalt. Zwar nimmt es der Film mit der tatsächlichen Geschichte nicht ganz genau, zwingt den Zuschauer durch seine grausamen Bilder aber dennoch, sich mit der Realität des Krieges auseinanderzusetzen. Die Erfolge dieser Filme stützen sich zum großen Teil auf die Tatsache, dass in ihnen offen die amerikanische Regierung kritisiert wird.

## Ein Epilog: Historie, Legenden und die Kunst der Erzählung – John Fords *The Man who shot Liberty Valance*

1961 kam John Fords *The Man who shot Liberty Valance* in die amerikanischen Kinos. Der Film ist eines der bemerkenswertesten Werke der amerikanischen Filmgeschichte, er ist auch einer der wichtigsten (cineastischen) Kommentare zur Post-bellum-Gründungszeit der Vereinigten Staaten in der zweiten Hälfte des 19. Jahrhunderts. Und nicht zuletzt erzählt der Film vom Ende der *Frontier*, von Territorien, die zu Staaten wurden. Einmal heißt es im Film, was vor Jahrzehnten noch Wildnis war, ist jetzt ein Garten. Die Rolle der Presse (und letztlich die Hollywoods), der Zusammenhang von historischen Erfahrungen und Legitimation spielen ebenfalls eine prominente Rolle. Es ist die Geschichte der Konstituierung der Vereinigten Staaten in den Jahrzehnten nach dem Bürgerkrieg.

Der Film erzählt seine Geschichte im Rückblick: Zum Begräbnis eines gewissen Tom Doniphon (John Wayne) kommen Senator Stoddard (James Stewart) und seine Frau erstmals seit Jahren in die Stadt Shinbone zurück, in der die Karriere des Senators begann und in der er berühmt wurde als „der Mann, der Liberty Valance erschoss". Die Ankunft des berühmten Senators erweckt die Neugier der lokalen Presse. Auf Drängen eines Journalisten erzählt Stoddard einem Reporter und dem Chefredakteur der Lokalzeitung die Geschichte seiner Zeit in Shinbone (und den Grund seines Besuches): Als junger Rechtsanwalt lässt sich Stoddard in Shinbone nieder und gerät bald in Auseinandersetzungen mit dem berüchtigten Banditen Liberty Valance. Liberty Valance ist von den Rinderbaronen des Territoriums angeheuert. Er soll die Siedler und Farmer einschüchtern. Das weite Land soll offen bleiben (*open range*), aus dem Territorium kein Staat werden. Die Welt von „Liberty" steht gegen die Gesetzesbücher Stoddards, der als Tellerwäscher in einer Bar arbeitet und in seiner Freizeit eine Schule aufbaut und leitet. Seine Argumente für den Eintritt des Territoriums als Staat in die Union verhallen ungehört; der mutige (stets betrunkene) Verleger, der ihn unterstützt, wird schließlich sogar ermordet.

Ransom Stoddard will den Bewohnern Shinbones Lesen und Schreiben beibringen. Und unermüdlich glaubt er an die Möglichkeit, das Territorium zu einem Staat zu machen. Als es ihm nicht gelingt, Valance mit den Waffen der Überzeugung, also der Gerechtigkeit und des Rechts, unschädlich zu machen, tritt er ihm wutentbrannt mit der Waffe in der Hand entgegen. Chancenlos gegen den Revolverhelden geht Stoddards Schuss am Ziel vorbei. Liberty Valance jedoch sinkt tot zu Boden, erschossen von Tom Doniphon, der die Auseinandersetzung beobachtet hatte. Alle glauben, Stoddard habe seinen Gegner getroffen. Doniphon, der den tödlichen Schuss abgab, begeht eine Tat, die gegen den Ehrenkodex des Westens verstößt. Damit, so sagt er, kann er leben. Seine Motive sind vielschichtig und zum Teil privater Natur, aber er erkennt zu guter Letzt, dass die alte Zeit der ungezügelten Freiheit vorbei ist. Der Weg zur Staatlichkeit ist nun frei. Anstelle der Anarchie des *Frontier* tritt die Verfassung der Vereinigten Staaten.

Die neue Ordnung entsteht aus einem Akt der Gewalt – und komplizierter und verworrener, als es die Legende erzählt, so berichtet Stoddard. Als der Senator seine Erzählung beendet hat, zerreißt der Chefredakteur die Aufzeichnungen seines Reporters mit den Worten: „Unsere Legenden wollen wir uns bewahren. Sie sind für uns Wahrheit geworden" (Krusche, 1993). Und: „Wenn die Legende zur Tatsache wird, dann druck die Legende!"

Ransom Stoddard bleibt also der Mann, der Liberty Valance erschossen hat: Die Tötung des Rebellen durch den Vertreter des Rechts bleibt Gründungsakt des Staates und der Ordnung.

Wie unter einem Brennglas fasst der Film wichtige Elemente der amerikanischen Geschichte und des politischen Systems des Landes zusammen: Die Rolle von Bildung als Voraussetzung für die Teilhabe an der Demokratie (Stoddards Schüler lesen große Texte der amerikanischen Verfassungsgeschichte), die Dichotomie zwischen Freiheit, Offenheit (*open range*), der *Frontier* und – auf der anderen Seite – dem Gesetz, der Verfassung und der

Union. Illustriert wird auch die Rolle der Presse im Kampf für Recht und Ordnung, aber auch als Bewahrer von Legenden und Gründungsmythen.

*The Man who shot Liberty Valance* ist ein Produkt Hollywoods – eine spannende Erzählung also, aber vor allem ein „Bildungsroman" der Vereinigten Staaten. Diese Geschichte ist noch nicht – wie alle Geschichten – an ihr Ende gekommen.

# Literatur

Die Literatur zur Geschichte (aber auch zu Politik, Wirtschaft, Religion oder kulturellen Aspekten) der USA ist unüberschaubar. Die Bibliographie soll daher lediglich die Werke nennen, die im Text zitiert, paraphrasiert oder auf die unmittelbar Bezug genommen wird. Um eine weitergehende Beschäftigung mit den USA zu erleichtern, werden in dieser Übersicht zudem Gesamtdarstellungen, Biographien oder Einzeldarstellungen genannt (deutschsprachig oder aus anderen Sprachräumen stammend), oder Klassiker der Literatur zu den USA erwähnt. In der Regel werden – in direkter Bezugnahme – neuere Werke gegenüber älteren Darstellungen bevorzugt. Von großem Interesse sind Biographien, autobiographische Zeugnisse, Filme und Akten, aber auch Werke der Belletristik (einschließlich Poesie und Dramatik).

Einführungen zum politischen System der USA und zur (politischen) Geschichte des Landes sind zahlreich: Einen recht guten Überblick über das politische System der USA gibt Emil Hübner, *Das politische System der USA. Eine Einführung* (fortgeführt von Ursula Münch), München: C. H. Beck, 2007. Es gibt eine Reihe guter Darstellungen der amerikanischen Geschichte: Udo Sautter, *Geschichte der Vereinigten Staaten von Amerika*, Stuttgart: Kröner, 2006; Jürgen Heideking, Christoph Maul, *Geschichte der USA*, Tübingen und Basel: A. Francke Verlag, 2008, und ders. (Hg.), *Die amerikanischen Präsidenten*, München: C. H. Beck, 2002. Eine kurze, instruktive Einführung in die amerikanische Geschichte ist Horst Dippel, *Geschichte der USA*, München: C. H. Beck, 2005. Ihre Erkenntnisse gingen in die Darstellung (oft ohne Erwähnung) ein.

**Zum tieferen Verständnis der amerikanischen Politik und Geschichte sind unverzichtbar:**

Zbigniew Brezinski and Brent Scowcroft, *America and the World: Conversations on the Future of American Foreign Policy*, New York: Basic Books, 2008.

Joan Didion, *Im Land Gottes: Wie Amerika wurde was es heute ist*, Berlin: Ullstein, 2008.

Alexander Emmerich, *Geschichte der USA*, Stuttgart: Konrad Theiss, 2007.

Lewis L. Gould, *The Most Exclusive Club. A History of the Modern United States Senate*, Basic Books: New York 2005.

George C. Herring, *From Colony to Superpower: U.S. Foreign Relations since 1776*, Oxford: Oxford University Press, 2008.

Daniel Walker Howe, *What hath God Wrought: The Transformation of America, 1815–1848*, New York: Oxford University Press 2007.

Charles O. Jones, *The American Presidency: A Very Short Introduction*, Oxford: Oxford University Press, 2007.

David M. Kennedy, *Freedom from Fear: The American people in Depression and War, 1929–1945*, New York et al.: Oxford University Press, 2005.

James M. McPherson, *Battle Cry of Freedom: The Civil War Era*, Oxford et al.: Oxford University Press 1988.

Robert Middlekauff, *The Glorious Cause: The American Revolution, 1763–1789*, New York: Oxford University Press, 2005.

James T. Patterson, *Grand Expectations: The United States, 1945–1974*, New York et al.: Oxford University Press, 1997.

–, *Restless Giant: The United States from Watergate to Bush v. Gore*, New York et al.: Oxford University Press, 2005.

David Reynolds, *America, Empire of Liberty. A New History*, London: Allen Lane, 2009.

Evan Thomas, *A Long Time Coming: The Insiring, Combative 2008 Campaign and the Historic Election of Barack Obama*, London: Public Affairs, 2009.

James Q. Wilson and Peter H. Schuck, *Understanding America: The Anatomy of an Exceptional Nation*, New York: Public Affairs, 2008.

**Im Text zitierte oder für die Argumentation verwendete Werke:**

Richard Abanes, *American Militias: Rebellion, Racism & Religion*, Downers Grove: InterVarsity Press, 1996.

Jeffrey Abramson, *We, the Jury*, New York: Basic Books, 1994.

Dean Acheson, *Present at the Creation: My years in the State Department*, New York and London: Norton & Company, 1987.

Bruce Ackerman, *We the People. I. Foundations*, Cambridge: Harvard University Press, 1991.

–, *We the People. II. Foundations*, Cambridge: Harvard University Press, 1998.

Bruce Ackermann, *The Failure of the Founding Fathers: Jefferson, Marshall, and the Rise of Presidential Democracy*, London: Belknap Press, 2005.

Willi Paul Adams, Ernst-Otto Czempiel, Berndt Ostendorf et al. (Hg.), *Länderbericht der USA, Band I und II*, Bonn: Bundeszentrale für Politische Bildung, 1992.

–, *Die USA im 20. Jahrhundert*, München: Oldenbourg, 2008.

–, *Die USA vor 1900*, München: R. Oldenbourg, 2009.

Richard D. Alba, *Ethnic Identity: The Transformation of White America*, New Haven and London: Yale University Press, 1990.

Madeleine K. Albright, *Madam Secretary: Die Autobiographie*, München: Bertelsmann, 2003.

–, *Der Mächtige und der Allmächtige: Gott, Amerika und die Weltpolitik*, München: Droemer, 2006.

V. Alden and Ishaq I. Ghanayem, *The Kissinger Legacy: American-Middle East Policy*, New York: Praeger, 1984.

Paul Alexander, *Machiavelli's Shadow: The Rise and Fall of Karl Rove*, New York: Modern Times, 2008.

Ali A. Allawi, *The Occupation of Iraq, Winning the War, Losing the Peace*, New Haven and London: Yale University Press, 2007.

Robert S. Alley, *James Madison on Religious Liberty*, Buffalo: Prometheus Books, 1985.

–, *The Constitution & Religion: Leading Supreme Court Cases on Church and State*, New York: Prometheus Books, 1999.

Graham Allison and Philip Zelikow, *Essence of Decision: Explaining the Cuban Missile Crisis*, New York et al.: Addison Wesley Longman, 1999.

Peter-André Alt, *Schiller. Leben – Werk – Zeit. Eine Biographie*, München: C. H. Beck, 2000.

Philip Altbach and James. Forrest (Eds.), *The International Handbook of Higher Education, Volume 1 and 2*, Berlin: Springer, 2006.

Stephen E. Ambrose, *Nixon: Ruin and Recovery, 1973–1990*, New York: Simon & Schuster, 1991

–, *Rise to Globalism, American Foreign Policy Since 1938*, New York: Penguin Books, 1985.

–, *Nixon: The Triumph of a Politician, 1962–1972*, New York: Simon & Schuster, 1989.

–, *Eisenhower: Soldier and President, The Renowned One-Volume Life*, New York: Simon & Schuster, 1990.

–, *The Supreme Commander: The War Years of Dwight D. Eisenhower*, Jackson: University Press of Mississippi, 1999.

–, Crazy Horse and Custer. *The Epic Clash of Two Great Warriors at the Little Bighorn*, London et al.: Pocket Books, 2003.

George Anastaplo, *The Constitution of 1787*, Baltimore and London: The Johns Hopkins University Press, 1989.

Fred Anderson, *Crucible of War. The Seven Years' Ware and the Fate of Empire in British North America 1754–1766*, Alfred A. Knopf: New York, 2000.

Erich Angermann, *Die Vereinigten Staaten von Amerika*, München: Deutscher Taschenbuch Verlag, 1969.

–, *Die Vereinigten Staaten von Amerika seit 1917*, München: Deutscher Taschenbuch Verlag, 1983.

Ian Angus and Sut Jhally, *Cultural Politics in Contemporary America*, New York and London: Routledge, 1989.

Robert P. Anzuoni, *The All American: An Illustrated History of the 82$^{nd}$ Airborne Division*, Atglen: Schiffer Military History, 2001.

Michael Armacost, *A United States Policy for the Changing Realities of East Asia: Toward a New Consensus*, Stanford: Stanford University Press, 1996.

Anthony Arnove, *Iraq: The Logic of Withdrawl*, New York: New York Press, 2006.

Rick Atkinson, *An Army at Dawn: The War in North Africa 1942–1943*, London: Abacus, 2004.

Ben Bagdikian, *The New Media Monopoly*, Boston: Beacon Press, 2004.

James A. Baker III with Steve Fiffer, „*Work Hard, Study ... and Keep Out of Politics!*", New York: G. P. Putnam's Sons, 2006.

Thomas Bailey, *A Diplomatic History of the American People*, New York: F. S. Crofts & Co., 1946.

Bernard Bailyn, *The Ordeal of Thomas Hutchinson*, Cambridge: Belknap Press, 1974.

Thomas P. M. Barnett, *The Pentagon's New Map: War and Peace in the Twenty-First Century*, New York: Penguin Group, 2004.

Tim Barringer and Andrew Wilton, *American Sublime: Landscape Painting in the United States 1820–1880*, Princeton: Princeton University Press, 2002.

Jerome A. Barron and C. Thomas Dienes, *Constitutional Law*, St. Paul: West Publishing, 1987.

Dave Barry, *Slept Here: A Short History of the United States*, New York: Fawcett Columbine, 1989.

Philip Baruth, *The X President*, New York: Bantam Book, 2003.

Jean Baudrillard, *Amerika*, München: Matthes & Seitz, 1987.

Inge Baxmann, *Mayas, Pochos und Chicanos: Die transnationale Nation*, München: Wilhelm Fink, 2007.

Charles A. Beard (Hg.), *The Enduring Federalist*, New York 1948.

Jan C. Behrends, Árpád von Klimó and Patrice G. Poutrus, *Antiamerikanismus im 20. Jahrhundert: Studien zu Ost- und Westeuropa*, Bonn: Dietz, 2005.

Robert L. Beisner, *Dean Acheson: A Life in the Cold War*, Oxford: Oxford University Press, 2006.

Larry Berman, *Lyndon Johnson's War: The Road to Stalemate in Vietnam*, London and New York: W. W. Norton & Company, 1989.

Morris Berman, Dark Ages America: *The Final Phase of Empire*, New York: Norton & Company, 2007.

Paul Berman, *Power and the Idealists*, New York: Soft Skull Press, 2005.

Carl Bernstein and Bob Woodward, *All the President's Men*, New York: Simon & Schuster, 1974.

Jared Bernstein, Lawrence Mishel and John Schmitt, *The State of Working America 1998–99*, Ithaca and London: Cornell University Press, 1999.

Carl Bernstein, *Hillary Clinton: Die Macht einer Frau*, München: Droemer, 2007.

Julia Bey and Herbert Geisen, *America: A Reader*, Stuttgart: Reclam, 2008.

David Bellavia, *House to House: An Epic Memoir of War*, New York: Free Press, 2007.

Robert N. Bellah, *The Broken Covenant: American Civil Religion in Time of Trial*, Chicago and London: The University of Chicago Press, 1975.

Robert N. Bellah, Richard Madsen, William M. Sullivan et al., *Habits of the Heart: Individualism and Commitment in American Life*, New York: Library, 1985.

Saul Bellow, *Die Abenteuer des Augie March*, Köln: Kiepenheuer & Witsch, 2009.

–, *Herzog*, Köln: Kiepenheuer & Witsch, 2009.

–, *Humboldts Vermächtnis*, Köln: Kiepenheuer & Witsch, 2009.

Carl Benn, *The War of 1912*, Oxford: Osprey Publishing, 2002.

James H. Billington, *Fire in the Minds of Men*, New York: Basic Books, 1980.

–, *Russia Transformed: Breakthrough to Hope*, New York: Free Press, 1992.

Kai Bird, *The Chairman: John McCloy. The Making of the American Establishment.* New York: Simon & Schuster, 1992.

Conrad Black, *Franklin Delano Roosevelt: Champion of Freedom.* New York: Public Affairs, 2003.

–, *Richard Milhous Nixon: The Invincible Quest*, London: Quercus, 2007.

Robert D. Blackwill and Keith W. Dayton, *Arms Control and the U.S. Russian Relationship: Problems, Prospects, and Prescriptions: Report of an Independent Task Force*, New York: Council on Foreign Relations, 1996.

Clay Blair, *The Forgotten War – America in Korea 1950–1953*, New York: Doubleday, 1987.

John Morton Blum, *Years of Discord: American Politics and Society, 1961–1974*, New York: Norton & Company, 1991.

Ruth Bloch, *Visionary Republic*, Cambridge: Cambridge University Press, 1985.

Sidney Blumenthal, *The Clinton Wars*, New York: Farrar, Straus and Giroux, 2003.

Robert Bober und Georges Perex, *Geschichten von Ellis Island*, Berlin: Klaus Wagenbach, 1997.

Paul F. Boller, jr., *Presidential Campaigns*, New York and Oxford: Oxford University Press, 1985.

Herbert von Borch, *Amerika: Dekadenz und Größe*, Frankfurt am Main: Fischer, 1983.

Robert H. Bork, *Slouching towards Gomorrah: Modern Liberalism and American Decline*, New York: Regan Books, 1996.

Mark Bowden, *Black Hawk Down: Kein Mann bleibt zurück*, München: Heine, 2003.

Charles R. Bowery, jr., Lee & Grant: *Profiles in Leadership from the Battlefields of Virginia*, New York: Amacom, 2005.

Louis Brandeis and Suzanne Freedman: *The People's Justice*, Springfield: Enslow Publishers, 1996.

H. W. Brands, *Andrew Jackson: His Life and Times*, New York: Doubleday, 2005.

–, *Traitor to His Class: The Privileged Life and Radical Presidency of Franklin Delano Roosevelt*, New York: Doubleday, 2008.

Werner Brecht, *Selbstbestimmung und imperiale Herrschaft: Zur Haltung Woodrow Wilsons gegenüber der außereuropäischen Welt*, Münster: LIT, 1992.

Helmbrecht Breinig, Jürgen Gebhardt and Berndt Ostendorf, *German and American Higher Education: Educational Philosophies and Political Systems*, Münster: LIT, 2001.

Zbigniew Brezinski and Brent Scowcroft, *America and the World: Conversations on the Future of American Foreign Policy*, New York: Basic Books, 2008.

Zbigniew Brezinski, *Die Einzige Weltmacht: Amerikas Strategie der Vorherrschaft*, Weinheim und Berlin: Belz Quadriga, 1997.

Robert K. Brigham, *Is Iraq another Vietnam?* New York: Public Affairs, 2006.

Douglas Brinkley, *The Reagan Diaries*, New York: Harper Collins, 2007.

Hugh Brogan, *The Penguin History of the USA*, New York: Penguin Books, 2001.

–, *Alexis de Tocqueville. A Life*, Yale University Press: New Haven, London, 2006.

John Brown, *Abolitionist: The Man who killed Slavery, spoked the Civil War, and seeded Civil Rights*, New York: Alfred A. Knopf, 2005.

Richard Brown, *Knowledge, Education, and Cultural Change: Papers in the Sociology of Education*, London: Travistock Publications, 1973.

Patrick J. Buchanan, *The Great Betrayal*, Boston et al.: Little, Brown and Company, 1998.

Bundeszentrale für Politische Bildung (Hg.), *Politik und Wirtschaft in den USA: Strukturen- Probleme-Perspektiven*, Band 208, Opladen: Westdeutscher Verlag, 1984.

Michael Burlingame, *Abraham Lincoln: A Life, Volume One and Two*, Baltimore: The Johns Hopkins University Press, 2008.

Michel Butor, *Mobile*, Dalkey Archive Press, 2004.

Stephen Burman, *The State of the American Empire: How the USA Shapes the World*, Berkley and Los Angeles: University of California Press, 2007.

Eric Burns, *Infamous Scribblers: The Founding Fathers and the Roudy Beginnings of American Journalism*, New York: Public Affairs, 2006.

James MacGregor Burns, *The Soldier of Freedom: The concluding volume of the first complete biography of FDR*, San Diego, New York, London: Harcourt Brace Jovanovich, 1970.

–, *Roosevelt: The Lion and the Fox 1882–1940*, San Diego, New York, London: Harcourt Brace Jovanovich, 1970.

William Burr (ed.), *The Kissinger Transcripts: The Top Secret Talks with Beijing and Moscow*, New York: New Press, 1999.

T. Moffatt Burriss, *Strike and Hold: A Memoir of the 82$^{nd}$ Airborne in World War II*, Washington D.C., Brassey's, 2000.

George Bush and Brent Scowcroft, *A World Transformed*, New York: Vintage Books, 1998.

George W. Bush, *Decision Points*, New York: Crown Publishers 2010.

Laura Bush, *Spoken from the Heart*, New York: Scribner, 2010.

Richard Lyman Bushman, *Joseph Smith: Rough Stone Rolling – A cultural biography of Mormonism's Founder*, New York: Alfred A. Knopf, 2005.

David P. Calleo, *Beyond American Hegemony: The Future of the Western Alliance*, New York: Basic Books, 1987.

Colton C. Campbell and Nicol C. Rae, *The Contentious Senate: Partisanship, Ideology, and the Myth of Cool Judgement*, Lanham: Rowman & Littlefield, 2001.

Peter S. Canellos, *Last Lion: The Fall and Rise of Ted Kennedy*, New York: Simon & Schuster, 2009.

Lincoln Caplan, *The Tenth Justice: The Solicitor General and the Rule of Law*, New York: Alfred A. Knopf, 1987.

Demetrios James Caraley and Bonnie B. Hartman, *American Leadership, Ethnic Conflict, and the New World Politics*, New York: Academy of Political Science, 1997.

Robert A. Caro, *The Years of Lyndon Johnson: Master of the Senate*, New York: Alfred A. Knopf, 2002.

Caleb Carr and Ulysses S. Grant, *Personal Memoirs*, New York: The Modern Library, 1999.

Jimmy Carter, *Keeping Faith: Memoirs of a President*, Fayettville: The University of Arkansas Press, 1995.

Stephen L. Carter, *The Culture of Disbelief: How American Law and Politics Trivialize Religious Devotion*, New York: Anchor Books, 1993.

–, *The Dissent of the Governed: A Mediation on Law, Religion, and Loyality*, Cambridge: Harvard University Press, 1998.

Richard Carwardine, *Lincoln: A Life of Purpose and Power*, New York: Alfred A. Knopf, 2006.

Jack Casserly and Barry M. Goldwater, *Goldwater*, New York: Doubleday, 1988.

Kyle Cassidy, *Bewaffnetes Amerika: Waffenbesitzer und ihr Zuhause im Porträt*, Berlin: Schwarzkopf & Schwarzkopf, 2008.

Gian Paolo Ceserani, Umberto Eco and Beniamino Placido, *Modell Amerika: Die Wiederentdeckung eines Way of Life*, Münster: Englisch Amerikanische Studien, 1985.

James Chace, *The Consequences of the Peace: The New Internationalism and American Foreign Policy*, Oxford: Oxford University Press, 1992.

Ron Chernow, *Alexander Hamilton*, New York: The Penguin Press, 2004.

Joseph Cirincione, *Bomb Scare: The History and Future of Nuclear Weapons*, New York: Columbia University Press, 2007.

Tom Clancy with General Tony Zinni and Tony Koltz, *Battle Day*, London: Sidgwick & Jackson, 2004.

Burton R. Clark, *The Higher Education System: Academic Organization in Cross-National Perspective*, Berkeley and Los Angeles: University of California Press, 1986.

William Clark und William Meriwether, *Tagebuch der ersten Expedition zu den Quellen des Missouri, sodann über die Rocky Mountains zur Mündung des Columbia in den Pazifik und zurück, vollbracht in den Jahren 1804–1806*, Frankfurt: Zweitausendeins, 2003.

Thurston Clarke, *The Last Campaign: Robert F. Kennedy and 82 Days that inspired America*, New York: Henry Holt, 2008.

Hillary Rodham Clinton, *Living History*, New York: Simon & Schuster, 2003.

Bill Clinton, *My Life*, New York: A. Knopf, 2004.

Donald B. Cole, *The Presidency of Andrew Jackson*, Lawrence: University Press of Kansas, 1993.

Gail Collins, *When Everything Changed: The Amazing Journey of American Women from 1960 to the Present*, New York: Little, Brown, 2009.

Linda Colley, *Captives. Britain, Empire, and the World, 1600–1850*, New York: Anchor Books, 2004.

Charles Colson, *Born Again*, Old Tappan: Chosen Books, 1976.

James B. Conant and James Hershberg, *Harvard to Hiroshima and the Making of the Nuclear Age*, New York: Alfred A. Knopf, 1993.

Jacob E. Cooke, *Alexander Hamilton*, New York: Hill and Wang, 1967.

Jerald A. Combs, *American Diplomatic History: Two Centuries of Changing Interpretations*, Berkley et al.: University of California Press, 1983.

John Milton Cooper, jr., *The Warrior and the Priest: Woodrow Wilson and Theodore Roosevelt*, Cambridge and London: The Belknap Press, 1983.

–, jr., *Woodrow Wilson, A Biography*, New York: Alfred A. Knopf, 2009.

Vincent Coppola, *Dragons of God: A Journey Through Far-Right America*, Atlanta: Longstreet Press, 1996.

Evan Cornog, *Reporting Vietnam: American Journalism 1959–1975*, New York: The Library of America, 2000.

–, *The Power and the Story: How the Crafted Presidential Narrative Has Determines Political Success from George Washington to George W. Bush*, New York: The Penguin Press, 2004.

Ann Coulter, *Treason: Liberal Treachery from the Cold War to the War on Terrorism*, New York: Crown Forum, 2003.

Ellis Cose, *The Press*, Morrow, 1989.

Michael Cox & Doug Stokes, *US Foreign Policy*, Oxford: Oxford University Press, 2008.

Alfred W. Crosby, jr., *The Columbian Exchange: Biological and Cultural Consequences of 1492*, Westport: Greenwood Press, 1972.

Ernst-Otto Czempiel, *Amerikanische Außenpolitik: Gesellschaftliche Anforderungen und politische Entscheidungen*, Stuttgart: Kohlhammer, 1979.

Ernst-Otto Czempiel, W. P. Adams, B. Ostendorf, *Länderbericht der USA, Band I und II*, Bonn: Bundeszentrale für Politische Bildung, 1992.

Robert Dallek, *Franklin Roosevelt and American Foreign Policy, 1932–1945*, Oxford: Oxford University Press, 1979.

–, *John F. Kennedy (1917–1963): An Unfinished Life*, Boston: Little, Brown and Company, 2003.

–, *Nixon and Kissinger: Partners in Power*, London: HarperCollins, 2007

Kenneth S. Davis, *FDR: The New Deal Years 1933–1937*, New York: Random House, 1986.

Merryl Wyn Davies and Ziauddin Sardar, *Woher kommt der Hass auf Amerika?* Hannover: Klampen, 2003.

Keith W. Dayton, Robert D. Blackwill, *Arms Control and the U.S. Russian Relationship: Problems, Prospects, and Prescriptions: Report of an Independent Task Force*, New York: Council on Foreign Relations, 1996.

John Dean, *Blind Ambition: The White House Years*, New York: Simon & Schuster, 1976.

Angie Debo, *A History of the Indians of the United States*, London: The Folio Society, 2003.

Don DeLillo, *Falling Man*, Köln: Kiepenheuer & Witsch, 2007.

William A. DeGregorio, *The Complete Book of U.S. Presidents*, Fort Lee: Barricade Books, 2009.

Alan M. Dershowitz, *Chutzpah*, Toronto et al.: Little, Brown and Company, 1991.

Andrea Despot, *Amerikas Weg auf den Balkan: Zur Genese der Beziehungen zwischen den USA und Südosteuropa 1820–1920*, Wiesbaden, Harrassowitz, 2010.

Bernard DeVoto, *The Course of Empire*, Boston: Houghton Mifflin, 1980.

Karen DeYoung, *Soldier: The Life of Colin Powell*, New York: Alfred A. Knopf, 2006.

Joan Didion, *Im Land Gottes: Wie Amerika wurde was es heute ist*, Berlin: Ullstein, 2008.

C. Thomas Dienes and Jerome A. Barron, *Constitutional Law*, St. Paul: West Publishing, 1987.

John Patrick Diggins, *The Proud Decades: America in War and Peace, 1941–1960*, New York and London: Norton & Company, 1988.

–, *Max Weber. Politics and the Spirit of Tragedy*, Basic Books: New York, 1996.

David Dimbleby and David Reynolds, *An Ocean Apart: The Relationship Between Britain and America in the Twentieth Century*, New York, Random House, 1988.

Dan Diner, *Feindbild Amerika: Über die Beständigkeit eines Ressentiments*, München: Ullstein, 2002.

E. J. Dionne, jr., Jean Bethke Elshtain, Kayla M. Drogosz, *One Electorate under God?* Washington D.C.: Brookings Institution Press, 2004.

Horst Dippel, *Die Amerikanische Revolution 1763–1787*, Frankfurt am Main, Suhrkamp, 1985.

Michael Dobbs, *One Minute to Midnight: Kennedy, Khrushchev, and Castro on the Brink of Nuclear War*, New York: Knopf, 2008.

Franz Dobler, *The Beast in Me: Johnny Cash und die seltsame und schöne Welt der Countrymusik*, München: Antje Kunstmann, 2002.

Anatoly Dobrynin, *In Confidence: Moscow's Ambassador to America's Six Cold War Presidents*, New York: Time Books, 1995.

E. L. Doctorow, *Billy Bathgate*, New York: Penguin Group, 1998.

–, *The March*, New York: Random House, 2006.

–, *Ragtime*, New York, Random House Trade Paperback, 2007.

Hans-Jürgen Döscher, *Seilschaften: Die verdrängte Vergangenheit des Auswärtigen Amts*, Berlin: Ullstein, 2005.

David Herbert Donald, *Lincoln*, New York: Simon & Schuster, 1995.

David Herbert Donald and Harold Holzer, *Lincoln in the Times: The Life of Abraham Lincoln as originally reported in the New York Times*, New York: St. Martin's Press, 2005.

R. Bruce Douglass and Joshua Mitchell, *A Nation Under God? Essays on the Fate of Religion in American Public Life*, Lanham: Rowman & Littlefield, 2000.

Emil Dovifat, Stephan Ruß-Mohl und Bernd Sösemann, *Der Amerikanische Journalismus. Mit einer Einführung Zeitungsjournalismus in den USA: Ein Rückblick auf Dovifats Frühwerk*, Berlin: Colloquium-Verlag, 1990.

Peter Dreier, Manuel Pastor jr. and Jennifer Wolch, *Up Against the Sprawl: Public Policy and the Making of Southern California*, 2004.

Michael Dreyer, Markus Kaim Markus Lanz (Hg.), *Amerikaforschung in Deutschland: Themen und Institutionen der Politikwissenschaft nach 1945*, Wiesbaden: Franz Steiner, 2004.

Kayla M. Drogosz, Jean Bethke Elshtain and E. J. Dionne, jr., *One Electorate under God?* Washington D.C.: Brookings Institution Press, 2004.

Gottfried Duden, *Bericht über eine Reise nach den nordwestlichen Staaten Nordamerika's und einen mehrjährigen Aufenthalt am Missouri in den Jahren 1824–1827 in Bezug auf Auswanderung und Überbevölkerung, oder: Das Leben im Innern der Vereinigten Staaten und dessen Bedeutung für die häusliche und politische Lage der Europäer,* Elberfeld: Sam. Lucas, 1829.

James J. Duderstadt and Farris W. Womack, *Beyond the Crossroads: The Future of Public University in America,* Baltimore and London: The John Hopkins University Press, 2003.

Diana L. Eck, *A New Religious America: How a „Christian Country" Has Become the World's Most Religiously Diverse Nation,* New York: Harper Collins, 2001.

Umberto Eco, Gian Paolo Ceserani and Beniamino Placido, *Modell Amerika: Die Wiederentdeckung eines Way of Life,* Münster: Englisch Amerikanische Studien, 1985.

Jean Bethke Elshtain, E. J. Dionne, jr. and Kayla M. Drogosz, *One Electorate under God?* Washington D.C.: Brookings Institution Press, 2004.

John Ehrlichman, *Witness to Power: the Nixon Years,* New York: Simon & Schuster, 1982.

David Eisenhower, *Eisenhower: At War 1943–1945,* New York: Vintage Books, 1987.

Joseph J. Ellis, *Sie schufen America – Die Gründergeneration von John Adams bis George Washington,* München: Verlag C. H. Beck, 2002.

–, *Seine Exzellenz George Washington: Ein Biographie,* München: Beck, 2005.

Daniel Ellsberg, *Secrets: A Memoir of Vietnam and the Pentagon Papers,* New York: Viking Press, 2002.

Stanley Elkins und Eric McKitrick, *The Age of Federalism – The Early American Republic, 1788–1800,* New York: Oxford University Press 1993.

Jean Bethke Elshtain, Kayla M. Drogosz, and E. J. Dionne, jr., *One Electorate under God?* Washington D.C.: Brookings Institution Press, 2004.

Alexander Emmerich, *Geschichte der USA,* Stuttgart: Konrad Theiss, 2007.

Richard L. Engstrom and Mark E. Rush, *Fair and Effective Representation? Debating Electoral Reform and Minority Rights,* New York: Rowman & Littlefield, 2001.

Sam J Ervin, jr., *The Whole Truth: the Watergate Conspiracy,* New York: Random House, 1980.

Faun Bernbach Evans, *A World of Diversity: Multicultural Readings in the News,* Lincolnwood: NTC Publishing Group, 1997.

Mark Falcoff, *Modern Chile, 1970–1989: A Critical History,* New Brunswick, N.J.: Transaction Publishers, 1989.

Robert Falkner, *Auslandshilfe und Containment, Anfänge amerikanischer Auslandshilfepolitik in der Dritten Welt, 1945–1952,* Münster: LIT, 1994.

Susan Faludi, *The Terror Dream: Fear and Fantasy in Post-9/11 America,* New York: Metropolitan Books, 2007.

Daniel Farber, *Lincoln's Constitution,* Chicago: University of Chicago Press, 2003.

Charles Haight Farnham, *A Life of Francis Parkman,* Boston: Little, Brown, and Company, 1904.

Drew Gilpin Faust, *This Republic of Suffering – Death and the American Civil War,* New York: Alfred A. Knopf, 2008.

T. R. Fehrenbach, Lone Star, *A History of Texas and the Texans,* Cambridge: Da Capo Press, 2000.

Andreas Feininger, *Amerika: Fotografien von Andreas Feininger*, Erfurt: Weingarten, 1998.

Lion Feuchtwanger, *Die Füchse im Weinberg. Erster Teil: Waffen für Amerika*, Frankfurt am Main: Fischer, 1984.

Steve Fiffer and James A. Baker III, *„Work Hard, Study ... and Keep Out of Politics!"*, New York: G. P. Putnam's Sons, 2006.

David H. Fischer, *Paul Revere's Ride*, Oxford University Press, 1994.

Gennifer Flowers, *Im Bett mit dem Präsidenten: Meine intimen Jahre mit Bill Clinton*, Düsseldorf und München: Econ, 1998.

Eric Foner, *A Short History of Reconstruction 1863–1877*, New York: Harper Perennial, 1990.

–, *Story of American Freedom*, New York and London: Norton & Company, 1998.

Gerald R. Ford, *A Time to Heal*, New York: Harper & Row, 1979.

Thomas Fleming, *Duel, Alexander Hamilton, Aaron Burr and the Future of America*, New York: Basic Books, 1999.

James Forrest and Philip Altbach (Eds.), *The International Handbook of Higher Education, Volume 1 and 2*, Berlin: Springer, 2006.

Thomas Frank, *What's the Matter with Kansas? How Conservatives Won the Heart of America*, New York: Metropolitan Books, 2004.

John Hope Franklin, *Mirror to America*, New York: Farrar, Straus, and Giroux, 2005.

Suzanne Freedman and Louis Brandeis: *The People's Justice*, Springfield: Enslow Publishers, 1996.

Lawrence Freedman, *The Transformation of Strategic Affairs*, New York: IISS/Routledge, 2006.

Thomas L. Friedman, „For the nations of Eastern Europe, the U.S. is more symbol than model", in: *New York Times*, 30.06.1991.

Wolfgang-Uwe Friedrich, *Vereinigte Staaten von Amerika*, Opladen: Leske + Budrich, 2000.

Marie-Luise Frings, *Henry Clays American System und die sektionale Kontroverse in den Vereinigten Staaten von Amerika 1815- 1829*, Frankfurt am Main: Peter Lang, 1979.

David Frost, *„I Gave Them a Sword": Behind the Scenes of the Nixon Interviews*, New York: William Morrow, 1978.

Ellen L. Frost, *For Richer, for Poorer: The New U.S.-Japan Relationship*, Council on Foreign Relations, 1987.

David Frum and Richard Perle, *An End to Evil: How to Win the War on Terror*, New York: Random House, 2003.

Francis Fukuyama, *The End of History and the Last Man*, London: Penguin, 1992.

J. William Fulbright, *Die Arroganz der Macht*, Hamburg: Reinbek, 1982.

Keith Fuller, *„The Torch is Passed"*, *The Associated Press Story of the Death of a President*.

John Lewis Gaddis, *Strategies of Containment: A Critical Appraisal of Postwar American National Policy*, Oxford: Oxford University Press, 1982.

–, *The Long Peace: Inquiries into the History of the Cold War*, Oxford: Oxford University Press, 1987.

Peter W. Galbraith, *The End of Iraq: How American Incompetence Created a War without End*, New York: Simon & Schuster, 2006.

Gary W. Gallagher, *Causes Won, Lost & Forgotten: How Hollywood and popular art shape what we know about the Civil War*, North Carolina: The University of North Carolina Press, 2008.

Leonard Garment, *In Search of Deep Throat: The Greatest Political Mystery of Our Time*, New York: Basic Books, 2000.

Raymond L. Garthoff, *Détente and Confrontation: American-Soviet Relations form Nixon to Reagan*, Washington, D.C.: Brookings Institution Press, 1985.

John D. Gartner, *In Search of Bill Clinton: A Psychological Biography*, New York: St. Martin's Press, 2008.

Bettina Gaus, *Auf der Suche nach Amerika: Begegnungen mit einem fremden Land*, Frankfurt am Main: Eichborn, 2008.

Jürgen Gebhardt, Helmbrecht Breinig and Berndt Ostendorf, *German and American Higher Education: Educational Philosophies and Political Systems*, Münster: LIT, 2001.

Herbert Geisen and Julia Bey, *America: A Reader*, Stuttgart: Reclam, 2008.

Friedrich Gerstäcker, *Aus zwei Welttheilen: Gesammelte Erzählungen*, Leipzig, 1954.

–, *Die Flusspiraten des Mississippi*, Kehl, 1993.

–, *Streifzüge durch Amerika 1837–1843*, Stuttgart, 2000.

Ronald D. Gerste, *Duell ums Weisse Haus: Amerikanische Präsidentschaftswahlen von George Washington bis 2008*, Paderborn: Schöningh, 2008.

Georgie Anne Geyer, *Buying the Night Flight: The Autobiography of a Woman Foreign Correspondent*, Chicago: University of Chicago Press, 2001.

Ishaq I. Ghanayem and V. Alden, *The Kissinger Legacy: American-Middle East Policy*, New York: Praeger, 1984.

Felix Gilbert, *To the Farewell Address, Ideas of Early American Foreign Policy*, Princeton: Princeton University Press, 1961.

Newt Gingrich, *Lessons Learned the Hard Way*, New York: Harper Collins, 1998.

William E. Gienapp, *Abraham Lincoln and Civil War in America*, Oxford: Oxford University Press, 2002.

Rudolph W. Giuliani with Ken Kurson, *Leadership*, New York: Hyperion, 2002.

Betty Glad, *An Outsider in the White House: Jimmy Carter, his Advisors, and the Making of American Foreign Policy*, London: Cornell, 2009.

William H. Goetzmann, *Beyond the Revolution: A History of American Thought from Paine to Pragmatism*, New York: Basic Books, 2009.

Barry M. Goldwater mit Jack Casserly, *Goldwater*, New York: Doubleday, 1988.

Leland M. Goodrich, *Documents on American Foreign Relations*, Volume IV, July 1941-June 1942, Boston: World Peace Foundation, 1942.

Michael Gordon and Bernard Trainor, *Cobra II: The Inside Story of the Invasion and Occupation of Iraq*, London: Atlantic Books, 2006.

Philip H. Gordon and Jeremy Shapiro, *Allies at War: America, Europe and the crisis over Iraq*, New York: Mc Graw Hill, 2004.

J. W. Gough (ed.), *John Locke, Second Treatise on Government*, Oxford, 1946.

Lewis L. Gould, *The Most Exclusive Club. A History of the Modern United States Senate*, Basic Books: New York 2005.

Lawrence S. Graham and Ryszard Stemplowski, *The EU-US Cooperation: Transatlantic Dialogue Third Conference Warsaw 2003*, edited by the Polish Institute of International Affairs, 2003.

Stephen Graubard, *The Presidents: The Transformation of the American Presidency from Theodore Roosevelt to Barack Obama*, London: Penguin Books, 2009.

Stanley B. Greenberg and Theda Skocpol, *The New Majority: Toward a Popular Progressive Politics*, New Haven and London: Yale University Press, 1997.

Ulrich Gregor und Enno Patalas, *Geschichte des Films 1895–1939*, Reinbek bei Hamburg: Rohwohlt, 1976.

Bernd Greiner, *Krieg ohne Fronten: Die USA in Vietnam*, Hamburg: Hamburger Edition, 2007.

Andrei Gromyko, *Memoirs*, New York Doubleday, 1989.

Mary Ann Noonan Guerra, *The Alamo*, The Alamo Press, 1996.

Hannes Haas und Gian-Luca Wallisch, Literarischer Journalismus oder journalistische Literatur? In: Publizistik, 36. Jg., 1991.

Richard N. Haass, *The Opportunity: America's Moment to Alter History's Course*, New York: Public Affairs, 2005.

Volker Hage, *John Updike: Eine Biographie*, Hamburg: Rowohlt, 2007.

Ann Hagedorn, *Savage Peace: Hope and Fear in America, 1919*, New York: Simon & Schuster, 2007.

Alexander M. Haig, jr., mit Charles McCarry, *Inner Circles: How America Changed the World*, New York: Warner Books, 1992.

Alexander Hamilton, James Madison, John Jay, *Die Federalist-Artikel: Politische Theorie und Verfassungskommentar der amerikanischen Gründerväter*, Paderborn: Schöningh, 1994.

David Halberstam, *The Best and the Brightest*, New York: Random House, 1992.

H. R. Haldeman, *The Haldeman Diaries: Inside the Nixon White House*, New York: G. P. Putnam's Sons, 1994.

Ulrich Halfmann, Kurt Müller und Klaus Weiss (Hg.), *Wirklichkeit und Dichtung. Studien zur englischen und amerikanischen Literatur*, Berlin: Duncker & Humblot, 1984.

–, *Bill Clinton: Mastering the Presidency*, New York: Public Affairs, 2007.

Lee H. Hamilton and Thomas H. Kean, *The 9/11 Report*, New York: St. Martin's Paperbacks, 2004.

Nigel Hamilton, *Bill Clinton: An American Journey*, New York: Random House, 2003.

Mark S. Hamm, *Apocalypse in Oklahoma*, Boston: Northeastern University Press, 1997.

Jussi M. Hanhimäki, *The Flawed Architect: Henry Kissinger and American Foreign Policy*, New York: Oxford University Press, 2004.

Wolfram F. Hanrieder, *Germany, America, Europe: Forty Years of German Foreign Policy*, New Haven: Yale University Press, 1989.

Ian Hargreaves, *Journalism: A Very Short Introduction*, Oxford: Oxford University Press, 2005.

Bill Harlow and George Tenet, *At the Center of the Storm: My Years at the CIA*, New York: Harper Collins, 2007.

Steven W. Harmon, *The St. Josephs-Blatt 1896–1919*, Frankfurt am Main: Peter Lang, 1989.

John Lamberton Harper, *America and the Reconstruction of Italy, 1945–1948*, Cambridge: Cambridge University Press, 1986.

Klaus Harpprecht, *Amerikaner: Freunde, Fremde, ferne Nachbarn*, München: Deutscher Taschenbuch Verlag, 1984.

John F. Harris, *The Survivor: Bill Clinton in the White House*, New York: Random House, 2005.

Bonnie B. Hartman and Demetrios James Caraley, *American Leadership, Ethnic Conflict, and the New World Politics*, New York: Academy of Political Science, 1997.

Josef Haslinger, *Das Elend Amerikas: Elf Versuche über ein gelobtes Land*, Frankfurt am Main, Fischer Taschenbuch, 1992.

Max Hastings, *The Korean War*, New York: Simon and Schuster, 1987.

Edward Heath, *The Course of My Life*, London: Hodder & Stoughton, 1998.

Udo J. Hebel, *Amerikastudien*, Volume 54, Nummer 2, 2009, Heidelberg: Winter.

–, *Amerikastudien*, Volume 53, Nummer 2, 2008.

Richard D. Heffner, *A Documentary History of the United States*, New York and Scarborough: New American Library, 1985.

Jürgen Heideking, Christof Mauch, *Geschichte der USA*, Tübingen und Basel: A. Francke Verlag, 2008.

Mohamed Heikal, *The Road to Ramadan*, London: Collins, 1975.

–, *Autumn of Fury: The Assassination of Sadat*, London: Corgi, 1984.

Richard Helms with William Hood, *A Look Over My Shoulder*, New York: Random House, 2003.

Manfred Henningsen, *Der Mythos Amerika*, Frankfurt am Main: Eichborn, 2009.

Louis Henkin, *Foreign Affairs and the Constitution*, New York and London: Norton & Company, 1980.

George C. Herring, *From Colony to Superpower. U.S. Foreign Relations since 1776*, Oxford: Oxford University Press, 2008.

Seymour M. Hersh, *The Price of Power: Kissinger in the Nixon White House*, New York: Summit, 1983.

James Hershberg, James B. Conant: *Harvard to Hiroshima and the Making of the Nuclear Age*, New York: Alfred A. Knopf, 1993.

Dietmar Herz, *Frieden durch Handel: Zur Außenwirtschaftspolitik der Roosevelt-Administration in der ersten Hälfte der dreißiger Jahre*, Frankfurt am Main: Peter Lang, 1987.

–, *Das kurze Amerikanische Jahrhundert: Auf der Suche nach innerer und äußerer politischer Ordnung*, Hamburg: LIT, 1991.

–, *Die Wohlerwogene Republik. Das konstitutionelle Denken des politisch-philosophischen Liberalismus*, Paderborn: Ferdinand Schöningh, 1999.

–, *Barack Obama: Rede bei der Amtseinführung (2009)*, in: Kai Brodersen (Hg.), I have a dream: Große Reden von Perikles bis Barack Obama, Darmstadt: Primus, 2009.

Dietmar Herz und John David Smith, „,Into Danger but also Closer to God'": The Salzburgers' Voyage to Georgia, 1733–1734", in: *The Georgia Historical Quarterly*, Vol. LXXX, No. 1, Georgia Historical Society, Spring 1996.

Thomas Hettche, *Woraus wir gemacht sind*, München: btb, 2008.

Christopher Hibbert, *Redcoats and Rebels: The War for America 1770–1781*, London: The Folio Society, 2006.

Jochen Hils und Jürgen Wilzewski (Hg.), *Defekte Demokratie- Crusader State? Die Weltpolitik der USA in der Ära Bush*, Trier: Wissenschaftlicher Verlag Trier, 2006.

Gertrude Himmelfarb, *One Nation, Two Cultures*, New York: Vintage Books, New York: Alfred A. Knopf, 1999.

History Spark Notes, *The Civil War 1850–1865*, New York: Spark Educational Publishing, 2005.

–, *Reconstruction 1865–1877*, New York: Spark Educational Publishing, 2005.

Christopher Hitchens, *The Trial of Henry Kissinger*, New York: Verso, 2001.

Godfrey Hodgson, *The Myth of American Exceptionalism*, New Haven and London: Yale University Press, 2009.

Ronald Hoffman and Peter J. Albert, *Native Americans and the Early Republic*, University of Virginia Press, Charlottesville, 1999.

– (eds.), *Peace and the Peacemakers: The Treaty of 1783*, Charlottesville: University Press of Virginia, 1986.

Richard Hofstadter, *The American Political Tradition*, New York: Vintage Books, 1989.

William Hood and Richard Helms, *A Look Over My Shoulder*, New York: Random House, 2003.

Michael J. Hogan, The Marshall Plan: *America, Britain, and the Reconstruction of Western Europe, 1947–1952*, Cambridge: Cambridge University Press, 1988.

Michael J. Hogan and Thomas G. Paterson, *American Foreign Relations*, Cambridge: Cambridge University Press, 1991.

Harold Holzer and David Herbert Donald, *Lincoln in the Times: The Life of Abraham Lincoln as originally reported in the New York Times*, New York: St. Martin's Press, 2005.

Arnold L. Horelick, *U.S.-Soviet Relations: The Next Phase*, Ithaca and London: Cornell University Press, 1986.

Alistair Horne, *Small Earthquake in Chile*, New York and London: Macmillan, 1972.

–, *Macmillan*, vol. II, London: Macmillan, 1988.

–, *A Bundle from Britain*, London: Picador, 1992.

–, *Kissinger's Year: 1973 – Watergate, Vietnam, Yom Kippur War, Détente*, London: Weidenfeld & Nicolson, 2009.

Alfred Hornung, *Amerikastudien*, Volume 42, Nummer 4, 1997, Winter: Heidelberg.

David Horowitz, *Kalter Krieg. Hintergründe der US-Außenpolitik von Jalta bis Vietnam, Band 1 und 2*, Berlin: Klaus Wagenbach, 1969.

Joseph Hogan, *The Reagan Years: The Record in Presidential Leadership*, Manchester and New York: Manchester University Press, 1990.

Dick Howard, *Die Grundlegung der amerikanischen Demokratie*, Frankfurt am Main: Suhrkamp, 2001.

R. Gordon Hoxie and James P. Pfiffner, *The Presidency in Transition*, Proceedings: Volume VI, Number 1, New York: Center for the Study of the Presidency, 1989.

Emil Hübner, *Das politische System der USA*, München: Beck, 1993.

William Bradford Huie, *The Outsider*, London: Panther, 1961.

Cordell Hull, *The Memoirs of Cordell Hull, Volume I and II*, New York: Macmillan, 1948.

Samuel P. Huntington, *Who are we? The Callenges to America's National Identity*, New York: Simon & Schuster, 2004.

John C. Hulsmann: *To Begin the World Over Again: Lawrence of Arabia from Damascus to Baghdad*, New York: Palgrave Macmillan, 2009.

John C. Hulsman and A. Wess Mitchell, *The Godfather Doctrine: A Foreign Policy Parable*, Princeton: Princeton University Press, 2009.

Michael H. Hunt, *Ideology and U.S. Foreign Policy*, New Haven and London: Yale University Press, 1987.

James H. Hutson, *Religion and the New Republic: Faith in the Founding of America*, New York: Rowman and Littlefield, 2000.

William G. Hyland, *The Reagan Foreign Policy*, New York and Scarborough: New American Library, 1987.

G. John Ikenberry, David A. Lake, and Michael Mastanduno, *The State and American Foreign Economic Policy*, Ithaca and London: Cornell University Press, 1988.

Institut für Strategische Studien (Hg.), *Abschreckung und Entspannung in Europa: Die Vereinigten Staaten und die europäische Sicherheit*, München: Bernard & Graefe, 1981.

Rhys Isaac, *The Transformation of Virginia 1740–1790*, North Carolina: The University of North Carolina Press, 1982.

Walter Isaacson, *Kissinger*, New York: Simon & Schuster, 1992.

Walter Isaacson and Evan Thomas, *The Wise Men: Six Friends and the World They Made*, New York: Touchstone, 1988.

Viktor Israelyan, *Inside the Kremlin During the Yom Kippur War*, University Park, Pennsylvania State University Press, 1995.

Jane Jacobs, *The Death and Life of Great American Cities*, New York: Peregrine Books, 1984.

–, *Dark Age Ahead*, New York: Vintage Books, 2004.

Wolfgang Jäger und Wolfgang Welz, *Regierungssystem der USA*, München: R. Oldenbourg 1995.

Cord Jakobeit, Ute Sacksofsky und Peter Welzel, *Die USA am Beginn der neunziger Jahre*, Opladen: Leske + Budrich, 1993.

Lawrence James, *Raj. The Making of British India*, London: Little, Brown and Company, 1997.

John Jay, James Madison und Alexander Hamilton, *Die Federalist-Artikel: Politische Theorie und Verfassungskommentar der amerikanischen Gründerväter*, Paderborn: Schöningh, 1994.

Ted G. Jelen and Mary C. Segers, *A Wall of Separation? Debating the Public Role of Religion*, New York: Rowman & Littlefield, 1998.

Thomas Jefferson, *Betrachtungen über den Staat Virginia*, Zürich: Manesse Verlag, 1989.

Philip Jenkins, *A History of the United States*, New York: Palgrave Macmillan, 2007.

Jerry B. Jenkins and Tim Lahaye, *Armageddon*, Wheaton: Tyndale House, 1996.

–, *Tribulation Force*, Wheaton: Tyndale House, 1996.

Sut Jhally and Ian Angus, *Cultural Politics in Contemporary America*, New York and London: Routledge, 1989.

Chalmers Johnson, *The Sorrows of Empire: Militarism, Secrecy, and the End of the Republic*, London: Verso, 2004.

Denis Johnson, *Angels*, New York: Harper Collins, 2002.

Charles O. Jones, *The Presidency in a Separated System*, Washington D.C.: Brookings Institution Press, 2005.

–, *The American Presidency: A Very Short Introduction*, Oxford: Oxford Universtiy Press, 2007.

Maldwyn Allen Jones, *American Immigration*, Chicago and London: The University of Chicago Press, 1992.

Tony Judt, *Das vergessene 20. Jahrhundert: Die Rückkehr des politischen Intelektuellen*, München: Carl Hanser, 2008.

Detlef Junker, *Franklin D. Roosevelt: Macht und Visionen: Präsident in Krisenzeiten*, Frankfurt am Main, Muster-Schmidt Verlag, 1979.

–, *Power and Mission: Was Amerika antreibt*, Freiburg im Breisgau: Herder, 2003.

Paul W. Kahn, *Legitimacy and History: Self-Government in American Constitutional History*, New Haven and London: Yale University Press, 1992.

Marvin L. Kalb und Bernard Kalb, *Kissinger*, Boston: Little, Brown and Company, 1974.

Fred Kaplan, *Lincoln: The Biography of a Writer*, New York: Harper Collins, 2008.

Robert D. Kaplan, *Imperial Grunts: On the Ground with the American Military, from Mongolia to the Philippines to Iraq and Beyond*, New York: Random House, 2006.

Jonathan Karl, *The Right to Bear Arms: The Rise of America's New Militias*, New York: Harper Paperbacks, 1995.

Günter Kast, *Pazifische Gemeinschaft oder neuer Kalter Krieg? Amerikanische China-Politik in den neunziger Jahren und die Suche nach einer Strategie für Ostasien*, Münster: LIT, 1997.

Philip Katcher, *The American Indian Wars 1860–90*, New York: Osprey Publishing, 1977.

John Kea, *India. A History*, London: Harper, Collins, Publishers, 2000.

Thomas H. Kean and Lee H. Hamilton, *The 9/11 Report*, New York: St. Martin's Paperbacks, 2004.

John Keegan, *The Iraq War: The 21-Day Conflict and its Aftermath*, London: Pimlico, 2005.

Hans-G. Kellner, J. M. Thie und Meinolf Zurhorst, *Der Gangster-Film*, München: Roloff und Seeßlen, 1977.

Alison Louise Kennedy, *Day*, Berlin: Wagenbach, 2007.

Edward M. Kennedy, *America Back on Track*, New York: Penguin Books, 2006.

–, *True Compass: A memoir*, London: Little, Brown, 2009.

Alfred Kerr, *Yankee-Land*, Berlin, Mosse, 1925.

*Kohl empört über Umgang mit Clinton*, in: *Die Welt*, 21.09.1998.

Ralph Ketcham, *James Madison. A Biography*, Charlottsville und London: The University Press of Virginia, 1991.

Andreas Killen, *1973: Nervous Breakdown*, New York: Bloomsbury, 2006.

Hans G. Kippenberg, Tilman Seidensticker (Hg.), Terror im Dienste Gottes. Die „Geistliche Anleitung" der Attentäter des 11. Septembers 2001, Frankfurt, New York: Campus Verlag, 2003.

Henry A. Kissinger, *Großmacht Diplomatie: Von der Staatskunst Castlereaghs und Metternichs*, Berlin: Ullstein, 1962.

–, *American Foreign Policy*, New York & London: Norton & Company, 1977.

–, *A World Restored: Metternich, Castlereagh and the Problems of Peace, 1812–1822*, Boston: Little, Brown, 1979.

–, *White House Years*, Boston: Little, Brown, 1979.

–, *Years of Upheaval*. Boston: Little, Brown, 1982.

–, *Diplomacy*, New York: Simon & Schuster, 1994.

–, *Years of Renewal*, New York: Simon & Schuster, 1999.

–, *Does America Need a Foreign Policy?* New York: Simon & Schuster, 2001.

–, *Crisis: The Anatomy of Two Major Foreign Policy Crises*, New York: Simon & Schuster, 2003.

–, *Ending the Vietnam War*, New York: Simon & Schuster, 2003.

Joe Klein, *The Natural: The Misunderstood Presidency of Bill Clinton*, London: Hodder and Stoughton, 2002.

–, *Politics Lost: How American Democracy Was Trivialized By People Who Think You're Stupid*, New York: Doubleday, 2006.

Wilhelm Klein, *Irak- Der Krieg*, Frankfurt: Melzer, 2006.

Árpád von Klimó, Jan C. Behrends und Patrice G. Poutrus, *Antiamerikanismus im 20. Jahrhundert: Studien zu Ost- und Westeuropa*, Bonn: Dietz, 2005.

Thomas J. Knock, *To End All Wars: Woodrow Wilson and the Quest for a New World Order*, Princeton: Princeton University Press, 1992.

Peter Kolchin, *American Slavery 1619–1877*, New York: Macmillan, 2003.

Gabriel Kolko, *Confronting the Third World: United States Foreign Policy 1945– 1980*, New York: Pantheon Books, 1988.

Peter Kornbluh, *The Pinochet File*, New York: New Press, 2003.

Heinrich Krohn, *Und warum habt ihr denn Deutschland verlassen? 300 Jahre Auswanderung nach Amerika*, Bergisch Gladbach: Gustav Lübbe Verlag, 1992.

Wolfgang Koydl, *John Kerry: Eine neue Politik der Weltmacht USA?* Frankfurt am Main, Fischer, 2004.

Jon Krakauer, *Mord im Auftrag Gottes: Eine Reportage über religiösen Fundamentalismus*, München: Piper, 2003.

Andrian Kreye, *Grand Central: Menschen in New York*, Köln: Kiepenheuer & Witch, 2002.

Dieter Krusche, *Reclams Filmführer*, Stuttgart: Reclam, 1993.

Heinrich Kuhn, *Sündenfall Vietnam: Der Amerikanische Krieg in Indochina*, Basel: Buchverlag National-Zeitung, 1974.

Bruce Kuklick, *Blind Oracles, Intellectuals and War from Kennan to Kissinger*, Princeton and Oxford: Princeton University Press, 2006.

Mark Kurlansky, *Cod. A Biography of the Fish that Changed the World*, New York: Penguin, 1997.

Stanley I. Kutler, *The Wars of Watergate: The Last Crisis of Richard Nixon*, New York: Norton & Company, 1992.

Walter LaFeber, *The American Age: United States Foreign Policy at Home and Abroad since 1750*, New York and London: Norton & Company, 1989.

–, *The American Age: U.S. Foreign Policy at Home and Abroad, Volume 1 to 1920*, New York: Norton & Company, 1994.

–, *The American Age: U.S. Foreign Policy at Home and Abroad, Volume 2 since 1896*, New York: Norton & Company, 1994.

Tim Lahaye and Jerry B. Jenkins, *Armageddon*, Wheaton: Tyndale House, 1996.

–, *Tribulation Force*, Wheaton: Tyndale House, 1996.

Eugene Lang and Janice Gross Stein, *The Unexpected War, Canada in Kandahar*, Toronto: Penguin Books Canada, 2007.

Jackson Lears, *Rebirth of a Nation: The Making of Modern America, 1877–1920*, New York: Harper Collins, 2009.

Richard Ned Lebow und Janice Gross Stein, *We All Lost the Cold War*, Princeton: Princeton University Press, 1994.

Claus Leggewie, *Amerikas Welt: Die USA in unseren Köpfen*, Hamburg: Hoffmann und Campe, 2000.

Hartmut Lehmann, *Alte und neue Welt in wechselseitiger Sicht*, Göttingen: Vandenhoeck & Rupprecht, 1995.

Robert Lekachman, *Die Reichen reicher machen: Reaganomics oder Wie Ronald Reagan den Sozialstaat abbaut*, Hamburg: Rowohlt, 1982.

Max Lerner, *America as a Civilisation: Life and Thought in the United States today*, New York: Simon & Schuster, 1957.

Michael Lienesch, *New Order of the Ages*, Princeton: Princeton University Press, 1988.

Elvin T. Lim, *The Anti-Intellectual Presidency: The Decline of Presidential Rhetoric from George Washington to George W. Bush*, Oxford: Oxford University Press, 2008.

Seymour Martin Lipset, *The First New Nation: The United States in Historical & Comparative Perspective*, New York: Norton & Company, 1979.

–, *Continental Divide: The Values and Institutions of the United States and Canada*, New York & London: Routledge, 1990.

Brian McAllister Linn, *Guardians of Empire*, Chapel Hill and London: The University of North Carolina Press, 1997.

Robert Litwak, *Détente and the Nixon Doctrine*, New York: Cambridge University Press, 1984.

Henry Wadsworth Longfellow, *Poems by Henry Wadsworth Longfellow*, Kessinger Publishing Co, 2005.

Lawrence D. Longley and Neal R. Peirce, *The Electoral College Primer*, New Haven and London: Yale University Press, 1996.

Robert S. Lynd and Helen Merrel Lynd, *Middletown in Transition: A Study in Cultural Conflicts*, New York and London: Harvest/HBJ Book, 1965.

Timothy J. Lynch and Robert S. Singh, *After Bush: The Case for Continuity in American Foreign Policy*, Cambridge: Cambridge University Press, 2008.

Eugene Lyons, *David Sarnoff*, New York: Pyramide Books, 1967.

Susanne Luther und Reinhard C. Meier-Walser, *Europa und die USA: Transatlantische Beziehungen im Spannungsfeld von Regionalisierung und Globalisierung*, München: Olzog, 2002.

Marcus Mabry, *Twice as Good, Condoleeza Rice and Her Path to Power*, New York: Modern Times, 2007.

Graham Maddox, *Religion and the Rise of Democracy*, London: Routledge, 1996.

James Madison, Alexander Hamilton, John Jay, *Die Federalist-Artikel: Politische Theorie und Verfassungskommentar der amerikanischen Gründerväter*, Paderborn: Schöningh, 1994.

Richard Madsen, Robert N. Bellah, William M. Sullivan et al., *Habits of the Heart: Individualism and Commitment in American Life*, New York: Library, 1985.

Harry Magdoff, *The Age of Imperialism: The Economics of U.S. Foreign Policy*, New York and London: Modern Reader Paperbacks, 1969.

L. Sandy Maisel, *American Political Parties and Elections*, Oxford: Oxford University Press, 2007.

Michael Mandelbaum, *The Case for Goliath: How America Acts as the World's Government in the 21$^{st}$ Century*, New York: Public Affairs, 2005.

Harvey C. Mansfield, jr., *America's Constitutional Soul*, Baltimore and London: The Johns Hopkins University Press, 1993.

Charles C. Mann, *1491. New Revelations of the Americas Before Columbus*, New York: Alfred A. Knopf, 2005.

James Mann, *Rise of the Vulcans: The History of Bush's War Cabinet*, New York: Penguin Books, 2004.

Mark Twain, *Tom Sawyer & Huckleberry Finn*, München: Carl Hanser, 2010.

Andrei S. Markovits, *Amerika, dich haßt sich's besser: Antiamerikanismus und Antisemitismus in Europa*, Hamburg: KVV konkret, 2004.

Greil Marcus and Werner Sollors, *A new Literary History of America*, Cambridge and London: Belknap Press, 2009.

Frederick W. Marks III, *Wind over Sand: The Diplomacy of Franklin Roosevelt*, Athens and London: The University of Georgia Press, 1988.

Christof Mauch und Kiran Klaus Patel (Hg.), *Wettlauf um die Moderne: Die USA und Deutschland 1890 bis heute*, München: Pantheon, 2008.

Robert E. May, *Manifest Destiny's Underworld: Filibustering in Antebellum America*, Chapel Hill, NC, 2002.

Charles McCarry und Alexander M. Haig, jr., *Inner Circles: How America Changed the World*, New York: Warner Books, 1992.

Drew R. McCoy, *The Last of the Fathers: James Madison & The Republican Legacy*, New York: Cambridge University Press, 1989.

David McCullough, *John Adams*, New York: Simon & Schuster, 2001.

Colin McEvedy, *The Penguin Atlas of North American History to 1870*, New York: Penguin Books, 1988.

Barrett McGurn, *America's Court: The Supreme Court and the People*, Golden: Fulcrum Publishing, 1997.

Eric McKitrick and Stanley Elkins, *The Age of Federalism – The Early American Republic, 1788–1800*, New York: Oxford University Press, 1993.

Margaret McMillan, *Nixon and Mao: The Week That Changed the World*, New York: Random House, 2007.

Larry McMurtry, *Crazy Horse*, Berlin: Claassen, 2005.

–, *Oh What a Slaughter. Massacres in the American West 1846–1890*, New York: Simon & Schuster, 2005.

James M. McPherson, *Hallowed Ground*, New York: Crown Journeys, 2003.

Frank S. Mead and Samuel Hill, *Handbook of Denominations in the United States*, Nashville: Abington Press, 2001.

Walter Russel Mead, *Mortal Splendor: The American Empire in Transition*, Boston: Houghton Mifflin, 1987.

Charles L. Mee, jr., *The Marshall Plan: The Launching of the Pax Americana*, New York: Simon & Schuster, 1984.

Reinhard C. Meier-Walser und Susanne Luther, *Europa und die USA: Transatlantische Beziehungen im Spannungsfeld von Regionalisierung und Globalisierung*, München: Olzog, 2002.

William Meriwether, *Lewis & Clark Tagebuch*, Frankfurt am Main: Zweitausendeins, 2003.

William Meriwether & William Clark, *Tagebuch der ersten Expedition zu den Quellen des Missouri, sodann über die Rocky Mountains zur Mündung des Columbia in den Pazifik und zurück, vollbracht in den Jahren 1804–1806*, Frankfurt: Zweitausendeins, 2003.

Henry Miller, *Der klimatisierte Alptraum*, Hamburg: Rowohlt, 2006.

Joshua Miller, *The Rise and Fall of Democracy in Early America, 1630–1789*, The Pennsylvania State University Press, 1991.

William Lee Miller, *The Business of May Next: James Madison & the Founding*, Charlottesville and London: University Press of Virginia, 1992.

James Miller and John Thompson, *Alamanc of American History. Introduction by Hugh Ambrose*, Washington D.C., National Geographic Society, 2006.

–, *President Lincoln: The Duty of a Statesman*, New York: Vintage Books, 2008.

Richard H. Minear, *Dr. Seuss Goes War*, New York: The New Press, 1999.

Lawrence Mishel, John Schmitt and Jared Bernstein, *The State of Working America 1998–99*, Ithaca and London: Cornell University Press, 1999.

Joshua Mitchell and R. Bruce Douglass, *A Nation Under God? Essays on the Fate of Religion in American Public Life*, Lanham: Rowman & Littlefield, 2000.

A. Wess Mitchell and John C. Hulsman, *The Godfather Doctrine: A Foreign Policy Parable*, Princeton: Princeton University Press, 2009.

Clark R. Mollenhoff, *Game Plan for Disaster: An Ombudsman's Report on the Nixon Years*, New York: Norton & Company, 1976.

Dick Morris, *The New Prince*, Los Angeles: Renaissance Books, 1999.

Edmund Morris, *Dutch: A Memoir of Ronald Reagan*, New York: Random House, 1999.

Jan Morris, *Lincoln: A Foreigner's Quest*, New York: Simon & Schuster, 2000.

Kenneth E. Morris, *Jimmy Carter: American Moralist*, Athens: University of Georgia Press, 1996.

Roger Morris, *Uncertain Greatness: Henry Kissinger and American Foreign Policy*, New York: Harper & Row, 1977.

Andrew Morton, *Monica's Story*, New York: St. Martin's Press, 1999.

Kurt Müller, Ulrich Halfmann und Klaus Weiss (Hg.), *Wirklichkeit und Dichtung. Studien zur englischen und amerikanischen Literatur*, Berlin: Duncker & Humblot, 1984.

Christoph Münger, *Kennedy, die Berliner Mauer und die Kubakrise: Die westliche Allianz in der Zerreißprobe 1961–1963*, Paderborn: Schöningh, 2003.

Herfried Münkler, *Imperien: Die Logik der Weltherrschaft- vom Alten Rom bis zu den Vereinigten Staaten*, Berlin: Rowohlt, 2005.

M. Muir und M. F. Wilkinson, *The Most Dangerous Years: The Cold War, 1953–1975*, Lexington: Virginia Military Institute, 2005.

Edmund Muskie, John Tower and Brent Scowcroft, *The Tower Commission Report*, New York: Bantam Books, 1987.

David Saville Muzzey, *The American Adventure*, New York and London: Harper & Brothers, 1927.

Jörg Nagler, *Abraham Lincoln: Amerikas größter Präsident*, München: Beck, 2009.

V. S. Naipaul, *Amerika: Lektionen einer neuen Welt*, Berlin: Ullstein, 2004.

Ursula Naumann, *Pribers Paradies*, Frankfurt am Main: Eichborn, 2001.

Richard John Neuhaus, *The Naked Public Square: Religion and Democracy in America*, Grand Rapids: William B. Eerdmans Publishing, 1984.

Otto Neuendorff, „Nachwort", in: Ernst Willkomm, *Die Europamüden*, Göttingen, 1968.

Richard E. Neustadt, *Presidential Power: The Politics of Leadership*, New York: John Wiley & Sons, 1976.

John Newhouse, *Cold Dawn: The Story of SALT*, New York: Holt Rinehart & Winston, 1973.

–, *War and Peace in the Nuclear Age*, New York: Alfred A. Knopf, 1989.

Reinhold Niebuhr, *The Irony of American History*, Chicago: Chicago Press, 2008.

Frank Ninkovich, *The Wilsonian Century: U.S. Foreign Policy Since 1900*, Chicago and London: The University of Chicago Press, 1999.

Richard M. Nixon, *The Memoirs of Richard Nixon*, New York: Touchstone, 1990.

Mark A. Noll, *The Old Religion in a New World. The History of North America Christianity*, Grand Reapids, Cambridge: William B. Eerlmans Publishing Company, 2002

Douglass C. North, *The Economic Growth of the United States 1790–1860*, New York and London: Norton & Company, 1966.

Joseph S. Nye, jr., *The Making of America's Soviet Policy*, New Haven and London: Yale University Press, 1984.

–, *Bound to Lead: The Changing Nature of American Power*, New York: Basic Books, 2007.

Barack Obama, *The Inaugural Address*, New York: Penguin Books, 2009.

Conor Cruise O'Brien, *The Great Melody. A Thematic Biography of Edmond Burke*, London: Sinclair-Stevenson, 1992.

Robert Olmstead, *Der Glanzrappe*, Frankfurt am Main: Eichborn, 2008.

Michael B. Oren; *Six Days of War: June 1967 and the Making of the Modern Middle East*, New York: Oxford University Press, 2002.

–, *Power, Faith, and Fantasy: America in the Middle East, 1776 to the Present*, New York: Norton & Company, 2007.

Berndt Ostendorf, „Identitätsstiftende Geschichte: Religion und Öffentlichkeit in den USA", in: *Merkur*, 49/3, März 1995.

—, „Warum ist die amerikanische Kultur so populär?", in: *Merkur*, 53/8 August 1999.

Berndt Ostendorf, Jürgen Gebhardt, Helmbrecht Breinig, *German and American Higher Education: Educational Philosophies and Political Systems*, Münster: LIT, 2001.

*The Oxford History of the American People*, Volume 1–3, New York and Scarborough: New American Library, 1972.

Chester J. Pach, jr. and Elmo Richardson, *The Presidency of Dwight D. Eisenhower*, Lawrence: University Press of Kansas, 1991.

Thomas Paine, *Common Sense and the Crisis*, New York 1973.

Sarah Palin, *Going Rogue*, New York: Harper Collins, 2009.

Stephan Palmié, *Das Exil der Götter*, Frankfurt am Main: Peter Lang, 2009.

Jay Parini, Promised Land: Thirteen Books that changed America, New York: Doubleday, 2008.

Geoffrey Parker, *The Cambridge History of Warfare*, Cambridge: Cambridge University Press, 2005.

Richard B. Parker, *The October War*, Gainesville: University Press of Florida, 2001.

–, *John Kenneth Galbraith: His Life, His Politics, His Economics*, New York: Farrar, Straus, Giroux, 2005.

Francis Parkman, *A Half-Century of Conflict: France and England in North America*, Part Sixth, Boston: Little, Brown, and Company, 1903.

–, *La Salle and the Discovery of the Great West: France and England in North America*, Part Third, Boston: Little, Brown, and Company, 1904.

–, *The Old Régime in Canada: France and England in North America*, Part Fourth, Boston: Little, Brown and Company, 1904.

–, *The Oregon Trail*, London: The Folio Society, 2008.

Herbert S. Parmet, *JFK: The Presidency of John F. Kennedy*, New York: Penguin Books, 1984.

Manuel Pastor jr., Jennifer Wolch, Peter Dreier, *Up Against the Sprawl: Public Policy and the Making of Southern California*, 2004.

Enno Patalas und Ulrich Gregor, *Geschichte des Films 1895–1939*, Reinbek bei Hamburg: Rohwohlt, 1976.

Kiran Klaus Patel und Christof Mauch (Hg.), *Wettlauf um die Moderne: Die USA und Deutschland 1890 bis heute*, München: Pantheon, 2008.

Thomas G. Paterson, *Kennedy's Quest for Victory: American Foreign Policy, 1961–1963*, New York and Oxford: Oxford University Press, 1989.

Thomas G. Paterson and Michael J. Hogan, *American Foreign Relations*, Cambridge: Cambridge University Press, 1991.

Neal R. Peirce and Lawrence D. Longley, *The Electoral College Primer*, New Haven and London: Yale University Press, 1996.

William E. Pemperton, *Harry S. Truman: Fair Dealer & Cold Warrior*, Boston: Twayne Publishers, 1989.

Richard Perle, *Hard Line*, New York: Random House, 1992.

Richard Perle and David Frum, *An End to Evil: How to Win the War on Terror*, New York: Random House, 2003.

Joseph E. Persico and Colin Powell, *My American Journey*, New York: Ballantine Books, 1996.

Werner Peters, *Rätsel Amerika: Warum Amerikaner ganz anders sind*, Bonn: Bouvier Verlag, 2007.

Merrill D. Peterson, *The Great Triumvirate: Webster, Clay and Calhoun*, New York: Oxford University Press, 1988.

James P. Pfiffner and R. Gordon Hoxie, *The Presidency in Transition*, Proceedings: Volume VI, Number 1, New York: Center for the Study of the Presidency, 1989.

Kevin P. Phillips, *The Emerging Republican Majority*, New York: Arlington House, 1969.

–, *American Theocracy: The Peril and Politics of Radical Religion, Oil, and Borrowed Money in the 21$^{st}$ Century*, Waterville: Thorndike Press, 2006.

Donald T. Phillips, *The Clinton Charisma: A Legacy of Leadership*, New York: Palgrave Macmillan, 2007.

Piero Pieroni, *Der Wilde Westen*, Hamburg: Tessloff, 1978.

Peter Pilz, *Mit Gott gegen Alle: Amerikas Kampf um die Weltherrschaft*, Stuttgart und München: Deutsche Verlags- Anstalt, 2003.

Beniamino Placido, Umberto Eco and Gian Paolo Ceserani, *Modell Amerika: Die Wiederentdeckung eines Way of Life*, Münster: Englisch- Amerikanische Studien, 1985.

Norman Podhoretz, *Ex-Friends*, New York: The Free Press, 1999.

James W. Pohl, *The Battle of San Jacinto*, Texas State Historical Association, 1989.

Elizabeth Pond, *Friendly Fire: The Near-Death of the Transatlantic Alliance*, Pittsburgh: European Union Studies Association, 2004.

Alan Posener, *Franklin Delano Roosevelt*, Hamburg: Rowohlt, 1999.

Richard A. Posner, *An Affair of State: The Investigation, Impeachment, and Trial of President Clinton*, Cambridge and London: Harvard University Press, 1999.

Patrice G. Poutrus, Árpád von Klimó and Jan C. Behrends, *Antiamerikanismus im 20. Jahrhundert: Studien zu Ost- und Westeuropa*, Bonn: Dietz, 2005.

Colin Powell with Joseph E. Persico, *My American Journey*, New York: Ballantine Books, 1996.

Thomas Powers, *The Man Who Kept the Secrets: Richard Helms and the CIA*, New York: Alfred A Knopf, 1979.

Gordon W. Prange, *At Dawn We Slept: The Untold Story of Pearl Harbor*, New York: Penguin Books, 1986.

David A. Price, *Love & Hate in Jamestown. John Smith, Pocahontas, and the Start of a New Nation*, New York: Vintage Books, 2005.

Ben H. Procter, *The Battle of Alamo*, The Texas State Historical Association, 1986.

William B. Quandt, *Peace Process: American Diplomacy and the Arab-Israeli Conflict Since 1967*, Washington, D.C.: Brookings Institution Press, 2005.

Alejandro de Quesada, *The Spanish-American War and Philippine Insurrection*, New York: Osprey Publishing, 2007.

Yitzhak Rabin, *The Rabin Memoirs*, Berkeley: University of California Press, 1996.

Nicol C. Rae and Colton C. Campbell, *The Contentious Senate: Partisanship, Ideology, and the Myth of Cool Judgement*, Lanham: Rowman & Littlefield, 2001.

Gert Raeithel, *Geschichte der nordamerikanischen Kultur, Band 1*, Weinheim und Berlin: Quadriga, 1987

–, *Geschichte der nordamerikanischen Kultur, Band 2*, Weinheim und Berlin: Quadriga, 1988

–, *Geschichte der nordamerikanischen Kultur, Band 3*, Weinheim und Berlin: Quadriga, 1989

–, *„Go West": Ein psychohistorischer Versuch über die Amerikaner*, Hamburg: Europäische Verlagsanstalt, 1993.

Ronald Reagan, *Erinnerungen: Ein Amerikanisches Leben*, Berlin: Propyläen, 1990.

Richard Reeves, *President Nixon: Alone in the White House*, New York: Simon & Schuster, 2001.

William H. Rehnquist, *The Supreme Court*, New York: Alfred A. Knopf, 2001.

Robert B. Reich, *The Next American Frontier: A Provocative Program for Economic Renewal*, New York: Penguin Books, 1984.

–, *Locked in the Cabinet*, New York, Alfred A. Knopf, 1997.

Donald T. Regan, *For the Record: From Wall Street to Washington*, New York et al., Harcourt Brace Jovanovich, 1988.

Cornelius C. Regier, *The Era of The Muckrackers*, Glouchester: P. Smith Publishers, 1957.

Robert V. Remini, *The Life of Andrew Jackson*, New York: Penguin Books, 1988.

–, *Henry Clay, Statesman for the Union*, New York and London: Norton, 1991.

–, *The House. The History of the House of Representations*, New York: Harper Collins et al., 2007.

–, *A Short History of the United States*, New York, Harper Collins, 2008.

David Reynolds, *America, Empire of Liberty. A New History*, London: Allen Lane, 2009.

David Reynolds and David Dimbleby, *An Ocean Apart: The Relationship Between Britain and America in the Twentieth Century*, New York, Random House, 1988.

Condoleezza Rice und Philip Zelikow, *Sternstunde der Diplomatie: Die deutsche Einheit und das Ende der Spaltung Europas*, Berlin: Ullstein, 1999.

Robert D. Richardson, jr., *Emerson: The Mind on Fire*, Berkeley et al.: University of California Press, 1995.

Thomas E. Ricks, *Fiasco: The American Military Adventure in Iraq*, New York: The Penguin Press, 2006.

–, *The Gamble: General David Petraeus and the American Military Adventure in Iraq, 2006–2008*, New York: Penguin Press, 2009.

Jason M. Roberts, Steven S. Smith and Ryan J. Vander Wielen, *The American Congress*, New York: Cambridge University Press, 2006.

Linda Robinson, *Tell me How this Ends: General David Petraeus and the Search for a Way out of Iraq*, New York: Public Affairs, 2008.

Walter C. Rodgers, *Sleeping with Custer and the 7th Cavalry*, Carbondale: Southern Illinois University Press, 2005.

H. Mark Roelofs, *The Poverty of American Politics: A theoretical Interpretation*, Philadelphia: Temple University Press, 1992.

Philippe Roger, *L'ennemi Américain: Généalogie de l'antiaméricanisme français*, Paris: Éditions du Seuil, 1990.

Emily S. Rosenberg, *Spreading the American Dream: American Economic and Cultural Expansion 1890–1945*, New York: Hill and Wang, 1982.

Beate Rosenzweig, *Erziehung zur Demokratie, Amerikanische Besatzungs- und Schulreformpolitik in Deutschland und Japan*, Stuttgart: Franz Steiner, 1998.

Andrew Ross and Kristin Ross, *Anti-Americanism*, New York: New York University Press, 2004.

Eugene T. Rossides, *The Truman Doctrine of Aid to Greece: A Fifty-Year Retrospective*, New York: The Academy of Political Science, 1998.

Clinton Rossiter, *1787: The Grand Convention*, New York: The Macmillan Company, 1966.

Philip Roth, *Empörung*, München: Hanser Verlag, 2009.

Mark E. Rush and Richard L. Engstrom, *Fair and Effective Representation? Debating Electoral Reform and Minority Rights*, New York: Rowman & Littlefield, 2001.

Stephan Ruß-Mohl, *Kreative Zerstörung: Niedergang und Neuerfindung des Zeitungsjournalismus in den USA*, Konstanz: UVK, 2009.

Ute Sacksofsky, Cord Jakobeit und Peter Welzel, *Die USA am Beginn der neunziger Jahre*, Opladen: Leske + Budrich, 1993.

Anwar Sadat, *In Search of Identity: An Autobiography*, New York: Harper & Row, 1978.

William Safire, *Before the Fall: An Inside View of the Pre-Watergate White House*, Garden City, N.Y.: Doubleday, 1975.

Ziauddin Sardar and Merryl Wyn Davies, *Woher kommt der Hass auf Amerika?* Hannover: Klampen, 2003.

Theda Skocpol Stanley B. Greenberg, *The New Majority: Toward a Popular Progressive Politics*, New Haven and London: Yale University Press, 1997.

Michael Schaller, *Reckoning with Reagan: America and its President in the 1990s*, Oxford: Oxford University Press, 1992.

Simon Schama, *Dead Certainties (Unwarranted Speculations)*, London: Granta Books, 1998.

–, *Rough Crossings: Britain, the Slaves and the American Revolution*, New York: Harper Collins, 2006.

Georg Schild, *John F. Kennedy: Mensch und Mythos*, Göttingen: Muster-Schmidt, 1997.

–, *Zwischen Freiheit des Einzelnen und Wohlfahrtsstaat: Amerikanische Sozialpolitik im 20. Jahrhundert*, Paderborn: Schöningh, 2003.

Arthur M. Schlesinger, jr., *The Age of Jackson*, Boston: Little, Brown and Company, 1953.

–, *The Crisis of the Old Order*, Boston: Houghton Mifflin, 1957.

–, *The Coming of the New Deal*, Boston: Houghton Mifflin, 1959.

–, *The Politics of Upheaval*, Boston: Houghton Mifflin, 1960.

–, *The Politics of Hope, Some searching explorations into American politics and culture*, Boston: Houghton Mifflin, 1963.

–, *A Thousand Days: John F. Kennedy in the White House*, New York: Fawcett Premier, 1965.

–, *The Cycles of American History*, Boston: Houghton Mifflin, 1986.

–, *The Disuniting of America: Reflections on a Multicultural Society*, New York and London: Norton & Company, 1992.

–, *Journals 1952–2000*, New York: Penguin Books, 2007.

James R. Schlesinger, *America at Century's End*, New York: Columbia University Press, 1989.

Axel W.-O. Schmidt, *Der rothe Doktor von Chicago – ein deutsch-amerikanisches Auswandererschicksal*, Frankfurt am Main: Peter Lang, 2003.

Susan Schmidt & Michael Weisskopf, *Truth at any Cost: Ken Starr and the Unmaking of Bill Clinton*, New York: Harper Collins, 2000.

Wulf Schmiese, *Fremde Freunde: Deutschland und die USA zwischen Mauerfall und Golfkrieg*, Paderborn: Schöningh, 2000.

John Schmitt, Lawrence Mishel and Jared Bernstein, *The State of Working America 1998–99*, Ithaca and London: Cornell University Press, 1999.

Günter Schnitzler (Hg.), *Morton oder die große Tour*, München: Buch und Media, 2008.

Thomas J. Schoenbaum, *Waging Peace & War: Dean Rusk in the Truman, Kennedy & Johnson Years'*, New York: Simon & Schuster, 1988.

Eleanora W. Schoenebaum, *Profiles of an Era: The Nixon/Ford Years*, New York and London: Harvest/HBJ, 1979.

Klaus Schoenthal (Hg.), *Der neue Kurs: Amerikas Aussenpolitik unter Kennedy 1961–1963*, München: Deutscher Taschenbuch Verlag, 1964.

Harm G. Schröter, *Winners and Loosers: Eine kurze Geschichte der Amerikanisierung*, München: Beck, 2008.

Peter H. Schuck and James Q. Wilson, *Understanding America: The Anatomy of an Exceptional Nation*, New York: Public Affairs, 2008.

Robert D. Schulzinger, *Henry Kissinger: Doctor of Diplomacy*, New York: Columbia University Press, 1989.

–, *A Time for War: the United States and Vietnam, 1941–1975*, New York: Oxford University Press, 1997.

Carl Schurz, *Lebenserinnerungen: Vom deutschen Freiheitskämpfer zum amerikanischen Staatsmann*, Zürich: Manesse, 1988.

Ute Schwabe, *Moralische Verpflichtung- Strategischer Vorteil*, Münster: LIT, 1999.

Melvin Schwarz, *The New Exploring American History*, New York: Globe Book Company, 1981.

H. Norman Schwarzkopf, *Man muss kein Held sein*, München: C. Bertelsmann, 1992.

Brent Scowcroft and Zbigniew Brezinski, *America and the World: Conversations on the Future of American Foreign Policy*, New York: Basic Books, 2008.

Brent Scowcroft and George Bush, *A World Transformed*, New York: Vintage Books, 1998.

Brent Scowcroft, Edmund Muskie and John Tower, *The Tower Commission Report*, New York: Bantam Books, 1987.

Charles Sealsfield, *Lebensbilder aus der westlichen Hemisphäre*, Stuttgart, 1846.

David Sedaris, *When You Are Engulfed in Flames*, London: Abacus, 2009.

Mary C. Segers and Ted G. Jelen, *A Wall of Separation? Debating the Public Role of Religion*, New York: Rowman & Littlefield, 1998.

Thomas Jefferson, *Betrachtungen über den Staat Virginia*, Zürich: Manessa Verlag, 1989.

Tilman Seidensticker und Hans G. Kippenberg (Hg.), *Terror im Dienste Gottes. Die „Geistliche Anleitung" der Attentäter des 11. Septembers 2001*, Frankfurt, New York: Campus Verlag, 2003.

Charles Seymour, *The Intimate Papers of Colonel House: Behind the Political Curtain 1912- 1915*, Boston and New York: Houghton Mifflin, 1926.

Jeremy Shapiro and Philip H. Gordon, *Allies at War: America, Europe and the Crisis over Iraq*, New York: Mc Graw Hill, 2004.

George Bernard Shaw, *Address in the Metropolitan Opera House 11. April 1933*, New York

William Shawcross, *Sideshow: Kissinger, Nixon, and the Destruction of Cambodia*, New York: Simon & Schuster, 1979.

Saad el Shazly, *The Crossing of Suez: the October War, 1973*, San Francisco: American Mideast Research, 1980.

Joshua Wolf Shenk, *Lincoln's Melancholy: How Depression Challenged a President and Fueled His Greatness*, Boston and New York: Houghton Mifflin Company, 2005.

Robert Sherill, *The Oil Follies of 1970–1980*, Garden City, New York: Anchor Press, 1983.

Robert E. Sherwook, *Roosevelt and Hopkins: An Intimate History*, New York: Harper & Brothers, 1948.

Avi Shlaim, *The Iron Wall: Israel and the Arab World*, New York: Norton & Company, 2000.

–, *Lion of Jordan: The Life of King Hussein in War and Peace*, London: Allen Lane, 2007.

Joel H. Silbey, *The Partisan Imperative: The Dynamics of American Politics before the Civil War*, New York: Oxford University Press, 1987.

–, *The American Political Nation 1838–1839*, Stanford: Stanford University Press, 1991.

Brooks D. Simpson, *Ulysses S. Grant: Triumph over Adversity, 1822–1865*, New York: Houghton Mifflin, 2008.

Robert Singh, *Governing America. The Politics of a Divided Democracy*, Oxford University Press, 2003.

Robert S. Singh and Timothy J. Lynch, *After Bush: The Case for Continuity in American Foreign Policy*, Cambridge: Cambridge University Press, 2008.

John J. Sirica, *To Set the Record Straight: the Break-in, the Tapes, the Conspirators, the Pardon*, New York: Norton & Company, 1979.

Richard Slotkin, *The Fatal Environment: The Myth of the Frontier in the Age of Industrialization 1800–1890*, Middletown: Wesleyan University Press, 1985.

Gerard C. Smith, *Doubletalk: The Story of SALT I*, Lanham: University Press of America, 1985.

John David Smith, *An Old Creed for the New South: Proslavery Ideology and Historiography, 1865–1918*. Athens and London: University of Georgia Press, 1995.

–, *Black Judas: William Hannibal Thomas and The American Negro*, Athens and London: The University of Georgia Press, 2000.

–, *Black Voices from Reconstruction 1865–1877*, University Press of Florida, 2002.

–, *When did Southern Segregation Begin?*, New York: Palgrave, 2002.

Steven S. Smith, Jason M. Roberts, and Ryan J. Vander Wielen, *The American Congress*, New York: Cambridge University Press, 2006.

Werner Sollors and Greil Marcus, *A New Literary History of America*, Cambridge and London: Belknap Press, 2009.

Ted Sorensen, *Counselor: A Life at the Edge of History*, New York: Harper Collins, 2008.

Aaron Sorkin, *The West Wing*, Pan Macmillan London, 2002.

P. B. Spahn, K. L. Shell, E.-O. Czempiel, W. P. Adams, B. Ostendorf und M. Zöller (Hg.), *Länderbericht der USA, Band I und II*, Bonn: Bundeszentrale für Politische Bildung, 1992.

Jonathan D. Spence, *Mao Zedong*, New York: Viking Press, 1999.

John Stauffer and Zoe Trodd, *Meteor of War: The John Brown Story*, New York: Brandywine Press, 2004.

Ronald Steel, *Pax Americana*, New York: The Viking Press, 1968.

Janice Gross Stein and Eugene Lang, *The Unexpected War, Canada in Kandahar*, Toronto: Penguin Books Canada, 2007.

Janice Gross Stein und Richard Ned Lebow, *We All Lost the Cold War*, Princeton: Princeton University Press, 1994.

Ryszard Stemplowski and Lawrence S. Graham, *The EU-US Cooperation: Transatlantic Dialogue Third Conference Warsaw 2003*, edited by the Polish Institute of International Affairs, 2003.

George Stephanopoulos, *All too Human*, Boston et al.: Little, Brown and Company, 1999.

Kenneth S. Stern, *A Force Upon the Plain: The American Militia Movement and the Politics of Hate*, New York: Simon & Schuster, 2006.

E. R. Stettinius, jr., *Lend-Lease: Weapon for Victory*, New York, Macmillan, 1944.

Judith St. George, David Small, *So You want to be President?* New York: Philomel Books, 2000.

David A. Stockman, *The Triumph of Politics: Why the Reagan Revolution Failed*. New York: Harper & Row, 1986.

Doug Stokes and Michael Cox, *US Foreign Policy*, Oxford: Oxford University Press, 2008.

Mark A. Stoler, *George C. Marshall: Soldier-Statesman of the American Century*, Boston: Twayne, 1989.

John Strachey, *The Coming Struggle for Power*, New York: The Modern Library, 1935.

Michael Streissguth, *Johnny Cash at Folsom Prison: Die Geschichte eines Meisterwerks*, Berlin, Rogner & Bernhard, 2006.

Philippa Strum, *Louis Brandeis: Beyond Progressivism*, Kansas: University Press Kansas, 1993.

William M. Sullivan, Richard Madsen, Robert N. Bellah et al., *Habits of the Heart: Individualism and Commitment in American Life*, New York: Library, 1985.

Harry G. Summers, jr., *On Strategy: The Vietnam War in Context*, Honolulu: University Press of the Pacific, 2003.

Jeremi Suri, *Henry Kissinger and the American Century*, Cambridge: Belknap Press, 2007.

Survival, Global Politics Strategy December 2008–January 2009, *Trauma, triumph, transition*, London: IISS/Routledge.

Survival, Global Politics and Strategy June–July 2009, *Guantanamo's shadow*, London: IISS/Routledge.

Warren I. Susman, *Culture as History: The Transformation of American Society in the Twentieth Century*, New York: Pantheon Books, 1984.

Tad Szulc, *The Illusion of Peace: Foreign Policy in the Nixon Years*, New York: Viking Press, 1978.

Strobe Talbott, *The Russia Hand: A Memoir of Presidential Diplomacy*, Random House, 2002.

–, *Engaging India, Diplomacy, Democracy, and the Bomb*, Washington D.C.: Brookings Institution Press, 2004.

George Tenet with Bill Harlow, *At the Center of the Storm: My Years at the CIA*, New York: Harper Collins, 2007.

Studs Terkel, „*The Good War": An Oral History of World War II*, New York & London: The New Press, 1984.

The American Heritage Library, *The Education of Henry Adams*, Boston: Houghton Mifflin, 1961.

J. M. Thie, Meinolf Zurhorst und Hans-G. Kellner, *Der Gangster-Film*, München: Roloff und Seeßlen, 1977.

Evan Thomas, *Robert Kennedy: His Life*, New York: Simon & Schuster, 2000.

–, *A Long Time Coming: The Insiring, Combative 2008 Campaign and the Historic Election of Barack Obama*, London: Public Affairs, 2009.

Hunter S. Thompson, *Fear and Loathing: on the Campaign trail '72*, New York: Warner Brooks, 1973.

Russell Thornton: „Health, Disease, and Demography", in: Philip J. Deloria und Nell Salisbury (Hg.): *A Companion to American Indian History*, Oxford: Blackwell Publishing, 2004.

Wolfram Tichy, *Chaplin*, Reinbek bei Hamburg: Rohwohlt, 1974.

Alexis de Tocqueville, *Die Demokratie in Amerika*, Frankfurt am Main, Fischer, 1956.

–, *Über die Demokratie in Amerika*, Stuttgart: Reclam, 1985.

John Tower, Edmund Muskie and Brent Scowcroft, *The Tower Commission Report*, New York: Bantam Books, 1987.

Michael Gordon and Bernard Trainor, *Cobra II: The Inside Story of the Invasion and Occupation of Iraq*, London: Atlantic Books, 2006.

Richard C. Trexler, *Sex and Conquest, Gendered Violence, Political Order, and the European Conquest of the Americas*, Ithaca and New York: Cornell University Press, 1995.

Zoe Trodd and John Stauffer, *Meteor of War: The John Brown Story*, New York: Brandywine Press, 2004.

Leo Trotzki, *Europa und Amerika*, Essen: Arbeiterpresse Verlag, 2000.

Harry S. Truman, *Memoirs: Years of Decisions*, New York: Doubleday, 1955.

Frederick Jackson Turner, *The Frontier in American History*, Tucson: The University of Arizona Press, 1986.

Bill Turque, *Inventing Al Gore*, New York: Houghton Mifflin, 2000.

David Tyack, *The One Best System: A History of American Urban Education*, Cambridge: Harvard University Press, 2005.

John Updike, *Landleben*, Reinbek bei Hamburg 2006.

John Updike, *Memories of the Ford Administration*, New York: Fawcett, 1992.

*The Original U.S. Congress Handbook*, Washington D.C.: Votenet Solutions, 2002.

U.S. Department of Education, National Center for Education Statistics, 2009, *Digest of Education Statistics, 2008*.

Hans Wilhelm Vahlefeld, *Amerikas langer Abschied von Europa*, Düsseldorf: ECON Verlag, 1988.

Richard W. Van Alstyne, *The Rising American Empire*, New York and London: Norton & Company, 1974.

Stephen L. Vaughn (ed.), *Encyclopedia of American Journalism*, New York: Routledge, 2008.

Barbara Victor, *Beten im Oval Office: Christlicher Fundamentalismus in den USA und die internationale Politik*, München und Zürich: Pendo, 2005.

Gore Vidal, *1876*, New York: Ballantine Books, 1976.

–, *The Decline and Fall of the American Empire*, Berkeley: Odonian Press, 1992.

–, *Burr*, New York: Ballantine Books, 1993.

M. J. C. Vile, *Politics in the USA*, London: Hutchinson, 1983.

Mary Dodson Wade, *Condoleezza Rice: Being the Best*, Brookfield: The Millbrook Press, 2002.

Willard M. Wallace, *Soul of the Lion*, Gettysburg, Stan Clark Military Books, 1960.

Gian-Luca Wallisch und Hannes Haas, Literarischer Journalismus oder journalistische Literatur? In: Publizistik, 36. Jg., 1991.

Vernon A. Walters, *The Mighty and the Meek*, London: St. Ermin's Press, 2001.

–, *Silent Mission*, Garden City, New York: Doubleday, 1978.

Geoffrey C. Ward, *Before the Trumpet: Young Franklin Roosevelt*, New York: Harper & Row, 1985.

Joan Waugh, *U.S. Grant: American Hero, American Myth*, North Carolina: The University of North Carolina Press, 2009.

Hartmut Wasser (Hg.), *USA: Wirtschaft, Gesellschaft, Politik*, Opladen: Leske + Budrich, 2000.

Hartmut Wasser, *Die Vereinigten Staaten von Amerika: Porträt einer Weltmacht*, Frankfurt am Main: Ullstein, 1984.

David J. Weber, *The Spanish Frontier in North America*, New Haven, London: Yale University Press, 1992.

Max Weber, *Gesammelte Aufsätze zur Religionssoziologie I*, J. C. B. Molar (Paul Siebeck): Freiburg 1988.

Hans-Ulrich Wehler, *Der Aufstieg des amerikanischen Imperialismus: Studien zur Entwicklung des Imperium Americanum 1865–1900*, Göttingen: Vandenhoeck & Ruprecht, 1974.

–, *Grundzüge der amerikanischen Außenpolitik 1750–1900*, Frankfurt am Main: Suhrkamp, 1984.

Arthur Weinberg & Lila Weinberg, *The Muckrackers*, University of Illinois Press 2001.

Klaus Weiss, Kurt Müller, Ulrich Halfmann (Hg.), *Wirklichkeit und Dichtung. Studien zur englischen und amerikanischen Literatur*, Berlin: Duncker & Humblot, 1984.

Michael Weisskopf und Susan Schmidt, *Truth at any Cost: Ken Starr and the Unmaking of Bill Clinton*, New York: Harper Collins, 2000.

Richard Weitz, *Revitalising US-Russian Security Cooperation: Practical Measures*, New York: Routledge, 2005.

Sumner Welles, *The Time for Decision*, New York and London: Harper & Brothers, 1944.

Christopher W. Wells, *Kissinger and Sadat: Improbable Partners for Peace*, New Haven, Yale University Press, 2004.

Thomas Welskopp, *Amerikas große Ernüchterung. Eine Kulturgeschichte der Prohibition*, Paderborn: Schöningh, 2010.

Wolfgang Welz und Wolfgang Jäger, *Regierungssystem der USA*, München: R. Oldenbourg, 1995.

Peter Welzel, Ute Sacksofsky und Cord Jakobeit, *Die USA am Beginn der neunziger Jahre*, Opladen: Leske + Budrich, 1993.

Drew Westen, *The Political Brain: The Role of Emotion in Deciding the Fate of the Nation*, New York: Public Affairs, 2007.

Theodor H. White, *Breach of Faith: The Fall of Richard Nixon*, New York: Atheneum, 1975.

Colson Whitehead, *John Henry Days*, New York: Doubleday 2001.

Dominik Wichmann, *Jenseits von Utopia: Amerikanische Träume*, Wien: Picus, 2000.

Tom Wicker, *One of Us: Richard Nixon and the American Dream*, New York: Random House, 1991.

Ted Widmer, *American Speeches: Political Oratory from Abraham Lincoln to Bill Clinton*, New York: The Library of America, 2006.

Ryan J. Vander Wielen, Jason M. Roberts and Steven S. Smith, *The American Congress*, New York: Cambridge University Press, 2006.

Sean Wilentz, *The Age of Reagan: A History, 1974–2008*, New York: Harper Collins, 2008.

M. F. Wilkinson and M. Muir, *The Most Dangerous Years: The Cold War, 1953–1975*, Lexington: Virginia Military Institute, 2005.

Kayla Williams, *Love my Rifle more than You: Young, female and in the US Army*, London: Orion Books, 2006.

William Appleman Williams, *The Tragedy of American Diplomacy*, New York: Delta Book, 1972.

–, *The Contours of American History*, New York and London: Norton & Company, 1988.

Ernst Willkomm, Die *Europamüden. Modernes Lebensbild 1. und 2. Teil*, Göttingen, 1968.

Garry Wills, *Nixon Agonistes*, Boston and New York: Houghton Mifflin Company, 1970.

–, *Lincoln at Gettysburg: The Words that Remade America*, New York: Simon & Schuster, 1992.

James Q. Wilson and John J. DiIulio. jr., *American Government*, Boston and New York: Houghton Mifflin Company, 2001.

James Q. Wilson and Peter H. Schuck, *Understanding America: The Anatomy of an Exceptional Nation*, New York: Public Affairs, 2008.

Woodrow Wilson, *Congressional Government: A Study in American Politics*, Boston & New York: Houghton Mifflin, 1885.

Andrew Wilton and Tim Barringer, *American Sublime: Landscape Painting in the United States 1820–1880*, Princeton: Princeton University Press, 2002.

Jürgen Wilzewski und Jochen Hils (Hg.), *Defekte Demokratie- Crusader State? Die Weltpolitik der USA in der Ära Bush*, Trier: Wissenschaftlicher Verlag Trier, 2006.

Richard Bruce Winders, *Crisis in the Southwest: The United States, Mexico, and the Struggle over Texas*, Wilmington: Scholarly Resources, 2002.

Owen Wister, *The Virginian*, New York: Signet Classic, 2002.

Jennifer Wolch, Manuel Pastor jr., Peter Dreier, *Up Against the Sprawl: Public Policy and the Making of Southern California*, 2004.

Farris W. Womack and James J. Duderstadt, *Beyond the Crossroads: The Future of Public University in America*, Baltimore and London: The John Hopkins University Press, 2003.

Gordon S. Wood, *The Purpose of the Past: Reflections on the Uses of History*, New York: Penguin Books, 2008.

Bob Woodward, *The Final Days*, New York: Simon & Schuster, 1976.

–, *Veil: The Secret Wars of the CIA 1981–1987*, New York: Simon & Schuster, 1987.

–, *The Sixties to the Eighties*, New York: Vintage Books, 1989.

–, *Plan of Attack*, New York et al.: Simon & Schuster, 2004.

–, *State of Denial: Bush at War, Part III*, New York: Simon & Schuster, 2006.

–, *The War Within: A Secret White House History 2006–2008*, New York: Simon & Schuster, 2008.

Bob Woodward and Carl Bernstein, *All the President's Men*, New York: Simon & Schuster, 1974.

James E. Wright, *Papers of James E. Wright*, Collection 326, 1986.

Lawrence Wright, *In the New World. Growing Up with America, 1960–1984*, New York, 1988.

–, *The Looming Tower: Al-Qaeda's Road to 9/11*, London: Penguin Books, 2006.

Andrea Wuttke, *Wirtschaftspolitik im Weißen Haus, Strategien und Entscheidungen der Clinton-Administration*, Münster: LIT, 2002.

John Yoo, *War by Other Means: An Insider's Account of the War on Terror*, New York: Atlantic Monthly Press, 2006.

Marcin Zaborowski, *Friends again? EU-US relations after the crisis*, edited by the Institute for Security Studies, Transatlantic Book, 2006.

Philip Zelikow and Graham Allison, *Essence of Decision: Explaining the Cuban Missile Crisis*, New York et al.: Addison Wesley Longman, 1999.

Philip Zelikow and Condoleezza Rice, *Sternstunde der Diplomatie: Die deutsche Einheit und das Ende der Spaltung Europas*, Berlin: Ullstein, 1999.

Howard Zinn, *A People's History of the United States: 1492–Present*, New York: Harper Perennial, 2003.

General Tony Zinni Tony Koltz and Tom Clancy, *Battle Day*, London: Sidgwick & Jackson, 2004.

Karl Zinsmeister, *Boots on the Ground: A Month with the 82$^{nd}$ Airborne in the Battle for Iraq*, New York: St. Martin's Press, 2003.

Michael Zöller, *Washington und Rom: Der Katholizismus in der amerikanischen Kultur*, Berlin: Duncker & Humblot, 1995.

Elmo Zumwalt, jr., *On Watch: A Memoir*, New York: Quadrangle, 1976.

Meinolf Zurhorst, J. M. Thie und Hans-G. Kellner, *Der Gangster-Film*, München: Roloff und Seeßlen, 1977.

**Ausgewählte Artikel aus Internet und Zeitung:**

U.S. Department of State, Bureau of International Information Programs, *E-Journal USA, Society & Values, College and University Education in the United States*, November 2005: http://www.america.gov/media/pdf/ejs/ijse1105.pdf

Ronald D. Gerste, „Der lange Weg zum Capitol: David Remnicks Obama-Biografie setzt Maßstäbe", in: *Neue Zürcher Zeitung*, Samstag, 24. April 2010.

Ho Chi Minh, *Collection of Letters by Ho Chi Minh*, http://rationalrevolution.net/war/collection_of_letters_by_ho_chi_htm

Ulrich Schreiterer, Eine Frage des Geldes? Das Bildungssystem der USA: Hoch-
schulgebühren als Zukunftsinvestition, http://www.bpb.de/themen/LBOPRG,1,
0,Eine_Frage_des_Geldes.html

*Der Standard*, „Umfrage: Das Ansehen der USA sinkt weltweit", http://derstan-
dard.at/?url=/?id=1567513

*Stern*, „USA für die Deutschen kein Vorbild mehr", http://www.stern.de/politik/
deutschland/forsa-umfrage-usa-fuer-die-deutschen-kein-vorbild-mehr-
506117.html

**Weitere Internetquellen:**
Institut für Medien und Informationspolitik: http://www.mediadb.eu/rankings.html

Audit Bureau of Circulations: http://www.accessabc.com/

Pew Project for Excellence in Journalism: The State of the New Media, Annual Report 2009: http://www.stateofthemedia.org/2009/index.html

NSC: United States National Security Council, http://www.whitehouse.gov/admi-
nistration/eop/nsc/

New York Times

# Personenregister

Gingrich, Newton Leroy „Newt"
(* 1943) 265, 272 f.
Giscard d'Estaing, Valéry (* 1926) 251
Gladstone, William (1809–1898) 179
Goldwater, Barry Morris (1909–1998)
232, 240, 260, 309
Gompers, Samuel (1850–1924) 159 f.
Gorbatschow, Michail (* 1931) 258 f.,
261
Gore, Albert Arnold „Al" (* 1948) 275,
280, 309
**Grant, Ulysses S. (1822–1885), 18. Prä-
sident (1869–1877)** 130 f., 134, 136,
142, 144, 148 ff., 153
Greeley, Horace (1811–1872) 153, 355
Grenville, George (1712–1770) 41 f.
Griffith, David Llewelyn Wark (1875–
1948) 138
Gromyko, Andrei Andrejewitsch (1909–
1989) 228
Gurion, David Ben (1886–1973) 227

Haig, Alexander Meigs, jr. (* 1924) 249
Haldeman, Harry Robbins (1926–1993)
242
Haley, Alex Murray Palmer (1921–
1992) 248
Halpern, Manfred (1924–2001) 330
Ham, Mordechai Fowler (1877–1961)
156
Hamilton, Alexander (1755–1804) 57,
59, 61 ff., 67 ff., 77, 96, 164, 320, 354
Hancock, John (1737–1793) 54
Hancock, John Lee, jr. (* 1956) 368
**Harding, Warren Gamaliel (1865–
1923), 29. Präsident (1921–1923)**
184 f., 188 ff.
Harlan, John (1833–1911) 143
Harris, Benjamin (1647–1720) 155, 353
Harris, Townsend (1804–1878) 114
**Harrison, Benjamin (1833–1901),
23. Präsident (1889–1893)** 164 ff.,
175
**Harrison, William Henry (1773–1841),
9. Präsident (1841)** 79 f., 99 f., 107,
109, 120, 128, 164
Harvard, John (1607–1638) 341
Hawks, Howard (1896–1977) 366
Hawthorne, Nathaniel (1804–1864) 103

Hay, John (1838–1905) 174
**Hayes, Rutherford Birchard (1822–
1893), 19. Präsident (1877–1881)** 142,
150 ff., 162
Hearst, William Randolph (1863–1951)
168, 356 f.
Hemingway, Ernest Miller (1899–1961)
115, 225
Henrietta, Maria (1609–1666) 23
Henry, Patrick (1736–1799) 54
Herjulfsson, Bjarni (~966–?) 18
Hinckley, John Warnock, jr. (* 1955) 255
Hiss, Alger (1904–1996) 239
Hitler, Adolf (1889–1945) 197, 200, 202,
284
Ho Chi Minh (1890–1969) 11, 232 f.
Holbrooke, Richard (* 1941) 270
**Hoover, Herbert (1874–1964), 31. Prä-
sident (1929–1933)** 157, 185, 190 ff.
House, Edward Mandell (1858–1938)
183
Howard, Ronald William „Ron"
(* 1954) 368
Huerta, Victoriano (1850–1916) 177
Hughes, Charles Evans (1862–1948)
179, 191
Humphrey, Hubert Horatio, jr. (1911–
1978) 235, 238, 240, 309
Hussein, Saddam (1937–2006) 266, 269,
281, 286
Hutchinson, Anne (1591–1643) 27 f.
Hutchinson, Thomas (1711–1780) 43

Il-Sung, Kim (1912–1994) 218

**Jackson, Andrew (1767–1845), 7. Prä-
sident (1829–1837)** 82 ff., 106 ff., 126,
140, 155, 159, 342
Jackson, Jesse Louis (* 1941) 289
Jackson, Samuel Leroy (* 1948) 368
Jackson, Thomas Jonathan „Stonewall"
(1824–1863) 133 f.
James I. (1566–1625) 23, 25
James II. (1633–1701) 23, 30
Jaworski, Leon (1905–1982) 242
Jay, John (1745–1829) 53, 56 f., 59, 62,
65 ff.
**Jefferson, Thomas (1743–1826), 3. Prä-
sident (1801–1809)** 48 f., 57 ff., 68 ff.,